2020

天心年鉴

YEARBOOK OF TIANXIN

中共长沙市天心区委员会
长沙市天心区人民政府 主办
长沙市天心区地方志编纂室 编

方志出版社
Publishing House of Local Records

图书在版编目（CIP）数据

天心年鉴．2020 / 长沙市天心区地方志编纂室编
．-- 北京：方志出版社，2020.12

ISBN　978-7-5144-4583-1

Ⅰ．①天… Ⅱ．①长… Ⅲ．①区（城市）－长沙－2020－年鉴 Ⅳ．①Z526.44

中国版本图书馆 CIP 数据核字（2021）第 002187 号

天心年鉴（2020）

编　　者：	长沙市天心区地方志编纂室
责任编辑：	何明忠
出 版 者：	方志出版社
	地址　北京市朝阳区潘家园东里 9 号（国家方志馆 4 层）
	邮编　100021
	网址　http://www.zgfzcb.cn
发　　行：	方志出版社图书经销中心
	电话　（010）67110500
经　　销：	各地新华书店
印　　刷：	长沙市雅捷印务有限公司
开　　本：	889 × 1194　　1/16
印　　张：	28.5
字　　数：	796 千字
版　　次：	2020 年 12 月第 1 版　　2020 年 12 月第 1 次印刷
印　　数：	001~400 册

ISBN　978-7-5144-4583-1　　　**定价**：135.50 元

《天心年鉴》编纂委员会

《天心年鉴（2020）》编辑部

天心区行政区划图

望月湖街道
清水塘街道
韭菜园街道
五里牌街道
马王堆街道
马坡岭街道
东岸街道
火星街道
东屯渡街道
定王台街道
文艺路街道
朝阳街道
荷花园街道
芙蓉区
坡子街街道
城南路街道
左家塘街道
侯家塘街道
梅溪湖街道
橘子洲街道
高桥街道
黎托街道
岳麓街道
东塘街道
裕南街街道
金盆岭街道
砂子塘街道
赤岭路街道
雨花区
东山街道
雨花亭街道
新开铺街道
文源街道
圭塘街道
青园街道
井湾子街道
省政府
天心区
桂花坪街道
洞井街道
洋湖街道
黑石铺街道
坪塘街道
洋湖湿地公园
橘子洲公园
南郊公园
长沙理工大学（金盆岭校区）
中南大学铁道学院
长沙汽车南站
长沙火车站
地铁1号线
地铁2号线
地铁4号线
猴子石大桥
湘府路大桥
黑石铺大桥
橘子洲大桥
南湖路隧道
湘江
浏阳河
圭塘河
南二环
西二环
万家丽路高架桥
湘府路高架
人民中路
人民东路
劳动路
长沙大道
京广高铁
沪昆高铁
京港澳高速
机场高速
绕城高速
长沙磁浮列车
李家塘枢纽

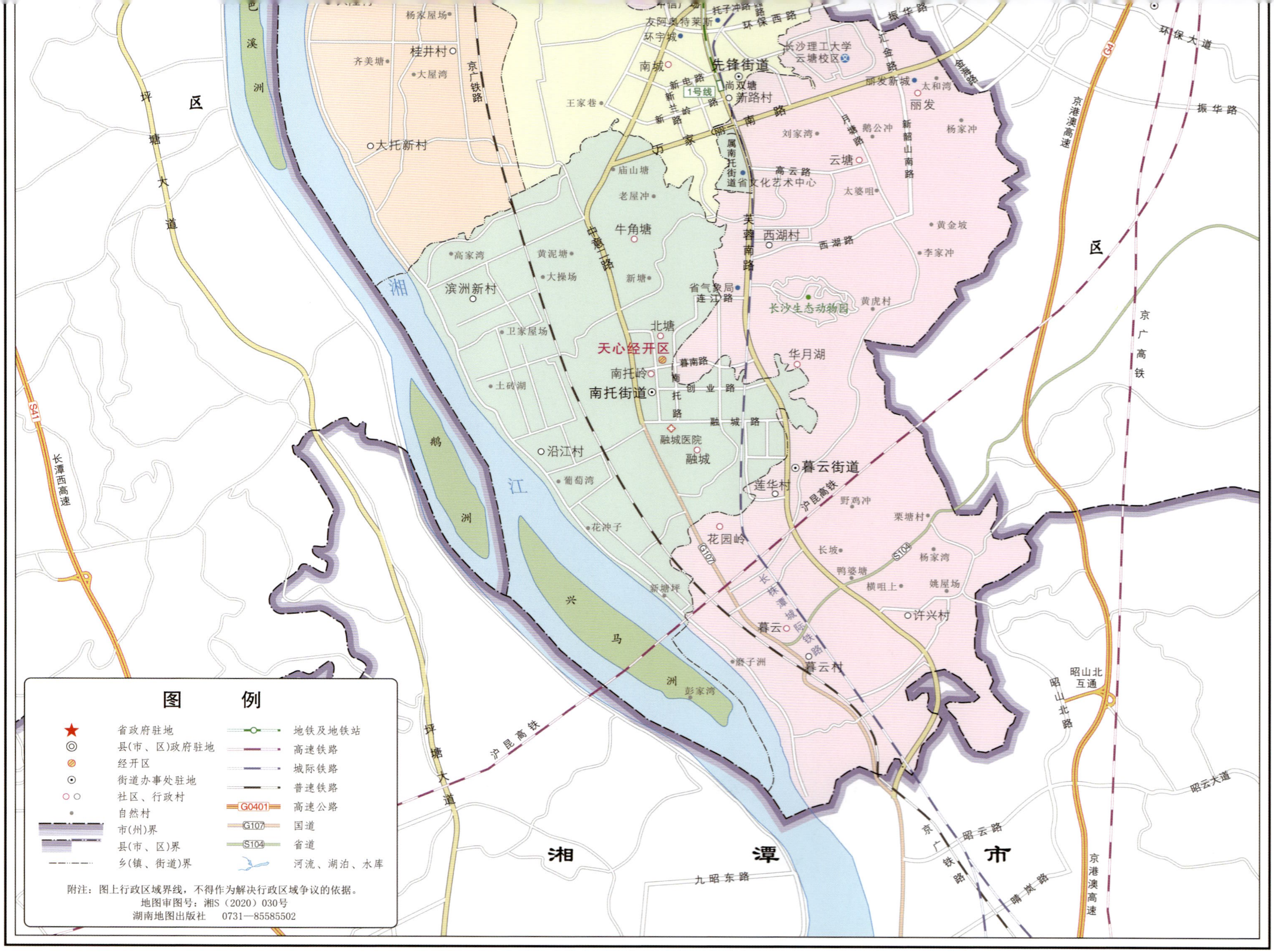

天心经开区
先锋街道
南托街道
暮云街道
湘江
湘潭市
区
长沙生态动物园
长沙理工大学云塘校区
省气象局
省文化艺术中心
融城医院
南城
尚双塘
新路村
丽发
云塘
西湖村
牛角塘
北塘
南托岭
滨洲新村
沿江村
融城
莲华村
花园岭
暮云
暮云村
许兴村
华月湖
桂井村
大托新村
鹅洲
兴马洲
京港澳高速
京广高铁
沪昆高铁
京广铁路
长株潭城际铁路
长潭西高速
坪塘大道
中意一路
万家丽南路
芙蓉南路
振华路
环保大道
昭山北互通
昭云大道
九昭东路
图例
省政府驻地
县(市、区)政府驻地
经开区
街道办事处驻地
社区、行政村
自然村
市(州)界
县(市、区)界
乡(镇、街道)界
地铁及地铁站
高速铁路
城际铁路
普速铁路
高速公路
国道
省道
河流、湖泊、水库
附注：图上行政区域界线，不得作为解决行政区域争议的依据。
地图审图号：湘S（2020）030号
湖南地图出版社　0731—85585502

华远国

2019 年，长沙市天心区在全国综合竞争力百强城区中强势上扬 14 个位次

（区政府办供图）

2019年10月8日，中共长沙市天心区委、长沙市天心区政府组织升国旗仪式，庆祝中华人民共和国成立70周年　　　　（徐拓　摄）

2019 年 9 月 30 日，芙蓉南路两厢亮起中国红，庆祝中华人民共和国成立 70 周年　（徐拓　摄）

璀璨天心　　　　（区政府办供图）

2019 年 10 月 1 日，长沙市天心区四大家领导班子观看国庆阅兵式现场直播，共同庆祝中华人民共和国成立 70 周年 （徐拓　摄）

2019 年 1 月 4—5 日，中共长沙市天心区委五届七次全体（扩大）会议暨经济工作会议召开

（徐拓　摄）

2019 年 2 月 11 日，长沙市天心区营商环境优化暨项目建设推进大会在湖南省人民大会堂召开

（徐拓　摄）

2019 年 12 月 25—27 日，长沙市天心区五届人大六次会议召开　（区人大办供图）

2019 年 12 月 25—27 日，政协长沙市天心区五届四次会议召开　（区政协办供图）

2019 年 1 月 30 日，中共长沙市天心区第五届纪委第四次全体会议召开　（区纪委供图）

2019 年 9 月 10 日，长沙市天心区召开"不忘初心、牢记使命"主题教育工作会议　（徐拓　摄）

2019年3月20日，湖南首家区县级企业服务中心在天心区挂牌，打造一个企业服务平台，构建六大企业服务机制，为企业提供“不叫不到、随叫随到、服务周到”的“一站式”服务　　（徐拓　摄）

2019年，长沙市天心区在全省首推“区长企业接待日”活动，为企业服好务、护好航

（徐拓　摄）

2019 年 3 月 19 日，长沙市天心区举行 2019 年产业项目建设年“重大项目集中签约”暨营商环境优化年“招商顾问”聘任活动（徐拓　摄）

2019 年 4 月 15 日，长沙天心区（深圳）招商推介会暨重大项目签约仪式举行

（长沙天心经开区供图）

2019 年 11 月 15—17 日，第十九期钱学森论坛暨 2019 长沙空间信息产业国际博览会在长沙召开

（徐拓　摄）

2019 年 11 月 15 日，参加第十九期钱学森论坛暨 2019 长沙空间信息产业国际博览会的领导与专家巡馆

（天心经开区供图）

2019 年 11 月 15 日，参观博览会的观众在体验虚拟现实设备

（徐拓　摄）

2019 年 9 月 7 日，湖南首个“夜间经济服务中心”——天心区夜间经济服务中心正式启动运行（徐拓　摄）

2019 年 9 月 26 日，4000 余名“星城园丁”上街巡逻，守护平安天心（徐拓　摄）

2019 年 1 月 29 日，长沙火宫殿城大庙会启动　（徐拓　摄）

2019 年 10 月 18 日，第四届天心阁峰会暨首届中国•长沙文化创意设计大赛颁奖典礼在长沙天心文化（广告）产业园举行　（徐拓　摄）

2019 年 11 月 3 日，“庆祝中华人民共和国成立 70 周年·以舞筑梦”2019 长沙市全民健身广场舞大赛在长沙理工大学云塘校区举行。图为天心区天韵艺术团表演的节目《康定溜溜城》

（区文旅体育局供图）

2019 年，长沙市天心区委区政府、长沙市文化旅游广电局联合主办的“好戏天天演•欢乐满星城”湖湘传统文化公益演出活动，开展常规演出 240 余场。图为花鼓戏演出《游龙戏凤》

（区文旅体育局供图）

2019 年 11 月，长沙市天心区群众文艺轻骑队走基层活动启动，活动走进创谷社区，为千余名居民献上文化大餐　（区文旅体育局供图）

2019年，长沙市天心区以建设学习型城区“五个一”活动为载体，组织开展每日一阅、每周一学、每月一课、每季一讲、每年一评系列学习活动；以专题讲座、读书沙龙、“非遗”课堂、学习分享会、朗读会、宣讲会等为载体组织开展“每周一学”27期

2019 年 5 月 22 日，长沙市天心区组织开展“每周一学”活动：“初心·朗读者”活动　　（徐拓　摄）

2019 年 9 月 11 日，长沙市天心区组织开展“每周一学”活动——“青年有作为·经典咏流传”经典诵读活动　　（徐拓　摄）

2019 年 9 月 25 日，长沙市天心区组织开展“每周一学”活动——2019 年优秀年轻干部训练营“阅读·思享”读书沙龙活动　　（徐拓　摄）

2019 年 12 月 5 日，长沙市天心区联合《长沙晚报》开展“每周一学”学习活动——《你说话吧》之“提升治理现代化水平，从哪做起？”座谈活动

（徐拓　摄）

1. 绿洲（兴马洲）

（区政府办供图）

2. 2019年，长沙市天心区持续壮大农村经济合作社

（区政府办供图）

3. 2019年，长沙市天心区持续推进农村“三园”（家园、菜园、田园）建设（区政府办供图）

4. 2019年，长沙市天心区持续推进美丽乡村建设

（区政府办供图）

2019 年，长沙市天心区推进园林景观微改造，提质一批社区公园、街角花园、重点干道景观。图为提质后的石人冲社区公园（区政府办供图）

2019 年，长沙市天心区推进城市有机更新，改造人行道 26.9 千米、自行车道 40.6 千米、历史文化步道 10.2 千米（区政府办供图）

目 录

专文

大事记

天心概览

自然地理

人口　民族

建置　区划

国民经济和社会发展

精神文明建设

中共天心区委员会

综述

重要会议

办公室工作

机关党建

大气污染防治

组织

宣传

统一战线

机构编制

政治巡察

党校教育

档案史志

天心区人民代表大会

综述

重要会议

天心区人民政府

重要会议

办公室工作

行政审批服务

信访工作

机关事务

政协天心区委员会

综述

重要会议

中共天心区纪委 天心区监委

综述

重要会议

民主党派

中国国民党革命委员会天心区工委

中国民主同盟天心区工委

中国民主建国会天心区工委

中国民主促进会天心区工委

中国农工民主党天心区工委

中国致公党天心区工委

九三学社天心区工委

群众团体

天心区总工会

共青团天心区委员会

天心区妇女联合会

天心区科学技术协会

天心区工商业联合会

天心区党外知识分子联谊会

法治

政法委及综治工作

公安

人民防空

城市建设与管理

自然资源和规划

房屋征收管理

征地管理

住房和建设管理

公共工程建设

城市建设投资开发

国资经营

生态环境保护

城市管理和综合执法

·城市管理综合执法·

环境卫生维护

市政设施维护

园林建设与绿化

步行商业街管理

交通运输

经济综合管理

宏观经济管理（发展和改革）

两型社会建设

审计监督

统计

应急管理

消防救援

市场监督管理

农业　林业　水利

综述

农业

林业

水利

工业和信息化

综述

工业

电网建设

网络和信息化

商贸　服务业

商贸

现代服务业

财政　税务　金融

财政

税务

金融

旅游

南郊公园

天心阁

体育

卫生医疗

综述

疾病预防控制

基层卫生

妇幼保健

社会生活

人力资源和社会保障

民政事务

民族宗教事务

医疗保障

退役军人事务

残疾人事务

人居环境

园区建设

长沙天心经开区

企业选介

长沙天心文化（广告）产业园

街道

坡子街街道

城南路街道

裕南街街道

金盆岭街道

赤岭路街道

新开铺街道

文源街道

桂花坪街道

青园街道

黑石铺街道

大托铺街道

先锋街道

暮云街道

南托街道

人物

统计资料

附录

组织机构及负责人名录

重要文献

媒体报道选录

文件选录

索引

天心区开展第二批“不忘初心、牢记使命”主题教育纪实

中共十九届四中全会提出建立“不忘初心、牢记使命”制度，这对于进一步坚持思想建党、理论强党、制度治党具有重大而深远的意义。2019 年 9 月，天心区贯彻落实中共中央总书记习近平系列重要讲话精神和省委安排部署，在市委巡回指导组的精心指导下，紧紧围绕守初心、担使命，找差距、抓落实的总要求，不划阶段、不分环节，深入开展第二批“不忘初心、牢记使命”主题教育。通过学习教育、调查研究、检视问题、整改落实四项重要措施，确保主题教育高质量推进取得实效。2020 年 1 月 10 日，区委书记朱东铁主持召开总结大会，4 个多月工作成效明显，受到了市委第五巡回指导组组长杜中塔的高度评价和肯定。

一、压实责任，迅速动员开局

区委提高政治站位，从一开始就把主题教育作为最重大的政治任务，自觉对标对表中央和省委、市委做法，快速组建机构、制订方案、动员部署。2019 年 9 月 9 日，召开“不忘初心、牢记使命”主题教育专题工作会议，第一时间传达学习会议精神，安排部署主题教育的准备工作。区委主动扛起抓实主题教育的主体责任，先后 5 次召开专题会议，对主题教育进行安排部署、总体谋划。区委书记朱东铁亲自抓，常委班子成员认真履行“一岗双责”，坚持学在先、走在前。通过清单化管理、一体化推进，确保全区 80 个参学单位和 795 个基层党组织主题教育高效推进。

图 1　2019 年 9 月 18 日，天心区委“不忘初心、牢记使命”主题教育读书班开班　（徐拓　摄）

二、明确目标，始终高位推进

区委常委会专题学习传达中央第一巡回督导组关于“五个更加注重要求”的指导意见，全面部署落实主题教育“全覆盖”和整改整治“两个百分百”专项排查工作，梳理 795 个基层党支部、20435 名党

员参学情况，公布已销号整改问题53675个，梳理区委、区政府上报整改事项561个，公开承诺的整改事项413个，推动逐个整改到位。坚持推动党内制度完善和发展，以研究建立长效机制为突破点，制定和修订制度115个，进一步释放发展活力，提高行政效能，深化主题教育“后半篇文章”。“网格呼叫、部门报到”基层治理机制以《长沙天心区网格化解难事办实事》为题被《人民日报》专题报道。

三、学用结合，抓实理论武装

着力于把科学理论转化为指导工作强有力的武器，党员领导干部坚持通读深读精读原著原文，通过区委理论学习中心组（扩大）集中学习、先进典型巡回报告会、第三次学习研讨交流、中共十九届四中全会精神集中宣讲、领导干部上党课等形式，跟进理论学习，树立身边典型，主动“领题”“开讲”，把学习宣传贯彻中共十九届四中全会精神引向深入，让理论学习成为一种舍不掉的习惯。结合党建引领基层社会治理创新，致力于推进思想政治工作网格化，把微党课结合最新政策、实用技能、志愿服务送到项目上，送到小区里，送到楼栋中，使学习教育成果落实落地。《长沙晚报》专栏刊登朱东铁学习全会精神体会的文章。

四、从严从实，规范政治生活

常委班子带头发扬斗争精神，高标准高质量开好民主生活会，并以普通党员身份参加专题组织生活会，用好批评和自我批评的锐利武器，达到了“红脸出汗”“排毒治病”的效果。同时，以两个会议为契机，抓好理论学习“补课”、检视问题“补火”、整改落实“开窗”，推动主题教育持续“升温”。在区委示范带动下，全区基层党组织落细落小具体要求，结合“三会一课”、组织生活会和民主评议党员工作、“双述双评”会议，邀请“两代表一委员”、新社会阶层人士、服务对象代表评议，再次“照镜子”、找差距、补短板，做到既坚持自我检视问题、自我整改提高，又主动接受群众监督、听取群众意见。

五、聚焦重点，整改整治到位

以清单式管理精准整治，区领导实地督导、主动跟进农村饮用水及改厕，老旧小区环境综合整治，软弱涣散党组织整顿，绿心地区违建项目整改复绿，交通安全等问题整改等52个重点问题整改，完成率100%，群众满意度100%，切实提升了主题教育的“含金量”。以项目化推进专题整改，细化教育医疗、生态环保、民生保障、市政建设等50个重点领域整治项目，落实264项具体措施。以零容忍态度跟进整改，坚持刀刃向内、正视问题，查处形式主义、官僚主义问题10起、处理36人，查处党员干部不担当不作为问题8起、处理33人，查处公职人员利用职权谋取私利问题2起、处理2人，营造了风清气正、务实高效的工作环境。以常态化调度盯住整改，坚持“当下改”“长久立”相结合，针对正在推进整改的网格问题，常态化听取意见、分类交办、跟踪问效，做到问题不解决不松劲、解决不彻底不放手、群众不认可不罢休。

六、竿头日进，认真总结评估

对照“开门搞教育”的要求，充分吸纳群众智慧，全面总结、广泛宣传主题教育期间形成的好经验、好做法，“不忘初心兴天心”示范化党性教育基地建设、全国社区治理和服务创新实验区建设成功申报并获批，中部首个大数据交易中心、全省首个人工智能产业园成功落地天心区。这些成功经验和做法分别在省、市得以推广，在对全区主题教育评估工作中，获得基层单位、企业代表、服务对象普遍点赞。针对总结情况，持续健全制度机制不放松。按照中共中央和省委、市委要求，探索建立管根本、利长远、重实效的“不忘初心、牢记使命”长效机制，不断地实践和提升，做到理论与实际结合、注重历史与现实贯通、坚持守正与创新统一，推动各项制度机制不断健全完善。党员职工和社会各界对区委常委班子开展主题教育好评率达到100%。

（区委组织部）

党建统领城市基层治理的新探索

——长沙市天心区大力推进“一统三化”基层治理改革

天心区以“城市基层党建年”为契机，以红色引领、网格治理、“三零”创建、服务暖心、榜样示范五项工程为抓手，通过加强党对城市基层的集中统一领导，推进党群服务标准化、城市管理网格化、社会治理协同化，形成“一统三化”基层治理的新格局。

一、以强化党的领导为根本点深化基层治理

推进社会治理，关键在党，重心在基层。天心区注重发挥党的全面领导在城市基层治理中的核心引领作用，推动基层治理创新不断向纵深发展。一是突出政治引领。始终坚持把引领基层治理作为基层党建的核心任务，不断强化党组织领导核心作用，凝聚党员群众的思想共识，确保基层治理的正确方向。通过集中宣讲、专题培训、反复研学习近平新时代中国特色社会主义思想、中共十九大精神和省、市决策部署，教育引导广大党员干部筑牢“四个意识”。二是实现全面覆盖。通过优化组织设置、强化组织功能，推动党组织动态延伸和全方位覆盖，采取“一格一支部”或“多格一支部”等方式，在全区418个基本网格中建立网格支部215个，网格党小组135个，功能性小区党支部45个，构建了“街道党工委—社区党总支（党委）—网格（小区）党支部—楼栋党小组”为基本框架的党组织体系。通过选拔一批基层党员干部或优秀志愿者兼任网格（小区）党支部书记，加强基层力量配备。三是创新治理模式。拓展“大党建”格局，邀请驻区机关单位、企业、社会组织和高校党组织负责人担任街道社区党组织兼职委员，建立区、街、社区三级党建联席会议制度。不断加强服务阵地建设，充分利用小区楼栋架空层、物业用房、公共活动区域、企事业单位闲置用房等资源，建成社区、网格、邻里三级党群服务中心183个，商圈楼宇党群服务中心12个，为党员群众提供方便、全面、就近的活动交流平台，真正做到党员群众在哪里，党的工作就跟进到哪里。

二、以满足群众需求为落脚点提升党群服务

始终坚持以居民需求为导向，以社区规划为框架，以机制创新为支撑，推进服务网络全覆盖、服务居民全方位、服务阵地全开放，围绕创建全国社区治理和服务创新实验区，打造社区15分钟生活服务圈。一是主动服务送上门。加快推进网格化建设，按照“3+X”的模式配备力量，“3”即每个网格设置一个党组织、一名专职网格员（网格管家）、一名科级领导干部联点。“X”即社会力量，包括辖区党员志愿者、“两代表一委员”、物业公司负责人、楼栋长等。在完成日常工作的基础上，要求网格管家安排更多的时间走街巷、进小区、入楼栋、访居民，重点帮扶特困供养人员、低保对象、空巢老人等特殊群体，让群众产生更多的获得感、幸福感和安全感。二是延时服务不打烊。建立“错时轮休，提升服务质量”的社区服务工作制度。工作日社区上班时间提前1小时，下班延后1小时。节假日社区公共服务阵地常态化开放的同时，安排2名社区工作人员值班，受理居民群众业务办理。完善社区（网格）网络服务平台，居民群众可以通过手机微信等方式随时随地联系到社区网格工作人员，全天候享受社区、网格为居民群众提供的“在线”服务。三是全科服务提效率。大力推进社区“全岗通”改革，打造“一专多能、一岗多责、全岗都通”的社区综合服务队伍，实现“一人在岗、事项通办”。通过推进政务便民服务“一件事一次办”改革，梳理出“最多跑一次”政务服务事项736项、“就近办”事项208项，让每一名社区工作人员都成为服务居民群

众的“全科医生”。四是九大工程惠民生。天心区坚持以人民为中心的发展理念，始终把增进民生福祉作为发展的根本目标，在基层治理改革中统筹实施社会保障、食品安全等九大民生福祉工程。2018年以来，先后投入8.5亿元用于完善基础教育、文化体育、社区阵地、卫生医疗、居家养老、公交站点等基础配套设施，不断满足居民服务需求。其中，改扩建学校11所，新增学位9000多个；新建居家养老服务中心4家，建立医疗联合体39个；对25个老旧社区进行了提质改造。

三、以加强党建引领为切入点优化城市管理

坚持党组织在基层治理中唱主角，构建四纵（区、街道、社区、子网格）四横（基层党建、公共服务、城市管理、社会治理）的综合管理网格，有序指挥着全区各条块的社会治理，逐步改变以往“九龙治水、条块分割”的局面。一是实行多网合一。转变原有的碎片式治理、单一式治理模式，以城市基层党建网为基础统领城市管理网、综合治理网、公共服务网，梳理整合党建、城管、综治、环保、安监、物业等网格管理事项223项，实现了“工作第一时间部署、问题第一时间处置、服务第一时间送达”。二是搭建智慧平台。组建区网格化综合服务中心，明确为区委直属的正科级事业单位。服务中心整合了数据采集、受理监督、指挥处置、综合评价、应用维护、工作考核等功能。通过服务中心、街道、社区、网格四级联动，社会治理更加精准精细。2018年，天心区中央环保督查反馈问题、省委巡视信访件、安全生产事故、重大恶性事件数量都大幅度下降，巡视案件数量为长沙市内五区最少，在中央环保督查“回头看”中是全市唯一没有重点案件的区县。尤其是“五一”小长假，天心区内五一商圈的人流、客流创历史新高，仅“五一”当天商圈人流量就达到55万人。面对前所未有的城市管理压力，通过服务中心的科学调度、高效指挥，确保节假日没有发生一起意外事件。三是建立“网格吹哨、部门报道”问题处置机制。为提升网格化管理的有效性和科学性，确定了三级问题处置机制：A级问题由社区（村）解决，B级问题由街道解决，C级问题由区直部门解决，实现50%以上的问题事项在基层自行解决。通过明确“提醒—警示—催办—督办—效能监察”的工作流程，对网格化综合管理中的案件上报、处置、办结、评价等环节进行量化记分，对承担网格化综合管理职责的相关部门和各街道实施分类分级考核。截至2019年4月，网格中心受理问题线索116131条，处理问题105821条，办结率达93.5%。

四、以优化运行机制为关键点推进共治共享

在基层社会治理中，优化体制机制，搭建多元平台，实现基层减负增效、职能归位。一是探索街道体制改革，实现重心下移、职能下放。推进城区街道体制改革，整合基层综合行政执法力量，把街道重心转到抓党建、抓治理、抓服务上来，逐步取消街道招商引资、协税护税职能。完善职能部门职责下沉街道准入制度，制定街道权力清单和责任清单，着力构建简约高效的基层管理体制。二是实施“三零”创建工程，提升群众幸福感、满意度。出台《关于加强党建引领推进“三零”街道、社区（村）创建实施方案》，着力通过党建引领，在全区创建一批居民零上访、安全零事故、治安零发案的街道、社区（村），实现基层治理组织体系更加健全，公共服务能力不断加强，生活生态环境舒适宜居，人民群众安全感、幸福感显著提升。三是做实“三社联动”，实现多方参与、共建共享。按照“有事好商量，众人的事情由众人商量”的思路，出台了《天心区推进基层协商民主建设实施办法》《天心区加强社区（村）民主协商的实施方案》等系列文件，在基层党组织的引导下，从区级层面到网格小区搭建“有事好商量”基层协商议事平台，探索组建了由“两代表一委员”、律师、业委会成员等参与的基层协商议事机构。全区已建成各类议事平台183个，开展集体议事554次，解决各类矛盾问题1100多个，营造了和谐自治、开放协商的良好氛围。

（区委办）

天心区机构改革工作纪实

中共十九届三中全会部署启动了波澜壮阔的党和国家机构改革，在省委、市委的统一指挥调度下，区委全面贯彻中共十九大和十九届二中、三中全会精神，坚决贯彻落实中共中央总书记习近平关于深化党和国家机构改革的重要论述，牢固树立“四个意识”，坚定“四个自信”，做到“两个维护”，始终在思想上、政治上、行动上与中共中央保持高度一致，以高度的政治站位、强烈的责任担当，全面统筹、高效高质地推动完成了天心区机构改革，为“融城核心、璀璨天心”建设提供有力的体制机制保障。

——加强改革组织领导。2018年11月1日，区委成立区委深化机构改革领导小组及其办公室，负责统一领导、协调、督促全区深化机构改革工作，下设3个工作组，分别负责综合协调、改革推进、后勤保障等相关工作。领导小组及其办公室多次召开会议，就部门职责分工、方案起草重大问题、退役军人部门先期筹备、审议《长沙市天心区机构改革方案（送审稿）》、人员转隶、机构改革动员大会筹备、新组建部门挂牌和办公用房分配等改革中的重大事项分析研究、部署安排，确保党对机构改革工作的全面领导；综合协调组以每日督导调度的方式积极推动改革，每日向市委深化机构改革领导小组综合协调组报送改革进度，汇总全区机构改革相关信息，确保改革按既定的时间表、路线图有序推进；改革推进组以“白加黑”“五加二”的拼搏精神，积极起草天心区机构改革方案，与省委深化机构改革领导小组市县改革组、市委深化机构改革领导小组县市区改革组多次对接，并及时向区委深化机构改革领导小组汇报，力求方案既符合中共中央和省委、市委机构改革要求，同时符合天心区发展实际，在反复斟酌修改完善后，形成切实可行的《长沙市天心区机构改革方案（送审稿）》；后勤保障组为全区深化机构改革动员大会等机构改革重要会议做好会务工作，提前谋划，摸清底数，确保新组建机构办公用房、机构挂牌、印章刻制按规定时限到位。

图2　2019年3月5日，天心区深化机构改革动员大会召开　（徐拓　摄）

——确保方案审批落地。2019年1月2日，召开区委深化机构改革领导小组会议，审议《长沙市天心区机构改革方案（送审稿）》，并提请区委常委会会议审议。1月3日，召开区委常委会会议，审议《长沙市天心区机构改革方案（送审稿）》，并提请区委全会审议。1月5日，召开区委五届七次全体（扩大）会议，审议《长沙市天心区机构改革方案（送审稿）》。1月14日，以区委名义向市委深化机构改革领导小组报送《长沙市天心区机构改革方案（送审稿）》，请求市级审核。3月1日，《中共长沙市委机构编制委员会关于长沙市天心区涉改科级事业单位调整的批复》印发。3月5日，《天心区机构改革方案》经省委主要领导签批后，天心区召开全区深化机构改革动员大会，全区机构改革正式进入实施阶段。3月8日，《中共长沙市委办公厅　长沙市人民政府办公厅关于印发〈天心区机构改革方案〉的通知》正式印发。

——推动改革落实落地。2019年1月29日，区委编办成立天心区机构改革“三定”规定审核组，确保机构改革“三定”规定印发顺利开展。3月12日，召开天心区机构改革“三定”工作部署暨培训会，部署安排培训“三定”规定起草审核印发工作。3月20日前，新组建机构部门办公用房、机构挂牌、机构印章、领导班子“四子”全部到位，以新机构名义开展业务。3月31日，部分涉改党政机关“三定”规定或机构编制调整文件印发，基本完成机构改革任务。4月22日，召开区委机构编制委员会2019年第一次会议，审议通过《天心区机构改革党政机关行政编制调整方案》《天心区机构改革事业单位事业编制调整方案》。会议结束后，其他涉改党政机关“三定”规定或机构编制调整文件全部印发。4月28日，召开机构改革行政编制调整通报会，通报行政编制调整情况，确保改革有序推进。6月12日，召开区委深化机构改革领导小组2019年第三次会议，会议审议通过14个街道“三定”规定。至9月底，人大机关、政协机关、群团机关、涉改事业单位“三定”规定或机构编制调整文件基本完成印发工作。全区各级各部门根据“三定”规定和机构编制调整文，及时对内设科室、职能职责进行理顺，对人员进行安排，对铭牌进行更换，实现了机构改革前后职能职责平稳过渡，各项工作无缝衔接。

（一）党政机构改革卓有成效

坚决维护中共中央集中统一领导和国家法制统一、政令统一、市场统一，对标对表中央和省委、市委，设置区委议事协调机构7个、党政机构35个、人大政协机构16个、正科级事业单位13个，从党委到人大、政府、政协，实现机构职能整体重构，确保上下贯通、执行有力。旗帜鲜明地把坚持和加强党的全面领导作为改革首要任务和核心内容，在体制机制上对党的集中统一领导作出制度性安排，完善了机构职能体系。组建优化全面深化改革、全面依法治区、网络安全、财经、外事、机构编制、教育、审计、农村和巡察等议事协调机构，进一步强化党对重要工作的领导地位，将加强党的领导落实到经济社会发展的各领域各方面各环节，党把方向、谋大局、定政策、促改革的能力进一步增强。突出优化机构设置和职能配置，提升机构履职效能。科学制定和严格落实“三定”规定，清理规范各类机构，按照一类事情原则上由一个部门统筹、一件事情原则上由一个部门负责，推进部门职责有机整合，重点对退役军人、应急管理、医疗保障做调整优化，实现机构职能整体性重构，机构履职更加顺畅高效。

（二）事业单位改革有序推进

对事业单位承担行政职能进行全面清理回归，抽调骨干力量与法律专家一道，对全区241家事业单位的1329项除执法权限外的行政职权，进行全面的梳理，将这些行政职能全部回归党政机关。对事业单位不合规的名称进行全面更名整合，按照中央关于“事业单位一律不再使用‘委、办、局、处’等名称”的要求，对全区30余家事业单位进行调整更名，对17家事业单位进行整合或撤销，实现了事业单位相对减少的目标和优化组合的效果。对事业单位“三定”规定进行全面理顺发文，2019年9月30日，在改革后半年内梳理出台103家事业单位“三定”规定和机构编制调整文，进一步强化事业单位公益属性，理顺职能职责，调整编制配置，实现了部门管理越位的退位、错位的正位、缺位的补位。

（三）街道管理体制构建完善

按照“5+1+4”的模式，全区14个街道统一设置了5个党政机构，即党政综合办、基层党建办、城市管理办、公共服务办、公共安全办；1个执法机构，即综合行政执法队；4个二级机构，即政务服务中心（加挂党群服务中心牌子）、网格化综合服务中心（加挂综治中心牌子）、退役军人服务站和财政所。另根据市委组织部批复，在暮云、南托和大托3个农村面积广、涉农工作重的街道，增设农业农村办。领导班子严格按照《长沙市机构编制委员会关于明确全市街道领导职数核定标准的通知》文件进行配备，为街道核增事业编制105名。改革后，全区14个街道有行政编制190名，事业编制608名。2019年6月12日，完成街道“三定”规定的制定下发；7月前，完成街道机构挂牌、人员调整等相关任务。

（四）综合执法改革探索前行

组织对农业农村、交通运输、生态环境、城市管理、文化市场、市场监管六大领域综合执法机构情况进行多轮摸底和实地调研，多次与相关职能部门研讨会商。积极推动综合执法队伍编制划转、人员转隶等工作，为改革顺利推进提供重要的人员力量保障。同时，按照省委《关于全面加强基层建设的若干意见》要求，积极推行“一支队伍管执法”，在街道成立综合行政执法队。全面完成交通、环保领域综合行政执法改革，接收市场监管领域执法机构人员编制，按要求锁定城市管理和文化市场领域完成执法人员编制，农业领域的区级相关执法权限收回市级。综合执法改革待中央相关法律法规与政策明确后，积极有序推进。

（区委编办）

图 3　2019 年 3 月 26 日，中共长沙市天心区委办公室办挂牌　（区委办供图）

图 4　2019 年 3 月 20 日，长沙市天心区文化旅游体育局挂牌　（区文旅体育局供图）

中共长沙市天心区委机构设置

- ◆纪律检查委员会、监察委员会机关
- ◆办公室
- ◆组织部
- ◆宣传部
- ◆统一战线工作部
- ◆政法委员会
- ◆全面深化改革委员会办公室（设在区委办公室）
- ◆全面依法治区委员会办公室（设在区司法局）
- ◆网络安全和信息化委员会办公室
- ◆财经委员会办公室（设在区委办公室）
- ◆外事工作委员会办公室（设在区委办公室）
- ◆机构编制委员会办公室
- ◆审计委员会办公室（设在区审计局）
- ◆教育工作领导小组秘书组（由区教育局承担职责）
- ◆农村工作领导小组办公室（设在区农业农村局）
- ◆巡察工作领导小组办公室

说　明

中共长沙市天心区委设置纪检监察机关 1 个，计入机构限额的工作机关 8 个（设在相关部门的议事协调机构的办事机构不计入机构限额）。其中，纪律检查委员会与监察委员会合署办公，实行一套工作机构、两个机关名称；办公室加挂直属机关工作委员会、档案局牌子；组织部加挂非公有制经济组织和社会组织工作委员会、公务员局、老干部局牌子；宣传部加挂新闻出版局（版权局）、精神文明建设指导委员会办公室牌子；网络安全和信息化委员会办公室加挂互联网信息办公室牌子。

天心区人民政府机构设置

- ◆办公室
- ◆发展和改革局
- ◆教育局
- ◆科学技术局
- ◆工业和信息化局
- ◆民族宗教事务局
- ◆民政局
- ◆司法局
- ◆财政局
- ◆人力资源和社会保障局
- ◆住房和城乡建设局（人民防空办公室）
- ◆交通运输局
- ◆农业农村局
- ◆商务局
- ◆文化旅游体育局
- ◆卫生健康局
- ◆审计局
- ◆退役军人事务局
- ◆应急管理局
- ◆市场监督管理局
- ◆统计局
- ◆城市管理和综合执法局
- ◆行政审批服务局
- ◆信访局
- ◆医疗保障局
- ◆城市人居环境局

说　明

天心区人民政府设置工作机构 26 个。工业和信息化局加挂数据资源管理局牌子；人民防空办公室与住房和城乡建设局合署办公，实行一套工作机构、两个机关名称；农业农村局加挂林业水利局、扶贫开发办公室牌子；应急管理局加挂防汛抗旱指挥部办公室牌子；市场监督管理局加挂知识产权局牌子。

天心区人大、政协机构设置

人大机构
- 常委会办事（工作）机构
  - ◆办公室
  - ◆选举任免联络工作委员会
- 专门委员会
  - ◆民族华侨外事委员会
  - ◆监察和司法委员会
  - ◆财政经济委员会
  - ◆教育科学文化卫生委员会
  - ◆环境与资源保护委员会
  - ◆农业与农村委员会
  - ◆社会建设委员会

政协机构
- 办事机构
  - ◆办公室
- 专门委员会
  - ◆委员学习联络委员会
  - ◆提案委员会
  - ◆经济科技和外事委员会
  - ◆农业农村和人口资源环境委员会
  - ◆文教卫体和文史委员会
  - ◆社会法制和民族宗教委员会

说　明

天心区人大常委会办公室加挂信访办公室牌子；人大法制委员会与监察和司法委员会合署办公；人大常委会预算工作委员会与人大财政经济委员会合署办公。

大事记

1月

4—5日　2019年天心区委务虚会、区委五届七次全体（扩大）会议暨经济工作会议召开。

14日　天心区政府五届四次全体（扩大）会议召开。

是日　天心区委副书记、区长黄滔到天心经开区（新）调研园区发展工作。

17日　2018年度绩效考核述职测评大会召开。

图5　2019年1月19日，湖南省委副书记、省长许达哲（前中）到天心区麦德龙生活超市，检查食品和消防安全　（徐拓　摄）

21日　天心区启动文明旅游网络宣传活动。

23日　天心区委书记朱东铁实地调研乡村振兴战略、美丽乡村建设和河长制工作。

24日　天心区蓝天保卫战工作领导小组第一次全体会议召开。

是日　湖南省长沙市一中城南中学签约暨项目启动仪式在天心区南托街道举行。

29日　黄滔带队调研河长制和农村人居环境整治村庄清洁行动工作。

是日　长沙火宫殿城大庙会启动。

30日　天心区五届纪委第四次全体会议召开。

是日　2019年驻天心区金融机构座谈会召开。

31日　天心区党组织书记抓基层党建暨落实意识形态工作责任制述职评议会议召开。

2月

1日　湖南省首家智能书店——乐之书店24小时智能书屋在天心区开业。

是日　天心区启动政府采购云服务平台。

2日　天心区委常委会召开2018年度民主生活会。

是日　“聚力青园　共建家园”青园街道区域化党建引领网格治理主题活动举行。

11日　天心区营商环境优化暨项目建设推进大会召开。

是日　朱东铁、黄滔调研天心经开区（新）。

12日　湖南省政府副省长何报翔到天心区调研一力物流园工作。

是日　长沙市委常委、市委统战部部长谭小平带队调研天心经开区（新）。

15日　南部片区建设座谈会召开。

18日　湖南省委常委、长沙市委书记胡衡华调研中国电子科技集团公司第四十八研究所。

19日　天心区启动“健康校园”行动，覆盖60所中小学、131所托幼机构。

是日　“诚信天心　同心家园　味美大托”暨第四届大托小镇生态休闲美食节举行。

20日　天心区司法行政工作暨优化营商环境专题部署会议召开。

23 日　天心区信访工作座谈会召开。

26 日　朱东铁调研督查安全生产、蓝天保卫战工作。

27 日　第十一届湖南光召科技奖公布，天心区辖区 5 家单位获奖。

是日　天心区 2019 年税务工作会议暨全面从严治党工作会议召开。

是日　天心区启动人工智能进乡村行动。

是日　长沙市委副书记朱健到天心区调研园区产业项目建设和营商环境优化工作。

28 日　天心区政府首试 AB 角工作制度，一人不在岗另一人补位。

是日　绿心地区工业企业退出工作座谈会召开。

是日　天心区"爱眼•护眼"中小学生手抄报比赛评优表彰会在雅礼天心中学举行，是天心区首次以"爱眼•护眼"为主题举办全区联动健康教育创新活动。

图 6　2019 年 2 月 28 日，天心区委政法工作暨禁毒工作会议召开。图为见义勇为先进个人领受证书奖金　（徐拓　摄）

3 月

1 日　天心区率先在全省将每月 1 日（遇节假日顺延）设立为"区长企业接待日"，搭建起一个企业与政府面对面零距离交流的平台。

2 日　黄滔调研城市有机更新和"一圈两场三道"工作。

4 日　省府新区征拆工作誓师大会召开。

5 日　天心区深化机构改革动员大会召开。

是日　天心区启动新时代文明实践中心主题标识（LOGO）设计征集活动。

6 日　天心区庆"三八"国际妇女节暨"活力巾帼　健康天心"趣味跳绳竞赛活动举行。

8 日　天心区政府领导班子 2018 年度民主生活会召开。

11 日　天心区与国网长沙供电公司举行电网建设推进协议签约仪式。

是日　黄滔调研绿心禁限开发区违建项目整改工作。

12 日　天心区召开机构改革"三定"工作部署暨培训会。

是日　天心区开展第一总河长巡河暨调度防汛备汛工作。

是日　以"抗击雾霾我有责，植树造绿现蓝天"为主题的全民义务植树活动举行。

15 日　胡衡华调研天心区经济社会发展。

18 日　朱东铁暗访蓝天保卫战、长株潭商圈提质提档工作。

19 日　天心区 2019 年产业项目建设年"重大项目集中签约"暨营商环境优化年"招商顾问"聘任仪式举行。

20 日　湖南省首家区级企业服务中心——天心区企业服务中心挂牌成立。

是日　天心区扫黑除恶专项斗争约谈暨廉政谈话会议召开。

20—25 日　天心区涉改单位集中挂牌。

22 日　天心区 2019 年公安工作会议召开。

是日　湖南省科技厅党组书记、厅长童旭东到天心区调研顶立科技、南方数码科技、远景经纬空间信息技术公司等重点企业科技创新和运营情况。

是日　朱东铁、黄滔调研全区学校建设工作。

23 日　第九届"爱在春天"南湖女性健康节在天心区举行。

是日　朱东铁调研长沙"外滩"棚改工作及天心经开区（新）经济社会发展情况。

是日　全国第 24 个中小学生安全教育日活动暨天心区"十万师生同上安全课"主题活动在天心区中小学、幼儿园举行。

25 日　天心区委审计委员会办公室挂牌成立。

26 日　2019 年小学科学课堂教学改革研讨会在天心区召开。

26—27 日　2019 年小学科学课堂教学改革研讨展示活动在天心区举行。

27 日　天心区首届“雷锋传人•天心榜样”评选表彰活动举行。

28 日　天心区举行重大项目集中开工仪式。

29 日　天心区“共护湘江水•共享天心美”高校认领河流启动仪式举行。

是日　天心区召开重点地区、重点行业挂牌整治工作调度会。

4 月

2 日　天心区第四次全国经济普查工作推进会召开。

是日　黄滔专题调研长沙“外滩”板块棚改工作。

是日　2019 年产业项目建设年“精准招商大行动”暨重点楼宇“楼长制”工作动员推进会召开。

4 日　天心区“减税降费•天心同行”便民办税春风专列暨第 28 个全国税收宣传月启动仪式举行。

8 日　天心区农村交通安全工作部署会暨城市道路交通“保安全、保畅通”岁末年初大决战总结会议召开。

10 日　湖南省纪委常委，长沙市委常委、市纪委书记、市监委主任蔡亭英带队到天心区督导防汛抗旱工作。

11 日　长沙市人大常委会主任程水泉到五一商圈调研。

12 日　黄滔调研长沙“外滩”项目及有机更新工作。

15 日　长沙天心区（深圳）招商推介会暨重大项目签约仪式在深圳市举行。长沙天心经开区（新）等单位与启迪网安、北京金山云、深圳市勘察测绘院有限公司等大湾区重点企业签约重大项目 16 个，项目金额 110 亿元。

15—19 日，天心区委政法委督导全区扫黑除恶专项斗争开展情况。

16 日　2019 年天心区安全生产、森林防灭火、防汛抗旱工作会议召开。

中旬，天心区成功获批全国社区治理和服务创新实验区，系湖南省仅有的两家之一。

23 日　朱东铁会见长房集团董事长李建国一行。

24 日　湘潭市政协考察团到天心区，围绕长株潭一体化推进实施情况及长株潭融城引领推进长沙市高质量发展的先进经验和主要做法进行考察。

26 日　天心区召开创建全国社区治理和服务创新实验区动员大会。

28—29 日　黄滔到通道县调研对口扶贫工作。

30 日　天心区委全面深化改革委员会第一次会议召开。

是日　天心区庆祝中华人民共和国成立 70 周年、纪念五四运动 100 周年系列活动之“青春心向党　建功新时代——新青年助力行动”主题活动在区政府三楼举行。活动现场启动天心新青年助力计划“五百工程”。

5 月

6 日　天心区企业“入规、升高、上市”及“四经普”工作调度会议召开。

7 日　《关于打造天心阁历史文化街区成为（AAAAA）旅游景区的建议》重点提案办前协商会议召开。

10 日　天心区委经济形势分析暨三大板块建设工作推进会议召开。

图 7　　2019 年 5 月 10 日，湖南省首个 5G 网络全域覆盖区 AI 应用发布会在天心区举行　（徐拓　摄）

是日　民政部基层政权建设和社区治理司副司长刘汉权带队到天心区调研。

13 日　黄滔调度全区禁毒和扫黑除恶工作。

15 日　天心区委审计委员会第一次会议召开。

是日　朱东铁带队调研老城区有机更新及五一商圈提质改造工作。

19 日　2019 年“中国旅游日”湖南分会场活动在天心区启动。

21 日　天心区生态环境保护委员会会议召开。

是日　2019 年科技活动周暨全国科技工作者日

活动在湖南省地质博物馆举行启动仪式。

22—24 日　朱东铁带队到武汉、北京、济南三地开展招商活动。

27 日　长沙市政协主席会议成员就“推动南部片区建设及绿心地区保护发展”开展调研。

29 日　湖南省委常委、省委政法委书记李殿勋调研天心区公共法律服务中心。

是月　“天心数谷”空间布局图公布。

6 月

3 日　湖南省副省长、省公安厅厅长许显辉到天心区杜甫江阁现场调研焰火晚会核心区域安保和警力部署等情况。

12 日　天心区经济工作暨“四经普”工作会议召开。

14 日　天心区 2019 年电网建设“630 攻坚”座谈会召开。

17 日　朱东铁、黄滔带队调度全区重大项目建设工作。

18 日　天心区委财经委员会第一次会议召开。

20 日　民政部部长黄树贤到天心区调研。

是日　天心区召开生活垃圾分类工作动员部署大会。

21 日　全区“产业项目建设年”“营商环境优化年”工作推进讲评会、市对区绩效考核动员部署会、区文明委全体（扩大）会议召开。

是日　黄滔专题调研长沙天心文化（广告）产业园工作。

22—26 日　黄滔带队到浙江德清、上海开展招商活动。

26 日　大托小学征拆项目集中签约完成。

27 日　天心区委书记、第一总河长朱东铁，区委副书记、区长、总河长黄滔率队开展巡河工作。

27 日　江西省政府副省长吴忠琼带队调研天心区。

7 月

8 日　湖南省政府副省长吴桂英调研长沙天心文化（广告）产业园工作。

是日　蓝天保卫战工作领导小组第二次全体会议暨工作讲评会召开。

18 日　天心区年轻干部座谈会暨优秀年轻干部训练营开班动员会召开。

23 日　长沙市委副书记、市长、湖南湘江新区党工委书记胡忠雄到天心区调研扫黑除恶及禁毒工作。

24—25 日　天心区五届人大五次会议召开。

26 日　天心区献礼中华人民共和国成立 70 周年暨庆祝人民政协成立 70 周年文艺会演活动在湖南音乐厅群星剧场举行。

图 8　2019 年 7 月 30 日，天心区 2019 年重点招商资源推介会暨“筑梦天心 • 商汇天心”异地商会企业家天心行活动举行　（徐拓　摄）

29 日　黄滔调研城管系统工作。

31 日　天心区新的社会阶层人士服务团成立仪式在“天心区党外人士同心教育基地”——桂花坪街道金桂社区“心中的梁家河”举行。

是月　抗洪期间，天心区兴马洲 2 小时完成 400 余人有序大转移。

8 月

1 日　天心区上市挂牌（拟）企业座谈会召开。

7 日　湖南省政府副省长陈文浩到天心区调研城市管理工作。

9 日　黄滔专题调度安全生产工作。

12 日　天心区平安建设领导小组及其办公室成立。

13 日　蓝天保卫战工作领导小组第三次全体会议暨双月工作讲评会议召开。

15 日　胡忠雄到天心经开区（新）调研大数据（含地理信息）产业链建设工作。

19 日　胡忠雄调研天心区科技和知识产权工作。

20 日　长沙人力资源服务产业园获批为中国长

沙人力资源服务产业园。

是日　天心区委审计委员会第二次会议召开。

23 日　明德天心小学挂牌仪式、雅礼外国语学校挂牌仪式举行。

26 日　胡忠雄到天心区调研湘雅五医院、湘府路快速化改造项目。

是日　天心区政府常务会议研究扫黑除恶专项斗争。

28 日　天心区发展夜间经济工作座谈会在天心区人民政府举行。

是日　朱东铁专题调研优化营商环境工作。

29—30 日　黄滔带队到龙山县洛塔乡调研对口帮扶工作。

图 9　2019 年 9 月 7 日，湖南省首个“夜间经济服务中心”——天心区夜间经济服务中心在黄兴南路步行街中心广场启动运行　（徐拓　摄）

9 月

4 日　胡忠雄到天心区调研中国长沙人力资源服务产业园工作。

5 日　天心区教育工作座谈会召开。

10 日　天心区启动“文明交通进校园”三年行动计划。

是日　天心区政府“不忘初心、牢记使命”主题教育工作会议召开。

12 日　长沙市委“不忘初心、牢记使命”主题教育第五指导组进驻天心区。

18 日　天心区委“不忘初心、牢记使命”主题教育读书班开班。

27 日　国家广告产业园区绩效考核评估专家组到天心区对国家级长沙天心文化广告产业园进行考核评估。

是日　天心区“市容环境大扫除，干干净净迎国庆”大清扫活动举行。

29 日　天心区重大项目集中开工活动举行。

是日　“老城提质现古韵，魅力老街入眼来”下河街片区采风活动在天心区解放西路太平街口启动。

10 月

1 日　天心区区属各单位集中收看庆祝中华人民共和国成立 70 周年大会直播。

8 日　天心区举行庆祝中华人民共和国成立 70 周年升国旗仪式。

9 日　天心区委外事工作委员会第一次会议召开。

12 日　天心区政府与阿里巴巴盒马鲜生在长沙天心文化（广告）产业园开展合作洽谈。

14—16 日　黄滔带队到北京开展招商活动。

15 日　长沙市“祝福聚人心　爱国在天心”网络文明传播暨天心区“最美系列”表彰仪式举行。

是日　天心区召开配合中央扫黑除恶督导“回头看”暨“不忘初心、牢记使命”主题教育专项整治工作推进会。

16 日　胡衡华到天心区调研指导“不忘初心、牢记使命”主题教育工作。

是日　湖南省委“不忘初心、牢记使命”主题教育第一巡回指导组副组长、省政府办公厅巡视员首建中一行到天心区调研主题教育开展情况。

18 日　第四届天心阁峰会暨首届中国·长沙文化创意设计大赛颁奖典礼在长沙天心文化（广告）产业园举行。

是日　天心区政府与浪尖集团开展合作洽谈。

25 日　湖南日报社党组书记、社长，湖南日报报业集团有限公司董事长、党委书记孔和平调研天心区。

27 日　天心区首个智慧环卫示范区启用仪式举行。

29 日　天心区委常委会召开“不忘初心、牢记使命”主题教育调研成果交流会。

11 月

5 日　天心区法治政府创建工作会议召开。

8日　谭小平带队到天心区，就优化营商环境、统一战线服务中心工作等进行调研。

13日　黄滔调研湖南文和友文化产业发展集团。

15日　天心区举办第十九期钱学森论坛暨2019长沙空间信息产业国际博览会。

17日　长沙“满天星”文明共建天心区专场活动在黄兴南路步行街中心广场举行。

18日　天心区贯彻落实中央、省、市惠台政策暨项目签约仪式举行。

21日　“历史老城归本源，有机更新看天心”老长沙文化研讨座谈会在新湖南大厦举行。

是日　天心区农村工作领导小组会议召开。

25日　北京四维图新科技股份有限公司考察天心经开区（新）。

28日　朱东铁会见中交房地产集团副总经理周济。

12月

2日　湖南省人工智能产业园（长沙天心）授牌，为全省首家正式授牌的人工智能产业园。

3日　黄滔专题调研2020年省政府片区市政道路建设工作。

4日　《2019中国城区综合竞争力百强研究》发布，天心区排名71位，较2018年上升14个位次。

6日　长沙天心区政府门户网站——天心区公众信息网以总分81.4分的成绩排名全国区县级政府网站第22名、湖南省区县级政府网站第一名。

8—9日　民政部专家组对天心区社区治理和服务创新实验区中期评估。

9日　文和友龙虾馆获评“中国服务”旅游产品创意案例及旅游工匠精神案例。

18日　天心区生活垃圾分类集中攻坚行动推进会议召开。

19日　长沙市天心区科技创新联盟（简称“科创联盟”）成立。

22日　“走进老长沙•同心唱盛世”——天心区新的社会阶层人士服务有机更新活动在天心区坡子街街道仁美园文化公园举行。

23日　天心区政府五届五次全体（扩大）会议召开。

24日　国家禁毒委员会常务副秘书长、公安部禁毒局局长梁云一行到天心区坡子街街道调研禁毒工作。

25—26日　政协天心区第五届委员会第四次会议召开。

26—27日　天心区五届人大六次会议召开。

26日　湖南省政协主席李微微到天心区调研湖南远航控股集团有限公司及天心数谷•智能经济产业基地。

27日　中国版权共享课堂（第22期）在长沙天心文化（广告）产业园举办。

是日　天心区“有事好商量”基层协商议事机制创新案例，获评全国城市基层党建创新优秀案例奖。

30日　天心区委务虚会议召开。

31日　天心区委五届八次全体（扩大）会议暨经济工作会议召开。

图10　2019年12月12日，全市重大产业项目观摩现场点评会在天心区召开　（徐拓　摄）

天心概览

自然地理

【区域位置】 天心区位于湖南省省会长沙市城区南部，前身为南区，得名于长沙城著名地标天心古阁。区域范围东以黄兴路、芙蓉中路、韶山路为界，与芙蓉区、雨花区交界，南至暮云，与湘潭昭山示范区毗邻；西临湘江，以湘江主航道中心线为界，与岳麓区隔江相望；北抵五一路，与开福区接壤。辖区总面积137.39平方千米，湘江岸线天心段长32千米，具有滨江（湘江）、临洲（橘子洲）、望岳（岳麓山）的独特优势，是长沙“山水洲城”魅力的最佳展示区域。区机关驻地湘府中路298号。 （年鉴编辑部）

【地质地貌】 全区处于湘中丘陵向洞庭湖平原过渡地带，地域成南北长、东西窄的地理走向，南北20余千米。地形呈波状起伏，地势南北低、中部为丘陵地带，略高，由东向西略斜，西部地势平坦。由于长期风雨侵蚀，形成红土岗地，地质呈酸性。全区成土母质以板页岩风化物为主（占48.8%），其次为第四纪红土，沙砾岩则集中分布于桂花坪、青园等丘陵地带，土质肥沃的水稻土集中于大托铺街道临江的5个村。鹅洲和兴马洲为湘江上独立的沙洲，特别是京广线以西湖区湘江沉积扇上，适宜于多种农作物的生长。 （年鉴编辑部）

【水文气候】 全区地处北部亚热带暖湿区域，具有四季分明、春温多变、夏秋多晴、严冬期短、暑热期长的典型内陆季风性湿润温和气候的特点。年平均气温17.2℃，冬季平均气温4.6℃。夏季平均气温29.5℃。年平均日照1730小时，年平均无霜期275天左右，年平均降水量1420毫米。区域内淡水资源丰富，防御自然灾害能力较强，发展经济条件十分便利。南部120平方千米的天心生态新城，山体植被保护良好，空气清新、环境怡人，是全国生态示范区。

（年鉴编辑部）

人口 民族

【人口】 2019年年末，天心区人口总户数19.36万户，户政人口数50.66万人，常住人口66.60万人，出生率12.47‰，死亡率4.99‰，人口自然增长率7.48‰，出生性别比为107.18（以女性为100），城镇化率96.6%。 （区统计局）

【民族】 2019年，天心区辖区范围内的民族有汉族、蒙古族、回族、藏族、维吾尔族、苗族、彝族、壮族、朝鲜族、满族、侗族、纳西族、哈尼族、土家族、傣族、黎族、布依族、佤族、塔塔尔族、水族、高山族、景颇族、畲族、仫佬族、普米族、白族、仡佬族、锡伯族、瑶族、俄罗斯族、土族、傈僳族。其中，以汉族为主，其后依次为土家族、苗族、回族、侗族、瑶族等。 （周　强）

建置 区划

【中华民国时期】 1927年，国民党执政当局实行“五家挨户联法”，以五家为一联，二联为一牌，十牌为一甲。南区有四十七个团、区，团为军政合一建制，此建制延伸至1933年建市。1934年，长沙城内设4个区，城南区为第二区，6月成立第二区区公所，驻地朗公庙（今朗公街）。辖4个坊、15个保。1938年，长沙市废除区、坊、保、甲四级，改为镇、保、甲三级建置，城南区改为黄道镇、礼贤镇、天心镇。11月“文夕”大火后，长沙市政府裁撤，原范围归属长沙县管辖，城区分城南、城北两镇。1942年年初，恢复长沙市政府后，城区划为城东、城西、城南（镇址鳌山庙）、城北、城中（镇址火药局）5镇。1944年1月，镇、乡改区，长沙市划为东、南、西、北、会春、文艺、金盆、岳麓8区。抗日战争胜利后，城南恢复区建置，辖8个保。1947年2月，扩充为14个保、453个甲，后调整为292个甲。此建置直至长沙解放。

（年鉴编辑部）

【中华人民共和国成立后】 1949年8月5日，长沙和平解放，市人民政府派军代表接管城南区警察分局及下设四、五、六分驻所。8月26日，成立城南区公安分局。27日，市接管国民政府城南区公所。9月，撤销旧区公所，成立城南区人民区公所，所址在下黎家坡。1950年6月，全区废除原3个公安分驻所、14个保、292个甲，按地域成立城南路、天心阁、西湖路、社坛街、灵官渡、楚湘街、织机街7个居民委员会。1950年9月，金盆区南大十字路（后更名为南大路）和裕南街2个居民委员会划归南区。1951年5月，南区织机街居民委员会划属东区，西湖路居民委员会划属西区。1952年，7个居民委员会均改为街道人民代表大会常务委员会办事处，次年改称街道办事处。1954年，区域调整。全区设南大路、新兴路、裕南街、天心阁、楚湘街、城南路、灵官渡7个街道办事处。1955年5月，城南区人民政府改称城南区人民委员会。1960年4月，区人民委员会撤销，成立长沙市妙高峰人民公社，驻地席草田7号，下辖8个分社（含1个农业分社）。1961年9月26日，妙高峰人民公社撤销，恢复城南区人民委员会。1968年9月，成立南区革命委员会，取代城南区人民委员会。1980年10月28日，撤销南区革命委员会，成立南区人民政府。1996年7月10日，南区更名为天心区，辖9街1镇、68个社区居委会、12个村委会。2012年7月10日，区委、区政府决定对部分街道行政区划调整：撤销坡子街街道、学院街街道、书院路街道，合并组建新的坡子街街道；将原金盆岭街道析置为金盆岭街道和赤岭路街道；将原新开铺街道析置为新开铺街道和文源街道；撤销大托镇，析置为黑石铺街道、大托铺街道和先锋街道。至此，天心区由原来的9街1镇调整为坡子街、城南路、裕南街、金盆岭、赤岭路、新开铺、文源、桂花坪、青园、黑石铺、大托铺、先锋12个街道办事处。2015年1月15日，长沙市政府决定将长沙县暮云街道和南托街道划入天心区，天心区所辖街道办事处由12个增至14个。2016年，根据全市统一部署，全区开展合并村工作。

（年鉴编辑部）

【现行政区划】2019年年末，长沙市天心区有14个街道：坡子街、城南路、裕南街、金盆岭、赤岭路、新开铺、文源、桂花坪、青园、黑石铺、大托铺、先锋、暮云、南托，下辖83个社区、12个村、1个管委会（新开管委会）。

（年鉴编辑部）

国民经济和社会发展

【概况】 2019年，天心区全面贯彻落实习近平新时代中国特色社会主义思想和中共十九大，以及十九届二中、三中、四中全会精神，自觉践行新发展理念，围绕“融城核心、璀璨天心”建设，为实施“北提南进、服务引领、民生造福”发展战略，深入推进“产业项目建设年”“营商环境优化年”“三大攻坚战”和省、市、区三级“民生实事工程”，全区经济社会发展呈现稳中有进、稳中向好的态势。

全年实现地区生产总值（GDP）1080.64亿元，比上年增长8.5%。分产业看，第一产业实现增加值1.45亿元，下降4.8%；第二产业实现增加值324.89亿元，增长7.2%；第三产业实现增加值754.30亿元，增长9.2%。第一、第二、第三产业分别拉动GDP增长0个、2.4个、6.1个百分点，三次产业对GDP增长贡献率分别为-0.1%、28.5%、71.6%。

全年完成一般公共预算收入142.33亿元，比上年增长3.2%。其中，地方一般公共预算收入46.19亿元，增长11.8%。一般公共预算支出63.19亿元，增长4.2%。

天心区城镇新增就业12192人，失业人员再就业4900人，就业困难对象再就业2401人；年末城镇登记失业率2.03%，零就业家庭100%动态清零；新增农村劳动力转移就业405人。（梁海龙）

【农业】 2019年，天心区实现农林牧渔业增加值1.52亿元，比上年下降5.2%。其中，农业增加值1.22亿元，下降7.1%；牧业增加值0.11亿元，增长14.0%；渔业增加值0.12亿元，增长6.0%；农林牧渔服务业增加值0.07亿元，下降13.4%。

全年粮食总产量8082吨，比上年下降0.5%。其中，稻谷产量7803吨，下降1.4%。蔬菜产量36758吨，下降9.1%。（梁海龙）

【工业和建筑业】 2019年，天心区全部工业增加值比上年增长3.7%，其中规模以上工业增加值增长3.4%。

天心区具有建筑业资质等级的独立核算企业78家（不包括劳务分包企业），其中特级4家、一级40家。全年完成建筑业总产值1143.11亿元，比上年增长21.0%；实现建筑业增加值209.47亿元，增长9.9%。（梁海龙）

【固定资产投资】 2019年，天心区完成全社会固定资产投资比上年增长10.0%。全区计划总投资超过5000万元的在建项目（不含房地产开发）109个，完成投资占固定投资总额的41.2%。分产业看，第二产业完成投资增长74.9%，其中工业投资增长76.8%；第三产业完成投资增长2.1%。

全年房地产开发投资比上年下降29.2%。商品房销售面积136.12万平方米，下降30.7%。其中，住宅销售面积116.67万平方米，下降31.1%；商品房销售额134.02亿元，下降22.7%。其中，住宅销售额110.23亿元，下降21.7%。（梁海龙）

【国内贸易、商务和招商引资】 2019年，天心区社会消费品零售总额603.51亿元，比上年增长9.7%，占全市社会消费品零售总额比重为11.5%。按行业分，批发业零售总额59.83亿元，增长7.2%；零售业零售总额456.36亿元，增长9.0%；住宿业零售总额6.03亿元，增长11.1%；餐饮业零售总额81.29亿元，增长15.5%。

限额以上批发和零售业单位商品零售额比上年增长8.1%。分类别看，汽车类零售额增长14.2%；服装、鞋帽、针纺织品类零售额增长19.3%；家用电器和音像器材类零售额下降26.0%；石油及制品类零售额增长24.7%。

全年内外资招商项目（企业）223个，实际利用外资8.13亿美元，比上年增长9.4%；实际到位省外境内资金166.79亿元，增长17.9%。（梁海龙）

【教育和科学技术】 2019年，天心区拥有普通中学15所（含九年一贯制学校2所）、中等职业教育学校3所、普通小学52所（含教学点1个）、幼儿园137所。普通中学在校学生27589人，教职工2414人；中等职业教育学校在校学生3497人，教职工268人；普通小学在校学生48498人，教职工2582人；幼儿园入托儿童25672人，幼师3821人。全区小学生毕业合格率达100%，高考二本上线率达68.8%，高考录取率达90.7%。生均公用经费小学800元/生·年，初中1000元/生·年。

全年实现高新技术产业增加值比上年增长16.1%。完成科技新产品开发193项，增长19.1%。专利申请3418项，增长18.3%。其中，发明专利申请1755件，增长24.9%。专利授权1478件，增长5.2%。其中，发明专利授权361件，增长22.0%。（梁海龙）

【文化、体育和卫生】 2019年，天心区共有非物质文化遗产项目资源27个，“非遗”展示中心1个，文化馆1个，公共图书馆10个（24小时自助图书馆3个），街道文化站14个，示范性街道综合文化站14个，示范性社区（村）综合文化服务中心88个，绿色上网场所75个，农家书屋30个。

开展全民健身项目740项次，全区全民健身运动参加人数达55万人次。全年发展社会体育指导员383人，年末拥有各级社会体育指导员3113人，健身辅导站14个，公共体育场地1033个。

天心区拥有医疗卫生机构440个，其中疾控中心1个、妇幼保健所1个、区人民医院1个、社区卫生服务中心13个、社区卫生服务站46个、驻区企事业单位医疗机构34个、其他医疗结构344家。全年建立电子健康档案488625份，建档率达到73.6%。管理65岁以上常住居民28909人，高血压、糖尿病规范管理人数分别为34657人和13429人，慢性病规范化管理率均达74.0%以上。区级注册卫生技术人员7508人，比上年增加357人，其中医生2952人，比上年增加70人；护师护士4556人，比上年增加287人。（梁海龙）

【环境保护和安全生产】 2019年，天心区环保共审批建设项目8件。全年空气质量优良率达到75.3%，优良天数为275天。

全年各类生产安全事故死亡4人，其中生产经营性道路交通事故死亡4人；铁路运输事故死亡0人；工矿商贸企业从业人员死亡0人。亿元GDP各类安全事故死亡人数0.004人。（梁海龙）

【人民生活和社会保障】2019年，天心区城镇居民人均可支配收入59159元，比上年增长8.6%，高于全市平均水平3948元。

全区城市低保对象27149户次、40839人次，累计发放低保金、物价补贴、过节费等1887.57万元；农村低保对象4451户次、8908人次，累计发放低保金、物价补贴、过节费等377.95万元；申请廉租房及廉租房补贴510户。全年共发放城乡困难居民医疗救助金704.21万元、1499人次；特困供养2874户次、2943人次，供养资金219.82万元；新建1个居家养老服务中心。（梁海龙）

精神文明建设

【概况】2019年，天心区聚焦创建重点，实现文明风尚定向传播，突出“参与度”，重在抓素质提升。全年开展系列传统文化及市民教育活动100余场，基层群众参与人数20余万人次。“文润天心礼让先行”行动覆盖全区，开展文明劝导专项行动46次，发动志愿者5000余人次。全区开展“三关爱”等34个主题、25项内容的常态化学雷锋志愿服务活动300余场。开展“认领微心愿争当圆梦人”志愿服务活动，共征集微心愿1286个，完成1076个，价值折算20.54万元。策划“文明四季”网传活动主题，线上阅读量225万人次，线下参与人数6000余人。组织开展“百企帮千户温暖进万家”学雷锋公益慈善活动，共筹得763586.4元善款，惠及困难群众近万人。在全区中小学开展“清明祭英烈”等主题教育活动50余场。编制《知书达“礼”》文明礼仪读本，免费印发给全区中小学生作为课外读物。联合文体、公安等多部门，开展校园周边综合整治行动15次，净化优化未成年人的成长环境。实行“问题交办、整改督办、提请约谈、纳入考核、启动问责”五制并举，定期进行分片区、分行业专项督查，全年下发督查通报64期，有效整改问题1000余个。开展五一商圈四大片区治理等专项整治行动，着力解决“脏乱差堵缺低”等问题。长沙市首批576个非机动车停车架在天心区地铁口周边试点投入使用。开展“扮靓天心、美化家园”周末卫生大扫除活动，累计清洗道路面积近150万平方米，清理各类设施4100个，清理牛皮癣万余张，共清运垃圾400车580余吨。宣传实施《文明行为促进条例》（以下简称《条例》），发放宣传手册10万余本，制作宣传产品8000余块（个），利用电子屏刊播相关广告15万余次。集中打造黄兴南路步行街及九峰小区宣传示范点，城南路街道拍摄的《条例》抖音短视频得到广泛传播。

天心区立足典型引领，打造品牌特色天心经验，培育挖掘各类典型。策划启动“最美天心”系列评选活动，最美志愿者、最美城管人、最美医护人等10大类典型评选挖掘在各单位火热进行，有效形成“弘扬最美，学习最美，争当最美”的浓厚氛围；“文明四季”系列网络文明传播活动获评中国文明网“2019年十大优秀网络文明传播活动”；天心区小蜜蜂分馆学雷锋志愿服务站、天心阁公园学雷锋志愿服务站获评2019年全市公共文化设施学雷锋志愿服务十大先进站点；杨士泉获评长沙市首届“雷锋传人·天心榜样”，沙湖桥小学张景荣获评“新时代湖南好少年”，7名学生获评全市“新时代好少年”，汤俊杰获评中国好人，另有3人获评湖南好人，7人获评“长沙好人·身边雷锋”；开展“文明，从排队礼让开始”文明斑马线手势礼及排队礼让集中传播活动，以多媒体秀的方式总结和展示文明礼让集中传播活动开展半年来的优秀成果。小古道巷学生刘源写信汇报排队礼让见闻，得到湖南省委常委、长沙市委书记胡衡华的点赞、回复；暮云街道突出全民参与，坚持整合资源，结合移风易俗、农村“五治”（指在农村开展治厕、治垃圾、治房、治水、治风工作，改善农村人居环境）等重点，打造群众“家门口”的实践阵地等系列实践活动被《长沙晚报》头版头条予以推介。2019年以来，天心区开展的“文明四季”、排队礼让、“我们的节日”、未成年人思想道德建设、新时代文明实践等活动，除被自媒体、省市媒体广泛宣传报道之外，在中国文明网上稿首屏头条、要闻及新媒体推荐宣传达81篇次。（杨　威）

【“文明四季”年度品牌网络文明传播活动】2019年，长沙市文明办、天心区文明委联合主办推出“文明四季”年度品牌网络文明传播活动，策划开展“冬天里的文明人”“春风暖人心·雷锋在天心”“文明入人心·实践在天心”“祝福聚人心·爱国在天心”“美德励人心·学习在天心”系列网络文明传播活动，线上累计参与量402.2万人次，讨论量18558人次。其中，“文明入人心·实践在天心”获评“2019文

明中国地方文明网优秀网络文明传播活动”。（仇玉瑜）

【“最美天心”系列活动】 天心区委宣传部（文明办）牵头启动2019年“最美天心”系列评选活动，经单位推荐、公众投票、公开公示等，综合评选出“最美城管人”“最美医护人”“最美退役军人”“最美物业人”“最美公安人”和“最美教师”“最美少年”等一批先进典型，掀起一股“学习雷锋、奉献他人、提升自己”“弘扬最美、学习最美、争当最美”的社会新风尚。10月15日，在长沙市“祝福聚人心•爱国在天心”网络文明传播暨天心区“最美系列”表彰仪式上，对部分先进典型进行集中表彰，长沙市委宣传部副部长、市文明办主任郭润葵，天心区委常委、宣传部部长肖雄伟出席活动，并为获奖者颁奖。

（何小舟）

【首届“雷锋传人 天心榜样”评选表彰活动】 2019年2月21日—26日，天心区首届新时代“雷锋传人 天心榜样”评选表彰活动进入网络投票阶段，从天心区历届“中国好人”、各级道德模范中初选出16名社会影响力好、积极传承雷锋精神的优秀典型作为首届新时代“雷锋传人 天心榜样”候选人，组织专家评审后最终确定10人名单，并进行集中表彰。该次评选采用“微天心”微信公众号平台投票，每个微信号每天可投20票。3月27日，天心区首届“雷锋传人 天心榜样”评选表彰活动举行，长沙市文明办副主任丁德喜，市文明办学雷锋志愿服务处处长袁军，区委副书记朱远红，区委常委、宣传部部长肖雄伟，区政协副主席黎小玲等参加。仪式上，表彰汤俊杰、刘培友、张建明、周武军、易建皓、贺纯雅、唐红伍、唐香军、曹丽辉、彭天冰10位道德模范，为新时代文明实践中心“天心榜样宣讲团”授旗。（何小舟）

【新时代文明实践中心主题标识征集及发布】 2019年，为推动习近平新时代中国特色社会主义思想在天心区落地生根、结出丰硕成果，打造“天心样本”，天心区开展新时代文明实践中心主题标识（LOGO）设计征集活动。征集时间为2019年3月5日至4月5日。征集要求：展现新时代文明实践中心建设以志愿服务贯穿始终，兼具政治引领、理论宣讲、践行核心价值观、丰富群众精神文化生活、提供便民服务等特点；设计新颖、醒目、大方，寓意深刻；有较强的延展性和包容性；每个投稿主体每类内容限投1件作品；要求原创，严禁抄袭等。至截稿期，共收到全国各地参赛作品130件。经过初审、网络群众投票、专家评审后，共评选出一、二、三等奖共6件获奖作品。6月27日，在长沙市“文明入人心•实践在天心”网络文明传播活动中，举行天心区新时代文明实践中心LOGO发布并为天心区暮云街道、黑石铺街道、大托铺街道、先锋街道、南托街道、桂花坪街道的新时代文明实践所授牌，为天心区新时代文明实践志愿服务总队、天心区新时代文明实践志愿服务大队授旗。“中国好人”、新时代文明实践志愿者汤俊杰到现场，讲述自身事迹，倡导文明行为，传播正能量。（何小舟）

【学雷锋志愿服务活动】 2019年3月，天心区各街道、相关单位共组织开展多种形式的学雷锋志愿服务活动100余场，用实际行动传承雷锋精神，弘扬新时代正能量。区卫计局组织医护人员到社区为居民义诊；区文化馆组织文化志愿者到桂井小学开展文化志愿服务；井岗小学举办创建文明校园“阳光成长+”系列活动之“雷锋家乡学雷锋 雷锋精神代代传”

天心区新时代文明实践中心
TIAN XIN QU XIN SHI DAI WEN MING SHI JIAN ZHONG XIN

天心区新时代文明实践中心
TIAN XIN QU XIN SHI DAI WEN MING SHI JIAN ZHONG XIN

图11 2019年6月27日，天心区新时代文明实践中心LOGO正式发布（区委宣传部供图）

启动活动；暮云小蜜蜂志愿者协会和水滴志愿者协会等志愿服务组织分别开展无偿献血和关爱母亲河活动。各街道、社区、村积极行动，纷纷组织志愿者们为辖区居民提供理发、家电维修、法律咨询、清理环境卫生、看望孤寡老人等志愿服务。4月2日，由区文明办、区教育局、区残联主办，在曙光小学、曙光小学城市少年宫、天心区星学园教育发展中心承办的天心区第12届“世界自闭症日”暨学雷锋志愿服务活动在曙光小学举办。在曙光小学小剧场，来自曙光小学的学生代表和特殊孩子们表演诗朗诵《守护星星的孩子》、歌舞《孤独天使》及《感恩的心》等节目，为自闭症儿童提供一个展示自我的舞台；“中国好人”汤俊杰作为一名自闭症孩子的父亲，分享自己“见义勇为”的励志故事。区教育局、区残联为曙光小学、先锋小学、桂花坪小学、书院小学、黄土岭小学授予“天心区融合教育示范基地”。活动第二部分在学校操场举办，孩子们用飞翔的纸飞机展示对自闭症患者的理解、宽容与接纳，祝愿自闭症孩子们早日康复。（何小舟）

【长沙市“雷锋传人　长沙榜样”先进事迹报告会】2019年4月29日，长沙市“雷锋传人　长沙榜样”先进事迹报告会天心区专场活动举行，长沙市委宣传部副部长、市文明办主任郭润葵，长沙市文明办副主任丁德喜，天心区委副书记朱远红，区委常委、宣传部部长肖雄伟，区人大常委会副主任谭文敏等参加。杨士泉等3位“长沙榜样”，汤俊杰、张建明等10位“天心榜样”出席活动。许志礼、汤俊杰、张建明、彭友良4位“雷锋传人”的先进事迹被讲述，数百名观众在故事中感受榜样的力量。（何小舟）

【关爱未成年人心理健康】2019年，天心区成立未成年人心理辅导中心，配有专业教研员1人，组建18人的天心区心理健康教育志愿者团队，全区中小学校建立心理咨询室，培育一支科学化、专业化心理健康教育教师队伍。全年共接待心理咨询200余人次，志愿团队深入各社区、中小学开展心理辅导志愿服务上百场次，受益学生和家长达万余人次。白沙井社区、云塘社区等获评全市家庭教育服务示范站点。青园街道李丽心灵中心打造的湖南省未成年人心理健康辅导总站，重点为留守儿童、农民工子女和“问题”孩子进行心理补钙，共辅导未成年人约5万人次，形成“富心工程”“呵护成长”等品牌。（张　婷）

【中小学生红色经典表演大赛】2019年6月13日，由长沙市文明办、市教育局主办，天心区委宣传部、区文明办、区教育局承办的“我和我的祖国”群众性主题宣传教育活动“红色经典我演绎•革命精神我传承”长沙市中小学生红色经典表演大赛天心区分赛在天心区湘府英才小学举行。来自天心区8所学校的中小学生重新演绎反映和体现革命历史阶段中国共产党革命精神和爱国情怀的红色经典剧目，积极弘扬爱国主义精神，展现全区中小学生奋发向上的精神面貌。北塘小学的《红星照我心》、井岗小学的《英雄》、湘府英才小学的情景剧《红》、披塘小学的《歌唱英雄王二小》、红卫小学的《报童赞歌》、黄兴小学的《中华人民共和国从这里走来》，以及天心区实验小学的《永远的格桑梅朵》等再现潘冬子、小萝卜头、赵一曼、狼牙山五壮士等人物形象，唤起全场观众对红色岁月的温暖回忆，激发孩子们对祖国、对人民、对党的深厚感情，深化未成年人对中国共产党和革命历史的认识和了解。（张　婷）

【启动文明旅游网络宣传活动】2019年1月21日，长沙市“礼仪之邦，文明出行”文明旅游宣传活动在湖南省地质博物馆举行。来自各行业的代表、全市各小学500余位小萌娃和家长共同参加宣传活动。参与者可以欣赏文明旅游及青春湖南宣传片、分发文明旅游倡议书、制作自己专属文明礼仪使者海报。在“文明礼仪小使者”网络宣传活动环节，市民只需扫描二维码，就会生成一张拥有自己头像和昵称的“文明礼仪小使者”海报。市民可以将海报分享到微信群、朋友圈，吸引更多的人参与进来，一起传播正能量，号召大家传承礼仪，文明出行，影响力排行榜前10名就可以获得“文明礼仪小使者”称号。本次活动由长沙市文明办、天心区文明委指导，由区文明办、原区商务和旅游局、桂花坪街道办事处、银桂苑社区主办。（杨　威）

【依托乡贤力量精准着力移风易俗】2019年1月23日，“党建引领移风易俗，乡贤带动文明乡风”主题活动在黑石铺街道披塘村举行。活动现场，6名披塘村第二届

"新乡贤"登台亮相，他们将以"乡贤议事会"为主要载体，将居民"红白事"进一步纳入议事重点，通过发挥自己的亲缘、人缘优势，以入户宣传、集中评议、兑现奖惩为手段，通过各类渠道支持参与移风易俗工作建设，厚实文明新乡风。自2018年1月全市首个"乡贤议事会"在该村挂牌成立至2019年年底，共组织召开20余次专题议事会议，对大小村民村事进行集中讨论，商议解决村民身边事近百余项，成为当地宣传党委政府的导向、要求与满足群众的意愿、诉求的重要平台。（杨 威）

【召开移风易俗联席会议】 2019年1月29日，天心区召开整治婚丧陋习推进移风易俗工作联席会议，区委常委、宣传部部长肖雄伟，区政府副区长张建出席会议。会上，区移风易俗工作重点部门及各街道对2018年有关工作开展情况进行总结，区文明办传达省、市相关会议精神，通报全区移风易俗工作存在的问题，并就下阶段工作开展进行具体安排和部署。肖雄伟指出，移风易俗工作是精神文明建设工作的重中之重，各责任单位务必要以敢于负责的工作作风，进一步提高认识、明晰责任、坚定信念，坚决落实中央、省、市和区委、区政府的部署要求。肖雄伟强调，做好移风易俗工作要善于创新，各街道各单位要结合自身实际及职责，着力倡导新风尚、搭建新平台，做好结合文章，以久久为功的担当，推进落实各项工作任务；要勇于说不，抓好关键少数，把握关键环节，突出关键节点，关注特殊群体，综合施策，建章立制，进一步强化监管执法，坚决杜绝出现违规操办婚丧喜庆事宜现象；要勤于宣传，利用文艺宣传、社会宣传、新闻宣传、入户宣传等多种手段，树立正确导向。同时，依托漫画图册"两微"等宣传产品，做到移风易俗政策、要求、规定宣讲宣传到人到位。（杨 威）

【春节前走访慰问各级道德模范、身边好人】 2019年春节前夕，区领导朱东铁、黄滔、朱远红、肖雄伟对全区各级各类道德模范、身边好人进行走访慰问，在全区掀起尊重、崇尚、学习道德模范的热潮，树立好人有好报的积极导向。区领导为他们送上新春祝福，并勉励他们进一步发挥典型示范作用，进一步为天心区精神文明建设工作做出积极贡献。

（杨 威）

【开展"阳光成长+"创建文明校园活动】 2019年3月6日，长沙市创建文明校园"阳光成长+"系列活动之"雷锋家乡好少年，人人争创'雷锋章'"主题活动在天心区幼幼小学启动。将学雷锋的具体实践纳入贯穿整个学期的德育课程及考评管理之中，孩子们可通过平常的助人之举、善意之为来收集一枚枚"雷锋章"，在期末参与主题评优及兑换各种各样的实物奖励。续写自己的"雷锋日记"，"手拉手"辅导学习困难的同学，积极帮助父母长辈干力所能及的家务活等等。在现场发布的"雷锋章"评选标准上，主办方根据不同年级学生的特点及心性，制定相应的"雷锋章"收集管理办法及活动开展方案，孩子们每完成一件"好事"，每参加一次学校、社区组织的学雷锋志愿服务活动，经过认证之后均可收获数额不等的"雷锋章"。同时，也将依据孩子们收集"雷锋章"数量的多少，在期末评选表彰出一批"小小雷锋""雷锋式中（小）队"。

（杨 威）

【"建人民满意城管"主题宣传活动】 2019年3月，"建人民满意城管"的"3•19"全国城市管理服务主题日集中宣传活动之天心区专场活动举行。区城管党员志愿者担任起讲解员，带领市民参观展示区，介绍天心区的城市管理服务工作的重点和相关知识，让市民更深入地了解城市管理、走进城市管理。市固体废弃物处理管理处的工作人员带着市民朋友参观垃圾处理标本，学习和了解垃圾处理的流程与相关知识。在"垃圾分类冒险棋"趣味游戏中，市民在玩游戏、赢奖品的过程中学习垃圾分类的相关知识。活动现场，摆放红、蓝、绿、灰4个颜色的垃圾桶，市民只需将5个标记垃圾名称的海洋球准确投入有害垃圾、可回收物、其他垃圾、厨余垃圾4个垃圾桶内，即可获得洗衣粉1袋。（杨 威）

【开展同心共建诚信家园活动】 2019年3月15日，由长沙市文明办、天心区文明委指导的"诚信天心我先行"系列活动暨裕南街街道"齐心弘扬诚信文化，同心共建诚信家园"市民教育活动启幕，区工商局、区食药监局、区司法局等多部门及100余家经营户和市民群众、志愿者一起共倡诚信经营，携手同心共建诚信家园。裕南街街道地处城市核心圈，拥有一批集金融、商务、文化创意于一体的商业综合体和楼宇聚集群，入驻企业700余家，3个总投

资超10亿元的大型项目先后在此安家落户。东瓜山夜宵一条街，被称为“接地气的长沙韵味”而享誉全国。（杨　威）

【开展“我们的节日·清明”系列活动】 2019年3月29日，以“破除丧葬陈规陋习，践行生态节地安葬”为主题的市民教育活动在天心区各地举行，在市民群众中倡导文明祭扫，绿色、低碳、环保过清明。大大小小的志愿者们通过展演移风易俗主题情景剧、快板，开展鞭炮香烛换绿植、花卉行动等举措，号召居民群众行动起来传播弘扬绿色、文明的祭祀新风，共度安全、健康、和谐、有序的清明节。（杨　威）

【开展“大家小官”主题演讲赛事】 2019年6月18日，天心区“时代新人说——我和祖国共成长”演讲大赛“大家小官”主题赛事在新开铺街道桥头社区举行，12名社区工作者讲述“社区人”的精彩和新时代的社区故事。区委副书记朱远红，区委常委、宣传部部长肖雄伟，区政府副区长张建出席本次活动。来自天心区各街道的12名优秀社区工作者讲述自己入职以来的难忘经历，讲述入户走访解决问题、现场紧急救援的感人故事，讲述居民们的支持与感激。（杨　威）

【启动“文明条例”进校园系列活动】 2019年6月18日，长沙市《文明行为促进条例》（以下简称《条例》）进校园系列活动在天心区幼幼小学启动。城南路街道、燕子岭社区的工作者利用大家喜闻乐见的“抖音”短视频宣传《条例》，通过过马路、参观博物馆、遛狗等一个个场景将孩子们带到“接地气”的情境当中，让文明行为潜移默化。活动过程中，参加视频拍摄的社区志愿者们也到现场，他们以身示范，向同学们展现文明市民的良好形象。（杨　威）

【启动“文明交通进校园”三年行动计划】 2019年9月10日上午，在中南林业科技大学图书馆学术报告厅，“宣讲进高校·体验在驾校”——天心区“文明交通进校园”三年行动计划启动。首场宣讲活动，由来自湖南省警察学院、天心区交警大队的专业人士为来自天南海北刚入校的大学新生们解剖现代交通顽疾，传递文明、安全出行理念。这是天心区文明办联合区交警大队、团区委等部门，利用社会组织公益效应，在全区各大高校实施“宣讲进高校·体验在驾校”天心区“文明交通进校园”三年行动计划（2019—2021年）的开端。后续铺开“文明交通我学习”“文明交通我体验”“文明交通我代言”“文明交通我示范”四大主题活动，发动广大高校师生及市民群众投身交通安全宣传，培养一批文明交通宣讲志愿者，共同建设新时代更高水准文明城市。（杨　威）

【有序迎接2019年度全国文明城市测评】 2019年11月27—30日，中央文明办对长沙进行全国文明城市创建工作测评。在此次测评及前期迎检准备工作期间，天心区委书记朱东铁，区委副书记、区长黄滔部署、调度、督查；区委副书记朱远红，区委常委、宣传部部长肖雄伟坚持每天督查，站在一线指挥、调度、协调；区人大、区政府、区政协各县级领导深入联点街道和基层社区铺排，指导全国文明城市测评各项任务落实。区直近70个部门在天心区主次干道、交通路口、公交站点、主题广场、商业大街等地段，广泛开展文明交通、文明行为劝导志愿服务1600余人次。各街道、文明创建各重点行业部门充分动员、调度人员与力量，以193个测评申报点为重点和中心，创新工作方式及方法。如区城管系统开展“大清扫、大清洗”行动，连续一周以“家政”服务的标准，对“城市家具”进行清洗。开展湘江风光带综合整治行动，10—11月，每天出动50余人的联合执法队伍对杜甫江阁以北风光带沿线进行集中巡查执法。区文明办、团区委、区农村农业局联合志愿者协会、辖区高校组织400余名志愿者成立清洁保扫、共享单车管理、文明行为劝导三支队伍，围绕电力、喜民、豹子岭、扫把塘市场，湖南广播电视大学、中南大学铁道学院周边，湘江沿线多次开展“四圈一线”文明大行动。辖区高校积极投身创建工作，多次进行区校、街校联动，共同解决协调创建难题。全区全域实行蹲点守线、机动巡查、动态清零工作方式，切实履行属地及主管责任，形成“全员全域，共建共创”的强大合力。（杨　威）

中共天心区委员会

综　述

【概况】 2019年，中共天心区委以习近平新时代中国特色社会主义思想为指导，全面贯彻落实中共十九大，十九届二中、三中、四中全会精神，开展“不忘初心、牢记使命”主题教育，践行新发展理念，紧紧围绕“融城核心、璀璨天心”建设，实施“北提南进、服务引领、民生造福”发展战略，推动基层治理体系和治理能力现代化，推进“产业项目建设年”“营商环境优化年”“三大攻坚战”和省、市、区三级“民生实事工程”，较好地完成了区五届人大四次会议确定的各项目标任务。人力资源服务产业园获批国家级产业园，全省首个人工智能产业园成功落地，打造了全省首个城区智慧环卫示范区，全市产业项目观摩考核位列一等；361家绿心地区工业企业全部退出，空气质量优良天数连续12个月领跑全市；率先全省成立区级企业服务中心，亿元楼宇达18栋，为内五区最多；综治工作获全省先进；“有事好商量”基层民主协商议事平台获评全国城市基层党建创新案例；“一统三化”基层治理改革是全市唯一被中央改革办全国推介的工作。全区经济社会发展保持“稳”的总基调，迸发“进”的新活力，呈现出“好”的总态势。　（谢昌友）

【学习贯彻习近平新时代中国特色社会主义思想】 2019年，天心区开展“不忘初心、牢记使命”主题教育，落实主题教育“全覆盖”“两个百分之百”要求，在特困群体帮扶、闲置资源盘活、项目征拆扫尾等重点工作上见成效；打造4个示范化党性教育基地，接纳800余个党组织、2.6万余名党员实地打卡学习；创新开展“400名科级干部寻找解决400个群众反映身边事”，梳理网格治理问题413个，办结233个。贯彻落实中共十九届四中全会精神，全区开展宣传教育、学习培训、集中宣讲等工作，各级领导干部发挥“关键少数”作用。　（李　群）

【践行新发展理念】 2019年，天心区铺排市、区重大项目152个，产业项目投资占比35%。引入五矿集团、浪潮集团等4个500强项目，20个区域性总部项目。加快建设现代生产性服务业创新集聚区，致力打造长沙第五谷——“天心数谷”，人力资源服务产业园获批国家级产业园，全省首个人工智能产业园成功落地，率先在中部地区实现5G基础网络全

图12　2019年9月20日，天心区委组织召开“不忘初心、牢记使命”主题教育读书班集中学习　（徐拓　摄）

覆盖，2019年全市产业项目观摩考核位列一等。举办第十九期钱学森论坛暨2019长沙空间信息产业国际博览会。实现“六个率先、两个最”：率先全省出台“营商环境30条”；率先全省成立区级企业服务中心；率先全省设立夜间经济服务中心，出台夜间经济发展新政；率先全省推出“工商登记立等可取”服务；率先全省推行“区长企业接待日”，率先全国成立首个企业产销对接服务中心；深化“一件事一次办”改革，实行“容缺受理”政务服务事项57个，政务服务事项全程网办率“内五区”最高；全区亿元楼宇达18栋内五区最多。实施“瞪羚企业培养计划”，建立全市首个区域信贷“白名单”制度，市场主体同比增长31%。全区隐性债务、关注类债务完成化解进度，平台公司市场化转型基本完成。大力整治非法集资行为，清退资金858.6万元。城市特殊困难群体帮扶到位2316户、673.08万元。投入2600万余元，对口帮扶怀化通道县、龙山洛塔乡、浏阳富溪村，铺排扶贫项目25个，解决就业1100余人。打好蓝天、碧水、净土、静音保卫战，完成污染防治项目34个；361家绿心地区工业企业全部退出，完成绿心生态复绿11.33公顷，空气质量优良天数连续12个月领跑全市。推进“三大板块”征拆建设，签约1236户、腾地76.2公顷，长沙机床厂等23个项目扫尾清零。高标准推进老城区有机更新，占全市56%任务量的7大片区12个项目基本完工，13个老旧小区完成“蝶变”。率先全市完成社区垃圾分类全覆盖，打造全省首个城区智慧环卫示范区。全面完成农村集体产权制度改革。省、市、区23项重点民生实事项目，“一圈两场三道”建设任务基本完成，实现城区“15分钟生活圈”全覆盖。长沙第七水厂建成投产。城镇新增就业1.2万人，新增养老床位600张。新改扩建中小学、幼儿园49个，新增学位6000个，长郡外国语实验中学、雅礼外国语学校等一批品牌名校投入使用。严格落实“房住不炒”，累计提供公共租赁住房2684套。成功化解信访积案42起。全区未发生较大及以上安全生产事故。刑事发案率同比下降15%，连续16年保持“平安县市区”称号。完成抗洪抢险、扫雪除冰、国务院大棚房督查、中非经贸论坛焰火晚会安保等任务。（李　群）

【推进全面从严治党】2019年，天心区对14个街道党政正职开展政治建设考察。185个社区—网格—邻里党群服务阵地全开放，成立330个“网格先锋组织”，举办议事活动1000余场次，解决问题2100余个，形成居民自治公约、村规民约及自治章程51个。开展2次国防讲座和形势报告。择优比选街道班子成员9人；选派16人到发达地区跟岗学习，参与区委巡察，开展精准扶贫。建立全区年轻干部“成长档案”，组织优秀年轻干部参加青年干部训练营，全区80后科级干部从换届前的54人增至174人。开展庆祝中华人民共和国成立70周年系列活动，建成新时代文明实践中心（所、站）16个，联合辖区高校成立社科理论教育服务中心，建成融媒体中心，开展建设学习型城区“五个一”（每日一阅、每周一学、每月一课、每季一讲、每年一评）活动，“学习强国”党员覆盖率100%，组织区委理论学习中心组学习14次，开展“每周一学”27期、理论宣讲300余场。出台“五控六清单”，文件、会议分别同比下降36%、32%。查处违反中央八项规定精神问题11起、处理15人。开展3轮、22家区属党组织常规巡察，对1家单位开展巡察“回头看”，对2个村级党组织开展点穴式巡察，移交问题线索39件。推进“家立方”廉洁文化项目，以旁听庭审、以案释纪等方式将廉政教育融入党员干部工作、生活各领域。落实“三个区分开来”，为26名干部澄清不实举报。（李　群）

【改革工作】2019年，天心区年度58项改革任务全部完成，走在省、市前列。每月对全区所有改革任务通过信息平台进行调度督促，迎接省委财经办、省委改革办多次实地调研。公共法律服务示范城区、社区治理和服务创新实验区创建工作国家级改革试点，构建以企业为中心的主动服务机制得到省委《改革简报》专题推介，全年共有7项工作获中央、省、市改革工作推介。召开两次区委财经委员会会议，制定出台一规则一细则，分析研判经济指标。（刘芳林）

【社会建设工作】2019年，天心区以网格化综合管理改革为抓手，实施“党群服务网格化、城市管理智慧化、基层治理社会化”的基层治理改革创新，党建引领“一统三化”基层社会治理改革工作是2019年长沙市唯一被中央改革办《改革情况交流》专刊报道的工作。组建区级网格化综合管理中心，建立“网格吹哨、区街报道”机制，414名科级干部驻点网格，800余名网格管家和1000余名街道干部进网入格，共梳理网格治理问题413个。利用“有事好商量”基层民主协商议事平台解决233个，“有事好商量”获评全国城市基层党建创新优秀案例。统筹推进省、市、区23项重点民生实事项目，“一圈两场三道”建设任务基本完成。（陈晓菁）

图13　2019年10月16日，湖南省委常委、长沙市委书记胡衡华（前左二）到天心区调研指导“不忘初心、牢记使命”主题教育工作　（区委办供图）

【胡衡华调研天心区】2019年2月18日，湖南省委常委、长沙市委书记胡衡华调研中国电子科技集团公司第四十八研究所。市委常委、市委秘书长夏建平参加调研，天心区委书记朱东铁陪同。胡衡华考察半导体装备实验室、二楼传感器生产线、高端装备厂房、光伏装备厂房，深入了解企业正在建设的国内首个“集成电路成套装备国产化集成及验证平台”项目（该项目已全面启动建设，对解决集成电路关键装备的国产化和产业化问题有积极推动作用）。胡衡华强调，要深耕“产业项目建设年”“营商环境优化年”，紧扣产业发展，紧盯项目建设，以服务市场主体为重点，聚焦智能装备、智能汽车、智能终端和信息安全及自主可控等“三智一自主”领域，抢占产业发展制高点。中国电子科技集团公司第四十八研究所是中国以集成电路设备、太阳能光伏设备、新型热工设备、特种传感器、智慧能源管理为核心业务的央企，是科技部授牌的全国CAD应用工程示范单位。

3月15日，胡衡华到天心区调研经济社会发展和全年工作铺排推进情况。夏建平参加调研。胡衡华鼓励湖南星图空间信息技术有限公司、湖南辉达地理空间信息开发研究中心这两家拟上市企业负责人拓宽应用市场、培育应用场景，进一步向数据资源要动力；相关部门要以更精细精准的服务，支持在长沙优质创新型企业上市。胡衡华要求以现代化理念抓好中南大学湘雅五医院项目建设，注重成本核算，抢抓时间进度，加大资源集聚，为长株潭居民带来高质量的民生福利。胡衡华强调，天心区要聚焦服务业，大力发展“四新”（新技术、新产业、新业态、新模式）经济，拓展大数据（地理信息）产业，积极培育市场导向、服务创新、技术带动的瞪羚、独角兽企业；加快升级文化创意（广告）产业，发挥新一代信息技术对内容创作、产品研发、模式创新的支撑作用，不断提升产业层级；持续擦亮五一商圈名片，精心打造城市客厅。胡衡华强调，要聚焦高品质，推动城区“精明增长”，深入推进老城区有机更新、棚户区改造等旧城改造，将宜居性摆在首位，为城市留住记忆、集聚人气、增强活力；强化省政府片区配套，提升功能，提高品质；围绕打造南部片区，坚持高起点规划，推进基础性建设；要聚焦获得感，不断提升民生事业，突出在办好民生实事、强化社会保障、维护社会稳定上下功夫；要聚焦抓基层，纵深推进管党治党，坚持把政治建设摆在首位，把真抓实干落到实处，把基层组织建得更强。

10月16日，胡衡华到天心区调研指导“不忘初心、牢记使命”主题教育工作。市委常委、市委组织部部长张宏益，市政府副市长廖建华参加调研。胡衡华到黄兴南路步行商业街、太平街，对商圈提质提档成效予以肯定，叮嘱进一步抓好精细化管理，做深做优城市品质这篇文章；到下河街片区，强调要以“绣花”功夫助力老城区换新颜，留住文化根脉、城市记忆，进一步加快微改造、打通微循环，让城市更加宜居、宜游，探索一条优化城市人居环境的长沙路径；到新开铺街道桥头社区，了解主题教育开展以来基层如何更好地服务群众解民忧，强调要重点抓好城市特殊困难群体帮扶工作，推动帮扶政策在基层社区尽快落实到人到户。调研座谈中，胡衡华指出，理论学习、调查研究、检视反思、整改落实要贯穿始终并长期坚持；要牢牢把握理论武装这个根本任务，深入学习贯彻中共中央总书记习近平重要讲话精神特别是对中部地区工作、对湖南工作的重要指示批示精神，推动中共中央和省委、市委重大决策部署落地生根。胡衡华强调，要着力突出解决问题这个关键举措，要精准发现问题，把根源剖透挖深，抓好8个方面的专项整治任务，重点整治违规收送红包礼金、"提篮子""打牌子"等突出问题；要对群众、基层、企业反映强烈的问题拿出硬招实招；聚焦拆迁扫尾，啃硬骨头，抓好清零工作；盘活存量资源，清理烂尾楼盘、"僵尸企业"；关注城市特殊困难群体，确保"一个都不掉队""全员奔小康"。胡衡华强调，要始终用好依靠群众这个重要方法，广泛吸纳群众参与，发挥好社区党组织战斗堡垒作用，推动基层治理放权赋能；虚心接受群众监督，坚持问需于民、问计于民、问效于民；切实交由群众评判，对群众不满意的及时"返工""补课"。胡衡华强调，要扎实做好统筹兼顾这个结合文章，坚持主题教育与中心工作两手抓、两促进，围绕贯彻落实市委十三届八次全会精神、加快推动制造业高质量发展等全市中心工作，担使命、履职责，力戒形式主义、官僚主义，切实激发干部群众干事创业的精气神，凝聚促进经济社会发展的强大动力，确保2019年工作实现圆满收官、2020年工作实现良好开局。（王　杰）

重要会议

【区委五届七次全体（扩大）会议暨经济工作会议】 2019年1月5日，中共天心区委五届七次全体（扩大）会议暨经济工作会议召开。会议落实中央、省委、市委经济工作会议精神，总结区第五次党代会以来的工作，分析当前经济形势，部署2019年经济工作。天心区委书记朱东铁，区委副书记、区长黄滔，区委副书记朱远红，区人大常委会主任于献，区政协主席夏艳兰，以及全区副县级以上领导干部等参加。朱东铁受区委常委会委托向全会报告区委常委会工作情况；黄滔部署2019年全区经济工作，就《天心区机构改革方案（送审稿）》起草情况向全会作说明。会议研究区委委员出缺和候补委员递补区委委员工作，决定免去2名委员职务，递补许伟斌、肖时昴、柳宏伟、罗孟怡4人为区委委员。会议指出，2019年要坚持稳中求进，自觉落实"六稳"要求；要强化项目支撑，抓紧引进、建设一批高质量、高科技、高附加值、高成长性的项目；要突出产业升级，始终坚持现代服务业发展方向不动摇，保持定力、一抓到底；要注重改革创新，善于在改革创新中找办法、出实招、解难题；要坚守底线思维，在做决策、办事情、抓发展中注意评估风险，确保不触碰底线、不犯颠覆性错误。会议强调，要坚定不移推进高质量发展，加快建设"融城核心、璀璨天心"；要紧扣供给侧结构性改革，着力推动经济结构更加优质；要立足长株潭一体化发展，着力推动城区品质更加优化；要坚持以人民为中心，着力推动人民生活更加优越，民生事业要托底普惠；要坚持绿水青山就是金山银山，着力推动生态环境更加优美；要大力推进全面从严治党，着力推动党风政风更加优良。会议强调，要全面提高党领导经济工作的水平，增强落实力和执行力；要坚持党对经济工作的领导；要做到敢于担当负责；要提升工作能力水平，努力成为经济工作的行家里手；要弘扬真抓实干作风。会议对岁末年初的城市管理、安全生产、社会稳定、党风廉政等工作进行安排部署。（谢昌友）

【区委五届八次全体（扩大）会议暨经济工作会议】 2019年12月31日，中共天心区委五届八次全体（扩大）会议暨经济工作会议召开。区委书记朱东铁，区委副书记、区长黄滔，全区副县级以上领导干部，以及区属单位、街道主要负责人等参加。朱东铁受区委常委会委托，向大会做工作报告，黄滔部署2020年全区经济工作。会议指出，2020年要坚持创新引领、开放崛起，持续推进产业项目建设、营商环境优化，大力实施"北提南进、服务引领、民生造福"发展战略，努力实现"五优天心"目标，全力建设"融城核心、璀璨天心"，争当全面建设现代化长沙示范区，确保全面建成小康社会和"十三五"规划圆满收官。会议强调，推动天心高质量发展取得更大突破，必须做到精准用力。坚持打好三大攻坚战不动摇，全面完成脱贫攻坚任务，强力推进污染防治，有效化解重大风险；坚持聚焦现代生产性服务业不动摇，强化产业链思维，盘活存量资源，做实平台支撑，优化营商环境，加强招商引资；坚持推动三大板块均衡发展不动摇，着力加快项目征拆，着力塑造城区品牌，着力加强城市管理，着力推进乡村振兴；坚持实施民生造福战略不动摇，打牢共建基础，搭好共治体系，做优共享服务。（王　杰）

【区委常委会会议】 2019年，中共天心区委常委会共召开常委会会议33次，会议具体情况如下：

1月4日，区委书记朱东铁主持召开第1次区委常委会会议，传达学习中央、省委、市委经济工作会议精神，以及习近平在中央政治局第十次集体学习时的讲话精神及庆祝改革开放40周年重要讲话精神；审议区委五届七次全体（扩大）会议暨经济工作会议报告、区委委员免职和候补委员递补区委委员相关事项；研究区委巡察和干部人事工作。

1月18日，朱东铁主持召开第2次区委常委会会议，传达学习市“两会”精神、《中共湖南省委办公厅关于认真学习贯彻〈干部人事档案工作条例〉的通知》文件精神、习近平在十九届中央政治局第十一次集体学习时的讲话精神、习近平关于统计工作系列讲话精神、统计工作相关文件精神，学习统计相关法律法规；听取全区绩效考核讲评暨营商环境优化、项目建设推进大会筹备、信访、统计工作情况汇报；研究有关干部破格提拔的合规性审查工作；听取立案审查相关事宜的情况汇报。

1月28日，朱东铁主持召开第3次区委常委会会议，传达学习湖南省委书记、省人大常委会主任杜家毫，省委副书记、省长许达哲，省政府副省长吴桂英在全省教育大会上的讲话精神以及有关文件精神；听取全区教育工作情况汇报；研究党风廉政建设和反腐败工作。

2月3日，朱东铁主持召开第4次区委常委会会议，传达湖南省第十三届人民代表大会第二次会议、政协湖南省第十二届委员会第二次会议、杜家毫在省委十一届七次全体会议上的讲话精神；研究2018年度全区重点产业项目考评、优化营商环境主题评选、三大板块征拆项目考评、全区营商环境优化工作。

2月20日，朱东铁主持召开第5次区委常委会会议，传达学习习近平关于统计工作的重要论述及全国、全省统计工作会议精神；听取第四次经济普查工作情况汇报；研究统计执法检查整改工作；审议长沙市第21次劳动模范先进工作者推荐名单。

2月26日，朱东铁在三楼大会议室主持召开第6次区委常委会（扩大）会议，传达学习习近平新时代中国特色社会主义思想和中央、省、市关于加大营商环境改革力度的重要精神和决策部署。

2月27日，朱东铁主持召开第7次区委常委会会议，传达学习习近平、赵乐际在第十九届中央纪律检查委员会第三次全体会议上的讲话和报告，习近平在中央政治局第十二次集体学习时的讲话，湖南省委常委、长沙市委书记胡衡华在区县（市）和市直行业系统党（工）委书记抓基层党建暨落实意识形态工作述职评议会议上的讲话精神；审议《长沙市天心区人大常委会2019年工作要点》《政协长沙市天心区委员会2019年工作要点》；研究政法、禁毒工作；通报长沙市纪委、监委有关处分决定。

3月17日，朱东铁主持召开第8次区委常委会会议，传达学习胡衡华调研天心区讲话精神和全市河长制湖长制工作推进会议、全市蓝天保卫战一季度工作讲评会议精神；审议机构改革中部分区属党组（党委）调整事宜；研究干部人事工作。

3月19日，朱东铁主持召开第9次区委常委会会议，传达学习《中共湖南省委办公厅关于认真学习贯彻〈中国共产党农村基层组织工作条例〉的通知》《中共湖南省委办公厅湖南省人民政府办公厅印发〈关于贯彻落实习近平总书记等中央领导对湖南脱贫攻坚工作重要指示批示精神的实施方案〉的通知》文件精神；审议机构改革中区委直属党组（党委）调整相关事宜工作；听取全区“大棚房”问题整治、意识形态工作责任制巡视整改、2018年度区委主要领导向市委述职基层党建工作中有关问题整改情况汇报；研究精准扶贫、扫黑除恶专项斗争、统战及民族宗教、绩效考核工作。

3月28日，朱东铁主持召开第10次区委常委会会议，传达学习全市2019年度党员领导干部廉洁从政警示教育会议精神、《中共长沙市委印发〈关于加强党的政治建设十条措施〉的通知》文件精神；听取组织工作、安全生产工作情况汇报；研究干部人事工作。

4月12日，朱东铁主持召开第11次区委常委会会议，传达学习市委农村工作暨全市脱贫攻坚工作会议精神；研究审议《中共长沙市天心区委常委会2019年工作要点》《2019年度天心区督查检查考核计划清单》《2019年度天心区督查检查计划详单》《天心区贯彻落实湖南省第一环境保护督察组督察反馈意见整改工作方案（送审稿）》；听取省委巡视长沙反馈意见整改工作、扫黑除恶专项工作情况汇报。

4月19日，朱东铁主持召开第12次区委常委会会议，传达《中共长沙市委办公厅印发〈关于着力整治形式主义强化真抓实干作风的实施方案〉的通知》文件精神、2019年一季度市委经济形势分析会议精神；听取一季度信访工作、全区宣传思想文化工作情况汇报；研究审议区委各议事机构组成人员名单。

4月30日，朱东铁主持召开第13次区委常委会会议，听取全区干部教育工作情况汇报，研究干部人事工作。

5月21日，朱东铁主持召开第14次区委常委会会议，传达全市培养选拔优秀年轻干部工作座谈会议精神；听取关心下一代工作、全区老干部工作、污染防治攻坚战、扫黑除恶及禁毒工作情况汇报。

5月31日，朱东铁主持召开第15次区委常委会会议，传达学习习近平在中央政治局第十四次集体学习时的讲话精神、习近平在解决“两不愁三保障”突出问题座谈会上的讲话精神；传达学习全市棚改和城市人居环境工作调度会议精神、全市“产业项目建设年”“营商环境优化年”工作推进讲评会精神、市长办公会议关于化债工作有关精神；传达关于谢某、杨某其严重违纪违法案件及其教训警示的通报；研究干部人事工作。

6月14日，朱东铁主持召开第16次区委常委会会议，研究干部人事工作。

6月25日，朱东铁主持召开第17次区委常委会会议，传达学习习近平在“不忘初心、牢记使命”主题教育工作会议上的重要讲话精神、杜家毫在全省“不忘初心、牢记使命”主题教育工作会议上的讲话精神；研究审议《长沙市天心区第五届人民代表大会第五次会议筹备工作方案（送审稿）》《天心区人大常委会关于开展民生实事项目人大代表票决制工作的实施方案（送审稿）》；研究人大代表增补工作。

7月4日，朱东铁主持召开第18次区委常委会会议，研究审议《长沙市天心区2019年“产业项目建设年”活动实施方案（送审稿）》《区领导联系服务企业工作年度书面专项述职制度（送审稿）》《天心区融媒体中心建设方案（送审稿）》《天心区新时代文明实践中心建设实施方案（送审稿）》。

8月1日，朱东铁主持召开第19次区委常委（扩大）会议，听取全区扫黑除恶专项斗争工作情况汇报；研究审议《关于中央扫黑除恶专项斗争督导反馈意见整改实施方案（送审稿）》《2019年度市绩效考核工作目标责任分解表（送审稿）》《天心区2019年度街道工作目标考核体系（送审稿）》《天心区2019年度区直单位工作目标考核体系（送审稿）》《天心区2019年度区直单位业务工作目标考核体系（送审稿）》《天心区2019年度重点工作季度考核实施办法（送审稿）》《天心区绩效考核与管理单位分类表（送审稿）》。

8月22日，朱东铁主持召开第20次区委常委会会议，传达学习习近平在中共中央政治局第十五次集体学习时的讲话精神，习近平在深化党和国家机构改革总结会议上的讲话精神，习近平、丁薛祥在中央和国家机关党的建设工作会议上的讲话精神，《关于印发〈中国共产党宣传工作条例〉的通知》精神，《湖南省委常委会向省委十一届八次全体会议的工作报告》《杜家毫、许达哲在省委十一届八次全会上的讲话》精神，《中共湖南省委办公厅　湖南省人民政府办公厅关于印发〈规范乡镇（街道）职责权限实施方案〉等五个方案的通知》精神，长沙市委常委、市纪委书记、市监察委员会主任蔡亭英在全市纪检监察系统领导干部实务培训班上的讲课精神；研究审议《关于进一步加强和规范向区委请示报告的通知（送审稿）》；听取全面依法治区工作情况汇报、全区公安工作情况汇报、防范化解政府债务风险工作情况汇报；研究干部人事工作。

9月6日，朱东铁主持召开第21次区委常委会会议，传达省、市学校安全工作有关会议精神；听取全区贯彻厉行节约要求全面加强预算管理工作情况汇报、全区夜间经济工作情况汇报、全区意识形态工作情况汇报、全区统战民族宗教工作情况汇报；研究审议《天心区庆祝中华人民共和国成立70周年活动总体方案（送审稿）》；研究干部人事工作。

9月11日，朱东铁主持召开第22次区委常委会会议，研究审议“不忘初心、牢记使命”主题教育相关文件。

9月29日，朱东铁主持召开第24次区委常委会会议，传达学习习近平等中央领导关于统计工作重要讲话指示批示精神、杜家毫在全省“不忘初心、牢记使命”主题教育第一批总结暨第二批部署会议上的讲话精神、《中共中央办公厅、国务院办公厅〈关于做好2019年国庆节期间有关工作的通知〉》精神；研究在“不忘初心、牢记使命”主题教育中进一步做好集中整顿软弱涣散社区（村）党组织有关工作；听取公务员职务与职级并行工作情况汇报。

10月28日，朱东铁主持召开第25次区委常委会会议，传达学习习近平在庆祝中华人民共和国成立70周年系列活动上发表的重要讲话、杜家毫在湖南省庆祝中华人民共和国成立70周年大会上的讲话精神、杜家毫在省直机关党的建设工作会议上的讲话精神、全市农村人居环境整治和新型村级集体经济发展工作现场观摩推进会议精神；审议《区五届人大六次会议筹备工作方案（送审稿）》《区政协五届四次会议筹备工作方案（送审稿）》《天心区加快建设高技术生产性服务业创新聚集区助力全市制造业高质量发展的实施方案（送审稿）》；研究全区国家安全工作。

10月30日，朱东铁主持召开第26次区委常委会会议，研究明确民主推荐对象。

11月8日，朱东铁主持召开第27次区委常委会会议，学习中共十九届四中全会精神、习近平在十九届中共中央政治局第十七次集体学习时的讲话精神、《中共中央关于新时代加强和改进人民政协工作的意见》精神；传达有关警示教育文件精神；听取未成年人思想道德建设工作汇报；宣布省纪委有关处分决定。

11月20日，朱东铁主持召开第28次区委常委会会议，学习习近平在中央政治局第十八次集体学习时的讲话精神、《中国共产党党内法规制度条例》《中国共产党党内法规和规范性文件备案审查规定》和《中国共产党党内法规执行责任制规定（试行）》文件精神；听取全区教育工作情况汇报；研究有关案件处分事项和人事工作。

11月30日，朱东铁主持召开第29次区委常委会会议，研究“不忘初心、牢记使命”主题教育民主生活会有关事项、干部人事工作以及南部片区控规及城市设计规划编制有关事项；听取公务员职务与职级并行工作以及人大代表、政协委员届中增补工作情况汇报。

12月6日，朱东铁主持召开第30次区委常委会会议，听取全区违建别墅整治工作情况汇报；传达学习省市“双联”暨城市困难职工帮扶、新时代产业工人队伍建设改革工作会议精神；研究干部人事工作。

12月13日，朱东铁主持召开第31次区委常委会会议，听取全区安全生产工作、绿心地区中央环保督查反馈问题整改工作情况汇报；研究干部人事工作。

12月16日，朱东铁主持召开第32次区委常委会会议，传达中央“不忘初心、牢记使命”主题教育领导小组有关文件精神；听取全区食品安全工作、信访工作情况汇报；研究审议《关于长沙市天心区2019年国民经济和社会发展计划执行情况及2020年国民经济和社会发展计划草案的报告（送审稿）》《2020年全区重大项目投资计划（送审稿）》《关于长沙市天心区2019年预算执行情况和2020年预算安排草案的报告（送审稿）》。

12月17日，朱东铁主持召开第33次区委常委会会议，传达学习杜家毫在纪念地方人大设立常委会40周年座谈会上的讲话精神；听取2018年度促进区域经济发展奖励评选工作、区人大常委会、区政府、区政协、区法院、区检察院党组年度工作情况汇报；审议区人大常委会、区政府、区政协常委会工作报告。（谢昌友）

【区委书记专题会议】 2019年2月14日，天心区委书记专题会议召开，传达学习全市产业项目建设暨营商环境优化工作推进大会精神，听取长株潭绿心保护情况等工作汇报。区委副书记、区长黄滔，区领导周志军、贺国权、侯向宇、王海军参加。会议传达学习全市产业项目建设暨营商环境优化工作推进大会精神，听取长株潭绿心保护情况汇报，听取长株潭城市群绿心规划编制情况。区委书记朱东铁强调，要将“两个年”活动作为2019年全区工作的重中之重，牢牢把握高质量发展的着力点，确保“两个年”取得突破性成效；要确保9家规模以上企业2019年年底全面退出，要严格监管执法，加快施工进度，确保按照要求如期拆除长株潭绿心地区违法建筑。

2月22日，区委书记专题会

议召开，听取五届区委第六轮巡察分别对区人社局、区人防办、区史志档案局、区残联4个部门单位党组织开展巡察的情况汇报。区委巡察组聚焦“六个围绕、一个加强”，即：围绕党的政治建设、思想建设、组织建设、作风建设、纪律建设、夺取反腐败斗争压倒性胜利等方面开展工作，发挥巡察“利剑”作用。区委认为第六轮巡察组织有力、成效显著，巡察组敢于担当、敢于负责，完成了巡察任务。朱东铁强调，要忠诚履职持续深化政治巡察；要抓铁有痕持续推进巡察整改；要严明纪律持续加强自身建设。

6月10日，区委书记专题会议召开，听取五届区委第七轮巡察工作综合汇报，研究部署推进下一阶段巡察工作，朱东铁主持会议并讲话。区领导朱远红、张界贻、曾卫国分别对巡察工作提出意见建议。会议听取区委第七轮巡察分别对先锋、南托、文源、城南路4个街道，团区委、区妇联、区总工会3家单位及高云集资办、登仕桥社区开展巡察的综合情况汇报。朱东铁指出，要统筹处理好“形”和“效”的关系，确保巡察有形有效覆盖；统筹处理好“察”与“处”的关系，通过巡察推动管党治党责任落实；统筹处理好“严”与“爱”的关系，打造高素质的巡察人才队伍。

8月16日，区委书记专题会议召开，就加快推进大数据（地理信息）产业链及应用场景建设工作进行研究部署。天心经开区就当前园区大数据（地理信息）产业链及应用场景建设工作进行汇报，与会人员就进一步加快推进产业链及应用场景建设工作进行探讨。会议明确，天心区将成立大数据（地理信息）产业应用场景推进工作领导小组，全面领导应用场景建设工作，分别由区人居环境局、区城管局、区资规分局牵头，先期启动三大专项应用场景建设工作。朱东铁强调，全区各级各部门要全力参与和推进大数据（地理信息）产业链及应用场景建设工作；通过应用场景建设，利用大数据技术解决产业发展、民生服务等方面的相关具体问题；做好各项服务保障工作，营造大数据（地理信息）产业链及应用场景建设的良好环境。

8月27日，区委书记专题会议召开，研究绩效考核工作。朱东铁强调，目标要再坚定，要以争创一流的目标来引领各项工作；问题要再重视，确保工作有效落实；重点要再明确；责任要再强化，加强统筹调度，强化研究协商，确保及时发现问题、解决问题。黄滔指出，各级各部门要聚焦项目建设、优化营商环境等重点指标抓落实，切实做好三大攻坚战、城市管理、三大板块建设、民生实事等工作，推动各项工作全面发展。

9月17日，区委书记专题会议召开，听取五届区委第八轮巡察工作综合汇报，研究部署推进下一阶段巡察工作。会议听取区委第八轮巡察5个巡察组分别对区财政局、区工业和信息化局、区金融事务中心、步行街管服中心、南郊公园管理处、天心阁管理处开展常规巡察，对赤岭路街道及其下辖社区（管委会）开展巡察“回头看”的综合情况汇报。会议就启动区委第九轮巡察相关工作进行研究部署。朱东铁强调，深入开展巡察工作，必须做到两个坚持：坚持把精准发现问题作为巡察工作的生命线，坚持把推动解决问题作为巡察工作的落脚点。朱东铁要求，巡察办、巡察组要完善巡察报告，抓好巡察反馈、线索移交、整改、督办等环节；要用好问责武器，严肃问责追责；要严格落实区委巡察规划要求，全面铺排巡察工作任务，合理安排巡察轮次，确保在该届区委任期内完成71个区属党组织和96个村级党组织巡察全覆盖。（王　杰）

【区委常委会召开2018年度民主生活会】 2019年2月2日，天心区委常委会召开2018年度民主生活会。会议以中央政治局民主生活会、省委和市委常委班子民主生活会为标杆，围绕强化创新理论武装，树牢“四个意识”，坚定“四个自信”，坚决做到“两个维护”，勇于担当作为，以求真务实作风坚决把中共中央决策部署落到实处为主题，坚持问题导向、严字当头，准确把握中共中央要求，对照初心和使命，对照“三个方面”内容和巡视巡察整改要求，把存在的突出问题查摆清楚，严肃开展批评和自我批评，进一步加强领导班子自身建设，为争当全面建设现代化长沙示范区凝聚强大合力和提供坚强保证。区委书记朱东铁主持会议并作总结讲话。市委督导组有关负责人到会督导。区领导黄滔、朱远红、张界贻、曾卫国、黄文先、周志军、苏宏洲、贺国权、刘向、肖雄伟、侯向宇参加会议。会前，区委常委学习习近平在中央政治局民主生活会上的讲话精神和省委、市委常委班子民主生活会精神；在深入学习研讨、广泛征求意见的基础上，全面开展谈心谈话，认真撰写班子对照检查材料和个人发言提纲。会议通报2017年度区委常委班子民主生活会整改落实情况。会上，朱东铁代表区委常委班子进行对照检查，带头作个人对照检查、开展自我批评，接受各位常委的批评。区委副书记、区长黄滔和其他常委逐一做对照检查和自我批评，开展相互批评。市委督导组要求从严从实抓好整改落实，巩固和深化民主生活会成果。朱东铁在讲话中指出，这次民主生活会既是一次严肃的党内政治生活，也是一次深刻的党性教育洗礼，达到了锤炼党性、统一思想、明确方向、凝聚力量、团结奋进的目的。各位常委要结合分管工作和自身实际，全力抓好查摆问题的整改落实，以务实作风和高质量整改体现民主生活会的成效。朱东铁强调，要做到“两个维护”，认真贯彻民主集中制，大力弘扬斗争精神，带头加强作风建设，突出抓好问题整改。（李　群）

【营商环境优化暨项目建设推进大会】2019年2月11日，长沙市天心区营商环境优化暨项目建设推进大会在湖南省人民大会堂召开。天心区委、人大、政府、政协领导，16位企业家代表，以及机关、企业、街道、社区（村）代表等1000余人参会。会议下发《长沙市天心区“营商环境优化年”实施方案》（简称“天心营商环境30条”）、《2019年重大项目投资计划表》等文件，就着力营造“最方便”“最赚钱”“最安全”“最亲清”的营商环境，以及全区上下狠抓项目建设工作进行安排和部署。“天心营商环境30条”从提高企业开办时效、在园区探索推行产业建设项目“先建后验”管理模式、试行“非关键性材料不全可受理”政务服务模式、建立工商注册“凡有先例皆可为”制度、推行区内投资审批事项“多规合一”在线审批等30个方面对优化营商环境工作进行细化。《长沙市天心区2019年重大项目投资计划表》显示，2019年天心区将以省、市“产业项目建设年”活动为抓手，铺排重大项目152个（政府投资类项目84个、社会投资类项目68个），预估总投资958亿元，年度投资245亿元；其中列入长沙市级重大项目81个，预估年度投资205亿元。区委书记朱东铁表示，全区将把优化营商环境作为“第一品牌、第一资源、第一竞争力”，作为经济发展的生命线来抓，努力把“营商环境最佳”打造成天心区的核心软实力和最亮新名片。天心区委副书记、区长黄滔介绍，2019年天心区将从提高项目质量、加快项目建设、加大项目招商三个方面着手，全力在“建链、强链、延链、补链”上下功夫，推动产业链、创新链、资金链、政策链协同发力，实现产业多元、产业升级，加快形成新的增长点。（王　杰）

【深化机构改革动员大会】2019年3月5日，天心区深化机构改革动员大会召开，标志着天心区机构改革工作全面进入实施阶段。天心区委书记朱东铁参加会议，区委副书记、区长黄滔主持会议。区领导朱远红、于献、夏艳兰、曾卫国、黄文先、周志军、苏宏州、刘向、肖雄伟、侯向宇等出席会议。朱东铁强调，全区上下要坚决贯彻中共中央部署要求，坚决落实湖南省委、省政府批准的《天心区机构改革方案》，扎实推进机构改革各项工作，确保顺利完成机构改革任务。区委常委、组织部部长张界贻介绍全区机构改革方案的主要内容。根据中共湖南省委、湖南省人民政府批准的《天心区机构改革方案》，区本级共设置党政机构35个。其中，区委机构9个（纪检监察机关1个，工作机关8个），区政府工作部门

图14　2019年2月11日，长沙市天心区营商环境优化暨项目建设推进大会在湖南省人民大会堂召开（区委办供图）

26个。朱东铁指出，要提高政治站位，深刻领会机构改革的重大意义；要加强统筹协调，积极稳妥推进机构改革各项工作；要严守纪律规矩，确保机构改革圆满完成。黄滔强调，确保改革任务落地生根；确保机构改革工作顺利实施；确保平稳过渡；确保干部队伍思想不乱、工作不断、干劲不减；确保政令畅通；确保改革任务落到实处。会上，区人社局、区安监局、青园街道主要负责人表态发言。（王　杰）

图15　2019年3月5日，天心区召开深化机构改革动员大会，天心区委副书记、区长黄滔（中）主持会议　（徐拓　摄）

【全区经济工作会议】 2019年6月12日，天心区委、区政府召开全区经济工作会议，专题研究调度全区经济工作。会议由区委书记朱东铁主持。区委副书记、区长黄滔，区领导周志军、贺国权、侯向宇、黄会、张建参加会议。朱东铁指出，抓好经济工作，要提升思想认识，坚定发展目标，聚焦重点工作，抓好项目的招引、征拆及开工建设等工作；要在优化营商环境、壮大园区经济、提升弱项指标等方面下功夫，加强对接沟通，浓厚工作氛围，形成工作合力，奋力冲刺确保天心经济工作高质量实现“双过半”。黄滔强调，各部门、街道要提高思维，强化落实，全力以赴，通过抓市场主体、抓短板、抓平台、抓招商、抓服务、抓绩考、抓沟通汇报，提升经济指标。（王　杰）

【区委审计委员会会议】 2019年5月15日，天心区委审计委员会第一次会议召开。区委审计委员会成员参加。会议指出，要全面加强党对审计工作集中统一领导，全面把握新时代审计工作的职能使命，全面领会深化审计制度改革的重要部署，全面抓好审计机关自身建设，维护审计监督的权威性和公信力。会议强调，要忠实履行新时代职责使命，要突出促进经济高质量发展，要突出增进民生福祉，要突出规范权力运行，要突出做好审计结果运用。会议要求，要加强党的全面领导；要聚焦更好发挥审计监督重要作用；区委审计委要着力抓好全区审计领域重大工作顶层设计、总体布局、统筹协调、整体推进、督促落实；区委审计委办公室要确保审计工作顺利开展；要深化审计制度改革，推动审计全覆盖。黄滔强调，要找准站位强化审计监督职责，要找准关键把握审计工作重点，要找准路径提升审计工作水平。8月20日，天心区委审计委员会第二次会议召开。会上，深入学习贯彻习近平关于审计工作的重要讲话精神，落实中央、省委、市委审计委员会第二次会议精神，听取审计工作情况汇报，审议《关于2018年度区本级预算执行和其他财政收支审计报告》，研究部署区委审计委员会工作。会议指出，要不断拓展审计监督的广度和深度，要聚焦关键领域深化审计监督。会议强调，要着力提高审计工作的权威和效能，注重监督反腐，加大对权力集中、资金密集、资源富集、资产聚集的重点部门、重点岗位、重点环节的审计监督力度，纪检监察、组织人事、巡察机构等要与审计监督贯通起来。会议要求，要强化党对审计工作的集中统一领导；要加强审计队伍建设，开展“不忘初心、牢记使命”主题教育，加强审计机关的政治建设、专业素养和业务能力。（易姮君）

【区委财经委员会会议】 2019年6月18日，区委财经委员会委员参加会议。会议学习贯彻中央、省委、市委财经委员会相关会议精神，研究审议《中共长沙市天心区委财经委员会工作规则（草案）》和《中共长沙市天心区委财经委员会办公室工作细则（草案）》，以及减税降费、政府债务总额管控两个专项方案，研究部署区委财经委员会下阶段工作。

会议强调，要强化责任担当，切实形成工作合力，财经办要认真研究全区经济社会发展的重大问题，为服务区委经济工作提出一批有分量、有价值的对策建议，各级各部门要牢固树立“一盘棋”思想，及时向区委财经委报告和反馈全区经济发展情况。会议要求，要抓好工作落实，把加强党对经济工作的领导体现在具体工作中；要抓调研、抓谋划、抓推进；突出“两个年”活动、突出经济“双过半”；要强化减税降费政策的落地落实；要严守政府性债务风险防控底线，化解债务存量、严控债务增量、盘活经营性资产、抓好平台公司转型，突出抓好资金的使用关，让有限的资金在保民生、保重点、保运转上高效地发挥作用。（王　杰）

【区委外事工作委员会会议】 2019年10月9日，天心区委外事工作委员会第一次会议召开，传达学习习近平新时代中国特色社会主义外交思想及中央、省委、市委外事工作委员会会议精神，研究审议《中共长沙市天心区委外事工作委员会工作规则（送审稿）》《中共长沙市天心区委外事工作委员会办公室工作细则（送审稿）》，安排部署相关工作。区委书记、区委外事工作委员会主任朱东铁主持会议，区委副书记、区长、区委外事工作委员会副主任黄滔，区委副书记、区委外事工作委员会副主任朱远红，以及区委外事工作委员会全体委员参加会议。会议强调，要提高政治站位，在外事工作中讲政治、讲大局；要拓展对外交往，全力服务国家总体外交和高质量发展，全方位拓展对外交流，高水平推进对外开放；要严肃工作纪律，提升外事工作规范化常态化管理水平。会议指出，天心区要主动对接长江经济带、粤港澳大湾区等战略布局，围绕深化改革、创新创业、产业升级、招商引资、优化环境等，整合资源，助推天心区社会经济发展；要探索与港澳地区的合作渠道、积累人脉、涵养资源，加大天心区营商环境、产业政策和人才新政推介力度，吸引更多港澳高端企业和人才到天心创新创业；要提升举办对外活动质量，加快实现高水平对外开放。天心区作为外地游客到长沙旅游的窗口，各级各部门要做好相关工作，展示长沙和天心的良好形象。（赵一蓉）

【区委中心组学习】 2019年，中共天心区委理论中心组召开集体学习12次。

1月28日，区委理论学习中心组暨区委常委班子2018年度民主生活会会前集中学习召开。

2月26日，区委理论学习中心组（扩大）集体学习暨“天心讲堂”召开，深入学习领会习近平新时代中国特色社会主义思想和中央、省、市关于加大营商环境改革力度的重要精神和决策部署。

3月28日，区委理论学习中心组集体学习召开，深入学习领会习近平关于增强忧患意识、防范风险挑战的重要论述和《中国共产党重大事项请示报告条例》《关于加强新时代人民政协党的建设工作的若干意见》，以及关于扫黑除恶相关会议精神。

4月30日，以“深入学习领会习近平关于全面深化改革、做好经济工作的重要论述”为主题的区委理论中心组集体学习召开，省委改革办秘书处处长李钦作专题辅导。

5月14日，区委理论学习中心组（扩大）集体学习暨“天心讲堂”召开，深入学习领会习近平关于党的初心和使命的重要论述、关于脱贫攻坚的重要论述、关于做好经济工作的重要论述。

6月25日，区委理论学习中

图16　2019年8月23日，中共天心区委理论学习中心组（扩大）集体学习暨“天心讲堂”召开　（区委宣传部供图）

心组集体学习召开，邀请国防科技大学教授易金务以“国家安全形势与富国强军战略”为主题作专题辅导报告。

8月1日，区委理论学习中心组第7次集体学习召开，邀请市委组织部指导处处长杨志强就“基层党建工作的基本实务”作专题辅导。

8月23日，区委理论学习中心组（扩大）集体学习暨“天心讲堂”召开，邀请湖南女子学院副院长蒋璟萍作政务礼仪专题讲座、国防科技大学教授易金务就“当前国家安全的几个热点问题”作专题辅导。

9月23日，区委理论学习中心组（扩大）集体学习召开。

10月22日，结合“不忘初心、牢记使命”主题教育，召开区委理论学习中心组（扩大）集体学习。

11月20日，区委理论学习中心组（扩大）集体学习暨区委统战（民宗）工作领导小组会议召开，就民族宗教知识进行集中学习。

12月18日，学习贯彻中共十九届四中全会精神市委宣讲团报告会暨区委理论学习中心组（扩大）集体学习召开，邀请市委宣讲团成员、中南大学马克思主义学院教授黄永鹏作中共十九届四中全会精神宣讲报告。

（任　婷）

办公室工作

【概况】 2019年，中共长沙市天心区委办公室（简称“天心区委办”）围绕区委中心工作和全区发展大局，履行党办职能职责，突出“四个加强”（加强统筹协调、加强信息宣传、加强督查督办、加强服务保障），全面提升办公室工作“四化”（规范化、制度化、科学化、精细化）水平，发挥区委坚强前哨、巩固后院和核心智库作用。

（谢昌友）

【政策研究】 2019年，天心区委办起草各类文稿300余篇，在中央、省、市党报刊发文章14篇，在《人民日报》发表区委书记署名文章《重信践诺，优化营商环境》。围绕全区总体部署和重点工作，提供解决措施100余条。参与区委发展思路的谋划和全区重要制度的研究，撰写、搜集《加快盘活存量闲置资源促进区域经济高质量发展》等30余篇调研报告。搭建信息传输和共享平台，强化信息工作的归口管理，完善紧急信息报送制度，全年向中办、省办、市办报送信息800余条，被采用430余条，没有发生一起重大紧急信息迟报、漏报、瞒报现象。

（谢昌友）

【督查督办】 2019年，天心区委办出台《2019年督查检查考核事项年度计划》《应当向区委报告事项的清单》《天心区强化真抓实干提升工作效能的六条举措》，明确加强区委精准、规范督查的新思路和总要求。全年完成月工作要点落实情况通报12批次，印发《天心督查》19期。建立督查工作“一台账四清单”，精简至21项，同比精简89%。针对重点领域，开展绿心地区10家延期工业企业退出、蓝天保卫战、有机更新项目、防汛备勤、“三大板块”征拆项目、农村“五治”、城市特困群体帮扶、文明创建等工作督查。接待来访群众70余批170余人次，办复红网“问政湖南”网民信访件268件。

（廖道荣）

【会务保障】 2019年，天心区委办每月制发月工作要点，每周制发区领导周工作安排表，编发全区办公室系统业务工作流程指南，加强与市委办公厅、区四大家、常委部门和相关承办单位的对接。组织区委常委会、区委全会、区委务虚会等重要会议，对中央、省、市、区委重要会议、重要文件精神，均及时召开专题会议进行传达学习，组织各类会议179次，其中区委常委会议33次、区委书记专题会议7次，配合做好区委理论中心组集体学习13次。

（夏　菲）

【文电法规】 2019年，天心区委办以区委、区委办名义印发重要文件98个，同比下降39%，全年办理上级文件855个、呈批件1100个。向市委报备党内法规性文件6个，清理涉机构改革区委文件40个，宣布废止16个、失效4个、修改12个、继续有效8个，清理区委党内规范性文件180个。

（徐　乐）

【接待工作】 2019年，天心区委办完成主要接待活动39批次。其中，负责第十九期钱学森论坛暨2019长沙空间信息产业国际博览会，贯彻落实中央、省、市惠台政策暨天心两岸经济文化交流中心签约仪式，首届中非经贸博览会焰火晚会等重大接待活动14次；指导市“两会”港澳组委员、海外华侨华人代表“看长沙”考察天心区，天心区2019年重点招商资源推介会暨“筑梦天心·商汇天心”异地商会企业家天心行，区委“不忘初心、牢记使命”主题教育相关活动等大型活动13次；迎接全市产业项目流动观摩，湖南省委常委、长沙市委书记胡衡华到区调研，人社部领导到区调研等考察7次；接待浙商中拓集团、五矿地产等知名企业到区考察5批次。配合完成区委务虚会、区委全会、经济工作会、区“两会”、正月初七“千人大会”等会务工作。（马　薇）

【外事工作】2019年，天心区按照机构改革方案，成立区委外事工作委员会。区委外事委的办事机构为区委外事办，设在区委办公室。10月9日，召开中共长沙市天心区委外事工作委员会第一次会议。规范领导干部因公出国（境）管理，做到因公出国（境）任务的规范、严肃。做好外籍人士到天心区学习、投资、旅游等涉外管理和服务保障工作。10月，接待印度西孟邦西里古里市长代表团一行考察访问天心区金桂社区基层组织建设。妥善处理涉外事件，全年共上报处理国（境）外人员涉外案件3起。

（赵一蓉）

【港澳台工作】2019年，天心区委外事办、区委台办妥善做好涉港涉澳涉台相关工作。全年帮助台企解决难题纠纷5起，服务台胞台属9人次，协助成立长沙市台协天心分会；协调解决台资企业花之林总部项目预售许可证办理、台胞台属社保问题、子女“入学难”问题、经济纠纷问题等，协助台胞办理居住证10余人次，妥善处理1起涉台突发事件。配合做好湖南省政协澳门委员、闽建集团总经理黄天松就省政协提案“长沙—澳门街”建设选址实地考察工作。增进湘台交流交往，做好“中华两岸青年企业协会”参访团、台东市“市长”张国洲、台湾“中国电视”有限公司大陆寻奇栏目组、“2019文化C游记”采访团、高雄市“议会”黄香菽“议员”等台湾各界人士共6批次120余人到天心区参访。

（赵一蓉）

【惠台政策暨项目签约仪式】2019年11月18日，天心区举行贯彻落实中央、省、市惠台政策暨项目签约仪式。湖南省委台办副巡视员杨金定，长沙市委常委、市委统战部部长谭小平出席项目签约仪式。谭小平会见由澳门台商联谊会会长、台湾豪门文化科技创意股份有限公司董事长简廷在率领的台商代表团一行，提出希望有更多的台商朋友到长沙考察交流、投资兴业，长沙市将进一步优化营商环境，提供优质服务。签约仪式上，南郊公园与湖南天启湘台文化发展有限公司等签约，共同投资将南郊公园打造成首家由海峡两岸共建的儿童友好型主题公园，拟将中华文化元素融入游乐项目中，打造儿童友好型体育拓展、艺术成长、自然教育、科技兴趣培育等基地。（赵一蓉）

机关党建

【概况】2019年，中共长沙市天心区直属机关工作委员会（简称“区直机关工委”）把学习宣传贯彻习近平新时代中国特色社会主义思想作为首要任务，紧密结合区委、区政府的部署和区五届人大四次会议确定的各项目标，抓好思想建设、组织建设、作风建设和群团建设，更好地发挥政治引领作用。截至年末，区直机关有53个党支部（党委、总支），1559名党员。（毛　萍）

【思想建设】2019年，天心区直机关工委强化机关基层党组织书记抓党建第一责任人职责，落实意识形态工作责任制，注重意识形态领域的形势教育，邀请市委有关专家到区授课。区直机关各支部把学习贯彻习近平新时代中国特色社会主义思想和中共十九大、十九届四中全会精神作为首要政治任务，每季度制订支部理论学习计划，将政治理论学习纳入“四个专题”学习和支部组织生活及每月主题党日活动。推进“两学一做”学习教育常态化、制度化，抓好“红星云”“学习强国”平台的常态使用。开展“不忘初心、牢记使命”主题教育，将主题教育成果转化为推动工作的动力。（毛　萍）

【组织建设】2019年，天心区各支部落实“三会一课”、主题党日活动、组织生活会、谈心谈话、民主评议党员等制度。推进党支部“五化”创建达标工作，组织“五化示范支部”评选。指导完成支部换届选举，选优配强支部书记、委员队伍。组织开展党务干部培训，利用季度检查、交叉检查等方式，对支部党建专干进行现场培训。修订完善《区直机关党建工作目标考核细则》，对区直机关53个党支部（党委、总支）逐一上门进行检查督导，编发督查通报，对排名靠后的进行约谈。组织开展党员组织关系集中排查、违规发展党员摸底排查等工作，全年从严发展党员20名。开展“三树三创”“一支部一品牌”等活动，围绕全区项目建设、营商环境优化年等中心工作，全面推行“党建+”模式，促进机关党建工作与业务工作的深度融合。组织开展“垃圾分类、党员先行”“学党史、知党情、跟党走”主题党性教育等活动，开展党代表聚焦打赢“三大攻坚战”献计出力、建功立业专项行动，发放倡议书。推进党员积分管理工作，督促在职党员进社区报到、参加志愿服务活动，开展机关支部“联创共建”活动。（毛　萍）

【作风建设】2019年，天心区加强机关党员干部思想理论教育、先进典型教育、法纪教育和警示教育，开展廉政建设进机关活动。机关基层党组织利用主题党日活动组织开展“以案说纪”警示教育，通过观看影片、参观市纪委廉政警示教育基地等方式，促使党员干部知敬畏、存戒惧、守底线，筑牢拒腐防变的思想道德防线。开展廉政风险点排查，做好重点人、重点事、重点问题的监管，落实“一岗双责”制度，抓好“关键少数”的监督。加大元旦、春节、中秋、国庆等重要节点的明察暗访力度。加强对支部履行全面从严治党责任的监督检查，推动主体责任落地生根，促进区直机关作风整体持续好转。

（毛　萍）

【群团建设】2019年，天心区通过发放购物卡、电影票券等方式，为机关工会会员发放“七个法定节假日福利”。做好会员生日结婚生育慰问、广大干部职工及直系亲属生老病死慰问、干部职工子弟高考及困难党员干部职工等慰问，组织开展羽毛球赛、象（围）棋比赛等活动。以纪念建党98周年“七个一”系列活动为主线，组织机关党员干部参加植树护绿、结对帮扶、无偿献血、除冰扫雪等志愿服务活动。深化“青年文明号”“青年岗位能手”等品牌创建推荐活动。开展“小手牵大手•垃圾要分类”趣味竞赛、“庆祝中华人民共和国成立70周年”主题书画作品展赛等活动，展现青年干部健康向上的良好风貌。

（毛　萍）

大气污染防治

【概况】2019年，天心区贯彻落实中央、省、市关于蓝天保卫战的决策部署，按照“聚焦问题抓治理，常态监管抓治理，依靠科技抓治理，着眼实效抓治理”要求，抓实“六控十严禁”，推进蓝天保卫战精准化、精细化、常态化。全年空气质量优良天数为278天，优良率76.4%，$PM_{2.5}$累计浓度均值46微克/立方米，PM_{10}累计浓度均值58微克/立方米，O_3平均第90百分位浓度为170微克/立方米，优良天数、优良率、O_3浓度改善率均排名全市第一。（刘　灿）

【组织推进】2019年，天心区高度重视蓝天保卫战工作，建立并坚持双月讲评推进机制，区委书记朱东铁，区委副书记、区长黄滔多次组织召开区委常委会、政府常务会、月工作布置会等专题会议部署蓝天保卫战，深入一线调研、督导。制定出台《天心区2019年蓝天保卫战（大气污染防治）工作方案》《天心区省府新区轻度污染天气管控应急预案（试行）》等系列文件，坚持周例会、月调度、关键时期随时会商及时预警调度等制度，先后部署调度蓝天保卫战工作51次。出台《2019年长沙市天心区蓝天保卫战工作年度绩效考核实施细则（试行）》，对蓝天保卫战进行单线考核，细化、量化、具体化各项考核指标，对各街道和重点部门进行双月考核。坚持开展“三级执法、两级巡查”，每天由区领导带队在重点时段、重点行业、重点区域巡查。全区共立案处罚2514起，罚款839.3万元，刑事拘留2人，问责8人。中央媒体相关报道37条，省、市媒体报道1361条；下发《守护天心蓝》（天心区蓝天保卫战2019年年度报告），在区“两会”期间引起热议；印发天心区蓝天保卫战工作领导小组办公室《工作简报》40期，市蓝天保卫战工作领导小组办公室专报推介9篇，《长沙要情》采纳天心区蓝天保卫战工作信息3篇。（刘　灿）

【“六控”专项整治】2019年，天心区按照“六控十严禁”要求，开展专项整治。控尘：巡查发现问题920个，处理问题438个；对辖区内工地“8个100%”防尘落实情况进行全面督查，发现“8个100%”新标准落实不到位问题554个，行政执法处理问题117个；增加重点区域、重点道路的洒水降尘作业频次，实行全天候洒水，对平均积尘负荷0.5以上的19条道路采取“湿扫”加“强冲”；治理裸露地块总面积179.5万平方米。控车：优化交通路线23处，在重要路口设置早晚高峰岗执勤疏导交通，减少车辆怠速情况，现场查处穿城过境柴油货车闯禁违法31162起；非道路移动源治理有序进行，申报编码登记63台，审核通过发牌38台。控排：突出源头减排，有序推进低氮化改造，签订改造验收合同53台，完成改造46台；推进VOCs（挥发性有机物）治理和“散乱污”企业整治，共关停“散乱污”企业8家，加大对涉VOCs治理企业的执法检查力度。控烧：处置露天烧烤410起，查处露天焚烧垃圾等210起；严格实施《新设餐饮服务项目油烟污染防控暂行办法》，安装油烟净化器2819台，查处不规范维护、运行油烟净化设备或油烟超标排放494例，完成老旧小区居民家庭餐厨油烟污染治理10022户。控煤：收缴煤炉480个，禁燃区制止使用散煤105起，禁燃区煤炉使用基本清零。控油：完成10家加油站油罐改造，油气回收在线监测系统建设有序推进。（刘　灿）

【重点治理】 2019年，天心区紧盯细颗粒物$PM_{2.5}$与O_3两大主要污染物，科学划定重点管控区域、预判污染情况、制定对策。划定新姚中路、杉木冲路、五凌路、新韶路合围区为核心管控区域，出台《天心区省府新区轻度污染天气管控应急预案（试行）》，对重点污染源严格管控标准、上足管控力量、落实管控措施。通过采用雷达扫描、走航监测、便携式六参仪、专业技术人员排查等方式，分行业、分类别建立污染源台账，实施靶向治理。全年根据溯源结果，对56处重点污染源实行深度治理。构建全区大气监管调度平台，对于市蓝天办发布的污染超标预警天气，区领导组织重点部门、驻场服务团队进行会商，对污染成因进行分析，发布有针对性的管控措施，强化现场督查，确保管控措施落实到位。建立问题交办、处置反馈、督查督办机制，全年完成问题整改795个。（刘　灿）

【蓝天保卫战工作领导小组全体会议】 2019年1月24日，天心区蓝天保卫战工作领导小组召开2019年第一次全体会议，区委书记朱东铁，区委副书记、区长黄滔，区领导周志军、肖雄伟、侯向宇、王海军、许波、张建，区政府相关部门及各街道主要负责人参加会议。朱东铁要求，强化部门联动、区域联动，建立行业环境督查督导机制，做到统一标准、预报预警、防治、执法，形成上下联动、协同推进、齐抓共管的良好工作局面。黄滔强调，要进一步统一思想、落实措施、加强调度；各相关单位、街道要下定决心打赢蓝天保卫战。7月8日，天心区蓝天保卫战工作领导小组召开第二次全体会议暨工作讲评会。会议由黄滔主持。湖南省环境监测中心站大气室主任黄河仙进行专题业务授课；侯向宇传达2019年长沙市蓝天保卫战二季度工作讲评会议精神；许波通报蓝天保卫战双月考核结果并总结前段工作情况、安排下阶段工作。朱东铁强调，下阶段各级各部门要坚定目标任务，加大工作力度；要强化责任落实，落实好党政同责、一岗双责；要突出整治重点，发挥科技治理的力量；要抓好常态监管，确保无漏洞、无死角。黄滔指出，各级各部门要对发现的问题及时解决，巩固好工作成效；要明确目标任务；要严格按照“六控”“十禁”的要求把任务、责任具体化。8月13日，领导小组召开第三次全体会议暨双月工作讲评会议。会议由黄滔主持。会议对全区O_3情况进行溯源分析，汇报工作开展情况并通报双月考核结果，三个双月考评末尾单位进行表态发言。会议强调，相关单位要突出治理$PM_{2.5}$和O_3，加大“六控十严禁”力度，确保完成全年的目标任务。会议要求，部门和街道，要全面落实好党政同责、一岗双责；辖区企业，要落实好企业主体责任；各级领导干部，要按照“三级两巡”机制，坚持多走、多看、多发现解决问题；要加强督查通报，严格执行双月考核，根据考核结果兑现奖惩。会议对民生重点、安全生产、信访、秋季开学工作进行安排部署。（刘　灿　周娟艳）

【肖思源检查天心区蓝天保卫战工作】 2019年5月15日，长沙市蓝天办副主任、市政府副秘书长肖思源带领市环境监察支队执法人员对天心区蓝天保卫战工作进行检查，区政府副区长、区蓝天办常务副主任许波参加。督查组一行查看天心区坡子街街道华远悠优港餐馆油烟污染、赤岭路街道丁家垅组多家汽修厂废气污染及李家湾组多家饭店油烟污染、新开铺街道金谷仓餐厅油烟扰民等问题的整改情况。肖思源提出要求，要加强日常巡查监管，巩固整治成果，防止问题反弹；要举一反三，严格落实餐饮行业准入制度；要成立餐饮行业协会，增强行业自律。

（刘　灿　周娟艳）

【蓝天保卫战三季度工作讲评】2019年10月23日，天心区召开蓝天保卫战三季度工作讲评暨特护期污染防治工作动员会议。区委书记朱东铁，区委副书记、区长黄滔，区领导侯向宇、洪孟春、许波，区直相关部门、各街道主要负责人参加会议。朱东铁要求，针对特护期天气变化要保持高度敏感，充分发挥科技手段，深入分析大气环境质量各项指标之间的内在联系，出现污染天气的苗头就要第一时间启动应急预案，缩短响应时间，提升联动效率，找准问题症结，把控工作目标，加强系统治理，做到靶向施策；要把日常监管抓得更实，“三级执法、两级巡查”要常态化制度化，压实企业主体责任，确保监管无漏洞、无死角，对不符合要求的企业和个体户，该整改的要严格整改到位，拒不整改的坚决停产停业。黄滔强调，要坚决打赢“蓝天保卫攻坚战”；突出抓好O_3和颗粒物污染防治工作，尽最大努力实现超标污染天数、主要污染物浓度下降，空气质量优良天数明显增加；区蓝天保卫战工作领导小组办公室要切实履行综合牵头职责，相关执法部门要加大联合执法力度，对屡教不改、顶风作案的行为要从严从重处理。（刘　灿　周娟艳）

组　织

【概况】2019年，中共长沙市天心区委组织部（简称“区委组织部”）落实全国和省、市组织部长会议精神，抓好领导班子、干部队伍、基层党建、人才队伍、绩效考核、离退休干部和部门自身建设工作，为建设“融城核心、璀璨天心”提供坚强的组织保障和人才支撑。获评全市组织系统调研课题优秀成果奖、市级文明标兵单位、市直机关党建工作示范点。（李　群）

【基层党组织建设】2019年，天心区下辖14个街道，83个社区、12个村，1个管委会（新开管委会）；有25个区属党（工）委，902个基层党组织，20831名直管党员。区委14次召开常委会会议研究基层党建工作，5次召开基层党建重点工作推进会议。制定出台党组（党委）党建工作责任清单、年度绩效考核组织工作考核细则、年度党建工作要点和党建工作考核办法。筑牢思想阵地，强化政治引领。抓实第二批“不忘初心、牢记使命”主题教育工作，把握学习贯彻习近平新时代中国特色社会主义思想这条主线，细化78个整治重点和264项具体措施，立行立改问题314个；发挥典型引路的作用，省、市主题教育简报采纳各类信息113条，央媒宣传报道7次，省、市媒体特别是新媒体宣传报道300余次。强化社区、村党组织政治功能，加强社区党组织书记和社区员额制干部备案管理。聚焦基层需求，夯实组织基础。做好软弱涣散党组织整顿，年初4个社区、1个村党组织被确定为2019年软弱涣散党组织，年内完成整顿并验收。推进扫黑除恶，组织基层党组织开展360余次专题主题党日活动，反馈苗头性问题4个，移交有关问题线索2条。对上级移交的4个线索问题进行调查核实。推进“五化”党支部建设，全区表彰12个“五化”示范党支部、7个先进基层党组织、8名优秀党务工作者和10名优秀共产党员。构建服务体系，完善治理体系。建立党群服务中心电子导航地图，提高184个党群服务中心利用效率。实施发展党员“源头工程”，探索发展党员政治考察，全年发展党员240名。新建17个“两新”党组织，成立天心区社会组织党总支，指导其组织架构搭建和工作开展，调整清理“空壳”党组织14个，对覆盖超过5家单位的联合党支部整改完成，指导19家“两新”党组织完成换届工作，配备专职党建指导员、党务工作者。（李　群）

【干部人才队伍建设】2019年，天心区落实好干部标准，以区委“三个一批”选人用人导向为准则，从严从实抓好干部选拔任用、干部监督管理、干部教育培训以及人才工作。贯彻区委《关于以政治建设为统领进一步加强科级领导班子和干部队伍建设的实施意见》，对全区14个街道党政正职开展政治建设考察。全年提拔干部96人，重用23人，其中超半数来自征拆、扶贫和维稳一线，从全区优秀村（社区）党组织书记、事业编制人员和选调生中择优选拔9名街道班子成员。深入推进全区公务员职务与职级并行工作，全区869名公务员和参公人员按照政策要求套转相应职级。选派5名新提拔干部参与区委巡察，选派7名优秀干部到龙山、通道、浏阳从事精准扶贫，选拔4名干部到上海跟岗学习，选派16名区属中小学校长、副校长前往北京、上海、山东等地进行挂职跟岗。建立完善优秀年轻干部跟踪培养机制，建

图 17　2019 年 9 月 9 日，天心区委常委到青年毛泽东纪念馆开展“不忘初心、牢记使命”主题教育活动　（徐拓　摄）

立全区年轻干部“成长档案”。公开选拔 54 名年轻干部进入优秀年轻干部训练营，举办中国人民大学、西安交通大学、浙江大学等高校异地培训班 8 期，培训干部 400 余人次。全区 1985 年以后出生科级领导干部增至 62 人，其中街道主要负责人 5 人。长沙人力资源产业园成功创建国家级人力资源服务产业园，天心经开区人才公寓建设稳步推进。　（李　群）

【绩效考核工作】 2019 年，天心区委组织部制定《天心区 2019 年度市绩效考核工作目标责任分解表》，将任务分解到相关职能部门和街道。按照机构改革部署要求，将纳入考核的 73 个部门分成 6 个类别，14 个街道分成北部、南部街道，进行整合分类、公平考核。根据 2019 年 4 月 7 日中共中央办公厅印发的《党政领导干部考核工作条例》及市委组织部有关文件精神，适时调整科级领导班子考核定等规则，研究与市考成绩挂钩加扣分规则，调整部分区内绩效考核指标，出台《天心区 2019 年绩效考核领导小组会议纪要》。下发《天心区 2019 年度重点工作季度考核实施办法》，将财税、经济、项目建设、优化营商环境、城市管理、基层党建 6 项工作纳入季度考核讲评，调动全区上下争先创优。同时，加强日常调度、督查，及时跟进各项市绩效考核指标进展，对市考规则调整或完成进度滞后的市考、区考指标，及时向各区分管领导、相关部门和街道发出提示函，督促立行立改。　（李　群）

【老干部工作】 2019 年，天心区有离休干部 58 人。其中，老干科直管离休干部 20 人，代管异地离休干部 12 人，接管省属破产企业离休干部 25 人，教育局管理离休干部 1 人。直管退休干部 339 人。区委、区政府坚持重大节日与老干部同欢庆，重大决策请老干部同商议，重大会议让老干部同参与。春节期间，区五大家领导上门走访慰问离退休干部；区领导共同出席离退休干部代表座谈会并听取老领导意见；举办“庆祝中华人民共和国成立 70 周年”纪念章颁发仪式；区政府工作报告征求意见会、区人大会议、区政协会议皆邀请离退休老领导出席。启动区直退休干部管理模式改革，零投诉完成区直机关退休干部生活待遇和活动组织下放。完成全区 2787 名离退休干部的信息采集更新。按照“五必访”原则，全年上门走访离退休干部 237 人次，协助办理医保、社保事宜，调解矛盾纠纷等事项 20 余次。加强离退休干部党建，规范党内组织生活。通过联席会议、专题调研、业务培训、座谈交流和现场观摩等方式强化带头人建设，指导基层离退休党组织解决实际问题。新创建青园街道、黑石铺社区 2 个市级“五化”离退休干部党支部示范点和工委直属退休六支部、坡子街街道退休支部 2 个全市离退休干部先进党组织。突出老干部大学主阵地作用，区委、区政府新投入 240 余万元对两处办学点进行内部整体提质，全年开设 86 个班，招生 4000 余人次，新开设合唱、瑜伽等 5 个精品班。老年教育网络课堂覆盖 42 个社区，开课近 1000 堂次，年度累计总收看人次突破 2.7 万。以“党建带关建”支持配合区关工委继续擦亮关爱品牌。“快乐诵经典　阳光伴我行”“鑫远杯”暑期公益夏令营连续举办 9 期；“爱国兴邦、儿童友好”主题教育活动持续开展；“关爱明天　普法先行”法制教育讲座活动全年开展177场。天心区“党建带关建关工强基层工作”被《中国火炬》报道，区关工委获评长沙市“五好关工委”。组织李子玲、任康民、黄泽、王仲秋、陈月兰等老党员开展“百场报告进基层，携手奋进新时代”大型集中宣讲10场，举办“百名‘五老’（老党员、老专家、老教师、老战士、老模范）进百个社区（村）讲百堂党课”主题宣讲超过500场。全区万余名“五老”全年开展志愿服务1800余场次，受众2万余人次。（李　群）

【天心区“不忘初心路”系列党性教育基地】2019年，天心区以政治建设为统领，依托红色文化资源，打造“不忘初心路”，共建共享首批示范化党性教育基地：长沙外滩楼宇“缘起湘江”、桥头社区“红船映初心”、标志楼宇“必由之路”、金桂社区“心中的梁家河”，为2.5万名党员群众提供培训服务。长沙外滩楼宇“缘起湘江”，讲述青年毛泽东的成长历程，坚定共产主义信仰的初心；桥头社区“红船映初心”，重读《共产党宣言》、重温入党誓词、重悟红船精神，坚定马克思主义政党建设的初心；标志楼宇“必由之路”，回顾中国共产党的发展历程，坚定实现共产主义远大理想和中国特色社会主义共同理想的初心；金桂社区“心中的梁家河”，品读习近平的《七年知青岁月》，坚定为中国人民谋幸福、为中华民族谋复兴的初心。4个学习打卡点构成学习贯彻习近平新时代中国特色社会主义思想的“思维导图”，串起湖南第一师范、天心阁公园、李富春故居等一批红色地标，以提供便利化服务、实施差异化发展、推广点单式学习、推行智慧式教育、实行协商式管理，为党组织主题党日活动提供精准服务，推动习近平新时代中国特色社会主义思想深入人心。

（李　群）

【“有事好商量”基层议事平台】2019年，天心区探索打造党建引领小区自治的“有事好商量”基层议事平台，实现“众人的事情由众人商量着办”，由社区党组织牵头搭建“有事好商量”民主协商议事平台，“民声工作站”“网格议事亭”“民声金话筒”等议事载体如雨后春笋般涌现，工作机制获评全国城市基层党建创新优秀案例。把街道、社区划分为418个网格，融合机关、企业、小区、社会组织，成立功能型的网格党组织。融合区、街道、社区、小区四级力量，构建“1+4+N”党建引领社会治理体系，针对群众身边的烦心事，党组织牵头主事，召集各方代表恳谈、议事。搭建“有事好商量”基层民主议事平台184个，在355个封闭式小区、70个社区、有物业小区筹建业委会、监事会，成立330个“网格先锋组织”。实行小区党组织、业委会、业监会、物业、社会组织“五位一体”的多方参与联席会议制度，确保小事不出网格小区、大事不出社区、难事不出街道。

（李　群）

【主题教育为民解困做实事】2019年，天心区开展“不忘初心、牢记使命”主题教育，坚持把学习教育、调查研究、检视问题、整改落实贯穿始终，推动取得实效。收集梳理群众意见建议158条，推动农村饮用水工程等民生问题解决。实施“400名科级领导干部跟进化解400个民生问题”工作，推动联点区领导、区网格治理指导员、社区网格管家三级联动，协商停车难、就医难、棚户区有机更新协调、特殊困难家庭帮扶、化粪池改造、垃圾分类清运等痛点

图18　天心区“不忘初心路”之标志楼宇“必由之路”党性教育基地

（区委组织部供图）

问题592个，解决144个。把拆迁扫尾攻坚、盘活闲置存量资源、帮扶特殊困难群体纳入区委重要议事日程，主题教育期间实现4个拆迁扫尾项目清零，7个供而未建土地项目全面开工或加速复工，3个楼宇服务站建成投入使用。以人民群众的满意度检验主题教育质量与成效，各参学单位对照查找检视出来1100余个问题，把检视问题整改落实、为群众办实事解难题与建章立制结合起来，建立长效机制。（李　群）

【“一极四维”资源服务对接】2019年，天心区以楼宇商圈党群服务中心为极点，建立党委政府、国企、园区、社会组织与楼宇商圈的“一极四维”（以楼宇为极点，形成区委政府、园区、国企、社会四维资源服务模式）资源服务对接方式，形成优化营商环境“共同体”。区委“两新”工委、各楼宇商圈党组织与相关单位结对17个，开展组织联建80余次，提供党员教育、法律服务等资源项目70余项。引入法律、能源、人力资源等服务管家进企业开展特色服务，首批12个楼宇商圈党群服务中心共配备73名服务管家。联合95个党组织，开展“党建引领共促产业发展、凝聚力量优化营商环境”资源对接系列活动，直接服务企业42家，为企业处理问题28个，好评率100%。（李　群）

【社区社会组织“三基”建设】2019年，天心区开展“三基”建设试点，打造全省首批街道社区社会组织培育基地、党建基地、服务基地“三位一体”综合基地，探索形成“三集中五同步”发展模式。（“三集中”指以街道为“区域点”，进行集中培育；在社会组织中成立综合党组织，进行集中管理；通过政府购买服务的方式，培育社会组织成为党建、民生、经济等多类服务体系的有生力量，提供集中服务。“五同步”指社会组织和党组织培育同步，组织联建和三社联动工作同步，社会组织党组织负责人和社会组织负责人培养同步，党员、党组织到社区、街道报到和到社会组织报到同步，服务效应和社会效应同步。）“黑石聚力会”成为湖南省首家街道级社会组织自身培育、社会组织党组织培育的“双培”基地，成功吸引天心区首善公益服务中心、创谷文化中心、黑石铺社区青少年学堂等10余家社会组织入驻，成为辖区社会组织新“娘家”。李丽心灵教育中心，系一家社会组织培育基地，于2012年10月成立党支部。该中心以党建为引领，开发各类儿童、青少年成长性、发展性服务项目，形成“富心工程”“呵护成长”“快乐诵经典，阳光伴我行”“开绘啦”“青柚课堂”等多个品牌化社工服务项目，获“全国先进社会组织”“全国百强社会工作服务机构”。（李　群）

【党建引领深入开展扫黑除恶工作】2019年，天心区研究制定《在扫黑除恶专项斗争中加强基层组织建设的实施方案》《关于全区组织系统参与扫黑除恶专项斗争的实施方案》等文件。深入14个街道96个村（社区、管委会），展开“地毯式”摸排问题线索，逐村（社区）与“两委”成员谈话，听取扫黑除恶情况反映；开展换届工作回头看，查阅村（社区）“两委”换届人选全程纪实等工作资料，深入排查线索，对发现的线索进行逐条登记、甄别核实；建立村（社区）党组织书记档案区级备案管理制度，坚决杜绝“村霸”“宗族恶势力”等侵蚀基层政权。将扫黑除恶工作纳入全区绩效考核指标。开展“依法依纪治村”专项教育，区委组织部牵头制定《天心区建立健全村务监督委员会的实施方案》。组织开展关于扫黑除恶主题党日活动130余场次，组织党员干部签订扫黑除恶公开承诺书1万余份。在巡查中发现牛角塘村的违纪违法线索后，将牛角塘村原党支部书记、村主任违纪事件列为扫黑除恶专项斗争重点问题线索，将该村列为2019年度软弱涣散重点整顿党组织，并在规定时限内完成整改。（李　群）

【离退休干部活动】2019年，天心区聚焦“中华人民共和国成立70周年”主题，凸显离退休干部独特优势，各离退休干部组织下沉街道社区，在展风貌、传文化、促和谐等方面发挥积极作用。区老干部书画协会举办“庆祝中华人民共和国成立七十周年”主题书画展竞赛活动，创作书画、诗词作品600余幅，从经济、社会、民生各方面反映和赞颂新变化、新成就。区关工委“我爱我的祖国十个一”爱国主义教育活动以诗词歌咏、主题征文、书画创作、公益活动以及节目大联赛等为主要内容，引导青少年传承红色基因，在红旗下成长成才。区保健协会举办老年保健知识讲座、“科学养生，争做阳光老人”以及“健康管理进社区”等大型健康活动9场，推动自我保健、健康保健理念

深入基层老年群体。（李　群）

【天心区第二批社区阵地开放】2019年1月，经过精心打造，天心区第二批23个社区阵地开放，区域共建共治共享形成常态化机制。社区阵地以党群服务中心为载体，全面推进“党建+”模式，形成“党政善治、区域共治、群众自治、厉行法治、强化德治”的“一核多元融合共治”的治理格局。“社区—网格—邻里”三级党群服务中心的建设，实现党群服务的全域化、精细化，党员群众的认同感、归属感进一步增强。（李　群）

【2018年度绩效考核述职测评大会】2019年1月17日，天心区召开2018年度绩效考核述职测评大会。长沙市绩效考核区县（市）考核组组长、市委组织部常务副部长刘汇参加大会并作动员讲话，天心区委书记朱东铁代表班子述职，区委副书记、区长黄滔主持会议。天心区“四大家”全体班子成员，以及其他副县级以上领导干部参加会议。刘汇在动员讲话中指出，要以更高的政治站位看待考核工作；要以强烈的责任意识行使自身权利；要以严明的纪律要求保障考核的实施。朱东铁在述职中全面总结天心区2018年经济社会建设各方面成就。市考核组通过民主测评、个别谈话、查阅资料、现场核实等方式，对天心区2018年度班子建设和工作任务完成情况进行全面考核。（李　群）

【党组织书记抓基层党建暨落实意识形态工作责任制述职评议会议】2019年1月31日，天心区党组织书记抓基层党建暨落实意识形态工作责任制述职评议会议召开。天心区委书记朱东铁，区委副书记、区长黄滔，长沙市委组织部党员教育中心主任何晓芳，全体区委常委、区人大常委会主任、区政协主席参加会议。会议由区委副书记朱远红主持。会上，14个街道，4个战线党（工）委和2个区直部门党组织书记就2018年度履行基层党建和意识形态工作情况进行述职。何晓芳就为什么要加强基层党建、如何加强基层党建对天心区提出要求。朱东铁对各党组织书记述职情况进行集中点评，对全区基层党建和意识形态工作提出要求，要把党的政治建设抓紧抓好，要在基层社会治理上求实求效，要在意识形态工作上做到落地落细。（李　群）

【组工干部培训班（第二期）开班】2019年2月28日，天心区组工干部培训班（第二期）开班，各街道、区直党（工）委负责人、党建专干、组织人事干部、组织部全体干部共180余人参加培训。长沙市委组织部组织指导处处长杨志强以《学习支部条例建设五化支部》为题进行授课，区委两新工委书记唐珺主持会议。杨志强在课堂上从组工干部如何树立党的意识、《中国共产党支部工作条例（试行）》如何要求、怎么推进《条例》的落实落地以及《条例》在贯彻执行过程中存在哪些问题四个方面给广大干部进行解读；分享自己在执行过程中所思所想和遇到的问题。（李　群）

【全区组织工作暨城市基层党建工作部署会】2019年4月11日，天心区组织工作会议暨深化城市基层党建工作部署会召开，区委常委、组织部部长张界贻出席会议并讲话。会议强调，2019年组织工作的重点是以习近平新时代中国特色社会主义思想为指引，大力加强党的政治建设和思想建设；以树立正确选人用人导向为统领，着力建设忠诚干净担当的高素质干部队伍；以做实党建引领为重点，全力推动基层党组织增强政治功能和组织力；以

图19　2019年1月17日，天心区2018年度绩效考核述职测评大会召开（徐拓　摄）

优化创新创业环境为抓手，吸引留住用好各方面人才；以建设模范部门为目标，努力打造“讲政治、重公道、业务精、作风好”的组工干部队伍。要精心组织实施“不忘初心、牢记使命”主题教育，把握目标要求，抓好统筹结合，确保取得实效；要在“产业项目建设年”“营商环境优化年”等工作中彰显组织部门新担当新作为；要突出党建引领基层治理，全面推进城市基层党建重点工作。（李　群）

【2019年优秀年轻干部训练营】 2019年7月18日，天心区召开全区年轻干部座谈会暨优秀年轻干部训练营开班动员会。天心区委书记朱东铁，区领导朱远红、张界贻、曾卫国、贺国权、侯向宇，以及区委组织部、区委党校班子成员，街道党工委书记，部分优秀年轻科级干部代表、科级后备干部和全体学员参加。朱东铁强调，全体年轻干部永葆绝对忠诚之心，当好政治坚定的明白人；永葆勤政为民之心，当好服务群众的贴心人；永葆事业进取之心，当好干事创业的带头人；永葆清正廉洁之心，当好严于律己的规矩人。区委常委、组织部部长张界贻就优秀年轻干部训练营学习安排做说明，蒋苒等5名优秀年轻科级干部代表发言。7月30日，天心区2019年优秀年轻干部训练营学员在有机更新指挥部展示中心、长沙外滩党群服务中心、长沙天心文化（广告）产业园开展参观学习活动。在有机更新项目学习点，学员们感受城市有机更新给老长沙城带来的新变化；在长沙外滩党群服务中心，重温毛泽东求学、交友、创业、求索、磨砺和继业6大历程，集体诵读毛泽东诗词《沁园春•雪》和《七律•长征》；到长沙天心文化（广告）产业园参观亚文星空、喜马拉雅、湖南山猫吉咪传媒等4家企业，领略园区和企业创新创业的艰辛历程。通过讲解和实地参观学习，进一步加深学员对区情的理解和认知，解放思想，拓宽思路。（李　群）

【“银发先锋大课堂”暨庆中华人民共和国成立70周年知识竞赛】 2019年7月23日，天心区委组织部、区离退休干部工委举办“银发先锋大课堂”暨庆中华人民共和国成立70周年知识竞赛活动。来自区直离退休各支部、区老干部大学临时党支部、“五老”等共8支队伍、24名离退休干部参赛。竞赛以中共十九大知识、党史知识、中华人民共和国成立70周年为主要内容。为准备比赛，部分队伍组织集中复习课、拉建学习微信群，以赛促学，对党和国家的发展历程进行整体回顾，对中共十九大精神进行进一步领会、巩固和提高。赛后，各参赛选手通过微信群、朋友圈的形式发表感想，表达对党和祖国的祝愿，对“银发先锋”的美好期望。（李　群）

【基层党支部书记集中轮训示范班】 2019年9月25日，天心区委组织部举办全区基层党支部书记轮训示范班，对来自社区（村）、机关事业单位、园区、中小学校、医疗卫生机构、离退休干部、非公有制经济组织、社会组织和小区、网格的270余名基层党支部书记进行理论培训、业务辅导和党性教育。邀请长沙市“五老”金牌讲师团副团长王小平做“用习近平治国理政新思想点亮智慧人生”专题辅导。市委主题教育办李芳、市“两新”工委专职副书记肖剑锋分别为基层党支部书记、“两新”党组织书记进行业务辅导，帮助准确全面把握该次

图20　2019年7月18日，天心区年轻干部座谈会暨优秀年轻干部训练营开班动员会议召开（区委组织部供图）

主题教育。通过业务讲解、现场教学等多种方式，集中轮训效果明显。（李　群）

【离退休干部参观考察重点项目建设情况】 2019年11月14日，天心区组织全区副县级以上实职离退休干部和离退休支部书记参观考察重点项目建设情况。区委书记朱东铁，区委副书记、区长黄滔，区领导朱远红、于献、夏艳兰、张界贻、侯向宇出席活动。老干部一行参观考察坡子街仁美园巷、步行街有机更新项目，听取有关负责人介绍老街巷的有机更新改造情况；到新开铺街道桥头社区党群服务中心，在“红色影厅”接受初心洗礼；在国家级产业园——中国长沙人力资源服务产业园，了解产业园孵化、培育人力资源服务骨干企业的探索情况，现场感受家居安全项目“探锁者”，通过“创新人力资源服务+创新互联网科技”给大众带来的便利和安全。（李　群）

宣　传

【概况】 中共长沙市天心区委宣传部（简称“区委宣传部”）紧跟方向、紧扣中心、紧抓重点、紧贴基层，推进意识形态、理论武装、新闻舆论、文明创建、文化发展等各项工作整体提升，推进“五个中心”（融媒体中心、新时代文明实践中心、社科理论教育服务中心、公共文化服务中心和文化金融服务中心）建设，筑牢夯实宣传思想文化工作的基础。全区舆情信息连续14年获得全省先进联系点的称号；天心区作为唯一区县代表在全市社科理论研讨会上作典型发言，区社科联被评为全国先进社科组织；“文明四季”系列网络文明传播活动获评中国文明网“2018年十大优秀网络文明传播活动”；作为中南地区唯一具有地方代表性的大型民俗庙会——长沙火宫殿城大庙会被评为长沙市文化消费“十大节会”。（杨金杰）

【理论教育】2019年，天心区坚持把学习宣传贯彻习近平新时代中国特色社会主义思想作为首要政治任务，以建设学习型城区“五个一”活动为载体，组织开展每日一阅、每周一学、每月一课、每季一讲、每年一评系列学习活动；组织区属24个党（工）委搭建“学习强国”学习组织架构，动员全区近2万名党员下载软件并注册学习；以专题讲座、读书沙龙、“非遗”课堂、学习分享会、朗读会、宣讲会等为载体，开展“每周一学”学习活动27期；以理论专家、高校教授、基层干部、社区居民为主要成员，成立中共十九届四中全会精神天心区宣讲队伍，在全区范围内开展宣讲活动；组织区委理论学习中心组集体学习12次；就优化营商环境、人工智能制造、机关干部礼仪、国家安全热点问题和深入学习贯彻中共十九届四中全会精神等开展“天心讲堂”4次；年底评选表彰“学习标兵”20名、“学习型党组织先进单位”10个、“最美学习人”5名。到辖区高校开展学习交流，统筹推进天心区社科理论教育服务中心建设；“留住城市文脉传承文化基因，文化视域下天心区城市有机更新的探索和思考”获评长沙社科规划重点项目并完成结项，《培根铸魂让“思政课”学习在天心深根厚植》等10余篇理论文章在《湖南宣传》等刊物刊发；天心区社科联获评2019年度全国社科组织先进单位；舆情信息连续14年被评为全省优秀联系点。（任　婷）

【意识形态工作】 2019年，天心区未发生意识形态领域责任事故。做好省委巡视和市述职评议反馈问题的整改落实，区委常委会专题研究意识形态工作5次，召开意识形态工作会议11次，对24个单位落实意识形态工作责任制开展专项巡察。严格落实意识形态工作“十项机制”，建立健全区校联动机制、巡察机制、联席会议机制，举办全区中小学思政教师专题培训班，开展“意识形态工作在基层的实践与思考”座谈交流和调研活动，每日编发《涉区舆情快报》。查办文化市场行政处罚案件10起，办理广告违法案件19起，查处网上违法违规案件12起，关闭政务新媒体55家，处理舆情190余起，全区无较大舆情事件。（张立兵）

【新闻舆论工作】 2019年，天心区在中央、省、市开展正面宣传道1.8万余条，平面媒体刊发2000余条，电视媒体播发2600余条，在互联网媒体开展正面宣传报道、转载1.4万余条。其中，中央电视台、《人民日报》、《光明日报》、《经济日报》、人民网、新华网等中央媒体刊发报道100余条。《人民日报》头版刊发《对创业者扶上马、送一程“稳就业，稳住了我们的心”（身边看“六稳”）》，《工人日报》头版刊发《夜访长沙“守夜人”：从默默无闻到被需要》，《中国改革报》头版刊发《一场关于“夜”的供给侧结构性改革》。《湖南日报》《长沙晚报》在头版头条、副头条或头版重头位置报道60余篇，专版40余个。在红网开设专题31个。重点策划《湖南日报》头版头条《让百姓共享过去和未来——长沙市天心区推进城市“有机更新”掠影》《天心区产业项目涌热潮》《南城追梦谱华章——长沙市天心区营商环境优化暨项目建设推进大会侧记》，《长沙晚报》的《壮丽征程七十年七字诠释新天心》《南城奔跑动力澎湃——揭秘天心高质量发展的密码》等系列重头报道。升级优化天心新闻网、手机报、微天心三大区级宣传平台，全年天心新闻网上稿6000余条，微天心发布900余条；发挥红网天心分站、新湖南天心频道、智慧长沙天心频道媒体优势，全年红网上稿2000余条；加强融媒体作品制作，推出小视频、一图读懂、深度解析等一系列作品，制作的《天心一分钟》《纵贯中非，看“一带一路”上的天心力量》短视频，在新媒体平台广泛传播。

（严　晋）

【庆祝中华人民共和国成立70周年系列报道】 2019年，为庆祝中华人民共和国成立70周年，天心区在中央、省、市主流媒体推出系列报道。其中，《湖南日报》《长沙晚报》各推出4个专版；香港《经济导报》推出新时代、新征程专题报道5个页面，制作宣传视频1个；红网推出《向祖国报告》专题报道7篇，并制作系列宣传视频。对全区各级各部门开展的相关庆祝活动进行广泛宣传，

表1　天心区“每周一学”主题内容一览表（摘录）

日　期	内　　容
5月22日	“初心·朗读者”活动
5月29日	“弘扬传统文化 传递浓情棕香”端午节特辑活动
6月5日	“初心与信仰”分享汇活动
6月12日	“责任与担当”分享汇活动
6月19日	政务礼仪专题讲座
6月26日	“逐梦南城魅力南托”学习活动
7月3日	“重温党的历史回顾光辉历程”专题讲座
7月17日	应急知识专题讲座
7月24日	走进公安分局“忠诚与奉献”学习活动
8月7日	“红色主题电影赏析”活动
8月14日	办公软件专题培训活动
8月21日	“非物质文化遗产”之“剪纸技艺”体验活动
9月4日	“传承红船精神　彰显青年担当”学习活动暨新开铺街道第二届青年学院开班仪式活动
9月11日	“青年有作为·经典咏流传”经典诵读活动
9月18日	“小舞台 大担当——我的赤岭情怀”活动
9月25日	2019年优秀年轻干部训练营“阅读·思享”读书沙龙活动
10月9日	“我与祖国共奋进——国旗下的演讲”特别主题团日活动
10月16日	红色电影赏析活动
10月23日	黑石铺街道“不忘初心、牢记使命”主题教育暨“诵红色经典，担时代使命”主题朗诵鉴赏活动
11月6日	“担职责履使命”暨“书香城投·朗读者”活动
11月13日	青园街道“不忘初心、牢记使命”主题教育暨“意识形态的实践与思考”座谈交流活动
11月20日	走进文源街道暨天心区2019年“全民终身学习活动周”“让阅读为人生奠基”活动启动仪式
11月27日	“巾帼心向党·花香满天心”插花艺术学习鉴赏活动
12月5日	联合《长沙晚报》开展“每周一学”学习活动《你说话吧》之“提升治理现代化水平，从哪做起？”座谈活动

营造浓厚的庆祝中华人民共和国成立70周年的舆论氛围。

（严　晋）

【"优化营商环境"系列主题宣传】 2019年，天心区委宣传部策划推出"营商•赢商"天心区"优化营商环境30条"系列主题宣传，围绕主题推出一系列报道。其中，中央电视台新闻联播播发《湖南长沙：全力构筑营商环境新高地（采访湖南省长沙市天心区区长）》；《湖南日报》推出专版《南城追梦谱华章——长沙市天心区营商环境优化暨项目建设推进大会侧记》；《长沙晚报》推出专版《优化营商环境，"四最"天心加速领跑》，并进行解读报道；红网推出"营商•赢商"天心区"营商环境年"专题特别报道。

（严　晋）

【文化文产工作】 2019年，天心区开展摸清文化发展底数统计工作，区域内有各类文化企业3413家。其中，入园企业619家，"四上"文化企业66家，资产总计超过10亿元的7家，上市挂牌企业6家。2019年，上级财政对天心区文化产业发展支持力度加大，20家企业共获得750万元资金扶持。连续7年举办"长沙火宫殿城大庙会"，是中南地区唯一具有地方代表性的大型民俗庙会，被评为长沙市文化消费"十大节会"之一。连续4年举办文化创意天心阁峰会，推出中国•长沙文化金融创新论坛、文创大咖分享会等，促进重点机构和企业进行项目合作签约。深入文化企业，调研文化产业发展诉求。组织召开天心区文化创意及旅游企业座谈会，根据30家文化旅游企业代表诉求，形成"文化企业对政府有六大期盼"信息，被省委办公厅《要情汇报》、市委办《长沙要情》采用。举办2019长沙空间信息产业国际博览会空间信息应用与文化产业融合发展论坛，组织70余家文化企业参加会议。组织开展庆祝中华人民共和国成立70周年系列群众文化活动，举办各类海选、初赛、复赛、展演活动10余场，选送节目《洗菜心》获得庆祝中华人民共和国成立70周年长沙市戏曲进校园活动总会演优秀奖，舞韵艺术团小品《伢老倌的生日》、喀秋莎艺术团旗袍秀《中国韵》等节目获得庆祝中华人民共和国成立70周年"欢乐潇湘　品质长沙"全市群众文艺会演一等奖，丽爱天使艺术团合唱《祖国颂》获得"祖国颂"长沙市庆祝中华人民共和国成立70周年群众合唱比赛银奖。召开天心区首届文学艺术界座谈会，为天心区文艺事业带动经济社会发展建言献策。

（田　谧）

【"快乐长沙•璀璨天心"2019年长沙火宫殿城大庙会】 2019年1月29日至2月19日，第七届长沙火宫殿城大庙会举办。该届庙会除节目表演外，在启动仪式上还增添潮拍庙会、视觉庙会、文创庙会、美食庙会、嗨唱庙会、欢喜庙会、优质农产品展销等特色庙会活动。该届庙会由天心区委、区政府主办，区委宣传部、区文明办承办。活动围绕"快乐长沙•璀璨天心"的主题，深入挖掘传统长沙年味。从小年启动到正月十五闹元宵，七大主题活动共持续22天，覆盖整个火宫殿城。1月29日，2019年长沙火宫殿城大庙会启幕。启动仪式现场，开场舞《旗鼓鸿运》拉开活动的帷幕。活动上演京剧表演《京风湘韵迎新春》、小提琴演奏、歌曲《璀璨天心》等节目。现场互动微信"摇一摇"寻找幸运观众送新春年货大礼包。现场发布年味短视频"征集令"，邀请市民以"长沙年味范儿"为话题全民录制晒年味。天心区扶贫办邀请来自通道侗族自治县的芦笙、侗族舞蹈、唱山歌等特色表演，为通道侗族自治县、龙山县洛塔乡、浏阳富溪村三地优质农产品展销助力。2月19日，2019年长沙火宫殿城大庙会闭幕。3支富有传统民俗特色的巡游队伍分别以太平老街北口牌楼、海信广场、黄兴南路步行商业街南广场为出发点，最后汇聚黄兴南路步行街中心广场，包括传统龙狮、大头娃娃、戏曲人物cosplay等传统民俗表演。黄兴广场主会场，设置猜灯谜专场。主舞台现场颁发2019年火宫殿城大庙会潮拍庙会抖音短视频一、二、三等奖。截至2019年2月19日，#长沙年味范儿#话题播放量858.6万次，火宫殿美食相关视频播放量总计20万次。在春节期间，庙会核心区域日平均流量达20万人次，吸引群众逾400万人次。

（田　谧）

【移风易俗展演走进江心小岛】 2019年1月18日，"党建引领促发展　移风易俗扬新风　齐心共创新生活"暨2019年迎新春文艺会演活动在长沙兴马洲举行。天心区委组织部、区文明办、南托街道及滨洲新村等主办方多方协调组织，精心挑选节目内容，组织安排船只把参演人员和音响设备、舞台等设施的车辆安全送到岛上，保证演出顺利进行。10余个移风易俗主题快板、歌舞、小品让居民朋友在感受浓厚新春佳节氛围的同时学习文明新理念、新风尚。兴马洲位于天心区南托街道滨洲新村西南部，处于湘江中心，是江心岛，与湘潭昭山隔湘江相望。展演活动丰富洲上党员群众精神文化生活，以喜闻乐见的方式向群众宣传移风易俗的理念和要求。（杨 威）

【文化创意及旅游企业座谈会】 2019年6月20日，天心区文化创意及旅游企业座谈会在创谷•长沙天心文化（广告）产业园召开。区委常委、常务副区长周志军，区委常委、宣传部部长肖雄伟，区人大常委会副主任、区文联主席张少林，区政府副区长、区公安分局局长肖向东，区政府副区长张建出席会议。天心区30家文化创意及旅游企业代表和区直相关单位负责人受邀参加会议。参会人员围绕文化产业（企业）发展现状及存在问题、全区文化产业发展工作进行交流，提出意见和建议，形成近4万字的座谈会发言记录整理稿。活动得到新华网、人民网、《湖南日报》新媒体、红网时刻、《长沙晚报》“掌上长沙”、“学习强国”等多家媒体或学习平台的宣传报道。（田 谧）

【中小学校意识形态和未成年人思想道德建设工作座谈会】 2019年3月13日，天心区学校意识形态和未成年人思想道德建设工作座谈会在明德天心中学举行。区委常委、宣传部部长肖雄伟出席。区教育局和13所学校负责人代表就落实学校意识形态和未成年人思想道德建设工作一一汇报。会议提出，要高度重视、深刻把握加强学校意识形态工作和未成年人思想道德建设的重要意义，培育具有独立人格、文化自信的时代新人；要抓住重点，突出抓好阵地管理、抓好关键环节、抓好特色教育，抓实党建、团建、队建工作和思想政治课；要加强保障，抓好党建、德育、宣传三支队伍，推动未成年人思想道德建设再上台阶。（田 谧）

【长沙“满天星”文明共建主题活动】 2019年11月17日，长沙“满天星”文明共建天心区专场活动在天心区黄兴南路步行街中心广场举行，长沙市委副书记朱健，天心区委书记朱东铁，市委宣传部副部长、市文明办主任郭润葵，天心区委副书记朱远红等市、区领导参加。来自天心区的门店代表上台签订并展示《“门前三包”承诺书》，10位积极履行“门前三包”义务的优秀经营户获得表彰，辖区200余名党员志愿者、门店业主、居民群众等组成的志愿服务队正式上线履职。同时，来自

图21　2019年2月19日，第七届长沙火宫殿城大庙会闭幕　（徐拓 摄）

各行各业的青年代表发出倡议，号召大家共同参加“清洁长沙”志愿活动。（何小舟）

【首届文学艺术界座谈会】 2019年3月21日，天心区首届文学艺术界座谈会召开。天心区委常委、宣传部部长肖雄伟主持座谈会。区委副书记、区长黄滔介绍天心区文化经济建设的基本情况，参会艺术家们围绕如何挖掘天心区深厚历史文化资源，擦亮天心文化品牌，提升区域形象、文化内涵和增强文化自信，推进天心文化走出去建言献策。湖南省油画学会主席段江华建议，天心区可以和一些艺术项目改造企业合作，对工业退出后的旧厂房进行改造升级，建设为一个集博览会、艺术展览等文化艺术活动的展馆；文化艺术在发展过程中也应加强文化品牌的建设。国家一级指挥家、京胡演奏家刘毓麟建议，应深入挖掘天心的历史文化，创作出一组具有天心特色的文化题材作品，提升艺术团的品牌影响力，打造一批群众艺术表演品牌。湖南省作家协会主席、党组副书记，省政协文教卫体和文史委员会副主任，中国作家协会主席团委员王跃文建议，文学创作应该从更深层次、更久远的角度反映生活，要用长远的眼光对待文学创作，在深度、广度、长度方面发力，打造文学精品。湖南省文联副主席邓东源建议，应深入挖掘贾谊的教育思想，可将其教育思想与现代歌舞剧相融合，创作一部历史题材的歌舞剧；可以“魂归湘江”为题，以歌剧形式展现杜甫在长沙居住期间创作的诗词，以及感人的故事，打造具有天心特色的文化品牌。相声表演艺术家奇志建议，天心区可成立“湘声”喜剧社，将天心独特的历史文化创作成一部部“喜剧”，让优秀传统文化走入寻常百姓家，让老百姓真实感受到文化自信。中国书法家协会理事、享受国务院特殊津贴专家陈羲明建议，要立足于天心，将天心区的历史文化精神与艺术创作相融合，和时代精神进行无缝对接，创作出无愧于新时代的精品力作。长沙市文联党组书记、副主席王俏建议，天心区要从政策和规划方面做好顶层设计，充分发挥文联组织作用，建设天心文学艺术创作高地。湖南省文化和旅游厅副厅长、中国书协理事、省书法家协会主席鄢福初建议，天心区要加强文化机制和文化平台建设，加强优秀历史文化与新时代精神文明的深度融合，加大基础文化设施建设力度，进一步加快文化天心建设步伐。天心区文学艺术工作者们在会上纷纷表示，要积极投身全面建设“融城核心、璀璨天心”的发展大业，通过更多更好的文艺作

图22　2019年3月21日，天心区召开首届文学艺术界座谈会　（区委宣传部供图）

品，阐释天心发展的美好前景，记录全区人民的奋斗历程，热情讴歌各个领域、各条战线、各个行业的新时代奋斗者，鼓舞和激励全区上下朝气蓬勃地迈向未来。（田　谧）

【“合力筑梦新征程·益心为民正行动”主题活动】2019年12月7日，长沙市天心区合力社工服务中心联合先锋街道、南托街道、暮云街道和大托铺街道社工站共同举行“合力筑梦新征程·益心为民正行动”主题活动，展示天心区街道社工站以“社工+志愿者”的服务模式推进长沙市拓城兴南美丽乡村建设的成果。活动现场，社工志愿者带来朗诵、舞蹈、合唱等节目。表彰积极参与街道志愿服务活动的高校学生和志愿者、社区工作优秀志愿者共39人。天心区在城乡接合部的先锋、南托、暮云、大托铺4个街道，围绕残障低保人群、青少年、老年人、农村妇女等群体开展服务。聚焦脱贫攻坚，聚焦特殊群体，聚焦群众关切。社工站践行“助人自助，为民解困”宗旨，发挥志愿者作用，探索具有中国特色的社会工作服务模式和发展路径，用模范人物激励人，用服务理念引导人，用诚信文化熏陶人，做到“用生命影响生命”。（杨　威）

【排队礼让融入“开学第一课”】2019年2月18日，天心区的中小学生迎来新学期“第一课”。在这堂主题为“排队展文明，礼让显美德”的公开课上，来自小古道巷小学的孩子们用学做礼仪操、分享排队礼让活动心得、发布文明礼让倡议等丰富多彩的形式，以少年儿童视角诉说长沙开展排队礼让主题活动带来的城市新变化，描绘文明之美。课堂上，学生刘源朗读湖南省委常委、长沙市委书记胡衡华的回信内容，同时还原他给书记写信时的心路历程及参与排队礼让活动带给他的感想和收获。活动上，小古道巷小学的孩子们向全市人民发出倡议，号召大家立即行动起来，从生活点滴细节做起，践行礼让理念，争做文明礼让的好市民。（杨　威）

【孔和平调研天心区】2019年10月25日，湖南日报社党组书记、社长，湖南日报报业集团有限公司董事长、党委书记孔和平一行到天心区，就县级融媒体中心建设和提升党媒融合传播力等问题进行调研交流。天心区委书记朱东铁等参加。孔和平一行到长沙人力资源服务产业园，参观园区党群服务中心，与湖南安博人云科技有限公司、湖南探锁者网络科技服务有限公司负责人交流；到长沙天心文化（广告）产业园，了解今日头条湖南总运营的湖南顺凯文化传媒有限公司、亚文传媒公司的运行情况，与负责人做交流和探讨；到新开铺街道桥头社区党群服务中心考察，听取天心区委、区委宣传部相关负责人就天心区近年来经济、社会发展情况，宣传思想文化工作的特色和亮点，融媒体中心组织架构等进行汇报。孔和平表示，湖南日报报业集团等60余家新媒体对天心区敞开大门，讲好天心故事，为天心区发展创造更优的舆论环境。朱东铁希望湖南日报社能充分挖掘天心发展的特色、亮点和经验，展示天心的新探索、新成就、新变化，提高天心的知名度和美誉度，扩大天心区的影响力和吸引力。（田　谧）

【戏曲进校园活动】2019年11月18日，庆祝中华人民共和国成立70周年长沙市戏曲进校园活动在天心区明德天心中学拉开展演序幕。活动由天心区委、区政府联合主办，区委宣传部、区教育局、区文旅体育局、区文联共同承办，明德天心中学、文源街道办事处协办。活动现场进行天心区戏曲文化志愿者工作站授牌仪式和“戏曲小明星”“优秀指导老师”等一系列称号的颁发。在天心区专场展演中，明德天心中学、仰天湖小学、仰天湖赤岭小学等学校选送9个戏曲节目。展演节目包括花鼓戏、京剧、豫剧和黄梅戏等。（田　谧）

统一战线

【概况】2019年，中共长沙市天心区委统战部（简称“区委统战部”）贯彻落实中央、省委、市委统战工作会议精神，牢牢把握“大团结、大联合”工作主题，围绕全区中心工作，做深做实“同心、创新、实干、亲清”四个统战，推动各领域统战工作取得进展。全区统一战线“心中的梁家河”专题教育工作思路获全省统战工作实践创新成果奖；黑石铺街道一力社区、桂花坪街道金桂社区分别获评省、市级“同心社区”；天心·通道同心励志班获评市级“同心项目”。湖南省委常委、统战部部长黄兰香，省委常委、长沙市委书记胡衡华分别对

天心统战、民族宗教工作给予肯定并做出批示。（朱剑锋）

【多党合作】2019年，天心区委统战部注重夯实多党合作的政治基础，支持各民主党派基层组织、区党外知识分子联谊会（以下简称区知联会）加强自身建设，引导广大党外代表人士为全区经济社会发展献计出力。以民主党派基层组织“活力指数”评估体系为抓手，发挥“天心区党外人士之家”作用，激发全区各民主党派工委、区知联会的工作活力。全年区各民主党派工委、区知联会联合开展专题调研10次，收集群众普遍关注、反映强烈的社情民意48条，聚焦营商环境、有机更新、棚改征收等中心工作提交提案议案22篇，完成区委委托课题8个。围绕全区重点工程、提质改造项目、闲置楼宇处置、三大攻坚战等工作开展专项民主监督12次，参与项目审批71件、行政执法54次，提出整改建议104条。（朱剑锋）

【服务经济发展】2019年，天心区委统战部结合自身优势，助推区域经济社会高质量发展。围绕“营商环境优化年”，统筹政策落地攻坚工作，为打造最亲清政商环境，牵头制定《非公经济领域维权联系会议制度》《政商交往若干具体问题行为指引（试行）》，编撰《优化营商环境政策汇编》，开办非公有制经济人士深圳研修班，走访帮扶文和友、天城置业、艺尚源等企业16家，调度“新官不理旧账”专项治理工作7次，收集协调解决问题67个，成立商会纠纷调解中心16家，打造“贴心商会（协会）”6个，举办包容普惠创新、政企恳谈、银企对接、法律体检等活动19场次。围绕“以商招商、引资引智”，利用海外侨胞探亲返乡、外地参访团到天心区交流、年底商会年会等契机，组织开展“商汇天心”“智汇天心”“迎老乡、回故乡、建家乡”等主题招商推介活动11场次，宣传天心营商环境，推介重点产业项目，推进招商引资工作。（朱剑锋）

【服务社会发展】2019年，天心区委统战部围绕基层社会治理、脱贫攻坚等中心工作，重点打造九峰苑社区、金桂社区等14个区级“同心社区”；持续擦亮“沙水同源　白沙同心”工作品牌，成功创建市级同心创建项目2个，一力社区获评省级“同心社区”。支持各民主党派“同心社区”开展“烛光行动”“不忘合作初心、共担时代使命”“同心关爱、共沐书香”“同心植树”“手绘初心扇”“同心服务进社区　全民健康促和谐”“防灾减灾”等同心活动30余场。以交流轮岗的形式对5名党外干部进行调整，丰富党外干部的工作经历。在全省创新推出“同心能量服务清单”，通过科学赋值能量的考评体系，引导新的社会阶层人士在思想政治、民生改善等16个方面发挥能量，彰显作为。成立新的社会阶层人士服务团，开展“幸福天心　健康+”“走进老长沙，同心唱盛世”等系列活动。发动广大统战人士参与扫冰除雪、抗洪抢险等志愿服务，走访帮扶辖区困难居民61户，帮助解决问题15个。（朱剑锋）

【助力脱贫攻坚】2019年，天心区委统战部持续投身脱贫攻坚战，支持各民主党派基层组织开展扶贫助学支教工作，主动对接怀化市通道县精准扶贫工作，建立“天心—通道统一战线产业扶贫、教育扶贫联盟”，开展“筑梦天心•情牵通道•同心同行”精准扶贫活动，与通道县人民政府、人社局、农业局、县残联等单位签订系列对口扶贫协作框架协议。在2018年与通道县一中成立的“天心同心励志班”（初1806班），由天心区7个民主党派区工委、区党外知识分子联谊会以及部分非

图23　2019年，天心区评选出年度“贴心商会（协会）”6家（区委统战部供图）

公企业中的51名统战成员结对帮扶全班51名学生初中三年的学杂费和生活费。2019年暑假，邀请“天心同心励志班”全班学生到长沙开展为期三天的夏令营活动。7月6日上午，夏令营活动正式开营。活动现场，区委统战部为“同心励志班”学生捐赠价值1.5万元的文体用品，结对的爱心人士为孩子们“一对一”捐赠第二学年的学杂费和生活费，共计12.75万元。组织到第一师范、贾谊故居、天心阁、省科技馆参观学习，聘请湖南李丽心灵教育中心负责人等专家学者进行授课，帮助他们拓宽视野、丰富知识、勤奋学习、励志成才。至2019年年底，两年的助学金25.5万元已“一对一”发放到位，并捐赠价值3万元的图书文具。（朱剑锋）

图24　2019年7月6日上午，天心区统一战线“天心同心励志班”精准扶贫对接启动仪式在通道侗族自治县第一中学举行

（区委统战部供图）

【联络联谊】2019年，天心区打造省级“侨胞之家”（李丽心灵教育中心）、市级“侨胞之家”（赤岭路社区）各1个，开展“九九重阳•心系老侨”“快乐颂经典•阳光伴我行”等惠侨活动。完成侨办机构改革任务，制定印发《关于推进侨务工作进高校、进园区、进机关、进社区（村）、进企业、进楼宇的活动方案》，启动“富心讲堂”侨务公益项目，创办侨法宣传角，做好市政协港澳组委员和海外华侨华人代表到天心区考察的接待服务工作。（朱剑锋）

【基层民主协商】2019年，天心区委统战部完善区、街道、社区（村）三级协商民主议事体系，运用“求同求异、求同存异、求同缩异、求同化异”的统战思维，创新“联商联谈”工作模式，推行“六自工作法”（自己提议、自行议事、自主决策、自助办理、自我管理、自由享受）。全年全区共完成民主协商案例125起。其中，环境治理问题21起，就业安置问题19起，征地拆迁问题26起，扶贫补助问题29起，劳动纠纷18起，其他方面的问题12起。（朱剑锋）

【“不忘合作初心，继续携手前进”主题教育系列活动】2019年，天心区委统战部组织区各民主党派工委、区知联会负责人召开“不忘合作初心，继续携手前进”主题教育活动推进会议。发放《习近平关于“不忘初心、牢记使命”论述摘编》等学习读本423册，邀请区各民主党派工委、区党外知识分子联谊会班子成员到“不忘初心兴天心”等4个党性教育基地开展学习研讨，指定专人负责指导专题民主生活会，在“党外人士之家”开设主题教育活动宣传专栏。结合庆祝中华人民共和国成立70周年，举办文艺会演、同心运动会、同心羽毛球赛等系列活动，增强各民主党派接受中国共产党领导的政治自觉、思想自觉和行动自觉。在金桂社区成立“区党外人士同心教育基地”，印发《天心区党外人士“心中的梁家河”专题教育活动方案》，把“心中的梁家河”专题教育贯穿全年统战工作始终。全年组织全区统战系统党员干部、各民主党派成员、党外知识分子、非公经济代表人士、新的社会阶层人士、民宗界代表人士和部分归侨侨眷共35批次500余人到同心教育基地开展参观学习、座谈研讨、撰写心得等活动，引导广大统战成员深刻把握习近平新时代中国特色社会主义思想，进一步树牢“四个意识”，坚定“四个自信”，做到“两个维护”。（朱剑锋）

【宣传推介】2019年，天心区委统战部共发布各类稿件150余篇，邀请《湖南日报》、新湖南、红网、《长沙晚报》等多家省市媒体对天心统战进行采访报道。撰写统战信息110余条，其中被

中央统战部采纳 2 条、省市委统战采纳 60 余条。做好全省民主党派干部培训班和贵阳市委统战部、南昌市委统战部、衡阳市委统战部到天心区考察调研的接待工作，在交流学习中进一步提升统战工作水平。（朱剑锋）

【“筑梦天心 • 商汇天心”优化营商环境政商恳谈会】 2019 年 2 月 28 日，天心区召开“筑梦天心 • 商汇天心”优化营商环境政商恳谈会暨驻区异地商会、行业商会负责人座谈会。区委常委、统战部部长刘向，区政府副区长张建，区政协副主席、工商联主席罗超纲出席会议，驻区的 12 名异地商会、行业商会负责人以及相关职能部门负责人参加会议。会上，张建解读《长沙市天心区“营商环境优化年”实施方案》（简称“天心区优化营商环境 30 条”），罗超纲解读《2019 天心区“贴心商会（协会）”评选办法》和《天心区非公有制经济领域维权联席会议制度实施方案》。与会的各位商会负责人就优化营商环境提出意见和建议，并针对商会及会员企业在发展过程中遇到的问题进行探讨。（朱剑锋）

【非公有制经济领域维权联席会议第一次工作例会】 2019 年 6 月 27 日，天心区召开非公有制经济领域维权联席会议第一次工作例会，来自福晟集团有限公司、北京华远集团有限公司等重点非公企业的人大代表、政协委员、商会代表、法律顾问团代表及相关职能部门负责人参加会议，区委常委、统战部部长刘向，区政协副主席、工商联主席罗超纲出席会议。会上，解读《天心区非公有制经济领域维权联席会议制度》；企业代表们就自身企业在发展过程中遇到的关于财产权、自主经营权和其他合法权益被侵害等问题提出诉求；法律顾问团代表对如何维护非公企业合法权益给出意见和建议；与会的职能部门对企业代表提出的问题进行现场解答，表示将进一步加大天心区非公有制经济领域维权工作的保障力度，进一步优化天心营商环境，保护天心区非公有制企业和非公有制经济人士的合法权益。刘向表示，各职能部门应集中收集企业维权诉求，以问题为导向，以“解剖麻雀”的方法，重点分析、交办、处理企业诉求，发挥非公维权联席机制的作用，优化营商环境，保护非公有制企业合法权益，促推民营经济公平、公正的生态环境，促进天心非公经济高质量发展。（朱剑锋）

【新的社会阶层人士服务团成立】 2019 年 7 月 31 日，天心区新的社会阶层人士服务团成立仪式在“天心区党外人士同心教育基地”（桂花坪街道金桂社区“心中的梁家河”）举行，区委常委、统战部部长刘向出席仪式，区委统战部有关负责人、区新的社会阶层人士服务团全体成员参加活动。成立仪式上，3 位新的社会阶层人士代表进行交流分享发言，与会服务团成员结合自身特长，填选服务区域经济社会发展的“同心能量服务清单”，会议解读《天心区新的社会阶层人士服务团工作规程》，为团长、副团长以及秘书长颁发聘书。新任团长李春和表态发言，新的社会阶层人士服务团将团结和凝聚广大新的社会阶层人士，发挥各个领域新的社会阶层人士的才能和智慧，引领带动广大新的社会阶层人士在服务发展中增进共识，在发挥作用中坚定信念。9 月 28 日，天心区新的社会阶层人士服务团开展“幸福天心　健康 +”主题研讨会，服务团全体成员、专家学者、居民群众代表共 50 人参加研讨会。研讨会上，来自各行业的 5 位专家学者围绕“健康 +”主题，从运动、保健、美食、生活方式、居家养老等方面作专题发言。与会人员紧扣健康问题的热点难点展开讨论，分析原因现状、探讨解决出路，为助力健康产业发展献计出力。大家纷纷表示，新的社会阶层人士要结合自身优势，有担当、有作为，把专业优势转化为工作优势，在咨政建言、推动发展、服务社会上不断发力。建议全区广大新的社会阶层人士要凝聚思想，充分认识新阶层统战工作重要意义；要精准发力，把个人抱负与天心改革发展大业紧密结合起来；要振奋精神，以奋发有为的精神状态，凝聚新力量，筑梦新时代，展现新作为。12 月 22 日，“走进老长沙 • 同心唱盛世”——天心区新的社会阶层人士服务有机更新活动在天心区坡子街街道仁美园文化公园举行。长沙市委统战部、天心区委统战部、街道、社区等相关领导及工作人员、辖区新的社会阶层人士及居民群众 150 余人参加活动。节目表演围绕冬至传统民俗、民间传统文化展开，上演竹编表演、蜡染表演、剪纸表演、长沙弹词、长沙快板、长沙花鼓戏等节目。长沙市委统战部副部长饶福明表示，相关单位要抓好新的社会阶层人士统战工作，希望广大新的社会阶层人士积极服务居民群众，为居民群众

幸福感提升、区域社会高质量发展做出新的贡献。（周　科）

【“我和我的祖国”暨推进“侨胞之家”建设活动】 2019年10月29日，天心区侨联联合赤岭路社区在长沙理工大学开展“我和我的祖国”暨推进“侨胞之家”建设活动。长沙市委统战部副部长、市侨联党组书记王国平，市侨联副主席刘斌，天心区委常委、统战部部长刘向，市委统战部侨务工作处处长刘丛出席活动。区委统战部有关负责人，长沙理工大学继续教育学院相关负责人，区侨联第二届委员会全体委员，部分归侨侨眷代表，区侨联“重点服务企业”负责人，街道、社区分管负责人，侨务专干以及师生代表近120人参加活动。活动邀请3位代表进行“赤子中国心”专题分享，抒发海内外同胞的爱国情和报国心。其中，长沙理工大学退休教授、侨眷代表李仲华讲述他的峥嵘岁月七十载，展现老一辈归侨侨眷艰苦奋斗、自强不息的精神和热爱祖国的赤子情怀；学生代表分享对“守初心、担使命”的感悟，呈现当代大学生与祖国同呼吸，与时代共奋进的爱国情怀和昂扬向上的精神风貌；区侨联兼职副主席、侨联“富心”工程工作站负责人李丽结合自身经历分享她的励志故事和公益之路。

（周　科）

【谭小平调研天心区】 2019年11月8日，长沙市委常委、市委统战部部长、市“营商环境优化年”工作推进领导小组办公室主任谭小平带队到天心区，就优化营商环境、统一战线服务中心工作等进行调研。天心区委书记朱东铁，区领导周志军、刘向、侯向宇陪同。谭小平一行到太平街片区、黄兴南路步行商业街，察看老城区有机更新项目和夜间经济服务中心，强调要对标杭州等先进城市和城区，持续深化“两个年”建设，天心区要打造特色，做到“一件事一次办”，提高企业的便利度、满意度和人民群众的获得感与幸福感。（周　科）

图25　2019年11月8日，长沙市委常委、市委统战部部长、市“营商环境优化年”工作推进领导小组办公室主任谭小平（左二）带队到天心区调研　（区委统战部供图）

【“筑梦天心·营商赢商”创新企业路演分享会】 2019年12月6日，天心区委统战部、区工商联联合举办“筑梦天心·营商赢商”创新企业路演分享会暨银企对接会，数十家创新企业代表参加。会上，5家创新企业代表从企业经营模式到未来发展等多维度进行介绍分享，助力资本与资源的高效对接。在银企对接会上，中国邮政储蓄银行天心支行、中国农业银行天心支行以及交通银行长沙分行与现场企业进行对接沟通，推介中小企业贷款相关政策、业务流程等。为进一步激发非公企业的活力与创造力，帮助中小微企业解决融资难、融资贵的问题，为企业提供融资的渠道，也为金融机构提供优质项目信息，让投融资双方实现共赢，区委常委、统战部部长刘向激励在场所有企业代表，要抢抓发展机遇，用活用好政策，借力营商环境，助推企业依靠创新实现高质量发展。

（周　科）

机构编制

【概况】 中共长沙市天心区委机构编制委员会办公室（简称“区委编办”）作为区委机构编制委员会的办事机构，承担区委机构编制委员会日常工作。（孙　芹）

【党政机构改革】 2019年，天心区推进党政机构改革，完成全区机构改革工作。区委编办向省里争取按照大县的标准设置35个党政机构，较改革前新增6个；设置正科级事业单位13个，全区核定正科级事业单位数量居全省前列；向市级协调争取核定副科级事业单位33个，较改革前新增2个；重新核定天心区正科级领导职数166名、副科级领导职数414名。天心区用时不到半年完成全区37家党政机构、103家事业单位的“三定”规定，完成575名干部的人员转隶。有序推进事业单位改革，对标对表完成中央关于“事业单位一律不再使用‘委、办、局、处’等名称”及承担行政职能事业单位改革的相关任务，对全区241家事业单位的1329项行政职权进行梳理并回归党政机关，对全区30余家事业单位进行调整更名，对17家事业单位进行整合撤销。（孙　芹）

【街道机构改革和综合行政执法改革】2019年，天心区突出党建引领核心，稳中有序推进街道体制改革，将街道职能逐步聚焦到公共安全、公共服务和公共管理上。按照“5+1+4”的模式，在全区14个街道统一设置5个党政机构、1个执法机构和4个事业单位，完善简约高效的基层管理体制。贯彻落实省委“1+5”文件要求，将编制资源向街道一线倾斜，为街道增加事业编制105名。推动五大领域综合行政执法改革，率“内五区”之先完成市场监管综合执法改革任务，第一时间实现“四子”到位，农业、交通运输、生态环境、文化市场等领域综合执法顺利推进。（孙　芹）

【服务经济社会发展】2019年，天心区改变园区管理机构规格小的被动局面，助推园区发展，长沙天心经济开发区和湖南暮云经济开发区党工委、管委会整合为长沙天心经济开发区党工委、管委会，升格为正处级机构，增加正处级领导职数2名、副处级领导职数3名。刷新天心区没有正处级园区的历史，为园区融合创新发展注入生机活力。区委编办全力服务干部队伍建设，释放128名教师编制用于各类教师的引进；批准设立凯旋城、幼幼和城和白沙南湖等14所公办幼儿园；释放70个事业编制用于专业技术人才的引进；调剂30个事业编制用于学生干部的遗留问题的解决；统筹50个编制用于政策性安置任务的接收。守住编制总量不突破2012年编制总量底线，有效满足中心重点工作、民生事业和基层发展的需要。（孙　芹）

【机构编制管理】2019年，天心区委编办把学习贯彻《中国共产党机构编制条例》作为重要政治任务，区委编委主任在《条例》颁布后第一时间组织区委编委全体成员开展集中学习，深入了解《条例》的内容主旨、核心要义、出台背景等。进一步完善工作制度，根据《条例》有关精神重新修订《中共长沙市天心区委机构编制委员会工作规则》《中共长沙市天心区委机构编制委员会办公室工作细则》和《长沙市天心区机构编制审批程序》，为全区机构编制工作提供基本遵循。（孙　芹）

【事业单位登记管理】2019年，天心区进一步落实“放管服”改革的要求，强化“互联网+”理念，实行事业单位登记“全事项”“全流程”网上办理，开启“一门式受理、一站式服务、一体化办结”服务模式，最大限度方便部门办事。结合机构改革，全年办理设立登记事项9次、变更登记事项175次、注销登记13家，完成213家事业单位的年度报告公示、6家法人信息抽查和46家机构编制的群众团体统一社会信用代码赋码，对全区党政机关、事业单位网站中文域名注册和标识进行清理和加挂。（孙　芹）

政治巡察

【概况】2019年，天心区委巡察办坚持巡视工作方针不动摇，贯彻落实中央关于巡视巡察工作的工作部署，贯彻落实全国和全省巡视工作会议、市县巡察工作推进会议精神，坚定不移深化政治巡察，围绕一届区委任期内巡察高质量全覆盖的目标任务，创新巡察方式方法，强化巡察成果运用，区委巡察工作取得成效。全面落实区委巡察规划的要求，开展3轮常规巡察，巡察23家区属党组织，对1家单位开展巡察“回头看”。探索性开展点穴式巡察，巡察2个村级党组织；巡街带村延伸巡察32个村级党组织、1家区属二级单位。按规定报备3次区委书记专题会听取巡察汇报情况。（薛宏超）

【巡察队伍建设】2019年，区委干部培养与巡察队伍建设相结合，区委第七轮巡察将区委公开选拔的5名科级干部放在巡察岗位锻炼。组建涵盖纪检监察、组织人事、财政审计等60余人专业巡察人才库队伍。通过选派参与省、市委巡视巡察工作增强实战能力，全年选派3名巡察干部参与市委巡察，1名巡察干部参与省委巡视。（薛宏超）

【巡察成果运用】2019年，天心区召开区委第六轮至第八轮巡察情况通报会，加大巡察成果运用，增强巡察震慑力。完善巡察发现的问题向联点区领导、分管区领导报告制度，切实增强巡察发现问题的整改力度。针对巡察反馈意见，以报告书的形式向该被巡察单位联点或分管区领导反馈，全年向被巡察单位（包括村、社区）反馈巡察发现的问题389个。对巡察发现的40件问题线索移交区纪委进行调查处置，其中1名正科级干部受到撤销党内职务、降级处分，1名社区工作人员受到开除党籍处分并被移送司法机关。（薛宏超）

【推进巡察向村居延伸】2019年，天心区紧盯基层群众痛点，推进巡察向村居延伸。通过认真筛选，从群众信访强烈的城区社区和城乡接合部村各选一个点，点穴式巡察暮云街道高云集资办、坡子街街道登仁桥社区，发现一批问题线索。有所侧重开展延伸巡察，共延伸巡察32个村（社区）。其中，通过巡察移交的南托街道瑞晋水厂贪污水费的线索，一名“水耗子”被移送司法机关。2019年12月18日，启动对25个村（社区）党组织的专项巡察。（薛宏超）

【紧扣重点开展巡察】2019年，天心区委坚守政治巡察定位，坚决做到“两个维护”，紧跟中央关于巡视巡察的最新决策部署，凸显巡察政治监督功能，突出“三个聚焦”。开展实战练兵，派5名新提拔的科级干部参与区委巡察工作锻炼，抽调4名干部参与省委、市委巡视巡察，派巡察办3名干部到区委巡察组参与实战。到沿海先进的兄弟区县学习，取长补短。提高巡察报告质量，事前确定报告模板，巡察期间加强业务指导，巡察撤点后加强巡察报告把关。（薛宏超）

【铺排巡察任务】2019年9月17日，天心区巡察办向区委书记专题会议汇报《关于推进巡察全覆盖进度情况及计划的报告》，区委要求严格落实区委巡察规划要求，围绕全覆盖的目标，合理安排巡察轮次，确保在本届区委任期内完成巡察全覆盖。截至2019年年底，区委已经开展9轮巡察，计划再开展4轮常规巡察，部分采取“一托二”的方式；再开展一轮巡察村（社区）的专项巡察，确保在2020年年底基本实现巡察全覆盖的目标。（薛宏超）

【五届区委巡察工作动员部署会】2019年2月26日，天心区召开五届区委第七轮巡察工作动员部署会。区委常委、区纪委书记、区监委主任、区委巡察工作领导小组组长曾卫国，区委常委、组织部部长、区委巡察工作领导小组副组长张界贻出席会议。第七轮巡察为期两个月，组建5个巡察组对城南路街道、文源街道、先锋街道、南托街道、区总工会、区妇联、团区委开展常规巡察，延伸巡察城南路街道、文源街道、先锋街道、南托街道下辖的24个村（社区），点穴式巡察暮云街道高云集资办、坡子街登仁桥社区。6月14日，五届区委第八轮巡察工作动员部署会召开。曾卫国、张界贻出席会议。第八轮巡察组建5个巡察组，对区财政局、区工业和信息化局、区金融事务中心、长沙市南郊公园管理处、长沙市步行商业街管理服务中心、长沙市天心阁管理处开展常规巡察，对赤岭路街道开展巡察“回头看”，延伸巡察赤岭路街道下属的7个村（社区）。9月25日，五届区委第九轮巡察工作动员部署会召开。曾卫国、张界贻出席会议。第九轮巡察组建5个巡察组，对区机关事务中心、区委编办、区商务局、区文旅体育局、区交运局、区现服办、区统计局、区退役军人事务局、区城管局、区城管执法大队10家单位党组织开展巡察。（薛宏超）

【区委巡察工作领导小组会议】2019年，天心区委巡察工作领导小组共召开会议4次。

1月30日，专题听取区委第六轮巡察工作开展情况汇报。区委常委、区纪委书记、区监委主任、区委巡察工作领导小组组长曾卫国，区委常委、组织部部长、区委巡察工作领导小组副组长张界贻出席会议。会议听取区委第六轮巡察情况汇报，讨论2019年区委第七轮巡察单位建议名单。

5月24日，专题听取区委第七轮巡察工作开展情况汇报。曾卫国、张界贻出席会议。会议听取区委第七轮巡察情况汇报，讨论2019年区委第八轮巡察单位建议名单。

7月23日，研究审议《关于推进巡察全覆盖情况及计划的报告》，传达市委巡察工作领导小组《关于做好巡察整改工作的意见》。曾卫国、张界贻出席会议。

9月5日，专题听取区委第八轮巡察工作开展情况汇报。曾卫国、张界贻出席会议。会议听取区委第八轮巡察情况汇报，讨论2019年区委第九轮巡察单位建议名单。（薛宏超）

【区委书记巡察工作专题会议】2019年2月22日，天心区委书记朱东铁主持召开区委书记专题会议，专题听取区委第六轮巡察综合情况汇报。区委副书记、区长黄滔，区委副书记朱远红，区委常委、组织部部长张界贻，区委常委、区纪委书记、区监察委主任、区委巡察工作领导小组组长曾卫国出席会议。会议听取区委第六轮巡察综合情况汇报，讨论2019年区委第七轮巡察被巡察单位名单。6月10日，朱东铁主持召开区委书记专题会议。朱远红、张界贻、曾卫国出席会议。会议听取区委第七轮巡察综合情况汇报，讨论2019年区委第八轮巡察被巡察单位名单，通报市委巡察专项检查组对天心区巡察工作专项检查的反馈意见。9月17日，朱东铁主持召开区委书记专题会议。黄滔、朱远红、张界贻、曾卫国出席会议。会议听取区委第八轮巡察综合情况汇报，讨论2019年区委第九轮巡察被巡察单位名单。（薛宏超）

党校教育

【概况】中共长沙市天心区委党校（简称“区委党校”）加强干部教育培训，发挥党校轮训培训党员干部的主渠道、主阵地作用。2019年，天心区委党校有班子成员4人，校长由区委副书记兼任，常务副校长1人，副校长2人。内设办公室、教研室2个科室，人员编制10人，在编在职工作人员10名。

2019年，天心区委党校获评“长沙市党校系统先进单位”，被省委党校、省行政学院定为法学教育基地，被省委统战部、省社会主义学院定为统一战线教学基地；天心区“青年干部训练营”干训品牌获评全市十大优秀教学载体。（资贞芳）

【干部教育培训】2019年，天心区委党校坚持“党校姓党”的基本原则，落实党校培训“两个不低于”的要求，聚焦理论武装和党性教育主业主课，宣传贯彻党的理论方针政策和区委各项重大决策部署，提升全区党员干部理论素养和党性修养。在年内举办的主体班中，党的理论教育和党性教育课达到75%，党性教育课达到26%。制定《主体班考核考试制度》，在主体班次设置党性教育单元，把马列主义经典著作辅导、习近平系列讲话精神、中共十九大精神等内容，作为党校教育的核心板块，把党章和党规党纪学习作为必修内容，强化党员的宗旨意识、纪律意识。突出科级领导干部、后备干部、青年干部和发展对象等培训重点，高效组织各类教育培训，全年共举办基层党组织书记、党务干部、纪检干部、青年干部、发展对象等22期主体班，培训党员干部和理论骨干2640人次；配合组织、纪检等部门做好各时期的联合办班。（资贞芳）

【科研工作】2019年，天心区委党校立、结项湖南省委党校课题2个、长沙市委党校课题2个，完成省、市、区课题10个，科研成果获湖南省社科联科研成果一等奖1篇、长沙市委党校论文评选一等奖1篇，省、市其他奖励8篇。围绕区政工作中的大事难事要事精心选题，有针对性地开展调研攻坚，先后组织“天心区文化产业的SWOT分析”“推动区域经济高质量发展共渡民营经济转型难关”等课题研究，其中一些好的意见、建议提交给有关部门作为参考。完善科研课题申报、立项办法，健全科研经费管理办法，对课题经费实行课题负责人责任制，落实科研工作奖励办法。（资贞芳）

档案史志

【概况】长沙市天心区档案馆（区委党史研究室、区地方志编纂室）于2019年3月26日挂牌成立，负责天心区党史、地方志资料征集整理和档案保管查询利用等工作，内设办公室、档案室和史志室。截至年末，在职工作人员6名。

2019年，天心区档案馆持续做好档案管理、查询，党史方志史料征集、编研，年鉴编纂出版，史志档案宣传等工作。（李　强）

【档案工作】2019年，天心区档案馆按照各级关于“互联网＋政务服务”工作的要求，配合天心区行政审批局做好平台录入工作，确定容缺受理服务事项清单，编制档案权责清单，尽最大限度提高“全程网办”事项比例，提供“特别程序”清单。通过调整优化办事流程，简化申请材料数量，缩短办结时限，方便办事群众和企业。通过完善查阅平台建设、简化档案利用程序、清理不合规第三方证明材料等措施，提升档案利用服务质量。全年接待各类查档及电话查询2982人次，为社会各界解决纠纷、落实待遇、区属部门编研宣传等提供服务。对标《档案工作突发事件应急处置管理办法》《档案馆防治灾害工作指南》要求，健全突发事件应急预案，完善突发事件应急机制。协调筹措经费对库房消防系统进行评估维修，更换过期惰性气体，维修更换破损失能光热报警器，做好档案防虫防霉防火等安全工作。对档案密集架、电源电线、灯光照明、除湿设备等进行检查、维修和保养。（石占福）

【党史和党史联络工作】2019年，天心区档案馆（中共天心区委党史研究室）结合庆祝中华人民共和国成立70周年和长沙解放70周年，在党史联络组和文学爱好者、青少年中开展征文活动；党史联络组发挥“亲历、亲见、亲为”的优势撰写资政文章，一批优秀作品在期刊《长沙党史》发表，或被市委党史研究室编撰的《回忆与思考》收录。结合铜铺街小学“传承红色基因向国旗敬礼”活动，向学校赠送党史书籍。征订党史专刊《湘潮》杂志414份，赠送给区直机关各单位、全区各街道和党史爱好者。向区直机关单位、各街道办事处发放《中国共产党长沙市天心区历史（1949—2010）》1000余本。推进党史宣教工作“五进”（进机关、进社区、进农村、进学校、进企业）工作，传承红色基因。组织党史联络组成员到中国共产党长沙历史馆、李富春故居、四正社旧址参观学习。（李　强）

【地方志工作】2019年，天心区档案馆（天心区地方志编纂室）完成《湖南年鉴（2019）》《长沙年鉴（2019）》天心区分目组稿任务，完成《天心年鉴（2019）》编撰工作。参加《长沙年鉴（2019）》“双评”（年度人物、年度事件评选）工作，推荐3位人物、4个事件参加长沙市年度人物、年度事件评选，区桂花坪街道金桂社区党支部书记范雪清、湖南省环保志愿服务联合会会长何建军、区铜铺街小学党支部书记欧阳艳华获评《长沙年鉴（2019）》年度人物，“长株潭城市群一体化发展确立三大合作机制”获评《长沙年鉴（2019）》年度事件。9月4日，在铜铺街小学开展史志书籍进校园活动，共赠送《长沙市天心区志（1998—2003）》《长沙史话》《长沙年鉴》《历代名人咏天心诗词选》《名人与天心》等书籍60余册。10月17日，召开全区地方志工作推进会暨业务培训。（李　强）

【档案进馆工作】2019年，通过天心区属各单位通力配合，到期未进馆的档案基本完成移交进馆。腾空部分库房容量接收民生档案，为档案服务民生奠定基础。全年进馆国企退休人员人事档案、婚姻档案、拆迁档案、独生子女奖扶档案、残疾评定等民生档案共1223盒。（石占福）

【档案库房整治】2019年，天心区档案馆优化空间门类，对库存档案重新排列上架，按照区直机关、街道、文书档案、民生档案、科技档案板块划分库房，遵循全宗号升序排列，共移动档案3.8万余卷（盒）次。购买专用书柜建立书籍资料查阅室，将库存书籍

图26　2019年7月18日，天心区委党史联络组到中国共产党长沙历史馆参观学习　（区档案馆供图）

资料进行清理和分类、登记和编目。截至2019年年底，书室共存放各类书籍1220册。通过购买4组专柜，对收藏档案、实物档案进行重新分类、编号和编目后进柜，释放库房空间。面向全区机关各单位、各街道办事处，发放《中国共产党天心区历史》《长沙市天心区志》《湖南年鉴》《长沙年鉴》《名人咏天心》《名人与天心》《长沙史话》史志档案书籍7类4000余本。（石占福）

【档案信息化建设】2019年，天心区档案馆推动上海中信公司（中标公司）馆藏档案数字化第Ⅱ期工作进度，2019年12月，完成项目验收。经过前后两期工程，共完成馆藏档案扫描23496卷（盒）、486.04万页，并全部挂接到档案管理系统。通过购买带阵列式存储器，完成两期档案数字化数据的备份，规避数据库不稳定、存储崩盘的风险。（石占福）

【区档案馆挂牌】2019年3月26日，天心区档案馆挂牌，天心区委常委、区委办主任侯向宇出席挂牌仪式。根据《天心区机构改革方案》，长沙市天心区档案馆加挂中共长沙市天心区委党史研究室、长沙市天心区地方志编纂室牌子，是天心区委办所属正科级公益一类事业单位，无二级机构。原区史志档案局行政职能划归天心区委办，天心区委办加挂天心区档案局牌子。（李　强）

【党史暨党史联络工作年会】2019年7月18日，天心区2018年度党史暨党史联络工作年会在中国共产党长沙历史馆召开。区委党史联络组成员及区档案馆全体工作人员共16人参加。会前，与会人员参观新开放的中国共产党长沙历史馆。会上，区档案馆馆长周雅娴总结2018年全区在党史宣传、史料编撰、党史联络等方面取得的成绩，对区委党史联络组一年来的工作表达感谢。区委党史联络组组长唐齐义认为下一步党史及党史联络工作要进一步发挥联络组“三亲”（亲历、亲见、亲闻）优势，推动党史工作向前发展。（李　强）

【区地方志工作推进会议】2019年10月17日，天心区委办组织召开全区地方志推进会议暨业务培训，各街道、各区直机关办公室分管负责人与组稿人200余名参加会议。区委常委、区委办主任侯向宇参加会议。会上，区档案馆馆长周雅娴介绍天心区地方志工作开展情况、《天心年鉴（2019）》编纂情况，对各组稿单位提出专人负责、确保质量等要求。侯向宇就年鉴工作提出要求：增强责任感、使命感和紧迫感，提升编纂水平，把好保密关、史实关，强化各项保障，做好地情文献编纂工作。（李　强）

天心区人民代表大会

综述

【概况】 长沙市天心区人民代表大会常务委员会（简称“区人大常委会”）是天心区人民代表大会的常设机构，对天心区人民代表大会负责并报告工作。区五届人大常委会于2016年11月选举产生，设主任1名、副主任5名、委员23名。天心区人民代表大会设民族华侨外事委员会、监察和司法委员会、财政经济委员会、教育科学文化卫生委员会、环境与资源保护委员会、农业与农村委员会、社会建设委员会7个专门委员会，天心区人民代表大会常务委员会设办公室（信访办）（下设人大代表服务中心）、选举任免联络工作委员会2个办事（工作）机构。全区14个街道均设立人大街道工委，配备人大街道工委正、副主任和兼职委员。

2019年，区人大常委会依法履职行权，主动实干担当，全年召开代表大会2次、常委会会议7次、主任会议35次，听取和审议专项工作议题45个，对3部法律实施情况开展检查监督，完成区五届人大四次、五次会议确定的各项任务。常委会机关创建成为“省级文明单位”。 （许化圣）

【审议决定重大事项】 2019年，天心区人民代表大会批准区2018年财政决算和2019年财政预算调整方案；通过区2019年重大项目完成情况及2020年重大项目计划安排；初审区2019年计划执行与2020年计划（草案）、2019年预算执行与2020年预算（草案），提交代表大会批准。 （许化圣）

【人事任免】 2019年，天心区人民代表大会任免人大和“一府一委两院”国家工作人员85人次，补选市、区人大代表18名；执行《天心区机构改革方案》，召开区五届人大五次会议，新设立大会专门委员会6个，补选常委会委员5名，表决通过各专门委员会委员40名，健全人大组织体系。

任命：

邹仕斌为区人大常委会预算工作委员会主任；

孙辉为区人大常委会暮云街道工作委员会主任；

刘胜雄为区人大常委会南托街道工作委员会副主任；

李沙为区人大常委会办公室副主任；

谭石泉为区人大常委会裕南街街道工作委员会主任；

田风林为区人大常委会文源街道工作委员会副主任；

图27 2019年4月23日，天心区五届人大常委会第十九次会议，区人大常委会主任于献（前右）向新任命人员颁发任命书

（区人大办供图）

胡斯可为区人大常委会办公室副主任；

董劲为区人大常委会城南路街道工作委员会副主任；

巩铂予为区人大常委会金盆岭街道工作委员会副主任；

邓星方为区人大常委会桂花坪街道工作委员会副主任；

魏铁奇为区人大常委会先锋街道工作委员会主任；

李衍富为区监察委员会副主任；

刘煜为区人民法院刑事审判庭（未成年人案件审判庭）庭长；

阳强强为区人民法院民事审判一庭庭长；

廖龙芝为区人民法院民事审判二庭庭长；

陈韶鹰为区人民法院综合审判庭（行政审判庭）庭长；

彭丁云为区人民法院知识产权庭庭长；

李石江为区人民法院南托人民法庭副庭长；

陈希为区人民法院立案庭副庭长；

李俊才为区人民法院立案庭副庭长；

石红星为区人民法院刑事审判庭副庭长；

董娟娟为区人民法院民事审判一庭副庭长；

谭小松为区人民法院民事审判二庭副庭长；

徐军强为区人民法院综合审判庭（行政审判庭）副庭长；

张澜为区人民法院知识产权庭副庭长；

汤伟为区人民法院审判委员会委员；

阳强强为区人民法院审判委员会委员；

刘煜为区人民法院审判委员会委员；

向国雍为区人民法院审判委员会委员；

陈泽春为区人民法院审判委员会委员；

彭星为区人民法院立案庭副庭长。

决定任命：

何海兵为区发展和改革局局长；

彭元强为区科学技术局局长；

石宇峰为区工业和信息化局局长；

肖晢为区民族宗教事务局局长；

刘顺来为区民政局局长；

李劲松为区住房和城乡建设局局长、区人民防空办公室主任；

陶曙山为区交通运输局局长；

冯学武为区农业农村局局长；

李念奇为区商务局局长；

张磊为区文化旅游体育局局长；

张长生为区卫生健康局局长；

丁洪为区审计局局长；

何东为区退役军人事务局局长；

邹展为区市场监督管理局局长；

胡志坚为区统计局局长；

杨维君为区城市管理和综合执法局局长；

吴波勇为区行政审批服务局局长；

刘幸为区信访局局长；

肖四军为区医疗保障局局长；

黄根明为区城市人居环境局局长；

何定安为区应急管理局局长；

彭克伦为区民族宗教事务局局长。

免去：

沈汉林的区人大常委会文源街道工作委员会副主任职务；

李淳炯的区人大常委会桂花坪街道工作委员会副主任职务；

欧策的区人大常委会城南路街道工作委员会副主任职务；

胡斯可的区人大常委会金盆岭街道工作委员会副主任职务；

李立志的区人大常委会先锋街道工作委员会副主任职务；

王雄兵的区人大常委会大托铺街道工作委员会主任职务；

刘煜的区人民法院南托人民法庭副庭长职务；

陈韶鹰的区人民法院民事审判二庭庭长职务；

赵静的区人民法院刑事审判庭庭长职务；

汪莹的区人民法院民事审判一庭庭长职务；

董燕的区人民法院未成年人案件综合审判庭庭长职务；

唐吉娜的区人民法院行政审判庭庭长职务；

麻玉琼的区人民法院审判员职务；

尹红的区监察委员会副主任职务；

洪炎的区人民法院审判委员会委员、审判员职务；

彭丽群的区人民法院审判委员会委员职务；

李榕的区人民法院审判员职务；

唐玉的区人民法院审判员职务；

杨赞的区人民检察院副检察长、检察委员会委员、检察员职务；

彭程的区人民检察院检察委员会委员、检察员职务；

邵汨波的区人民检察院检察委员会委员、检察员职务；

易静的区人民检察院检察员职务；

杨旭的区人民检察院检察员职务；

蔡卫平的区人民检察院检察员职务；

杨胜的区人民检察院检察员职务；

唐文涛的区人民检察院检察员职务；

肖叶嵩的区人民检察院检察员职务；

薛全的区人民检察院检察员职务；

吴爱群的区人民检察院检察员职务；

杨军山的区人民检察院检察员职务；

黄红旗的区人大常委会教科文卫工委主任职务；

廖宏明的区人大常委会农业农村工作委员会副主任职务；

郭娟的区人大常委会办公室副主任职务；

杨红的区人大常委会裕南街街道工作委员会主任职务；

周军民的区人大常委会先锋街道工作委员会主任职务；

何定安的区人大常委会暮云街道工作委员会主任职务。

决定免去：

谢巍的区发展和改革局局长职务；

刘芳妍的区科学技术局局长职务；

徐艳的区民政局局长职务；

皮迎春的区人民防空办公室主任职务；

李伟红的区审计局局长职务；

肖哲的区民族宗教事务局局长职务。

接受余卫辉辞去区第五届人民代表大会法制委员会主任委员职务。（许化圣）

【监督工作】 2019年，天心区人大常委会对《中华人民共和国禁毒法》贯彻执行情况进行检查，提出加强禁毒工作宣传、强化涉毒专项管控、依法打击涉毒犯罪的审议意见，建议探索集生理脱毒、身心康复、就业辅助等功能于一体，有所集中、相对约束的戒毒管理新模式，助力打赢新时代禁毒人民战争。结合“三湘环保世纪行”活动，开展《中华人民共和国大气污染防治法》和省大气污染防治条例执法检查，听取2018年环境状况及环保目标完成情况报告，跟踪督办环保法执法检查审议意见落实情况，加强对区政府法律宣传、环境执法、责任落实等情况的监督。听取和审议《中华人民共和国义务教育法》贯彻执行与教育“十三五”规划实施情况报告，对全区15个部门、6所学校走访检查，发出调查问卷1600份，督促区政府认真贯彻教育法律法规，加强义务教育保障，推进师资队伍和学校建设，回应人民群众对公平、优质教育的期盼。开展“依法行政天心行”活动，听取和审议公共法律服务体系建设情况报告，对做好人民调解、社区矫正工作，提升公共法律服务的知晓率、认同度和实效性等方面提出审议意见。书面听取和审议《中华人民共和国行政复议法》执法检查审议意见落实情况报告，进一步促进行政复议法在天心区的有效实施。听取区政府土地去存量三年行动计划实施情况报告，推动闲置土地加快处置。加强和改进规范性文件备案审查工作，对4件规范性文件进行合法性审查。落实信访工作责任制要求，坚持做好信访工作，共接待来访群众236人次。区人大常委会主任会议听取和审议疾病预防控制体系建设情况报告，助推区政府加强传染病、慢性病综合防控和疾控队伍建设。听取和审议贯彻执行《中华人民共和国妇女权益保障法》及妇女权益保障工作情况报告，督促区政府及相关单位落实法定职责，营造男女平等、共同发展的良好环境。听取和审议民族宗教工作情况报告，提出要不断增强做好民族宗教工作的紧迫性和使命感，确保民族宗教工作的方向。听取和审议公共工程建设与管理情况报告，提出科学铺排项目、实施精细化管理、提升队伍素质、推进项目建设等建议，推动天心区有机更新、市政道路和学校建设等民生工程的加快实施。听取和审议贯彻《中华人民共和国防洪法》及备汛情况报告，提出理顺职责、健全机制、加强内涝治理、强化安全防范的建议，促进相关工作落实。推进“司法公正天心行”活动，将监督刑事案件认罪认罚从宽制度的实施作为年度主题，分别听取区法院、区检察院、区公安分局专项工作情况报告，推动司法机关健全机制、优化办案流程、制约自由裁量权、加强司法能力建设，规范认罪认罚从宽制度的适用。调研司法建议和检察建议工作开展情况，助推基层社会治理体系的完善和治理能力的提高。（许化圣）

【代表工作】 2019年，天心区人大常委会通过实地调研、参与扶贫攻坚、开展红色教育等形式，组织市、区代表参加学习培训。开展代表述职评议工作，11名市人大代表向常委会述职，60名区人大代表向原选区选民述职，接受民主评议，提升代表履职和接受监督意识。组织代表听取和审议“一府两院”半年度工作情况通报，邀请代表列席常委会会议、主任会议100余人次，参加调研、视察、执法检查等活动200余人次。深化“五星级”代表联络站点创建：硬件建设达到“五个有”

（有固定场所、有统一标牌、有必要设施、有学习资料、有代表征求意见箱）；接受选民监督实现“五公开”（公开代表信息、公开工作制度、公开年度计划、公开联系选民群众名单、公开履职情况）；强化组织管理落实“五到位”（代表驻站到位、人员配备到位、服务保障到位、台账管理到位、经费保障到位）；活动组织实行“五定期”（定期学习交流、定期组织活动、定期接待群众、定期处理意见、定期述职评议），开展“双联”（委员联系代表、代表联系群众）活动，发挥代表参与监督和联系群众作用。提质代表联络站点建设，实现14个街道“五星级”代表联络站全覆盖，审核通过金桂经济合作社、牛角塘村、黄合村等一批新的代表联络点。开展集中走访代表月、代表接待日等活动，深入基层走访和接待人民群众3000余人次，收集各方普遍关心关注的意见建议180余条，向相关职能部门进行交办。围绕经济社会发展、民生福祉改善、议案建议办理等内容，各人大街道工委组织开展代表视察活动42次；开展“三湘农民健康行”“农产品质量安全行”活动，支持创建“食品安全示范区”。

完善《代表建议、批评和意见的提出与办理办法》，细化议案建议督办程序，对代表建议开展多层面、多领域督查，对各承办单位办理工作量化打分、分类排名。区五届人大四次会议和闭会期间收到的108件代表建议均办结，代表建议办理工作满意率为98.1%，基本满意率为1.9%，《进一步优化学校、幼儿园周边环境》等29条优秀建议获表彰。常委会专题督办的《关于加强规划，提质五一商圈的议案》《关于发展全域旅游，展现“融城核心”新作为的议案》取得阶段性成效，基本达到预期目标。（许化圣）

【人大基础工作】2019年，天心区人大常委会加强常委会党组及机关支部建设，到胡耀邦故居、“红船映初心”等教育基地参观学习。加强人大工作对外宣传，全年发布新闻信息400余条，在《人民之友》、红网、《长沙人大》发表文章7篇；接待上海、广州、南京、武汉等地人大到天心区调研考察，协办省人大“12•4”国家宪法日主题活动，配合市人大开展人大工作高质量发展和乡村振兴调研；到贵州、云南和郴州等地开展学习交流，撰写关于大数据和禁毒工作调研报告，为区委决策提供参考。明确人大街道工委工作内容，建立例会和向常委会报告工作机制，压实人大街道工委责任；成立机关工会，民主选举工会首届委员会；组织首届区人大系统气排球比赛，参加市人大第二届“活力人大杯”体育比赛。落实机构改革要求，及时调整常委会班子分工，大会专门委员会、常委会工作机构联系对口单位及工作职责。加强制度建设，制定《民生实事项目人大代表票决制工作的实施方案（试行）》，修订《常委会议事规则》《常委会审议意见办理办法》等6项工作制度，编制《天心区人大常委会制度汇编》。（许化圣）

【民生实事项目人大代表票决制工作】2019年，天心区人大常委会提请区委出台《关于开展民生实事项目人大代表票决制工作的意见》，区人大常委会、区政府分别制订实施方案，成立统一的领导小组，面向社会各界公开征集民生实事项目，引导组织全区人大代表深入走访群众、整理反映民意，共提出52个项目。经科学筛选、整合，区政府形成项目建议方案，报区委研究，由区人大

图28　2019年10月11日，长沙市人大常委会主任程水泉（中）到天心区调研　（区人大办供图）

图 29　2019 年 6 月 5 日，长沙市人大代表天心区联组实地考察天心区政务服务大厅　（徐拓　摄）

常委会审议，确定 12 个候选项目提交区五届人大六次会议差额票决，确定 2020 年“天心区十大民生实事项目”。　（许化圣）

【“产业项目建设年”和“营商环境优化年”主题代表活动】 2019 年 6 月 5 日，天心区人大常委会组织开展以推进“产业项目建设年”和“营商环境优化年”为主题的代表活动。区委书记朱东铁，区委副书记、区长黄滔以普通代表身份参加活动。市人大常委会联工委副主任张建华、代表联络处处长曾光到会指导，市政府秘三处处长赖继荣、区委副书记朱远红、区人大常委会全体副主任、区政府副区长张建等应邀列席会议。活动由市代表天心区联组组长、区人大常委会主任于献主持。该次活动分为现场视察和集中审议两个部分。代表们实地考察天心区政务服务大厅、天心区企业服务中心、长沙农村商业银行营业部智慧银行；听取市人大代表、长沙农商行行长陆家兴和张建的工作报告。针对实地视察和听取汇报所了解的情况，代表们进行审议发言。代表们对长沙农商银行在“互联网 +”时代下，着力培育新的经营模式，打造新的金融服务理念表示点赞，就加快推进暮云片区建设、尽快出台绿心退出后的发展规划、提供优质的金融服务，推进中小企业稳步发展、成立金融商会等问题提出意见和建议。张建华就代表建议办理、民生实事票决、代表培训、代表述职等工作提出要求。黄滔介绍天心区政府上半年工作完成情况，就代表们提出的部分问题作回复和解答，表示将加强与企业的对接沟通，共同研究天心区经济社会的发展大计，希望代表们为天心区经济社会发展献智献策。于献对活动进行小结，对市人大代表向区人大常委会述职报告工作进行部署和安排；对农商行给予活动的支持表示感谢，希望代表们继续关心支持农商行和天心区的发展，努力为打造“融城核心、璀璨天心”做出更大的贡献。

（许化圣）

【“助力精准扶贫 • 天天一元捐”活动】 2019 年 5 月 29 日，天心区人大常委会组织开展“助力精准扶贫 • 天天一元捐”活动。区人大常委会主任于献，副主任李曦、颜小平、谭文敏、邱忠献、张少林及全区各级人大代表和人大工作者参加活动。区人大常委会组织召开主任会议、人大街道工委主任联席会议研究部署，向全区各级人大代表及人大工作者发出倡议，号召大家伸出无私援助之手，参与“助力精准扶贫 • 天天一元捐”活动，提倡每天节省一元钱，一年捐出 365 元，用集体的力量扶贫帮困，为需要帮助的人们献出一份爱心。活动现场，各位人大代表和人大工作者通过捐助现金、微信转账等形式，共同为贫困家庭、困难群众和弱势群体奉献爱心、贡献力量。该次区人大机关捐款活动拉开全区“助力精准扶贫 • 天天一元捐”活动的序幕。于献强调，全区各级人大代表和人大工作者要积极响应党的号召，助力扶贫攻坚；要弘扬中华传统美德，乐善好施、扶弱济困；要充分发挥代表作用，积极作为，带头奉献爱心。

（许化圣）

重要会议

【区五届人大五次会议】 2019 年 7 月 24—25 日，天心区五届人大五次会议召开。会议听取区人民政府 2019 年上半年工作情况通报；书面听取区人民法院、区人民检察院 2019 年上半年工作情况通报；选举李昌林、邹仕斌、郑凯、曾飞玲、杨军为长沙市天心区第五届人民代表大会常务委员会委员；决定设立长沙市天心区第五届人民代表大会民族华侨外事委员会、监察和司法委员会（法制委）、教育科学文化卫生委员会、环境与资源保护委员会、农业与农村委员会、社会建设委员会，表决通过长沙市天心区第五届人民代表大会各专门委员会主任委员、副主任委员、委员名单。（许化圣）

图 30　2019 年 7 月 25 日，天心区人大召开五届五次会议

（区人大办供图）

【区五届人大六次会议】2019 年 12 月 25—27 日，天心区五届人大六次会议召开。会议听取和审查区人大常委会、区人民政府、区人民法院、区人民检察院工作报告，审查《天心区人民政府 2019 年国民经济和社会发展计划执行情况与 2020 年国民经济和社会发展计划草案的报告》《天心区 2019 年预算执行情况与 2020 年预算草案的报告》，通过上述 6 个工作报告的决议；会议投票表决提质“15 分钟生活圈”、新增学位、老旧小区改造、解决农村安全饮水问题、农村地区无害化厕所改造、建设社区居家养老服务中心、改善老旧棚户区群众居住条件、提质建设农村公路、建设街道社区卫生服务中心、实施特困群体帮扶行动项目为 2020 年“天心区十大民生实事项目”；会议确定议案 1 件，代表建议 81 件。（许化圣）

【区人大常委会会议】2019 年，区人大常委会共召开常委会会议 7 次。

2 月 28 日，区五届人大常委会召开第十八次会议，审议通过《天心区五届人大常委会 2019 年工作要点》和区政府《关于将丁家垅铁路宿舍棚户区改造项目纳入区 2019 年国民经济与社会发展计划的议案》。

4 月 23 日，区五届人大常委会召开第十九次会议，依法任命 3 名人大系统和 20 名政府组成部门人员；补选朱健为长沙市第十五届人民代表大会代表；审议区人大代表异动情况，书面听取区政府关于《天心区人大常委会关于我区贯彻实施〈中华人民共和国行政复议法〉执法检查情况的审议意见》的落实情况报告；听取和审议区政府关于公共法律服务体系建设情况报告。

6 月 20 日，区五届人大常委会召开第二十次会议，依法任命 3 名人大系统、1 名政府部门、13 名法院人员；听取和审议区政府关于《中华人民共和国禁毒法》贯彻执行情况的报告；书面听取区政府关于《中华人民共和国环境保护法》的落实情况报告；审议区人大代表和区人大常委会委员异动情况；作出关于开展民生实事项目人大代表票决制工作和关于召开区五届人大五次会议的决定；表决通过《区人大常委会议事规则（修正案）》等五项制度。

7 月 24 日，区五届人大常委会召开第二十一次会议，确认部分区人大代表资格；审议区人大常委会组成人员和人大代表异动情况报告；初审区五届人大五次会议建议议程、区五届人大五次会议主席团成员和秘书长建议名单；审议决定区五届人大五次会议列席人员名单。

8 月 30 日，区五届人大常委会召开第二十二次会议，审议代表异动情况；听取和审议 2018 年区本级预算执行情况及其他财政收支情况的审计工作报告；听取和审议区 2018 年财政决算（草案）和 2019 年上半年预算执行情况的报告，审查和批准 2018 年财政决算。

10 月 31 日，区五届人大常委会召开第二十三次会议，听取和审议区政府关于优化营商环境工作的情况报告；听取和审议区政府关于贯彻落实《中华人民共和国义务教育法》情况的报告及区人大常委会的执法检查报告，《中

华人民共和国大气污染防治法》《湖南省大气污染防治条例》情况的报告及区人大常委会的执法检查报告；决定召开区第五届人民代表大会第六次会议；听取和审议区政府和区法院关于区五届人大三次会议议案和四次会议代表建议批评意见办理情况的报告；书面听取和审议区政府国民经济和社会发展“十三五”规划纲要中期评估报告审议意见落实情况的报告、天心区2018年环境状况及环境保护目标完成情况报告、“去存量土地三年行动”（2017—2019）计划完成情况报告、区政府关于落实区公共法律服务体系建设情况审议意见的情况报告；审议通过区人大常委会相关制度。

12月19日，区五届人大常委会召开第二十四次会议，依法任命5名人大系统、1名政府部门、1名监察委、5名法院人员；审议代表异动情况，补选李波为市人大代表，确认魏铁奇、苏丹丹、张毅、许武的区人大代表资格有效，王雄兵、曾新跃的区五届人大代表资格终止；听取和审议区政府《关于天心区2019年重大项目计划完成情况及2020年重大项目计划安排的报告》；初审《2020年天心区人大代表票决民生实事候选项目（草案）》；听取和审议区政府《关于2018年区本级预算执行情况及其他财政收支查出问题整改情况的报告》及审计查出问题的相关单位整改落实情况的报告；初审区人大常委会、区人大各专门委员会工作报告，提交区五届人大六次会议审查；书面听取《区政府贯彻落实禁毒法执法检查审议意见情况报告》和区人大常委会办公室、联工委、各人大街道工委2019年工作总结；初审区五届人大六次会议主席团成员名单和秘书长建议名单；确定区五届人大六次会议列席人员名单；审议通过《天心区人大代表“五星级”联络站的表彰决定》。

（许化圣）

【区人大常委会主任会议】 2019年，天心区人大常委会共召开主任会议35次。

1月21日，区人大常委会召开2019年第1次主任会议，听取2018年人大街道工委要素测评工作情况汇报，初审区人大常委会2019年度工作要点（草案）。

1月31日，区人大常委会召开2019年第2次主任会议，审议区人大常委会2019年度工作要点（征求意见稿）。

3月12日，区人大常委会召开2019年第3次主任会议，审议《中华人民共和国大气污染防治法》《中华人民共和国禁毒法》《中华人民共和国义务教育法》执法检查工作方案。

3月26日，区人大常委会召开2019年第4次主任会议，研究机构改革有关事项安排和重大事项向区委报告相关内容，听取有关代表工作汇报。

4月9日，区人大常委会召开2019年第5次主任会议，视察桂花坪小学、雀园东路堵点现场、张家坝排渍泵站、南托垸防汛物资仓库，听取区政府防汛备汛工作情况报告。

4月18日，区人大常委会召开2019年第6次主任会议，初审人大常委会会议材料。

4月30日，区人大常委会召开2019年第7次主任会议，审议汽排球赛活动方案和市代表天心联组上半年度活动安排等工作。

5月17日，区人大常委会召开2019年第8次主任会议，听取区政府妇女权益保障工作情况报告。

5月20日，区人大常委会召开2019年第9次主任会议，审议民生实事初期代表票决制意见、领导小组安排的工作。

5月22日，区人大常委会召开2019年第10次主任会议，审议人大代表“助力精准扶贫•天天一元捐”工作。

5月23日，区人大常委会召开2019年第11次主任会议，听取区政府公共工程建设情况报告。

6月12日，区人大常委会召开2019年第12次主任会议，听取区政府金融产业发展情况报告。

6月14日，区人大常委会召开2019年第13次主任会议，初审区五届人大五次会议筹备方案（草案）。

6月24日，区人大常委会召开2019年第14次主任会议，初审常委会材料。

7月5日，区人大常委会召开2019年第15次主任会议，审议区人大各专门委员会委员建议名单和民侨外委新增议题事项。

7月10日，区人大常委会召开2019年第16次主任会议，听取区五届人大五次会议筹备工作方案修改情况和区五届人大五次会议倒计时工作安排情况汇报；审议区五届人大五次会议秘书组、组织组、会务组、纪检组、安全保卫组工作方案。

7月16日，区人大常委会召开2019年第17次主任会议，听取和审议区政府疾病预防控制体系建设情况的报告。

7月23日，区人大常委会召开2019年第18次主任会议，听取区人大代表资格报告；审议区人大常委会组成人员和人大代表异动情况报告，提出区五届人大五次会议建议议程，初审区五届人大五次会议主席团成员和秘书长建议名单、区五届人大五次会议列席人员名单。

7月31日，区人大常委会召开2019年第19次主任会议，审议区人大常委会主任、副主任分工及区人大各专门委员会、常委会各工作机构联系对口区有关单位及各委室工作职责，审议区人大保密工作领导小组及加强网络安全保密管理工作。

8月22日，区人大常委会召开2019年第20次主任会议，初审常委会材料。

9月17日，区人大常委会召开2019年第21次主任会议，审议区人大各委室职责和机关有关工作制度。

9月26日，区人大常委会召开2019年第22次主任会议，听取区政府民族宗教工作报告。

9月26日，区人大常委会召开2019年第23次主任会议，听取区法院专项工作报告。

10月12日，区人大常委会召开2019年第24次主任会议，听取区检察院专项工作报告。

10月21日，区人大常委会召开2019年第25次主任会议，初审区人大常委会材料。

10月22日，区人大常委会召开2019年第26次主任会议，初审区人大常委会材料。

10月29日，区人大常委会召开2019年第27次主任会议，听取区人大机关会议屏幕系统更换情况、2020年区人大机关财务预算和区人大机关职级并行情况汇报。

11月12日，区人大常委会召开2019年第28次主任会议，听取区五届人大六次会议倒计时工作汇报；审议大会各工作组方案。

11月20日，区人大常委会召开2019年第29次主任会议，审议人大工作报告提纲和票决办法草案。

11月26日，区人大常委会召开2019年第30次主任会议，听取区公安分局认罪认罚从宽制度适用工作报告。

11月29日，区人大常委会召开2019年第31次主任会议，审议区人大常委会工作报告（一稿）。

12月6日，区人大常委会召开2019年第32次主任会议，审议人大工作报告第二稿；听取五星级代表联络站初审情况报告；审议第二批代表联络点名单、优秀代表建议及代表经费的使用及管理有关事项报告。

12月10日，区人大常委会召开2019年第33次主任会议，审议人大工作报告第三稿；听取政府民生实事项目情况的说明及初审候选项目的议案。

12月16日，区人大常委会召开2019年第34次主任会议，初审区人大常委会人事任免事项、区政府关于审计查出问题整改落实情况的报告、区政府贯彻落实《中华人民共和国禁毒法》执法检查审议意见情况报告、区五届人大六次会议列席人员名单、区人大各专门委员会工作报告及区人大常委会办公室、联工委、各人大街道工委2019年工作情况总结；审议通过主任会议成员走访代表工作制度。

12月18日，区人大常委会召开2019年第35次主任会议，传达学习杜家毫在纪念地方人大设立常委会40周年座谈会上的讲话；初审区2019年国民经济和社会发展计划执行情况与2020年国民经济和社会发展计划草案，提交区五届人大六次会议审查批准；初审区2019年重大项目完成情况及2020年重大项目计划安排；初审区2019年预算执行情况与2020年预算（草案），提交区五届人大六次会议审查批准；初审代表票决制办法；初审代表异动情况。（许化圣）

【民生实事代表票决制工作动员会】 2019年9月5日，天心区召开全区民生实事代表票决制工作动员会议，在全区部署开展民生实事代表票决制工作。区委副书记朱远红，区人大常委会主任于献，区委常委、常务副区长周志军，区人大常委会党组副书记、副主任李曦，区人大常委会副主任颜小平、谭文敏、张少林出席会议，区人大副调研员、区人大及其常委会各委室主任、各街道党工委书记、人大各街道工委主任以及区直相关部门负责人、部分区人大代表参加。会上，周志军、李曦就如何开展好民生实事代表票决制工作进行部署。区政府办、坡子街街道党工委、人大暮云街道工委相关负责人表态发言。朱远红强调，全区要准确把握项目征集、初审、审议、票决、实施、监督6个环节的工作重点，切实履行职能，有序推进代表票决制工作，充分调动广大人民群众和“两代表一委员”参与的主动性和积极性，汇聚各方智慧和力量。于献要求，要广泛宣传发动，有序推进工作，落实目标任务，加强对项目实施情况的监督，促使票决的实事项目善始善终、善作善成，经得起历史检验。

（许化圣）

天心区人民政府

重要会议

【区政府五届四次全体（扩大）会议】 2019年1月14日，长沙市天心区政府（简称“区政府”）五届四次全体（扩大）会议召开。区委副书记、区长黄滔，区领导周志军、王海军、洪孟春、黄会、许波、张建，以及区属各单位、街道主要负责人参加会议。会议传达长沙市委经济工作会议精神和市“两会”主要精神，并对市、区《政府工作报告》进行责任分解，动员全区上下紧盯目标、明确责任、狠抓落实。会议指出，推进政府各项工作，一定要善于抓住主要矛盾，精准发力、精准施策，集中力量解决好重点、难点问题，以关键环节的突破带动工作整体推进。对于2019年重点“干什么”，可以概括为“223310”，即两个报告、两大抓手、三大攻坚、三大板块、十件民生实事。黄滔指出，要提振精气神、强化执行力，以“开局就是决战、起跑就是冲刺”的状态，务实干事、高效干事、团结干事、创新干事、廉洁干事，在全力建设“融城核心、璀璨天心”，争当全面建设现代化长沙的示范区中彰显政府新作为，谋求政府新业绩。 （郑启军）

【区政府常务会议】 2019年，天心区政府召开常务会议13次。

2月1日，区政府召开区第五届人民政府第21次常务会议，研究2018年度重点产业项目考评、优化营商环境主题评选、三大板块征拆项目表彰等工作；研究长沙五七一二飞机工业有限责任公司职工医院移交工作；研究全区“大棚房”问题专项清理整治工作；研究“营商环境优化年”工作；审议《天心区“营商环境优化年”实施方案（送审稿）》《天心区2019年“千人帮千企大行动”区领导联系服务企业工作方案（送审稿）》。

2月21日，区政府召开区第五届人民政府第22次常务会议，传达学习湖南省委常委、长沙市委书记胡衡华在全市产业项目建

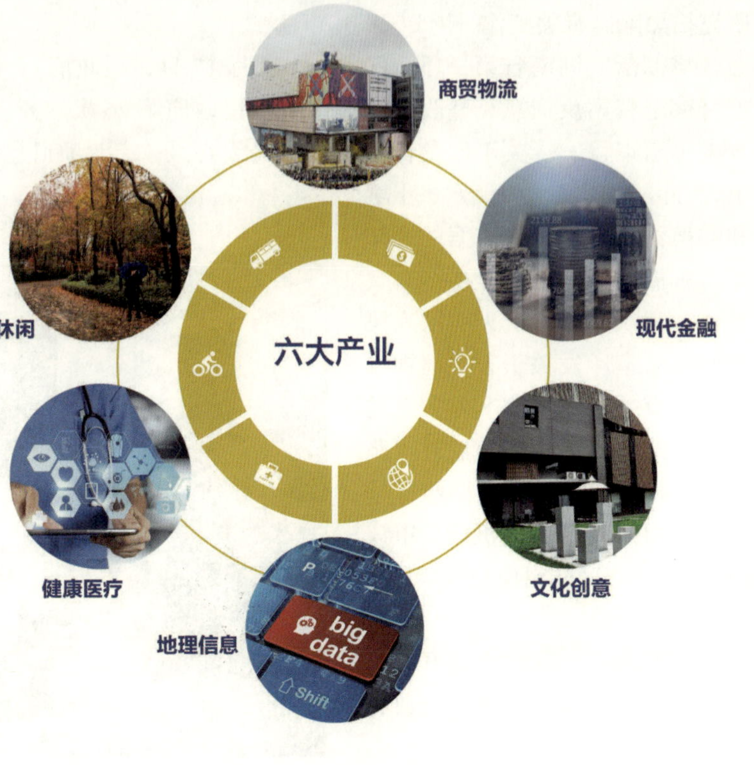

图31　2019年，天心区聚焦六大产业，推进产业转型升级

（区政府办供图）

设年暨营商环境优化年工作推进大会上的讲话精神；传达学习《湖南省深化“放管服”改革转变政府职能重点任务分工方案》；传达学习《湖南创新型省份建设若干财政政策措施》；传达学习习近平关于统计工作的重要思想论述和全国统计工作会议精神；传达学习《湖南省高质量发展监测评价指标体系（试行）》；研究全区统计工作、第四次经济普查工作和统计执法检查问题整改计划；研究2019年重点民生实事工作；研究天心区禁毒工作；听取近期安全生产工作情况汇报；审议《长沙市天心区人民政府办公室关于建立区政府领导AB角工作制度的通知（送审稿）》；研究天心区绿心地区工业企业退出工作；研究丁家垅铁路宿舍地块纳入棚改征收有关工作。

3月27日，区政府召开区第五届人民政府第23次常务会议，研究扫黑除恶有关工作；审议《天心区贯彻落实湖南省第一环境保护督察组督察反馈意见整改工作方案（送审稿）》《关于印发长沙市天心区2019年大气、水、土壤和噪声污染防治工作方案的通知（送审稿）》；研究安全生产有关工作；审议《长沙市天心区人民政府办公室印发关于省委巡视反馈意见有关问题整改实施方案的通知（送审稿）》；研究脱贫攻坚有关工作；研究调整区防汛抗旱领导小组等议事协调机构，审议《长沙市天心区防汛应急预案（送审稿）》。

4月19日，区政府召开区第五届人民政府第24次常务会议，研究审计有关工作。

5月25日，区政府召开区第五届人民政府第25次常务会议，研究消防工作；传达学习全市棚改和城市有机更新工作会议精神；研究区农村人居环境整治暨“五治”工作；审议《天心区关于建立守信联合激励和失信联合惩戒制度实施方案（送审稿）》《天心区行政审批领域“政府承诺+社会监督+失信问责”实施方案（送审稿）》；审议《长沙市天心区关于促进科技创新若干政策的实施细则（送审稿）》；审议《天心区“贴心商会（协会）”评选办法（送审稿）》《区领导联系服务企业工作年度书面专项述职制度（送审稿）》《长沙市天心区瞪羚企业培养计划实施细则（送审稿）》《天心区关于提高企业开办时效的实施细则（送审稿）》等四项工作细则；审议《天心区金融服务重点支持企业名单制度（送审稿）》《天心区小微企业贷款贴息实施办法（试行）（送审稿）》《天心区推进企业上市工作实施方案（送审稿）》。

6月17日，区政府召开区第五届人民政府第26次常务会议，审议《天心区“产业项目建设年”活动实施方案（送审稿）》；研究天心区生活垃圾分类工作；研究天心区燃气锅炉（设施）低氮改造工作；审议《关于下放一批涉企行政职权的通知（送审稿）》《天心区推进“一件事一次办”改革进一步提高行政审批服务效能实施方案（送审稿）》；审议《天心区2019年农村地区道路交通安全管理工作实施方案（送审稿）》。

7月23日，区政府召开区第五届人民政府第27次常务会议，审议《2019年度市绩效考核工作目标责任分解表（送审稿）》《天心区2019年度街道工作目标考核体系（送审稿）》等绩效考核相关文件；审议《关于支持和包支付场景打造及活跃度提升的工作方案（送审稿）》；审议《天心区农村集体经济组织管理办法（试行）（送审稿）》；审议《关于2018年度长沙市天心区财政预算执行和其他财政收支的审计结果报告（送审稿）》；审议《关于长沙市天心区2018年财政决算草案和2019年上半年预算执行情况的报告（送审稿）》；研究依法行政工作；审议

图32　2019年7月23日，天心区政府召开区第五届人民政府第27次常务会议（区政府办供图）

《天心区关于推行政务服务容缺受理机制的通知（送审稿）》；研究2019年上半年政情通报起草准备工作情况；研究2019年上半年人大代表建议办理工作情况。

7月31日，区政府召开区第五届人民政府第28次常务会议，传达学习上级关于加强预算管理及化债工作文件精神；传达学习贯彻《中央生态环境保护督察工作规定》，研究中央生态环保督察“回头看”反馈意见整改和全区污染防治攻坚战工作；研究全区重点民生实事和“一圈两场三道”建设工作；研究全区安全生产工作；研究全区违建别墅问题清查整治工作。

8月26日，区政府召开区第五届人民政府第29次常务会议，研究全区禁毒工作；研究全区扫黑除恶工作；审议《关于贯彻厉行节约要求全面加强预算管理工作的通知（送审稿）》；审议《长沙市天心区关于盘活存量资源推动区域经济高质量发展的工作方案（送审稿）》；研究全区安全生产工作；研究大数据（地理信息）产业链建设工作。

10月12日，区政府召开区第五届人民政府第30次常务会议，传达学习防范化解重大金融风险相关文件精神；审议《印发〈关于承接市级下放工业投资建设项目审批权限的实施方案〉的通知（送审稿）》《印发〈关于承接市级下放第一批“一件事一次办”审批权限的通知〉（送审稿）》及《关于印发〈天心区第一批政务服务“容缺办”事项清单〉的通知（送审稿）》；研究绿心保护有关工作；研究全区事业单位和国有企业公务用车制度改革有关工作；研究2019年财政预算调整有关工作；研究民政有关工作。

10月22日，区政府召开区第五届人民政府第31次常务会议，审议《天心区加快建设高技术生产性服务业创新聚集区助力全市制造业高质量发展的实施方案（送审稿）》。

11月13日，区政府召开区第五届人民政府第32次常务会议，研究2018—2019年上半年市、区两级审计发现问题整改工作；研究重点民生实事工作；研究优化营商环境工作；研究“四新”经济工作；研究依法行政工作；研究创建全国健康促进区工作；研究污染防治攻坚战工作；研究禁毒工作；研究扫黑除恶工作；传达学习垃圾分类工作相关讲话及文件精神；研究河长制工作。

12月5日，区政府召开区第五届人民政府第33次常务会议，审议《天心区部门权力清单等“六清单”（送审稿）》《天心区街道权责清单（送审稿）》；审议《政府工作报告（讨论稿）》；研究2018年度促进区域经济发展奖励评选工作；研究2020年重大项目投资计划；审议《提交区五届人大六次会议代表票决的民生实事候选项目（送审稿）》；审议《天心区2019年国民经济和社会发展计划执行情况及2020年国民经济和社会发展计划草案的报告（送审稿）》；审议《关于长沙市天心区2019年预算执行情况和2020年预算安排草案的报告（送审稿）》及研究天心区2020年财政预算安排。

（郑启军）

【区政府领导班子2018年度民主生活会】 2019年3月8日，天心区政府召开领导班子2018年度民主生活会。会议由区委副书记、区长黄滔主持。区政府班子成员周志军、王海军、洪孟春、黄会、许波、张建参加。会议通报2017年度民主生活会整改落实情况。黄滔和区政府班子成员，逐一进行对照检查和自我批评，开展相互批评。黄滔强调，要做到“心中有党”，强化政治意识；要做到“心中有责”，强化担当意识，把天心建设成宜居宜业的城区；要做到“心中有民”，强化宗旨意识，全力办好省、市、区列出的各项民生实事；要做到“心中有戒”，强化廉洁意识，突出抓好问题整改。

（郑启军）

【第十九期钱学森论坛暨2019长沙空间信息产业国际博览会】 第十九期钱学森论坛暨2019长沙空间信息产业国际博览会由国家地理空间信息中心、中国遥感应用协会、中国测绘学会、中国卫星导航定位协会、中国通信工业协会、中国航天系统科学与工程研究院、长沙市人民政府联合主办，天心区人民政府、中国卫星导航定位协会大数据专业委员会、湖南地理信息产业园共同承办，于11月15—17日在长沙举行。本届博览会以“空间信息应用助推数字经济创新发展”为主题，主要由展览、第十九期钱学森论坛和10个专业论坛组成，全面统筹卫星遥感、导航、通信、测绘等空间信息，并与大数据、物联网、云计算、人工智能等高新领域紧密结合，汇聚国内外权威专家、重大成果、优势企业和先进理念，旨在打造全球第一个空间信息领域的专业性、权威性交流平台。展览面积2.5万平方米，设有大型企业展区、遥感信息应用展区、空间通信应用展区、导航定位应用展区、空间信息装备展区、航天科普展区六大展区，吸引了中国航天科工集团有限公司、中国四维测绘技术有限公司、碧桂园、中兴等国内外近200家空间信息相关企事业单位参展。开幕式上，长沙天心经开区与中驰车福互联科技（北京）有限公司、新一代人工智能产业技术创新联盟、广州南方测绘科技股份有限公司等20余家公司（联盟）进行入驻园区及项目合作签约仪式。博览会上，30余名中国工程院院士、将军汇聚一堂，聚焦通导遥一体化、空间大数据应用等领域，为空间信息技术发展与应用出谋划策，掀起数字经济发展新高潮。

（郑启军）

【月中工作碰头会】 2019年6月10日，端午节假期后上班第一天，天心区政府组织召开月中工作碰头会，通过“多会合一”的形式，将“菜篮子”、第四次经济普查、防汛备汛、经济工作“双过半”、营商环境、电力“630攻坚”、和包支付、“一圈两场三道”建设、老旧小区改造、学校建设、国土违法图斑、禁毒工作等12个议题“打捆”召开，用有限的时间，发挥出会议最大的效能。天心区委副书记、区长黄滔强调，政府部门要贯彻落实好基层减负工作，大力整治形式主义、官僚主义；带头给会议“瘦身”，让基层干部从繁文缛节和“痕迹管理”中解放出来。截至2019年6月10日，区政府（区政府办）共发文78件，较2018年同期减少52件，减少40%；召开会议391场次，较2018年同期减少187场次，减少32.4%。其中，召开重大会议62场次，较2018年同期减少19场次，减少23.5%。

（郑启军）

【生活垃圾分类工作会议】 2019年6月20日，天心区召开生活垃圾分类工作动员部署大会。天心区委副书记、区长黄滔，长沙市城管执法局副局长胡刚，区领导周志军、许波、何建明及相关区直单位、街道办事处、社区以及驻区高校、区属中小学校、区内医疗机构、生活小区物业公司相关负责人参加。区政府副区长许波做天心区生活垃圾分类工作动员报告，区教育局、区机关事务中心、银桂苑社区、中航物业相关负责人表态发言。胡刚就后续全区生活垃圾分类全覆盖工作给予指导。黄滔强调，各级各部门要不断提高思想站位；要强化宣传教育；要抓好源头分类，围绕分类投放、分类收集、分类运输、分类处置，做到源头管控，各端齐发力；要强化责任担当，坚持把生活垃圾分类工作，与城市管理精细化、文明城市建设等工作统筹安排。12月18日，黄滔主持召开天心区生活垃圾分类集中攻坚行动推进会。会议传达学习市长办公会有关会议精神，听取区垃圾分类领导小组办公室关于天心区开展垃圾分类工作情况的汇报。黄滔强调，要聚焦重点，坚决打赢生活垃圾分类攻坚战、持久战；要明确举措，完善垃圾分类设施建设；要抓实宣传引导，激发全社会的垃圾分类参与热情；要明确责任，形成步调一致、协同推进的工作局面。（郑启军）

办公室工作

【概况】 长沙市天心区人民政府办公室（简称“区政府办”）内设机构有秘书科、政策研究室、文电室、督查室、综合信息科和总值班室。办公地址位于天心区湘府中路298号。截至年末，在职工作人员25名。

2019年，区政府办围绕“创一流业绩、建一流队伍、树一流形象”的目标，着力推动政务工作上档次、事务管理上水平、统筹服务上台阶，积极主动、开拓创新，发挥区政府“坚强前哨”“巩固后院”“核心智库”的作用。

（郑启军）

【统筹协调】 2019年，天心区政府办通过加强与领导、部门、街道的沟通衔接，完善办文办会、联络工作、督查督办等各项制度。围绕政府工作中心，研究制定“天心营商环境30条”，牵头或配合完成“一圈两场三道”、禁毒、盘活闲置资源、国务院“大棚房”督查、第十九期钱学森论坛暨2019长沙空间信息产业国际博览会等区委、区政府部署的重大工作，会同有关职能部门协调部署，就重点工作落实情况定期开展专项调研和督查。（郑启军）

【政策研究】 2019年，天心区政府办紧紧围绕全区经济产业发展、三大板块建设、社会民生事务、办公室效能提升等工作进行专题调研，完成《天心区发展音频产业的思考与研究》《关于城中村改造的思考》《关于我区禁毒工作的现状及对策》等10余篇调研报告。撰写会议讲话、工作报告、经验材料等各类文稿310余篇，上报政务信息72篇，在《湖南日报》、《长沙晚报》、红网、天心区公众信息网等媒体平台报道新闻560篇，4次获中央电视台《新闻

联播》报道点赞。（郑启军）

【政务督查】2019年，天心区政府办对市、区《政府工作报告》确定的各项目标任务进行细化分解，对区政府确定的重点工作任务强化跟踪督查。全年开展“四不两直”督查70件次，编发政务督查通（专）报26期，督查各级领导批示30余件。全年承办区人大代表建议107件、区政协提案76件，办复率100%。

（郑启军）

【办文办会】2019年，天心区政府办承办区政府常务会议13次，区长办公会议19次，区长企业接待日10次，主办、承办其他各类会议1100余次。处理传阅性公文1898份，请示性公文1145件，其他呈送区领导文件2956份，制发文件664件、纪要95份，处理区政府行政公章使用审批件623份，未发生一起错漏事件。制定《区政府办公室日常安全管理规定》等制度，严格落实“基层减负年”要求，整治文山会海，全年压缩各类督查、简报30%，会议同比减少31%，发文同比减少37%。

（郑启军）

【值班应急】2019年，天心区机构改革撤销原应急办后，根据工作需要增设总值班室，负责全区政府系统的值班工作组织和重大（突发）事件信息报送。全年上传下达信息416件次，转办群众来电、“12345”工单700余条，严格执行24小时值班制度和重大节假日领导带班制度，确保工作联络畅通。（郑启军）

【民生实事】2019年，天心区把推进民生实事项目任务作为密切联系群众、改善全区民生的根本措施和实际行动，努力把实事办好、好事办实。“一圈两场三道”情况：2019年，区政府紧紧围绕“菜食住行购、科教文卫体、老幼站厕园”15个字打造15分钟生活服务圈，完成“15分钟生活圈”26个，完成率100%；停车场15座、停车泊位7434个，完成率100%；生鲜市场7个，完成率100%；社区门店9个，完成率100%；人行道完成26.9千米，完成率100%；自行车道完成40.6千米，完成率100%；健身步道完成10千米，完成率100%；历史文化步道完成10.2千米，完成率108%。民生实事人大代表票决制情况：2019年，天心区作为基层人大民生实事项目人大代表票决制唯一试点县市区，成功票选出天心区2020年十大民生实事项目。天心区向全区征集民生实事人大代表票决候选项目，征集范围包括居民群众、“两代表一委员”和辖区单位，从征集到的52条建议中确立12个项目，作为2020年民生实事人大代表票决候选项目。12月27日，经天心区五届人大六次会议第三次全体会议的207名人大代表，代表天心区65万市民投票表决，确定2020年全区十大民生实事项目，涵盖交通、教育、医疗、养老、社会保障、基础设施提升等方面。其他民生实事情况：2019年，省考项目城镇新增就业、城镇棚户区改造、基本消除义务教育超大班额等6个项目10项具体指标，市考项目社会福利中心建设、新生儿多种遗传代谢疾病筛查、全民健身工程、小餐饮“透明厨房”等8个项目13项具体指标任务均完成。天心区政府办不定期对各项民生实事项目进行督查，组织“回头看”，确保实效。湘园社区养老服务中心，定期为老年人开展义诊，组织乐器、手工、舞蹈、健康讲座等班级；新增的天鸿社区公园，改变铁路桥沿线脏、乱、差现场等。联合区委宣传部制定《天心区民生实事项目宣传方案》，重点围绕“学有所教”“老有所养”“病有所医”“住有所居”、饮用水安全、困难群体帮扶等民生实事项目，以及民生工作亮点，先后在今日头条、红网、长沙电视台新闻频道、长沙晚报、智慧长沙等媒体进行宣传报道。（郑启军）

【区政府首试AB角工作制度】2019年2月28日起，天心区政府实行AB角工作制度。该工作制度根据领导职责分工，将所有区政府领导成员分成多个补位小组，每两名之间互为AB角，当一方因出差、学习、休假、生病或其他情况，暂时不能履行岗位职责时，由另一方代行处理相关工作，避免工作缺位，有效提高工作效能。区政府领导在代行履职期间，除被代行履职一方有明确处理意见的事项之外，有权按照管理权限自主决定和处理有关事项；有权按照规定程序处理突发事件或其他紧急事务。属于急需决策的重大事项，商被代行履职一方提出处理意见，报区政府主要领导决定或提请区政府有关会议集体研究决定。区政府领导在代行履职期间，要在做好本职工作的同时，履行代行职责，尊重另一方明确提出的处理意见。代行履职一方根据被代行履职一方的意见实施的履职行为，由被代行一方承担

责任，其他履职行为由代行一方承担责任。（郑启军）

行政审批服务

【概况】长沙市天心区行政审批服务局（简称“区行政审批服务局”）于2019年3月20日挂牌成立。区行政审批服务局的主要职责是贯彻拟订全区行政审批规范性文件和相关政策并组织实施；制定全区行政审批服务发展规划，建立和完善行政审批服务相应工作机制；负责行政审批服务工作的规范和管理；负责全区政务服务大厅的管理和标准化建设；牵头推进全区“放管服”改革工作；负责全区“12345”市民服务热线的统筹规划、建设、管理与考核工作等。内设办公室、政策法规科（政务公开科）、审批服务管理科、效能监督科4个职能科（室）。原天心区政务服务中心调整为区行政审批服务局所属副科级公益类事业单位，原区人民政府行政审批制度改革工作领导小组办公室、区政务公开政务服务工作领导小组办公室、区“12345”市民服务热线管理办公室的日常工作由区行政审批服务局承担，原区优化经济发展环境办公室调整至区发改局。区行政审批服务局机关行政编制6名，区政务服务中心核定全额拨款事业编制12名。

2019年，天心区行政审批服务局获评长沙市文明单位、长沙市“青年文明号”、长沙市优化营商环境“群众最满意青年文明号”。（张一璇）

【政府信息公开】2019年，天心区行政审批服务局主动公开各类信息15135条，其中上报市政府门户网站信息2425条，转载央网、省网信息1756条，通过政务微博、政务微信、政府公报等其他渠道主动公开政府信息774条。区政府网站主动公开政府信息包括：机构职能类信息487条，政策法规类信息250条，工作动态类信息9436条，通知公告类信息579条，规划计划类信息345条，人事类信息131条，资金类信息371条，政府采购类信息3条，应急管理类信息21条，统计数据类信息285条，重点领域类信息1690条，解读回应类信息57条，便民便企类信息223条，其他类信息1257条。政府信息公开查阅场所受理咨询、接待、查阅公开资料约9000余人次。网上区长信箱收集、受理群众来信来访等共492条，办复率100%。完善接收、登记、办理、审核、答复、归档等环节的制度规范，依法保障公民、法人和其他组织获取政府信息的权利。全年受理政府信息依申请公开155件。其中，网上申请60件，信函申请42件，当面申请53件。申请内容主要涉及城市规划建设、农村集体经济相关信息、征地补偿、拆迁征收项目，均在法定期限内依法有据予以答复，信息公开举报数量、信息公开复议数量、信息公开诉讼数量均为零。编制《长沙市天心区人民政府信息公开指南》（以下简称《指南》）及目录，进一步规范依申请公开办事流程、时限、答复要求及文书样式，并指导全区各部门单位在区政府网站上及时对《指南》及目录进行更新完善。在区政府门户网站设“政务公开工作要点”专栏，全面公开区政府关于经济社会发展的战略部署和各部门（单位）、各街道工作实施进展，重大项目建设、减税降费、财税体制改革、公共资源配置、食品药品安全、防范遏制重特大生产安全事故等涉及面广、公众关注度高的重点领域信息公开。全面公开区本级、37个部门（单位）、14个街道和1个园区的财政预、决算情况和“三公”经费使用情况。区政府有关部门主要负责人利用新闻发布会、在线访谈、署名文章等方式，主动回应社会关切、释放信号、引导预期。在区政府门户网站设“解读回应”专栏，运用文解、图解、音视频解读等多元化方式增强解读的吸引力和亲和力。（张一璇）

【政务大厅服务】2019年，天心区在区政务服务大厅开设4个“一件事一次办”综合服务窗口、3个工程建设项目综合窗口、2个“水电气”报装综合窗口。完善便民服务区和商事登记导办区，增设3台自助终端机、6台查阅电脑、1台多功能打印复印机，办公用品、打印复印、邮政快递、刻章等多项免费服务均向市民开放。区政务服务大厅扩容提质改造，构建集社保、医保、工商、税务、水电气等服务为一体的“一个厅”。严格落实各项日常管理制度和“雷锋号窗口”“雷锋式服务明星”月评比等绩效考核制度，组织政务服务礼仪培训。设立“帮代办”志愿服务点，为行动不便以及身体残障的群众提供全程帮代办服务，代其排队取号、填写表格、复印证件，办理结果免费寄送到家，提供全流程、无差别、精准化的无偿帮代办服务。持续开展

“文明从排队礼让开始”“学雷锋志愿服务”和诚信建设、法治建设、垃圾分类等一系列文明创建特色活动，践行《长沙市文明行为促进条例》，营造讲文明、讲礼貌的良好氛围。（张一璇）

【“12345”市民服务热线】 2019年1月1日至2019年12月31日，天心区热线办共收到市政务热线中心派发工单40229个，按时办结率100%，回访平均满意率98.57%，“内五区”排名第二，共4个月热线工单办理综合得分排名“内五区”第一。其中，回复办理市长信箱来信864个，区长信箱来信492个，政协微建议31个，省人民网留言交办2个，网络留言、媒体信箱、联动警情等共39个。主办的1件区政协提案，100%办复，反馈非常满意，获得优秀办理单位和优秀个人表彰。坚持每月及时更新热线平台数据、工单分类归档，每月编辑热线工单办理情况简报。针对职责权限不清、牵涉历史遗留问题、市民反复投诉的疑难工单，加大现场督办力度，全程跟踪督办，争取区领导支持，及时对疑难工单、舆情热点进行调度，促进疑难工单办理。推行“热线导向＋网格管理”模式，发挥“12345”市民热线的大数据功能，将市民投诉转化为网格工作重点，从源头上加强社会治理和监管，避免重复投诉。强化督查、约谈、培训、问责等举措，有效推动一批疑难工单落地，如无证校外培训机构的监管、解放路酒吧噪音扰民、人行天桥修建等问题。（张一璇）

【基层政务服务】 2019年，天心区在每个街道、社区设立4个政务服务综合服务窗口，按照《天心区审批服务“就近办”事项目录》实现“一窗通办”，编制《天心区“就近办”政务服务事项社区“综合服务窗口”操作指南》，完善百姓“15分钟便民服务圈”。区行政审批服务局与天心经开区（新）、区司法局、区住建局等单位多轮协商讨论，经区政府同意，印发《天心区区直部门下放天心经开区管委会（新）筹委会涉企审批职权清单》，下放5项涉企行政职权到园区，让企业办事不出园。基层政务服务办事大厅均设立学雷锋志愿者服务站，站点常备常用应急药品、饮用水、报纸、老花镜等，组织志愿者做好审核、审批、办证、咨询、收费等引导服务。（张一璇）

【“一件事一次办”改革工作】 2019年2月3日，天心区委常委会第4次会议研究讨论《天心区“营商环境优化年”实施方案》。2月21日，区政府常务会第22次会议传达学习《湖南省深化“放管服”改革转变政府职能重点任务分工方案》。5月7日，区长办公会议研究深化“最多跑一次”改革工作，传达学习长沙市行政审批服务局工作暨推进“一件事一次办”改革动员会精神，听取区行政审批服务局关于天心区“最多跑一次”改革工作情况汇报，决定成立天心区“一件事一次办”改革工作领导小组，办公室设在区行政审批服务局。6月19日，区政府副区长洪孟春、张建专题研究区行政审批服务局、区税务局、区市场监管局办公用房调配及装修改造有关工作。8月19日，区长办公会上研究全区“一件事一次办”改革工作，要求严格按照省、市“一件事一次办”改革工作要求，扎实推进，定期督查。

（张一璇）

图33 2019年11月22日，天心区行政审批服务局党组书记、局长吴波勇（左二）向到访的山东省德州市陵城区、宁津县行政审批服务局领导介绍天心区“一件事一次办”开展情况

（区行政审批服务局供图）

【行政审批制度改革】 2019年，天心区行政审批服务局梳理、规范天心区政务服务事项目录清单和实施清单，牵头发布《长沙市天心区部门权力清单》《长沙市天心区“最多跑一次”事项清单》《长沙市天心区“马上办网上办就近办一次办”事项清单》《长沙市天心区行政审批中介服务事项清单》和《长沙市天心区公共服务事项清单》，建立“负面”清单和“特别程序”清单，梳理权力事项3082项、“马上办网上办就近办一次办”事项602项、中介服务事项26项、公共服务事项147项、“特别程序”事项82项、街道权责清单116项。对接长沙市“互联网+政务服务”一体化平台，基本完成依申请六类和100件事的事项配置和人员配置，完成受理人员和审批人员的系统操作培训，完成电子证照汇聚、电子印模采集、“外门户”走查确认等工作。开通天心区政务服务网上旗舰店，公布政务服务事项办事指南，引导群众和企业从“线下办”向“线上办”转移，天心区网上办、一次办比率分别为98%、99%，推动民政、人社、教育、卫生健康等重点民生领域405个事项实现“不见面审批”“全程网办”率52.46%。全区所有政务服务事项（对场地有特殊要求、涉密涉隐私等特殊情况除外）进驻区实体政务服务大厅，杜绝“体外循环”，完成市场准入类、工程建设项目类、“一件事一次办”（涉照类、社会民生类）综合窗口设置和正常有序运行，实现“前台综合受理，后台分类审批，综合窗口出件”。贯彻落实100件“一件事一次办”事项目录和办事指南，实现区级审批权限的85件事“一次办”。创新推行政务服务“容缺受理”模式，制定《天心区关于推行行政审批容缺受理机制的通知》，梳理形成《天心区第一批政务服务“容缺办”事项清单》，共57个事项，试行“非关键性材料不全可受理”政务服务模式。承接市级下放权限50项，区政府常务会审议通过印发《关于承接市级下放工业投资建设项目审批权限的实施方案》和《关于承接市级下放第一批“一件事一次办”审批权限的通知》。天心区《“容缺受理”助推“一件事一次办”》《企业开办服务“包”您满意》《民生服务“不打烊”“一次办”》3篇报道被录入《长沙市“一件事一次办”改革典型案例汇编》。

（张一璇）

图34　2019年6月12日，中国人民大学——长沙市天心区优化营商环境专题培训班正式开班　（区行政审批服务局供图）

【中国人民大学——长沙市天心区优化营商环境专题培训班】 2019年，优化营商环境专题研修班被纳入天心区干部教育培训重点项目。6月12日，中国人民大学——长沙市天心区优化营商环境专题培训班开班。区政府副调研员唐建云、区直机关相关单位领导干部50余人参加培训。培训班邀请北京市委党校（行政学院）公共管理部教授董晓宇、国家行政学院公共管理教研部教授顾平安等讲解营商环境与发展转型、“放管服”改革、国内外营商环境指标体系等相关课程，深化干部对“放管服”改革、优化营商环境、加强诚信政府建设、法治政府建设等方面的认识，拓宽“放管服”改革工作的思路，助推天心区全面优化营商环境工作。（张一璇）

【行政审批和政务服务业务培训】 2019年，天心区行政审批服务局组织全区行政审批业务专干开展“互联网+政务服务”一体化平台操作培训、“一件事一次办”综合服务窗口业务培训，与区社建工委、区民政局联合开展社区综合服务窗口工作轮训，提升行政审批工作队伍业务能力。深入基层一线开展热线业务培训和技术指导，南托、赤岭路等街道热线工作人员到区热线办跟班学习，交流热线工作方式方法，提高热线工单的办结率和满意率。开展政务服务大厅窗口工作人员政务服务礼仪培训会，区政务服务大厅全体窗口工作人员参会，规范政务服务礼仪，优化工作态度和方式。（张一璇）

信访工作

【概况】 长沙市天心区信访局（简称“区信访局”）是区政府直属行政单位，负责来信及网络信访办理，信访事项转办、交办和督办，案件办理、复查复核；突出信访事项处理；信访形势分析研判；组织协调处理跨行业、跨部门的信访突出问题及群体性事件；组织指导全区社会矛盾纠纷排查调处工作，主持重大疑难矛盾纠纷的调处。内设办公室、来信网络办理科、异地接访协调科3个科室。2019年9月19日，设立天心区人民来访接待事务中心，为天心区信访局所属公益一类事业单位。主要职责为：负责群众来访登记接待、来访事项转交办和跟踪落实工作；负责区领导公开接访的组织、公示、预约、协调等服务性工作；负责做好信访工作法律法规的宣传和政策咨询；完成区信访局交办的其他公益性任务。截至年末，在职工作人员16名。

2019年，全区信访工作注重源头防控，推进积案化解，提高信访工作水平，全区信访形势平稳可控向好。实现“三个最少”，被长沙市评为“2019年度信访工作目标管理考核优秀单位”。（殷　婷）

【领导公开接访】 2019年5月17日，天心区信访工作联席办印发《天心区信访工作长效机制建设有关规定》，对领导联系负责信访工作、领导干部接待群众来访、领导包案处理信访问题等12个方面进行制度完善。坚持每个工作日安排县级领导及区直相关职能部门坐班接访。全年有28名县级领导参加接访，接待群众来访571批1759人次，组织召开调度会、协调会100余次，化解信访问题31件。规范街道、社区领导坐班接访制度，加强14个街道，83个社区接访程序规范化建设和接访室标准化建设，开展“人民满意窗口”创建，打通信访工作“最后一公里”。（殷　婷）

【信访法治宣传】 2019年5月，天心区信访局在全区范围内开展“信访法治宣传月”活动，结合“主题教育走基层、信访服务进社区”等主题活动，以深入基层、走进社区的形式，发放相关宣传资料1万余册，张贴宣传挂图、宣传标语2500余份，现场集中宣传解答各类法律咨询19起，举办法治讲座（堂）40堂，制作宣传栏、宣传展板84块，利用辖区的电子显示屏滚动播放宣传标语。（殷　婷）

【信访积案化解】 2019年6月14日，天心区委书记朱东铁组织召开天心区信访积案化解“百案攻坚”行动推进会。朱东铁强调，全区上下要压实责任、明确目标、加强预警、夯实基础、依法打击、加强联动、强化保障，坚决打赢信访积案化解攻坚战。区信访局在全区范围内开展信访积案“百案攻坚”行动，结合省、市“四重攻坚”“让老人回家”和区“三无”“三零”街道创建等活动，综合运用科学施策、领导包案、密集约谈、耐心劝导等方法解决一批“骨头案”“钉子案”。全年成功化解信访积案43件，其中省交办重点信访问题3件、区“百案攻坚”信访积案20件、责任单位自行化解20件。（殷　婷）

【信访工作座谈会】 2019年2月23日，天心区召开信访工作座谈会。区委书记朱东铁，区领导黄文先、周志军、侯向宇、肖向东、张建参加会议。会上，学习传达习近平关于信访工作重要批示精神，以及省信访工作暨省信访联席会议第一次全体会议精神；相关单位汇报当前全区信访工作情况。会议指出，全区要着力化解信访突出矛盾，真正做到为民解难。会议强调，要提高政治站位，全力以赴确保有关工作落实；要坚持专群结合，广泛动员“五老”“红袖章”等志愿者群体参与；要坚持以人民为中心的发展思想，把为民解难的要求落实到具体工作中；要加强工作调度，以求真务实的作风及时就地解决好群众合理合法的利益诉求。（殷　婷）

【信访系统业务工作培训暨经验交流会】 2019年7月24日，天心区信访系统业务工作培训暨经验交流会在区信访局召开。区信访局分管负责人，来信网络办理科、异地接访协调科干部，全区12个重点区直部门信访专干、14个街道综治办副主任以及信访专干40余人参加培训。区信访局各业务科室干部从信访系统操作、业务办理存在的问题及注意事项、信访救助资金使用程序等方面交流工作做法，提出工作建议。与会人员就信访工作中遇到疑点、难点进行答疑交流，规范信访程序，提升天心区信访事项办理质量。（殷 婷）

机关事务

【概况】长沙市天心区机关事务中心（简称“区机关事务中心”）为区人民政府直属事业单位，主要负责区直机关后勤管理和服务。内设办公室、公务用车管理科、食堂管理科、公共设施科、物业监管科5个职能科室。机关事业编制为17名。截至年末，在职工作人员22名。（李兰萍）

【物业管理】2019年，天心区机关事务中心共处理违停车辆780次，夜间查岗148次，举行消防演练4次，妥善处理上访事件；对大院的设施设备开展预防性维修，对强、弱电系统、给排水系统按计划进行维修保养；完成区委、区政府会务保障1700余场次，区直机关三楼、九楼大中型公共会务保障168场次，完成市场监管局会议室会务保障300余场次。（李兰萍）

【食堂管理】2019年，天心区机关事务中心开展“走进机关食堂”系列活动之菜谱口味调查及“最美就餐人”随手拍活动，提升膳食质量，推进天心区文明建设与干部职工文明素养的提升。打造“特色食堂改造”工程，干部职工可采取人脸识别方式进入就餐，就餐支付更加便捷化、快速化，打造智慧食堂。全年保障机关干部职工就餐近33万人次，满意率95%以上。年底“五区考察”及区“两会”期间的接待就餐工作受到各区领导、参会代表及委员的一致好评。（李兰萍）

【公务用车管理】2019年，天心区本级派车7404台次，租赁车辆59台次，维修及保养406台次，完成车辆年检122台次。平台组织所有车辆分批进厂进行车辆提质检修，在事业单位公车改革过程中对16辆使用年限较长、车况相对较差的公务车辆进行调优。（李兰萍）

【老机关宿舍管理】2019年，天心区机关事务中心对机关老宿舍门面、扫把塘市场的门面租赁费全部进行评估，与租赁户多次协调，上调门面租金，全部重新签订2019年门面租赁合同。全年共收取机关老宿舍门面租赁费21.15万元，收取门面押金8000元。配合区委巡察组、区财政局评估单位对机关门面租赁情况、各宿舍相关情况进行巡察，收回解放四村19栋803房郭某某租赁的房屋。收取扫把塘市场3个门面租赁费265080元，收取政务中心门面以及移动、联通运营商租赁场地租赁费600772元。（李兰萍）

【办公用房清查】2019年，天心区机关事务中心对机关大院办公用房相关信息进行全面清查重新登记，包括南北大楼、政务大楼、原工商局大楼。南北大楼办公室10105.24平方米，服务用房8137.05平方米，设备用房1889.42平方米，附属用房6980平方米；原工商局大楼办公室1279.15平方米，服务用房624.6平方米，设备用房120平方米，附属用房750平方米；政务大楼办公室237.02平方米，服务用房203.82平方米。（李兰萍）

【垃圾分类】2019年，天心区机关事务中心结合机关大院实际情况，推出“干湿先分，四类投放，二次分拣，分类转运”的生活垃圾分类理念，督促物业公司将生活垃圾分类工作做实做精，做出属于天心区的特色亮点，打造垃圾分类天心区的名片和品牌。全年先后接待各级领导、单位近30场次关于生活垃圾分类专题工作参观考察。（李兰萍）

政协天心区委员会

综　述

【概况】 2019年，中国人民政治协商会议长沙市天心区委员会（简称“区政协”）改革后设置办事机构1个：办公室；专门委员会6个：社会法制和民族宗教委员会，农业农村和人口资源环境委员会，委员学习联络委员会，文教卫体和文史委员会，经济科技和外事委员会，提案委员会。截至年末，在职工作人员28人。

2019年，区政协以加强政治建设为统领，突出团结和民主两大主题，聚焦长沙和天心的发展以及区委、区政府部署的中心工作，强化履职为民宗旨，发挥专门协商机构的作用。全年组织召开1次全体委员会议、6次常委会议（其中2次为议政性常委会议）；开展1次主席会议视察协商、2项专题调研；围绕22件重点提案开展提案办理协商；开展1次民主评议。区政协获评长沙市2019年度反映社情民意信息工作三等奖。

（任　湘）

【协商议政】 2019年，天心区政协五届四次会议围绕区域经济社会发展中的重点、难点、热点问题进行全面协商。组织政协委员就“增进民生福祉”和“促进园区发展”开展专题协商。常委会议重点围绕“一圈两场三道”建设、“老城区城市有机更新”等工作开展专题协商。主席会议成员对省府新区城改工作进行考察，对市城投机场迁建公司进行集体走访。专委会重点就“发挥南部新城优势，促进健康养老产业发展”“打造特色楼宇，促进楼宇经济发展”等工作进行协商考察。政协委员以14个智慧委员工作站和95个委员工作室为依托，收集社情民意信息275条，组织相关利益群体开展协商对话46场次。

（丁　珂）

【民主监督】 2019年，天心区政协聚焦优化营商环境，以涉企行政执法工作为切入点，组建4个民主评议小组，对16个单位的涉企行政执法工作进行民主评议。32名委员担任“特约人员”，4名委员担任区监察委员会特约监督员，拓宽民主监督的广度。

（丁　珂）

【社情民意信息】 2019年，天心区政协共编审报送社情民意信息76条。其中，区政协委员甘元春撰写的《鼓励生育政策需要考虑企业的承受能力》、区政协委员韩颖撰写的《中美贸易争端背景下国内跨境电商的维权困境亟待高度重视》被全国政协采纳。

（张雨玲）

【提案工作】 2019年，天心区政协委员共提交提案101件，经合并转化后交办提案76件，提案办复率100%，办结率95%。就文旅产业、有机更新、“绿心”规划等方面，分别组织各级委员向全国、省、市政协提交提案6份，发挥政协系统的力量，从更高层面促推天心区相关问题解决。提案委员和部门协商沟通400余人次。依托“政协云”平台筹建和上线掌上提案管理系统，实现提案撰写和办理的信息化、网络化。

（贺路帆）

【扶贫帮困】 2019年，天心区政协各委员组通过援助雷锋超市、看望慰问贫困户、关爱“燕离家庭”、开展捐资助学等形式，组织扶贫帮困活动113次。90%以上的委员参与到各类扶贫帮困工作中来，委员及委员企业通过多种途径捐款捐物近1500万元。

（沈　幸）

【“菁英沙龙”活动】 2019年，天心区政协举办5期“菁英沙龙”

图 35　2019 年 5 月 16 日，长沙市政协民主评议"最多跑一次"改革工作第一评议组到天心区召开服务对象座谈会议　（区政协办供图）

活动。2019 年 3 月 26 日，由区政协主办，桂花坪街道政协工作联络处、桂花坪委员组承办的第一期"菁英沙龙"活动在乐之书店天心店举行。活动以"时光的盛宴——信息时代的阅读"为主题，邀请国家一级作家、湖南省作协副主席谢宗玉主讲。4 月 29 日，由区政协主办，青园街道政协工作联络处、青园委员组承办的第二期"菁英沙龙"活动在湖南轩辕酒酷"轩辕书馆"举行。活动以"如何打造幸福团队"为主题，区政协委员葛鹏主持，区政协委员张可为主讲。5 月 28 日，由区政协主办，坡子街街道党工委、坡子街商圈党委、坡子街委员组联合承办的第三期"菁英沙龙"活动在华远华中心海信广场举行。活动以"企业法律风险防范"为主题，区政协委员韩颖主讲。8 月 30 日，由区政协主办，大托铺街道党工委、大托铺委员组承办的第四期"菁英沙龙"活动在天心区大托铺街道御庭乡村公园会议室举行。活动以"身体和心，总有一个在路上"为主题，区政协委员王蓉主持，区政协委员彭颂华主讲。10 月 15 日，由区政协主办，暮云街道党工委、暮云街道委员组、九三学社天心区工委、三只熊冰雪王国、暮云小蜜蜂志愿者协会联合承办的第五期"菁英沙龙"活动在委员学习实践基地三只熊冰雪王国开展。活动以"毛泽东诗词赏析"为主题，区政协委员李纯主持，区政协委员周三中主讲。　（沈　幸）

【湘潭市政协考察团考察长株潭一体化推进实施情况】 2019 年 4 月 24 日，湘潭市政协考察团到天心区，围绕长株潭一体化推进实施情况及长株潭融城引领推进长沙市高质量发展的先进经验和主要做法进行考察。长沙市政协主席文树勋，湘潭市政协主席周放良，副主席刘良廷、毛先林参加考察。考察团到城铁先锋站、湖南长沙人力资源产业园等，考察长株潭公共服务体系一体化、长株潭交通基础设施互联互通及在环境治理和绿心保护方面一体化相关举措等情况。文树勋指出，要充分发挥政协人才济济的优势，听取专家学者的意见建议，为长株潭一体化提供智力支持。周放良表示，要充分发挥政协智慧，有针对性地推动三市产业互补，助推三市企业做大做强，加速融城发展，实现三市市民福利共享。

（任　湘）

【石长松调研"最多跑一次"改革】 2019 年 5 月 16 日，长沙市政协民主评议"最多跑一次"改革工作第一评议组到天心区调研，召开服务对象座谈会议。市政协副主席石长松，市政协副秘书长王文华，市政协委员学习联络委员会（港澳台侨和外事委员会）主任谢丽华，天心区政协党组书记、主席夏艳兰，区政协党组副书记、副主席彭泽南参加调研座谈会。会议由谢丽华主持。会上，来自企业、社区的 17 名服务对象代表填写"最多跑一次"改革工作问卷调查。评议组成员与服务对象聚焦群众最关心的领域，进行交流和互动，提出意见和建议。石长松对天心区在优化审批流程、简化办事环节、压缩审批时限、规范网上办事上发力，加快"最多跑一次"事项在"互联网 + 政务服务"平台运行，大力推进"马上办、网上办、就近办、一次办"的做法给予肯定。石长松指出，要打破信息孤岛，释放技术红利，让数据"多跑腿"，群众"少跑路"；要淡化权力意识，强化服务意识，实现政府流程再造、服务理念革新、工作作风转变；要对标其他先进省、市，打造良好的政务环境，推动长沙快速发展。　（任　湘）

【文树勋到天心区考察】 2019年5月27日，长沙市政协主席文树勋率队就“推动南部片区建设及绿心地区保护发展”到天心区开展考察。市政协副主席彭继球、邓自力、文丽霞、朱建军，秘书长谭志参加视察。天心区委书记朱东铁等陪同考察。文树勋一行到天心区西湖路项目现场、磐吉奥（湖南）工业有限公司和“天心数谷”先行区，实地调研南部片区基础设施建设、绿心工业企业退出以及“天心数谷”规划建设情况。天心区在绿心工业企业退出片区全力打造总面积约15平方千米的“天心数谷”。文树勋指出，要正确处理好绿心地区保护发展和推动南部片区建设的关系，在南部片区画出最好最美的图画，将其打造成长沙的一张闪亮名片和一道靓丽风景；要大力引进绿色产业、“两型”产业，积极做好片区规划和交通布局，推动南部片区建设及绿心地区保护发展。（任　湘）

【区政协社会法制和民族宗教委员会成立】 2019年7月3日，天心区政协为机构改革新设机构——区政协社会法制和民族宗教委员会举行成立仪式，并召开民族宗教工作座谈会，区政协主席会议成员夏艳兰、彭泽南、陈劲，区政协机关各委办负责人、区民宗局相关人员以及区政协少数民族委员和宗教界别的委员参加。会上，区政协社会法制和民族宗教委员会主任发言，共同学习民族宗教工作相关的政策知识，区民宗局汇报天心区民族宗教工作情况；与会委员畅谈感受。在召开该次座谈会前，区政协主席会议成员专门考察城南堂、清真寺和玉泉寺等天心区主要宗教场所，以增进对民族宗教工作的了解。夏艳兰强调，要充分发挥政协优势，通过发挥专委会的作用、鼓励宗教界别和少数民族委员献智出力、搭建工作平台等方式，共同推动全区民族宗教工作实现新发展。（张雨玲）

【献礼中华人民共和国成立70周年暨人民政协成立70周年文艺会演活动】 2019年7月26日，天心区政协、区委统战部献礼中华人民共和国成立70周年暨庆祝人民政协成立70周年文艺会演活动在湖南音乐厅群星剧场举行。全区副县级以上干部，区政协离退休老干部，各街道党政主要负责人及相关区直部门、垂直管理部门主要负责人，区委统战部班子成员，第五届天心区政协委员，民主党派负责人，部分省、市政协委员及往届政协委员参加活动。活动以歌舞、朗诵、曲艺、情景剧等艺术形式，为现场观众献上一场文化表演。与会人员集体观看《忠诚履职共续新篇》宣传片，区委书记朱东铁发表讲话。朱东铁指出，区政协要把握人民政协是政治组织的定位，在做到“两个维护”上发挥更大作用；要利用智囊团、人才库的优势，在服务发展上发挥更大作用；要紧扣大团结、大联合的要求，在凝聚合力上发挥更大作用；要坚守保民生、促和谐的初心，在为民造福上发挥更大作用。（沈　幸）

【李微微一行走访湖南远航控股集团有限公司】 2019年12月26日，湖南省政协主席李微微一行走访湖南远航控股集团有限公司，省政协常委张智军、吴金明、曹英华、毛学军，长沙市政协党组书记、主席文树勋，天心区领导朱东铁、黄滔、夏艳兰陪同考察。省政协委员、远航控股集团董事长陈旭荣，奥通智能科技有限公司总经理钱光国等企业负责人进行汇报交流。李微微一行走访奥通智能科技有限公司，在奥通智能一期展厅观看公司自主研发的智能产品，对奥通智能在伺服驱动、机器视觉、自动化仪器仪表及机器人控制技术方面取得的突破性成果表示肯定。在远航控股集团总部召开的调研座谈会上，陈旭荣向与会人员介绍远航控股集团的历史沿革及在人工智能、大健康产业、产业地产的布局发展情况。集团旗下的奥通智能科技有限公司、湖南菲尔斯特传感器有限公司因创新赋能，发展迅猛，致力成为人工智能及其机器人产业链上的行业标杆。远航健康城拟打造成一个集多功能健康业态于一体，链接顶级医疗资源，以共享医疗服务为核心的高端医疗服务体。集团开发建设的远航企业广场，成为湖南省首家人工智能产业园—天心数谷•智能经济创新创业基地。李微微鼓励企业发展更优、更大、更强；寄语陈旭荣带领湖南省浙江总商会，多为湖南招商引资，助力湖南高质量发展。（丁　珂）

重要会议

【区政协五届四次会议】 2019年12月25—27日，政协长沙市天心区第五届委员会第四次会议在天心区机关大院举行。会议听取并审议区政协党组书记、主席夏艳兰所作的常务委员会工作报告和区政协副主席赵英华所作的提案工作报告；听取并赞同区委副书记、区长黄滔所作的《政府工作报告》。会议期间，委员们围绕区委、区政府中心工作，通过大会发言、专题协商、委员提案、委员组协商讨论等形式，提出意见和建议，履行政协职能。会议就“增进民生福祉”和“促进园区发展”开展专题协商，周军、任健等14名委员围绕两个主题进行发言；会议审议通过区政协五届四次会议选举办法，选举彭元强为天心区政协副主席。

（丁　珂）

【区政协常委会会议】 2019年，天心区政协召开常委会会议6次。

4月2日，区政协召开五届十二次常委会议。会议就“一圈两场三道”建设开展专题协商；审议通过《区政协2019年提案（重点提案）督办安排》；区政协内设机构的设置和变动及人事任免安排、撤销朱忠泽政协委员资格；书面审议《各委员组2019年工作安排》，布置庆祝人民政协成立70周年文艺会演活动相关任务，安排二季度工作及开展2019年第一期主题为“政协委员的语言艺术”的“常委讲堂”，主讲人莫跃飞。

6月28日，区政协召开五届十三次常委会议。会议就“老城区有机更新”开展专题协商；审议人事任免、《关于加强委员履职服务管理的暂行办法（修改稿）》和拟辞免委员名单；邀请区税务局就天心区“企业减税降费”相关政策及情况与常委会组成人员互动交流。

9月27日，区政协召开五届十四次常委会议。会议就“聚焦涉企行政执法，优化营商环境”进行民主评议；开展2019年第二期主题为“新常态下的法治思维”的“常委讲堂”，主讲人甘元春。

12月13日，区政协召开五届十五次常委会议。会议听取区政府办通报关于五届三次会议以来提案办理情况，就《政府工作报告》发表意见；审议“打造特色楼宇，促进楼宇经济发展”专题调研报告、关于区政协五届四次会议筹备工作情况的报告；审议通过区政协五届四次会议议程、日程（草案），五届四次会议常委会工作报告及五届三次会议以来提案工作情况的报告，区政协2019年度履职评先评优建议名单、拟辞免委员名单、拟新进委员名单和人事任免；学习《中共中央关于新时代加强和改进人民政协工作的意见》。

12月25日，区政协召开五届十六次常委会议。会议审议区政协五届四次会议选举办法（草案）；协商区政协第五届委员会副主席候选人建议名单。

12月26日，区政协召开五届十七次常委会议。会议听取各委员组审议区政协五届四次会议选举办法（草案）的情况、各委员组酝酿区政协第五届委员会副主席候选人建议名单情况；协商正式候选人名单，协商总监票人、监票人建议名单，通过总计票人、计票人名单；并听取各委员组对区政协五届四次会议各项决议的审议意见。（沈　幸）

【“发挥南部新城优势，促进健康养老产业发展”专题协商会】 10月15日，天心区政协召开关于“发挥南部新城优势，促进健康养老产业发展”专题协商会。区政协主席夏艳兰，区政府副区长黄会、张建，区政协副主席黎小玲、陈劲、赵英华，相关单位负责人以及调研小组委员代表参加。夏艳兰一行先对融城养老医院、康乐年华养老中心进行实地视察，随后召开专题座谈会。会上，区政协委员赵礼发代表调研小组作重点协商发言，总结和分析南部新城发展健康养老产业的优势和存在的不足，并从完善规划支持体系、有效发挥政府作用，延伸产业链条、强劲发展势头，完善基础设施和人才配套、加强行业发展保障，多元运营用活医养资源、深化医养融合发展四个方面提出15条意见和建议。区政协委员李亮、周三中、孙旺东、李新洲等进行补充协商发言，区民政局和区卫健局代表相关部门围绕协商主题发言并就协商情况发表意见。张建提出，要从健康养老市场发展前景、合理预防养老产业风险、纠正养老观念误区、强化养老产业支撑等多个角度来正确认识天心区养老工作情况，要按照“一社一点、一街一中心、全区多机构”的整体构想推进健康养老产业发展。黄会指出，要加强健康养老产业供给侧改革，做到有的放矢；要创新健康养老产业发展模式，占领市场高地；要加强部门合作，激发健康养老产业活力。夏艳兰表示，希望政协委员们继续关注、参与支持天心区健康养老产业工作，希望区政府及相关职能部门能够认真研究、吸纳委员们的意见和建议，更好地促进协商意见的转化。（丁　珂）

中共天心区纪委 天心区监委

综述

【概况】2019年，中共长沙市天心区纪律检查委员会、长沙市天心区监察委员会（简称“区纪委、监委）牢记初心使命、忠诚履职尽责，一体推进不敢腐、不能腐、不想腐，全区反腐败斗争压倒性胜利得到巩固发展，党风政风持续好转，营商环境更加优化，党员干部干事创业“精气神”进一步提振。（李兴秋）

【主体责任】2019年，天心区纪委、监委开展“不忘初心、牢记使命”主题教育，通过研讨交流、专题民主生活会、主题党日活动、课题调研，教育督促党员干部筑牢思想根基、坚定正确政治方向。以案为镜鉴，开展以案促改和警示教育工作。强化监督职责，突出政治监督，围绕“三大攻坚战”“‘两个年’建设”“民生实事工程”、三大板块建设、机构改革等重点工作，加强监督检查，督促全区各级党员干部把“两个维护”落实到具体行动上。全年查处“两个责任”落实不力问题5起，问责11人。严把选人用人关，回复党风廉政意见个人1157人次，单位426家次。落实“三个区分开来”，召开“阳光处访”公开答复会7场次，为26名干部澄清不实举报。（李兴秋）

【作风建设】2019年，天心区纪委、监委整治形式主义、官僚主义，协助区委研究制定《天心区强化真抓实干提升工作效能的六条措施》，围绕“减量增效”实施“五控六清单”，年内发文、会议、督查考核项目同比分别精简36%、32%、89%，为基层减负松绑，共查处形式主义、官僚主义问题10起，处理36人。开展违规收送红包礼金专项整治，撤销廉政账户，查处问题3起，处理5人。紧盯春节、国庆等重要时间节点，以“四不两直”方式开展监督检查，查处违反中央八项规定精神问题13起，处理17人。从严整治以领导干部名义“提篮子”“打牌子”问题，督促800余名科级领导干部开展自查，查处“提篮子”“打牌子”问题2起，处理2人。（李兴秋）

【专项整治】2019年，天心区纪委、监委开展群众身边腐败和作风问题整治，着力解决食品药品、教育、医疗、生态、环保、社会保障等领域的突出问题，共查处群众身边腐败和作风问题63起，处理96人，给予党纪政务处分43人，移送司法机关16人，组织处理48人，问责18人，追缴违纪资金269.84万元，退还群众资金6.97万元。深化扫黑除恶专项斗争，全年办结中央督导组交办涉黑涉恶问题线索22条，处置省、市、区相关问题线索42条，立案7起查处7人，其中“保护伞”2人。聚焦群众关切、紧盯初信初访、狠抓越访重访，做好信访举报办理工作。全年受理信访举报316件次，其中业务内112件、业务外204件，越级信访同比下降14.2%。（李兴秋）

【惩治腐败】2019年，天心区纪委、监委突出重点减存量、零容忍遏增量，深化以案促改，做好案件查办的“后半篇文章”。全年立案119起，结案99起，党纪政务处分87人，其中科级以上领导干部12人；查处涉嫌职务犯罪案件23起，采取留置措施8人，移送司法机关17人；为国家挽回经济损失3600余万元。严肃查处湘府英才小学副校长刘某利用职务便利贪污受贿的严重违纪违法和职务犯罪案件，给予开除党籍开除公职处分并移送司法机关处理，在全区教育系统召开以案释纪警示教育大会。（李兴秋）

【政治巡察】2019年，天心区纪委、监委开展3轮常规巡察，巡察23家区属党组织，对1家单位开展巡察“回头看”。探索性开展点穴式巡察，巡察2个村级党组织；巡街带村延伸巡察32个村级党组织、1家区属二级单位。对巡察发现的389个问题向被巡察单位反馈，移交问题线索40件。召开区委第五至八轮巡察情况通报会，压紧压实巡察整改责任，落实巡察整改“后半篇文章”。建立涵盖科级后备干部、纪检监察、组织人事、财务审计等业务骨干89人的巡察工作人才库，在各巡察组建立临时党支部，加强巡察组织队伍建设。（李兴秋）

【标本兼治】2019年，天心区纪委、监委坚持重遏制、强高压、长震慑，深化审查调查，筑牢“不能腐”的制度防线，提升“不想腐”的思想自觉。围绕征地拆迁、社会保障、“三资”管理、教育卫生等行业领域，督促职能部门制定完善相关制度18项。强化党风廉政宣传教育，以“凝聚两心兴天心”为抓手，推进“清风南城”品牌建设，将党纪法规教育、警示教育、作风纪律教育同培养廉洁家风相结合，推进“家立方”廉洁文化项目。全年开展“清风习习润南城”“莲之品格、梅之精神”书画展等廉政教育活动80余次，在《中国纪检监察报》、三湘风纪网、《长沙晚报》、“廉洁长沙”等媒体开展宣传150余次。（李兴秋）

【纪检监察自身建设】2019年，天心区纪委、监委以党的政治建设为统领，通过重温红色记忆、开展警示教育、集中组织政治学习等形式深化“不忘初心、牢记使命”主题教育。落实党内政治生活制度，把党建要求落实在办案一线，每个专案组成立临时党支部。有计划、分批次开展纪检监察干部全员培训，组织开展集中培训14次、纪检监察业务知识测试3次。建立健全纪检监察干部廉政档案，严格落实省纪委“十不准”（不准擅自处置问题线索或者涉案款物；不准私存、私看、私带以及篡改、擅自销毁涉案资料；不准侮辱、打骂、虐待、体罚涉案人员；不准拖延办理监督执纪事项；不准打听、泄露、传播尚未公开的监督执纪信息；不准私自接触涉案人员及其特定关系人，以及为其出谋划策对抗组织审查；不准瞒报他人打听案情、说情干预、威逼利诱的行为；不准越权接触相关地区、单位党政负责人；不准越权干预有关单位执纪执法；不准利用工作便利或者职务影响谋取私利）、市纪委“行为规范八条”（严守政治规矩和政治纪律；严守办案纪律；严守宣传纪律；严守群众纪律；严守工作纪律；严守重大事项报告纪律；严守外出授课纪律；严守请销假纪律），加大监督力度，聘请12名特约监察员，加强对纪检监察干部履职践责的监督，严防“灯下黑”。（李兴秋）

【“四个狠抓”】2019年，天心区坚持问题导向，抓牢基础预防，以“四个狠抓”，坚决落实改革期间纪律规定要求，确保机构改革顺利推进。

狠抓责任主体，层层传导压力：区委分析和统筹研究机构改革中的新情况、新问题，将机构改革纪律纳入区委重要议事日程，带头落实主体责任，做到领导带头亲自抓、重点抓、扎实抓，严明纪律，压实责任，传导压力。

狠抓宣传教育，筑牢思想防线：运用短信、微信、墙报、板报、天心新闻网、“清风南城”微信公众号等多种形式，宣传中央、省、市机构改革纪律要求、政策法规、工作程序，结合“不忘初心、牢记使命”主题教育，激励党员干部树立与新时代全面深化改革开放相适应的思想作风和担当精神，在改革期间以新担当实现新作为。

狠抓督导检查，确保执行到位：紧盯重要部门、核心岗位和权力运行等关键环节，聚焦监督执纪“探头”，通过参加领导班子会议、查阅会议纪要及审计报告等资料、谈话了解等方式，加强对机构改革中各项法律法规、政策规定、纪律要求执行、改革推进情况的监督检查，树立正确的纪律导向。

狠抓执纪问责，坚持快查快办：以“零容忍”的态度铁腕执纪问责，健全电话、信访和网络“三位一体”的举报平台，全面接受群众信访举报，紧盯“六项纪律”执行，严肃查纠在政治纪律、组织纪律、机构编制纪律、干部人事纪律、财经纪律、保密纪律等方面存在的问题，对在改革中不作为、慢作为、乱作为造成不良影响的，对失职失责、敷衍塞责的，一律从严执纪问责，坚决纠正以形式主义、官僚主义对待机构改革的问题，让改革期间的纪律规定在“最后一公里”落地生根。（李兴秋）

【“五线并进”】2019年，天心区纪委、监委贯彻落实中央、省、市、区关于开展扫黑除恶专项斗争的决策部署，着力构建来信、来访、电话、网络“四位一体”的信访举报渠道，坚持“五线并进”，强化问题线索收集，助力扫黑除恶专项斗争扎实推进。核查处置党员干部和公职人员涉黑涉恶问题线索19条，其中立案查处涉恶案件1起处分1人，查处涉黑涉恶腐败问题4起处分4人，8人因履行全面从严治党责任不力被追责；核查处置“毒黄赌”问题线索23条，立案查处23人。

以“廉政档案”为线，摸清干部“家底”：区纪委、监委从源头入手，为全区科级领导干部建立廉政档案，全程记录监管干部个人有关事项、主要社会关系、廉政信息等情况，对区属各单位的廉政信息进行集纳整合，与组织、人事、公安、工商等部门一道，对干部申报的个人重大事项报告等情况进行全面的核实，掌握干部履职风险点。以“历年案卷”为线，揪出线索“问题”：将2012年以来的案件按年度、按类别、按性质进行梳理排查，本着“五不放过”（党员干部殴打群众的案件分析研判不放过、扰乱社会秩序的案件分析研判不放过、破坏换届选举的案件分析研判不放过、违规采矿问题的案件分析研判不放过、涉黄赌毒的案件不放过）原则，搜集涉黑涉恶违法犯罪黑恶势力问题线索。以“实地走访”为线，收集社会“评议”：在丰富内部线索搜集渠道的同时，区纪委、监委拓宽社会面上线索收集渠道，通过召开廉情信息员座谈会、群众恳谈会，走访人大、政协、检察、法院、信访等部门，宣传扫黑除恶政策，加强廉情互通，了解掌握实情。以“巡察工作”为线，直击问题“靶心”：将涉黑涉恶腐败和“保护伞”问题纳入重要内容，着力发现党员干部和公职人员涉黑涉恶腐败及在扫黑除恶专项斗争中失职失责等问题，根据巡察发现的问题线索，查处“村霸”朱某练案。以“协调联动”为线，强化线索“研判”：区纪委、监委会同政法机关建立涉恶腐败问题线索和黑恶势力违法犯罪线索双向移送制度和查办结果反馈机制，每季度与公安机关进行一次信息比对，对党员干部涉黑涉恶问题、“毒黄赌”问题线索逐个排查，集中攻坚，提高扫黑除恶专项斗争的整体性、协同性。　（李兴秋）

【全区纪检监察干部业务培训班】

2019年5月7—8日，天心区纪委、监委举办全区纪检监察干部业务培训班，组织纪委机关、派驻纪检监察组、街道纪（工）委、巡察机构等100余名干部参加。培训邀请长沙市纪委监委、长沙市检察院有关专家结合工作实际和案例进行授课，授课内容涵盖《中华人民共和国监察法》《中国共产党纪律检查机关监督执纪工作规则》专题学习辅导，执纪审查调查、案件审理等内容。区委常委、区纪委书记、区监委主任曾卫国在开班仪式上指出，纪检监察干部，要带头做到对党忠诚、作风正派、业务精通、自身清廉、敢于担当，推进天心纪检监察工作高质量发展。　（李兴秋）

重要会议

【区五届纪委第四次全体会议】

2019年1月30日，中国共产党长沙市天心区五届纪委第四次全体会议召开。天心区委书记朱东铁，区委常委，区人大、区政府、区政协班子成员，全区副县级以上领导干部，区纪委委员、监委委员以及区直机关各单位主要负责人、街道党政负责人，各双重领导和垂直管理单位负责人、村（社区）书记（主任），全区纪检监察系统人员参加会议。区委副书记、区长黄滔主持会议。会议深入学习贯彻十九届中央纪委三次全会、省纪委十一届四次全会和市纪委十三届四次全会精神，总结2018年天心区党风廉政建设和反腐败工作，部署2019年工作任务。区委常委、区纪委书记、区监委主任曾卫国代表区纪委常委会作《巩固发展反腐败斗争压倒性胜利，推动全区纪检监察工作高质量发展》的工作报告。朱东铁要求，全区上下要以更大的决心把全面从严治党推向深入，更大力度来抓好党的政治建设，更大力度来推动中央八项规定精神落实，更大力度来强化反腐败的高压态势。黄滔要求，要盯住关键少数，落细落实主体责任和监督责任；要大力整治形式主义、官僚主义，驰而不息纠治“四风”；要狠抓制度建设，用制度规范征地拆迁等工作；要绷紧廉政这根弦，牢牢守住底线，永葆清正廉洁。会前，与会人员集中观看警示教育片《代价》。　（李兴秋）

民主党派

中国国民党革命委员会天心区工委

【概况】 2019年，中国国民党革命委员会天心区工委（简称“民革天心区工委”）有党员115人，包括工委班子成员3人，下设4个支部。天心区工委被民革市委授予“优秀基层组织”称号。

（周　科）

【参政议政】 2019年1月21日，民革天心区工委陪同民革中央副主席、民革省委主委、湖南省副省长何报翔，长沙市政协副主席、民革长沙市委主委朱建军以及天心区委常委、统战部部长刘向看望慰问天心区抗战老兵。7—10月，民革天心区工委组织成立3个课题调研小组，经过座谈、走访调研，完成《深化食品安全监管，打造幸福放心校园》《关于优化现代金融产业发展结构，放开私募基金注册》和《关于老年人健康管理及医养结合》3个调研报告。

（周　科）

【组织建设】 2019年，民革天心区工委根据新形势对参政党工作的要求，开展“不忘合作初心，继续携手前进”主题教育实践活动，不断提高民革党员的思想政治素质。6月15日，组织全区党员到天心区金桂社区开展“走进我心中的梁家河，不忘初心做民革合格党员”主题教育活动。7月17日，选派党员在参加民革长沙市委庆祝中华人民共和国成立70周年演讲比赛中获二等奖。9月19日，民革长沙市委在星沙田汉实验剧场举办“不忘合作初心，继续携手前进”主题教育活动暨庆祝中华人民共和国成立70周年文艺会演，天心区工委选调节目获一等奖。10月9日，组织党员走进新开铺街道开展“不忘合作初心，继续携手前进”主题教育活动，活动中组织党员学习民革党史及民革市委相关文件精神，进一步加强统战知识和意识。（周　科）

【社会服务】 2019年7月27日，民革天心区工委与南大桥社区联动，实现精准扶贫、对点帮扶全额资助1名失学少女，为她联系学校重新回到校园。9月20日，在湖南省疾病预防控制中心、中国牙病防治基金会、长沙市天心区委统战部的指导部署下，组织裕南街街道火把山社区和湖南暄美口腔医疗管理公司联合开展天心区“9•20”全国爱牙日主题公益活动。11月8日，响应市委号召参加支持“中山希望书屋”公益活动，组织党员为中小学捐赠书籍近400册。　（周　科）

中国民主同盟天心区工委

【概况】 2019年，中国民主同盟天心区工委（简称“民盟天心区工委”）有会员306人，包括工委班子成员5人，设5个支部。

（周　科）

【参政议政】 2019年，民盟天心区工委积极发挥盟员人大代表、政协委员在人大和政协两个平台上的作用，围绕党委、政府关于经济社会发展的中心工作，组织盟员认真学习市、区“十三五”规划，“两会”精神，政府工作报告等重要工作文件。在政协天心区五届三次全会和天心区人大五届四次全会召开期间，14位政协委员和4位人大代表共提交15篇提案和建议，其中民盟天心区工委提交《关于加快天心区文化旅游产业发展的建议》。5名盟员获优秀区政协委员称号，综合支部盟员、区政协副主席赵英华被评为社情民意信息工作先进个人三等奖，其撰写的《用好国立长沙临时大学历史资源，健全高校联动联培机制的建议》获优秀信息稿件二等奖。《关于加快推进中意一路（先锋大道）提质改造的建议》《关于在湘江东岸修建特殊学校的建议》获评区人大优秀代表建议，肖宗文、林伟明获得“五好”人大代表称号；《人大代表履职故事》获得区人大“我的履职故事”征文二等奖，综合支部盟员获得优秀人大工作者称号。6月12日，民盟市委名师工作室第一次沙龙活动在天心区党外人士之家举行。全区盟员共向各级统战部门、政协、盟组织投稿20余篇。其中，被全国政协、湖南省政协采用1篇；被民盟中央采用1篇；被市政协采用1篇。

（刘超威）

【组织建设】 2019年，民盟天心区工委继续加强盟员相互交流，凸显基层组织活力。2019年1月28日，教育支部举行2018年度总结会，会后看望老盟员周泰壬。3月21日，天心区文体支部在瓷藏艺术馆举行第一次全体会议，会后，举办陶瓷知识讲座。4月21日，民盟天心区工委在天心区党外人士之家工作会议室举行2019年第一次全体委员会议。各支部主委就2019年各支部工作进行交流和研讨，分别就参政议政、组织建设、社会服务、品牌打造等工作发表意见和建议。5月29日，机关支部到宁乡开展组织生活，参观刘少奇纪念馆及故居，并调研湖南护理学校及其附属医院。5月30日，民盟市委青年工作委员会组织部分青年盟员在新民学会成立会旧址开展纪念五四运动100周年主题活动，并就青年盟员成长举行座谈，随后参观新民学会成立会旧址陈列室、蔡和森故居，感受革命先贤青年时期的意气风发和革命热情。（周　科）

【社会服务】 2019年4月12日，民盟天心区工委、天心区教育支部组织优秀盟员教师到邵阳县郦家坪镇开展“烛光行动”及捐赠活动，向郦家坪镇中心完小捐赠500册图书和一批学生水杯，送去阅读课和体育课；盟员教师与当地教师就教育现状展开交流，就学校的发展规划、教育教学质量、卫生安全等方面提出建议。民盟天心区工委携手嘉和社区共创的“同心社区”，打造“同心·创客梦工厂”的社会服务模式，助力社区建设，服务民生。2019年，民盟天心区工委在嘉和党群生活馆内设立青少年创客梦工厂的手工体验区域，带领青少年在此现场制作创新科技作品；开展一系列艺术创作的活动，包括：“年俗体验鑫课堂”、“核心价值观宣讲及弘扬中国传统文化（剪纸）”活动、“垃圾变变变环保创意家”公益活动等；通过组织居民成立各种兴趣班和社团，邀请民盟会员送课进社区，开展公益口才班、诗词班、合唱班以及为庆祝中华人民共和国成立70周年而开展的“感恩伟大祖国共建幸福嘉和”第三届“邻里守望”文化节活动；通过邀请民盟会员为有创业需求的青年才俊传经送宝，2019年上半年开展育婴师培训、“精明消费不浪费，我是理财小管家”的活动，通过各种职业培训和体验帮助创业者摸清未来路；为嘉和社区同心书屋捐赠5000元的书籍。8月7日，天心区工委、天心区文体支部在嘉和盟员之家联合举办“预防溺水平安成长”安全知识讲座。2019年，民盟天心区工委为长坡社区困难群众发放慰问金4000元，扶助通道一中的5位初中贫困学子完成初中学业，每人每年2500元，5位盟员全年继续支助1.25万元。（刘超威）

中国民主建国会天心区工委

【概况】 2019年，中国民主建国会天心区工委（简称“民建天心区工委”）有会员225人，包括工委班子成员4人，下设7个支部。

（周　科）

【参政议政】 2019年，民建天心区工委积极参与建言献策，其中，关于医养结合的提案被区政协列入重点督办；关于“及时调度猪肉供应，避免造成市场恐慌”的社情民意被批示交办；《加强对老年人免费体检管理的建议》获市政协主席文树勋批示。开展调研工作，形成《天心区应大力培养特色文化产业，提升文化软实力》等调研报告。（周　科）

【组织建设】 2019年，民建天心区工委开展“不忘合作初心、继续携手前进”专题教育活动，组织班子成员利用例会进行5次专题学习，组织建设、组织活动有序开展，全年召开区工委正、副主委工作例会12次，支部主委例会4次，与联点社区一力社区举办联席会议4次，在天心区政协“庆祝中华人民共和国成立70周年”文艺会演中获得二等奖。3月，由区工委统一购买习近平系列讲话文件汇编，人手一册，进行集中学习；开展专题学习习近平关于“精准扶贫”的相关讲话精神，并针对桑植助学扶贫工作进行大讨论和工作再推进。5月，组织区工委班子成员前往天心区党外人士同心教育基地“心中的梁家河”，通过参观学习，组织讨论谈心得体会，进一步认识到治国理政的伟大思想的形成发展。10月，区工委结合学习习近平在国庆70周年讲话，邀请一力社区部分工作人员前往通道，参观通道转兵纪念馆，重温红军长征之路的艰难。11月，利用季度支部主委例会，专题学习中共十九届四中全会决议。组织会员进行两次以上的主题教育学习及前往杨开慧、陈树湘纪念馆参观学习。（周　科）

【社会服务】 2019年，民建天心区工委根据居民建议，投资20余万元提质改造社区内居民休闲公园；法制教育庭审进社区、关爱贫困家庭等品牌工作更加扎实；支部进社区送温暖活动持续开展，全年走访慰问贫困家庭50余户。10月，专程前往通道看望慰问结对帮扶的5名通道一中学生，确保不因为贫困而使一个学生辍学。1月、5月、8月，先后3次前往桑植调研，重点关注原长沙民建班进入高三学生中特别困难学生学习生活情况。（周　科）

中国民主促进会天心区工委

【概况】 2019年，中国民主促进会天心区工委（简称“民进天心区工委”）有会员169人，包括工委班子成员4人，下设9个支部。（周　科）

【参政议政】 2019年，民进天心区工委围绕区委、区政府中心工作，聚焦经济社会发展中的热点、难点问题，到娄底万宝新区调研大数据产业。全年完成1篇以上高质量的调研报告《天时地理，数领未来——天心区大数据（含地理信息）产业发展调研报告》。提交社情民意30篇。其中，被民进中央采纳1篇；被省政协采纳1篇；被市政协采纳4篇；被市委统战部采纳1篇；被市统战、民进省委采纳11篇。完成民进湖南省委会2019年各专门委员会课题：“基层群众参与政协协商的机制和有效途径”“加强家政服务业监管，促进行业健康发展”“女大学生就业面临的问题及对策研究”和“湖湘女书文化旅游产业研究与开发”。其中，“基层群众参与政协协商的机制和有效途径”，参加长沙市政协举办的“庆祝人民政协成立70周年理论征文活动”。（周　科）

【思想建设】 2019年，民进天心区工委坚持以习近平新时代中国特色社会主义思想和中共十九大精神为指导，深入学习贯彻民进十二大、十四届二中全会精神，紧紧围绕天心区经济社会发展大局，以基层组织建设为主题，以参政议政为重点，努力实现履职能力、自身建设与社会服务水平不断提升，为“融城核心、璀璨天心”贡献智慧和力量。3月11日，组织开展天心区政协先锋委组和民进天心工委会员联合学习全国两会精神专题培训会议；8月18日，长郡中学支部会员走进浏阳文家市秋收起义旧址和长郡浏阳实验学校，开启以“不忘初心、牢记使命，继承传统，肩负重任”为主题的学习教育活动；9月6日，参加市委举行的会史知识竞赛，进一步凝心聚力，增强会员的使命感和责任感；10月1日，组织号召全体会员通过电视观看国庆阅兵仪式；10月15日，组织民进天心区工委支部主委扩大会议，组织42名会员开展“不忘合作初心，继续携手前进”主题教育活动之走进“心中的梁家河”，工委班子和骨干会员均撰写1000字学习心得；10月25日，组织支部主委及骨干会员参加市委组织的基层组织负责人培训班；11月2日，参加天心区委统战部组织的“不忘合作初心，继续携手前进”同心趣味运动，获得“道德风尚奖”；11月15日，民进明德支部全体会员到浏阳文家市、胡耀邦故居参观，学习老一辈革命英雄的事迹和精神。（周　科）

【组织建设】 2019年5月8日，为了解基层组织建设现状和指导基层组织建设主题年“示范支部”创建工作，民进天心区工委到湖南女子学院支部实地走访调研，并进行交流座谈。5月22日，黄金利参加市委统战部在厦门大学举行的“2019年长沙市各民主党派代表人士素质提升班”；围绕2019年基层组织建设年，推荐女子学院申报创建省级“示范支部”，推荐直属一支部、四支部申报市级“示范支部”；推荐优秀会务工作者1名；推荐8名会员申报市级优秀会员。填报会市委2019年年度报表、做好年终考评工作。在做好人才引进培养方面，坚持“双量并举、质量优先”原则，

持续推进“优才入会工程”。2019年上半年发展新会员1人；下半年发展对象4人。策划2019年工委总结表彰会。（周　科）

【社会服务】2019年10月20—24日，民进天心区工委派代表到新疆吐鲁番六小看望援疆会员，开展社会服务活动，会员捐赠4000元体育器材。开展凝聚人心活动，组织2019年“不忘合作初心，继续携手前进”主题活动之支部档案评优。（周　科）

中国农工民主党天心区工委

【概况】2019年，中国农工民主党天心区工委（简称“农工党天心区工委”）有党员270人，包括工委班子成员7人，下设5个支部。（周　科）

【参政议政】2019年，农工党天心区工委把反映社情民意信息工作作为履行参政议政职能的一个重要基础性工作来抓，积极发动全体党员反映社情民意，帮助政府了解情况，协调关系，化解矛盾。农工党天心区工委组织会员前往天心区境内农村调研，其调研报告《关于打造天心区涉农公益信息平台的建议》获得统战部调研成果第三名。长沙市政协委员、区工委文艺支部主委但旦撰写提案《建议编内编外教师同工同酬》；杨昕撰写的《关于加强天心区书院路提质改造的建议》《关于改进长沙供电公司工程抢险专用车通行证使用区域及时限的建议》，得到有关部门的妥善答复及处理。丁荣培领衔，欧阳庆标、许彬联名撰写的提案《关于发挥长沙外滩优势，加快金融强区建设的建议》被区政协列为重点提案，被13个部门单位联动合力办理。（周　科）

【组织建设】2019年，认真学习领会中共十九大精神，认真做好“两学一助”工作，切实履行参政党职能，积极参与社会公益活动，发挥党员优势，参与行业监督，加大民主监督力度。行业监督员就天心区的各项重要公共决策提出自己的见解和看法，为所对口单位的各项工作提供参考意见。各支部主委在所在单位进行的党的群众路线教育工作中都认真履行党风建设监督员工作职能，为各单位党风建设提出意见。10月14日，农工党天心区工委组织前往金桂社区“心中的梁家河”参观学习，召开“不忘合作初心，继续携手前进”“三学一讲”学习教育活动。（周　科）

【社会服务】2019年3月14日，农工党天心区工委在沿江村组织义务植树活动。4月21—23日，组织各支部主委、副主委及部分党员共20人前往溆浦进行捐资助学主题教育活动，捐赠校服和药品共计3万余元。6月，在农工党省委组织的到邵阳地区义诊帮扶活动中，为邵阳县蔡桥乡、邵东县双凤乡捐赠药品11万元。7月，到贵州省大方县开展扶贫督查及帮扶活动，向大方县雨冲乡、平塘县度镇中心卫生院捐赠药品20余万元。7月，天心药业支部在天心区政府、区委统战部的组织号召下，积极参加天心区“同心励志班”爱心助学、互助脱贫奔小康扶贫活动，并一对一资助贫困学子每年2500元的学杂费用。9月，为新宁县清江村捐赠药品10万元。农工党天心区工委副主委、农工党长沙市直属一支部主委刘敏，农工党长沙市直属一支部副主委丁荣培作为天心区赤岭路政协委员组，动员政协委员，向芙蓉南路社区捐赠书籍200本。自2018年8月至2019年7月申请参加湖南省教育厅支援“三区”教育计划，在怀化市溆浦县北斗溪镇坪溪村教学点支教一年。区工委新党员参与帮助本单位困难女职工及退休女职工的帮困扶贫工作，为她们向长沙市总工会申请困难职工补助。周卫东参加市委统战部组织的高桥百录村义诊，在联合国糖尿病日开展大型公益活动，开展义诊、讲课、糖尿病并发症免费筛查，为基层医师开展培训班4次；梁玉兰参加联合国糖尿病日公益活动：授课，义诊，并为基层医务人员培训2次。（周　科）

中国致公党天心区工委

【概况】2019年，中国致公党天心区工委（简称“致公党天心区工委”）有党员146人，包括工委班子成员4人，下设3个支部。（周　科）

【参政议政】2019年，致公党天心区工委着力提升参政议政能力，成立参政议政委员会负责参政议政工作，围绕“优化营商环境年”“项目改造年”等方面，推动党员们积极开展参政议政。并动员党员们根据自身专业特点就相关领域提供信息、报告等。工委以“人力资源服务业发展”为课题，进行广泛调研，形成调研报告《长沙人力资源服务业发展的思路和对策》；提交的《关于推动长沙优秀企业备战“科创板”的建议》被市人大常委会确定为重点督办件，由市人大常委会主任程水泉督办，市政府金融办主办，市发改委、市科技局、市工信局、市财政局会办，取得良好建言成效；提交的《关于在中小学校开展“驻校社工”购买服务试点的建议》被湖南省政协第187期采用。（周　科）

【组织建设】2019年，按照市委有关“不忘合作初心，继续携手前进”的主题教育的指示精神，致公党天心区工委多次召开座谈交流会议，并组织党员参观“心中的梁家河”、杨开慧故居、胡耀邦故居、秋收起义纪念馆等红色场馆，坚持把理论学习贯穿始终、把查找不足贯穿始终、把整改提高贯穿始终，抓住政治、思想、作风三个关键环节，着力解决突出问题，确保主题教育活动取得成效。主题教育活动邀请致公党长沙市委领导出席，市委常委、专职副主委枭燕在会上做提高履职能力和合作共事本领等的重要讲话。工委联合社会组织、侨联等单位在湖南省社会组织党建服务中心开展“工匠精神创造美好生活”主题读书会活动，致公党员、中共党员、群众等百余名听众汇聚一堂，共同探讨新时代下的工匠精神。（周　科）

【社会服务】2019年，致公党天心区工委依托致公党“精神助学”基地平台，面向天心区北塘小学、南塘小学、丰城小学、仰天湖金峰小学和书院小学等12所小学，友谊社区、金汇社区、豹子岭社区、新园社区、湘园社区等8个社区，开展“开绘啦”绘本心灵教育课程、“青柚课堂”儿童性教育课程超过570场，投入志愿者200余名，服务儿童及青少年超过1万人。此外积极参与脱贫攻坚工作，号召党员募集物资，为邵阳洞口、娄底新化地区等多地的留守儿童捐赠价值6万元的学习用品及书籍，并为近200名留守儿童普及心理健康知识。7月，天心工委联合李丽心灵教育中心和天心区关工委开展2019年“快乐诵经典，阳光伴我行”第九期“鑫远杯”公益夏令营，活动为期12天，带领天心区内70余名困境少儿开展户外学习、趣味实践、经典诵读等系列主题活动，为儿童们送上关怀与爱心。（周　科）

九三学社天心区工委

【概况】2019年，九三学社天心区工委有社员135人，包括工委班子成员6人，下设5个支部。（周　科）

【参政议政】2019年，九三学社天心区工委鼓励社员根据长沙市、天心区发展重点工作申报调研课题，开展相关研究，为天心区和长沙市的发展献言献策。落实好区政协委员提案工作，每位委员在通过调研的基础上完成一篇高质量提案，每个支社每月完成一篇社情民意。6月，“同心见真情爱尔光明行”科技论坛系列活动在各街道及社区开展。10月，开展“同心见真情爱尔光明行”九三科技论坛系列活动之“九九重阳节爱让您看见”活动。12月，在云塘社区开展“同心见真情爱尔光明行”九三科技论坛系列活动之同心健康E站走进一师三附小龙湾小学。（周　科）

【组织建设】2019年，九三学社天心区工委组织开展社员活动，增强社员间的凝聚力。在老社员生病、住院时及时看望，对青年社员的工作及发展给予指导、帮助。同时，结合社员工作特点，开展多种形式的考察学习、微群交流等活动。（周　科）

【社会服务】2019年2月2日，九三学社天心区工委走访慰问金盆岭街道黄土岭社区困难户家庭，共走访慰问10户特别贫穷的困难户家庭，并为每位困难户送上慰问金。继续深入开展“两学一助”主题学习活动，指导工委各支社开展学习，并落实学习成果，在“助力”方面开阔思路。组织学习考察社员企业，学习企业优秀管理以及助力企业进一步发展，利用自身优势帮助企业解决实际困难。（周　科）

群众团体

天心区总工会

【概况】2019年，长沙市天心区总工会（简称“区总工会”），围绕全省工会开展的“五个年”（中国工会十七大精神落实年、劳模工匠精神宣传年、维权帮扶解困年、基层组织建设年、工会资产管理年）的工作部署和专项行动，主动将工会工作融入党委政府“产业项目建设年”“营商环境优化年”的目标定位，团结动员全区广大职工听党话、跟党走，各项工作成效显著。天心区有14个街道工会联合会，2个园区工会联合会，1个农民工工会联合会，3个行业性工会联合会，13个战线工会，全区有基层工会组织6065家，其中规模以上企业工会146家，全区工会会员近6万人。推荐汤青红、罗曼琳等6人为长沙市第21次劳动模范和先进工作者。

（杨　娴）

【工会组织建设】2019年，天心区新组建基层工会组织806家，发展会员1.6万人。在城市新“八大群体组建工会”中探索实践。5月组建长沙市医疗康复行业护工工会联合会，7月组建长沙市天心区快递行业工会联合会，两个群体的工会会员700余人。全区100人以上的企业建会率95%。组建6个商圈楼宇工会，青园街道标志商务楼宇工会联合会迎接全省工会工作半年度现场经验交流会代表的观摩。年内6家“职工之（小）家”被授牌。推进“工会项目化”工作、活力工会建设和农民工创业就业帮扶工作。7月，裕南街街道工会联合会、标志楼宇工会联合会分别接受全市工会工作“五个年”现场观摩。开展“五一”系列活动，评比表彰天心区工会系统

图36　2019年12月5日，2019年度“天心名优工匠”评选总结表彰大会举行　（区总工会供图）

2017—2019年度“四个十佳”（十佳工会、十佳劳动者、十佳工会工作支持者、十佳工会工作者），组织工会系统职工智力运动会。引导全区各基层工会以“职工书屋”为平台，倡导全民阅读，全区建成全国职工书屋示范点2家、省级职工书屋示范点1家、市级职工书屋示范点19家，市级优秀读书项目2个。引导全区工会干部主动适应习近平新时代工会工作新形势，12月13日，组织近200人参加工会干部业务能力提升培训。（杨　娴）

图37　2019年5月1日，天心区委副书记、区长黄滔（前左）看望慰问环卫工人（区总工会供图）

【职工劳动竞赛】 2019年，天心区总工会规划区级重点工程、现代服务业等企业职工劳动竞赛、“安康杯”竞赛、女职工“芙蓉杯”竞赛。组织实施天心区焊工、维修电工、冷作钣金工技能竞赛。号召全区基层工会开展餐饮、创意设计、计算机编程、机械制造、汽车驾驶修理、建筑园林、征拆谈判能手等劳动技能竞赛暨长沙市“十行状元、百优工匠”选拔赛。围绕“营商环境优化年”工作开展面向全区企、事业单位的“天心名优工匠”评选工作贯穿全年，与区政府办、区财政局、区商务局、区人社局联合制定并下发《“天心名优工匠”推荐评选工作实施方案》，通过“寻找发现”、职工技能竞赛等形式，评选表彰涵盖焊接、绿化、DJ、餐饮、驾驶、“非遗”等领域的18名“天心名优工匠”。该项工作被《长沙晚报》专版推介。结合“五一工人阶级宣传月”系列活动，组织全区劳动模范开展“劳模工匠精神天心行”活动，现场观摩区内重大民生、产业项目建设情况，到灰汤劳模疗养基地、韶山进行疗养及红色传承教育活动，组织62名劳模进行健康普查，并为92名劳模送上慰问金5.52万元。春节前夕，对全区92名劳模进行走访慰问，发放慰问金5.6万元。（杨　娴）

【职工服务与帮扶】 2019，天心区总工会在全区工会系统开展“春送岗位、夏送清凉、金秋助学、冬送温暖”活动，发放各类慰问金、慰问物资33万余元。常态化开展职工心理疏导咨询，把专题咨询、疏导班办到街道、社区（村）、企业，分类、分对象由专业心理辅导师点对点交流。推进“母婴关爱室”民生工程，创建3家市级、7家区级母婴关爱室。修订完善《天心区工会系统农民工创业就业帮扶行动实施办法》，全区12家企业纳入“农民工创业就业帮扶”对象。会同区税务局推进小微企业工会经费“惠职工”工作，对小微企业予以退费。全面开展职工医疗（住院）互助计划，2019年全区2万余会员职工参与，区工会经费补助一线企业职工和困难职工40余万元互助费。开办汽车驾驶培训班，为41名“二优一困”职工补助1500元培训费。结合元旦、春节开展为期三个月的“文化惠职工•帮扶再提质”系列活动，为职工送文化、送演出、送电影、送健康、送春联，拓展职工帮扶工作内涵。通过加强企业民主管理、工资集体协商、安全生产防护、法律援助、劳动执法检查等手段，维护职工合法权益。指导和监督全区1300余家企业签订工资集体协商，树立2家市级、14家区级企业工资集体协商推进典型。（杨　娴）

【“高温慰问”工作】 2019年，天心区工会系统高温慰问单位190家，慰问人数共1.2万余人，总费用188.81万元。7月初，区总工会下发《关于开展2019年长沙市天心区工会系统高温慰问一线职工的通知》，要求区工会系统结合“进社区、联企业、访职工”深入建筑工地、一线车间班组，以发放防暑降温物资、劳动监督检查、督促落实高温津贴待遇等方式切实维护广大一线职工、农民工身体健康和合法权益。明确要求各基层工会应取得行政支持，加大经费投入，以重点项目建设者、环卫工人和高温作业人员为慰问重点，主动协调党委、政府和单位领导带队深入一线做好走访慰问和监督检查工作。区委副书记朱远红和区总工会党组书记、主席肖时昴，副主席何干才等带队，深入一线项目工地、车间、班组，为高温天坚持作业的一线职工们送去清凉和关怀。区各级工会组织对高温条件下职工作业的用人单位贯彻落实夏季劳动保护、企业安全生产等情况开展督查，广泛征集职工安全生产、劳动保护合理化建议。

（杨　娴）

【“五一”系列活动之职工智力运动会】 2019年5月30日，天心区2019年度庆“五一”系列活动之职工智力运动会在鑫远白天鹅酒店举行，来自全区各街道、战线、企事业单位的一线职工150余名选手组成35个代表队参加比赛。区总工会以智力运动会为契机，培养职工的团队精神，激发广大职工参与智力运动的兴趣，增强全区广大职工的凝聚力、创造力和向心力。运动会为期两天，设置中国象棋和围棋两个比赛项目；设置诸多奖项，为鼓励女棋手，特设“最佳女棋手”奖。

（杨　娴）

共青团天心区委员会

【概况】 中国共产主义青年团长沙市天心区委员会（简称“团区委”），办公地址位于长沙市天心区湘府中路298号。全区有基层团总支6个，团支部260个，团员6314人。

2019年，团区委坚持以政治导向、中心导向、需求导向、基层导向为方向，在思想引领、服务中心、联系青年、夯实基础上下功夫，在全市共青团系统考核（区、县、市）排名一类。加强青年思想政治教育，以“两微一端”为媒介，紧扣线上线下，引领广大青年坚定不移听党话跟党走，让团的思维“互联互通”。有效凝聚、大力挖掘举荐各类青年人才，全年推选湖湘青年英才3人、湖南青年五四奖章1人、长沙市青年岗位能手15名、青年文明号单位5家、“优化营商环境群众最满意青年文明号”5家；助力优化营商环境，举办“天心青英会”系列主题沙龙，定期组织楼宇商圈青年企业开展“优化营商环境青年筑梦成才”青年人才分享交流活动，推出“青团走青企”大走访大调研；助力第十九期钱学森论坛暨2019长沙空间信息产业国际博览会、步行街提质升级、文明创建、“两型”环保、治水攻坚、人居环境改善、防洪抗灾、扫雪除冰等工作，组织区级志愿服务200余场。打造“五百工程”新青年助力计划，提炼深化“青年活动大本营”及“天心共青团特点项目集”等项目资源，全年新打造区级“青年之家”6家，加强推进示范性基层团组织建设，指导多家非公企业成立团组织。

（谭　静）

【共青团组织建设】 2019年，团天心区委坚持团要管团、从严治团，创新运行机制，夯实基层基础，不断提升团的组织力，开展基层团组织整理整顿、团组织关系转接、团员发展与管理、非公企业团建等工作，全年指导长沙盼星信息科技有限公司、湖南思格文化传播有限公司、长沙晨铭体育文化发展有限公司、湖南高柏传媒有限公司等多家非公企业成立团组织；分别推荐新开铺街道桥头社区团支部、暮云街道怡海社区团支部2个社区团支部参选全省基层团建工作示范点、联系点；完成2019年度市级“两红两优”及十佳“两红两优”的申报工作。选树和推荐“青”字号品牌，推进“青年之家”提质融圈工作，共有“青年之家”20家，全年开展活动692次，“青年之家”平台活动总数位居长沙市各区县（市）第一，其中坡子街街道碧湘社区“青年之家”活跃度获第三季度全省第一名。6月5日，组织区—街—社区（村）三级团干部160余人参加天心区基层团组织规范化建设暨和包支付工作推进会，开展业务实操培训；6月18—20日，举办天心区共青团干部创新与能力提升专题培训班，邀请团省委、省团校、团市委等专家学者进行授课；7月2日，制定《共青团天心区委员会关于规范街道团委经费管理和使用的通知》，严格团费收缴管理使用、返还和街道大团委经费管理使用等工作。

（谭　静）

【政治思想建设】2019年，团天心区委依托“青年天心”微信公众号推出“加强对五四运动和五四精神的研究”“天心青年花样纪念百年五四”等主题宣传信息，策划“青年热议十九届四中全会精神”等专题，全年推送信息150余期，浏览总量10万次以上，7次上榜湖南县级团组织微信公众号综合影响力排行榜。4月，组织青年开展“青春心向党，建功新时代”主题教育快闪活动，1000名天心青年在五一商圈、湘府文化公园等50余处地标场所齐唱《我和我的祖国》，“学习强国”、凤凰网等平台纷纷推介，点击量破20万次。结合“不忘初心、牢记使命”主题教育，开展党性教育实践活动3场，宣讲团活动4场，向日葵活动2场。4月30日，开展“青春心向党•建功新时代——新青年助力行动”主题活动，引导广大团员青年强化职责使命、围绕中心服务大局。7—10月，为纪念五四运动100周年和中华人民共和国成立70周年，加强对五四运动和五四精神的研究和传承，推动“三会两制一课”经常化、规范化，团区委开展团支部书记“话党恩、讲团史”精品微团课竞赛活动，常态化定制团务知识主题课程。10月9日，开展“我与祖国共奋进——国旗下的演讲”特别主题团日活动，通过区领导“沉浸式”的主题分享，加强团干部思想政治教育，扩大到各中小学校及街道、社区、两新团组织学习中。12月4日，团区委组织团员青年到“新民学会旧址”等党性教育实践基地参观学习，锤炼团青干部党性修养，进一步加强区属团干部思想政治教育，树立信仰坚定的忠诚之心、担当履职的责任之心、追求卓越的进取之心。（谭　静）

图38　2019年4月30日，天心区举办“青春心向党•建功新时代——新青年助力行动”主题活动　（团区委供图）

【服务中心大局】2019年，团天心区委组织开展文明创建、“两型”环保、治水攻坚、禁毒、垃圾分类等志愿服务50余场。1月2日，开展铲雪除冰志愿服务活动。1月30日，开展“城乡清洁•青年志愿者在行动”系列志愿服务活动。2月8—14日，开展“暖冬行动”之“青春志愿行奉献新时代”春运志愿服务活动。3月14日，为更好满足快递小哥、农创青年等新兴青年群体的成长发展需求，启动“青春换角，我更懂你”青年志愿服务项目。6月26日，组织100余名志愿者参与“健康人生绿色无毒”百万市民禁毒签名志愿活动。7月，推出“青团走青企”大走访大调研活动。走访调研街道、非公经济组织、青年企业家协会成员单位，打造“亲青式”团青企业服务模式，增强企业青年凝聚力与团结力。7—9月，开展“垃圾分类，青少年在行动”暑期环保志愿实践活动，全区10家“青年之家”3家小学进行首批示范试点。9月26日，“文明交通进校园”三年行动计划启动，开展5期“文明交通进校园”宣讲活动。11月15日，第十九期钱学森论坛暨2019长沙空间信息产业国际博览会开幕，组织54余名志愿者提供解说、引导等服务。11月16日，开展“保护母亲河•河小青助河长清”志愿服务活动，组织400余名青年志愿者开展“四圈一线”（“四圈”：围绕青园街道电力生鲜市场、喜民生鲜市场，新开铺街道豹子岭市场，金盆岭街道扫把塘市场，湖南广播电视大学、中南大学铁道学院周边500米四个圈；“一线”：母亲河湘江沿线）文明大行动。12月12日，开展“天心遇见你　拾爱双十二”天心青年联谊活动。（谭　静）

【服务青年】2019年，团天心区委发挥青年人才的“点灯效应”，推选湖湘青年英才3人、湖南青年五四奖章1人，2019年长沙市青年岗位能手15名、青年文明号单位5家，“优化营商环境群众最满意青年文明号”5家。及时落地人才经费支持，助力青年创新创业之路。4月30日，启动天心区“五百工程”新青年助力行动，坚持需求导向，整合资源服务青年。7—9月，依托小蜜蜂志愿者协会等青年社会组织、“青年之家”举办暑期夏令营、爱心支教及图书捐赠活动，服务辖区内和龙山、吉首等贫困地区，捐助困难学生30余人，捐赠图书1万余册；开展“阳光假期”“青春自护”青少年自护教育，增强全区大中小学学生团员和少先队员安全意识。8—9月，开展公考、教师考编等系列公益培训，165名大学生村干部、“三支一扶”、西部计划志愿者、特岗教师、各单位编外人员及青年志愿者参加。11月17日，开展关爱贫困留守儿童及外来务工人员子女“暖冬行动”，组织贫困留守儿童及外来务工人员子女参观湖南省地质博物馆和湖南省科技馆，送上“暖冬行动”成长基金及保温杯、水彩笔等学习礼品。

（谭　静）

【“青春心向党•建功新时代——新青年助力行动”主题活动】 2019年4月30日，天心区庆祝中华人民共和国成立70周年、纪念五四运动100周年系列活动之“青春心向党•建功新时代——新青年助力行动”主题活动在区政府三楼举行。共青团长沙市委副书记康然，天心区委副书记、区委党校校长朱远红，区委常委、组织部部长张界贻，区委常委、宣传部部长肖雄伟，区人大常委会副主任张少林，区政协副主席黎小玲等市、区领导出席，历届团区委书记，辖区各高校团委、区直机关各单位、区属各团组织相关负责人，天心各界青年代表等200余人参加。5位来自不同行业、不同领域的天心青年以年代为轴，做不同年代青春故事的“百年青春”主题分享，用自身奋斗历程阐述“爱国、进步、民主、科学”五四精神在新时代的新内涵。青年教师、青年干部、学生代表等群体以青春誓言的方式进行一场“沉浸式”精神洗礼。活动现场，天心新青年助力计划“五百工程”正式启动。区委书记朱东铁表示，天心区发展需要全区人民的共同努力，尤其需要青年一代的不懈奋斗。

（谭　静）

【汤立斌到天心区宣讲中共十九届四中全会精神】 2019年12月19日，共青团湖南省委书记汤立斌到新开铺街道桥头社区进行中共十九届四中全会精神宣讲活动，团省、市、区相关责任人，各区属一级团组织书记、副书记，部分“两新”组织负责人以及天心青年代表参与交流讨论。汤立斌指出，各级共青团要准确把握政治定位，坚持在党的领导下，形成“众星拱月式”现象，团结一切可团结的力量，号召广大青年尤其是湖湘青年，在新时代展现新作为，投身于实践。各界天心区青年参与交流讨论。（谭　静）

【“五百工程”新青年助力计划】 2019年，团天心区委打造“五百工程”新青年助力计划。坚持以党建带团建，以增强团员青年的获得感为重点，选择100家社区党群服务中心作为青年“加油站”；以弘扬“奉献、友爱、互助、进步”志愿服务精神为宗旨，以社会保障、社区服务、大型赛事、文明创建、环境保护、扶贫帮困等为服务内容，组织开展100次志愿服务；以“青春心向党•建功新时代”为主题，将“青年大学习”由线上引入线下，组织青年讲师团和社会组织，在青年“加

图39　2019年12月19日，共青团湖南省委书记汤立斌（左二）到桥头社区宣讲中共十九届四中全会精神　（团区委供图）

油站”策划开展100场主题沙龙活动；发挥青年企业家协会、青联委员、农创联、青志协等群体作用，聚焦就业实习、岗位见习、精准帮扶、技能提升等青年就业中的关键环节，结合校地共建，帮助天心区100名高校大学生获得见习机会；开展“暖冬行动”“认领微心愿”“圆梦行动”等活动，签订结对协议，明确志愿者与100名困难学子建档立卡，确定结对关系和服务内容。“五百工程”以设立“资源库+需求清单+服务清单”的服务途径，链接各方资源，激发个体力量，坚持成长驿站、资源枢纽站和综合服务的服务定位，为城市新青年筑梦追梦圆梦、聚力聚智聚势，助力激发青年活力为全区经济社会发展。（谭　静）

【刘少华调研天心区共青团工作】 2019年3月28日，团山东省委副书记刘少华一行到天心区调研共青团工作。团湖南省委副书记李志超，团湖南省委基层部部长邓资益，天心区委副书记、区委党校校长朱远红等陪同。考察团一行考察先锋街道嘉和社区“青年之家”和长沙天心文化（广告）产业园青年创新创业基地，了解天心区共青团在培育孵化青年社会组织、服务青年发展需要、引导青年有序参与社会治理工作上的思路和总体布局，对天心区“青年之家”在引导青年、凝聚青年、服务青年等方面所做的积极探索和有益尝试，以及文化（广告）产业园积极打造青年创新创业品牌给予肯定。（谭　静）

【“我与祖国共奋进——国旗下的演讲”特别主题团日活动】 2019年10月9日，团天心区委组织开展“我与祖国共奋进——国旗下的演讲”特别主题团日活动，庆祝中华人民共和国成立70周年。区委常委、宣传部部长肖雄伟鼓励广大青年朋友勇于担当、甘于奉献，传承“五四”薪火，秉承工匠精神，放飞青春梦想；区人大常委会副主任张少林通过分享团工作感悟，引导广大团员青年强化职责使命，号召当代青年与祖国同呼吸、与时代共奋进，用青春智慧、以生动实践当好党的助手和后备军。区政协主席夏艳兰在分享中号召广大青年团员在工作中方向要准、意识要先、方法要活、行动要快、效果要实，唱响“青春心向党　建功新时代”的青春主

图40　2019年10月9日，共青团天心区委组织开展“我与祖国共奋进——国旗下的演讲”特别主题团日活动
（团区委供图）

旋律。通过区领导主题分享，激励和引导广大团员青年围绕中心、服务大局。（谭　静）

【承办省、市少先队辅导员技能大赛】 2019年10月23—24日，由共青团湖南省委、湖南省教育厅、湖南省少工委联合举办，团天心区委承办的湖南省2019年少先队辅导员技能大赛在长沙天心区仰天湖桂花坪小学举行，各市（州）通过层层比赛，选拔出70名优秀辅导员参加比赛。大赛内容为少先队基础知识测试、主题演讲、少先队活动案例讲解、少先队工作情景处理答辩、少先队活动辅导技能展示5个项目，涵盖少先队辅导员实际工作中的政治教育、基本技能等各个方面，全面考察少先队辅导员的理论功底、专业素养和工作能力，为全省的少先队辅导员提供相互交流学习、共同进步的平台。本次大赛天心区少先队辅导员斩获佳绩。

（谭　静）

【天心青英汇】 2019年12月29日，团天心区委启动“天心青英汇”平台。首期“不夜天心”主题沙龙暨青企协天心分会年会在华远国际中心举行。天心区委副书记、区委党校校长朱远红，区委常委、统战部部长刘向，区委常委、宣传部部长肖雄伟，团市委青年发展部部长冯石磊，团区委班子成员、青企协天心分会代表及天心创业青年等40余人参加。黑色经典、湖南螺鼎记餐饮管理有限公司、长沙盼星信息科技有限公司、美国IBM驻新加坡分公司、Playhouse酒吧等相关负责人，围绕“繁荣夜间经济”“楼宇经济发展”“新兴热点消费”“文旅融合”等主题分享发言，茶颜悦色、adance等30余家新锐“网红”店、实力青企进一步精准对接。团区委着力搭建青年交流交友平台、汇聚青年智慧力量、助力青年成长成才，唱响“读书在天心”“立业在天心”“宜居在天心”的招牌，广泛团结凝聚青年在天心经济社会发展中贡献青春智慧力量。（谭　静）

天心区妇女联合会

【概况】 2019年，长沙市天心区妇女联合会（简称“区妇联”）加强对妇女群众的思想引领，加强妇联基层组织建设和家庭文明建设，举办家庭教育、普法宣传、巾帼建功、创业就业、扶贫帮困等一系列活动，维护妇女儿童权益，服务妇儿民生。创建长沙市巾帼文明岗2个、天心区“妇女儿童之家”示范点5个。获市级“三八红旗集体”2个，市级“三八红旗手”2人，市级“最美家庭”6户，市级“文明家庭”8户。

2019年，区妇联开展巾帼创业、扶贫帮困等工作，举办一系列家庭教育、普法宣传、关爱妇女儿童活动。区妇联联合中国人寿天心支公司为302名贫困女性每人捐赠一份保险，联合李丽心灵教育中心向学生和家长开展性教育讲座18场。开展婚姻家庭纠纷调解，2019年共接待咨询496对，调和173对。（焦　畅）

【庆“三八”国际妇女节活动】 2019年3月6日，天心区妇联开展以“花样巾帼心向党·勇当时代追梦人”和“活力巾帼·健康天心”为主题的庆“三八”活动。全区县级以上和副科级以上女领导干部参加活动，长沙市妇联副主席石莉波、天心区委书记朱东铁参与活动并寄语巾帼。会后举

图41　2019年7月18日，天心区妇联联合中国人寿天心支公司举办“户帮户、亲帮亲、邻帮邻，携手共建奔小康”主题活动暨“湘女关爱保”保险捐赠仪式（区妇联供图）

办“活力巾帼•健康天心”趣味跳绳启动仪式和趣味跳绳竞赛，全区80余个单位88支队伍1295人参加竞赛活动，展现天心女性的魅力与风采。同日，区委副书记朱远红作为优秀女性人才代表参加2019年长沙市优秀女性人才代表庆祝“三八”国际妇女节座谈会，并作典型发言，天心区共4名代表参加座谈会。（焦　畅）

【引领巾帼建功】 2019年，天心区司法局、区妇幼保健所荣获市级“三八红旗集体”，天心区城管执法局党委书记、局长杨维君获市级“三八红旗手”。区妇联助推女性创业就业，做好宣传发动、典型推介工作，为女性创业提供有效服务。推荐企业湖南萌行天下网络科技有限公司参加创新创业大赛，获人气奖。（焦　畅）

【妇联基层组织建设】2019年，天心区妇联在全区机关事业单位、工业园区、农村合作组织、社区商务楼宇、专业市场、社会组织等地方新建50个基层妇女组织。创建暮云街道怡海社区、先锋街道南城社区、青园街道井湾子社区、裕南街街道长坡社区、坡子街街道青山祠社区5个天心区示范“妇女儿童之家”，推选暮云街道丽发社区、长沙爱尔眼科为长沙市“巾帼文明岗”。1月18日，区妇儿工委迎接市妇儿工委对天心区妇女儿童发展规划中期评估的督导。7月24日，区妇联组织妇联干部、禁毒妈妈联盟成员等60余人参观杨开慧故居和纪念馆以及湖南（长沙）禁毒教育基地。全年区、街、社区（村）各级妇联共开展禁毒宣传50余场次。（焦　畅）

【维护妇女儿童权益】 2019年1月18日，天心区妇儿工委迎接市妇儿工委对天心区妇女儿童发展规划中期评估的督导，市妇儿工委办主任、市妇联副主席石莉波对天心区妇女儿童发展规划实施工作给予肯定。4月19日，区妇儿工委联合区统计局召开天心区2019年“两纲”【《天心区妇女儿童发展规划（2016—2020年）》】监测统计工作暨培训会议。5月17日，区人大专题听取妇女权益保障工作。9月11日，市人大、市妇联专题听取天心区《中华人民共和国反家庭暴力法》执法情况。全年各街道、社区妇联开展维权普法讲座110余场。（焦　畅）

【家庭文明建设】 2019年5月28日，天心区妇联在鑫远白天鹅大酒店联合举办“追梦天心缘来有你”青年联谊会，全区100余名单身男女青年参加活动。10月18日，区妇联邀请长沙市妇联党组书记、主席文方及中国妇女研究所特聘反家庭暴力培训专家赵兰为全区160余位妇联干部进行授课。评选11户区级“最美家庭”。（焦　畅）

【服务妇儿民生】 2019年7月1日，天心区妇联、区城管局联合开展主题为“全民参与垃圾分类，齐心共建美丽天心”长沙市生活垃圾分类“五进”宣传天心区专场活动。7月3日，区妇联组织开展天心区垃圾分类巾帼宣讲团成立仪式暨知识讲座，全区各街道、社区妇联干部等100余人参加。7月11—12日，区妇联主席孙咏华、副主席张平到天心区坡子街街道西湖路及暮云街道暮云社区慰问防汛抗灾一线工作人员。7月18日，天心区妇联联合中国人寿天心支公司举办“户帮户、亲帮亲、邻帮邻，携手共建奔小康”主题活动暨“湘女关爱保”保险的捐赠仪式。向来自暮云、南托街道11个社区（村）的302名贫困女性捐赠“湘女关爱保”保险，降低妇女因病致贫、

图42　2019年5月20日，天心区妇联联合桂井小学开展关爱留守儿童活动（区妇联供图）

因病返贫的风险。7月，为暮云街道沿江村贫困“两癌”妇女申请省级“两癌”救助名额1个。11月，为暮云高云社区等3个贫困“两癌”妇女申请市级“两癌”救助名额3个。（焦　畅）

【“父母成长计划”家庭教育活动】 2019年4月12日，天心区妇联在区政府三楼大会议室举办“关心下一代家庭教育中国行长沙站”公益巡讲暨天心区“父母成长计划”家庭教育活动。活动由区妇联主席孙咏华主持，全区各街道妇联主席，社区、村家长学校负责人，区教育所属中小学校分管德育工作领导、德育教师，区直部门干部、职工及家长等300余人参加活动。活动邀请关心下一代家庭教育中国行组织委员会执行主任、万名家庭教育指导师培养计划创始人、国内著名家庭教育实操型专家曹坤主讲。曹坤围绕“黄金五步赞美法”“黄金五步惩罚法”“好习惯如何养成”“偏差行为如何有效应对”“如何激发孩子的梦想”等内容，融合国内外家庭教育理念、心理学知识和富有代表性的案例，进行讲解，具有很强的实操性和实效性。

（焦　畅）

【关爱未成年人健康成长】 2019年5月20日，天心区妇联联合桂井小学开展关爱留守儿童活动，认领并满足7位留守儿童的微心愿，为学生们赠送120份“六一”儿童节礼物。11—12月，通过政府购买服务的方式，区妇联联合李丽心灵教育中心在南托街道黎塘小学开展“青柚课堂”，向学生和家长开展性教育讲座18场。

（焦　畅）

天心区科学技术协会

【概况】 长沙市天心区科学技术协会（简称“区科协”）主要负责开展科技学术交流，促进学科发展和科技成果的现实生产力转化；反映科技工作者的意见和需求，维护科技工作者的合法权益；组织有关专家学者参与科技政策的制定；开展全民科学技术普及活动、科技人员继续教育和技术培训，搞好科技咨询服务；负责对区级学会的管理、指导和服务。

2019年，区科协落实《全民科学素质行动计划纲要实施方案（2016—2020年）》，通过巩固和壮大科普阵地，扩大科普工作覆盖面，延伸科普工作效果，深化科协系统改革，推进各项工作。将科普经费列入同级财政预算，全年投入经费132万余元，为科协工作开展创造条件。（刘晨凌）

【组织建设】 2019年，天心区创建芙蓉南路社区、桥头社区、青园中信小学3个社区（校园）科普e站和芙蓉南路社区、桥头社区两个市级科普社区，争取市级经费10万元。区科协投入资金20万元，支持牛角塘村党总支与梨塘小学党支部及汉坤实业有限公司党支部合力打造“牛角塘村党总支党员科普教育基地”。该基地采用VR（虚拟现实）、AR（增强现实）、3D（三维）技术，结合电动机械，考量工地施工的安全隐患，以三维动态的形式创建与现实类似的环境，3D模拟出工地施工场景和险情，提高安全防范能力和意识。投入经费23万元，对2017年以来被授予市级科普社区、社区科普e站示范点的社区实施年度经费补助。投入资金6.4万元，对桥头社区、芙蓉南路社区等8个单位开展科普信息化屏媒布点建设。截至年末，全区有18个单位部署科普屏媒。（刘晨凌）

【“科普天心”品牌】 2019年，天心区科协以持续推进“科普天心　百场科普大讲堂”活动为重点，打造“科普天心”品牌。完成64场科普大讲堂活动，覆盖全区14个街道、27个社区（村）、23所学校，累计参与活动的居民群众和学生共计4786人。2019年的“科普天心　百场科普大讲堂”活动（以下简称“大讲堂”），根据师资资源，保留专业度更高的主讲课题，并针对性地设置主推方案；筛选部分更重视、更需要开展基层科普工作的社区和学校，提供更精准化的服务。7月、8月集中开展社区科普活动，9—12月集中开展校园科普活动。实施团队将资源尽量向乡村小学倾斜，全年30场送课进校的活动，一半以上安排在天心区南部片区条件相对薄弱的学校。2019年度的“大讲堂”活动被划分为社区科普大讲堂和校园科普大讲堂两个板块，针对不同的受众群体，分别设计13个（社区讲座6个、学校讲座7个）不同的主题和21个课件。区科协将“大讲堂”活动打造成一个开放的平台，链接专业的机构、专业的师资共同加入到基层科普工作中来。新链接湖南省机器人科教协会、湖南省营养与健康宣教学会、湖南省《第二课堂》杂志社和湖南省县域素质教育研究所加入到“大讲堂”师资团队，成立天心区科技志愿者队，加强“科普天心”的品牌形象建设。加强“大讲堂”活动的媒体宣传工

作，全年64场活动中有15场活动被相关媒体报道。（刘晨凌）

【全国科技活动周暨科技工作者日活动】2019年5月21日，2019年全国科技活动周暨科技工作者日活动在湖南省地质博物馆举行启动仪式。活动上演《为科技加油》开场舞、科普魔术秀等科技节目。现场有专家为居民讲授一堂关于雾霾和甲醛污染的课程，现场体验地球的奥妙、地质的变化与生命的演化。天心区2019年“全国科技活动周”活动围绕“科技创新、科普惠民”这一主题，各类科技宣传活动覆盖全区各街道、园区、社区、学校。白沙花园社区组织上百名群众学习防灾减灾科普知识；梅岭社区举办“梧桐与青年”创意文化节活动；碧湘街小学和天心区实验小学组织开展校园科技节系列活动。相关活动分别在《长沙晚报》、中国科技网、《三湘都市报》、红网传媒等主流媒体上进行报道和刊登。

（刘晨凌）

【科协工作培训】2019年6月5日，天心区科协在新开铺街道豹子岭社区科普e站举办全区2019年度科普e站屏媒管理员专题培训会议。相关社区科普专干、屏媒管理员30余人参加会议。屏媒传播是科普信息化工作的重要方式，是实现科普常态化的有力手段。8月2日，区科协在区委党校举办企业科协工作培训活动。长沙市科协副调研员董晓明，院士专家服务中心主任朱世超，长沙市企事业科协联合会执行会长卜功华等出席会议，园区相关负责人以及辖区内48家企业负责人参加培训。（刘晨凌）

【全国科普日活动】2019年9月11日，2019年全国科普日（湖南）主场活动在省科技馆前坪等举行。天心区作为活动主要承办单位，分别承办3个社区的社区科技志愿服务活动和1个学校的校园科技志愿服务活动。活动中，85岁的院士何继善与青园梓枫学校小学生开展面对面交流。全国科普日期间，全区各园区、街道、学校分别开展各类活动20余场次，参与人员1万余人次。青园梓枫学校被中国科协评为2019年全国科普日优秀组织单位，青园街道湘园社区开展的活动被湖南省科协评为2019年度全国科普日优秀活动。

（刘晨凌）

天心区工商业联合会

【概况】2019年，长沙市天心区工商业联合会（简称“区工商联”）围绕“营商环境优化年”工作主题，推动亲商暖商扶商稳商尊商。截至年末，全区工商联基层组织有15家，会员总数2305人。

天心区工商联获全国“五好”县级工商联，湖南省“五好”县级工商联，全国工商联民营企业调查点工作示范单位，长沙市工商联系统服务营商环境优化年工作先进单位、创新举措单位、优秀建议单位，长沙市百家商会千户企业招商行动“先进单位”等多项奖励；桂花坪街道商会等7个基层商会获评2019年度长沙市“四好”商会；暮云街道商会获评天心区首届“贴心”商会；区委统战部副部长、工商联党组书记兰飞被评为湖南省发展非公有制经济和中小企业先进个人，娄兰芳、胡蓉晖分别获评2019年度长沙市“优秀会长”“优秀秘书长”。（游桃红）

【推动亲商暖商扶商稳商尊商】2019年，天心区工商联提请区委出台《政商交往若干具体问题行为指引（试行）》。推行亲商之举，规范涉企公务行为，协助建立区领导联系服务企业制度，进行企业大走访，3次牵头召开政企恳谈会，规范政商交往，畅通政商

图43　2019年4月15日，天心区（深圳）招商推介会暨重大项目签约仪式举行（区工商联供图）

交流。实施暖商之策，邀请区委副书记、区长黄滔为民营企业解读“天心营商环境30条”。编撰《优化营商环境政策汇编》下发企业。组织企业家到深圳开办非公企业高质量发展研修班，参观腾讯、前海和智能制造企业。提请区委出台《非公有制经济领域维权联席会议制度》，召开维权联席会议工作例会，现场解答侵权问题。开展系列银企对接活动，帮助敬亚达等企业获得融资。多次召开文和友、天城置业等重点企业的专题协调会，精细做好帮扶解难。联合成立法律顾问团，设立16家商会纠纷调解中心，开展法律体检。组织创新企业路演展示拓宽渠道。帮助民企清理国企欠款，查找短板，寻求可持续发展之路，凸显稳商之效。开展“商汇天心”活动，深入20家异地商会走访，在7家异地商会的年会上全面推介天心区资源。与区商务局联合举办招商资源推介会暨异地商会企业家天心行活动，做好“迎老乡、回故乡、建家乡”工作，加大宣传崇尚尊商之道。结合庆祝中华人民共和国成立70周年，开展“不忘初心•我与祖国共成长”理想信念教育活动。向省、市、区推介“最美建设者”、天心招商形象大使，评选天心“贴心”商（协）会。

（游桃红）

图44　2019年9月26日，天心区召开非公企业“筑梦天心•优化营商环境”政企恳谈会
（区工商联供图）

【“筑梦天心•财富与风险”专题讲座】 2019年3月6日，天心区工商联结合庆祝“三八”妇女节，组织非公经济组织中女企业家、女高管开展“筑梦天心•财富与风险”讲座及银企对接活动。活动邀请天心区法院原副院长彭丽群作题为“法律视角下的家族财富保护与传承”的讲座，下发《天心区“营商环境优化年”政策汇编》，解读《长沙市天心区“营商环境优化年”实施方案》；针对非公企业“招工难”“用工难”的问题，对“长沙人力资源服务产业园”以及3家人力资源企业进行推介；针对非公企业融资难、融资贵的问题，邀请中国建设银行天心支行和长沙银行华龙支行在会上分别进行产品推介。（游桃红）

【区工商联五届四次执委（扩大）会议】 2019年3月21日，天心区召开区域经济形势报告会暨区工商联五届四次执委（扩大）会议。区委副书记、区长黄滔作天心区区域经济形势报告，为天心民营企业家专场解读“天心营商环境30条”；听取和审议区政协副主席、工商联主席罗超纲代表工商联执委作的2018年度工作报告，对2019工作进行部署；表决通过新晋工商联执常委；表彰2018年资助通道县一中“天心区同心励志班”的爱心企业；为16个天心区街道商会纠纷调解中心授牌；为30名天心区商会法律顾问团成员颁发聘书。会议最后，区税务局开展减税降费多项政策宣讲，助力企业享受政策红利。

（游桃红）

【优化营商环境政企恳谈会】 2019年9月26日，天心区“不忘初心、牢记使命”主题教育征求意见座谈会暨非公企业“筑梦天心•优化营商环境”政企恳谈会召开，邀请辖区44家重点非公企业负责人，就推进主题教育如何进一步优化营商环境进行面对面交流。区委书记朱东铁，区委副书记、区长黄滔，区领导周志军、贺国权、刘向、侯向宇，以及区直相关部门、各街道负责人参加。

（游桃红）

【非公有制企业负责人深圳高级研修班】 2019年8月24—30日，天心区工商联、区委“两新”工委联合组织47名非公企业负责人、党组织书记、法律顾问团成员，到中国特色社会主义先行示

范区——深圳进行高质量发展研修班培训学习。师生一起交流深圳民营经济发展对内地的启示、情绪压力管理与阳光心态的塑造、粤港澳大湾区经济融合发展及未来发展趋势；学习华为管理模式的“道”与“术”；探讨中美贸易战与金融安全对策；解码深圳经济特区创新发展的驱动力；实地参观深圳市腾讯计算机系统有限公司，考察深圳特区中的特区——深圳前海自由贸易区、甘坑客家特色小镇。

（游桃红）

【“筑梦天心　不忘创业初心”报告会】 2019年10月25日，“筑梦天心　不忘创业初心”报告会暨深圳非公班学习分享会召开。长沙市委统战部副部长、市工商联党组书记丁文，天心区委常委、统战部部长刘向，区政协副主席、工商联主席罗超纲出席活动。邀请李艳归、张建明两位近70岁的老企业家作主题报告，聘请两位企业家为天心区非公企业创业导师，邀请3名参加2019年8月深圳经理学院培训的学员代表上台发表学习心得。（游桃红）

天心区党外知识分子联谊会

【概况】 2019年，天心区党外知识分子联谊会（简称“区知联会”）有成员64人，包括会长1人、常务副会长1人、副会长3人、秘书长1人、常务理事8人。（周　科）

【参政议政】 2019年，天心区知联会组织全体理事参观太平街、坡子街和西文庙坪片区有机更新项目现场，并在西文庙坪片区有机更新项目指挥部召开工作座谈会，畅谈对天心经济社会发展的思考。积极推荐优秀理事，调动知联会全体理事参政议政的积极性与主动性。其中，1名理事被增补为天心区政协委员；3位理事被市委统战部评选为有突出贡献的党外知识分子；2位理事被聘为天心区党风政风监督员。

（周　科）

【组织建设】 2019年，天心区知联会贯彻中央和省、市、区委统战部有关进一步加强党外知识分子思想政治教育的精神，深入开展“不忘合作初心，继续携手前进”主题教育活动，制定《天心区党外知识分子联谊会“不忘合作初心，继续携手前进”主题教育活动实施方案》，下发《习近平新时代中国特色社会主义思想学习纲要》等学习资料，组织全体理事到“天心区党外人士同心教育基地”——金桂社区“心中的梁家河”、长沙外滩党群服务中心等红色教育基地进行参观学习，全面了解习近平在梁家河村的七年知青岁月和青年毛泽东在长沙求知成长与求索伟业的发展历程，提高思想认识，凝聚政治共识。2019年，按照区委统战部的安排，组织理事参加天心区党外代表人士“不忘合作初心，继续携手前进”主题教育活动之同心运动会，荣获二等奖。与南托政协委员组联作组队参加庆祝政协成立七十周年文艺会演活动，合唱歌曲《走进新时代》荣获全区二等奖。

（周　科）

【社会服务】 2019年，天心区知联会做好天心区通道一中“同心励志班”结对帮扶工作，确保爱心助学金全部到位，并为结对帮扶的贫困学生送上衣物等生活物资及必需品。在加强物质帮扶的同时，注重密切日常的沟通联系，时刻关心帮扶对象的思想和生活，帮助贫困儿童树立远大理想。在联创共建的市级“同心社区”——九峰苑社区开展以“同心关爱、共沐书香”为主题的图书捐赠活动，为社区居民群众捐赠书籍总价值15000元。（周　科）

法　治

政法委及综治工作

【概况】 2019年，中共长沙市天心区委政法委员会（简称“区委政法委”）围绕“创一流业绩、树一流品牌”的工作目标，以建设“平安天心、法治天心”为工作主线，推进扫黑除恶专项斗争，创新社会治理，优化营商环境，开展平安宣传。2019年，天心区获评湖南省综治工作先进区县，保持省“平安县市区”称号，获评省国安工作先进单位、长沙市综治红旗区县（市）维稳工作红旗区县。　　（雷诗意）

图45　2019年4月14日，天心区委书记朱东铁（右三）调研南托街道牛角塘村　　（区委政法委供图）

【维护社会稳定】 2019年，天心区委政法委维护政治安全，开展“筑牢人民防线,维护国家安全”主题宣传活动。做好敏感期和重大活动时期的防控工作，成立集信访、人社、公安等部门为一体的联勤值守指挥中心，组建督查督导工作专班，及时处理各类不稳定事件，保障春节、“五一”、清明等重要节点和橘子洲焰火晚会、中华人民共和国成立70周年大庆、长沙国际马拉松等重大活动安全稳定。建立一支由平安建设志愿者、网格员、社区工作者等为主体的信息员队伍，确保各类不稳定信息第一时间掌控、第一时间化解。2019年，共摸排不稳定问题480余起，及时化解450起，收集不稳定信息1250余条，有效化解防控1120余起。调度协调化解怡海星城变电站建设等不稳定事件15起；及时处置桂花坪兴汝金城小区业主维权等不稳定问题70余起，协调处置意外事件100余起。开展信访化解“百日会战”专项行动。全年政法系统领导干部接访共152件次。区各政法单位涉法涉诉律师值班天数为300天，咨询登记629件次，化解（处理）涉诉信访5件，指引法律援助7件。开展积案化解“百日会战”，全年化解积案43件。其中，省交办件3件，区交办件20件，其他20件。　　（雷诗意）

【扫黑除恶】 2019年，天心区委政法委推进中央督导组交办问题整改，成立由区委书记担任组长、区长担任第一副组长的整改工作领导小组，制订整改方案，压实工作责任，做到立行立改、真改实改。对中央督导组反馈的21个全市需整改问题和市扫黑办列出的14个问题全部完成整改。每季度开展一次涉黑涉恶黑恶势力线索摸排，收集线索450条，办结线索447条。加大线索核查和案件办理，区委书记朱东铁挂帅督办。推进南托街道挂牌整治，经整治南托街道刑事发案率环比下降42.8%，辖区堵门堵路等现象得到遏制。部署开展裕南街解放四村曙光小学治安问题、魅力四射酒吧凌晨2点后乱象、娱乐场所涉毒问题专项整治。共筛查娱乐场所54家、从业人员和消费者1551人，排除隐患5处，关停酒吧、KTV4家，刑事立案3起，行政拘留3人，行政处罚44人。（雷诗意）

【创新社会治理】2019年，天心区委政法委推进“互联网+”群防群治，鼓励企业互动参与，推出全市第一家线下积分兑换超市。发动群众参与社会治理，全面推广应用“互联网+群防群治”平台，“星城园丁”APP下载量40万人，发展红袖章平安志愿者10052名，组织全区机关干部参加“万人大巡逻”打卡活动。加强特殊人群服务管理。争取财政专项资金100万元，为全区在册精神障碍患者全部购买监护人责任险和治安保险，其中三级以上严重精神障碍患者全部签订监护人协议，对“五项职责”落实到位的给予每人每年2400元奖励。对陈正国、张英林在杜甫江阁勇救落水男子的事迹予以表彰。新建改造12个驻村警务室并配备驻村辅警，在全市率先完成“一村一辅警”工作。全年12个驻村警务室共采集基础警务信息7873条，协助破获刑事案件8起，破获行政案件87起，协助开展安全检查262次，协助查处各类隐情隐患65处。首次为全区机关事业单位（含中小学、社区卫生服务中心）12.3万个固定座机和移动手机号码设置以平安创建、扫黑除恶、禁毒、综治民调为主要内容的来电彩铃和来电视频短片；创新在2000个小区电梯广告电视点位播放“平安天心”宣传片；在微信朋友圈推送“平安天心”有奖问答活动67万条。（雷诗意）

【服务发展大局】2019年，天心区委政法委出台政法机关优化营商环境系列方案，制定出台《关于开展企业家人身财产安全保护和“除虫护花”专项行动的实施方案》《天心政法机关优化营商环境“八严禁”》《天心区“营商环境优化年”企业家权益保护专项行动实施方案》，整合区纪委、监委、区政法各单位、区工商联、区市场监管局等单位力量共同保障企业家合法权益。定期组织“加强法治建设，优化营商环境”企业家座谈会，听取企业的意见；班子成员定期走访企业，实地了解诉求；主动与辖区重点企业进行电话沟通，发放征求意见函，并将收集到的问题交办至具体责任单位。走访或电话访问企业189家，帮助五凌电力、湖南建工集团、卓越江岸等企业解决问题51个。建立区扫黑除恶专项斗争执法监督专项组，对重大、敏感、复杂、疑难黑恶案件及时会商。在涉企案件处理适用法律政策上，落实“六个界限”“三个区分”“三个防止”（“六个界限”：经济纠纷与经济犯罪的界限，个人犯罪与企业违规的界限，企业正当融资与非法集资的界限，经济活动中的不正之风与违法犯罪的界限，执行和利用国家政策谋发展中的偏差与钻改革空子实施犯罪的界限，合法经营收入与违法犯罪所得的界限；“三个区分”：严格区分民营企业家违法所得与合法财产，个人财产和企业法人财产，个人合法财产和家庭成员合法财产；“三个防止”：坚决防止把经济纠纷认定为刑事犯罪，坚决防止利用刑事手段干预经济纠纷，坚决防止把一般违纪违法，工作失误甚至改革创新视为犯罪），严格区分企业家个人财产和企业法人财产，将保护企业家人身财产安全工作落到实处。开展金融领域、砂石矿产、建筑工程等行业专项整治，打击传销。（雷诗意）

图46　2019年2月28日，天心区委召开政法工作暨全区禁毒工作会议（区委政法委供图）

【政法综治培训】2019年2月14日，天心区街道政法综治干部能力提升培训班举办。区委常委、政法委书记黄文先出席。区委政法委全体干部、各街道分管政法综治副职、社区（村）书记、街道社区（村）政法综治专干等约300人参加培训。培训班为期两个半天，邀请市委政法委的相关负责人就政法综治、禁毒等主题作专题授课。（雷诗意）

【区委政法工作会议】2019年2月28日，天心区委召开政法工作暨全区禁毒工作会议。天心区委书记朱东铁，区委副书记、区长黄滔，区领导朱远红、黄文先、张少林、肖向东，以及区人民法院院长谭剑辉、区人民检察院检察长袁征参加会议。会上，朱东铁指出，要牢固树立稳定也是硬道理的思想，进一步提高做好新时代政法工作的自觉性；要坚定维护政治安全、社会安定、人民安宁，全力打造"平安天心""法治天心"；要全力打赢禁毒的人民战争，严厉打击毒品违法犯罪活动，坚决遏制毒情发展蔓延，巩固好禁毒成果。（罗桂华）

【扫黑除恶专项斗争约谈会议】2019年3月20日，天心区委副书记、区长黄滔主持召开天心区扫黑除恶专项斗争约谈暨廉政谈话会议。对辖区14个街道办事处主要负责人开展扫黑除恶专项斗争集中约谈和集体廉政谈话，提高干部政治站位，强化责任担当，推动全区扫黑除恶专项斗争达到"深挖治根"的效果。黄滔强调，各基层街道要全方位开展扫黑除恶摸底排查，针对重点领域和行业多渠道、全方位开展扫黑除恶专项斗争；要求领导干部要认真学习党纪党规，以身作则，履行管党治党政治责任，要崇尚实干担当，勇于担责担难担险。（雷诗意）

图47　2019年2月14日，天心区委政法委举办全区街道政法综治干部能力提升班（区委政法委供图）

【部署扫黑除恶打击传销工作】2019年4月4日，长沙市天心区召开扫黑除恶专项斗争打击传销工作推进会暨2019年度天心区打击传销工作联席会议。区政府副区长洪孟春、张建，区打黑办副主任邓志强、区金融事务中心主任于意及区公安分局副局长曹鹏飞出席会议，天心区打击传销工作联席会议成员单位分管负责人、各街道分管负责人及全区各市场监督管理所所长、派出所所长60余人参会，会议由副调研员黄光泽主持。区市场监督管理局局长邹展对2018年打击传销工作进行总结回顾，对2019年全区打击传销工作进行部署安排，各相关单位做发言。洪孟春要求全区各部门把打击传销作为维护营商环境的重要内容，切实强化各项工作举措，齐抓共管，密切配合，严厉打击传销违法犯罪行为，把此项工作抓细、抓实、抓出成效。（雷诗意）

【2019年度案件评查工作】2019年7—8月，天心区委政法委组织开展2019年度案件评查工作。该次评查活动共评查案件40件，经过认真筛选，形成由高校法学教授、律师事务所骨干等14人组成的专家评查组，参照政法机关案件评查规则对案件的执法思想、事实认定、实体处理、执法程序、法律适用、卷宗归档等方面进行全面评查，对争议较大的疑难复杂案件及拟评定为基本合格和不合格等次的案件组织复评。40件参评案件中，被评定为优秀等次的案件2件，合格等次的案件34件，基本合格等次的案件4件，形成案件评查情况通报发至各政法单位，督促各责任单位即时整改。通过开展案件集中评查活动，有效纠正各政法单位办案中尚存的陋习，规范办案行为，提高案件整体质量。（谢雨芯）

【启动“互联网＋群防群治”暨爱路护路宣传月活动】 2019年6月28日，天心区“互联网＋群防群治”暨爱路护路宣传月活动启动仪式在天心区实验小学举行。长沙市委政法委委员王伟峰，天心区委常委、政法委书记黄文先，区公安分局党委委员、副局长龙江等出席活动。活动中，上演大合唱《红袖章之歌》、校园防欺凌舞台剧《说“不”的力量》、群防群治志愿者武术表演、志愿者代表宣读《群防群治倡议书》等节目。新开铺街道等3个单位被评为“互联网＋群防群治”平台宣传推广先进单位，10名群防群治积极分子接受颁奖。本地企业欣和美生活超市与天心区委政法委签订合作协议，成为长沙市首家“星城园丁”APP线下积分兑换特约商户。（陈　畅）

【“毒黄赌”问题专项整治行动工作推进会】 2019年9月27日，天心区委政法委副书记陈国其主持召开扫黑除恶专项斗争迎中央督导“回头看”暨“毒黄赌”问题专项整治行动工作推进会。区委常委、政法委书记黄文先，区政府副区长、公安分局局长肖向东等出席会议并做专题工作部署。区扫黑除恶专项斗争领导小组所有成员单位、14个街道相关负责人参加会议。（杨　峰）

【天心区平安建设领导小组第一次全体会议】 2019年11月6日，天心区平安建设领导小组召开第一次全体会议，区委常委、政法委书记黄文先，区政府副区长、区公安分局局长肖向东以及平安建设领导小组各成员单位参加会议。会议由区平安建设领导小组办公室主任、区委政法委副书记陈国其主持。会上，区委政法委委员、区平安办副主任邓志强宣读《关于成立长沙市天心区平安建设领导小组的通知》，区综治中心主任、区平安办副主任彭文杰对平安建设年度工作考核进行安排部署，就平安建设考评方案作说明。（陈　畅）

【梁云到天心区调研禁毒工作】 2019年12月24日，国家禁毒委员会常务副秘书长、公安部禁毒局局长梁云一行到天心区坡子街街道调研禁毒工作。湖南省禁毒委副主任、省公安厅党委委员、副厅长李介德及省、市、区禁毒办相关负责人陪同调研。梁云查看坡子街派出所“守护解放西”工作相关情况，听取天心区委副书记、区长、区禁毒委主任黄滔关于天心区禁毒人民战争开展情况的汇报，对天心区禁毒工作给予肯定。天心区14个街道均成立禁毒工作领导小组、各社区（村）均建立社区戒毒（康复）工作站；以重案要案破获为抓手，打击涉毒犯罪的效能提升；提升管控重点场所力度，常态化开展对KTV、酒吧、网吧、宾馆、出租屋等重点场所人员的毛发检毒专项行动；全面开展宣传教育，制定出台《天心区禁毒宣传标准化建设实施方案》，突出学校、小区、家庭等重点，扎实开展“六进”宣传活动；全面给予服务帮扶，采取“网格长＋禁毒专干＋亲人朋友＋红袖章平安志愿者”的多人组合模式，在戒毒治疗、心理矫治、就业指导、帮扶救助等方面，对吸毒人员予以关心、关怀。（雷诗意）

公　安

【概况】 长沙市公安局天心分局（简称“区公安分局”）设有32个正科级二级机构，其中派出所14个、大队13个、机关科室5个。全局有在职民警职工585人，基层一线派出所警力总数为335人，占总警力的57.26%。

2019年，区公安分局贯彻落实全国公安工作会议精神，紧紧围绕市委、市政府推进“产业项目建设年”“营商环境优化年”和省厅、市局决策部署，以“践行新使命、忠诚保大庆”活动和“不忘初心、牢记使命”主题教育为契机，深化政治建警、改革强警、科技兴警、从严治警，社会大局持续平稳，打击犯罪成效显著，重大风险妥善化解，扫黑除恶有力有效，营商环境持续优化，党建工作创出品牌。全年开展巡逻2万余人次，处置群众反馈的各类问题21238条；接待上访人员9004批25904人次；各类刑事立案4518起，破案1128起；破获毒品刑事案件56起；办理各类户口业务80125人次，受理审批出国境业务76708人次。为天心经济社会发展提供了强有力保障。联合媒体制作的全国首档警务观察类节目《守护解放西》网上播放量达1亿余次。（周　强）

【扫黑除恶】 2019年，天心区公安分局刑拘涉黑涉恶成员107人，摧毁涉黑组织2个，涉恶集团5个，涉恶团伙5个，冻结涉案资金2亿元。成功破获“11•07”套路贷涉黑涉恶专案，刑事拘留49人，捣毁涉黑涉恶组织4个，此案的侦破得到公安部、省公安厅、市公安局肯定。办结中央扫黑除恶第16督导组交办信访件117起，办结涉黑涉恶线索400余条。

（周　强）

【缉毒禁毒】 2019年，天心区公安分局破获毒品刑事案件56起，查处吸毒案件702起，抓获涉案人员1348人。成功破获部督“2019-84”号涉枪制贩毒团伙目标案件，刑拘36人，斩断一条从境外购进毒品，经云南、武汉运往长沙的贩毒通道。开展“降低污水涉毒成分专项行动”，针对市禁毒办考核的4个重点污水取样点所涉及的6个街道、25个社区，深入开展涉毒清查行动，严格控制污水监测涉毒成分比例。（周　强）

【“黄赌”整治】 2019年，天心区公安分局查处涉黄、赌案件248起。其中，涉黄案件166起，刑拘59人，罚款金额2.6万元；涉赌案件82起，刑拘24人，罚款金额26.41万元。成功破获陈某伟、邓某衡等人组织卖淫案，刑拘14人，行政拘留24人。成功破获省督“邱某、李某等人开设赌场案”，刑事拘留10人，行政拘留5人。（周　强）

【护航经济建设】2019年，天心区公安分局出台《优化营商环境十条举措》《服务夜间经济十二条》等举措，护航经济发展。《服务夜间经济十二条》获《人民日报》等多家中央、省、市级媒体报道。开展“铁拳行动”“除虫护花”专项行动和“春雷”摸排行动，全年摸排、清理辖区P2P平台、非法交易平台企业、单位94家，侦破各类侵害企业家合法权益的案件42起，打掉通过修改后台数据、操控盈亏的非法投资平台3个。

（周　强）

【巡逻防控】2019年，天心区公安分局开展常态化联勤武装巡逻，利用“互联网+群防群治”，织密巡逻防控网格，挤压违法犯罪空间。全年刑事案件立案数4518起，同比下降15.65%。“星城园丁”APP发展注册用户数46.12万，排名全市第二。组织开展巡逻2万余人次，处置群众反馈的各类问题21238条，问题处置率98.62%。落实“星城快警”要求，建立“一三五分钟快速反应机制”（核心部位1分钟、人员密集场所重点部位3分钟、中心城区5分钟快速到达现场），快警平台全年处理各类警情100余起，快速处置“6•4”沿江风光带持刀故意伤害案等多起涉刀案件，抓捕网上逃犯及现行犯罪嫌疑人8人，救助群众40余人。（周　强）

【窗口服务】 2019年，天心区公安分局办理各类户口业务80125人次，办理居住证34855张，受理审批出国境业务76708人次。推进服务窗口前移，全年为行动不便的特殊群体开展上门办证送证服务100余次。落实“只跑一次”措施，争取区财政支持，推出入境证件和身份证免费邮寄送达服务，全年各类证照办理网上服务比例95%。利用微博、微信公众号及时发布警方提示、政策解读、防诈骗宣传等信息200余条。

（周　强）

【特业管理】 2019年，天心区公安分局检查生产经营单位2000余家，下发责令整改通知书500份，取缔关闭3家，摸排确定消防重点单位1254家。开展安全生产培训、消防应急演练126场次。推进机修业、典当业、娱乐服务业、物流业、旅馆业信息系统的联网应用及实名登记管理工作，针对旅馆业开展检查4000余次，下发整改通知书300余份，对典当企业和机修企业共计检查500余次，发现治安消防安全隐患100余起，下发整改通知书110余份。（周　强）

【公安基层基础】 2019年，天心区公安分局推进“三年行动计划”，提前完成省公安厅、市公安局下达的基层基础设施建设目标任务。完成坡子街、桂花坪、青园、新开铺4个派出所的提质改造；金盆岭派出所搬迁改造；“星城快警”4个屯警岗亭建设；16个警务室的提质改造以及全局12个所、队电视电话视频会议系统改造，共计37个项目建设任务。建成全省一流的执法办案管理中心，完成机关食堂改造、大托铺派出所改造等项目建设任务。

（周　强）

【公安队伍建设】 2019年，天心区公安分局组织开展“践行新使命、忠诚保大庆”主题实践活动、“两转一提”大讨论及“不忘初心、牢记使命”主题教育。全年评选“先进基层党组织”7个，“优秀党务工作者”10名，“优秀共产党员”88名。组织34名党支部书记进行党建业务培训，开展红色革命教育活动60余次。开展健康警队建设，健全“四色”健康预警机制，推动“五小工程”建设，面向社会购买专业健康服务，组织开展各类健康管理活动20余次。申请省公安厅、市公安局公安民警基金会，区政法委慰问基金，发放困难家庭、生病住院等类别的慰问金20余万元。核实投诉民警系不实投诉的“12389”投诉件71起，维护民警正当权益14起。全年下发《警务督察通报》46期，《督察报告》9篇，下发督察通知书、督察建议书各3份，查处违规案件11起。全年提醒谈话30人，追责、问责民警24人次，党纪政纪处分3人次。全年通过天心公安微信公众平台发布信息436篇，微博357篇。（周　强）

【《星城卫士·守护解放西》】2019年，以天心区坡子街派出所民警为人物核心的全国首档警务观察类真人秀《星城卫士•守护解放西》在互联网上播放量达1亿余次。节目展现警情复杂地带的法、理、情、事，通过故事普及相关安全和法律常识。中央政法委“长安剑”、新浪网、凤凰网等多家媒体正面宣传报道；12月29日，中宣部、公安部、国家广电总局在北京专门召开《星城卫士•守护解放西》研讨会，高度肯定该片“为如何讲好新时代警察故事、纪实节目的创新表达等方面做出了有益尝试和探索”。（周　强）

【公安后勤保障】2019年，天心区公安分局办理更新警用公务车辆21台，警用摩托6台，租赁新能源车18台，维修保障公务车辆277台次，公务车辆ETC办理115台，支援全局执法办案及参战运兵用车。完成全警被装发放，新增采购单警装备，对安保装备及防护类装备及时进行补充。完成枪支弹药智能枪柜的改造安装并投入使用。强化基建管理，为景荣华苑办理不动产权证11户，改造天天向上小区一套住房为休息用房，供青园所值班人员休息使用。（周　强）

【全区公安工作会议】2019年3月22日，天心区2019年全区公安工作会议召开。长沙市公安局党委委员、副局长韦树恒，天心区委书记朱东铁，长沙市公安局天心分局各科、室、队、所负责人，交警、消防代表，先进集体、先进个人，民警、辅警代表等共300余人参加会议。区公安分局党委委员、副局长邹笑平宣读表彰年度“雷锋式优秀警队”“雷锋式优秀个人”“雷锋式最美女警”“雷锋式好家属”和“雷锋式敬业奉献模范”的决定，与会领导为受到表彰的先进集体和个人代表颁奖。区政府副区长、区公安分局党委书记、局长肖向东作《全面强化五项保障，坚决打赢五大硬仗，以优异成绩向中华人民共和国成立70周年献礼》的工作报告，总结回顾2018年全区公安工作，研究部署2019年天心公安的各项工作，指出要以政治建警为重点，强化政治保障；要以改革强警为重点，强化动力保障；要以优化营商环境为重点，强化发展保障；要以执法规范为重点，强化法治保障；要以夯实根基为重点，强化基础保障。韦树恒强调，要坚持“三个把握”，即把握好治安形势、把握好重点问题、把握好关键节点；聚焦“三个强化”，即强化合成作战、强化基础建设、强化人才培养；提升“三大能力”，即提升主动斗争能力、提升防控打击能力、提升队伍管理能力。朱东铁强调，要始终把政治建设放在首位，打造一支党放心、人民群众满意的高素质公安队伍；要在推动区域发展上、维护社会安定上敢于担当负责；要加强队伍建设，做到素质强警、从严治警、从优待警。（周　强）

【陈一新到天心区坡子街派出所调研】2019年11月14日，中央政法委秘书长、全国扫黑办主任陈一新率中央政法委、全国扫黑办调研组一行到天心区坡子街派出所调研。陈一新一行在坡子街派出所看望慰问基层一线民警、

图48　2019年11月14日，中央政法委秘书长、全国扫黑办主任陈一新（左三）到天心区坡子街派出所调研　（区公安分局供图）

辅警，检查坡子街派出所扫黑除恶工作台账，听取坡子街派出所相关工作情况汇报，对区公安分局在扫黑除恶工作中所做的工作表示肯定。（杨　峰　周　强）

【中央扫黑除恶专项斗争督导组到天心区开展督导工作】 2019年4月23日下午，中央扫黑除恶专项斗争第16督导组副组长马瑞民率督导组一行到天心区公安分局开展督导工作。中央扫黑除恶第16督导组第3小组副组长尹仲年及小组成员，湖南省公安厅巡视员赵剑，长沙市政府副市长、市公安局党委书记、局长唐向阳，市委政法委副书记闵文，市公安局党委委员、副局长韦树恒，天心区委书记朱东铁，区委常委、政法委书记黄文先，副区长、分局党委书记、局长肖向东，刑侦支队支队长周习文，分局政委罗晖，副局长黎银波及市局“11•07”专案组民警参加。

（杨　峰　周　强）

【侦破“11•07”套路贷专案】 2019年3月28日，天心区公安分局出动100余名警力对“11•07”套路贷专案展开收网行动，打掉以李某、周某、姚某为首的犯罪团伙3个，抓获涉案人员42名，刑拘29人，现场解救被害女性10名；收缴作案用的枪支1支，管制刀具3把，查获车辆9台、冻结涉案资金65万元。该案的成功侦破得到中央扫黑除恶专项斗争第16督导组副组长马瑞民肯定。4月23日，马瑞民一行到天心区公安分局听取该案汇报。湖南都市频道、红网等10余家媒体对该案侦破予以报道。（周　强）

【打掉依托网络社交平台成立的“平凡”恶势力团伙】 2019年4月17日，天心区公安分局根据前期侦查，成功打掉一个恶势力团伙，刑事拘留14人。该恶势力团伙是一个以黄某为首，依托QQ成立的号称为“平凡”的组织，通过召集社会闲散人员及职校在校学生，横行一方，长期从事故意伤害、抢劫、寻衅滋事等违法犯罪。2019年，该恶性团伙盘踞在五一广场周边，共作案4起，打伤、砍伤6人。（周　强）

【侦破“余易贷”涉嫌非法吸收公众存款案】 2019年4月18日晚21时许，经过4个多月的专案经营，天心区公安分局“余易贷”专案组在天心区、长沙县同时收网，一举抓获利用“余易贷”平台非法吸收公共存款案的5名主犯，成功办结该专案，对扫黑除恶中央督导组下发的13条线索形成战果。该案涉及全国各地的受损投资户2026人，涉案资金2.76亿元，收网当天，形成的受害人谈话笔录456份。（周　强）

【许显辉到天心区调研焰火晚会核心区域安保和警力部署等情况】 2019年6月3日，湖南省副省长、省公安厅厅长许显辉到天心区杜甫江阁现场调研焰火晚会核心区域安保和警力部署等情况。天心区委书记朱东铁，区领导侯向宇、肖向东、许波参加。许显辉要求突出重点、抓住关键，全力以赴做好相关筹备工作；把握重点，强化预警预测预防，严格落实排查、管控和应对处置措施；对所有展馆实行凡进必检、凡检必严，确保活动安全顺利进行；加强主会场及长沙市“一山一洲一江”景区周边重点路段的交通疏导，加强枪支弹药、易燃易爆、管制刀具、危险化学品、易制毒化学品等重点物品的安全管理；畅通部、省、市、区沟通联系渠道，通过整体联动、合成作战，实现无缝对接、高效运转。

（周　强）

【胡忠雄调研天心区“互联网＋群防群治”及禁毒相关工作】 2019年7月23日，长沙市委副书记、市长胡忠雄到天心区公安分局调研“互联网＋群防群治”及禁毒相关工作，深入天心区坡子街街道八角亭社区，现场调研指导扫黑除恶和社区戒毒工作。市政府副市长、市公安局党委书记、局长唐向阳，市公安局党委委员、副局长韦树恒，天心区委副书记、区长黄滔等相关负责人参加调研。胡忠雄要求，要突出打好“四大战役”：打好群众战、打好攻坚战、打好联合战、打好责任战。（周　强）

【杨光荣到天心区开展“推进政法领域改革”主题调研】 2019年8月6日，湖南省委政法委副书记杨光荣一行到天心区公安分局开展“推进政法领域改革”为主题的调研，长沙市委政法委常务副书记任安良，天心区委常委、政法委书记黄文先陪同调研。杨光荣一行到湘江大道人民西路口星城快警平台，实地察看快警平台的建设情况，向高温天气奋战在一线的民、辅警们表示感谢和慰问；到分局党建活动中心、指挥作战中心参观。座谈会上，区公安分局党委副书记、政委罗晖汇报分局深化警务改革所取得的成果。区政法部门负责人就政法领域改革工作进行汇报。杨光荣听取各单位推进政法领域改革的亮点、焦点、难点问题的汇报，对天心区蹄疾步稳推动政法领域改革任务落地落实给予肯定，表示将对各单位汇报的焦点、难点问题认真研究，着力解决，推动政法领域改革工作深入开展。

（周　强）

图 49　2019 年 8 月 6 日，湖南省委政法委副书记杨光荣（中）一行调研天心区公安分局“推进政法领域改革”工作

（区公安分局供图）

·交通管理·

【概况】 2019 年，长沙市公安局交通警察支队天心大队（简称“天心交警大队”）设置内务中队 5 个，路面勤务中队 12 个，在岗民（辅、协）警 313 人，其中路面警力数为 238 人，占总警力的 76.03%。

2019 年，天心交警大队贯彻落实全国公安工作会议精神，紧紧围绕“对党忠诚、服务人民、执法公正、纪律严明”总要求，建立“政治统率、群众参与、情报主导”的工作机制，深入推进“两转一提”（转观念、转作风、提能力），不断优化营商环境，致力于打造“三个过硬”队伍，实现“三零”目标。

（罗振杰）

【勤务管理】 2019 年，天心交警大队落实铁骑勤务，实现“巡线、控面”的网格管控效果。大铁骑队伍，采取高峰不间断巡逻与平峰整治相结合的模式，城区中队实行 1 名民警 +1 名辅警的小铁骑巡逻编组，采取高峰巡线管线、平峰巡面管面的模式，强化路面日常交通管控和高峰见警，其中核心区内管辖五一商圈延长至 23:00。围绕城区拥堵点段、施工路段、主干道、过江通道、公交地铁站点、重点商圈、旅游景点、校园周边等交通节点，加强重点布警，落实路段管理责任定位和督导考评机制。发挥分控中心数据集成和精准研判的优势，对城区交通流量和拥堵状况跟踪研判，做到流量、流向出现异动，实时预警和精准调度。对区域性交通流量异动状况，提前预判，协同指挥，联勤联动，快速疏通节点，均衡交通流量。节假日期间，调度警力加强五一商圈、南郊公园、长株潭商圈、动物园周边，采取就地疏导和上游分流措施，保障商圈、景点、通道的交通秩序。

（罗振杰）

【专项整治】 2019 年，天心交警大队采取大队统一整治、中队自行整治相结合的方式，加强并细化交通整治安排，对城市“八类重点”交通违法行为（严管酒驾、醉驾、毒驾；严管公交、出租、工程运输三类车辆；严管机动车乱停车、乱变道、乱插队；严管机动车无牌、假牌、套牌；严管发卡族、乞讨族、兜售族；严管电的、外卖、快递三类电动车；严管不按规定礼让斑马线、车窗抛物、开车打手机城市交通陋习；严管超员超载、超速行驶、疲劳驾驶、不按规定线路行驶等严重交通违法行为）开展专项整治。开展酒驾醉驾集中整治、机动车不礼让斑马线专项治理等“2+N”交通秩序整治行动，推进城市治乱疏堵，加强交通事故防范。

（罗振杰）

【重点交通违法行为整治】 2019 年，天心交警大队利用长沙市公安局天网系统、智能交通系统和六合一平台，对假牌套牌、毒驾酒驾等违法行为以及重点车辆违法清零进行比对分析、轨迹研判、情报导侦，提升精准打击的威慑效应，累计查缉布控精准打击 1967 起。大队结合“12345”群众举报以及自行研判，落实勤务管理措施，多次组织人员开展夜间专项行动，重点围绕高排车辆出行的新开铺路、时代阳光大道、中意路、芙蓉路等区域，对闯灯、闯禁、超载等严重交通违法行为进行查处。查处查扣假套牌汽车92台次，酒醉驾1572起，查扣超载货车1162台次，查扣两轮、三轮摩托车2445台次，查扣“电的”等重点电动车7602台次，处罚教育家用电动车19403台次，查处不礼让斑马线23831起，查处货车各类违法行为44376起，查处闯禁货车31162起，查处违停车辆354623台次，有效规范天心辖区的道路交通秩序。（罗振杰）

【疏堵保畅】 2019年，天心交警大队重点对城区主次干道、过江通道、主要进出城通道，实施分时段、分路段、分方向的交通信号“绿波”协调控制，减少绿灯空耗、红灯延误等导致的路口车辆积压，提高道路通行效率。全面梳理城区常规堵点、交通节点，围绕“道路开口、交通护栏、标志标线、警力配置、信号配时等是否具有挖潜空间”的命题，逐个剖析、分析研判拥堵原因，提出优化对策和警力部署。（罗振杰）

【指挥调度】 2019年，天心交警大队指挥调度岗自6:50至23:00，不间断进行视频巡逻，随时关注高德系统道路交通指数，根据数据分析及预判，全面掌握辖区道路交通情况。面对辖区多条道路为全面优化开展施工的情况，平峰期间在“既不耽误路面施工，也不影响交通通行”的前提下，精准调度路面警力，采取各项保畅通措施；或自行调控信号灯，以保证道路通行的畅通。（罗振杰）

【优化营商环境】 2019年，天心交警大队走访湖南省电力公司调度通信局、天一康园、同安医药集团、爱尔眼科总部、普瑞生殖与遗传专科医院、烟草物流园、雀园路6S街区等企业、单位，倾听诉求，对企业反映的问题及时跟进和处理，帮助企业解决问题。联系走访服务企业累计34家，收集企业反映诉求及问题63个，已办结28个。（罗振杰）

【事故预防】 2019年，天心交警大队处理简易程序事故4752起，一般程序事故97起，同比下降3%；死亡21人，同比下降27.6%；伤82人，同比下降18%。累计处理交通肇事逃逸案件18起，交通事故危险驾驶案件42起，危险驾驶案65起。大队累计排查上报道路隐患26处，占道经营市场隐患19个，督促按照“三同时”要求移交道路隐患60条，排查67所校园周边道路隐患，其中共治理完成道路隐患8处，加强对占道经营市场、未按“三同时”要求移交道路和校园周边道路隐患进行治理。（罗振杰）

【交通宣传】 2019年，天心交警大队进行各类宣传报道154次。落实“七进”和“小教员”工作，组织民警宣讲员深入中小学校55次、企业72次、驾校10次、客货运单位30次。开展交通安全宣讲活动，开展主体宣传活动2场，摆放宣传展板48块、张贴宣传遵守交通规则和行车安全知识挂图6000张、悬挂交通安全横幅29条、发放交通安全宣传资料4万份。通过高德、微信群等平台向辖区驾驶人发送交通路况和安全提示信息100余条，覆盖人数近50万人。（罗振杰）

检察

【概况】 2019年，长沙市天心区人民检察院（简称“区检察院”），内设3室6科1队：办公室（技术室）、政工室、监察室、侦查监督科、公诉科、监所检察科、民事行政检察科、控告申诉科、案件管理科（包含人民监督员办公室）、法警大队。截至年末，区检察院在职工作人员108名。

2019年，区检察院依法履行审查批捕、审查起诉职能，共受理提请批准逮捕703件1045人，批准逮捕540件791人，批捕率为76.8%。受理移送审查起诉1159件1588人，提起公诉933件1339人，起诉率为80%。适用认罪认罚从宽制度的案件837件1079人，适用率72.9%。其中，批准逮捕涉黑涉恶案件12件60人，提起公诉4件13人。办理涉及国有财产领域、食品药品安全等领域内的公益诉讼案件78件，督促行政机关向相关企业追缴税款4000万余元。监督公安机关立案19件24人，监督公安机关撤案54件54人，追诉漏犯10人，追诉漏罪33人，向公安机关发出书面纠正违法通知书15份，向法院提起刑事抗诉7件。办理羁押必要性审查案件92件，提出变更强制措施建议35份。向刑事被害人或家属发放司法救助款7万元。公开案件程序性信息1560份，公开终结性法律文书577份。2019年，区检察院成立优化营商环境暨服务民营经济专项工作领导小组，在区经开区和区文化广告产业园分别设立检察官联络室，在检察长联点的4家企业设立流动维权岗，通过定期走访和召开涉企座谈会，“零距

图 50　2019 年 9 月 19 日，天心区人民检察院驻长沙天心文化（广告）产业园“检察联络室”揭牌成立　（区检察院供图）

离”实行法律服务的供需对接；与区司法局联合成立检调对接工作室，在检察办案过程中引入中立的调解团队对涉及民事赔偿部分同步调处；与司法行政机关、义工组织、心理学专家联合，创建三位一体的未成年人帮教体系。区检察院办理的支持中国音像著作权集体管理协会起诉 KTV 著作权侵权纠纷系列案，入选最高检《民事行政检察工作 30 周年经典案例》。办理的 1 起虚假诉讼监督案，获评全省民行检察部门优秀案件。存在的不足：新形势下“四大检察”发展不够平衡，服务和保障区域经济社会发展的举措需要进一步做实；对照“捕诉一体”检察改革新要求，队伍整体素质能力有待进一步提升。（谢如薇）

【打击刑事犯罪】 2019 年，天心区检察院依法履行审查批捕、审查起诉工作职责，打击严重犯罪，开展扫黑除恶，主动融入和服务防范化解重大风险攻坚战，重点惩治非法集资等涉众型经济犯罪。全年批准逮捕 540 件 791 人，提起公诉 933 件 1339 人。（谢如薇）

【开展诉讼监督】 2019 年，天心区检察院监督公安机关立案 19 件 24 人，监督公安机关撤案 54 件 54 人，追诉漏犯 10 人，追诉漏罪 33 人，向公安机关发出书面纠正违法通知书 15 份，向法院提起刑事抗诉 7 件。办理羁押必要性审查案件 92 件，提出变更强制措施建议 35 份。（谢如薇）

【公益诉讼】 2019 年，天心区检察院办理涉及国有财产、食品药品安全等领域内的公益诉讼（指对损害国家和社会公共利益的违法行为，由法律规定的国家机关或组织向人民法院提起诉讼的制度）案件 78 件。（谢如薇）

【长沙天心文化（广告）产业园检察联络室挂牌成立】 2019 年 9 月 19 日，天心区人民检察院驻长沙天心文化（广告）产业园“检察联络室”揭牌成立，为园区企业搭建检察执法的绿色直通车。区检察院党组书记、检察长袁征，长沙天心文化（广告）产业园管委会副书记、副主任谢巍出席挂牌仪式。挂牌仪式后，在与企业代表的座谈会上，区检察院副检察长周新结合最高检办理涉民营企业案件 11 条司法执法标准，阐述司法护企理念与举措；区检察院申控科科长谢唯讲解检察联络室的职能及服务事项，与企业代表进行交流。派驻检察联络室是天心区人民检察院派出的工作联络机构，驻联络室的检察官办案组依法代表检察机关全面履行法律监督职能。（谢如薇）

【“天检 E 站”正式上线暨检调对接启动仪式】 2019 年 11 月 1 日，天心区人民检察院举行主题为“为民服务天检新作为”的微信小程序“天检 E 站”上线暨天心区检调对接启动仪式。区人大常委会副主任张少林、区司法局局长陈玉英、律师代表、调解员代表和区检察院检察官们共同出席启动仪式。仪式上，区检察院党组书记、检察长袁征表示微信小程序“天检 E 站”的上线、检调对接工作机制的启动是区检察院为民服务的两大重要举措。微信小程序“天检 E 站”是“一站式”检察服务平台，扫码进入后能办理的业务涵盖：案件查询、文书送达、检律和当事人对话、申请调解、认罪认罚、司法救助、信访举报等主要业务，并提供在线视频、以案说法、人大政协监督等交流、监督的渠道，保证全方位、全流程覆盖检察院全业务。检调对接工作机制是由区检察院在办案过程中引入中立的调解团队，依申请就各类可调解案件和涉法涉诉事项同步调处，区司法局遴选政治可靠、业务过硬的调解员，组成派驻检察院调解团队，具体负责调解业务。张少林、陈玉英、袁征共同按下仪式启动球，代表着微信小程序“天检E站”上线运行、检调对接正式施行。启动仪式后，全体参会人员现场观摩人民调解员对一起案件的双方当事人进行调解，技术人员进行微信小程序注册、登录等演示，具体讲解微信小程序“天检E站”操作方法及运用模式，值班律师在现场操作后为该小程序点赞。“天检E站”的上线拉近了检察机关与人民群众的距离。（谢如薇）

法　院

【概况】 2019年，长沙市天心区人民法院（简称“区法院”）受理各类案件25304件（含旧存，下同），同比增长39.55%；结案24375件，同比增长46.45%；结案率96.33%，同比上升4.54个百分点。审限内结案率为99.99%。（谢明生）

【刑事审判】 2019年，天心区法院开展扫黑除恶专项斗争；严厉打击盗窃、抢劫、故意伤害、寻衅滋事等多发性犯罪；依法打击危险驾驶、交通肇事等危害公共安全犯罪；从严惩处“毒黄赌”犯罪；严格惩治网络电信诈骗犯罪；依法严惩涉环境污染及食品、药品安全犯罪；惩处人民群众深恶痛绝的职务犯罪。（谢明生）

【民商事审判】 2019年，天心区法院受理民商事案件14887件，审结14240件，结案率95.65%。受理涉企案件10364件，审结9005件；对农民工工资、劳动争议、物业服务等涉民生案件优先立案、优先审理、优先执行、优先兑现；依法保护妇女、儿童弱势群体。探索“精神暴力”“经济控制”等新型家庭暴力案件审理经验，发出人身安全保护令24件；对类型化案件集中办理，以内设机构改革为契机，组建物业合同纠纷、机动车事故纠纷、商品房销售合同纠纷等类型化案件审判团队，推行专业化审判模式。（谢明生）

【知识产权审判】 2019年，天心区法院受理知识产权案件601件，审结581件。经最高人民法院批复和省、市法院同意，自2019年7月1日起，开始受理涉天心区、芙蓉区、雨花区三区域知识产权一审民事、行政、刑事案件；打击侵权假冒犯罪，运用刑事审判职能，严惩知识产权犯罪行为；增大侵权成本并鼓励依法维权。（谢明生）

【执行工作】2019年，天心区法院受理执行案件9012件，结案8767件，执行到位17.13亿元，结案率97.28%。实际执结率、执行完毕率、法定期限内结案率、终本案件恢复执行平均时间等各项核心数据均排名全市第一；充分利用财产保全、拘留、罚款、限制出境、限制高消费、公布失信被执行人名单等各类强制措施，共确定失信被执行人617家，司法拘留46人，限制出境6人，经济处罚3人；建立“拒执罪”移送常态化机制。全年共向公安机关移交涉拒执罪案件4件，依法刑事立案3件。（谢明生）

【完善诉讼服务中心】 2019年，天心区法院推进多元纠纷化解机制改革，加强两个“一站式”建设；启动“闪信+”电子送达系统，承办法官通过移动、联通、电信三大通信运营商有效查询当事人手机号码，向诉讼当事人发送诉讼通知；10月28日正式启动跨域立案，在诉讼服务中心增设专门跨域立案窗口，专人负责。（谢明生）

【“智慧法院”建设】 2019年，天心区法院建立诉讼材料收转“E中心”，集中收转文书资料，推行卷宗电子扫描工作；应用推广“电子法院”，推行网上立案，加强邮寄立案，司法拍卖引进VR技术，试点推行互联网开庭和微信调解；推进司法公开三大平台建设，在中国裁判文书公开网公布生效裁判文书23731件，在中国庭审公开网开展庭审直播案件5397场，在执行信息平台公开失信被执行人和限制高消费被执行人名单信息4666条。（谢明生）

【落实简案快审速裁改革】 2019年，天心区法院按照“1+1+1”标准建制（由1名法官、1名法官助理和1名书记员，组成一个简易案件审判单元），组建7个速裁团队，对简易案件明确速裁时间不得超过45天。全年速裁团队共收案6922件，占全院民事案件收案（不含法庭）的50.35%；结案6352件，占全院民事案件结案的49.14%。（谢明生）

司法行政

【概况】 2019年3月21日，按照天心区机构改革方案，天心区司法局与天心区法制办合并挂牌为天心区司法局。

2019年，全区司法行政系统围绕服务大局、服务民生、服务经济发展三大领域，发挥司法行政职能，完成全年各项任务。区司法局被评为全省“七五”普法中期先进集体。桂花坪司法所被司法部授予“全国先进司法所”称号。新开铺司法所被省司法厅授予“全省司法所工作表现突出单位”，刘新春被授予“全省司法所工作表现突出个人”。相关工作成效得到《长沙要情》《长沙改革交流》多次推介，被湖南都市频道、长沙新闻频道、《长沙晚报》、“掌上长沙”、“新湖南”、红网等媒体报道近20次。（周雯轩）

【规范性文件全过程管理】 2019年，天心区司法局严格落实规范性文件合法性审查、“三统一”、定期清理等制度，审查政府规范性文件2件，其中1件经审查发现内容有瑕疵后及时予以纠正，对全年政府制定的2件规范性文件均按期向法定监督机关完成报备。通过梳理全区政务服务的证明事项清理工作，共汇总形成《天心区保留的证明材料清单》《天心区取消的证明材料清单》，有效解决政务服务环节多、效率低、办事难等问题。（周雯轩）

【行政复议和行政应诉工作】 2019年，天心区司法局组织办理以区政府为被告行政应诉案件115件（含往年转结案件70件）。

图51　2019年，天心区司法局桂花坪司法所被司法部授予“全国先进司法所”荣誉称号（区司法局供图）

其中，一审案件42件，二审案件30件，再审案件37件，检察监督案件6件，审结的案件均无败诉情形发生。办理以区政府为被申请人的复议案件19件，无败复议情形发生。办理区政府作为复议机关的行政复议案件22件（含往年转结2件），充分发挥监督行政机关依法行政，维护公民合法权益的职能。（周雯轩）

【政府合同审查管理】 2019年，天心区司法局按照《重大行政决策程序暂行条例》的要求，全面实行区政府常务会议、区长办公会议议题会前法制审查制度。全年出具法律意见107份；审查备案以区政府名义签订的合同17份，出具法律意见36条；审查提请区政府下达征收补偿决定86户，向法院申请启动强制执行程序46户，征拆涉诉案件均无败诉，并就征收工作有关问题多次提出法律意见和建议，保障全区项目征收工作的依法顺利进行。（周雯轩）

【行政执法监督】 2019年，天心区以区政府名义下发《天心区全面推行行政执法公示制度执法全过程记录制度重大执法决定法制审核制度的实施方案》。严格行政执法人员资格管理，对77名离开执法岗位的持证人员执法证进行注销，对429名行政执法人员执法证进行年审。2019年5月，组织开展首届全区行政执法人员培训，共600余名行政执法人员参加。8月，组织全区200余人参加全面推行行政执法“三项制度”（行政执法公示制度、执法全过程记录制度、重大执法决定法制审核制度）培训。在全市率先全面推行行政执法公示制度、执法全过程记录制度、重大执法决定法治审核制度，要求在行政人员进行执法活动时，必须主动亮明身份并出示行政执法证件，并且按照“谁执法谁普法”要求，做好相应释法说理工作，政务服务窗口规范设置岗位信息公示牌，明示工作人员相关信息，有利于实现执法过程可回溯管理，进一步提高行政执法社会满意度。

（周雯轩）

【人民调解】2019年，天心区司法局开展“坚持发展‘枫桥经验’实现矛盾不上交”三年行动、“大排查、大调处、促和谐、迎国庆”和“四查四防化纠纷、千乡万村创四无”专项调解活动。推进行业性、专业性人民调解组织建设，创新建设区商会调解中心、6S特色商会调解中心和14个街道商会调解中心，服务涉企矛盾纠纷化解。全区调处各类矛盾纠纷1393起，调解成功1393起，调处率100%、成功率98%以上。区交调委成功调解道路交通事故纠纷143件，婚调委调解离婚纠纷案件302件，医调委调解医疗纠纷88件，物调委办理物业矛盾纠纷450件。各级人民调解组织共开展纠纷排查2790次，排查预防纠纷1127起，有效确保小纠纷不出社区、大纠纷不出街道、重特大纠纷不出区，无重大防范民转刑案件的发生。

（周雯轩）

【社区矫正和安置帮教】2019年，天心区司法局推进社区矫正专门化、队伍专业化、监管信息化、帮教社会化、工作规范化“五化”建设。完善区社区矫正信息指挥中心建设，配强监管设备。新入矫的243人全部完成入矫教育、考核，合格率100%，在册社区服刑人员未发生因监管不到位而导致脱漏管。实行个性化管理，组织对全区240余名社区服刑人员进行心理健康普查，根据普查结果进行分类管理。强化学习教育，将线下集中教育与线上“心岸”APP教育相结合，共开展集中教育10次，教育人数2380余人次。对刑满释放人员开展常态走访排查，与区公安分局、区检察院建立核查比对机制，通过“一月一比对、一季一核查”，实现排查率、衔接率、帮教率100%。推行社会化帮教，投资约10万元，引进社会组织长沙九州心理咨询有限公司参与社区矫正和安置帮教工作中的走访和行为规范等帮扶教育。截至年末，全区为符合条件的社区服刑人员落实低保11人次，安置人数68人。

（周雯轩）

【法律援助】2019年，天心区司法局对工作流程进行优化再造，区公共法律服务中心及驻法院值班律师共受理法律援助案件336件。其中，刑事辩护全覆盖案件45件，为未成年犯罪嫌疑人提供刑事辩护220件，农民工法律援助案件10件，老年人法律援助案件11件，妇女法律援助28件。接待各类法律咨询3394人次。试行司法所受理法律援助制度，各基层站点共接待咨询5760余人次，调解矛盾纠纷1059件。健全法律援助案件质量评价监督机制。召开“法律援助质量提升年”工作推进会，强化与区法院、区检察院、区公安分局的沟通联系。

（周雯轩）

【法治宣传教育】2019年，天心区司法局以学习贯彻宪法为龙头，认真落实“七五”普法规划。以“谁执法谁普法”为抓手，以教育群众、服务群众、促进改革为目标，创新普法形式，优化普法依法治理的内容；以服务民生促和谐为主线，营造良好的法治氛围。开展农村法治宣传月、扫黑除恶、防范非法集资、涉军法治宣传以及青少年法治宣传月等主题活动，开展各类集中宣传100余场次，举办法治讲座200余场次，印发宣传册、宣传袋等普法资料3.5万份。强化法治阵地建设，按照“一年一主题一公园”建设目标，建设桂花坪九峰苑社区法治公园。区司法局被评为全省“七五”普法中期先进集体。

（周雯轩）

【全国公共法律服务示范城区建设】2019年，天心区司法局提请区委、区政府印发《长沙市天心区创建全国公共法律服务示范城区实施方案》。接受区人大常委会对公共法律服务体系建设情况审议，根据审议意见不断完善公共法律服务工作举措。做好区政协五届四次会议的3件提案办理和答复工作。对区公共法律服务中心进行提质升级，增配法律服务机器人，引进长沙公证处家事法律服务团队。推进公共法律服务领导接待日制度，定期安排局班子成员到区公共法律服务中心开展坐班式值班，参与来访接待。推进黑石铺、先锋公共法律服务示范站建设。发展公共法律服务志愿点965个。全面完成社区（村）法律顾问签约工作，完善并印发《天心区社区（村）法律顾问考核办法》。开展公共法律服务需求调研，针对调研结果，赤岭路、文源、桂花坪等街道组织社区（村）法律顾问积极参与小区业委会成立、矛盾纠纷化解等工作，获得一致好评。

（周雯轩）

【营造法治营商环境专项行动】2019年，天心区司法局以打造最优营商法治环境为目标，在区公共法律服务中心设立企业服务接待专窗。联合区工商联，面向社会公开招募30名专家和律师组建商会法律顾问团，为商会提供结对服务。制定为中小微企业和困难企业提供免费或优惠的法律服务实施细则，新建“优化营商环境法律服务 e 微信群”，印发企业法律服务联系卡和中小微企业法律服务指南，为企业提供全天候服务。全年发放企业法律服务相关资料 1.8 万余份，走访企业近 300 家，开展法治讲座 30 余场。

（周雯轩）

【扫黑除恶专项斗争】 2019 年，天心区司法局印发扫黑除恶专项斗争宣传资料 2 万余份。引导律师参与扫黑除恶专项斗争。严格按照涉黑涉恶基本信息统计和个案统计规定，律师事务所接涉黑涉恶类案件必须向司法行政部门报备，引导律师严格遵守法律法规和执业纪律，尽职尽责做好会见、阅卷、调查取证、出庭辩护等工作。对社区矫正人员涉黑涉恶进行拉网排查，全年全区组织走访排查 4 次，共走访排查 1012 人次，全面摸排扫黑除恶违法犯罪线索。严管涉毒吸毒重点对象。配合公安派出所，定期进行尿检、毛发检测。对多次检测呈阳性的社区服刑人员游某、罗某进行收监处理。（周雯轩）

【法治政府创建工作推进会议】 2019 年 11 月 5 日，天心区召开法治政府创建工作推进会议。区委副书记、区长黄滔，区政府副区长、区公安分局党委书记、局长肖向东出席会议。园区、相关区直部门、街道办事处主要负责人及各司法所所长参加。会上，肖向东总结天心区法治政府建设取得的成效，就全面开展优化法治化营商环境示范区创建的各项工作进行部署，要求各级各部门一定要做到“四个到位”（组织领导到位、协同配合到位、宣传发动到位、深入落实到位），加快推进天心区法治建设的步伐。黄滔强调，各级各部门聚焦人民群众迫切需求和城市治理突出问题，抓好“学法、守法、执法和用法”等重点环节，强化工作措施，落实工作责任，有力有序推进法治政府创建。（周雯轩）

【“青年志愿服务共建法治文明”春节慰问】 2019 年 1 月 8 日，“青年志愿服务共建法治文明”春节慰问活动在中南林业科技大学举行。长沙市司法局副局长荀飞正，天心区委副书记朱远红，区委常委、宣传部部长肖雄伟，副区长张建等出席活动。活动在学生志愿者集体诗歌朗诵《法在我们心中》中拉开帷幕。荀飞正为中南林业科技大学“法润三湘”公共法律服务志愿点授牌，这是天心区在“如法网”上注册成立的第 529 个志愿服务点。该服务志愿点致力于发挥高校师生法律资源优势，践行法治精神和志愿服务精神。朱远红鼓励青年学生，要坚定地践行全面依法治国基本方略，在法治中国的建设中发挥重要作用；希望林业科技大学能进一步增强大学生法治素养，践行志愿精神，大力宣传公共法律服务，深入创建平安、法治校园，共建法治文明。该次活动共慰问中南林业科技大学 350 名生活困难的大学生。（周雯轩）

【2018 年度律师工作总结会】 2019 年 1 月 25 日，天心区召开 2018 年度律师工作总结会议，区属各律师事务所负责人、党支部书记及律所行政人员等共计 20 余人参加会议。区司法局副局长崔继华主持会议。会上，各所负责人和党支部书记分别汇报 2018 年工作开展情况和党建工作情况，各参会人员就如何做好 2019 年工作和参与天心区公共法律服务示范城区工作进行座谈交流。崔继华肯定天心区律师事务所和广大律师在业务开展、党建工作和服务大局方面所做的成绩，组织与会人员学习《关于进一步加强全市律师行业监管工作的通知》（律师行业监管十条）和《关于进一步规范律师行业执业行为的实施办法》（负面清单），要求全区律

图 52　2019 年 11 月 5 日，天心区召开法治政府创建工作推进会议（区司法局供图）

师守住底线，依法依规执业。

（周雯轩）

【天心区司法行政工作会议】 2019年2月20日，天心区司法行政工作暨优化营商环境专题部署会议在区政府南栋九楼召开。会议由区政府副区长、区公安分局局长肖向东主持。长沙市司法局副局长贝先明，区委常委、政法委书记黄文先出席并讲话。区司法局班子成员、全体局机关工作人员、司法所所长、司法助理员、人民调解员、社区矫正专干、区属律师事务所、基层法律服务所主要负责人、社区（村）法律顾问参加会议。区司法局党组书记、局长陈玉英总结2018年全区司法行政工作并对2019年工作做出部署，指出2019年全区司法行政工作要紧扣“民生造福”战略，以打造全国公共法律服务示范城区为抓手，以夯实基层基础建设为根本，加快推进“法治天心”建设，为推进“融城核心、璀璨天心”建设提供法治保障。崔继华宣读《2018年全区司法行政工作指导情况的通报》及《2018年全区司法行政系统业务技能大比武竞赛结果的通报》。与会领导为获奖单位和个人进行颁奖。各司法所所长递交2019年司法行政工作目标管理责任状。贝先明希望天心区司法局要继续保持战略定力，统筹盘活、做优做强各项工作，着力实现创新型、跨越式发展。黄文先提出三点要求：要提升维稳促安的实战能力；要提升服务惠民的协同能力；要提升改革增效的引领能力。（周雯轩）

【舒国华一行到天心区检查信息化体系建设情况】 2019年3月12日，司法部公共法律服务管理局副局长舒国华率信息化建设检查组一行4人对天心区“数字法治、智慧司法”信息化体系建设情况进行检查。湖南省司法厅党组副书记、副厅长黄春阳等参与检查。长沙市司法局党委书记、局长尹小英，天心区司法局党组书记、局长陈玉英等陪同考察。检查组一行实地察看区公共法律服务中心和桂花坪司法所建设及运行情况。在公共法律服务中心视频调解接待室，检查组了解视频调解系统运行情况和视频调解接待流程，对区公共法律服务及基层信息化建设工作给予肯定。区司法局注重实体平台、网络平台、热线平台“三平”融合，在14个街道全面建设专业便捷的远程视频调解系统，着力打造多层次、便捷化、精准性、普惠型公共法律服务体系。（周雯轩）

【张籐卿一行到天心区调研人民调解工作】 2019年3月15日，中华全国人民调解员协会副秘书长张籐卿率调研组一行到天心区调研人民调解工作。湖南省司法厅基层工作处处长周桥，省人民调解协会会长杨峥嵘，长沙市司法局副局长贝先明，天心区司法局党组书记、局长陈玉英等陪同调研。调研组实地考察龙珠英个人调解室、满嗲家庭调解室和区公共法律服务中心。张籐卿分别与龙珠英、满嗲亲切交谈，询问调解室的工作情况。在区公共法律服务中心了解天心区远程视频调解系统，听取天心区人民调解工作情况汇报，对天心区人民调解工作给予肯定，认为天心区人民调解工作成效显著，富有特色。

（周雯轩）

【“法律援助服务质量提升年”工作会议】 2019年3月15日，天心区司法局组织召开“法律援助质量提升年”工作推进会，区司法局党组书记、局长陈玉英，局党组成员、副局长崔继华出席会议，区法院、区检察院、区公安分局相关庭室负责人、区法律援助中心全体工作人员和法律援助案件承办律师代表参加会议。与会人员就如何进一步加强法律援助宣传培训、强化工作沟通协同、优化办案流程和质量监管评价等展开讨论，提出建议。陈玉英强调，要创新抓实法律援助，要进一步加强办案律师和法律服务工作者的政治纪律、法治理念、职业操守、业务素质等建设，探索实施法律援助服务质量多元评价方式，确保“法律援助质量提升年”工作取得实效。（周雯轩）

【扫黑除恶专题法治宣传活动】 2019年3月19日，天心区司法局联合南托街道办、综治办、派出所在南托街道办事处三楼会议室开展牛角塘村扫黑除恶专题法治宣传活动。区司法局党组书记、局长陈玉英，区司法局副局长崔继华，南托街道党工委委员、人大工委主任郭建华，派出所相关负责人、南托司法所所长等出席活动。活动邀请湖南律畅律师事务所主任邹新军给村民群众讲有关扫黑除恶知识，从“什么是扫黑除恶”切入，为村民朋友们讲解扫黑除恶专项斗争期限及目标、专项斗争主要内容、黑社会性质组织以及“村霸”的认定与处理等知识，并广泛发动村民群众提供涉黑涉恶线索。会上分发宣传资料200余份，村民群众纷纷表示将坚决支持政府的扫黑除恶行动，时刻准备为彻底铲除黑恶势力出一份力。区司法局组织专业律师团队为村民群众现场解答法律问题。陈玉英与群众亲切交谈，了解群众的法律需求。　（周雯轩）

【公共法律服务业务培训班】 2019年7月27日，天心区司法局举办天心区公共法律服务业务培训班，全体公共法律服务值班律师、社区（村）法律顾问参加培训。培训班由区司法局副局长吴洪文主持，区司法局党组书记、局长陈玉英作动员讲话并全程参加培训。培训邀请株洲市法律援助中心（株洲市公共法律服务中心）主任、九届湖南省律协法律援助专业委员会主任、国家一级律师、湖南省法学法律专家库专家刘新华讲授《当前法律援助五项热点工作》。刘新华结合自身的法律援助工作实践和研究成果，为全体参训学员讲授刑事案件律师全覆盖试点工作、认罪认罚从宽制度、法律援助案件质量提升活动、法律援助立法、法律援助文化建设等当前法律援助五项热点工作。湖南金州律师事务所高级合伙人、湖南省律师协会理事、长沙市律师协会监事刘岳带来的《公共法律服务与律师执业技能提升》，从公共法律服务志愿者的使命和初心到公共法律服务对律师业务的促进作用，从值班律师如何提高公共法律服务咨询接待素质到法律援助案件办理如何成就自我，进行全面传授。来自公共法律服务一线的优秀志愿者们分享公共法律服务值班、社区（村）法律顾问工作、法律援助案件办理的心得与体会。培训结束后，为巩固学习效果，天心区司法局组织学员们进行公共法律服务知识测试，内容涵盖公共法律服务体系建设和法律援助常见业务知识。　（周雯轩）

【“规范行政执法，建设法治政府”主题培训】 2019年8月27日，天心区司法局组织举办“规范行政执法，建设法治政府”主题培训，邀请来自中国政法大学法治政府研究院教授、博士生导师张莉授课。区直各单位、区各垂直管理机关等相关单位主要负责人，分管领导和法制机构全体人员，园区和各街道分管负责人，各司法所所长等200余人参加。听完讲座后，大家纷纷表示将深入学习行政执法“三项制度”，并严格规范文明执法。　（周雯轩）

【企业法律服务政策宣传和现场法律咨询活动】 2019年9月26日，天心区司法局和南托司法所参与天心经开区（新）筹建委员会主办的“2019天心区互联网+大数据企业服务政策宣讲”活动，开展企业法律服务政策宣传和现场法律咨询。活动现场邀请湖南金州律师事务所律师王蔚琼、湖南汗青律师事务所律师谢银胜就科技创新、用工合同、涉企业务办理、减税降费等事项进行现场答疑，司法行政工作人员进行政策宣讲，参会企业负责人纷纷驻足倾听。活动现场服务企业30余家，发放优化营商环境法律法规宣传折页及“满意在司法”等法治宣传资料200余份。

（周雯轩）

【李殿勋调研天心区公共法律服务中心】 2019年5月29日，湖南省委常委、政法委书记李殿勋调研天心区公共法律服务中心。省委政法委副书记杨光荣、熊晓强等参加调研，长沙市委常委、市委政法委书记钟钢，天心区委书记朱东铁等陪同调研。李殿勋指出，要提高政治站位、严格依法履职、持续深化改革、创新社会治理，打造一流的法治环境、营商环境、发展环境，服务于经济转型升级和社会治理变革。

（周雯轩）

图53　2019年5月29日，湖南省委常委、政法委书记李殿勋（前右二）调研天心区公共法律服务中心　（区司法局供图）

【全区司法行政系统重点防护期安全稳定会议】 2019年9月27日，天心区司法局召开全区司法行政系统重点防护期安全稳定会议，区司法局领导班子、司法所所长、科室负责人及社区矫正专干参加会议。会议传达学习湖南省司法厅特别防护期全省社区矫正与安置帮教安全稳定工作视频会议精神和要求，对防护期内社区矫正、安置帮教、矛盾纠纷排查及人民调解工作进行具体安排。区司法局党组书记、局长陈玉英指出，要切实增强意识；要严格落实特护期间24小时值班备勤制度；要全面落实重点防护期安全稳定工作各项措施。

（周雯轩）

网格化综合服务

【概况】 长沙市天心区网格化综合服务中心（简称“区网格中心”）负责天心区网格化服务体系建设、统筹指导部门和街道网格化工作，是区委直属公益一类正科级事业单位，内设综合管理部、信息技术部、协调调研部3个科室，无二级机构。截至年末，在职工作人员7名。

2019年，区网格中心按照界限清晰、便于管理、全面覆盖、责任明确的指导思想，成立1个区级网格化综合服务中心、14个街道网格中心、96个社区（村）网格工作站和418个子网格；依托“天心区网格通”手机APP整合各类资源，畅通信息上报渠道，推进网格问题及时处置。全年全区网格管家通过“网格通”APP收集、上报各类事项共94268条，处置率99.15%；利用“有事好商量”自治平台和全区科级干部进网格担任网格治理指导员的创新举措，全区各网格解决难题400余个。

（陈　琳）

【网格平台建设】 2019年，天心区网格中心建立区、街道、社区（村）、网格四级分流的上下联动机制，实行问题双向排查处理机制，由网格管家由下而上全面排查各类隐患和问题。由区网格中心收集梳理每月工作重点下发至街道、社区和网格。区网格中心平台整合党建、城管、环保、住建等平台，升级“天心区网格通”手机APP，方便网格管家入户走访和上报问题。与25个相关职能部门进行对接，收集整理党建、意识形态、综治、城管、环保等222项入网事项。开通“平安天心V”微信公众号，群众问题可在线上报。全年处置群众通过“平安天心V”上报问题123条，处置“星城园丁”APP事项28740条。

（吕正明　严　伟）

【网格力量整合】 2019年，天心区网格中心将网格化治理与“放管服”改革结合，人员力量下沉网格，按照“3+X”（“3”即每个网格组建1个党组织、配备1名网格管家、安排1名科级干部联点，“X”即社会力量）的模式配备治理力量，全区418个网格已注册或备案社会组织208个，2389名物业力量、1023名其他社会力量进驻网格。采取“一格一支部”或“多格一支部”等方式，将党支部或党小组建在网格上，全区建成网格党支部219个、网格党小组185个，直管党员20435名。发动辖区内机关企事业单位、社会组织、志愿者和群众等力量参与网格治理，全区500余名科级干部分派至418个网格担任网格治理指导员，为群众解决300余个网格难题。发挥“红袖章”平安志愿者作用，以社区群众、物业保安人员、院校师生为主力的2万余名“红袖章”志愿者队伍下沉到全区所有网格，结合“星城园丁”APP做好“互联网+群防群治”工作。

（严　伟　胡　玥）

【履行服务职能】 2019年，天心区网格中心在建立业委会的127个网格小区中打造“有事好商量”议事平台，全年各网格利用“有事好商量”自治平台解决网格难题129个。采用实地调研、集中座谈等方式，对各街道开展网格工作的特色亮点进行专题调研。编制《网格工作操作手册》，到街道组织集中培训14次。全区各网格管家开展垃圾分类宣传917场次，调处物业矛盾纠纷1000余件。以文明创建为引擎做细做实网格工作，组织部门人员认真参与网络文明传播活动，共发布符合主题的内容40余条。挖掘网格工作亮点并进行新闻宣传报道，全年在各级媒体发表正面宣传报道200余篇，天心区党建统领基层治理工作先后刊登在湖南省委改革办主办《改革专报》、中央改革办《改革情况交流》上。“有事好商量”获评全国城市基层党建创新案例。

（严　伟）

【天心区网格化综合服务中心举行挂牌仪式】 2019年3月20日，天心区网格化综合服务中心在区政府北栋一楼举行挂牌仪式。区委副书记朱远红，区委常委、政法委书记黄文先出席挂牌仪式。朱远红希望区网格中心全体干部团结一致，迎接挑战，打通服务群众“最后一米”。区委组织部常务副部长曾科宣读区委组织部任命陈琳为区网格化综合服务中心主任的决定。区网格化综合服务中心主任陈琳在挂牌仪式上表态。

（熊 琛）

【科级干部进“网格”】 2019年6月18日，天心区委社建工委、区委组织部、区网格中心联合发文，将区直各单位、街道的科级干部根据领导联点、分工及均衡原则，科学分派至全区418个子网格担任网格治理指导员。确定每月28日为网格集中走访日，当天原则上不召开全区性会议，不安排其他公务活动，全区网格治理指导员深入基层听取民意、答疑解惑，帮助居民、企业解决实际问题。6月28日，首个网格集中走访日，网格治理指导员共收集问题800余个，现场解决300余个。

（熊 琛）

【编制网格长（网格管家）工作指南】 2019年9月，天心区网格中心在收集、整理、核对前期入网事项的基础上，历时2个月反复修改、完善，创新编制长沙市首本网格长（网格管家）工作指南——《网格工作操作手册》。手册明确网格长（网格管家）工作内容、工作流程以及“网格通”APP操作流程，以图文并茂形式列出党建、意识形态、综治、城管、环保、物业、应急管理7个部门共222项入网事项的内容、首办单位和办结标准，为网格长（网格管家）更快更好服务群众提供了有效指引。

（熊 琛 严 伟）

【群众问题在线上报】 2019年11月15日，天心区网格中心“平安天心V”微信公众号“群众问题上报”功能试运行，天心居民只需动动手指，就能通过手机向公众号反映生活中遇到的问题，随时随地咨询求助、投诉举报、提出意见建议等。11月22日，此项功能正式上线，网格中心承诺“大小事情认真办、能办事情马上办、疑难事情尽力办、一切事情依法办”，希望用微信公众平台搭起一座民心桥，打通服务群众的“最后一米”。

（熊 琛）

【全区网格化综合服务工作调度会议】 2019年12月12日，全区网格化综合服务工作调度会议召开。天心区委常委、政法委书记黄文先出席调度会，对进一步做好做实网格工作提出要求。会上，区纪委党风廉政室对网格内舆情事件进行通报，区网格中心汇报前期工作及下阶段部署安排，各入网部门、各街道分管负责人对网格工作提出意见和建议。黄文先要求，要进一步配齐配强网格力量，明确要求和任务，完善信息畅通的渠道，充分发挥“五位一体”的作用；街道、社区（村）的干部要尽快进入网格角色，深入群众听民声解民忧；要不断提高网格工作效能；要进一步创新工作方法、探索工作模式，让“小网格”真正撑起“大服务”这张基层社会治理的“民生网”。

（熊 琛）

军事

人民武装

【概况】2019年，长沙市天心区人民武装部（简称“区人武部”）把学习贯彻习近平新时代中国特色社会主义思想和习近平强军思想作为首要政治任务，深入抓好中共十九大及十九届二中、三中、四中全会精神学习，“传承红色基因、担当强军重任”“不忘初心、牢记使命”主题教育持续深化，确保全体干部职工坚定看齐追随，深扎维护核心的信仰信念之根。利用民兵整组、军事训练、征兵宣传和执行任务等时机，采取理论固本、历史寻根、案例警示、情境感悟等多种方式，开展民兵思想政治教育，强化政治训练，坚决落实党对民兵力量绝对领导的各项制度规定。（柳馨娴）

【基层星级达标建设】2019年，天心区人武部通过建平台、交任务、促落实和日常指导帮带，与区委、区政府联合督导检查等方式相结合，奖优罚劣，树立导向。长坡社区湖南省国防教育基地、金桂社区“心中的梁家河”、桥头社区“红船初心”等成为各具特色的示范点。分批组织专武干部参加区委党校轮训和警备区组织的岗位培训。直接投入经费指导建设，完善街道武装部硬件设施，确保全区基层武装部年底前全部达到“三星”以上标准，60%以上达到“五星”标准。（柳馨娴）

【国防动员】2019年，天心区人武部针对国防动员潜力调查中人武部“剃头挑子一头热”的情况，以落实省、市相关会议精神为契机，通过召开动员会，理顺工作机制，合力挖潜；坚持领导带头、全员动员、分工负责，推动潜力调查。（柳馨娴）

【兵役登记】2019年，天心区年满18周岁的男性公民，按照“三个步骤、十七个环节”实施全员登记，辖区内在外就读大学和年度参加高考人员的底数清楚，全区18岁男性青年兵役登记率100%。（柳馨娴）

【民兵训练】2019年，天心区人武部针对雨季来临较早，极端天气发生频率高等实际，协调区委、区政府添置冲锋舟、操舟机，调整补充各种防汛物资，组织防汛抗洪骨干集训。在汛期来临前，衔接地方有关部门，对年度军事训练计划和战备方案进行集体研究会审，夯实应急应战的行动基础。针对突发汛情，快速集结，辖区民兵紧急出动参与防汛抗洪，检验民兵分队应急应战能力。（柳馨娴）

【民兵分队点验会议】2019年4月17日，天心区人武部在湖南红网新媒体集团有限公司召开民兵整组点验会议，红网基干民兵参加。区人武部部长出席，湖南红网新媒体集团党委副书记王冠华陪同点验。区人武部部长给新编基干民兵队伍授旗，宣布民兵干部任职命令：王冠华任民兵排长。区人武部参谋宣读新入队人员名单，逐一组织呼点。新入队基干民兵代表进行发言，新入队红网民兵集体宣誓。该次民兵编组，吸收湖南红网新媒体集团各类新闻宣传人才，造就一支能在应急应战中坚决完成任务的民兵队伍。（柳馨娴）

【役前训练政治教育】2019年8月30日，湖南省军区副团职参谋为参加役前训练的天心区应征入伍青年上国防教育课。授课人将自己在刚果（金）的所见所闻以及维和经历分享给各位应征入伍的青年朋友，引导青年们感恩祖国、珍惜和平，勉励青年在部队

努力学习，为建设伟大祖国贡献力量。（柳馨娴）

【参与抗洪抢险】 2019年7月9日，天心区坡子街街道西湖路路段出现湘江返水现象，区人武部迅速响应，启动应急预案，组织各街道民兵队伍做好抢险工作，集结区民兵应急连前往西湖路开展抗洪抢险工作。区委副书记、区长黄滔前往西湖路返水路段，实地察看汛情工作，指出要随时保证汛情值守，加强汛情研判，发现问题及时上报。（柳馨娴）

【新兵入伍欢送仪式】2019年9月10日，天心区新兵入伍欢送仪式举行。区委常委、常务副区长、区征兵领导小组组长周志军，区人武部部长、政委、副部长参加欢送仪式。周志军代表区委、区政府向新兵表示祝贺；区人武部部长对新兵提出希望；学生代表和新兵代表发言。欢送仪式展示天心区从军报国、拥军优属的氛围以及经各方支持、社会参与的征兵工作成果。（柳馨娴）

【议军会议暨党管武装工作述职会议】2019年12月19日，天心区议军会议暨党管武装工作述职会议召开。会议由区委书记朱东铁主持，区委副书记、区长黄滔，全体区委常委、区人大常委会主任于献，区政协主席夏艳兰，区人武部部长、政委、副部长及区各街道工委书记参加。会上，区人武部部长对全区党管武装工作进行总结讲评，副部长传达上级文件精神，王钰莹等4人作为街道工委书记代表向区委常委作党管武装述职报告。朱东铁强调，要切实筑牢听党指挥的政治灵魂，始终做到听党的话，坚定不移跟党走、一切行动听指挥，切实把加强党的政治建设摆在首位；要努力提升国防动员和后备力量建设水平，坚决完成党和人民赋予的各项任务，强化练兵备战鲜明导向，加大依法从严治军力度。朱东铁要求，要奋力开创新时代军政军民团结新局面；要争做富国强军的坚强后盾，各级要把党管武装工作牢牢抓在手上，始终把国防后备力量建设纳入经济社会发展总体规划，纳入党委、政府工作责任目标，通盘考虑，总体部署。（柳馨娴）

图54　2019年7月9日，天心区人武部组织民兵队伍抗洪抢险

（区人武部供图）

人民防空

【概况】 2019年，天心区人防办推进“15019”工程建设，完成项目主体工程建设及信息系统工程的施工准备工作。区人防办对全区警报设施全面巡查，对其中7台存在线路老化的警报设施及时进行线路更换和维修，确保人防警报设施正常运转和“11•1”全省警报试鸣日鸣响率100%。做好移动指挥车辆维护保养，定期开展卫星通信演练活动；参加市人防办在长沙县、开福区开展的人防通信指挥室外联动训练。完成新增1台警报器的选址、安装工作。定期保持与市人防办及各区县的电台沟通联系，电台沟通语音清晰，畅通率100%。组织开展指挥通信野外实战训练和人防疏散路线考察工作。加强人防工程维护管理，通过政府购买服务，加大巡查全区人防工程力度。全年地毯式巡查全区人防工程2次，对存在问题的人防工程单位提出限期整改要求，将巡查结果向所在街道通报，要求限时整改。探索人防工程四级管理模式，实行区人防办、街道办事处、社区和人防工程物管单位等四级管理模式，加强对人防工程的管理。制定《人防工程维护管理标准化方案》，明确《人防工程维护管理标准化细则》，全年无人防工程安全事故。完成15家新竣工人防工程的验收、登记和挂牌。组织各街道、社区和物管单位责任人开展2次业务培训，邀请专家进行人防工程设施设备维

护知识和消防知识培训，组织观看由长沙市安委制作的安全生产警示教育片。（谢羽桉）

【人防宣传教育“五进”活动】2019年，天心区人防办开展人防宣教“五进”工作。结合“5•12”防灾减灾宣传日，在中南大学附属第二中学开展“提高灾害防治能力，构筑生命安全防线”主题宣传活动；联系区内学校、社区开展宣教活动。以11月1日“全省防空警报试鸣日”为契机，组织600余名街道、社区干部群众及黄兴小学师生，在贺龙体育场东广场开展以“关注人防关爱生命”为主题的大型人防宣教活动。连续4年打造的“小手拉大手•防空防灾体验嘉年华”活动品牌影响力不断扩大。截至年末，区人防办在4所小学、5个社区举办9场人防主题宣传活动。（谢羽桉）

【人防宣传活动】2019年6月20日，天心区人防办邀请专家、讲师为天心区仰天湖金峰小学的学生们普及防空防灾知识，活动延续“小手拉大手 防空防灾体验嘉年华”主题，引导学生关注人防、了解人防、参与人防，提升师生紧急避险应急能力和自救互护技能。活动现场，讲解人防基础知识、夏季防空防灾要点、单人双人搬运法、有毒化学气体检测、校园人防应急柜操作观摩培训等。在“防空防灾体验嘉年华”互动环节，人防专业讲师现场指导学生穿戴防化服进行洗消体验，教授空袭来了正确躲避姿势、制作安全小屋等防护要领。7月25日，区人防办开展“学人防知识建安全社区”——天心阁社区专场活动。活动中，天心区人防办工作人员向居民发放人防知识手册等宣传资料，为居民播放《居安思危备战人防》宣传片，在讲解防化服及防护装备穿戴、外伤处理、单人双人搬运法、疏散踩踏预防与应对、心肺复苏等防空防灾救命技能的同时，邀请居民上台亲身体验，让他们在看、练中掌握疏散、防护、应急、救援等防空防灾救灾知识。（谢羽桉）

【人防演练活动】2019年11月1日，天心区人防办在天心区城南路街道白沙井社区贺龙体育中心东广场开展“11•1”湖南省防空警报试鸣日集中宣传演练活动。区政府副区长王海军，区住建局党组书记、局长李劲松出席活动。活动由区人防办主办，城南路街道办事处、长沙贺龙体育中心、城南路街道白沙井社区、天心区黄兴小学、长沙市民众应急服务中心协办。活动现场，区人防办设立展区，发放《人防小博士》等人防知识宣传手册和人防应急小工具等宣传品，为居民答疑解惑。现场给白沙井社区和黄兴小学赠送一批人防应急救援包、人防应急柜和人防知识手册，开展防空防灾有奖抢答赛，通过播放人防知识宣传片《人防小卫士》，摆放宣传展牌，悬挂宣传横幅等方式宣传人防工程、防空袭警报、生物武器、化学武器等知识和技能。王海军致辞，希望通过这次活动，使人防宣传进学校、进社区、进家庭，做到全面普及防空防灾知识。黄兴小学师生、白沙井社区人防志愿者们在区人防办、城南路街道等部门的配合下呈现一场防空应急疏散演练。演练开始之前，长沙市民众应急服务中心的专业人员现场为居民示范讲解防空袭警报、个人防护装备穿戴等防空防灾知识，并通过向观众演绎《炸弹来了》情景剧的形式，号召大家加入到防空防灾知识和技能的学习、宣传和行动当中。（谢羽桉）

图55　2019年11月1日，天心区人防办在贺龙体育中心东广场开展“11•1”湖南省防空警报试鸣日集中宣传演练活动

（区住建局供图）

城市建设与管理

自然资源和规划

【概况】 长沙市自然资源和规划局天心区分局（简称“区资规分局”）由原长沙市国土资源局天心区分局和原长沙市城乡规划局天心区分局机构改革合并后成立，是长沙市自然资源和规划局的正科级派出机构。2019年7月13日，整合完成并挂牌。内设办公室、党建监察科、自然资源保护利用科、空间规划和项目审批科、征地拆迁和法规科、财务科6个科室；设大托管理所、中心管理所、暮云管理所3个基层管理所；管理长沙市国土资源执法监察支队天心区大队、长沙市规划监察执法支队天心区大队、征地拆迁事务所。截至年末，在职工作人员105名。办公地点设在天心区新姚南路188号。（周晓媛　谭　巧）

【征地拆迁】 2019年，天心区严格执行103号令及相关政策标准和程序，坚决实施阳光征拆，共实施集体土地征拆项目28个，全年累计腾地172.77公顷，完成私房补偿292栋，拆除合法房屋面积约5.97万平方米，动迁人口数1014人，完成15个项目结算腾地。依法依规共审核发布《征收土地方案公告》7个，《征地补偿安置方案征求意见公告》7个，《征地补偿安置方案实施公告》6个，主动接受群众、媒体和社会监督，确保征地拆迁工作的公开、公平、公正。（周晓媛　谭　巧）

【规划管理】 2019年，天心区资规分局围绕中心目标，加强规划引领作用，协助完成全区重点规划任务、开展规划设计方案审查、提出专业规划意见，着力提升规划编制水平。聚焦“产业项目建设年暨营商环境优化年”，全力推动重点项目建设，对天心区129个省、市产业建设和重大用地项目逐一进行跟踪服务；落实企业规划指导服务，办结40个企业困难问题；结合“一圈两场三道”建设任务，推进民生项目建设。以“精、准、细、严”为标准，共完成审批临时用地1宗，涉及面积5.28公顷；核发城市个人住宅“建设工程规划许可证”3本，共计面积142.17平方米；核发临时建筑“建设工程规划许可证”23本，共计面积57052.47平方米；核发农民安置房“建设工程规划许可证”2本，共计面积127722.12平方米。

（周晓媛　谭　巧）

图56　2019年7月13日，长沙市自然资源和规划局天心区分局挂牌成立　（苏钊　摄）

【资源保护和集体土地不动产登记】 2019年，天心区资规分局做好天心区范围内各个单位、项目的权属认定工作，调处地籍纠纷，做到全区无二次地籍纠纷。通过协调长沙天悦投资有限责任公司与桑植县人民政府签订“增减挂钩”节余指标交易协议，划转14公顷其他农用地的“增减挂钩”节余指标供长沙天悦投资有限责任公司使用。完成新城砖厂复绿工作，复绿面积1.94公顷。针对天心区30宗批而未供土地，提出处理建议，加快完善用地手续，确保供地顺利开展。对于供地存在困难的宗地，采取督办、收回等多个方式，实现天心区2011年至2017年供地率全线达标。开展用地预审的前期调查咨询工作，优化工作流程，提升办理时效。2019年共发布2个项目的《拟征地告知书》，涉及用地面积0.59公顷；办理调查红线2宗地，涉及面积0.59公顷；办理农转征业务11宗，涉及面积124.8531公顷；收回并划拨业务1宗，个人申请确权业务4宗。年内顺利在天心区政务服务大厅设立4个业务窗口，全年办理收取土地收益金业务589宗，收取土地收益金497339元。

（周晓媛　谭　巧）

【第三次全国土地调查】 2019年，天心区完成第三次全国土地调查地籍建库、外业举证、外业核查工作，通过国家验收，差错率0.26%。（周晓媛　谭　巧）

【国土执法监察】 2019年，天心区资规分局出动巡查298次、715人次，下达《责令停止违法行为通知书》100份、《责令改正违法行为通知书》97份，并及时抄告街道和移送城管部门。查处土地违法案件1宗，矿产违法案件1宗，均已结案，另有4宗进行办理。共收缴罚没款1.77万元，没收地上建（构）筑物及附属设施3870平方米及违法所得5万元，移送公安机关1宗。共对66户建（构）筑物所占土地进行违法用地认定。2018年，国家自然资源督察武汉局例行督察下发天心区未整改到位图斑16宗，面积11.48公顷；已完成整改3宗（圭白路和西湖路），面积8.46公顷。2018年度共下发图斑253宗，监测面积110.06公顷（耕地面积36.54公顷）。其中，填报违法图斑38宗，已完成整改21宗。其他违法图斑60宗，监测面积15.6公顷；已完成整改47宗。2019年共下发季度卫星照片图斑134宗，监测面积117.31公顷（耕地面积19.92公顷），上报违法图斑8宗，监测面积1.52公顷（耕地面积0.35公顷），其中1宗已完善用地手续。实际还有未上报自然资源部违法图斑4宗，监测面积2.08公顷（耕地面积1.30公顷），尚未整改到位。

（周晓媛　谭　巧）

【规划执法监察】 2019年，天心区资规分局共受理批后管理卷47宗，参与放线57次，实施建设位置复验10次，实施竣工检查17次，到位率均达100%。全年向城管部门移送违法建设案件12件，向执法支队报送专报10次，共计实施控规修改、总图变更、项目新建、单体变更等项目公示107次。配合城管部门日常违法建设查处，及时、精准出具规划专业咨询意见69份，认定违法面积超4万平方米。（周晓媛　谭　巧）

【闲置土地盘活】 武汉局2018年认定天心区闲置土地共42宗，面积359.25公顷；已完成处置24宗，面积248.63公顷。去除绿心控规及司法查封项目后，完成处置面积比为85.87%。省厅下发天心区2018年7月以后新增疑似闲置土地共5宗，面积47.51公顷，其中不属闲置土地2宗。2019年已完成新增疑似闲置土地处置面积比为45.19%。天心区空闲地图斑128个（包含暮云地区65个），面积708.59公顷。其中，批而未供类共计36宗，面积277.72公顷；供而未用类共计92宗，面积430.87公顷。年度内已盘活98宗，面积610.13公顷。另盘活利用供而未建土地和省府周边围而未建土地共5宗，面积40.35公顷。

（周晓媛　谭　巧）

图57　2019年，天心区完成第三次全国土地调查。图为调查现场

（谢勇智　摄）

【建议提案办理及信访】2019年，天心区资规分局承办市、区建议提案35件，其中主办7件、会办28件，均已完成办理任务，答复件质量整体较高，提案建议采纳率高，并同步在线上报送提案议案答复件。严格按照程序和时限处理“12345”市民热线工单105件，受理信息公开申请48次，其他信访接待、咨询答复26次。

（周晓媛　谭　巧）

房屋征收管理

【概况】长沙市天心区城市房屋征收和补偿管理办公室（简称“区征收办”）主要职能对城市规划范围内国有土地上的房屋实施征收，对补偿、安置进行监督；负责国有土地上房屋行政征收的审批；负责监督、管理征收补偿资金的使用和征收委托合同的备案；负责辖区城市房屋拆除工作监督管理等。内设办公室、征收科2个科室，截至年末，在职工作人员12名。办公地点设在天心区白沙路389号。（张镜文）

【长沙机床厂及周边零星地块棚改项目（长铸地块）】2019年3月31日，天心区征收办发布长沙机床厂及周边零星地块棚改项目（长铸地块）征收范围公告，启动征收工作。8月22日，受区政府办委托，区征收办主任胡伟军在湖南机床厂及周边地块棚改项目部会议室组织召开项目房屋征收补偿方案征求意见公告论证会。区政府办、区司法局、区发改局、区财政局、区征收办、区住建局、新开铺街道、天心棚改公司、区自然资源和规划局（规划）、区自然资源和规划局（国土）等相关单位负责人参会。会议听取区征收办对项目征收工作开展的情况介绍和项目征收补偿方案征求意见稿制定情况的说明，就相关问题进行研究。会议认为，该项目房屋征收补偿方案经参会相关部门、街道认真论证并予以修订之后，原则通过；同意长沙机床厂及周边零星地块棚改项目（长铸地块）房屋征收补偿方案征求意见公告报请区人民政府批准后发布。8月23日，经区人民政府批准发布房屋征收补偿方案征求意见公告。（张镜文）

【新开铺路423号地块棚改项目（S1、S2、S3地块）】2019年3月31日，天心区征收办发布新开铺路423号地块棚改项目（S1、S2、S3地块）征收范围公告，启动征收工作。8月22日，区征收办召开项目房屋征收补偿方案征求意见公告论证会。会议听取区征收办对项目征收工作开展的情况介绍和项目征收补偿方案征求意见稿制定情况的说明，就相关问题进行研究。会议认为，该项目房屋征收补偿方案经参会相关部门、街道认真论证并予以修订之后，原则通过；同意新开铺路423号地块棚改项目（S1、S2、S3地块）房屋征收补偿方案征求意见公告报请区人民政府批准后发布。11月14日，经区人民政府批准发布房屋征收补偿方案征求意见公告。（张镜文）

【西文庙坪周边地块棚户区改造项目仁美园巷片区有机更新地块（B1地块）】2019年4月3日，天心区征收办发布西文庙坪周边地块棚户区改造项目仁美园巷片区有机更新地块（B1地块）征收范围公告，启动征收工作。项目由坡子街街道办事处承担房屋征收与补偿的具体工作。2019年7月12日报请区人民政府批准后发布项目征收决定公告，项目启动签约。截至2019年12月底，项目全部完成签约清零。（张镜文）

【西文庙坪周边地块棚户区改造项目B2地块（一期）】2019年5月21日，天心区征收办发布西文庙坪周边地块棚户区改造项目B2地块（一期）项目房屋协商征收工作告知书。该项目属于协商征收项目，协商征收工作严格遵守现行国有土地上房屋征收与补偿的法律、法规和政策规定，坚持把尊重群众的征收意愿摆在第一位，突出征收意愿的自主性、自愿性，突出协商的平等性。9月20日，发布项目房屋征收决定。项目由坡子街街道办事处承担房屋征收与补偿的具体工作。（张镜文）

【张家界市住建局到天心区考察棚改征收】2019年5月21日，张家界市住房和城乡建设局党组成员、副局长罗名军，张家界市人民政府房屋征收与补偿管理办公室副主任李红军一行10余人到天心区考察棚改征收工作。考察组现场考察南湖巷周边零星地块棚改项目，在长沙外滩指挥部会议室进行座谈交流。区政府副调研员杨权、市征收办征收科科长张荔以及区征收办、外滩指挥部办公室、天心棚改公司、区人居环境局、坡子街街道、城南路街道、裕南街街道、新开铺街道负责人参加。区征收办主任胡伟军介绍天心区棚改征收工作开展情况，市征收办及区直相关部门和街道就工作中的具体政策和问题与张家界市相关单位负责人进行交流和探讨。张家界市考察组表示要与天心区保持良好的联系和沟通，共同学习、同步发展。（张镜文）

【湖南机床厂及周边地块棚改项目A、B、C地块】 2019年6月11日，天心区征收办发布湖南机床厂及周边地块棚改项目A、B、C地块征收范围公告，启动征收工作。8月22日，受区政府办委托，区征收办主任胡伟军在湖南机床厂及周边地块棚改项目部会议室组织召开项目房屋征收补偿方案征求意见公告论证会。区政府办、区司法局、区发改局、区财政局、区征收办、区住建局、新开铺街道、天心棚改公司、区资规分局等相关单位负责人参会。会议听取区征收办对项目征收工作开展的情况介绍和项目征收补偿方案征求意见稿制定情况的说明，就相关问题进行研究。会议认为，该项目房屋征收补偿方案经参会相关部门、街道认真论证并予以修订之后，原则通过；同意湖南机床厂及周边地块棚改项目A、B、C地块房屋征收补偿方案征求意见公告报请区人民政府批准后发布。8月23日，经区人民政府批准发布房屋征收补偿方案征求意见公告。（张镜文）

【古道巷有机棚改项目（三期）S3地块】 2019年6月25日，天心区征收办发布古道巷有机棚改项目（三期）S3地块项目征收范围公告，启动征收工作。项目由裕南街街道办事处承担房屋征收与补偿的具体工作。9月24日，报请区人民政府批准后发布项目征收决定公告，项目启动签约。截至2019年12月底，项目全部完成签约清零。（张镜文）

【长沙广播电视大学新校区迁建项目】 2019年10月29日，天心区征收办发布长沙广播电视大学新校区迁建项目征收范围公告，启动征收工作。项目由黑石铺街道办事处承担房屋征收与补偿的具体工作。12月3日，报请区人民政府批准后发布项目房屋征收补偿方案征求意见情况及根据公众意见修改情况的公告。（张镜文）

征地管理

【概况】 长沙市天心区征地服务中心（简称“区征地服务中心”）为区政府直属正科级公益一类事业单位。2019年4月19日，根据天心区机构改革方案，将长沙市天心区人民政府征地办公室承担的行政职能划入区政府办公室，改为长沙市天心区征地服务中心，内设综合科、拆迁科、安置科3个科室。截至年末，在职工作人员8名。（谭　媛）

【征地补偿工作】 2019年，天心区征地服务中心依法依程序审核发布《征收土地方案公告》7个，按要求完成项目社会稳定风险评估方案，及时报送长沙市自然资源和规划局及市征地办进行备案。全年集体土地实施征拆的103号令项目有28个，腾地48.87公顷，完成私房补偿292栋，拆除合法房屋面积5.97万平方米。（谭　媛）

【征地安置工作】 2019年，天心区征地服务中心对省府新区103号令征拆项目中713名被征地农民进行货币安置，146名被征地农民进行住房安置；对暮云片区103号令征拆项目中的51名被征地农民进行货币安置。协调相关部门将圭白路项目、长沙市新园路、长沙市2005年中信新城工业建设用地、中意路（新岭路—伊莱克斯大道），长沙机床厂及周边零星地块棚改区改造统征地等项目中1672名被征地农民先后分25批纳入医保社保。2019年，经过三榜公示，区征地服务中心联合长沙天悦投资有限责任公司开展保障住房小区天悦和苑一期的选房分房工作，分房31套，安置被征地农民53名。区征地办联合长沙天悦投资有限责任公司继续开展团购商品房小区克拉美丽山庄的选房分房工作，启动4批，共分房60套，安置被征地农民93名。2019年共对103号令征拆项目中146名被征地农民进行住房安置。（谭　媛）

【省府新区征拆工作誓师大会】 2019年3月4日，天心区省府新区征拆工作誓师大会召开。区委书记朱东铁，区委副书记、区长黄滔，区领导黄文先、肖雄伟、王海军、张建参加会议。会议由黄滔主持。朱东铁强调，要围绕“努力建成功能完善、服务高端的省府新区”的战略要求，加快实施城中村改造，强化城改工作与产业发展的统筹，引进有实力、讲诚信的企业，维护好村民利益；加强城市管理与环境整治的统筹，将提质提档工作向农安小区倾斜；强化城中村改造与基层治理的统筹，推进好党建引领网格化管理

等工作。黄滔强调，要加大加快政策宣传、签约、腾地力度，强化各项保障，加强思想、资金、人员等保障。（谭　媛）

住房和建设管理

【概况】 2019年，天心区新增公租房租赁补贴234户、公租房实物配租580户，新增经济适用房购房资格149户、经济适用住房货币补贴18户、棚户区改造安置补贴427户。全年发放租赁补贴约176万余元。截至12月31日，天心区公租房实物配租2703户、公租房租赁补贴225户，经济适用房保障对象累计1.23万户，所涉及的户数、人数、补贴金额，均占内五区总数的近40%。

（谢羽桉）

【施工图审查备案、行政审批】 2019年，天心区住建局完成施工图设计审查备案（含消防、人防）项目83个，区域范围内与权属内的建设项目设计审查工作开展顺利，完成初步设计审查会8个：远见嘉华二期、福天藏郡广场、火把山及水利水电小区基础配套设施、五一商圈解放西路、黄兴南路有机更新、坡子街有机更新、城市道路塌陷安全隐患整治工程、新联路；下达初设批复10个，其中市政项目6个：新姚南路人行天桥、火把山及水利水电小区基础配套设施、五一商圈解放西路、黄兴南路有机更新、坡子街有机更新、城市道路塌陷安全隐患整治工程，房建项目4个：暮云消防站、天悦和苑二期、远见嘉华二期、福田藏郡广场；1个模拟初设批复（友谊中学）；1个方案设计审批会及批复（白兰路）；召开2个工程变更审查会（杉木冲路二标段、杉木冲路一标段）。（谢羽桉）

【黑臭水体整治】 2019年，天心区住建局拟订《天心区2019年城市黑臭水体治理攻坚战实施方案》。按"长制久清"工作要求，推进全区黑臭水体治理，每月例行巡河不少于两次，推动南托港截污、农安小区及道路雨污分流改造工作，各处整治黑臭水体情况稳定持续改善，未发生反弹。拟订《天心区黑臭水治理污水处理设备维护管理方案》，推动设备移交，每月对一体化污水设备例行检查不少于一次，提交一体化污水处理设备运行情况。牵头对竹塘路撇洪渠京广铁路以南部分露天排渠进行暗化改造，完成全部建设任务。（谢羽桉）

【排口管理】 2019年，天心区住建局每月例行巡查排口情况不少于一次，联合区市政维护中心、区公建中心完成5处排口整治，天心区城区排口基本做到旱季不溢流。区公建中心完成柏家河排口清淤工程，完成流量监测。在实际监测过程中，新开铺污水处理厂提升泵站正常运行，晴天及小雨情况下，柏家河排口未发现污水溢流进江情况，无市民投诉。拟订《天心区城区排水专项整治工作方案》，集中开展城区排水专项整治工作，规范排水许可登记，杜绝城镇污水乱排放现象，建立污水排放长效管理机制。（谢羽桉）

【管线及排污许可】 2019年，天心区住建局核发"城镇污水排入排水管网许可证"共10份；处理办结"12345"排水管理投诉工单25起、区蓝天办交办问题6起、区河长办交办问题6起；配合区城管执法局对管线项目占道、开挖许可进行审查，签署管线项目占道、开挖施工意见8份；审核批准停水申请7份。（谢羽桉）

【房地产市场监管、调控】 2019年，天心区新建商品房、住宅供应情况：批准预售面积153.79万平方米，同比下降14.07%。其中，住宅120.25万平方米，同比下降24.50%。新建商品房、住宅网签情况：网签面积160.84万平方米，同比下降22.94%。其中，住宅131.85万平方米，同比下降22.10%；新建商品房网签价格情况：住宅网签均价8879元/平方米，同比增长9.15%；非住宅网签均价13129元/平方米，同比下降3.75%。加快在建商品住房入市销售。

（谢羽桉）

【建筑工程招标投标及施工许可】 2019年，天心区住建局完成法定必须招标的政府投资项目招标投标备案34个，投资总额1268849万元；完成社会投资项目招标投标备案21个，其中房地产项目17个、改造项目4个，总投资494233万元。区政府投资应招标项目的招标率达到100%，公开招标率100%，未出现投诉举报事件。共办理建筑工程施工许可44个，其中房屋建筑项目42个、市政基础设施项目2个，施工许可3个工作日内办结。区住建局共168项行政权力事项全部录入省"互联网+政务服务一体化"平台。其中，依申请类事项25项（全程网办事项12项），无须申请类事项143项。"多规合一”平台录入事项134项。

（谢羽桉）

【物业行业监管】2019年，天心区住建局开展平安物业和最美物业人评选。针对物业服务行为和质量等重点难点问题和薄弱环节，下达整改通知书100余份，规范物业企业服务行为，提升物业服务质量。调处物业矛盾纠纷、办理“12345”物业热线工单、来信来访件等共513件。推动成立党组织领导下的业主委员会，指导新成立、换届、变更业委会39个。受理一般程序和应急程序使用物业维修资金申请项目280个，拨付维修资金620万元。（谢羽桉）

【建设工程质量安全监管】2019年，天心区住建局监管22个项目，对受监项目开展日常监督检查和专项检查412人次，下发隐患整改通知书101份，下发停工16份（含局部停工）。建立工地视频监控和扬尘在线监测系统平台；对建筑工地落实8个“100%”抑尘措施情况开展专项监督检查，对辖区内项目，开展12次专项检查，检查项目102个，对存在问题的项目督促其及时整改到位。

（谢羽桉）

【房屋安全管理工作】2019年，天心区住建局开展危旧房屋（构筑物）、高边坡挡墙和深基坑安全隐患排查，对于排查出来的隐患，均明确责任（单位）人加强监控，及时督办整改。针对暴雨等极端天气，及时处置房屋（构筑物）安全隐患20余起。下达房屋安全隐患整改督办函14份，受理房屋危房鉴定10起，妥善处理涉及破坏房屋承重结构的装饰装修投诉30余起，下达房屋装饰装修整改通知10份。（谢羽桉）

【房屋产权市场管理】2019年，天心区住建局对剩余项目逐一跟踪督办，按项目复杂程度邀请市、区业务领导组织专题会议研究解决，个别纠纷较深的项目聘请律师团队做个案指导，确保在法律框架内、时限要求内，稳妥推进项目扫尾。办理完成水工机械厂宿舍栋证及全部28户分户权证；颐美沁园（1栋117户）、福临阁（1栋100户）等，均具备栋证办理条件，待办证主体和分户公示期后，可进入办证流程；南福巷（2栋64户）在长沙市不动产登记中心做权籍调查，同步进行办证主体、分户情况登报公示，完成后可进入栋证办理；书院路352号（1栋54户）协助分批完成户证办理25户、城南公寓（1栋133户）协助分批完成户证办理66户，后续拟针对分户情况分类，组织研究形成个性化解决方案。省地震局应急住宅（2栋329户）物管用房

图58　2019年10月15日，天心区住建局与区文明办联合举办长沙市网络文明传播活动暨天心区“最美天心”系列表彰活动。图为“最美物业人”颁奖现场（区住建局供图）

与规划图纸不符的情况，督促办证主体整改；长铸佳园（7栋168户）因土地置换无经费来源，督促主体向其上级主管部门请示。

（谢羽桉）

【建设执法】 2019年，天心区住建局下达责令改正通知书67份，督促24个项目办理施工许可，依法行政处罚项目31个，处罚金额89万元。对扬尘控制不达标和不按规定将施工污水排入排水管网的建筑工地进行执法查处。立案8起，处罚金额23万元。

（谢羽桉）

【服务重点项目】 2019年，天心区住房保障服务中心以服务棚改项目为核心，组织召开7次开发商合作协调调度会议。为确保被征收户能选到称心如意的房子，主动积极跟项目负责人谈合作。全年调度房源1012套。其中，经适房78套，合作商品房804套（和庄二期584套，克拉美丽山庄50套，天鸿嘉园170套），限价商品房115套（新增天心佳苑20套房，公租房35套）。以“扫尾清零”为重点，采取送服务上门的方式，走访各“扫尾清零”项目指挥部，了解房源需求、预判保障资格、信息互通有无，确保房源全盘统筹、信息共享、灵活调度的工作原则得以落实。因政府机构改革，棚改安置货币补贴审批职能7月底已划转至区人居环境局，1—7月新增棚户区改造安置货币补贴427户，提交市局核定个案11户。（谢羽桉）

【职补工作】 2019年，天心区职工住房补贴工作领导小组办公室对全区57个单位210名职工的住房补贴进行审批。通过初审、复审、公示三个环节，210名职工可以享受住房补贴，职工住房补贴金额222.89万元。（谢羽桉）

【保障性住房小区管理】 2019年，天心区住房保障服务中心全面落实中低收入城市户籍家庭、新就业大学生和外来务工人员住房保障工作，以各级审计的高标准为准绳，加大整改力度，在入住率90%以上的基础上，做好房源分配工作。全区有公共租赁住房2725套，安置2693套公租住房，其中2019年新增公共租赁住房户120户，入住率98%。破解保障性住房入住巡查、租金收缴、消防安全、整改腾退、物业监管、维修维护等难题，专人专职负责小区巡查、租金收缴、整改腾退等日常管理工作，推动保障性住房运营管理市场化运作。加强保障性住房违规现象专项整治，对于“违约转租、违规装修、违章经营、违法搭建”等保障房使用中经常出现的违规现象做到及时发现、规范劝导、严厉制止。对各保障性住房房屋的安全隐患进行排查，开展“安全生产月”活动，将新增的112处房屋安全隐患全部报送市住建局，并多次协调市住建局到现场进行调研，督促开发商及时消除安全隐患，避免造成重大事故。（谢羽桉）

【租金收缴】 2019年，天心区住房保障服务中心健全公共租赁住房租金收缴制度，坚持“一月一上户”租金收缴不间断，加大运营机构租金收缴力度，对于长期欠租或不再符合条件的配租对象，开展欠租追缴与劝退工作，促进住房保障工作协调推进，维护保障性住房服务公平公正。对定向配租的广告产业园、区教育局、龙骧巴士集团等单位做好租金收缴及集中汇缴工作。年收缴租金178.47万元，汇缴216.35万元。

（谢羽桉）

【和庄二期项目选房活动】 2019年2月22日，天心区住房保障服务中心集中组织棚改被征收户参与和庄二期项目选房活动。选房活动现场，中心工作人员维护现场秩序，为选房者讲解选房政策、户型设计、朝向、面积、价格等。活动邀请区棚改办等相关部门进行现场监督公证，各项目指挥部房源科科长到场协助，配合做好安全防范工作。选房依据选房者认购审批的先后顺序有序进行，遵循“先签协议先选房”的原则，选房者依顺序进入，两人一组同时选房，3分钟内确定房号并现场签字确认。最终天心区115户棚改被征收户选中满意房源。

（谢羽桉）

【住建部考察组考察天心区城市管理工作】 2019年3月22日，住房和城乡建设部城市管理监督局局长朱长喜一行到天心区指导调研城市管理工作，湖南省住房和城乡建设厅副厅长高东山，长沙市城市管理和综合执法局局长邓鹏宇，天心区委副书记、区长黄滔等陪同考察。考察组对天心区城市管理的主要职责、做法、成效、问题、新形势下如何做好城市管理工作相关举措以及需要住房和城乡建设部城市管理部门研究解决的重点问题等开展专题调研。考察组考察红旗广场、湖南省第一师范学院、县正街、坡子街等地，聆听各观摩点主要负责人对拆违复绿、精细化管理、环境卫生、综合执法等工作推动机制和具体做法方面的汇报和介绍。朱长喜对天心区一些先进推进机制、具体创新做法等方面进行询问。（刘 波）

【保障性住房小区安全专项巡查】2019年4月23日，长沙市住建局联合天心区住房保障服务中心到天悦鑫苑、天凯南苑保障性住房小区开展安全巡查工作，就公租房小区中存在的安全隐患进行实地排查。检查组检查保障性住房小区楼房楼道间、电梯口、垃圾站等多处的设施设备，针对电动车管理、电梯门失灵、屋顶漏水、消防设施失灵等问题进行具体分析，并研究提出相应的整改措施。随后区住房保障服务中心不定期对保障性住房小区开展专项巡查。6月20日，到天凯南苑、凯悦荣城等保障性住房小区对前期市局相关检查问题部位进行复查。检查过程中，着重对小区是否落实火灾防范措施，消防设施器材是否完好有效，安全出口、疏散通道是否畅通，是否落实电梯专业维护等情况进行检查。7月18日，到天凯东苑开展安全生产巡查及住户走访工作。工作人员查看小区公共设施、消防通道、物业服务等安全生产工作情况，就消防安全方面与物业公司、运营机构进行沟通交流，排查小区安全隐患；逐栋逐户对承租人的身份证及租赁合同进行核实、排查，动态监管保障性住房入住、使用情况，杜绝转租、转借行为的发生。9月24日，到粟塘小区保障性住房小区开展安全巡查工作，就公租房小区中存在的安全隐患进行实地排查，巡查围绕公租房小区房屋管理、物业服务、维修维护、安全稳定等内容开展。（谢羽桉）

【公租房违规行为综合整治】2019年4月25日，天心区住房保障服务中心联合当地街道、社区及小区物业管理部门深入粟塘小区开展违规整治工作。通过逐户摸排、核实住户举报等方法，整改开设麻将馆15户、转租转借21户、腾退已死亡住户10户，21户因保障对象死亡家人进行重办资格。在社区及物业等各方的协同下，拆除粟塘小区占用公共空间搭建防盗门30处。在鄱阳小区、天凯东苑等公租房小区开展违规行为专项整治及欠缴租金催缴工作。整治活动集中上门入户核实情况，重点对公租房内开设麻将馆等经营或违法活动进行排查建档，对涉嫌赌博的依法予以取缔，对长期拖欠租金的进行租金催缴，加强对小区内转租转借、购房购车、违章搭建、店外经营等违规行为的排查整改，对存在违规行为的承租人发放限期整改通知单，责令其限期整改到位。在巡查中除违规整治工作，对部分困难群众建立关爱走访机制，对孤寡老人、“三无”人员、患有重大疾病等重点关注对象667户进行多次上户慰问。（谢羽桉）

【区领导检查安全生产工作】2019年1月29日，天心区委副书记朱远红率区委督查室、区城乡建设局、区城管执法局等部门，对文源街道进行安全生产检查。在天虹百货商场现场，朱远红听取责任单位的汇报，对实地进行细致检查，针对发现的问题，对库房货物堆码、从业人员安全教育等方面提出要求。各监管单位及生产经营单位均表示将加大宣传，深入排查，加强整改，切实消除隐患。1月30日，区政府副区长王海军率区城乡建设局、区国土分局、区住保局等部门负责人开展建设领域安全生产大检查。检查组一行检查新建西路跨线桥项目和徐记大厦项目。在项目现场，王海军听取责任单位关于项目情况的汇报，对实地进行检查，了解项目进度，针对发现的问题，对安全防护工作、配电箱管理规范和消防设施等方面提出要求。（谢羽桉）

【黑臭水治理工作部署会】2019年2月14日，天心区政府副区长王海军主持召开天心区2019年黑臭水治理工作部署会，区政府副区长洪孟春、许波出席会议。会议总结天心区2018年黑臭水治理工作成效和不足，研究2019年黑臭水治理“长制久清”工作任务。区城乡建设局传达《长沙市城市黑臭水体治理攻坚战实施方案》，提出2019年黑臭水治理“长制久清”工作任务，天心经开区（新）、区直各部门、各街道及相关单位对工作任务进行研究讨论。王海军指出，要充分考虑省、市相关文件，区内相关工作安排及会议研究意见，确保“长制久清”工作扎实有效推进。（谢羽桉）

【2018年“平安物业”“平安小区（网格）”创建总结会】2019年3月15日，天心区城乡建设局召开天心区2018年“平安物业”“平安小区（网格）”创建总结会。区委政法委副书记、综治办主任张庆祝，区城乡建设局党委书记、局长李劲松及“平安物业”“平安

小区（网格）”先进单位负责人参加会议。会议由李劲松主持。会上，天创物业、深圳市北方物业管理有限公司分别做创建工作经验交流，区城乡建设局对“平安物业”“平安小区（网格）”创建工作进行总结，部署下阶段物业管理工作及物业行业扫黑除恶专项行动。李劲松强调，各物业企业要提升物业管理水平，要在妥善处理物业矛盾纠纷、强化物业小区安全管理、树立物业文明形象上下功夫，要当好扫黑除恶专项行动的宣传员、主力军。张庆祝要求，各物业企业要充分发挥物业企业管理优势，积极参与平安创建，提升物业服务水平，助力天心平安建设。区城乡建设局以提升居民安全感和幸福指数为目标，开展“平安小区（网格）”“平安物业”创建活动，经过层层遴选、实地考察、综合评价，最终由区综治委评定“平安小区（网格）”10个、“平安物业”11个。（谢羽桉）

【区住建局挂牌】2019年3月20日，长沙市天心区住房和城乡建设局在区直机关大楼举行挂牌仪式。天心区住建局由原区城乡建设局、区住房保障局和区人民防空办公室整合而成。天心区政府副区长王海军，区住建局全体领导班子成员，原城建局、住保局、人防办中层正职干部参加活动。王海军、李劲松为住建局挂牌。区住建局局长李劲松在挂牌仪式上表态：区住建局将上下一条心、工作一盘棋、作风一股劲，勇挑重担、攻坚克难，努力奔跑、奋发有为，确保改革圆满成功，奋力谱写区住房和城乡建设事业发展的新篇章。王海军指出：区住建局未来的工作任重道远、困难诸多，希望区住建局全体干部职工适应形势、加快步伐、迎接挑战，团结一致、开拓进取、奋勇争先，推动全区住建和人防事业再上新台阶，为建设“融城核心、璀璨天心”做出新的更大贡献。（谢羽桉）

【朱远红调研基层治理暨小区物业管理工作】2019年3月27日，天心区委副书记朱远红率队调研基层治理暨小区物业管理工作。天心区政府副县级干部杨权，区委办、区住建局、区社建办、区公安分局、桂花坪街道、赤岭路街道、先锋街道等部门和单位的负责人陪同调研。朱远红一行到鑫远融和雅苑、夏威夷碧水春城物业小区，实地察看小区公共设施设备、绿化、卫生保洁、秩序维护等，了解小区物业服务情况和物业管理运行机制。在调研座谈会上，区住建局汇报全区小区物业管理工作，参会单位结合各自职责，从不同角度围绕做好物业管理工作发言，提出合理化建议。朱远红要求，要以创新思维探索性地开展物业管理工作，治理力量下沉，推进执法进小区；要突出党建引领，加强联动，发挥业主、业委会、物业企业和党组织在小区治理中的作用，形成小区治理合力；要加强物业企业监管，完善奖惩机制，加大责任追究，推进规范化建设。（谢羽桉）

【物业管理法律法规知识培训】2019年6月14日，天心区住建局举办天心区物业管理法律法规知识培训，全区各街道物管工作分管领导、物管办主任、辖区物业服务企业（项目）负责人及物业专职社工等近500人参加培训。培训班邀请湖南格物教育咨询服务有限公司资深律师和专家主讲，重点对物业企业常见的法律风险及防范、和谐业主关系构建、新《湖南省物业管理条例》、物业社工日常工作核心问题的法律适用等进行专题辅导，邀请天心区市场监督管理局讲授《电梯安全知识》。长沙市物业管理联席办副主任张晖要求，物业社工应从以人为中心、做事要专心、让业主舒心等角度出发，认真学习，提升履职能力，加强宣传引导，为提升物业管理水平做出积极贡献。培训班上，区住建局专门印制、发放《物业管理法律法规政策汇编》及《物业纠纷判例汇编》等资料，对下阶段全区物业管理工作进行安排部署。（谢羽桉）

【安全生产工作会议】2019年8月12日，天心区住建局召开安全生产工作专题会议。区住建局全体班子成员，相关科室、部门，局属各单位主要负责人参加会议。区住建局党组书记、局长李劲松主持会议。会上，李劲松传达上级关于安全生产工作相关会议文件精神。质安站对上半年安全生产工作做总结分析并汇报下一步住建系统安全生产和消防安全工作。会议指出，要针对重点行业加大隐患排查力度的同时，严格安全监管，落实整改措施，加强值班值守，提高处置能力，确保防患于未然。12月28日，区住建局召开安全生产紧急会议，传达贯彻市、区安全生产紧急会议精神。李劲松主持会议，区住建局全体班子成员，各科室负责人等参加会议。会上，李劲松对年终生产安全大排查整治相关工作进行安排。会议强调，要吸取“12•04”浏阳烟花爆炸教训，开展住建领域安全生产大排查、大整治行动；要上下联动全面开展安全生产大检查；全方位、全覆盖做好安全施工和文明施工排查整治工作；要重点抽查易发、多发的重点项目、重点领域、重点区域，及时消除质量安全隐患；要细化工作措施，建立隐患排查整治台账。（谢羽桉）

【王伟胜调研重点项目建设】2019年10月10日，长沙市住房和城乡建设局党组书记、局长王伟胜，调研员竺钦军带领市住建局相关科室、市城发集团、市轨道集团、市水业集团主要负责人深入天心区部分重点工程项目建设现场，调研项目建设推进情况。区政府副区长许波参加调研。王伟胜一行到天心区书香路自行车道、桂花坪道路建设项目现场，查看工程建设进度，了解工程建设面临的困难和问题，要求相关单位以更大力度、更实举措推进项目建设。（谢羽桉）

【BIM技术推广会议】2019年10月22日，天心区住建局组织召开天心区BIM技术（建筑信息模型技术）推广专题会议。区政府办、区住建局、天心经开区、区发改局、区财政局、区工业和信息化局、区公建中心、南湖新城公司、天心棚改公司相关负责人参会，会议由区住建局党组书记、局长李劲松主持。会上，区内具有BIM技术的相关企业介绍BIM技术的概念和发展现状，对天心区BIM技术发展提出建议；各部门就天心区开展该项工作进行探讨并提出建议。BIM技术即从二维到三维的转变，更形象、立体、可视，且一套系统囊括设计、施工、竣工以及后期维护等全过程。技术推广后，将有利于推动智慧城市的建设。（谢羽桉）

【文明创建专项督查】2019年11月5日，天心区住建局组建文明创建工作小组对辖区内的建筑项目进行迎检前的专项督察，检查天心馥园、有色青园二期、新天村生活安置小区、雅颂居等建设工地的文明创建工作落实情况，针对现场存在的职工宿舍“牛皮癣”较多、生活区垃圾未完全清理等问题，个别项目存在灭火器数量不足、食堂健康证过期、食堂未安装纱门等相关问题，提出整改要求及解决方案，下发整改通知书4份，责令项目限期整改并及时报告整改情况；对前期检查存在问题的中云公寓、书香苑项目进行整改复查，存在问题按要求整改到位。（谢羽桉）

【物业小区生活垃圾分类暨物业管理绩效考核工作调度会】2019年12月24日，天心区召开物业小区生活垃圾分类暨物业管理绩效考核工作调度会，区政府副区长王海军、许波，天心区各街道分管物业工作负责人、社区负责人及辖区物业项目负责人共400余人参加会议。会上，区生活垃圾分类领导小组办公室主任，区城管执法局党组书记、局长杨维君通报物业小区生活垃圾分类工作开展情况；区住建局党组书记、局长李劲松部署物业小区垃圾分类及物业管理绩效考核工作。许波从深化认识、提高站位，明确目标、突出重点，齐心协力、确保实效三个方面提出要求。王海军要求各物业服务企业要做好宣传动员、设施投放、确保效果等工作，引导小区业主（居民）养成垃圾分类好习惯，从源头减量；要进一步提升物业服务水平，履行服务合同约定，按照物业管理绩效考核标准做好物业公共收益公示、电梯安全监管等工作。（谢羽桉）

公共工程建设

【概况】2019年4月，按照天心区机构编制改革方案，原长沙市天心区工务局更名为长沙市天心区公共工程建设中心，为天心区人民政府直属公益一类正科级事业单位。主要承担区政府投资项目（工业园区项目、水利项目及城管、市政、环卫、园林等市城管系统下达的建设任务除外）的组织实施和代建管理工作。内设5个科室：办公室、工程管理科、总工室、计划前期科（合约造价管理科）、财务科，办公地址为天心区湘府中路298号。截至年末，在职工作人员43名。

2019年，天心区公共工程建设中心紧紧围绕项目建设主责主业，克服不利影响因素，凝心聚力推项目，敢于担当破难题，推进项目建设，全年完成投资约8亿元。（刘　望）

【“三大考核”任务】2019年，天心区公共工程建设中心推进完成“三大考核”任务，即政令畅通工程、“补短板”工程建设、老城区有机更新项目。政令畅通工程暮云特勤消防站12月实现主体封顶，市级考评名列一等。“补短板”工程建设（区九大民生工程）完成太平路、新建西路及跨线桥、中保路、桂花坪路东段和雨花区段等道路建设，一批断头路、瓶颈路建成投入使用。桂花坪路东段及雨花区段为城市次干道，项目位于桂花坪街道，西起刘家冲路，东至韶高路，全长727米，规划路幅宽度为26米。中保路（园艺路—先锋路）项目属省府新区断头路、瓶颈路项目，西起刘家冲路，东至桂花坪小学，全长约500米，宽20米，为城市支路。项目于2019年3月13日开工建设，于12月3日投入使用。老城区青山祠社区有机更新项目，主要对福王墓以西、书院路以东、劳动路以南、第一师范以北的区域，进行房屋立面改造、绿化、文化节点及小品小景建设，环境配套改造，消防等相关设施完善，改善当地的居住和生活环境，展现当地的历史文化。（刘　望）

【“四大亮点”工程】 太平路及两厢有机更新建设工程：太平路（解放西路—人民西路）南起人民西路，北至解放西路，长度378.68米，路幅宽度26米，地处五一商圈核心地段，居住商业用地较多，人口密集，是一条重要的南北向城市支路。项目于2018年9月3日开标、10月31日开工，2019年9月6日正式投入使用。其建成通车后被打造为天心区最美一条街，先后被人民网、《湖南日报》、《长沙晚报》等主流媒体宣传报道。新建西路及跨线桥建设工程：新建西路（西起涂金路，东至芙蓉路）全长545米，标准宽度32米，为城市主干道，设计车速50千米/小时。新建西路跨线桥主桥长261米，宽16米，全长462米，双向4车道，设计时速50千米/小时，项目在中华人民共和国成立70周年庆典之前如期完成，解决芙蓉路和新建路交会处交通“肠梗阻”问题，湖南省委常委、长沙市委书记胡衡华现场考察给予充分肯定。长郡外国语实验学校建设工程：项目8月底竣工，确保秋季开学前投入使用，为天心区教育增加班级学位101个，缓解省府周边中学学位紧张的难题。长郡外国语实验中学由天心区政府投资近3亿元建设，项目位于长沙市天心区黑石铺街道，北临志清路，东临新联路。总用地面积4.12公顷，总建筑面积5.10万平方米，其中地上建筑面积3.52万平方米、地下建筑面积1.58万平方米。主要建设内容包括教学楼、科技馆、综合楼、合班教室、报告厅、综合体育馆、教师与学生餐厅、培训用房、学生教师公寓及活动用房、地下车库及人防工程，建成后可容51个班。该学校建设标准高、配备齐全，力争打造成全省一流初级中学。雅礼外国语学校建设工程：该项目总建筑面积3.46万平方米，其中地上建筑面积2.36万平方米、地下建筑面积1.10万平方米。含教学楼、综合楼、食堂、学生宿舍、连廊、校门及门卫及地埋式垃圾站、地下车库、室外道路、围墙、绿化附属工程等。（刘　望）

图59　2019年9月6日，太平路（解放西路—人民西路）及两厢有机更新建设工程完工，正式通车（肖晓华　摄）

【两项重点工程】 2019年，天心区公共工程建设中心服务省“三干两轨”重点项目芙蓉大道快速化改造和先锋路项目建设，牵头负责项目在天心区的征拆协调、标线迁移及施工环境保障工作，着力打造“市、区共建”模式典范，做到保姆式服务，为省、市级重大项目保驾护航，展现长株潭融城的天心担当，得到省、市高度肯定。（刘　望）

【建业中学完成提质改造】 建业中学项目位于天心区金盆岭街道，提质改造面积约5000平方米。主要内容包括教学楼及宿舍外立面改造、内部装饰装修、强弱电改造、屋顶防水和室外运动场改造，以及食堂拆除重建，项目计划投资800万元。分两期招标施工，第一期为教学楼及宿舍改造，第二期为拆除食堂重建。该项目于2019年5月进场施工，至12月竣工建成。（刘　望）

【金盆岭派出所装修改造完成交付使用】金盆岭派出所装修改造项目为天心交警大队原办公楼进行装修改造，于2019年8月20日开工，改造面积约3600平方米。主要内容包括：拆除工程、室内装修、水电改造、室外地坪及外墙翻新、防水改造等。（刘　望）

【柏家河高排涵完成清淤工程】柏家河高排涵清淤工程项目，为2019年中央环保督察重大项目。主要完成对沉砂池、截污槽、截污干管、出江口段箱涵和出江口（湘江内）的清淤和外运，阶段性地解决柏家河高排涵污水溢流问题，改善入江的水质，保护该区域的生态环境。（刘　望）

【黄滔调研2020年省政府片区市政道路建设铺排工作】2019年12月3日，天心区委副书记、区长黄滔专题调研2020年省政府片区市政道路建设工作。黄滔一行实地察看白兰路、紫薇路、桂花坪路等13个项目，听取区公建中心相关负责人关于道路设计、路线走向和具体问题的汇报，与相关区负责人、相关部门一起研究探讨2020年省政府片区市政道路建设铺排工作。黄滔强调，各相关部门、街道要互相协调配合，保障项目建设资金，及时破解项目建设过程中存在的困难问题，细化重要路段节点实施方案，做好2020年市政道路建设各项前期准备工作。（刘　望）

城市建设投资开发

【概况】长沙天心城市建设投资开发集团（简称“天心城建投”），前身为长沙市天心城市建设投资有限责任公司，成立于2002年7月。2014年11月，正式组建长沙天心城市建设投资开发集团有限公司。2019年12月，根据市、区对平台整合转型的要求和部署，长沙天晖医疗投资有限责任公司、长沙天安置业有限责任公司、长沙天涵建材有限责任公司、湖南天信文创发展有限公司划入新成立的长沙市天心国资经营集团有限公司。长沙顺之安棚户区改造投资有限责任公司并入天心城投集团。长沙市南湖新城开发建设有限责任公司49%股权无偿划转给长沙市城市建设投资开发集团有限公司。截至年末，集团名下有1家母公司：长沙天心城市建设投资开发集团有限公司，3家子公司：长沙天悦投资有限责任公司、长沙天泰投资有限责任公司、长沙顺之安棚户区改造投资有限责任公司。（赵　莎）

【基础设施项目】2019年，天心城建投完成港子河示范段管理用房建设，并移交先锋街道，启动环城绿带、港子河绿化维护外包并完成港子河常态化清淤，优化长株潭商圈道路交通和营商环境。港子河消灭黑臭水体，为周边居民提供一个集休闲、娱乐、健身于一体的公共空间。（赵　莎）

【安置房建设项目】2019年10月18日，天悦和苑二期举行开工仪式，正式启动建设。截至2019年年底，已完成所有项目建设前期手续办理，项目驻地建设，土方外运1000立方米及桩基支护工程施工，全面完成该项目市对区的绩效考核任务。项目进一步改善居民的生活环境，提升生活品质，

图60　2019年，青山祠社区有机更新项目完成　（柳思洁　摄）

达到功能齐全、配套完善、品质优良、环境优美，为居民安居乐业提供物质保障。预计 2020 年年底完成封顶，届时 3000 余名拆迁户将圆安居梦。（赵　莎）

【“城中村”改造项目】 2019 年，天心城建投配合街道征拆进度，及时支付社保安置资金 2.75 亿元，为省政府新区“城中村”改造提供资金保障；完成新天、新开城改土地和天悦 8–3 号地、12 号地、19 号地农用地转征以及明辉地块收回手续办理，保障用地需求；完成实物房源安置 310 套 35973 平方米，安置指标 622 个。（赵　莎）

【棚户区改造项目】 2019 年，天心城建投有序推进棚户区改造，全力加快安置房建设。长沙机床厂项目、古道巷（三期）、太平街（一期）、火宫殿（一期）等在建项目基本实现签约清零；碧湘街（二期）项目、劳动广场项目完成征收。碧湘佳苑棚改安置房项目竣工交房，天心佳苑棚改安置房项目启动建设。（赵　莎）

【土地开发项目】 2019 年，天心城建投完成新建西路商业地块出让，实现收入 5.941 亿元，有效化解政府债务风险；对接资规、住建、消防等部门，优化土地规划指标，提高狮子山，天悦 2 号、3 号、1 号、5–1 号、11 号，明辉地块等土地的有效利用率；聘请专业咨询机构，对省政府片区社保融资用地、城改零星用地的整合利用进行整体规划；推进片区地块招商。结合省政府片区土地现状，重点推进天悦 2、3 号地、19 号地招商，对接湘江集团、城发集团、珠江实业等近 60 家意向企业。（赵　莎）

【资源运营】 2019 年，天心城建投完成新开铺路口、港子河、融城广场 3 处停车场的运营租赁；完成创谷园区写字楼招商 19710.23 平方米，商业招商 1666.59 平方米，完成写字楼销售 2900.9 平方米，商业销售 245.4 平方米，回笼资金 1.04 亿元，引入漫村文化、顺凯文化等 66 家企业，7 家商业，商业招商率 75%，构建多产业的格局，创造税收数千万元。推进生态复绿、盾构土环保处置、低洼田改造 3 个项目。盾构土环保处置基地于 6 月运营，全年环保处置盾构土 7000 余立方米。莲华生态复绿项目完成土方填筑和复绿工作，暮云新村低洼田改造项目完成一期联合验收前期工作，一期工程共计填筑土方近 40 万立方米。暮云新村低洼田改造二期梁场完成行政许可及土方消纳手续办理，启动梁场复垦工作；西湖村生态修复一期完成行政许可及土方消纳手续。（赵　莎）

【项目征收结算】 2019 年，天心区启动 5 个项目前期费用、财务费用、管理费用结算工作。天心一中项目完成前期费用长沙市财政评审中心评审，财务费用及管理核算并报市棚改公司及市人居局审核；太平街二期、狮子山项目、古道巷三期、新建西路项目完成前期费用长沙市财政评审中心评审；新下河街前期费用完成长沙市财政评审中心进窗并进入评审阶段。（陈胜前）

【老城区有机更新】 2019 年，天心区按照“消除消防隐患、打通交通微循环、改善片区环境、留住老城区记忆、升级商业业态”的改造目标，老城区有机更新共修复修缮房屋 1674 户，改造街巷 13251.17 米，铺设各类管线 143064.31 米（含给排水、强弱电、燃气、消防等），改造或新增路灯 374 盏，新建（改建）厨卫 77 户，新建（改建）站厕 37 座，打通微循环节点 8 处，打造空间和景观节点 36 处，新增车位 30 个；保护修缮文物建筑、历史建筑或历史遗存 7 处。太平街地块棚改项目配套改造工程：一、二、三标全部完成并投入开放中；太平街四标完成所有屋顶改造，基本完成线路整改及下地，进行一楼门面招牌扫尾施工及路面改造。古道巷有机棚改项目（三期）配套改造工程：房屋改造 202 栋（一标 96 栋，二标 106 栋），完成 145 栋（一标 80 栋，二标 65 栋）。街巷改造 9 条（大古道巷，小古道巷，磨盘湾巷，晏家塘横街，晏家塘直街，民建村巷，铜铺巷，南倒脱靴巷，大乐嘉巷），完成 3 条街巷路面铺装施工，4 条街巷进行施工。水电管网改造一标预埋、下地施工基本完成，二标预埋施工基本完成，强弱电下地进行施工。节点改造打通 2 处，剩余 40# 栋节点及一步二搭桥节点进行施工。西文庙坪周边地块棚改项目配套改造工程，整个项目分四期实施：一期仁美坊花园完成 95%，其余项目基本完成，进行收尾施工；二期市政进行麻石铺贴，沥青混凝土浇筑，透水砖铺贴，强弱电下地，路面混凝土浇筑，约完成总工程量 80%，立面完成 406 栋屋面改造，外墙油漆、贴砖改造 313 栋，约完成总工程量 75%；三期市政电力管道、雨水管道、污水管道、路面混凝土浇筑完成，上黎家坡沥青铺装完成，电力管道埋设，道路铺贴，强弱电下地，约完成总工程量85%，立面完成721栋屋面改造，外墙油漆、贴砖改造659栋，约完成总工程量82%；四期进行设计图纸深化和招标前期准备工作。（陈胜前）

【配建商品房】碧湘佳苑系长沙市统贷平台棚改项目第一个就地安置房建设项目，占地面积约1.44公顷，建设7栋多层步梯楼房（地上6层、地下2层），共计住宅320套，总建筑面积约4.9万平方米，设计地下停车位约580个，主要供碧湘街棚改项目的被征收对象自愿选购。碧湘佳苑于2019年9月30日顺利交房，截至12月31日，完成网签录入284套，交房228套。天心佳苑项目位于赤岭路街道新建西路零星地块棚改项目红线范围内，系天心区棚改配建安置房建设项目，用地面积约5.27公顷（净用地面积约4.73公顷），设计容积率3.5、限高100米，总建筑面约20.67万平方米。共涉及建（构）筑物10栋，其中住宅7栋、房屋1512套；农贸市场，幼儿园和社区物管用房各1栋，配备停车位1214个。该项目于2019年3月完成土地收回，10月完成（EPC+F）工程总承包招标。（陈胜前）

【棚改土地出让】新建西路零星地块棚改项目位于赤岭路街道，项目总面积11.16公顷。其中，市政道路用地3.84公顷，学校建设用地0.67公顷，安置房建设用地4.73公顷，可出让面积1.92公顷。作为全市棚改统贷项目第一宗出让地块，于2019年7月19日挂牌出让，实现收入5.94亿元，有效化解债务压力。（陈胜前）

【资金房源保障】2019年，天心棚改公司除到位贷款13亿元外，另通过争取棚改债资金5.3亿元，动用利息周转金1亿元、申请回笼资金2亿元、到位项目合作资金5000万元等多种方式筹集资金21.8亿元，保证两公司各类项目资金和还本付息的及时支付，又控制总体债务的增加。（陈胜前）

【下河街片区采风活动】2019年9月29日，"老城提质现古韵，魅力老街入眼来"下河街片区采风活动在天心区解放西路太平街口启动。活动由湖南日报报业集团指导，华声在线股份有限公司、天心区老城区有机更新工作领导小组办公室联合主办，湖南湘报文化发展有限公司承办，旨在为大众呈现长沙下河街片区作为有机更新模范标准的优质形象，展现有机更新工作的一些内容、做法，让大众知晓。多家媒体记者组成的采风团走街串巷，到特色店铺、文化景点、小吃美食等地，感受有机更新带来的新面貌新活力，感受长沙城市发展70年来的变迁。活动邀请来自直播、摄影、短视频等领域的自媒体代表，涵盖微信、微博、今日头条、抖音、快手等，对下河街有机更新成果、文化特色和改造后崭新发展面貌进行立体口碑传播。（陈胜前）

【朱东铁调度棚改征拆工作】2019年2月19日，天心区委书记朱东铁组织召开长沙外滩2018年"年末大决战"工作总结暨2019年"百日冲刺"动员大会。区委常委、统战部部长、外滩指挥部副指挥长刘向就2018年"年末大决战"工作进行总结并对2019年"百日冲刺"活动进行部署，区政府副区长王海军、黄会分别就有关工作情况进行汇报，各单位、各项目联点责任区领导就项目推进情况作汇报。朱东铁要求，各扫尾项目要加速冲刺，续建项目要实现重大突破，新建项目要加快启动；强化资金、房源、政策、法务、手续、力量等方面保障，确

图61　2019年9月29日，"老城提质现古韵，魅力老街入眼来"下河街片区采风活动在天心区启动　（天心城建投供图）

图 62　2019 年 2 月 19 日，天心区召开长沙外滩 2018 年“年末大决战”工作总结暨 2019 年“百日冲刺”动员大会　（天心城建投供图）

保顺利实现“百日冲刺”活动工作目标。3 月 25 日，朱东铁暗访“长沙外滩”棚改工作。朱东铁走进“长沙外滩”太平街、西文庙坪、碧湘街、古道巷、劳动广场等棚改工作现场，了解各项目规划和进度。朱东铁叮嘱各项目主要负责人，要结合老城区有机更新工作，做好各项目现场的交通秩序维护、安全生产隐患排除等工作，改善老百姓居住环境，确保天心人民生命财产安全，全力加快推进区域经济发展。朱东铁要求，要聚焦服务业，抓产业建设；聚焦高品质，抓城市建设；聚焦获得感，抓民生事业；聚焦抓基层，推进全面从严治党；要以棚有机更新、五一商圈建设、棚改征收为抓手，举全区之力“全力打造底蕴深厚、产业繁荣的长沙外滩”。7 月 2 日，朱东铁现场调度棚改工作。朱东铁一行到劳动广场周边零星地块棚改（一期）、碧湘街周边零星地块棚改（二期）项目现场，实地调度这两个项目的征拆工作，就工作推进中的相关具体问题进行现场交办。在座谈会上，朱东铁肯定各项目在“6•30”攻坚中所取得的成果，就下阶段全面推进“7•30”攻坚进行部署。朱东铁强调，各责任单位要增强责任感和使命感，不断创新工作方法；要围绕工作任务进一步细化目标，确保“7•30”攻坚目标如期实现；要加强协调配合，强化人员、政策、资金、房源、司法等保障；要时刻紧绷安全生产弦，确保棚改工作安全有序推进。　（陈胜前）

【黄滔调研长沙外滩项目】 2019 年 4 月 2 日，天心区委副书记、区长黄滔专题调研长沙外滩板块棚改工作。黄滔一行实地察看南湖巷项目、劳动广场项目、碧湘街二期项目现场，听取相关负责人关于项目实施规划和施工进度情况的汇报，了解存在的困难与问题，并对相关具体工作进行调度；强调各相关项目负责单位要做好各项目现场的交通秩序维护、安全生产隐患排查等工作，加强项目总体规划、建设方式、资金调度等方面的统筹，挖掘历史文化底蕴，加强招商力度。4 月 12 日，黄滔调研长沙外滩项目及有机更新工作。黄滔一行实地察看太平街一期、西文庙坪、古道巷三期项目现场，了解项目实施情况，现场就设计、施工等问题与相关人员进行交流、交办。调研会上，区人居环境局汇报有机更新工作进展情况，与会单位、街道负责人就有机更新工作推进过程中遇到的相关具体问题进行研究，区领导就下阶段工作进行部署。黄滔强调，在留住城市历史风貌，保留城市记忆的同时，要以可持续性、宜居性为目标，通过拆除危房、违章建筑，畅通微循环，以及水、电、气改造等，切实改善老城区的人居环境，提升老城区的功能品质，彰显老城区的历史文化价值和商业价值；各相关责任单位要加强人员、资金、技术保障，发扬钉钉子精神，优化施工组织，加强调度和强化督查，做好规划设计、施工工艺、安全生产等工作；发挥市场力量，加大招商引资力度，充分挖掘老城区的历史文化底蕴，全面升级街巷业态，努力加快推进区域经济发展。　（陈胜前）

国资经营

【概况】 2019 年 10 月 15 日，长沙市天心国资经营集团有限公司注册成立（简称“天心国资集团”），注册资本 15 亿元，天心区人民政府持有 100% 股权。公司性质为：以经营国有资本为主，兼具投资公司性质的国有独资公司，是按照现代企业制度要求规范运作的公司制企业法人。主要职责：承担天心区经营性集团的战略规划、重大投资决策及对下属板块公司在项目实施、财务管理、风险控制等方面进行资源调配、统一管理。公司经营范围：不动产开发、经营及配套建设；土地管理服务；实业投资；高科技产业投资；股权投资；项目投资；创业投资；产业投资；能源投资；文化旅游产业投资与管理；生态农业旅游投资；休闲农业项目开发经营；医疗领域投资；养老产业策划、咨询；资本管理；资产管理（不含代客理财）；融资租赁服务；自营和代理各类商品及技术的进出口，但国家限定公司经营或禁止进出口的商品和技术除外；贸易代理；物业管理；酒店管理；商业管理；企业总部管理；健康管理；房屋租赁；会议及展览服务；生态保护及环境治理业务服务；土地整理及复垦；停车场运营管理；国有资产经营管理。办公地址位于长沙市天心区雀园路568号。

2019年，天心国资集团完成公司注册、组织架构搭建、公司管理制度制定、人员招聘等工作。

（谢　岳）

【公司构架】2019年12月，天心国资集团下设湖南天信文创发展有限公司、湖南天心建材集团有限公司、长沙天晖医疗投资有限责任公司、长沙天安置业责任有限公司4家全资子公司；并设湖南省天心人才集团有限公司1家控股经营公司。（谢　岳）

【企业建设】2019年10月15日天心国资集团注册成立后，公司组织架构设立前期，设综合组、财务组、法务组、项目管理组、资产管理组，到位人员19名；12月6日，天心区政府发文确定公司领导班子；12月7日，公司召开第一次会议，设立天心国资集团组织架构，董事长何竞、总经理江宇、监事长吴佳波到位，正式开展业务工作。（谢　岳）

生态环境保护

【概况】2019年12月25日，长沙市生态环境局天心分局（简称“区生态环境分局”）挂牌成立。其前身为长沙市天心区环境保护局，为长沙市生态环境局派出机构，是区生态环境保护委员会的办事机构，主要职责是对全区生态环境保护工作实施统一监督管理，防治污染和其他环境公害，保障公众健康，推进生态文明建设，促进经济社会可持续发展。区生态环境分局内设办公室、政策法规科、综合管理科和污染防治科4个科室，核定编制18名。环境监察大队、环境监测站为区生态环境分局直属事业单位，核定事业编制10名。截至年末，区生态环境分局在职工作人员36名。

2019年，天心区重点开展蓝天保卫战、碧水攻坚战行动，加大污染控制和生态环境保护力度，空气质量累计优良天数278天，累计优良率为76.4%，10个国控站点天心区排名第一，比全市优良天数高3天、优良率高1.1%。全区集中式饮用水水源地水质达标率100%。完成省级环保督察工作，中央环保督察“回头看”案件办结率100%；铺开并完成生态环境保护项目34个；妥善处理各类投诉385起，信访数量较2018年下降19.5%，维护群众环境权益，全年无环境污染事故发生。关于天心区环境保护和蓝天保卫战工作的报道，央媒10余篇，省、市媒体580余篇。存在的问题：一是环保历史欠账多，治污设施配套不完善；二是区级环保部门人员、技术力量严重不足，不能满足监管形势要求。

（周娟艳）

【大气污染防治】2019年，天心区生态环境分局牵头制定《2019天心区蓝天保卫战（大气污染防治）年度工作方案》；加强O_3索源分析，在O_3污染重点区域增设2个小微站点，实时监控区域O_3浓度；推进大气污染防治项目，推进重点单位治污设施、智能电表安装，完成长沙三远钢结构有限公司挥发性有机物治理；组织社区开展绿色社区创建，完成16家绿色社区验收；开展工业窑炉清理工作，确保全区无工业窑炉；推进燃气锅炉低氮改造，完成改前检测75台锅炉，占总数的82.4%；签订改造合同56台锅炉，占总数的61.5%；落实错峰生产，对汽车4S店、加油站等涉挥发性有机物企业常态化监管，建立定期巡查机制；配合区蓝天办编制《天心区非道路移动机械专项整治工作方案》，下发《长沙市非道路移动机械污染防治手册》500余份，登记非道路移动机械39台，核发环保登记号码21台。截至12月31日，天心区$PM_{2.5}$平均浓度为46微克/立方米，2018年同期$PM_{2.5}$平均浓度为42微克/立方米，同测点较2018年同期升高9.5%；天心区PM_{10}平均浓度为58微克/立方米，与2018年同期持平。（周娟艳）

【水污染防治】 2019年，天心区加强农村工业污染整治，严厉打击小工厂、小企业、小作坊向农村小微水体偷排乱排行为，改善提升小微水体水质环境；加强对全区涉水企业监督管理，确保全区涉水企业将污染防治设施安装到位并正常开启运行，实现企业废水达标排放；开展湘江天心段水质监测与分析，建立《长沙市天心区集中式饮用水水源保护区环境保护巡查制度》，将河长制工作与饮用水源保护工作相结合；加强对湘江天心段的巡查工作，及时交办巡查发现的各项问题，排查饮用水水源安全隐患，保障饮水安全；配合区农村农业局和区住建局完成黑臭水体治理工作，每月出具黑臭水体整治效果综合评估。全年水质整体稳中向好，湘江天心段国控断面橘子洲、省控断面猴子石、五一桥水质1—12月水质达标率100%。 （周娟艳）

【噪声污染防治】2019年，天心区生态环境分局开展“三考禁噪”（“三考”即高考、中考、学考）行动，开展巡查执法，对考点周边基建工地以及KTV、酒吧开展禁噪执法检查。开展各类噪声专项整治，完成新开铺戒毒所、湘府世纪施工工地、贺龙体育广场等工业企业、社会生活噪声治理；完成桂花坪新园社区噪声达标示范区创建工作。 （周娟艳）

【土壤污染防治】 2019年，天心区生态环境分局强化源头预防，对不符合国家法律法规、产业发展政策、选址规划布局、生态保护红线要求的项目，坚决不予立项、不予办理审批手续，全年办理建设项目环评审批8个。按照全省统一部署，推进重点行业企业用地调查，配合长沙市生态环境局完成重点企业疑似污染地块土壤初步调查。 （周娟艳）

【污染源普查】 2019年，天心区生态环境分局推进污染源普查各项工作任务，入户普查工作全部完成，产排污系数核算工作及系统强制性审核工作完成率100%，完成389个污染源点调查。其中，工业源企业共计271家，生活源锅炉84台，集中式污染治理设施2处，市政入河（湖）排污口1处，移动源加油站19座，行政村12个。 （周娟艳）

【网格化环境监管体系】2019年，天心区生态环境分局加强网格化监管，开发天心区网格化综合管理平台环保监察子系统，新增污染源监察记录上报、统计、查询、企业信息自动保存及智能补全等功能，将网格化环境监管与污染源日常监管巡查紧密结合，通过“网格通”APP对网格员进行动态管理，督促加强网格内环境监管，及时发现、处理环境问题，全区各级网格员巡查4308起，上报环保类案卷信息3309条。 （周娟艳）

【环保执法】 2019年，天心区生态环境分局对辖区日常环境污染源监管名单实施动态更新，确立3家重点监管单位、133家一般监管单位，通过开展“有计划、全覆盖、规范化”日常环境监管随机抽查，明细执法责任，加强现场环境监管和执法。全年对3家重点监管单位、53家一般监管单位进行环保执法检查300余家次。办理一般行政处罚案件48起，查封扣押案件9起，移送公安3起，刑事拘留2人，处罚金额167.63万元。 （周娟艳）

【环评审批】 2019年，天心区生态环境分局落实项目审批等行政许可工作，严格控制涉危、涉化、涉重金属、涉水污染的项目准入，对于不符合环保产业政策以及必须淘汰关闭的项目予以否决，对于符合环保要求的项目指导完成，并做好服务工作。2019年共接受办事咨询200余次，新批项目8件，在“天心区公众信息网”版块设置“登记表备案系统”专栏，实现登记表项目网上备案261件。2019年新批项目全部经天心区网上政务服务和电子监察系统在线进行办理。审批情况通过天心区公众信息网进行公示。 （周娟艳）

【湘江排口管理及黑臭水体治理工作调度会议】 2019年3月13日，天心区湘江排口管理及黑臭水体治理工作调度会议召开。区委副书记、区长黄滔主持，区领导周志军、王海军、洪孟春、许波及园区、相关区直单位及街道办事处负责人参加会议。会议听取区城乡建设局、原区环保局、区工务局、区农林水利局关于天心区湘江排口截污治污及黑臭水体治理情况的汇报，针对具体问题进行讨论。黄滔强调，各级各部门要确保湘江天心段排口截污治污管理及黑臭水体治理整改到位；推动整改工作如期按质完成；建立健全长效管控机制，做到标本兼治，短期控制排口污水直排，远期全面完善城乡污水处理体系，确保湘江天心段排口截污治污及黑臭水体治理真正实现长治久清。 （周娟艳）

图 63　　2019 年 4 月 18 日，天心区召开“绿色社区”创建工作推进会议
（区生态环境分局供图）

【污染防治攻坚战工作调度会】 2019 年 4 月 3 日，天心区召开污染防治攻坚战工作调度会。区委书记朱东铁，区委副书记、区长黄滔，区领导贺国权、侯向宇、王海军、洪孟春、肖向东、许波，蓝天保卫战领导小组、各街道党工委书记、区直相关部门主要负责人参加会议。会议传达学习《中共湖南省委办公厅关于认真学习贯彻习近平总书记重要批示精神切实做好当前森林防火工作的通知》文件精神，听取蓝天保卫战、河长制、湘江排口管理整治，以及绿心地区工业企业退出工作情况汇报。朱东铁强调，蓝天保卫战工作要咬定目标不放松，坚持标本兼治；河长制工作要突出问题导向，持之以恒抓落实；湘江排口整治工作，要按照既定目标加快施工进度；绿心地区工业企业退出工作要加大搬退力度，做好长效监管。黄滔指出，蓝天保卫战工作各单位要加强统筹协调，压实监管责任、执法责任和属地责任，加强宣传和沟通；河长制工作要加大暗访力度，压实各级河长第一责任人制度，加强河长办统筹协调力度，加快问题整改；湘江排口整治工作要做好排查、监测、溯源、整治工作，力争 2019 年上半年基本完成整治工作；绿心地区工业企业退出工作要加强财政保障资金，按照区委要求完成关停退出协议签订。　（周娟艳）

【“绿色社区”创建工作推进会议】 2019 年 4 月 18 日，天心区召开“绿色社区”创建工作推进会议。原区环保局局长徐乙天，原区环保局监测站站长、区蓝天办副主任，各街道分管负责人参加会议。会上，原环保局汇报 2018 年“绿色社区”创建工作开展情况，要求各街道要严格创建要求，按照时间节点有序推进创建工作。各街道分管负责人对 2019 年“绿色社区”创建工作展开讨论，明确表态加强沟通协调，落实“绿色社区”创建目标。　（周娟艳）

【生态环境保护委员会会议】 2019 年 5 月 21 日，天心区委副书记、区长黄滔主持召开天心区生态环境保护委员会会议。区领导邱忠献、许波及相关区直单位、街道办事处负责人参加会议。会议听取区环委会办公室关于中央环保督察“回头看”反馈问题整改情况、长江保护修复攻坚战八大重点专项行动开展情况、污染防治攻坚战“2019 年夏季攻势”开展情况的汇报，其他相关单位及街道负责人表态发言。黄滔指出，各级各部门务必要贯彻落实习近平生态文明思想，坚持以问题为导向，担负起生态文明建设的政治责任。　（周娟艳）

【“6•5”环境日系列活动启动仪式】 2019 年 6 月 4 日，天心区“6•5”环境日系列活动启动仪式暨铜铺街小学第十届绿色狂欢节在长沙市天心区铜铺街小学举行。该次活动由原区环保局、区教育局和区文明办联合主办，铜铺街小学、坡子街社区承办。区政府副区长黄会、区政府副调研员何建明、区关工委主任李子玲、长沙市女企业家协会党支部书记耿涛出席活动现场。活动分为“文艺会演与学生表彰”“向污染宣战学博会”“绿色空间展说会”“铜小叮当日兑奖活动”4 个板块。铜铺街小学自编自导环保主题歌舞、跆拳道表演、扎染秀等节目。活动现场的“向污染宣战”学博会，让孩子们体验与利用所学知识与污染宣战的乐趣，独具特色。　（周娟艳）

【环境监管网格化管理专题培训会议】 2019 年 6 月 13 日，天心区环境监管网格化管理专题培训会议召开。区生态环境网格化管理相关职能部门分管负责人，天心经开区（新）及 14 个街道、102 名社区（村、集资办）分管领导和专干，以及辖区内重点企业负责人近 300 人参加培训。培训邀请

长沙市环境监察副支队长肖劲宇以及网格化系统平台技术负责人马琰授课。肖劲宇讲授蓝天保卫战重点工作要求、网格化环境监管问题处置流程、蓝天保卫战工作存在难题和下一步工作方向，结合实际案例对11个环保类处置事项和16个采集标准细则进行剖析。马琰讲解“网格通”APP的系统登录、主要功能组件及使用流程，并对日常操作中重点注意事项进行提醒。（周娟艳）

【燃气锅炉低氮改造工作】 2019年7月1日，天心区召开燃气锅炉低氮改造动员部署会暨工作推进会，区领导许波、何建明及相关区直单位、各街道、燃气锅炉业主单位负责人参加会议。会上，原区环保局局长徐乙天传达《长沙市天心区燃气锅炉（设施）低氮改造工作方案（试行）》文件精神。原区环保局管理科科长向企业讲解锅炉低氮燃烧改造的意义、实施步骤、验收要求及补贴标准等。许波提出要求，增强低氮改造工作的紧迫感、责任感；各单位要明确标准、倒排工期、把握细节，确保按时完成锅炉低氮改造；原区环保局要牵头做好现场监管和验收审核、补贴资金保障；各燃气锅炉业主单位应运用先进、有效、安全的低氮燃烧技术，有效防范风险，预防安全事故发生。10月18日，组织召开燃气锅炉低氮改造技术单位调度会，30家燃气锅炉低氮改造技术单位参加调度会。会议总结低氮改造工作推进过程中遇到的阻碍，提交改造资料流程中的不足及做好工作配合等方面的情况。会议要求下一步调度街道，推动街道与改造单位一同推进低氮改造工作任务的开展。（周娟艳）

【污染源普查调度会暨数据内审外审动员会】 2019年12月9日，天心区污染源普查调度会暨数据内审外审动员会召开。区污普办主任、原区环保局局长徐乙天，原区环保局副局长史毓和，区农业委、区污普办全体成员，原区环保局各科室负责人及入户调查三方机构、质控三方机构、档案整理三方机构参加会议。会议传达长沙市调度会会议精神，明确各科室内审任务，讨论各区级部门在数据定库阶段职能责任，要求两个第三方公司编写自评报告。区农委、区污普办、各科室负责人及第三方机构均表态发言。徐乙天强调，污普工作要严格要求质量，坚持标准，确保数据来源客观、真实、可溯源，严格按照时间节点完成各项工作。（周娟艳）

图64　2019年6月13日，天心区环境监管网格化管理专题培训会议召开（区生态环境分局供图）

城市管理和综合执法

【概况】 2019年3月21日，长沙市天心区城市管理和行政执法局更名为长沙市天心区城市管理和综合执法局（简称“区城管执法局”），主管全区城市管理的政府工作部门，内设办公室、党建宣教科、监督考评科、基础指导科、行政审批和政务服务科、工程设施管理科、固体废弃物管理科、政策法规科，下设区数字化城市管理协调中心、重点窗口地区（长沙新世纪体育文化中心广场）城市管理协调事务中心2个直属事业单位。截至年末，在职工作人员75名。

2019年，区城管执法局按照建设“融城核心、璀璨天心”总要求，紧紧围绕“两个报告、两个抓手、三大攻坚战、三大板块、十件民生实事工程”以及市局相关部署，完成各项任务。（陈　曦）

【国土违法图斑】 2019年，天心区城管执法局严格控制新增违法建设，推进历史违法建设拆除。全年拆除历史违法建设169处42050.26平方米、拆除新建违法建设20处4614平方米，销号市

拆违办交办国土违法图斑57处。（陈　曦）

【智慧城市管理】 2019年，天心区城管执法局整合优化城管数字化、市政地理和环卫智能三大系统，开发地铁口共享单车物理围栏、油烟废气在线监测系统、建筑装修垃圾监管系统、社会噪声监测系统四大“神经元”，推动城市维护精细化与智能化深度融合。（陈　曦）

【行政审批和招牌备案】2019年，天心区城管执法局全面落实市、区营商环境优化年的相关工作要求。加快审批办理时效，户外宣传审批实际用时1—3天，招牌备案办理时限为全市最短，被湖南都市频道、长沙新闻频道、《长沙晚报》专项报道；落实容缺性受理，九项审批权限全部实现容缺性受理；包容审慎执法，采取温馨提示—黄牌警告—执法处置工作方式，优化营商环境，全年办理84件企服办交办问题。（陈　曦）

【蓝天保卫战】2019年，天心区城管执法局打好垃圾焚烧持久战、餐饮油烟攻坚战、黄土裸露歼灭战，查处办理露天垃圾焚烧违法案件111起，罚款9.24万元；安装油烟净化装置设施2819家，在内五区率先实现“应装尽装”；整治复绿裸露地53.4万平方米。7月24日，天心区查处8起渣土类违法典型案件，长沙市蓝天保卫战工作领导小组办公室刊发专报表扬。（陈　曦）

【迎国庆城市环境综合整治】 2019年，天心区城管执法局落实市级迎国庆项目建设部署，打造特色绿化、亮化项目24处；以“市整治清单任务”为大纲，以“城管委办督办函”为抓手，开展各类整治行动48次，处置问题2023处；开展“扮靓天心、美化家园”周末卫生大扫除活动，将重大节假日例行大扫除强化为每周五常态大清扫大清洗。参加活动人员20254人次，出动洒水车162台，机扫车84台，垃圾车96台，累计清洗道路面积近350万平方米，清理各类设施1.41万个，清理“牛皮癣”万余张，共清运垃圾1400车约5800吨。11月11日，《长沙晚报》以《深度清洁！天心区将家居保洁概念搬上主马路》为题进行报道。（陈　曦）

【垃圾分类工作】 2019年1月25日，天心区城管执法局在银桂苑社区开展“垃圾科学分类、文明你我同行”暨可降解厨余垃圾袋发放进万家活动。5月21日，区委副书记朱远红调度天心区垃圾分类工作，通过实地调研、听取相关工作汇报、了解小区居民的意见反馈等方式，全方位巡查颐美沁园小区、湘江锦绣小区及佳馨园小区的生活垃圾分类的开展情况。6月20日，天心区召开生活垃圾分类工作动员部署大会。区委副书记、区长黄滔，长沙市城管执法局副局长胡刚，区领导周志军、许波、何建明及相关区直单位、街道办事处、社区以及驻区高校、区属中小学校、区内医疗机构、生活小区物业公司相关负责人参加。许波作天心区生活垃圾分类工作动员报告，区教育局、区机关事务中心、银桂苑社区、中航物业相关负责人表态发言。胡刚就后续全区生活垃圾分类全覆盖工作给予指导。7月8日，许波组织召开区垃圾分类工作调度会议，专题调度公共机构、教育系统及公务员小区垃圾分类工作。7—9月，区委常委会、区政府常务会专题研究部署推进垃圾分类工作，区委书记朱东铁，区委副书记、区长黄滔多次进行实地督查；先后开展主题为“全民参与垃圾分类，齐心共建美丽天心”的长沙市生活垃圾分类“五进”宣传活动、“争当垃圾分类先锋，打造洁净优美天心”主题活动。9月，天心区率先在全市实现83个

图65　2019年8月15日，湖南省委常委、长沙市委书记胡衡华（左二）调研天心区国庆前城市环境综合整治工作　（区城管局供图）

社区垃圾分类全覆盖，区属党政机关及教育机构实施强制垃圾分类。10—12月，黄滔、许波等多次到坡子街、悦方IDMall、悦荟广场、解放西路、王府井小区、黄兴南路商业步行街等地，现场察看临街门面、居民小区、商业店铺等地生活垃圾分类投放情况以及分类收集、分类运输等工作落实情况；3次召开垃圾分类工作调度会议，对垃圾分类收运及终端处置工作进行部署，实地考察新改造的雀园路湿垃圾收运站、新建的大件及装修垃圾处置场所。12月18日，黄滔主持召开天心区生活垃圾分类集中攻坚行动推进会。12月25日，许波组织召开垃圾分类集中攻坚行动调度会，确保垃圾分类工作有序进行。全年全区开展垃圾分类宣传宣讲活动2000余场次，累计入户36万余次，组织培训观摩学习203次，发放宣传手册38万份、书签10万份。设置宣传横幅1000余条、板报800余块。在《湖南日报》、长沙政法频道、《长沙晚报》、新湖南等主流媒体进行宣传报道200余次。截至年底，全区491个小区共投放分类设施17331个，完成19座湿垃圾站改造和建设，配备厨余垃圾运输车52台。建成喜民生鲜市场、下碧湘街农贸市场及南大门农贸市场等厨余垃圾处置项目3个，区园林垃圾分处置场所1处，区大件垃圾处置场所1处。与环保企业合作，推进全区可回收物、有害垃圾、大件垃圾收运处置体系建设，做到机构、人员、设备、经费“四到位”。（陈　曦）

【双管子河黑臭水体治理】2019年，天心区城管执法局加强巡河力度，加强河道两岸保洁督查，不定期突击检查周边企业排污情况，及时查处偷排污水、偷倒垃圾等现象，着力外源截污、内源治理、生态修复，加大双管子河系统、科学治理力度，全年共巡河40次，交办问题36个，一体化污水处理设施正常运转，一力物流自行截污全面实施。全年双管子河水质保持国家排放标准。

（陈　曦）

【黄滔调研城管系统工作】2019年7月29日，天心区委副书记、区长黄滔专题调研城管系统工作。黄滔听取区城市管理和综合执法局、区市政设施维护中心、区市容环境卫生维护中心、区园林绿化维护中心相关工作的汇报。黄滔强调，城管系统部门要理顺城管体制机制，坚持统筹兼顾，不断完善城市管理服务、提升市民生活质量；要以精细化为目标，坚持以“城市客厅”的要求来推动城市品质的提升；要以规范化为标准，切实把市政公用设施运行管理、市容环境卫生管理、园林绿化管理等职能职责融合起来；要以网格化为平台，确保城市管理无漏洞、无死角；要以机械化为手段，切实提升作业效率；要以科学化为要求，统筹城管智慧管理系统、市政地理信息系统和环卫智能化平台，运用大数据等信息化、智能化手段，创新城市管理模式，打造“智慧城管”新时代。（陈　曦）

图66　2019年7月29日，天心区委副书记、区长黄滔（右三）专题调研城管系统工作　（区城管局供图）

【城市乱象整治】2019年，天心区城管执法局落实区“两会”精神，服务“三大板块”发展战略，加强五一商圈、长沙外滩、省政府片区、暮云片区整治执法工作，整治市容乱象。全年办理各类案件21710起，罚款668.45万元。

（陈　曦）

【启动春节亮化工程】2019年2月2日，天心区启动春节亮化工程，区城管执法局对城市公共绿地、广场等主要区域进行绿化、美化、亮化，为城市披上喜庆的彩装。美化亮化结合猪年主题，配合已建绿化亮化和楼宇亮化设施，对全区重点区域、地段，特别是五一商圈周边、长株潭商圈周边及省政府周边的主次干道、出入城口、主要广场、重要景点、交通枢纽点的沿线绿化与行道树悬挂满天星灯、猪年造型灯，在重要景点建设景观小品，共悬挂路灯、红色灯笼和中国结挂饰400余套。（陈　曦）

【区领导调研城区主次干道围挡整治工作】 2019年9月9日，天心区政府副区长王海军、许波调研城区主次干道围挡整治工作。区城管执法局、区市政维护中心主要负责人及区住建局、区公建中心、区人居环境局、区城建投、天心棚改公司、南湖新城公司、坡子街街道、裕南街街道、金盆岭街道、赤岭路街道、新开铺街道、桂花坪街道分管负责人参加。王海军、许波一行实地察看万科紫台、南二环八水厂、有机更新项目指挥部、西文庙坪棚改项目等施工围挡现场，了解整治工作完成进度情况，就相关问题进行交办。（陈　曦）

【长沙“满天星”文明共建天心区专场活动】 2019年11月17日，长沙“满天星”文明共建天心区专场活动在黄兴南路步行街中心广场举行，辖区200余名党员志愿者、门店业主、居民群众和高校志愿者等组成的志愿服务队，用实际行动守护城市文明。长沙市委副书记朱健，天心区委书记朱东铁，市委宣传部副部长、市文明办主任郭润葵，天心区委副书记朱远红等市、区领导参加。活动现场，来自天心区的门店代表上台签订并展示《门前三包承诺书》，10位积极履行“门前三包”义务的优秀经营户获表彰。天心区将结合志愿者们的特长与服务时间，以五一商圈、湘江沿线为重点地段，同时辐射全区农贸市场、高校周边，围绕市容市貌“脏乱差”及市民不文明行为，定期开展志愿服务活动，以主人翁的精神，推动“人人参与文明创建、人人享有文明生活”在长沙形成一种风尚，为星城长沙、最美长沙贡献力量。（陈　曦）

图67　2019年11月17日，长沙“满天星”文明共建天心区专场活动在黄兴南路步行街中心广场举行（区城管局供图）

·城市管理综合执法·

【概况】 长沙市天心区城市管理综合执法大队（简称“区城管执法大队”）为正科级全额拨款的参公事业单位，负责全区的城市管理执法工作，与区城管公安大队合署办公，编制人员236名。派驻14个街道办事处中队、3个窗口地区中队、4个直属中队，内设办公室、政工科、法制科、后勤科。办公地点位于天心区书院路枣子园9号。

2019年，区城管执法大队办理各类案件21711起，罚款6684643元。其中，办案数全市排名第一，案件办理数同比增长79%，罚款额同比增长75%。先后出动2000余人次保障绿心地区怡海星城三期整改工作完成；牵头组织全区12个部门100余名执法力量加强湘江风光带沿线环境综合整治工作；强化五一商圈夜间市容整治，每晚开展集中整治行动两次以上，服务夜间经济；跟踪问题处置进度，做好全国文明城市创建工作；参加市、区各项保障行动10余次，完成“两会”市容、橘子洲焰火晚会、西湖路抢险、长沙市国际马拉松赛等重大会议活动赛事保障；代表天心区参加庆祝中华人民共和国成立70周年“我和我的祖国”长沙市职工合唱比赛，获二等奖；在坡子街、步行街开展“排队礼让、文明出行”活动，在上学期间开展护学行动；联合“水滴”志愿者协会相继开展陪孤残儿童过元宵节、端午节，湘西凤凰助学等系列活动和进社区、进校园垃圾分类系列宣讲活动；全年被省级网络电视媒体正面报道98次，市级

媒体报道195次。（易凌志）

【蓝天保卫战整治行动】2019年，天心区城管执法大队每周二或周四开展大队集中整治大行动，全年共出动执法人员20160人次，开展大小整治行动859次，处罚相关案件1081起，罚款额267.96万元。严查渣土车辆未净车出场、违规运输和建筑垃圾乱倒乱卸等违法行为，全力遏制渣土扬尘污染问题。共检查工地838个，渣土运输车1810余辆，处罚案件724件，罚款242.94万元；建立餐饮门店油烟净化器清单机制，督促辖区范围内所有未安装油烟净化设施的餐饮门店限期完成，加强油烟排放超标问题查处力度，处罚餐饮油烟案件10起，罚款7.5万元；加强日常巡查，对全区重点地区加强巡查值守，联合其他部门开展集中整治行动，整治违规早市、夜市行为900余起，暂扣烧烤摊担和店外经营夜宵工具1300余件；加大垃圾焚烧巡查力度，对全区垃圾焚烧情况及时处置，对严重违规行为加大处罚力度，处罚相关案件137起，罚款11.07万元；加强散煤专项治理力度，保持常态化管理机制，不定期巡查，对餐饮门店进行再检查、再整治，确保门店使用清洁燃料，严格防止燃煤情况反弹。

（易凌志）

【专项执法整治】2019年，天心区城管执法大队加强暮云、南托等城乡接合部违法建设管控力度，配合区有机更新办拆除改造区域违法建设，及时处置上级交办卫星图斑问题，对能消除影响的违法建设加大案件办理力度，处罚22起，罚款94.55万元。拆除大型违规广告招牌67处，拆除面积1万余平方米，处罚31起，罚款4.22万元。采购100余台手持终端抄牌新手机配备给一线执法队员，处置机动车违停行为19568起。开展系列燃气执法整治行动，排查安全隐患，办理破坏燃气管道等非法行为案件16起，处罚20.13万元。加强夜间工地噪音扰民行为执法力度，处罚66起，罚款30.38万元。整治不按规定围挡、围挡不规范等行为，办理市政案件43件次，罚款13.82万元。采取蹲点守点方式，依法打击违规收运、处置餐厨垃圾行为，办理餐厨案件157起，处罚12.5万元。（易凌志）

【清明节前市容整治行动】2019年4月1日，天心区青园城管执法中队开展节前秩序管控行动。该次行动主要针对友谊路电视机厂南院、友谊路地铁口及明德中学周边流动摊贩进行整治。在执法过程中，执法人员对流动摊贩先进行说服劝导，对不服劝导、仍继续进行无证摆卖的流动摊贩依法收缴其经营工具。暂扣各类车辆10台，电子秤4个及其他经营工具若干。4月4日，区城管执法大队赤岭中队在辖区革命陵园及周边对出售祭祀用品的门店和流动摊贩进行规范整治。发现门店占道经营及时劝导整治，同时在出售清明祭祀物品流动摊贩较集中的地段，执法人员对流动摊贩进行规范，在保障马路通畅的情况下，将摊贩引导至陵园周边空坪临时摊位区内，确保摊位布置井井有条，整洁有序。（易凌志）

【五一商圈市容集中整治行动】2019年4月25日至5月31日，天心区城管执法大队与坡子街街道、城南路街道、黄兴路步行街管委会、公安、交警、民政等10余部门联合启动五一商圈集中整治行动，每天出动100人的劝导、执法队伍，对五一商圈周边展开集中整治。该次集中整治主要针对五一商圈北至五一路、东至黄兴路、西至湘江路、南至城南路等人流密集区域进行，分为市容秩序整治、社会治安整治、安全生产整治、交通秩序整治四类，重点围绕流动摊贩、共享单车乱停放、遛狗、店外拉客、恶意乞讨、职业乞讨、扒窃、打架斗殴、涉黑涉恶、摩的载客、车辆违停，以及消防安全隐患等突出问题进行。6月20—30日，区城管执法大队联合天心区坡子街街道、黄兴路步行街管委会、公安、交警、民政等多部门联合启动五一商圈集中整治行动，每天出动70余人的劝导、执法队伍，对五一商圈周边展开集中整治。6月20日，集中整治，由区委副书记朱远红带队，主要针对五一商圈北至五一路、东至黄兴路、西至湘江路、南至城南路等人流密集区域进行，分为市容秩序整治、社会治安整治、安全生产整治、交通秩序整治四类。区城管执法大队坡子街、步行街中队执法人员重点围绕流动摊贩、店外经营、临街门店高音扰民揽客、共享单车乱停放、职业乞讨等突出问题进行整治。共暂扣各类经营工具8车，责令改正店外经营、高音扰民揽客行为20余起，清理规范共享单车200余辆，劝导救助乞讨人员7人次。强化五一商圈夜间市容整治，每晚开展集中整治行动两次以上，服务夜间经济。（易凌志）

【渣土运输专项整治行动】2019年，天心区城管执法直属二中队（渣土中队）开展渣土运输专项整治行动。天心区构建“全天候、无死角”的渣土监管执法机制。区渣土中队（直属二中队）执法干部14人，辅助执法人员10人，分为4个小组，每组4~6人，实行24小时、365天值班制，小组长负责制，明确每小组工作职责，强化分工合作、沟通对接，对违法行为做到应罚尽罚，每月对各小组执法办案情况进行数据统计和讲评。严格落实渣土案件“一案多查制”，即对信访投诉、巡查发现和上级交办的案件，分别从渣土运输公司责任、渣土运输车辆责任、建设或施工方责任、监管人员履职责任、消纳方连带责任等方面，由执法人员对案件追根溯源，视违法违规情况依法追究，最大限度打击渣土违法乱象。通过一案多查，对渣土生产、运输、处置三条线的全过程、全环节进行执法震慑，设置违法红线。以降扬尘、查撒漏为重点，区城管执法大队联合区三车办、区住建局、区交警大队、区环卫中心等部门，在渣土执法领域实施24小时值班、夜间值班快速反应和联合执法三项制度。针对省政府片区及南部入城口等多处敏感地段设卡严查渣土车违规运输行为，遏制渣土乱象行为的发生，规范各类施工行为。（易凌志）

【开出首张共享单车企业罚单】2019年，天心区城管执法大队以党支部为单位，提前与辖区各企业走访衔接，提供城市管理方面业务服务，携手共享单车企业加强日常管理，规范共享单车停放行为。8月12日，互联网车辆租赁运营企业上交5000元罚款。这是天心区首例依据《长沙市文明行为促进条例》对互联网车辆租赁运营企业向社会投放共享交通工具未有效履行管理职责进行处罚的案例。区城管执法大队文源中队执法人员巡查至天心区林大路与芙蓉南路交界处4号地铁口附近时，发现该处投放的某互联网车辆共享助力车摆放不齐，其中无序停放在自行车道上共享助力单车6辆、人行道盲道上12辆、绿化带上2辆，严重影响道路交通秩序，执法人员进行拍照取证，查明共享助力车均由某网络科技有限公司负责日常租赁运营，下达整改通知及询问调查通知，责令其改正，并罚款5000元。（易凌志）

【芙蓉南路沿线联合执法】2019年10月11—12日，天心区城管执法大队与湘潭市昭山城管执法分局共30名执法人员在芙蓉南路沿线开展联合执法，集中整治两市交界处的违规“马路市场”。这是长沙市与湘潭市两市城管部门首次开展联合执法。在芙蓉南路长沙与湘潭交界地带，每隔数百米便有一处红色雨棚，摊贩向途经车辆售卖大闸蟹、水果等。执法人员亮明身份开展执法，对摊贩违规搭建的雨棚进行拆除，并依法暂扣其经营物品。暂扣空气泵2个，雨棚8顶，各类经营工具12件。（易凌志）

【湘江风光带沿线环境综合整治行动】2019年10月28日，天心区城管执法大队联合公安、环保、民政、街道等多部门开展湘江风光带沿线环境综合整治行动。对风光带内从事经营表演的人员一一下达整改通知书，要求其停止经营性演出，并劝导在风光带休闲娱乐的市民降低音量。天心区各部门联合出动1170余人次，发出各类宣传手册500余份，执法部门依据现场测定音量，共对7处大功率音响设备依法进行暂扣，对6名对象进行训诫谈话，取缔有偿卡拉OK场所2处。（易凌志）

环境卫生维护

【概况】2019年4月19日，根据天心区机构改革方案，长沙市天心区市容环境卫生管理局更名为长沙市天心区市容环境卫生维护中心（简称“区环卫维护中心”），原承担的行政职能划入区城市管理和综合执法局。负责全区范围内13个街道的114条主次干道、支路679万平方米，主次干道绿化带179.5万平方米共858.5万平方米的清扫保洁；全区129座公共垃圾站、132座公共厕所的管理维护和环卫设施的改造与建设；负责每年30余万吨生活垃圾的日产日清；负责全区43个地下通道、1座车行通道、7座人行天桥、58座环卫工作间的管理和日常维护。9月30日，核定区环卫维护中心设内设机构6室：办公室、人事室、财务室、环卫业务室、安全技术室、设施设备维护室；1队：垃圾运输队；9所：坡子街环卫所、城南路环卫所、裕南街环卫所、赤岭路环卫所、新开铺环卫所、桂花坪环卫所、青园环卫所、黑石铺环卫所、先锋环卫所；共16个部门。截至年末，在职工作人员1849名。有各类环卫作业车辆255台。其中，垃圾车114台，水车92台，工作用车7台。（王艺蓉）

【新移交区域维护作业】2019年，天心区环卫维护中心新增木莲路天桥、刘家冲南路、园艺路北段、桂花坪路、新联路、新天路、君逸北段路、石人村路、石青路、南沿路、都江路、湘汉路、银杏路、木莲路与韶山路通道、志清路、新建西路、港子河路17条主次干道的清扫保洁工作。

（王艺蓉）

【市容专项整治】2019年，天心区环卫维护中心开展蓝天保卫战、南部片区整治行动、垃圾分类、渣土扬尘治理、河道卫生整治及环卫设施完善等专项行动。出动清扫员5100余人次，对城乡接合部道路及入城口进行卫生清扫，清理卫生死角1231处，清运裸露生活垃圾及绿化带白色垃圾2000余吨；清除“牛皮癣”近万张；更换、维修环卫设备510台次。（高紫嫣）

【启用智慧环卫管理系统平台】2019年，天心区环卫维护中心利用天心智慧环卫管理平台，对全区232辆环卫作业车辆、环卫设施、公共垃圾站的现场作业等情况进行24小时实时监控；为所有一线管理人员配发定位手持终端，设定管理区域和管理范围，进行实时定位跟踪。通过电脑可视随时监控，替代人工巡查监管，提高环卫作业效率。6月，全区所有渣土工地也纳入环卫智慧管理平台进行同步监管，以智能化、科学化的管理推动管理模式的优化和维护效果的提升。（王艺蓉）

【“环卫设施设备三改”】2019年，天心区环卫维护中心对107座公共站厕（公共厕所29座，公共垃圾站78座）全面进行提档提质，设置干、湿垃圾收集站和分类收集点，统一标志标牌，统一设置工作制度，对68座垃圾站、35座公共厕所全部安装除臭设施。与垃圾分类配套的第一批18个压缩式垃圾站的基础改造完成，投入使用。配合蓝天保卫战和“环卫设施设备三改”工作，使用3000余万元车辆购置经费，分三批购置13台新能源电动环卫作业水车、机扫车辆，9台垃圾清运钩臂车、2台湿垃圾直运车、12台湿垃圾转运车，投入到主次干道的冲水降尘及垃圾转运。在全区范围内选取19个垃圾站进行湿垃圾专用收集站改造，同时改造57个干、湿垃圾收集点，于10月中旬启动干、湿垃圾分类收运。（王艺蓉）

【夜间垃圾清扫保洁】2019年，天心区环卫维护中心按照景区化管理模式，实现步行街保洁全天候、服务全时段的24小时清扫保洁作业；对湘江风光带、贺龙广场实行18小时清扫保洁，每天安排环卫工人分两队沿湘江风光带对河滩垃圾进行清理。有针对性开放夜间垃圾站、公共厕所，采取“歇人不歇车”“人车蹲点”的方式，每天多轮次地清运垃圾，加强公厕保洁力度，延长公厕保洁时间。针对贺龙广场演唱会、各类比赛多，现场人流量大、垃圾量大的特点，成立应急保障队伍，及时进行清扫保洁。每晚22时至凌晨6时对五一商圈道路及贺龙广场进行全面清洗。每周末组织专业清洗队伍对果皮桶、公共设施、路面进行“大清洗”行动。为促力“夜间经济”发展，解决辖区内24小时经营的肯德基门店，垃圾倾倒需求时间（垃圾倾倒需在晚上10时至凌晨2时）与长沙市公共垃圾站运营时间（关站时间一般为下午4时最晚不超过晚上11时）冲突的困局，选取裕南街谢家冲公共垃圾站作为长沙市首家关站时间延长至凌晨2时的公共垃圾站，配套服务辖区范围内肯德基门店垃圾倾倒，为其夜间垃圾倾倒提供便利。（王艺蓉）

【助力蓝天保卫战】2019年，天心区环卫维护中心采取“白+黑”“7+2”24小时不间断降尘与人工清洗模式双管齐下，在避开三个上下班高峰期的基础上，重点主次干道坚持1个小时降尘1次，重点路段30分钟洒水降尘1次。省府周边不间断洒水降尘。规范城区夜间22时至凌晨6时大清洗作业，由机械强冲和配合人工进行全面清洗。每周末开展大清洗专项行动，出动大、小水车70余台、随车清洗人员200余名，对芙蓉中路、芙蓉南路、新开铺路、书院路、劳动路、湘府路、书香路、五凌路等70余条段主、次干道进行人工配合水车清洗，平均冲水900余车次。对辖区内开工的基建工地进行检查督促，规范裸露黄土全覆盖、洒水降尘等措施，加强源头管控，严格渣土运输线路，最大限度管控扬尘污染。2019年，区环卫维护中心联合城管、公安、交通、环保等部门开展集中整治行动133次，出动人员5628人次，整治工地703处，下达整改（停工）通知书193份，查扣违规车辆138辆，处罚金额171.92万元。（王艺蓉）

【“市容环境大扫除，干干净净迎国庆”清扫活动】2019年9月27日，天心区开展“市容环境大扫除，干干净净迎国庆”节前彻底大清扫活动。天心区委书记朱东铁，区委副书记、区长黄滔，区领导侯向宇、许波等参加。朱东铁、黄滔加入坡子街三兴街大扫除队伍当中，经过彻底清扫清洗，三兴街沿线路面洁净无尘、市政设施完好完备、园林绿化生态美化、广告招牌清爽有序、社区环境干净卫生。朱东铁强调，该次大清扫活动要全面铺开，不留盲区，不留死角，广泛发动辖区门店业主、小区居民、志愿者积极参与，让城市干净、整洁、有序。当日，全区14个街道分别开展大清扫活动。活动共动员8000余人，对全区出入城口、城区主次干道及商业大街、主要广场、旅游景区和重点区域进行全覆盖冲洗；对公共区域内的报刊亭、公交站亭、广告牌、城市雕塑等“城市家具”进行清洗；集中清扫开放式小区、楼栋、背街小巷及沿街门店卫生，全区共清理各类设施2500个，清理“牛皮癣”万余张，共清运垃圾245车约300吨。　（王艺蓉）

【庆祝湖南省第24届环卫工人节】 2019年10月25日，天心区环卫维护中心举行庆祝湖南省第24届环卫工人节表彰大会。天心区政府副调研员何建明、长沙市城市管理和综合执法局市容环卫管理处处长张安出席会议。区环卫维护中心班子成员、全体中层干部、一线环卫工人代表等共100余人参会。会议由区环卫维护中心党委副书记陈赛宏主持。大会授予坡子街环卫所等6个部门“先进集体”称号，授予张宇等15人“优秀中层干部”称号，授予陈放等50人“先进个人”称号。　（王艺蓉）

市政设施维护

【概况】 2019年3月，按照天心区机构改革方案，长沙市天心区市政工程管理局更名为长沙市天心区市政设施维护中心（简称“区市政维护中心”）。主要承担全区范围内104条主次干道、276条支路街巷市政道路和排水设施维护；车行道面积671万平方米，人行道面积171万平方米，泄水井、检查井约5.92万余个，排水管网约678千米的日常维护；承担辖区范围内高排涵系统、无物业小区化粪池的日常维护工作及城区防涝排渍工作。区市政设施维护中心设党政办、财务科、巡查维护科、督查科、安全设备科、路政科、内审科、业务考核科、工程科、防涝排渍科、劳资人事科、工会共12个科室。截至年末，在职工作人员255名。

2019年，区市政维护中心围绕“道路更平整、排水更通畅、设施更安全、施工更文明、服务更贴心”的工作目标，推进各项工作。　（唐　媛）

【防汛防涝】 2019年，天心区市政维护中心汛前制定防汛应急预案，备足防汛物资、调试防汛抢险设备，开展堵点安全隐患排查。对全区积水堵点进行改造，完成小型堵点改造29处。汛中加强人员值班值守，严格落实24小时值班制度，强降雨天气下中心班子成员按“五定”方案进行联点值守，确保防汛工作责任落实；强降雨后安排专人重点对松动井盖、雨后井盖冲毁问题进行排查及处置；对中意二路、嘉和社区、西文庙坪、五一路桥下、雀园东路等易渍易堵点，采取揭盖引流、应急清掏、紧急抽排、设牌封路等措施进行处置，逐个堵点责任到人，确保应对及时、处置得力。全年启动三级防汛响应3次，出动巡查、值守人员3100余人次，出动车辆设备800台次。　（唐　媛）

【市政道路维护】 2019年，天心区市政维护中心采取巡查发现、问题交办、及时处置举措，实行一月一计划、一周一例会、一周一总结的模式，有计划、分步骤

图68　2019年9月27日，天心区开展“市容环境大扫除，干干净净迎国庆”节前彻底大清扫活动　（区环卫维护中心供图）

地维护与管理，以确保维护标准和品质。全年维护车行道面积约2.87万平方米、人行道约1.39万平方米，修复、更换侧平石1370余米，安装障碍球430余个，安装障碍杆、柱2860余根，疏通管道约677千米，清掏明沟约9千米，清掏泄水井约1.7万个次，更换、修复各类井盖约3290个，共受理数字化案卷9426条，无超时、返工现象，结案率、按期结案率均达100%。（唐　媛）

【路面隐患排查】2019年，天心区市政设施维护中心加强对路面坑洞安全隐患的排查，对南湖路长坡二街口、木莲路、中意二路远征驾校附近、广厦新村、白沙路140号护坡渗水垮塌点，及时采取措施进行应急处置或修复，确保道路交通安全。针对2018年全区市政道路塌陷隐患专项检测发现的5处四级隐患点及26处三级隐患点分别进行整治或增加监控设备、实施灌缝处理等。对芙蓉南路3个路口及10所学校周边、芙蓉南路暮云段、湘江南路（交警大队—107国道）实施交通安全隐患整治。加强对井盖井座安全运行的监控，通过安装防坠网、更换四防井盖井座等，消除井盖设施安全隐患，修复、更换防坠网2000余个，协调督促各管线单位处理沉陷、缺失、破损井盖井座62处。全年未发生路面塌陷及其他安全隐患引发的市政类安全事故。（唐　媛）

【市政专项整治】2019年，天心区市政维护中心完成全市项目观摩、马拉松赛、中非经贸博览会、市长考察下黎家坡市场等应急处置。在高考、重大节假日、重要活动赛事期间，区市政维护中心实行24小时值班制，加强全区市政设施安全运行的监管与维护；开展全区背街小巷市政设施精细化维护及人行道清障行动等，并完成任务。（唐　媛）

【开通市政24小时服务热线】2019年，天心区市政设施维护中心设立市政24小时服务热线，随时接受群众的情况反映和意见，按照“快速反应处理机制”，不论白天黑夜、刮风下雨均及时前往处置。全年受理“110”热线821条，“12345”平台案卷1145条，处置满意率均为100%。2019年2—10月，区内排名及全市中心城区部门类排名均列第一。群众反映的排污沟堵塞、人行道破损、化粪池澎溢等问题得到及时解决。（唐　媛）

【暮云片区农村自来水改造路面恢复】2019年3—8月，天心区市政设施维护中心对暮云片区农村自来水改造后进行路面恢复工作。恢复工程涉及自来水管网沟槽土方外运，铺设混凝土基层，沥青面层，沙土路面恢复，路沿石及绿化带等内容，修复沥青路面近4500平方米、水泥混凝土路面近7300平方米、人行道压模近400平方米、麻石路面近200平方米，种植小树苗537株。（唐　媛）

【杜甫江阁周边市政设施应急整治项目】2019年6月19—25日，为迎接第一届中非经贸博览会召开，天心区市政维护中心实施杜甫江阁周边市政设施应急整治项目。该项目对博览会线路点杜甫江阁前坪车行道、麻石路面及步行台阶等市政基础设施做应急维护整治施工，共铣刨做油2100平方米，麻石路面维修200平方米，增设减速带140米，修复台阶约30平方米。在大会召开前期，对辖区其他重点区域，特别是博览会线路、点位，突击做好地毯式摸排处置应急整改，在会议期间全程做好路段、路况、设施的维护。（唐　媛）

【白沙路两厢城市有机更新项目竣工】2019年8月，由天心区市政维护中心负责实施的白沙路（劳动路—人民路段）两厢城市有机更新项目竣工。该项目施工路段全长1.3千米，人行道双向合计2.6千米。2018年7月2日正式入场施工。区市政维护中心对白沙路部分匝道，以及城南路、白沙路交界桥下部分路段进行人行道整治，人行道部分全长约3千米，并将沿线强电、弱电等设施进行下地改造。（唐　媛）

【窨井整治项目】2019年，为迎接中华人民共和国成立70周年，天心区政府以政府采购的形式投资近300万元由区市政维护中心负责实施示范区内各类窨井设施的整治工作，示范区范围为省政府周边及区政府周边。整治各类窨井共769个，其中市政井664个、其他智慧窨井105个。该项目于2019年10月进场施工，12月竣工。（唐　媛）

【迎国庆路面提质改造工程】2019年，为迎接中华人民共和国成立70周年，天心区市政维护中心对湘江中路（劳动路—五一路）路面进行提质改造。该项目工程范围为湘江中路（劳动路—五一路）主道及辅道，改造涉及路面铣刨、基层处治（含开挖换填）、窨井调整等内容。该项目通过公开招投标于8月29日开标，9月2日入场施工，9月26日整体工程全部完工。完成道路侧石、公交车站台改造，完成路面基础处治约7000平方米，路面铣刨总面积7.3万平方米。（唐　媛）

【"一圈两场三道"建设工程项目】2019年，天心区"一圈两场三道"自行车道、人行道建设项目，由区市政维护中心负责执行。2019年，区市政维护中心对汇金路（振华路—万家丽路）、芙蓉南路（南二环—友谊路）、新电路（理工大学—新兰路）、新谷路（中意二路—黄谷路）路段进行人行道建设，10月22日入场施工，12月15日完工。对新开铺路（南二环—湘府路）、书院路（西湖路—南二环）、湘府路（新联路—五凌路）、书香路（黑石铺路—友谊路）、新韶东路（芙蓉路—万芙路）、正塘坡路（芙蓉路—万芙路）、友谊路（韶山南路—新开铺路）进行自行车道建设，9月26日开工，12月中旬竣工。

（唐　媛）

【堵点整治项目】2019年，天心区市政维护中心负责全区堵点管道疏浚及整治工程，该工程实施的主要内容包括：对芙蓉南路、湘江大道、天心路、竹塘路、木莲冲路、小西门水系等区域路段雨污水管道进行清淤疏浚；对解放西路、人民路等11个高排口、沉砂池、转输系统进行系统清淤及管道破损修复；对万家丽路等路段的市政排水设施（井盖井座、雨水排口等）进行提质优化改造，约100处；对湘江路、芙蓉路等道路约50处小型堵点进行改造，共长约1500米。该项目2019年10月初开工。（唐　媛）

【城南路车行道路面提质改造项目】城南路是天心区老城区道路，使用年限较长，也是天心区中心城区重要组成道路。为确保民众对该道路的使用安全，提高城南路的文化品质，2018年，区市政维护中心负责实施支路街巷提质改造项目，该项目施工路段为城南路（书院路—芙蓉路），全长1.3千米，车行道双向合计2.6千米。入场施工时间2018年10月25日，2020年1月8日完工。

（唐　媛）

园林建设与绿化

【概况】长沙市天心区园林绿化维护中心（简称"区园林绿化维护中心"）于2019年3月25日完成机构更名挂牌，由长沙市天心区园林管理局更名。4月完成组织行政职能移交及人员转隶等工作。负责对全区公共道路绿化、公共绿地、受区政府委托管理的公园、社区公园及其设施进行建设和维护；指导辖区单位开展园林绿化工作，负责辖区绿地的核查、统计，新增绿地的申报；负责辖区内古树名木的管理、保护，组织辖区开展义务植树活动等。内设科室7个：办公室、园林维护室、工程建设室、设施安全室、绿化业务室、内审评价室、财务室；基层园林维护所6个：园林维护一所、园林维护二所、园林维护三所、园林维护四所、湘江风光带南维护所、湘江风光带北维护所。较原园林管理局科室设置缩减部门3个。截至年末，在职工作人员444名。办公地址位于天心区玉桂路6号。

2019年，天心区园林绿化维护中心完成造绿面积25公顷，李志壮被全国绿化委员会授予全国绿化奖章。（王佳龙）

【绿化工程建设】2019年，天心区园林绿化维护中心完成天心区城管系统园林景观"微改造"项目，即新岭路、新兰路（新电路—万家丽路）、汇金路（万家丽—雨花区交界处）、风光带北段（南湖路—劳动路）、汇金路小游园（长沙理工大学东门小游园）景观中轴线公园、湘府路沿线等处景观微改造工作；完成芙蓉南路快速化改造苗木移植（天心段）工程和城南变配套线路苗木迁移及恢复工程；完成怡海星城拆违复绿项目；完成庆祝中华人民共和国成立70周年园林街景布置工作；提质天心区政府机关大院北广场人行道。（王佳龙）

【绿化维护管理】2019年，对辖区内园林植物、景观设施、亮化设施进行全面的维护修补，重点对湘江风光带、省政府景观轴、社区公园进行全面维修。全年受理社区居民死、危树砍伐报告57例，配合各级各部门及时清理排除隐患，处理死、危树121株；协助区城管综合执法队、区城管局及时处理"110"、数字化信息平台、"12345"服务热线平台及社区紧急危树事件67件，紧急处置危树101株，处理数字化平台案卷1301件，处置率100%。全年共补栽大乔木544棵，灌木20.5万平方米，草皮4.7万平方米，草花 107 万盆；大乔木、灌木修枝抹芽 14.3 万余棵，比 2018 年增加 19%；修剪绿篱及草皮 220 万平方米，比 2018 年增加 22%；安装护栏 2800 米，与 2018 年持平；更换麻石边 1600 米，比 2018 年减少 50%；更换景观灯 1455 盏，与 2018 年持平；修复亮化线路 2600 米，比 2018 年减少 38%；检修直饮水龙头 110 个，与 2018 年持平；修复钢木结构并喷涂油漆 3.5 万平方米，更换防腐木地板 2300 平方米。（王佳龙）

【三年造绿】 2019 年，天心区完成新增绿地 25 公顷；完成湘府西路林荫道路建设；完成石人冲水库公园林荫广场建设；完成金桂社区林荫停车场、井湾子都市园艺公园林荫停车场、新天社区丽江翠园小区林荫停车场、石人冲水库公园林荫停车场、长坡社区林荫停车场、状元坡富绿山庄林荫停车场 6 个生态林荫停车场建设；建成湘府路与书香路口交汇处、湘府路与新姚路口交汇处 2 个街心转角。完成天鸿社区公园、火车头广场、湘江动步公园、怡海星城拆违复绿小游园 4 个公园绿化建设。建成 1 个市级、5 个区级义务植树基地。（王佳龙）

【怡海星城拆违复绿项目】 怡海星城拆违复绿项目是 2019 年省、市交办的天心区绿心范围拆违复绿重点工程，面积约 2.4 万平方米，项目位于暮云街道的怡海星城三期。复绿项目共进行机械拆除混凝土路面 4350 平方米，回填土 8 万立方米，种植土 2.2 万立方米。栽植乔木 4100 余株，灌木 372 株，播种地被植物 2 万余平方米。（王佳龙）

【迎国庆街景布置】 2019 年，天心区园林绿化维护中心以“我和我的祖国”为主题，按照已发布的庆祝中华人民共和国成立 70 周年活动标识，以一点一处景的城市绿化效果，在省政府北门、省政府南门（湘府文化公园处）、贺龙体育广场、南郊公园等处布置国庆街景，共摆放各类鲜花 12 万余盆。按照“以草改花、面积翻番、整体提亮”的要求，对辖区内韶山路、芙蓉路、湘江大道等纵向主干道，五一路、南湖路、木莲路等横向主干道实施花化彩化，制作花卉景观。（王佳龙）

【春节绿化特护】 2019 年春节前夕，天心区园林管理局在省政府周边、奥特莱斯商圈摆放草花共计 25 万盆，在主次干道、社区公园及湘江风光带种植、更换草花 9 万余盆；在公园重要节点悬挂灯笼 800 余个、国旗 600 套。春节期间，做好公共绿地、社区公园养护工作。除夕夜、大年初一，及时做好市民燃放烟花爆竹的清理工作，杜绝安全隐患发生。（王佳龙）

【绿化巡查】 2019 年 2 月 26 日，天心区园林管理局对芙蓉南路进行绿化巡查，就人流量较大的省政府清风站地铁口附近绿带存在问题进行研究，明确整改计划和实施方案，确保进一步提高主干道及省府周边绿化标准。（王佳龙）

【春季绿化综合治理工作】 2019 年 2 月 28 日，天心区园林管理局利用春季有利时机，启动春季绿化养护综合治理工作。经过前期绿化巡查，梳理出绿化维护工作

图 69　长沙湘府文化公园北广场街景　（区园林绿化维护中心供图）

中存在的问题和难点，有针对性地制定整改措施和实施方案。加强补栽补种，对绿化缺株少株和冬季死株较为严重的主次干道和重点区域进行麦冬草和草皮补植；加快修剪除杂，对行道树和大型乔木开展春季修剪和绿化除杂；加大整改力度，对林大路等路段的绿化突出问题，进行整改，尽快恢复景观绿化原貌。通过该次绿化综合整治，确保辖区园林绿化效果得到巩固提升，为市民提供舒适整洁的宜居环境。

（王佳龙）

【古树名木普查成果通过专家评审】 2019年3月20日，由中南林业科技大学教授喻勋林、刘春林，湖南省建筑科学研究院高级工程师吴宏组成的专家组听取天心区古树名木普查成果的汇报，审阅相关资料，对天心区古树名木普查工作给予肯定。专家组指出，天心区古树名木调查成果符合全国绿化委员会《古树名木普查技术规范》，资料收集、业务培训、外业调查和业内整理等符合规范要求，数据真实，质量可靠，内容全面，客观反映该区古树名木的种类、数量、质量、分布和生长状况，特别是首次对该区的古树名木进行GPS定位，实地测量胸径、树高、冠幅等数据，为全区古树名木数据库提供可靠基础数据，对保护现状进行分析，提出合理的保护意见，对挂牌和保护管理具有指导作用。专家组一致同意通过调查结果。（王佳龙）

【全民义务植树活动】 2019年3月12日，天心区组织开展以“抗击雾霾我有责，植树造绿现蓝天”为主题的全民义务植树活动。天心区委书记朱东铁，区委副书记、区长黄滔，区直单位代表以及国网长沙供电公司、湖南省电子信息产业研究院等15家驻区单位代表近400名志愿者参加集中植树活动。志愿者在芙蓉南路义务植树基地（芙蓉南路与南二线东侧）种下桂花、银杏等苗木。朱东铁、黄滔叮嘱园林部门要把好植树质量关，要积极开展义务植树活动，普及植树造林知识，确保树木的成活率。（王佳龙）

【冬季刷白工作】 2019年12月31日，天心区园林绿化维护中心完成冬季刷白工作。为加强园林绿化树木的冬季管理，自11月中旬，全面开展秋冬季树木刷白工作，对辖区内行道树和绿地里的大型乔木进行刷白防护，增强树木抗寒、防冻、防虫能力，确保树木安全过冬。（王佳龙）

图70　2019年3月20日，天心区古树名木普查成果通过专家评审（区园林绿化维护中心供图）

步行商业街管理

【概况】 长沙市步行商业街管理服务中心（简称“管理服务中心”）负责管理黄兴南路步行商业街，促进街区市场经济发展工作；负责制订步行街中长期发展目标和实施方案；负责步行街内的活动管理和宣传，对各有关职能部门和物业公司进行协调；规范经营户的经营行为；管理步行街“两个文明”建设等，实施经费自理。办公地位于芙蓉区人民西路247号（新福源大厦5楼）。截至年末，步行街管委会净资产1067万元，在编人员7名。

黄兴南路步行商业街全年客流量达3000万人次，总营业额超30亿元。2019年被评为“长沙市十大文旅消费示范区”，区夜间经济服务中心获“长沙市夜间经济服务示范中心”称号。（陆　地）

【常规管理服务工作】 2019年，长沙市步行商业街管理服务中心对街区排水渠道进行疏通，保障全年排水通畅。多次对街区边界设施进行维护，安装防撞柱89根，杜绝电动车进入步行街的状况。配合步行街提质改造。提供水电和交通运输便利，多次帮施工方做商户的沟通工作，调解双方矛盾，一期工程于10月完工。5月1日，长沙市开始实施《长沙市文明行为促进条例》(以下简称《条例》)，黄兴南路步行街被选为宣传示范点。管理服务中心制订宣传方案，从“五四”青年节开始，联合多个部门开展《条例》发放和宣传工作。利用“我们的节日”、志愿者活动等时机宣传《条例》；配合相关部门开展各类普法宣传活动，加大法律、法规、政策的宣传力度，开展消防、安全生产、信访法规等政策的学习教育；部署外街户外广告作为文明创建的公益宣传，步行街外街的主要电子显示屏全天候定时播放文明创建的公益广告，占总广告数的40%；街区商户各大显示屏更换最新公益广告30余次，其中包括蓝天保卫战、垃圾分类、扫黑除恶、庆祝中华人民共和国成立70周年、文明创建系列等宣传周期较长公益广告。全年向区委宣传部发送各类公益广告宣传照片400余张。（陆　地）

【五一商圈品质提升】 2019年，长沙市步行商业街管理服务中心兼天心区五一商圈建设工作领导小组，下设办公室，与相关成员单位密切配合、齐力共建，在优化交通、改善市容环境、推进街区提质、加快业态升级、浓厚商圈氛围等方面全方位推进五一商圈建设工作。得到王府井、春天百货、悦方等多家商户及群众的肯定。（陆　地）

【步行街街区提质改造】 2019年7月9日，长沙市政府副市长邱继兴在步行街管理服务中心会议室调度创建国家级步行街相关工作，市、区直相关部门分管负责人参加会议。会议明确，步行街是五一商圈的重要组成部分，要求各部门形成合力，全力配合创建工作，由长沙市政府作为申报国家级步行街主体。组织方案编制小组、设计公司、街区业主代表、步行街商会等相关单位，邀请省、市商务部门业务主管处室领导，多次召开步行街改造提升方案讨论座谈会，征求各部门以及企业意见，组织相关部门分别到重庆、成都、武汉等地考察学习，参加商务部相关培训，对方案进行完善优化。步行街改造提升方案在9月底上报商务部。10月，黄兴南路步行街的基础设施提质改造工程主体基本竣工，总投资约3000万元，新增文化墙200平方米，平面改造1万平方米，立面改造1000平方米，增加文化景观8个。在步行街的重要节点新建“湖南门”（司门口端）和“天下为公”坪（中部黄兴广场），破除低矮灌木，增加休息配套设施，从原有休闲座椅47个增加到现在的120个，并结合各节点的设计风格进行美化设计；对全街的环境景观升级，加强引导两厢商家对建筑外立面进行全面的形象升级；打造系列互动、留影、自媒体平台，在黄兴广场安装LED电子显示屏。启动湖南首个5G及人工智能应用场景示范街区。（陆　地）

【湖南首个夜间经济服务中心启动】 2019年9月7日晚，湖南首个“夜间经济服务中心”在黄兴南路步行街启动。按照“市场主导、政府引导、开放包容”的基本原则，服务中心从每天20时至次日凌晨2时，由一位区领导担任“夜间管家”，部门轮班驻点、多方协调联动为夜间经济工作保驾护航；市、区领导多次就天心区夜间经济进行调研，并专题调度夜间经济工作，要求各级各部门围绕促进夜间经济，研究制定相关扶持政策，帮助企业解决在夜间经营中遇到的困难和问题。截至年末，夜间经济服务中心接到来电、来访共1000余人次。其中，受理投诉210起，帮助市民寻回丢失物品152起，帮助、寻回走失老人、小孩36余人次，提供救助47余人；坡子街派出所成立护航机构，组建6支巡逻队伍，加大全区夜间巡逻防控力度；完善公共设施与服务，改善夜间照明，延长夜间交通；推进“一圈两场三道”建设工作；在夜间经济繁荣和重点商圈周边实行24小时清扫保洁。（陆　地）

【吴忠琼带队考察黄兴南路步行街】 2019年6月27日，江西省政府副省长吴忠琼带队调研天心区，长沙市政府副市长邱继兴，天心区委副书记、区长黄滔陪同调研。吴忠琼一行考察黄兴南路步行街、火宫殿总店，对天心区特色步行街和夜市美食街的整体发展、业态布局、商户经营模式等情况进行了解。吴忠琼表示，此次考察主要是为了学习长沙打造特色步行街和夜市美食街的成功经验，希望通过借鉴长沙经验，打造具有江西本地特色、聚集人气的特色步行街区。黄兴南路步行街是长沙最集中的商业中心和人文活动中心，是外来游客的重要打卡地。（陆　地）

交通运输

【概况】 2019年11月，按照长沙市天心区机构改革方案，长沙市天心区交通运输局（简称“区交通运输局”）由区政府所属事业单位变更为政府组成部门，主要承担打击非法营运、源头治理超限超载、道路运输许可、三类维修企业检查、农村公路管养建、道路水路安全监管等职能职责，执法职能上交市级统一管理，承接一部分渔船监督管理、砂石码头及港口岸线管理、货运站（场）建设管理等工作，接收市局移交的设置非公路标志审批、更新采伐护路林审批、在公路增设或改造平面交叉道口审批等5项行政审批许可。内设4个科室：办公室、公路管理科、运输管理科（交通应急科）、行政审批和政务服务科（政策法规科）。另设二级机构1个：天心区交通运输事务中心。截至年末，在职工作人员31名。

2019年，天心区交通运输局被长沙市交通运输局评为农村公路综合目标管理红旗单位。

（苏玉婕）

【稽查管理】 2019年，天心区交通运输局组织执法行动211次，出动执法人员1580人次，稽查车辆1500台次，查处各类违法车辆290台。检查三类维修厂家432家，下发整改通知书39份。（崔　博）

【交通安全生产检查】 2019年，天心区交通运输局配合开展蓝天保卫战、三类维修企业烤漆房、高排放车辆整治、“三车”（搅拌车、渣土车、砂石车）、校车安全、铁路沿线安全隐患、交通领域顽瘴痼疾等多项专项整治行动，与各部门通力协作完成区级中心工作任务。检查兴马洲等渡口安全生产128次，消除安全隐患35起。（胡外云）

【“预约延时”服务】 2019年，天心区交通运输局依法依规简化、优化行政审批依据、审批程序、申报材料等相关办事流程，重新编写核发操作规程、办事指南，将许可事项审批时限由承诺期限7个工作日变为5个工作日（法定期限20个工作日）。推行“预约延时”等一系列服务，坚持做到“不办完最后一项业务不下班、不送走最后一位业户不关门，不让群众多跑一趟冤枉路”，最大限度方便广大百姓和路途远、交通不便群众办事。全年提供预约服务159件次，延时服务60余件次，按时办结率达100%。（赵　林）

【农村公路提质改造项目】 2019年，天心区新改建农村公路总里程20余千米。其中，大托铺街道完成农村公路新改建5.3千米，大兴路一所两队至新尾路段（1.6千米）、彭石路（1.6千米）、中直路（1.5千米）及黄合村桥下路（0.6千米）完成建设通车。暮云街道完成农村公路新改建15千米。其中，许兴村5.9千米，暮云新村3.6千米，西湖村2.8千米，莲华村1.7千米，高云村1千米。（王　歌）

【农村公路安全整治项目】 2019年，天心区交通运输局借“路长办”与“道安办”合署办公契机，合力排查全区农村地区道路安全隐患，加大道路安全设施整治力度，共投入80万余元重点对暮云街道许兴村、暮云新村、南托街道沿江村等18千米农村公路进行安全隐患整治。（王　歌）

【铁路沿线顽瘴痼疾整治】 2019年，天心区铁路沿线安全隐患共有42处。其中，铁路红线内5处，安全保护区内16处，安全保护区外21处，主要分布在先锋、暮云、南托、经开区。至12月底，全部完成整治，并通过铁路部门验收销号。（孙春平）

【优化公交线路】 2019年，天心区交通运输局多次实地走访星浩物流园、湖南登世博体育有限公司、湖南至名品牌管理有限公司等单位，多次与市交通运输局、公交公司协商，调整公交线路、新增社区巴士。其中，230路公交线路终点从汽车南站过渡站延长至新岭路，并将新公交车站冠名为“金色阳光物流园”站，解决星浩物流园关于优化企业周边公共出行环境的需求，便利物流园员工的出行。在长沙市长郡外国语实验中学门口增设1个公交站点——新开铺路志青路口，方便师生出行；新增社区巴士15号线，填补豹子岭、天心实验中学、长沙明德中学等区域的公交线路空白，接驳长沙地铁1号线。（崔　博）

【非洲猪瘟防控值班】 2019年1月1—30日，2019年6月16日至9月30日，天心区交通运输局安排人员会同区交警大队、区农业农村局工作人员，在辖区暮石路口、国道107线、大托收费站3个卡点实行24小时轮班管控，建立健全车辆出入检查、消毒记录，排查登记、值班台账，提高天心区往来生猪及其产品运输车辆的检查力度，以切断病源传播。（王　珍）

【专项整治行动】2019年1月10日，天心区治理车辆超限超载工作领导小组办公室（简称“区治超办”）抽调人员到牛冻路（天心区唯一的县道，是南托街道上万农村居民出行的重要通道）设立“治超”站点，安排10余名执法人员24小时对过往车辆进行检查，约谈牛冻路沿线相关企业负责人。当天检查车辆20余台，劝返超载车辆2台。2月25日，区交通运输局局长陶曙山带队，联合区交警大队、区巡特警大队在解放西路开展打击非法营运整治行动。2月22—28日，组织多个职能部门及辖区涉农街道、村对全区农村公路安全隐患开展拉网式排查及专项整治行动。3月4日，联合区交警大队、区巡特警大队等部门对地铁1号线沿线站点开展交通运输市场秩序整治行动，查扣涉嫌非法营运车辆6台，处理暴力抗法行为1起。在开展日常执法和巡查的基础上，区交通运输局牵头建立“交运＋交警”模式，形成集中整治常态工作机制，结合辖区交通特点和规律，采取“动态联动、随时出击”等方式，加大高峰、平峰、白天、晚上等不同时段的整治力度，分小组实施动态联动，将城区范围内重点区域列入动态联动点，打破地域、条件限制，实施一体化运作。重点安排人员在五一商圈、省政府周边、地铁沿线、企业园区等重要区域开展专项整治行动。4月9日，组织执法队员在辖区主要运输站点开展交通运输行业扫黑除恶专项整治行动，现场向市民群众发放扫黑除恶宣传资料。从2019年11月初开始，联合区生态环境分局，开展全区汽车维修企业专项整治行动，深入辖区汽车维修企业，开展地毯式摸排备案。截至12月4日，共出动工作人员30人次，检查涉及辖区内汽车维修企业68家，4S店38家。每家企业填好备案表之后，工作人员对辖区内机动车维修企业的场地、设备、人员、经营行为、消防和危废物生产、贮存、处置、台账设置等方面逐一进行现场检查。12月9—12日，区交通运输局执法人员分为三组到铁路沿线、钢材市场周边、解放西路开展交通运输领域顽瘴痼疾专项整治行动。加大对解放西路和芙蓉南路等路段、尚双塘和中信广场等地铁口、丽发新城等居民小区的巡查和蹲守频率，针对部分司机昼伏夜出的特点，不定时在下班后开展持续整治行动，打击不法行为。共查处“黑车”19辆，不按规定线路行驶的客运车辆35台，超限超载车辆6台。在铁路沿线排查登记42处隐患，全部整改到位，整改率排长沙市各市县区第一。（王　珍）

【“文明交通、绿色出行”进校园系列宣传活动】2019年10月30日，天心区交通运输局开展“文明交通、绿色出行”进校园系列宣传活动，组织执法人员走进中建仰天湖小学开展教育宣传。4个班级的160余名学生参加活动。宣讲活动采用多媒体教学的方式，结合工作实际对“文明交通、绿色出行”进行重点阐述，从规范停车、安全乘车、交通安全知识以及践行文明交通四个部分入手，利用发生在身边的真实案例，讲解交通违法的危害性和学习交通安全知识的必要性；利用卡通宣传牌，讲解《长沙市文明行为促进条例》里面关于文明出行的内容；提倡和践行绿色出行理念，优先选择单车、步行等绿色出行方式，开展绿色骑行和健步走等活动，号召大家争做绿色出行的宣传者、文明交通的实践者。

（王　珍）

图71　2019年6月11日，天心区交通运输局志愿者利用卡通手牌为载体，向乘客宣传《长沙市文明行为促进条例》

（区交通运输局供图）

经济综合管理

宏观经济管理（发展和改革）

【概况】 长沙市天心区发展和改革局（简称“区发改局”）为区政府工作部门。截至年末，在职工作人员20名。

2019年，天心区发改局围绕“融城核心、璀璨天心”建设目标，立足服务全区经济建设和社会发展大局，扎实工作，狠抓落实，全面完成市、区下达的各项工作任务。（吴静静）

【政府投资管理】 2019年，天心区发改局全面落实简政放权政策，对总投资1000万元及以下且不新征建设用地的政府投资建设项目免去可行性研究报告、初步设计概算的审查。将工程建设项目招标方式、招标组织形式和招标范围的核准并入立项和可研审批阶段一并审查核准，不再单独办理；牵头“多规合一”平台审批工作，推进建设项目审批手续网上办理，对非重大和非限制类企业投资项目的备案实行全程网上审批流程，实现备案手续100%的网络办理。组织涉及工程建设审批相关部门定期召开协调会议，对全区49个审批事项形成平台办理数据月汇报机制；根据《湖南省长株潭城市群生态绿心地区保护条例》、绿心总规等相关文件，承接生态绿心地区范围内准入的初审工作，指导项目建设单位办理绿心准入的手续。2019年，办理企业投资项目备案103件、涉及投资约128.75亿元；项目立项审批220件、涉及投资约4.66亿元；项目可行性研究报告审批19项，涉及投资金额约42.3亿元；初步设计概算审批项目42个，涉及金额约13.65亿元，节约投资8031.95万元；项目招投标核准22个，涉及金额1.5亿元；法定限额以下区内交易工程72个，涉及金额约1.33亿元；回复项目建设相关意见167件；办理天心区“多规合一”平台受理事项1007项，出窗事项940项；初审绿心准入5个项目，并配合区资规分局及区两型服务中心对15个疑似违规别墅的项目进行排查。（吴静静）

【重大项目建设】2019年，天心区铺排重大项目152个（不含预备项目），完成年度投资295.7亿元，占年度计划投资额的120.91%。牵头组织召开调度会议50次，现场察看项目200次，对项目推进中的重点难点问题进行全面梳理、分类汇总、专题解决和动态管理，全力保障项目开工和竣工。开展2020年度全区重大项目投资计划的摸底、收集、汇总、筛选工作，经区政府常务会议、区委常委会会议、区人大常委会会议审议通过，2020年全区铺排重大项目150个（不含预备项目），其中续建项目84个、新建项目66个，预估总投资额959.9亿元，预估2020年投资额242.6亿元，另整理预备项目68个。推进“产业项目建设年”活动，通过开展“征地拆迁、招商引资、优化服务、产业发展、项目建设”五大竞赛活动，推动产业项目建设。做好政府投融资及中央预算内项目补助资金申报工作，争取五个批次的2019年中央预算内补助资金，涉及老旧小区、学前教育、保障房配套第一至二批、城企联动养老，共3492万元。组织项目单位申报上级资金。其中，重点领域市场化投融资策划包装项目12个、77.65亿元，专项债项目储备37个、144.89亿元；向国家发改委申报2020年专项债发行项目5个，共计20亿元。在市对区2019年度项目观摩中，天心区排一等（内五区第二名）。在市对区2019年度重大项目建设绩效考核中，天心区排三等。（吴静静）

【宏观经济发展】2019年，天心区发改局牵头开展2018年度区域经济奖励评选工作，涉及企业263家，奖励金额5508.68万元。加强对固投、服务业增加值等经济指标的监测分析，及时跟进指标进度情况，了解和掌握最新形势变化，确保主要经济指标达到预期；加强形势研判，着眼于区域宏观经济的发展，每季度对全区经济发展形势进行深入调研和分析。做好“十三五”规划中期评估人大审议意见情况落实相关工作，完成《2019年度国民经济和社会发展报告》和《2020年国民经济和社会发展计划草案报告》工作；启动天心区“十四五”规划编制工作，拟订8个“十四五”专项研究课题和12个部门子规划，为“十四五”整体规划的编制提供基础研究资料；加强与省、市相关规划政策的对接，为推动区域经济发展建言献策，研究回复省市各级规划、政策相关意见120件。

（吴静静）

【优化营商环境】2019年，天心区着力优化营商环境，成立长沙市天心区“营商环境优化年”工作推进领导小组，设立营造“最方便”“最赚钱”“最安全”“最亲清”一流营商环境4个专项攻坚小组，形成“牵头抓总、分线运行、各负其责、共建其功”工作机制，制定出台《天心区2019年度优化营商环境绩效考核办法》《天心区营商环境投诉与意见办理制度》，建立起投诉问题受理交办、反馈评价、跟踪督查等服务机制；有序推进“四大专项”，率先全省推出“立等可取”服务，深入推进“一件事一次办”“证照分离”改革，建立“凡有先例皆可为”制度，推行“容缺受理”政务服务机制，设立全省首个夜间经济服务中心。注重经济成本持续下降，降低企业用工成本，实现免费公章刻印。推动诚信天心建设，建立健全“政府承诺+社会监督+失信问责”机制，推进“新官不理旧账”专项治理工作。注重保护企业权益，建立非公有制经济领域维权联席会议制度。率先成立全省首个区级企业服务中心，设立“区长企业接待日”，全年开展区长企业接待日活动10次，接待企业46家，收集问题诉求137个，解决问题70个。区领导联系走访服务企业累计419家，共收集诉求及问题853个，办结624个；做好营商环境指标对标工作，有序开展第三方测评和暗访督查工作。推出优化营商环境宣传报道530余条，中央电视台综合频道《新闻联播》、《人民日报》、《湖南日报》等媒体对天心区优化营商环境举措和成绩进行报道；新华社、人民网先后聚焦天心区夜间经济发展；《大公报》、香港《镜报》、香港《文汇报》等港澳媒体对天心区营商环境进行重点宣传。

（吴静静）

【能源监督管理】2019年，天心区发改局牵头全区节能降耗工作，围绕“双控”目标，积极推进重点用能单位监察、节能宣传和示范创建工作，突出抓好安全生产、蓝天保卫战和公共机构垃圾分类工作。抓好油气长输管道保护工作，制定出台天心区“夯实企业油气管道保护主体责任年”“油气管道保护安全月”工作活动方案，印发《天心区油气长输管道突发事件应急预案》，组织10次安全执法检查行动。宣传油气管道安全生产领域相关法律法规和应急救援知识；推进禁燃区内燃煤污染整治工作，联合区城管、工商、环保等相关部门和园区、街道，通过明察暗访、突击检查、专项联合执法、回头看等方式重点对散煤制售点、散煤运输、散煤使用情况进行专项执法。全年开展综合执法144次，专项执法624次，出动执法人员39120余人次，检查执法对象涉及14400余家，收缴煤炉

图72　2019年8月21日，天心区召开优化营商环境工作调度会

（区发改局供图）

105个、散煤13.2吨。共发放各种控煤宣传资料6000份，宣传海报3600张，宣传横幅240余条；推进公共机构垃圾分类工作，制定出台《垃圾分类督查方案》《天心区公共机构生活垃圾分类专项检查考评办法》《天心区公共机构生活垃圾分类专项检查考核评分细则》等相关文件，通过发放宣传册、张贴分类标语、在人流密集区滚动播放垃圾分类视频、开展垃圾分类互动游戏等多种形式，推进垃圾分类工作。（吴静静）

图73　2019年8月26日，天心区委书记朱东铁（右三）调研产业项目建设工作　（徐拓　摄）

【价格管理服务】2019年，天心区发改局做好价格审批工作，对全区中、小学伙食费收费标准进行规范统一，并会同区教育局制定中小学生校内课后服务收费的最高标准。全年共核准（备案）中、小学伙食费等项目收费标准50起、公办幼儿园保教费住宿费伙食费收费标准16起、民办普惠制幼儿园保教费住宿费伙食费收费标准13起、住宅小区前期物业费收费标准11起、政府指导价停车场停车服务收费标准5起；密切关注猪肉、粮、油、蛋、菜等食品价格走势，深入市场调查了解，及时掌握市场供应和价格变化情况。在“非洲猪瘟”期间，每日向市发改委上报辖区内猪肉价格及走势情况，全年共上报粮油食品价格监测报表154期、二手房价格监测报表6期。启动价补联动机制，连续9个月对低收入群体发放价格临时补贴；做好价格认证工作，全年受理完成刑事、民事、行政、经济案件价格认定业务426例，金额合计398.57万元，复核裁定案件为零；全年共受理价格投诉举报、市民服务热线工单691件，每件工单均在规定时间内予以处理或办结，回复率和办结率均为100%；开展价格监督检查，重点开展春节、“五一”、端午、中秋、国庆节假日前后市场物价检查活动，对关系市民基本生活的粮油副食品价格进行重点检查，确保节假日前后的物价稳定。不定期对辖区内的中小学进行教育收费检查，规范教育收费，受到家长的好评。（吴静静）

【南部片区建设工作座谈会】2019年2月15日，天心区南部片区建设工作座谈会召开。长沙市南部办主任彭鉴西、市城投集团董事长刘巍峰、总经理田安阶等应邀参加，天心区委书记朱东铁，区委副书记、区长黄滔，区领导贺国权、侯向宇、王海军、许波、张建参加。区委、区政府相关单位就南部片区建设相关问题与市南部办、市城建投进行沟通和交流，表示将全力支持、服务、配合、服从，做好南部片区建设。朱东铁强调，要规划引领，将绿心规划、产业规划等规划多规合一推进；要基础先行，加大基础设施建设；要做好产业支撑，做到产城融合发展，支撑项目引进；要推进片区建设，加快推进牛角塘片区、机场迁建区、解放垸片区建设；要综合整治，做好农安小区提质提档工作，加大城区、城乡接合部、城中村的综合整治力度。彭鉴西指出，将协同天心区、市城投集团等单位，明确牛角塘和暮云片区产业定位，加快重大产业项目引爆；抓紧重点基础设施建设，推动建成见效；推进重点招商项目落地，提供强力支撑；创新融资和开发模式，破解建设资金问题；继续推进绿心工业企业退出，如期完成整改。（吴静静）

【诚信建设宣传活动】2019年2月22日，“人人讲诚信，事事做诚信”主题宣传活动在金桂社区开展，该活动由区发改局主办，桂花坪街道办事处承办，金桂社区协办。活动现场设置诚信签名背景墙和咨询活动台，活动环节有：知识答题有奖竞猜、社区志愿者和企业代表宣读《诚信建设倡议书》与《诚信经营承诺书》、社区书法爱好者书写“诚信”主题书法作品。社区志愿者们入户发放诚信宣传资料，倡导居民争做“爱国、守法、诚信、文明”的好公民。（吴静静）

【迎接学习考察】2019年3月29日，湘潭市岳塘区发改局局长刘小宁一行到天心区考察学习。刘小宁一行以座谈会形式与区发改局、园区及相关区直部门进行交流，了解天心区区域经济发展情况、产业发展现状、南部片区建设、园区机构设置等情况，并就重大项目建设、产业政策制定、如何推进现代服务业发展等重点问题与天心区进行深入探讨。对于推进长株潭一体化建设，加强区域间的交流合作进行重点交流和探讨，双方均表示将通过区域合作联席会议进一步加强合作对接，推动长株潭一体化建设落地落实。4月18日，湘潭昭山示范区管委会党工委委员、总工程师李白杨带队到天心区学习考察，区委常委、常务副区长周志军及天心经开区（新）、区发改局、区商务局、区两型建设服务中心、区城建投、南湖新城公司等部门参加交流活动。座谈会上，与会人员就南部片区建设、产业发展、基础设施互联互通、招商引资、绿心退出、规划对接等进行交流，并就其中的难点问题进行深入探讨。周志军表示，天心区和湘潭昭山示范区同是长株潭一体化核心区域，同为绿心区域的主阵地，双方要共推共建长株潭一体化，共建共享生态绿心，互联互通基础设施，互补融合产业发展，共同争取各方面支持。（吴静静）

【重大项目集中开工】2019年3月28日，天心区举行重大项目集中开工仪式。区委书记朱东铁，区委副书记、区长黄滔，区领导朱远红、于献、夏艳兰、周志军、贺国权、侯向宇参加活动。仪式上，朱东铁宣布集中开工，区委常委、常务副区长周志军介绍全区重大项目建设情况，长沙超世实业有限公司总经理刘梦作为项目业主单位代表介绍天经国际企业街区项目基本情况并表态发言。该次集中开工的5个重大项目总投资约40亿元，分别为天经国际企业街区、人才公寓、青园小学南校区二期、新开大厦、太平街地块有机更新（三标）。9月29日，天心区11个重大产业项目集中开工。区领导朱东铁、黄滔、朱远红、于献、夏艳兰、周志军、贺国权、侯向宇参加活动。集中开工的11大项目分别为天心区五田医药物流三期、星浩医药物流二期、湖南健康城、长沙明德城南双语实验中学、1123文化艺术创意园区、五一商圈（天心区）提质改造项目、解放西路提质改造项目、黄兴南路（南门口—劳动广场）有机更新项目、坡子街有机更新项目、暮云特勤消防站、青山祠社区有机更新项目。其中，湖南健康城计划总投资5.8亿元，规划建设成集健康产品研发、销售、推广展示、大数据、智能化、电子商务、健康服务等“一站式”服务的多功能现代化健康产业综合体，打造成健康产业地标建筑。长沙明德城南双语实验中学计划总投资2亿元，项目建成后可容纳学生2100人。五一商圈（天心区）提质改造、黄兴南路（南门口—劳动广场）有机更新等项目，以“留、改、拆”相结合的有机更新理念，结合“一圈两场三道”的工作要求进行打造，在留住城市记忆的同时，改善人居环境和优化城市功能。（吴静静）

【长沙市发改委调研天心区工作】2019年3月12日，长沙市发改委党委委员、市能源局局长肖波，副局长高雅及法规科相关负责人一行4人到天心区调研燃煤污染整治工作，天心区发改局局长谢

图74　2019年9月29日，天心区举行重大项目集中开工仪式，五田医药物流三期等11个重大产业项目集中开工（徐拓 摄）

巍、分管领导杨爱军和坡子街街道办事处副主任邓继红、坡子街社区书记陪同调研。肖波一行深入坡子街社区，现场查看社区清洁能源改烧情况，随机抽查部分餐饮门店，听取天心区燃煤污染整治专项工作和燃煤污染源头防治、燃煤举报奖励经验做法，充分肯定天心区成绩，提出2019年度工作建议。5月31日，市发改委党委书记、主任夏文斌，副主任刘震，重点办主任欧俭平一行调研天心区优化营商环境和产业项目建设工作。区领导周志军、洪孟春参加调研。调研组对区政务服务中心、区行政审批局、区企业服务中心进行实地调研，现场了解有关企业办事流程及审批事项。调研组实地查看湘雅五医院项目施工现场。夏文斌指出，要进一步推进流程再造，进一步开展“产业项目建设年”活动，进一步“稳预期”“稳投资”。8月27日，市发改委副主任易鹰到天心区调研优化营商环境工作。易鹰现场考察区政务服务中心，在区政府四楼中间会议室听取天心区关于优化营商环境工作的汇报，对下阶段工作提出相关要求。

（吴静静）

【优化营商环境调度会议】 2019年4月25日，天心区召开一季度优化营商环境调度会议。天心区委书记朱东铁，区委副书记、区长黄滔，天心区领导黄文先、周志军、贺国权、刘向、侯向宇、张建参加会议，会议由黄滔主持。区优化办汇报一季度优化营商环境工作情况，各专项攻坚小组分别做补充汇报，区市场监督管理局、区税务局、城南路街道、先锋街道进行随机点名发言。朱东铁强调，责任要再压实，形成“牵头抓总、分线运行、各负其责、共建其功”的良好局面；工作要再提标，真正用心、用情解决，确保取得实效，区内各单位要加强与市级四大专项行动小组、市直部门的对接，及时汇报工作进展，精准把握市级指示，协调铺排目标任务，深入分析全国营商环境评价体系；保障要再加强，干部在工作中特别是改革创新中失误的，要适用容错纠错机制，给予干部最大的宽容和保护。

（吴静静）

【“优化营商环境年”活动】 2019年6月14日，长沙市优化营商环境协调事务中心主办，天心区发改局组织承办的关于聚焦“营商环境优化年”《你说话吧》座谈会在天心区坡子街街道召开，市直相关部门代表、区直部门代表、企业商户、居民代表共计40余人参加。座谈会从对“人人都是营商环境优化者”的看法，长沙的优化营商环境的亮点和不足，如何在全社会形成围绕优化营商环境形成广泛思想意识，各职能部门之间如何协调配合浓厚优化营商环境氛围，如何号召基层干部、市民朋友参与营商环境优化五个方面进行探讨。会上，部门代表、企业商户、居民代表结合自身实际发言。市优化办主任刘莉霞指出，要从点到面，从小到多，形成长沙营商环境更好的发展空间和氛围。

（吴静静）

【朱东铁、黄滔调度全区重大项目建设工作】 2019年6月17日，天心区委书记朱东铁，区委副书记、区长黄滔带队调度全区重大项目建设工作。朱东铁、黄滔一行实地察看湖南人力资源产业园、人才大数据中心、湘雅五医院、湖南地理空间大数据交易中心、湖南人工智能产业园、天心数谷先行区，了解项目规划、投资、进度，以及遇到的困难和问题，就相关问题现场办公，为企业排忧解难。朱东铁要求，要把产业项目建设作为全区经济工作的主基调、主旋律、主任务，着力打造最方便的服务环境、最赚钱的投资环境、最安全的创业环境、最亲清的政商环境，以最优的服

图75　2019年4月25日，天心区召开一季度优化营商环境调度会议

（徐拓　摄）

务、公众的认可，吸引更多企业入驻天心。黄滔强调，各级各部门要全力在“建链、强链、延链、补链”上下功夫，要切实提高政务服务质量，以问题为导向、以项目方的评价为标准，主动为企业做好服务，将市、区出台的优化营商环境政策落地。（吴静静）

【节能宣传周暨低碳日启动仪式】2019年6月19日，天心区2019年全国节能宣传周暨低碳日启动仪式在丽发新城前坪广场举办，长沙市发改委、市机关事务局，天心区政府、区发改局等单位负责人以及各街道社区、辖区企业、学校、社会团体代表共计300余人参加。该次活动的主会场为舞台区，舞台区附近设有展示区和体验区。展示区为现场展示辖区社团和学生的绘画、手工、节能灯等节能产品，体验区可现场体验新能源汽车，参与垃圾分类游戏。舞台区表演在《绿色发展　节能先行》公益宣传片播放中拉开序幕，上演雾霾情景剧《穹顶之下》、节能沙画《节能让生活更美好》、情景剧《垃圾回家》、脱口秀《家园共同守护》等节目。（吴静静）

【朱东铁调研优化营商环境工作】2019年8月28日，天心区委书记朱东铁专题调研优化营商环境工作。朱东铁一行到区企业服务中心和区政务服务中心了解各窗口单位持续深化“放管服”改革、行政审批服务再提速等工作情况。在座谈会上，区优化办、区4个专项攻坚组分别汇报工作开展情况和下步工作思路。朱东铁强调，要落实好五个方面的责任。上下对标责任：对接好市行政效能提速、实体经济降成本、政策落地、企业家权益保护4个专项组；统筹压实责任：各专项小组牵头单位要统筹调度各项工作；时时彰显责任：做到全流程、全天候、全方位服务好每一家企业、每一位群众；整改体现责任：要敢于直面问题改进工作；氛围传导责任：经常性开展社会宣传、政策普及，形成人人关心营商环境、齐心协力优化营商环境的浓厚氛围。（吴静静）

【新能源汽车基础设施验收工作】2019年10月23—24日，天心区发改局会同区工业和信息化局、区市场监管局、区农业农村局、区住建局、电力公司等部门和单位，开展2019年度充电桩项目联合验收工作。该次验收涉及建设单位4个，57个点位，充电桩219个，其中交流桩191个、直流桩28个，额定总功率共3217千瓦。（吴静静）

图76　2019年6月19日，天心区政府在丽发新城前坪广场举办2019年全国节能宣传周暨低碳日启动仪式（区发改局供图）

【公共机构生活垃圾分类活动】2019年11月14日，天心区发改局联合区机关事务中心和各街道组织开展全区公共机构生活垃圾分类“现场观摩”活动，重点学习区直机关大院生活垃圾分类工作先进做法和成效。该次活动分为理念介绍、实践解锁、总结部署三个环节。区发改局工作人员围绕“什么是生活垃圾分类”“为什么要进行生活垃圾分类”“怎样做好生活垃圾分类工作”进行解说，活动最后进行现场互动交流和问题答疑。（吴静静）

【长沙市重大产业项目观摩现场点评会在天心区召开】2019年12月12日，长沙市重大产业项目观摩现场点评会在天心区召开。湖南省委常委、长沙市委书记胡衡华，市委副书记、市长、湖南湘江新区党工委书记胡忠雄出席，市领导程水泉、文树勋、蔡亭英、钟钢、黎春秋、谭小平、曹友华等，天心区委书记朱东铁，区委副书记、区长黄滔，区领导吴江、贺国权等参加。市委常委、常务副市长夏建平主持会议。胡衡华强调，要落实中央和省委、省政府的重要指示精神，进一步推进项目建设提标提速提效，持之以恒，久久为功，以高质量项目推动高质量发展。胡忠雄强调，要聚焦制造业抓项目，聚焦22条产业链抓项目，聚焦园区抓项目，聚焦环境抓项目。"天心数谷•智能经济创新产业基地"项目是15个观摩项目的最后一站，是天心经开区绿心工业企业退出后进行腾笼换鸟的重点项目，天心区致力打造长沙"第五谷"——"天心数谷"，推动大数据、地理信息、人工智能等产业融合发展，重点发展以智能经济、数字经济、网络经济为主的"数据驱动型"高技术生产性服务业。项目自2019年5月开门迎客，聚集30余家全国乃至全球一流水平的人工智能及产业互联网企业。（吴静静）

两型社会建设

【概况】2019年4月19日，长沙市天心区两型社会建设服务中心（简称"区两型中心"）挂牌成立，为区政府直属正科级公益类事业单位。将区两型社会建设综合配套改革办公室承担的行政职能划入区发改局，整合其公益服务职能和辖区内长株潭绿心保护等相关公益服务职能。主要职责是贯彻执行中央、省、市有关两型社会建设等法律法规和方针政策；承担全区两型社会建设的事务性工作，组织推动区级两型社会创建工作，统筹协调区域范围内长株潭城市群生态绿心保护工作等。

2019年，天心区仰天湖教育集团仰天湖小学获评2019年度长沙市两型示范单位，赤岭路街道南大桥社区、先锋街道嘉和社区获评2019年长沙市两型创建单位。（汤　婷）

【绿心工业退出】2019年，天心区列为市级要求退出的工业企业361家（中央环保督察组要求整改的299家，新增整改任务62家），均按照"三停一拆一不"（"三停"即停水、停电、停产，"一拆"即拆除主要设备，"一不"即不具备恢复生产的能力）的要求全部关停，于12月31日前通过市级验收。4月20日，天心区委常委、常务副区长周志军主持召开区绿心地区退出企业用地处置工作调度会，分析天心区绿心地区退出企业用地处置工作进展情况，部署下一步工作。6月20日，天心区生态绿心地区退出工业用地处理工作领导小组组织召开区绿心退出片区规划编制方案对接会，对天心区绿心退出片区土地整备、利益统筹及城市设计方案进行讨论。8月2日，天心区委副书记、区长黄滔带队督查绿心地区工业企业退出工作，实地考察10家规模以上延期退出企业。10月9日，长沙市两型中心党组书记、主任熊景业，市两型中心党组成员、副主任伍进带队实地查看天心区绿心地区剩余工业企业退出和违建地产项目整改情况，组织召开全市绿心地区剩余工业企业整改工作座谈会。周志军参加调研。会上，区两型中心围绕绿心地区工业项目整改完成情况、存在的困难以及下一步工作建议等做汇报。10月12日，天心区政府召开第30次常务会议，区两型中心主任杨科应就研究天心区绿心保护工作进行相关情况汇报。（汤　婷）

【绿心整改两大攻坚项目】2019年，天心区承办中央生态环境保护督察"回头看"及洞庭湖生态环境保护专项督察反馈问题的两大绿心整改攻坚项目，即"天心区怡海星城三期"和"天心区丽发新城三期"整改复绿工程，分别于2019年10月30日、12月20日完成整改任务。1月2日，区领导组织对怡海星城拆除方案和拆除工作进行专门研究，对涉及的各项工作进行部署和明责。1月11日，全面启动怡海星城5栋违建高层楼的整改拆除工作。7月4日，

图77　2019年11月8日，长沙市政府督察组现场验收绿心整改复绿工作，现场核查怡海星城和丽发新城整改复绿情况

（区两型中心供图）

区政府副区长许波主持召开怡海星城整改拆除工作现场验收会暨地下结构加固项目对接会，对接地下结构加固项目实施方案和研究整改拆除工作竣工验收事项做出工作指示。7 月 23 日，区政府副区长王海军、许波召开丽发新城项目整改复绿调度会，对整改工作做出部署。8 月 23 日，市政府副秘书长张跃先在市政府主持召开会议，专题研究丽发新城违建项目复绿有关问题，会议指出要提高政治站位，明确责任分工，解决具体问题。8 月 26 日，王海军主持开展天心区绿心地区丽发新城整改复绿工作调度会，对下一步的整改工作进行部署。9 月 1 日，区委常委、常务副区长周志军组织召开专题研究绿心地区丽发新城违建地产项目整改复绿工作有关问题。王海军、许波，长沙县政府副调研员张劲松参会，就资金及分工问题进行讨论。9 月 30 日，许波主持召开怡海星城整改项目工作对接会，怡海星城、南通三建、长沙县城投简要汇报前期对接情况，对下一步整改工作进行部署。10 月 9 日，周志军、许波现场督查怡海星城、丽发新城整改复绿工作，就整改工作做出相关指示。10 月 23 日，市政府督察组现场核查绿心整改复绿工作，王海军及区直相关单位参加。现场核查怡海星城及丽发新城的整改复绿情况，区两型中心汇报绿心整改复绿相关情况及下一步整改、验收工作计划，市政府督察组进行总结发言与工作安排。10 月 24 日，许波组织召开怡海星城整改工作调度会，就签订补偿协议等相关事宜进行讨论。11 月 8 日，市政府督察组现场验收绿心整改复绿工作，周志军、王海军、许波参与验收，现场核查怡海星城和丽发新城整改复绿情况，根据实际情况进行验收结果通报，“天心区怡海星城三期”通过市级验收。12 月 20 日，天心区承办的中央生态环境保护督察“回头看”及洞庭湖生态环境保护专项督察反馈问题“天心区丽发新城三期”完成整改任务，并通过长沙市现场验收。（汤　婷）

【餐厨油烟净化治理工作】 2019 年，天心区两型中心为保护和改善居民的生活环境，制定《天心区老旧社区餐厨油烟净化治理工作实施方案》，成立专项治理工作小组。结合社区提质提档和老城区有机更新工作确定实施范围，选取青园等 10 个街道共 10022 户进行餐厨油烟净化治理，顺利完成治理工作。12 月 17 日，市两型中心副主任李新华带队调研天心区餐厨油烟净化综合治理工作。（汤　婷）

【两型创建活动】 2019 年，天心区两型中心制定出台示范创建标准，2019 年申报市级示范单位 1 个、创建单位 2 个，区级示范单位 4 个、创建单位 14 个，示范创建工作得到全区各社区、单位、企业的广泛参与。（汤　婷）

审计监督

【概况】2019 年，长沙市天心区审计局（简称“区审计局”）全面依法履行审计监督职能，坚持“依法审计、服务大局、围绕中心、突出重点、求真务实”的工作方针，工作取得一定成效。2019 年，区审计局完成审计项目及审计调查 34 个。查出违规资金 188 万元、损失浪费资金 8187 万元、管理不规范资金 16.81 亿元；查出非金额计量问题 79 个，移送相关部门案件线索 12 起；向区委审计委员会报送重大事项审计专报 3 份，一个审计项目获得市级优秀项目。2019 年获省级精神文明建设单位称号。（易姮君）

图 78　2019 年 12 月 17 日，长沙市两型中心副主任李新华（左二）在青园街道井湾子社区调研天心区餐厨油烟净化综合治理工作（区两型中心供图）

【预算执行审计】 2019年，天心区2018年度区级预算执行审计于2019年2月22日开始，查出问题金额11532万元。区审计局组织全局审计力量，以摸清财政家底、提高财政资金使用效果、保障公共资金安全为目标，围绕部门预算编制及执行、政府采购、国库集中支付等改革措施落实情况，推进财政同级审计工作。在区本级预算执行审计的基础上，安排对惠农政策资金、中小学财务收支、村及集资办财务收支、全区土石方工程项目等进行审计，重点关注财政政策执行、部门预决算、政府性债务规模和管控、专项资金使用及成效等情况。发现预算编制不科学、预算支出不规范、围标串标、建设资金损失、财务管理不规范等十余个问题，增强天心区预算编制、政府采购、工程项目管理、财务行为规范等多方面的管理意识，完善并出台《政府采购流程》等多项制度。 （易姮君）

【经济责任审计】 2019年，天心区安排对7家单位开展经济责任审计，涉及3个街道办事处和4个部门，涉及领导干部22人。在经济责任审计过程中，区审计局贯彻落实2019年7月两办新修订的《党政主要领导干部和国有企业领导人员经济责任审计规定》，以领导干部权力运行轨迹为切入口，从重大经济事项决策、工程建设实施、资产管理等方面开展审计，反映部分领导干部履职不到位、重大决策欠民主、工程规划欠科学等情况。 （易姮君）

【政府投资审计】2019年，天心区审计局聚焦重大项目跟踪审计、服务民生的重点领域工程审计，促进提高政府投资效益。截至12月底，完成18个项目，通过对土石方工程等项目实施审计，揭露土石方工程弊病滞后、建设单位现场计量管理不规范、结算评审结论不实等问题。 （易姮君）

【自然资源资产和环境保护审计】 2019年，天心区审计局开展自然资源资产和环境保护审计，重点审计自然资源资产的实物量变化和环境质量变化，贯彻执行中央生态文明建设方针政策和决策部署、重大决策，自然资源资产管理和生态环境保护监督，相关资金征收管理使用和项目建设运营情况等方面，发现土地资源利用不合规、辖区内部分企业未按照规定办理环评手续、护绿复绿不规范及对环城林带保护不到位等情况。 （易姮君）

【审计整改工作】 2019年，天心区审计局制定审计整改监督工作规范，强化审计整改工作监督检查和问责。对已整改到位的问题，要求被审单位进一步通过健全完善制度机制，堵塞漏洞，规范财务管理；对那些正在整改还没有整改到位的问题做好跟踪落实，抓好整改工作。坚持“审计发现问题—建立工作台账—及时移交整改—逐个整改销号”的“流水式”工作模式，对查出的问题，直接落实到具体单位和具体责任人，力促相关单位狠抓整改，落实到位，并完善相关制度。 （易姮君）

【天心区委审计委员会成立】 2019年3月25日，天心区委审计委员会办公室挂牌成立。根据《长沙市天心区机构改革方案》，组建天心区委审计委员会，作为区委议事协调机构，其办公室设在天心区审计局。天心区委审计委员会，落实加强党对审计工作领导决策部署。通过优化审计监督职责，将区发改局的重大项目稽查职责、区财政局的区级预算执行情况和其他财政收支情况的监督检查职责划入区审计局，构建集中统一、全面覆盖、权威高效的审计监督体系。 （易姮君）

统　计

【概况】 长沙市天心区统计局是主管全区统计和国民经济核算工作的区人民政府工作部门。主要职责是贯彻执行国家、省、市统计工作的方针、政策和法律、法规，承担国家和地方统计调查任务；承担组织领导和协调全区统计工作；检查监督统计法规的实施情况，查处各类统计违法行为；组织实施全区国民经济核算制度和全区投入产出调查，核算全区生产总值，提供国民经济核算资料等。内设4个科室：办公室、核算和综合研究室（社情民意调查科）、统计科、政策法规科；2个局属事业单位：普查中心、城乡调查队。

2019年，区统计局发挥统计调查、统计分析、统计监督职能作用，每季召开统计系统经济形势分析会，动态监测全区经济运行情况，全年完成统计分析报告57篇。每月对主要经济指标运行情况，尤其是对运行过程中出现的问题进行预警分析，为区委、区政府决策提供基础数据和咨询建议。做好绩效考核、小康社会和民生实事的监测预警，有序推进地区生产总值统一核算改革，在服务经济社会发展中彰显统计作为。2019年，区统计局获评长沙市全国月度劳动力调查工作先进单位特等奖、城乡住户调查工作一等奖、长沙市采购经理调查工作一等奖、湖南省地理信息产业优秀应用工程奖银奖。撰写《砥砺奋进七十载　凝心聚力谱华章——中华人民共和国成立70周年天心经济社会发展综述》一文，全面反映天心经济社会各方面的发展情况。（梁海龙）

【统计数据质量】 2019年，天心区统计局落实统计工作“四条红线”，完成各项常规调查月报、季报、年报等报表任务。对全区14个街道开展统计数据质量巡查，将质量监督的阵地前移到街道，重心下移到社区（村）、企业，确保源头数据质量。采取实地走访、数据核查、信息对比等措施，严把新增“四上”企业申报关，确保名录库单位真实、数据准确。（梁海龙）

【统计基层基础】 2019年，天心区统计局每季度对园区、街道队伍建设、联网直报、数据质量、报表及统计台账、名录库管理、统计信息化建设等统计基础工作进行综合评估，发现问题、加强指导，激励先进、督促后进，推动统计“双基”建设平衡发展。（梁海龙）

【统计法治】 2019年，天心区统计局推进依法统计、依法治统，提高对中央出台的《关于深化统计管理体制改革提高统计数据真实性的意见》《统计违纪违法责任人处分处理建议办法》和《防范和惩治统计造假弄虚作假督察工作规定》的知晓率、执行率，建立完善统计监督体制机制，开展第四次全国经济普查（简称“四经普”）监督核查、“双随机”执法检查等工作。集中开展统计法治宣传月活动，营造统计法治氛围。（梁海龙）

【第四次全国经济普查入户登记工作动员部署会召开】 2019年1月2日，天心区召开全区第四次全国经济普查入户登记工作动员部署会，天心区第四次全国经济普查工作全面启动。全区经济普查各成员单位负责人和各街道行政主要负责人参会，区委常委、常务副区长周志军出席。会上，区统计局通报“四经普”前段单位清查工作情况，对入户登记工作进行安排部署，区工商分局和区税务局进行工作汇报，各街道做表态发言。周志军强调，要强化保障，各街道要确保人员配备到位、培训到位、宣传到位，确保经济普查入户登记工作顺利进行；要协同配合，各经普成员单位要立足本职配合普查，全区上下形成普查合力，保证数据质量；要抢抓进度，区统计局要立足天心实际，按时按质完成好入户登记各项工作任务。1月22日，区统计局召开全区第四次全国经济普查工作推进会，区统计局班子成员、普查中心主任、各专业负责人以及各街道分管经济副主任和统计站长参加会议。会议由区统计局副局长刘婷主持，区统计局局长刘顺来传达2019年1月18日区委常委会议专题研究统计工作的会议精神，强调“四经普”工作，要加强组织领导；要加强“两员”培训，切实提高普查员业务素质和沟通能力；要扎实抓好入户登记工作，确保普查数据质量。会上，区统计局普查中心主任叶冰总结经济普查入户登记阶段前期的工作情况；区统计局核算科组织学习《天心区第四次全国经济普查数据质量管理有关规定》文件；区统计局班子成员和各专业负责人对普查数据质量进行讲评；各街道分管领导就近期入户登记工作开展情况、工作中存在的困难和问题以及后段工作打算做简要发言。天心区第四次经济普查工作完成单位、个体户清查以及个体户抽样登记，进入入户登记关键阶段，为督促经济普查的进度、质量和效果，2月13日，周志军到青园、黑石铺等街道，督查指导入户登记工作。区政府办、区统计局负责人参加督查。周志军听取两个街道前段“四经普”工作情况汇报，对两个街道的清查工作进行点评。周志军指出，各街道要从四个方面发力：思想上真重视，方法上再改进，质量上严把关，压力上要再传导。3月6日，天心区召开第四次全国经济普查工作推进会。会议由周志军主持，区编委办、区政府办、区财政局、区民政局、区教育局、区城乡建设局、区科技局、区卫计局、区经信局、区商务和旅游局、区工商分局、区税务局等经普成员单位分管负责人，各街道办事处主任以及各工商所、税务分局、税务所负责人参加。区统计局通报经济普查入户登记阶段前期工作进展情况，对后段工作进行布置，参会单位简要汇报工作情况，各街道表态发言。会议强调，思想上要再重视；措施上要再强化，区统计局要进一步加大宣传、浓厚氛围；质量上要再保障，区统计局要建立数据质量控制办法，加强数据质量监管；各街道要督促企业真实、准确填报普查数据。3月21日，天心区召开“四经普”入户登记阶段数据质量控制会议，周志军出席并主持会议，各街道办事处主任、分管负责人、统计站长等参加会议。会上，区统计局各专业负责人对“四经普”数据质量方面存在的问题进行总结和分析。周志军指出，要以决战冲刺的状态抓好“四经普”；要牢固树立质量第一的意识，工作要细致，方法要科学，要引导企业如实报数，杜绝瞒报漏报少报；要切实破解难题来抓好“四经普”。4月2日，天心区委副书记、区长黄滔召开部分重点街道“四经普”工作推进会。黄滔对参会街道经普工作存在的困难和问题逐一进行分析研究，强调要提高认识；要强化责任，集中人力、物力，攻坚克难；要狠抓质量。为加强普查数据质量监督工作，区统计局委托专业机构对全区单位和个体户的普查数据质量进行随机抽查。由区统计局普查中心工作人员和专业机构的专业人士共同组成检查组，2019年4月10—20日对全区的“四上”企业、非一套单位和个体户开展抽样调查，每个街道随机抽取5个单位和个体户进行数据质量检查。通过抽样调查发现，单位和个体户的普查入户登记率和PAD签字上报率均达100%，但仍然存在单位行业界定错误、应付职工薪酬少报、应交增值税计算错误等问题。区统计局及时向街道反馈问题，要求街道尽快进行整改。事中数据质量抽查结果将纳入区对街目标考核，以压实领导责任，切实提高普查数据质量。5月6日，天心区委书记朱东铁主持召开企业“入规、升高、上市”及“四经普”工作调度会议。朱东铁强调，全区各级各部门要抓好抓实企业“入规、升高、上市”及“四经普”工作，科学铺排任务，摸清底数；加大服务企业力度，深入宣传好相关政策，做好相关配套政策的制定。黄滔强调，要找准工作路径，从“个转企”等方面，开展“入规”工作；从加强“区校共建”等方面，扩宽“升高”工作视野；从建立区级上市企业后备库等方面，帮扶企业上市；各部门要形成工作合力，进一步理顺工作机制，加强信息互通，强化激励措施。年底，天心区第四次经济普查完成，收集8万多条部门行政记录，完成2.4万余家单位和6.8万余家个体户的清查任务，完成2.3万余家单位的数据采集上报、审核验收工作，基本摸清全区经济家底，反映全区经济发展的总量、结构和趋势。（梁海龙）

图79　2019年5月6日，天心区召开企业“入规、升高、上市”及“四经普”工作调度会议　（区统计局供图）

【服务业年报暨经济普查业务培训会】 2019年1月15日，天心区统计局召开规模服务业2018年年报、2019年定报暨第四次全国经济普查业务培训会，辖区内218家企业统计员和14个街道统计站专干参加会议。会议传达省、市统计局经济普查培训会议精神，对经济普查方案进行说明；逐项讲解2019年服务业统计报表内容、指标解释、统计方法、新增变化等内容；对联网直报平台填报要求、审核重点、注意事项及以往报表中出现的问题进行总结梳理；参会人员围绕《中华人民共和国统计法》和《〈中华人民共和国统计法〉实施条例》进行学习、讨论和交流。通过培训，进一步提升统计人员的业务水平，强化统计法治意识，夯实天心区规模服务业统计基础工作。（梁海龙）

【建设领域统计年报会暨第四次全国经济普查培训会】 2019年1月16日，天心区统计局组织召开全区建设领域2018年年报暨2019

年定报培训会暨第四次全国经济普查培训会，区统计局副局长刘婷出席并讲话。全区218家房地产企业、建筑业企业及重大项目投资单位统计员参加会议。会议对2018年建设领域统计工作进行总结，表彰2018年度房地产、建筑业和重大项目投资单位先进个人；区统计局房地产、建筑业和投资专业负责人对各专业的统计报表内容、指标解释及统计方法进行全面翔实的解读，布置2018年年报及2019年定期报表工作，分别围绕固定资产投资、房地产、建筑业投资抽样统计工作中存在的问题及要求作讲解。刘婷强调，要提高政治站位；要及时报、真实报、专业报；要全面提高建设领域经济普查和统计调查工作能力。

（梁海龙）

【规模工业企业2018年年报暨2019年定报业务培训会】 2019年1月24日，天心区统计局组织召开规模工业企业2018年年报暨2019年定报业务培训会。辖区各园区、街道工业统计员及规模以上工业企业统计员共90余人参加会议。会上，区统计局副局长范方平传达第四次全国经济普查的相关要求及市统计局工业能源年报会精神，对依法依规统计进行重点强调，对统计工作的开展提出要求，要按时、按流程上报报表，要正确审核报表，要耐心填报报表。市统计局能源处专家及区统计局工业科人员结合经普内容对报表的重要指标进行讲解说明。（梁海龙）

【统计法治宣传活动】 2019年5月9日，天心区统计局在天心区先锋街道中海环宇城广场开展“大力推进依法治统、保障统计法治建设”统计法治宣传活动。区统计局制订统计法治宣传活动方案，及时发放通知，联系各街道，将相关工作责任明确到人，确保上下步调一致。根据“大力推进依法治统、保障统计法治建设”的活动主题，区统计局以视频、宣传条幅、展板、宣传手册、知识抢答赛等多种方式，全方位、多角度进行统计法制宣传，提升广大群众对统计法律法规的知晓度。通过发放宣传手册、现场讲解向广大群众普及《中华人民共和国统计法》《中华人民共和国统计法实施条例》《全国经济普查条例》，宣传统计调查对象的权利和义务。

（梁海龙）

【经济形势分析会】 2019年5月13日，天心区统计局组织召开全区统计系统一季度经济形势分析会。会议由区统计局副局长刘婷主持，区统计局局长胡志坚出席并讲话。天心经开区（新）统计部门负责人及综合统计员，各街道分管经济的副主任及综合统计员，区统计局领导班子成员及相关专业负责人参加会议。会上，区统计局部分专业负责人就一季度经济形势进行分析研判；街道部分代表就本地区一季度经济运行情况进行发言；普查中心负责人部署第四次经济普查审核改错和迎检工作。胡志坚强调，要做好日常统计工作，坚决依法治统；准确研判经济形势；重点抓好“四经普”审核改错和迎检工作；科学铺排新增“四上”单位，严格按照企业入库标准，规范入库审批。11月1日，区统计局召开统计系统三季度经济形势分析会。统计局全体班子成员、各专业负责人、14个街道和经开区分管领导和统计业务负责人参加会议。会议由刘婷主持。会上，区统计局各专业负责人就三季度本专业发展态势进行研判，对相关业务

图80　2019年5月9日，天心区统计局在先锋街道中海环宇城广场开展“大力推进依法治统、保障统计法治建设”统计法治宣传活动

（区统计局供图）

知识进行培训。部分街道代表就三季度区域经济发展情况进行分析，交流统计基层基础建设工作经验。会议对三季度统计基础工作评估结果进行通报。胡志坚提出建议，要突出发展主题，做好经济发展态势研判；突出数据质量，确保统计数据真实可靠；突出基层基础，做好各级统计服务。（梁海龙）

【统计法律法规培训会】 2019年7月17日，天心区统计局举办统计法律法规培训会。培训邀请长沙市统计局政策法规处处长晏志波主讲，天心区相关职能部门分管负责人，天心经开区（新）及14个街道分管领导和统计站站长，以及统计局全体干部职工共约70人参加。培训会上，晏志波从统计工作的职责和重要性引入，讲解统计法及相关知识；以宁夏灵武等统计违纪违法案件为例，对与会人员进行告诫。培训后，区统计局开展天心区统计法律法规知识竞赛。（梁海龙）

【杨畅文一行到天心区调研企业用工情况】 2019年7月18日，湖南省统计局人口与就业处调研员杨畅文一行6人到天心区长沙红海人力资源有限公司开展企业用工情况调研，区统计局党组成员、副局长张校陪同调研。调研采取座谈会形式进行，调研组就企业用工形式、招工模式、用工结构情况与企业进行沟通，了解到人力资源企业在用工形式、招工模式上都与以往有明显变化，用工形式由以前劳务派遣为主逐渐转变为岗位外包和劳务承揽为主；招工模式由以往网络招聘、招聘会为主转变为以微信公众号、开发企业招聘网站为主的新模式。调研中，调研组鼓励企业加强与统计部门的密切沟通与联系，为统计部门全面了解全省企业用工情况提供重要参考。（梁海龙）

应急管理

【概况】 长沙市天心区应急管理局（简称“区应急局”），对外加挂区防汛抗旱指挥部办公室牌子，承担区安全生产委员会，防汛抗旱、减灾、抗震救灾、森林防火等指挥部（委员会）的工作职能。内设8个科室：办公室、应急指挥中心、综合减灾救灾科、防汛抗旱火灾防治管理科、重点行业安全监督管理科、工贸行业安全监督管理科、安全生产综合协调科、政策法规科，设有2个二级机构：区安全生产监察执法大队、区应急事务中心。办公地址位于天心区湘府中路298号。截至年末，在职工作人员20名。

2019年，天心区安全生产态势总体平稳，全区发生一般生产安全事故4起（均为生产经营性道路交通事故）、死亡4人、伤0人，直接经济损失5万元，分别同比下降20%、20%、0%、43%。消防安全形势稳中好转，发生火灾42起、死亡3人、伤7人（均为轻微伤）、直接经济损失170.62万元，分别同比下降51%、持平、上升600%、下降58%。（黄 憬）

【安全生产监管】 2019年，天心区开展全区危化、工贸企业大体检大排查大整治、工贸行业模块化管理试点服务和“护航70”安全生产执法行动等重点工作，共执法检查企业2137家次，发现并整改隐患423处，行政处罚128宗，罚款74.9万元，责令限期整改企业431家，责令停产停业整顿32家，查扣处置非法危险化学品27吨，拘留4人。区消防救援大队检查单位820家，发现整改火灾隐患531处，临时查封单位137家。区城管执法大队取缔8家非法燃气站点、查处12起擅自挖断燃气管道行为。区道交委组织排查道路隐患25处，治理7类问题，为吸取“9•22”“9•27”等事故教训，排查上报占道马路市场隐患19处，校园周边交通安全隐患70余处，未落实“三同时”（新建、改建、扩建工程项目的安全设施，必须与主体工程同时设计、同时施工、同时投入生产和使用）道路隐患60余处。（黄 憬）

【落实安全生产责任】 2019年，天心区委、区政府始终把安全生产放在首要位置，以最严格的要求落实安全生产责任，常态化听取安全生产工作汇报，7次专题研究调度安全生产工作，组织学习《生产安全事故应急条例》《地方党政领导干部安全生产责任制规定》《天心区党政领导干部安全生产责任制实施方案》，强化对安全生产工作的组织领导。落实部门监管责任制。各部门明确各自安全生产职责；区安委会建立10个专业安委会，实现行业领域安全生产监管的分治。全年开展3次巡查督查，对街道、园区、区安委成员单位、重点企业进行安全生产工作具体落实情况进行检查，促进责任落实。（黄 憬）

【安全生产专项整治】 2019年，天心区分别由区消防救援大队牵头开展火灾防控保卫战，重点打击消防违法违规行为；区交警大队牵头开展道路交通保安全大会战，区应急局牵头开展危险化学品清缴战。通过“三大战役”，整体推进“六大整治”，即开展建设、道路交通、防火、特种设备、城镇燃气、危险化学品专项整治。加强对全区房屋建筑和市政基础设施工程的检查，累计出动人员304人次，排查隐患数100余处，实施经济处罚27万元，责令停产整顿5家企业，对17人进行警示约谈。突出“两客一危、一校一货”（“两客一危”即从事旅游的包车、三类以上班线客车和运输危险化学品、烟花爆竹、民用爆炸物品的道路专用车辆；“一校一货”即校车和货车）等重点车辆排查整治，开展集中统一行动513次，与交运、应急等部门开展联合执法319次，启动执法站10次，设置临时执勤点2017个，投入警力2万余人次，检查重点车辆1万余台。查处各类道路交通违法行为，其中货车超载1067起、超员113起、酒驾1300起、无证驾驶404起、非客运车辆违法载人321起，暂扣“黑车”236台，罚款357万元。开展“防风险保平安迎大庆”消防安全执法检查专项行动，共接警出动1085起，抢救被困人员95人，疏散人员209人，抢救财产价值687.2万元。检查单位1720家，整改火灾隐患2644处，临时查封246家，“三停”（停止施工、停止使用、停产停业）14家，罚款63.3万元。对全区特种设备监管系统进行全面清理，共清查设备8272台，清理重复数据和更正错误数据共2100余条。分层次举办9次市场监管领域企业负责人安全生产相关业务的培训，开展行动80余次，出动执法人员300余人次，发现整改安全隐患12处。对辖区燃气站点，大型户外广告等重点隐患部位开展每月体检巡查。出动500余人次开展“强执法防事故”行动，取缔燃气黑窝点8个，对存在安全生产隐患的站点、户外广告等，下达整改通知书100余份。对破坏燃气管道、设施等行为严格处罚，办理案件12起，罚款9.93万元。（黄　憬）

【应急救援】 2019年，天心区应急局承接防汛抗旱、地质灾害、森林防火等应急管理职能和人员划转，职能由安全生产专项应急向社会综合应急方向转变。理清各项应急职能边界，建立与各职能单位协调机制，建立应急管理体系，形成横向到边、纵向到底的应急管理机制。及时分析安全生产、气象、防灾减灾形势，在重大节日、重点风险时段下发提示风险信息，要求各街道各部门加强事故防范。强化应急值守，实行24小时值班和领导带班制度，及时处置各类事故信息。优化整合安全生产、应急管理、防灾减灾救灾、森林防火工作考核事项，将考核结果纳入绩效考核体系，发挥好考核“指挥棒”作用。突出汛期、酷暑季节、森林火灾防护期、春节、“五一”以及中华人民共和国成立70周年等重点时段，开展自然灾害及事故灾难防范专项检查督导，推动各项防范应对措施落早落小见实效。（黄　憬）

【消防安全】 2019年，天心区应急局坚持与重点单位以创建消防安全社区为抓手，全面提升街道、社区消防工作“软硬”实力。在14个街道、290家消防安全重点单位建立微型消防站，落实执勤人员、执勤装备及保障制度，定期组织现役消防队与微型消防站进行联勤联训，提升微型消防站的灭火救援能力，确保达到“灭早、灭小和三分钟到场”的要求。全年针对辖区社会单位开展消防培训7175人次，强化居民消防安全培训28384人次，学校消防安全培训45家，开展消防宣传电影、活动35次。开展消防安全隐患排查整治等专项整治行动，全区检查单位820家，发现火灾隐患531处，整改火灾隐患550处，临时查封137家，“三停”12家，罚款45.7万元。（黄　憬）

【安全巡查】 2019年5月中下旬，天心区应急局对全区14个街道、1个园区、9个区直部门，25家重点企业进行督查，并由区政府督查室进行通报交办。9月中下旬，由3位副区长带队，区安委会组织的3个巡查组对天心经开区（新）、14个街道办事处开展安全生产巡查工作，公示交办15批次265条安全隐患。经“回头看”，查出问题已整改到位。（黄　憬）

【抓隐患整改落实】 2019年，天心区安委会集中交办41处重大隐患，强化调度、督促、协调，促使各单位落实隐患整治“一单四制”，进行挂号整改、闭环管理、及时销号，确保问题隐患“双归零”，整改落实见实效。（黄　憬）

【“一二三”追责行动】 2019年，天心区推行“一二三”追责行动，即对“一个行业”“两种情形”“三类事故”进行更加严厉的追责。

“一个行业”：凡道路交通运输行业、消防领域发生的生产经营性事故，根据事故等级，按规定成立事故调查组，实行“每案必查”，坚决遏制道路交通运输行业、消防领域事故多发的局面。“两种情形”：凡发生影响较大的一般安全生产责任事故和期限内未完成事故调查的一般安全生产责任事故均实行挂牌督办、限期结案。“三类事故”：护航期内发生的安全生产责任事故、所有瞒报迟报的安全生产责任事故和非法生产经营造成的一般事故均由区政府提级调查。（黄　憬）

【黄滔带队检查安全生产工作】2019年1月28日，天心区委副书记、区长黄滔带队检查天心区安全生产工作。区城乡建设局、区安监局、区消防大队相关区直部门负责人陪同检查。检查组到华融湘江银行项目建筑工地、中国抽纱进出口公司湖南省分公司、裕丰化玻有限公司，听取企业安全管理情况汇报，深入货品仓库实地查看，询问相关企业负责人消防安全设施配备、应急救援预案和值班值守等安全生产工作落实情况。黄滔强调，各级各部门要开展新一轮道路交通、人员密集区、危化企业、建筑工地、消防安全、食品药品、特种设备等各方面的安全隐患排查和整治工作；企业要严格落实安全生产主体责任，加大安全生产投入，提高安全生产管理水平。5月1日，天心区委副书记、区长黄滔到五一商圈以“四不两直”的方式检查安全生产工作并慰问一线劳动者。黄滔到步行街杰之行体育、悦方ID•MALL、芙蓉瑜舍酒店检查消防安全工作，查看消防器材、设施、设备的使用和维护情况，安全疏散通道畅通情况，消防安全责任制落实情况，叮嘱商场和酒店负责人要牢固树立安全生产意识，把责任落实到每一个环节，强化巡查管理，确保无任何隐患。黄滔在黄兴广场检查环境卫生维护情况并慰问一线环卫工人；在三王街解放西路口检查交通安全工作并慰问执勤交警；在太平老街检查国医里项目施工安全工作，并慰问施工人员。黄滔指出，“五一”小长假期间人流、物流和车流剧增，要时刻绷紧安全生产这根弦，将安全工作放在首位，加强安全生产大排查、大检查，克服麻痹大意思想；相关责任单位要统筹安排好各项安全工作，做好人流密集时的应急预案，确保全区安全和谐稳定。9月27日，黄滔率队前往坡子街街道检查节前安全生产工作、慰问困难群众并走访联点社区。黄滔一行到坡子街社区福临阁大厦、太平街社区大众市场，八角亭社区锦绣中环大厦，实地察看楼道、消防设施配备和消防应急处置等情况，查看重点部位安全设施落实情况。黄滔强调，各地各有关部门要全面落实属地管理和行业监管责任，增强做好国庆节前安全生产工作的责任感和紧迫感，加强隐患排查治理和风险防控，坚决防范和有效遏制节假日期间各类生产安全事故发生，确保节假日期间全区安全生产形势的稳定。在坡子街社区，黄滔一行走访慰问困难群众并送上慰问金。黄滔一行对坡子街街道辖区的12个社区逐一进行走访，检查各社区节前准备工作，要求各社区，要深入楼栋开展安全检查，提醒居民们提高安全防范意识，让居民积极参与到平安社区建设中来，更好地构建和谐社区；组织动员社区居民开展邻里相望，积极掌握社区流动人口等情况，着重宣传加强群防群治工作，将各种不稳定因素处理在萌芽状态。（黄　憬）

【天心区应急管理局成立】2019年3月20日，长沙市天心区应急管理局正式挂牌成立。区委常委、常务副区长周志军，区政府副区长洪孟春共同为长沙市天心区应急管理局挂牌。区应急管理局整合区安全生产监督管理局、区政府办公室的应急管理、市公安局天心分局的消防管理、区民政局的救灾、市国土资源局天心区分局、区农业林业水利局的相关职能，对外加挂天心区防汛抗旱指挥部办公室牌子，作为区政府工作部门，承担全区安全生产、消防、防汛抗旱、抗震救灾、森林防火等管理职能和日常工作。挂牌仪式上，周志军要求应急管理局全体干部职工要充分认识区急管理局成立的重要意义，要以建设“新时代应急管理铁军”为目标，打造一支“召之即来、来之能战、战之能胜”的队伍，为全区安全稳定发展做出贡献。（黄　憬）

【农村交通安全工作部署会】2019年4月8日，天心区召开农村交通安全工作部署会暨城市道路交通“保安全、保畅通”岁末年初大决战总结会议。天心区委副书记、区长黄滔，区领导周志军、洪孟春、肖向东、张建及园区、相关区直单位、各街道办事处负责人参加会议。会议听取区应急局对当前交通安全形势通报、区交警大队关于《天心区2019年农村地区道路交通管理工作实施方案》《天心区“保安全、保畅通”岁末年初大决战工作总结》的汇报。区政府副区长、区公安分局党委书记、局长肖向东宣读《关于表彰“保安全、保畅通”岁末年初大决战考核工作优秀单位的决定》。黄滔强调，各级各部门要突出抓好部署、巡查、整治、执法环节的落实，确保道路交通安全管理工作落到实处；强化交通安全宣传，牢固树立隐患就是事故的意识，努力为群众出行创造安全、畅通的道路交通环境。（黄　愫）

【蔡亭英到天心区督导防汛抗旱工作】2019年4月10日，湖南省纪委常委、长沙市委常委、市纪委书记、市监委主任蔡亭英带队到天心区督导防汛抗旱工作。长沙市人大常委会副主任罗衡宁、市政协副主席李平，天心区委书记朱东铁等参加督导。蔡亭英一行到湘江东岸防洪综合改造项目施工现场，了解项目进度和防汛物资储备情况。该项目南起杜甫江阁，北至银盆岭大桥北侧，全长5.1千米，全线堤防按200年一遇防洪标准设计，主要包括对现有堤防加高加固、风光带景观绿化恢复、穿堤管涵及附属工程等。蔡亭英强调，施工单位要克服有效工期短、施工场地狭小、环保要求高等难题，全力以赴施工作业，按期保质完成项目建设，确保湘江东岸顺利度汛。蔡亭英一行分别前往港子河北岸和官桥湖通江口等处，实地检查备汛情况，强调要牢固树立责任意识，把防汛备汛各环节落到实处；要全面排查安全隐患，建立完善的预案机制；要密切关注雨情水情，做到防汛抗旱两手抓，保障人民群众生命财产安全。（黄　愫）

【2019年安全生产、防汛抗旱、森林防灭火会议】2019年4月16日，天心区召开2019年安全生产、防汛抗旱、森林防灭火工作会议。区委副书记、区长黄滔，区领导洪孟春、肖向东，区直相关单位、街道、社区（村）相关负责人参加。长沙市安委办主任、应急管理局局长胡春山应邀出席。会议回顾总结2018年安全生产、防汛抗旱、森林防灭火工作，分析安全生产形势，表彰2018年安全生产先进集体和个人，对2019年工作进行部署。黄滔强调，各单位要进一步强化责任落实、问题导向、监管执法、宣教培训；要进一步突出责任联席、机制联动、队伍联勤、监管联防、宣教联线，切实抓好、抓细、抓实安全生产、防汛抗旱、森林防灭火工作。（黄　愫）

【2019年安全生产月活动】2019年6月，是全国第十八个安全生产月，天心区组织各相关部门单位紧扣安全生产月“防风险、除隐患、遏事故”的活动主题，推进安全教育进企业、进学校、进机关、进社区、进农村、进家庭、进公共场所等基层单元，扩大宣传教育覆盖面，让“安全发展”“生命至上”“安全第一”的意识深入人心，让“除隐患”“遏事故”的举措落地生根。（黄　愫）

【防汛会议及调度】2019年7月9日，天心区委书记朱东铁主持召开全区防汛会商会议，对防汛抗灾工作进行安排部署。区委副书记、区长黄滔，区领导曾卫国、周志军、侯向宇、邱献忠、许波、罗超纲，以及区直相关单位、街道主要负责人参加。朱东铁强调，天心区从7月9日12时起启动防汛Ⅲ级应急响应，各级各部门要严格按照防汛Ⅲ级应急响应要求强化工作举措，加强值班值守、巡堤查险、应急处置，密切关注水位变化，把所有工作压紧压实，确保全面到位；要压实工作责任，确保人民群众生命财产安全。黄滔要求，各级各部门要加强值守

图81　2019年7月9日，天心区委副书记、区长黄滔（右四）到坡子街街道西湖路湘江返水点现场调度防洪抢险工作

（区应急局供图）

巡查，强化应急处置，全面科学合理落实各项工作举措，打好有准备之仗。7月9日，黄滔到坡子街街道西湖路湘江返水点现场调度防洪抢险工作。7月11日，朱东铁主持召开天心区防汛抗洪工作调度会。朱东铁强调，当前防汛抗洪形势严峻，城区防汛面临新的考验，各级各部门要层层压实责任，全力做好下阶段防汛抗洪工作。会议传达当晚长沙市防汛抗洪工作调度会议精神，听取天心区防办近期雨水汛情情况和各街道防汛值守情况汇报，就相关具体工作进行研究部署。朱东铁强调，下阶段防汛抗洪工作要坚决做到“六个到位”：思想认识到位，当前雨情严峻、汛情复杂，思想不能有任何松懈；责任落实到位，区领导、联点区领导、区直部门和各街道主要负责人要压实责任；值班值守到位，严格执行24小时值班值守制度，保持上下联动、信息畅通；巡堤查险到位，堤内堤外要引起重视，包括穿堤建筑、防洪险段、泵站等险段；应急抢险到位，物资、人员、设备要24小时待命，随时准备抢险；强降雨应对到位，各街道要对堵点、低洼地段、高边坡、深基坑及危房进行全面排查。黄滔要求，各级各部门要明确工作目标；要提升工作举措，加强统筹调度、预报预警和科学抢险；要加强宣传引导，做好群众工作。

（黄　憬）

【胡春山调研天心区电气火灾综合防治工作】 2019年8月21日，长沙市应急管理局局长胡春山一行在天心区政府副区长洪孟春、区应急局长何定安、裕南街街道办事处主任周钰沂等陪同下，到天心区裕南街街道仰天湖社区调研电气火灾综合防治工作。胡春山一行在社区智慧平台听取智慧电气火灾综合防治介绍，进行实际操作；到仰天湖一村参观社区电气火灾防控点，社区书记刘珍介绍智慧用电安装情况和使用效果，上海华宿电气股份有限公司工作人员进行实际操作和演示。2019年，天心区裕南街街道对3个小区、共433户住户进行智慧式电气火灾隐患监管服务系统安装，总投入约26万元。自该系统安装至2019年8月，共产生隐患报警约2000余次，上海华宿电气股份有限公司与街道、社区一道，及时排查并消除用电安全隐患，尤其是用电高峰期，有效防范因用电引起的安全生产事故。胡春山对裕南街街道作为老城区街道，利用智慧手段缓解消防安全防控压力的这种创新思路和做法表示肯定，对后续管理服务提出要求，希望区应急局、街道、社区三级进一步收集意见、发现问题，并利用该系统的大数据分析功能，总结监管区域电气火灾发生规律，对辖区火灾隐患进行综合研判并建立预警机制，及时与公司沟通改进问题，让该技术更加成熟和完善，更具可操作性和可复制性。

（黄　憬）

【钟钢率队督查天心区安全生产工作】 2019年9月25日，长沙市委常委、政法委书记钟钢率队到天心区督查安全生产工作。区委书记朱东铁，区领导侯向宇、许波参加。钟钢走进天心区麦德龙商场，检查店内消防设施的使用情况，询问消防安全职责落实和人员培训情况；在天心区仰天湖中建小学，询问该校保安配备及执勤情况，重点检查“一键式报警”设备的使用情况。钟钢指出，要时刻绷紧安全生产这根弦，建立健全应急预案，把责任落实到岗位和个人，营造良好的安全生产环境。

（黄　憬）

【区委常委会研究部署安全生产工作】 2019年9月23日，天心区委书记朱东铁主持召开区委常委（扩大）会议，研究部署安全

图82　2019年9月25日，长沙市委常委、政法委书记钟钢（右二）率队到天心区督查安全生产工作　（区应急局供图）

生产工作。会议传达学习省、市领导关于安全生产工作的指示精神、听取全区安全生产工作情况汇报。会议指出，各级各部门必须时刻紧绷安全生产这根弦，把安全生产作为政治任务来抓、作为重中之重来抓。会议强调，要切实落实企业的主体责任、职能部门的监管责任、街道的属地责任、行业的管理责任；街道和主管部门要加强沟通配合，对辖区内安全生产方面的薄弱环节，制订好应急处置预案，对于重点区域、重点行业、重点时段，都要明确专门的责任人。会议要求，要充分发挥基层安监站的作用、发挥好网格化管理的作用，共同编织严密的安全生产网络；各级各部门要认真开展排查整治，强化问题整改落实；要突出重点环节，着力抓好消防安全、道路交通安全、建筑安全、重要时间节点安全，以及特种设备的安全、企业生产安全等。（黄　憬）

【迎接长沙市安全生产和消防工作考核】 2019年11月5日，长沙市消防救援支队副支队长李文才、市应急管理局副调研员王大政率市考核组一行，对天心区开展2019年度安全生产和消防工作考核。天心区委常委、常务副区长周志军，区政府副区长洪孟春、肖向东，区应急管理局、区消防救援大队主要负责人、区安委会成员单位分管负责人参加会议。长沙市安全生产考核组一行全面查阅天心区安全生产和消防工作资料，抽查区市场监管局、区文化体育旅游局落实行业监管责任情况，新开铺街道、金盆岭街道落实属地监管责任情况及湖南长大建设集团股份有限公司、湖南路航客运有限公司落实主体责任情况。天心区向考核组汇报2019年度安全生产和消防工作情况，市考核组对天心区安全生产和消防工作表示肯定，希望天心区从以下三个方面抓好下阶段工作：考核是促进工作的手段，对于存在的问题要举一反三；现场考核要看重，日常工作不能丢；事故要防住，措施要在企业落实。周志军表示，安全生产无小事；安全生产只有起点，没有终点，永远在路上；安全生产没有最好，只有更好。（黄　憬）

【安全生产法宣传周活动】 2019年12月3日，天心区2019年安全生产法宣传周活动在黑石铺街道一力物流园举行，活动由区安全生产委员会主办，区应急管理局及黑石铺街道办事处联合承办。区政府副区长洪孟春、长沙市应急管理局政策法规处欧阳军出席；区安委各成员单位、园区、街道、企业共300余人参加活动。该次宣传周活动紧紧围绕安全生产法"尊法、守法、学法、用法"这一主题展开，设置安全事故警示、安全知识问答、学法风采展示、向企业赠法送法等环节，宣传安全生产方针政策、法律法规和知识技能，同时通过发放宣传资料、安全宣讲、现场答疑等方式强化全社会安全发展观念，提升全民安全素质，努力提高广大人民群众的风险辨识、安全防护和自救互救能力，营造浓厚的安全文化氛围。（黄　憬）

【朱东铁检查安全生产、蓝天保卫战工作】 2019年12月16日，天心区委书记朱东铁带队检查安全生产、蓝天保卫战工作。区领导侯向宇、许波参加。朱东铁一行到鑫远和城一期公寓楼项目，检查安全生产、蓝天保卫战工作，就现场发现的问题进行交办。朱东铁强调，要形成齐抓共管的强大合力，严格落实"六控十严禁"及"三级执法、两级巡查"（市级、区县、街道三级执法及市级、区县两级巡查制度）的工作要求，让天心人民有更多的获得感。朱东铁一行到中海环宇城和先锋新宇小区，就人员密集场所和社区消防安全工作进行检查。检查过程中，朱东铁听取相关负责人关于消防安全管理工作的情况汇报，重点检查消防安全责任制、值班巡查制度是否落实，安全出口、疏散通道是否通畅，消防安全设施配备是否齐全并正常运行。朱东铁强调，要以抓安全生产工作成效检验"不忘初心、牢记使命"主题教育成果，确保人民群众生命财产安全；各级各部门要对重点区域开展深入细致的安全生产检查，严格执法检查，消除监管空白和盲区，各级领导干部要充分运用"四不两直"的方式明察暗访，防范化解各类安全风险。（黄　憬）

消防救援

【概况】 2019年，长沙市天心区消防（救援）大队面对"全灾种""大应急"的形势任务，围绕"稳中求进"工作总基调，凝心聚力抓班子、带队伍、保安全、促改革、树形象，确保改革转隶期间队伍管理和社会面火灾形势"双稳定"。全年全区接警出动1277起，出动车辆2217辆，出动人员13803人次，抢救被困人员

126人，疏散被困人员269人，抢救财产价值770万元，确保改革转隶期间队伍管理和社会面火灾形势“双稳定”。（李　凯）

【队伍建设】 2019年，天心区消防（救援）大队加强班子能力建设，扎实开展主题教育活动，确保队伍高度稳定。瞄准适应“全灾种”“大应急”新形势新任务目标，主动对标“主力军”和“国家队”的职能定位，持续强化实战演练，不断提升高层建筑、大型城市综合体、石油化工等专业救援力量。全年开展重点单位灭火演练239次，水源熟悉16次。罗家坡中队代表支队参加全省整建制现役中队比武竞赛，夺得“纵深灭火救援操”第一名、“楼层内攻救人操”第三名，团体总分第四名；罗家坡中队长文思翔代表支队参加全省后勤装备比武竞赛，夺得“灭火器材操”第五名、团体总分第一名的好成绩。（李　凯）

【专项整治】 2019年，天心区消防（救援）大队开展易燃易爆化危场所、KTV场所消防安全专项整治及“回头看”，开展消防安全排查整治、幼儿园整治、电动车消防安全整治专项行动、文博系统消防安全专项整治、电气火灾综合治理工作，开展行业消防安全标准化管理、大型商业综合体消防安全专项整治，电取暖器、消防通道专项整治，大型和集中连片物流仓储场所、易燃易爆场所、博物馆和文物建筑消防治理，开展中非安保、大排查大体检大整治暨“强执法防事故”、消防安全隐患排查整治、排雷行动、防风险保平安迎大庆、养老机构服务质量建设专项行动、住宅小区消防安全专项治理、全区工业园区专项整治等30余项消防安全专项整治行动。全年检查单位2553家，发现火灾隐患和违法行为3154处，督促整改火灾隐患和违法行为3050处，下发临时查封决定书253份，责令“三停”13家，罚款64.8万元。（李　凯）

图83　2019年1月23日，湖南省副省长陈飞（右五）到天心区罗家坡消防救援站实地检查消防安全和执勤备战情况，看望慰问消防指战员　【天心区消防（救援）大队供图】

【消防宣传培训】 2019年，天心区消防（救援）大队采取购买服务的方式在全区培训8200余场，组织应急疏散和灭火演练180余次，入户宣传1.8万余户，培训4.2万余人。11月9日，在友阿奥特莱斯、地铁一号线黄土岭站开展消防安全宣传活动。选址雅礼天心中学建成一间100余平方米的高标准多功能科普教育馆，达到消防宣传效果。全年全区发生火灾52起，同比下降43.5%。

（李　凯）

市场监督管理

【概况】 长沙市天心区市场监督管理局（简称“区市场监管局”）于2019年3月20日挂牌成立，整合原长沙市工商行政管理局天心分局、原长沙市质量技术监督局天心分局、原天心区食品药品监督管理局职能，并承接区科技局的知识产权保护、区发改局的价格监管业务，加挂区知识产权局牌子，承担全区市场主体准入、市场综合监管执法、食药安全监管、特种设备监察、产品质量监管、消费维权等众多职能。内设20个科室：办公室、政策法规科、行政审批和政务服务科、信用监督管理科、市场规范管理科、价格和反不正当竞争监督科（规范直销与打击传销办公室）、网络交易和广告监督管理科、产品质量监督管理科、综合协调应急处置科、食品生产安全监督管理科、食品流通安全监督管理科、餐饮服务安全监督管理科、特种设备

图 84　2019 年 3 月 20 日，长沙市天心区市场监管局挂牌成立
（区市场监管局供图）

安全监察科、药品医疗器械和化妆品安全监督管理科、消费者权益保护科（“12315”投诉举报办公室）、知识产权管理服务科、计划财务科、人事教育科、机关党委、离退休人员管理服务科；设有 2 个事业单位：食品药品稽查大队（副科级）、信息中心；下设 14 个街道市场监督管理所。截至年末，在职工作人员 252 名。

2019 年，区市场监管局以“优化营商环境年”为工作抓手，抓区政府“223310”（两个报告、两大抓手、三大攻坚、三大板块、十件民生实事）工作目标落实，围绕“服务区域经济发展”这一中心，抓队伍建设、工作目标落实，切实履行职责，各项工作有序推进，食品药品安全总体形势持续稳定向好，未发生安全生产责任事故和重大舆情事件。先后获得区综治工作先进优秀单位、区建议提案办理工作优秀单位、长株潭商圈建设及南大门提质改造工作先进保障单位，区安全生产目标管理考核先进单位、区营商环境优化工作先进单位、区绿心地区工业企业退出工作攻坚克难单位等称号。（任咏梅）

【商事登记改革】 2019 年，天心区市场监管局围绕“天心营商环境 30 条”，主动服务企业，营造“最方便”服务环境。率先在全市将“食品经营许可证”“药品经营许可证”“医疗器械许可证”相关业务办理时限分别从 20 个、85 个、40 个工作日缩减为 1 个、4 个、5 个工作日。截至 12 月 31 日，市场主体总量 90354 户，全年新办企业 8495 户，同比增长 31.1%；新办个体户 9413 户，同比增长 17%。办理“食品经营许可证”3005 户，审批新开办单体药店 1 家，核发三类医疗器械零售经营企业 35 家，二类医疗器械经营企业备案 64 家。（任咏梅）

【事中事后监管】 2019 年，天心区市场监管局开展专利执法培训、执法行动 12 次，完成小微企业知识产权托管 30 家，办理专利案件 104 件，商标侵权案件 23 件。完成“双随机”抽检任务数 30 个，抽检企业 2438 户，检查结果公示 1866 户。建立企业守信机制，实施信用约束，形成“一处违法、处处受限”的联合惩戒机制。强化源头监管、环节监管，建立全链条可追溯监管体系。开展食品安全护苗行动，加强对保健食品标签标识，食品生产环节虚假标识，保健食品广告、宣传等违法行为监管，共检查食品经营户 6810 余次，立案查处 3 起。进行非洲猪瘟排查，排查黑石铺冷库猪肉及肉制品 1.6 万余吨。查处违法食盐销售行为 1 起。开展夯实企业安全生产主体责任活动，集中约谈 80 家特种设备重点使用单位，检查 55 个主体责任单位，签订特种设备安全生产承诺书 82 份。（任咏梅）

【拓展市场监管职责】 2019 年，天心区市场监管局加强“12315”维权网络和“一会两站”建设，受理消费申诉、举报 5311 件，为消费者挽回直接经济损失 394 万元，调处率 100%，消费者满意率 99.69%；受理政务工单 3715 件，限时办结 100%，回访满意率 98.4%。加强食品安全应急工作和安全生产应急分队建设，做到人员、任务、流程三明确，成功处置 5 起疑似食源性疾病事件。完成“两节”、“两会”、首届中非经贸博览会、“三考”、中华人民共和国成立 70 周年、2019 长沙空间信息产业国际博览会等近 20 项重大活动食品安全和特种设备安全保障。严把食品安全质量关口，严格食品安全监管，构建食品检验检测全覆盖。完成监督抽检 3110 批次，合格率 98.9%；食用农产品抽检 1354 批次，合格率 99.6%；快检 54271 批次，合格率 99.9%；执法抽检 81 批次。对市、区两级合计抽检 66 批次不合格产品全部立案查处。稳步实施明厨亮灶建设，在全省率先开展“直播后厨用封签”网络餐饮提质活动。

（任咏梅）

【市场监管整治】 2019年，天心区市场监管局组织开展整治食品安全问题联合行动，严厉打击食品生产经营环节违法违规行为。查扣冷冻走私肉类制品25.44吨，查办食品安全问题案件226件。开展假冒伪劣重点领域治理“雷霆”行动，检查700余家经营户，发现各类问题32起，下达整改通知书13份，立案查处19起。开展中药饮片质量、药品零售企业执业药师“挂证”行为、医疗美容机构等专项检查行动，立案查处10起。开展成人用品专项整治，取缔无照无证（许可）经营户25家。开展五一商圈市场主体经营秩序专项整治系列行动，集中打击侵犯知识产权和销售假冒伪劣商品行为，处理合同纠纷投诉353起，查办合同案件4起。开展扫黑除恶、打击传销，共组织开展集中整治行动146次，捣毁传销窝点294个，劝返遣散传销人员1195人，向其户籍所在地基层组织寄送《协助劝导建议书》521封，移送区扫黑办2起、公安1起，上报刑拘10人，批捕3人，法院判决10起，判决53人。开展全区娱乐服务场所“毒黄赌”问题及黑恶势力问题专项整治行动，检查各类娱乐服务场所116家。开展整治保健市场乱象百日行动，检查酒店商铺551家，行政约谈27次，立案查处3起，查封24小时无人售货店6家。截至12月底，一般性程序案件共立案446起，办结425件，罚没入库181.30万元；行政复议8起，行政诉讼11起；向公安部门移送案件6件，立案5件，行政拘留5人，法院批捕3人。（任咏梅）

【许达哲到天心区检查食品和消防安全】 2019年1月19日，湖南省委副书记、省长许达哲到天心区麦德龙生活超市检查食品和消防安全。天心区委书记朱东铁，区委副书记、区长黄滔等陪同检查。许达哲到百货区，查看货架上的商品，了解超市商品进货、库存、销售等情况，询问“湘字号”产品的销售情况，与前来购物的市民交谈，询问他们对超市服务和商品质量是否满意，要求工作人员严防各类安全隐患漏洞，保障安全设施、特种设备等正常运转，确保群众生命财产安全；在生鲜食品区，检查食品安全标志、生产日期等，询问超市过期商品的处理措施；到进口海产品柜台，通过扫描三文鱼等食品上的二维码，追溯产品来源和生产日期等信息；到超市内的食品安全快速检测室，查看工作规程，了解蔬菜农药残留检测的流程、指标，要求工作人员要以严格的检验检测把好食品安全关，确保顾客买得安心、吃得放心；在收银台了解超市的货物配送等便民利民举措。许达哲强调，要把保安全摆在优先位置，要加强超市、商场等人员密集场所的监督管理和隐患排查，特别是强化消防设备、应急通道、安全标识标牌等安全设施的维护；要确保食品质量安全，销售企业要加强源头把控，市场监管部门要强化监管、严格执法，加大检验、检疫、抽查力度；要把保供应作为重要任务，保障好春节期间市场物资供应；要通过优质服务，积极扩大消费，抓住节日“黄金档期”扩销增效。（任咏梅）

【特种设备安全检查】 2019年1月21—28日，原天心区质监分局在全区范围内开展特种设备安全风险隐患大排查大整治专项行动。该次检查主要针对商场、酒店、公园等人员密集场所和重点企业在用特种设备开展安全监察，重点检查特种设备作业人员是否持证上岗、是否规范操作、安全警示标志是否齐备，现场查阅特种设备技术档案建立情况、注册登记情况、定期检验情况、设备运行记录、维护保养记录，查看安全管理制度、应急预案及演练落实情况等。出动执法检查人员68人次，检查特种设备使用单位17家，检查特种设备473台（套），发现档案资料不全、安全管理不到位、记录登记不及时等问题20余项，下达责令整改通知书17份，督促企业限期整改到位。检查过程中，执法人员叮嘱使用单位相关负责人增强特种设备安全意识，提高安全管理水平，落实安全生产主体责任。4月中旬开始，区市场监管局副局长舒宗文、王密带队到相关企业开展特种设备安全生产风险隐患排查工作，区市场监管局特设科、属地市场监管所、湖南省特检院等相关工作人员陪同检查。在南郊公园与田齐游乐园，检查组一行对大型游乐设备维修保养、遵规运行、人员持证上岗、应急工作、警示标志等特种设备运行和管理状况进行深入检查。发现存在部分设备乘客安全束缚装置未整改到位，设备有关记录、应急预案有待完善，警示标志、安全标志张贴的不够明显等问题。

在湖南龙石山铁皮石斛基地有限公司，检查组对企业锅炉与快开门式的压力容器做重点检查，发现该企业的压力容器使用寿命已经超过设计使用年限，设备安全阀实物与设计不一致等问题，存在重大安全隐患。舒宗文与企业负责人进行沟通交流，要求对检查发现的问题立行立改，对存在重大安全隐患的特种设备立即停止使用。（任咏梅）

【诚信建设万里行活动】2019年1月25日至2月1日，原区质监分局在天心区范围内分步骤、有重点地开展“诚信建设万里行”活动。区质监分局与相关园区和街道沟通形成重点企业名录，通过信用查询、实地走访、突击检查、售后回访等措施，遴选出1家“质量标杆”企业，主动配合第三方征信机构检查，开展企业亮信用工作。发动名牌产品企业、标准化试点示范单位、认证认可企业等20多家，涉及地理信息、商贸物流、医疗保健、光伏新能源等天心区重点优势产业，督促企业签订公示型信用承诺书，强化企业诚信自律主体责任和意识，主动接受社会各界监督。（任咏梅）

【“3•15”国际消费者权益日集中宣传】2019年3月15日，天心区“3•15”国际消费者权益日集中宣传暨“信用让消费更放心”主题活动在黄兴广场举行。区内部分经营单位、街道社区工作人员及志愿者队伍共计100余人参加活动。活动现场设置咨询服务台和宣传展示区，包括真假产品鉴别、法律咨询服务、投诉举报受理、宣传资料发放等内容，工作人员现场对相关法律法规和安全常识进行宣讲，对现场提出的咨询问题作出解答。（任咏梅）

【行政处罚程序培训会】2019年3月28日，天心区市场监管局召开挂牌后第一次业务培训大会，各所、各业务科队全体人员100余人参加培训。区市场监管局副局长肖军民主持会议，并针对最新政策的调整变化，重点围绕4月1日起实施的《市场监督管理行政处罚暂行规定》及《市场监督管理行政处罚文书格式范本》进行专门解读，对有关政策依据、操作流程、注意事项等做介绍，针对新颁布的规定中一般程序处罚案件的各种期间、强制措施的实行、案件的审核审批等变化较大的方面进行学习探讨。使大家迅速熟悉掌握有关业务技能，为各项工作的开展开好局、起好步，更好、更快地开展市场监管工作。（任咏梅）

【特种设备和重点工业产品质量风险隐患排查治理会议】2019年4月9日，长沙市天心区市场监管局召开特种设备和重点工业产品质量风险隐患排查治理会议，全区市场监督管理所相关人员参会。会议由区市场监管局副局长舒宗文主持，就天心区市场监管领域开展安全生产“大排查、大体检、大整治”专项行动进行布置，以特种设备安全和重点工业产品质量安全领域“查大风险、除大隐患、防大事故”为工作重点，要求进一步加强监管力度，推动市场监管部门安全生产工作责任及企业安全生产主体责任落实，加快建设“监管执法最规范、安全风险最低”的营商环境。区市场监管局局长邹展强调，要按照“预防为主”的工作思路，深刻吸取安全生产事故教训，加强隐患排查治理，夯实市场监管领域安全生产基层基础，全面筑牢市场安全监管防线，有效防范和遏制较大及以上生产安全事故。

图85　2019年10月17日，湖南省市场监管局组织全省14个地州市食安办负责人、全省21个创建省级食品安全示范县市区有关负责人60余人到中南林业科技大学小餐饮透明厨房一条街进行现场观摩（区市场监管局供图）

会后，各市场监管所迅速开展排查行动，把安全生产管理工作的重心落实到基层一线。4月10日，区市场监督管理局集体约谈辖区内80余家特种设备使用单位负责人，推动企业全面履行、主动落实安全生产主体责任。约谈会上，舒宗文对全国安全生产事故情况和全区特种设备检查过程中发现的突出问题进行通报，就全区特种设备安全生产“大排查、大体检、大整治”工作进行安排部署，要求各企业加强《中华人民共和国特种设备安全法》等法律法规学习和培训，加大特种设备安全管理、巡查力度，发现隐患立即整改，确保特种设备安全运行。各企业负责人表态将严格按照会议要求把企业安全主体责任落到实处。邹展强调，各企业负责人必须深刻汲取近期多起安全生产事故教训，全面排查事故隐患；必须全面把握夯实企业安全生产主体责任的关键举措，坚决防范事故发生；必须严格按照文件要求，认真履行好各自安全生产职责。（任咏梅）

【农贸市场消防安全工作培训】 2019年4月19日，天心区市场监管局组织全区农贸市场负责人及消费安全管理人员开展2019年度消防安全工作培训。会上，长沙九悦安防火消防宣传部高级教员安健通过案例向大家展示在灾难面前生命的脆弱和渺小，警示人们在生活中时刻提高消防安全意识，降低消防事故隐患，讲解干粉灭火器的使用方法和不足之处，建议各市场方更新新式（水式）灭火器。会后，各农贸市场方负责人表示将尽快对市场开展一次全面的安全检查工作，防患于未然，做好安全生产工作。（任咏梅）

【张庆和调研天心区工作】 2019年5月7日，长沙市市场监督管理局局长张庆和一行到天心区五一商圈进行走访，对天心区市场监管局开展的“优化营商环境，助推五一商圈打造成长沙首个移动支付商圈专项行动”进行调研。张庆和一行走访太平老街、文和友老长沙龙虾馆、火宫殿，向商户询问了解和包支付场景应用情况，听取区市场监管局的工作汇报，并邀请餐饮企业代表就如何打造五一商圈和包支付圈进行座谈，文和友、火宫殿、黑色经典、林科大螺蛳粉等餐饮企业代表反映遇到的困难和亟待解决的问题。调研指导组到解放西路酒吧一条街，就行业现状、食品安全风险隐患监管、行业规范经营等问题与长沙市酒吧KTV娱乐行业商会多名负责人进行交流。张庆和提出要求，守住食品安全底线，做到餐饮服务规范管理，酒水可溯源追查；加强行业自律，提高辖区经营者的食品安全意识、责任意识、守法意识；优化营商环境，构建起良好政企关系，激发市场主体活力；提振信心共同努力，使天心区五一商圈在擦亮长沙旅游名片、丰富群众精神文化生活、拉动消费、增加就业和涵养税源等方面发挥重要作用。（任咏梅）

【“直播后厨用封签，政企共建保食安”网络餐饮提质活动】 2019年7月25日，天心区市场监管局联合先锋街道、饿了么网络订餐平台、中海环宇城在天心区中海环宇城商场共同举办“直播后厨用封签，政企共建保食安”网络餐饮提质活动启动仪式，推进外卖食品监管新举措。启动仪式上，区政府副区长洪孟春致辞，要求行业主管部门和政府职能部门真正做到规范外卖行业秩序、保证外卖食品安全。商户代表做出直播后厨及使用食安封签的承诺，饿了么工作人员现场演示手机点单直播后厨操作、展示餐箱消毒过程、食安封签使用过程及功能。长沙市市场监管局网络交易监督管理处处长陈林出席活动并讲话。直播后厨是天心区市场监管部门应对网络订餐和外卖食品监管安全的新招数，即市民通过手机，进入饿了么APP之后，点击商家信息“阳光厨房”就可以看到商户后厨状况。食安封签是指餐饮单位将制作好的外卖餐品包装后，系上专用标签，骑手确保从取餐到送达封签始终保持完好。区市场监管局为推行“直播后厨用封签”行动，进一步规范提质全区网络餐饮服务经营行为，先后出动执法人员2200人次，检查入网餐饮单位860家次，责令整改87家次。区食安委将外卖餐饮规范化建设纳入食品安全示范店、示范街、示范社区创建工作考核指标，整合平台方、商超综合体管理方、餐饮门店，引导市民共同参与。（任咏梅）

【“聚焦质量提升建设质量强区”主题培训班】 2019年9月27日，天心区市场监管局在局六楼会议室举办天心区“聚焦质量提升建设质量强区”主题培训班。长沙市市场监督管理局质量发展处处长段佑长和天心区市场监督管理局党组成员、副局长谈奕麟出席开班仪式，天心区80余家重点工业、服务型企业主要负责人和质量标准负责人 100 余人参加培训。在开班仪式上，谈奕麟对天心区的质量强区工作进行总结和回顾，对质量工作形势进行科学分析和研判，明确品牌建设就是企业加强质量工作的主要任务和主攻方向，希望全面提升企业质量管理能力和质量发展水平。段佑长强调，要充分认清当前质量工作形式，必须向质量要资源，靠质量谋发展；要深刻认识不足，对于质量管理体系的运用还有待加强；要以严格的纪律确保培训取得成效。该次培训邀请知名质量管理专家郑长征和标准化政策与规划专家龚贺进行现场授课。专家们讲解企业如何做好标准化和质量工作，如何在市场竞争中以质取胜。（任咏梅）

图 86　2019 年 10 月 25 日，湖南省整治食品安全问题联合行动假冒伪劣食品集中销毁现场活动（长沙主会场）在天心区举行

（区市场监管局供图）

【湖南省假冒伪劣食品集中销毁活动】 2019 年 10 月 25 日，湖南省整治食品安全问题联合行动假冒伪劣食品集中销毁现场活动（长沙主会场）在天心区举行。活动由湖南省整治食品安全问题联合行动工作组、省市场监管局、省公安厅、省教育厅、省农业农村厅主办，长沙市整治食品安全问题联合行动工作组、市市场监管局、市公安局、市教育局、市农业农村局承办，天心区政府协办。湖南省、长沙市、市辖各区（县、市）及天心区群众代表共 380 余人参加。启动仪式后，18 车假冒伪劣食品托运至长沙市固体废弃物处理场（黑麋峰垃圾填埋场）集中销毁。（任咏梅）

【2019 年专利预警分析项目签约仪式】 2019 年 10 月 30 日，天心区 2019 年专利预警分析项目签约仪式在区市场监管局会议室举行。区市场监管局（知识产权局）有关负责人和签约企业中国电子科技集团公司第 48 研究所、湖南红太阳新能源科技有限公司的负责人出席活动。该次签约仪式由区市场监管局副局长涂亮主持，前期通过企业自愿申报、资格审查、专家评审和公示程序，分别确定中国电子科技集团公司第 48 研究所、湖南红太阳新能源科技有限公司为专利预警分析项目的合作单位，区政府将对该预警项目给予 20 万元资金支持。两家企业的负责人分别发言，对天心区政府的大力扶持表示感谢，表示必将严格按照项目要求开展工作，确保任务完成。区市场监管局（知识产权局）局长邹展对签约企业表示祝贺并提出相关工作要求，最后由双方代表签订协议书。（任咏梅）

【湖南省保健食品专项科普宣传进学校活动】 2019 年 11 月 8 日，由湖南省市场监督管理局主办、长沙市市场监督管理局、天心区市场监管局、青雅丽发学校及暮云街道办事处承办的湖南省保健食品“五进”专项科普宣传进学校活动在天心区青雅丽发学校举行。该次活动主题为“科学认知保健食品明白理性放心消费”，是在全面实施保健食品行业专项清理整治行动的同时，开展以识骗防骗为主要内容的宣传教育活动。湖南省、长沙市、天心区市场监管局相关负责人，各街道食安办负责人，300 余师生及新闻媒体记者参加活动。活动现场，工作人员通过播放宣传片、布置展板、发放宣传资料、悬挂宣传横幅、国家级非物质文化遗产精彩木偶剧等精彩的文艺表演、保健食品相关法律法规及知识宣讲、有奖问答等形式，向广大师生普及保健食品的基本概念、功能声称、投诉举报途径等常识，增加防欺诈意识，普及保健食品安全知识。潘虹表示，举办“保健食品进校园活动”就是将保健食品知识送到广大师生的身边。（任咏梅）

【消费品质量安全“进社区、进校园、进乡镇”教育活动】 2019 年 11 月 14 日，天心区市场监管

局在新路村小学和新路村社区开展2019年消费品质量安全“进社区、进校园、进乡镇”教育活动。活动现场工作人员向社区居民、学生以及学生家长讲解日常消费中存在的误区和应该注意的事项，接受现场咨询20余次，发放产品质量安全相关法律法规、《儿童和学生用品质量安全消费提示》等宣传册500余份，重点普及儿童玩具、学习用品等消费品质量安全知识，增强公众对消费品质量安全的关注度，提升公众的质量安全意识和防范能力，引导公众科学消费、理性消费、绿色消费。（任咏梅）

【标准化试点项目专项监督检查】 2019年11月14—21日，天心区市场监管局开展标准化试点项目专项监督检查。共检查企业10家，出动检查人员20余人次。通过现场检查、查阅资料、问卷调查等相结合的方式进行，重点检查建立标准化机构、建立健全标准体系、制定相关服务标准、开展标准的宣传培训、组织标准实施、开展标准实施评价、制定持续改进措施情况。受检企业总体情况良好，均取得阶段性成果，工作机构完善、体系框架完整，在标准实施、标准评价上部分企业有所欠缺。区市场监管局检查人员现场针对各单位中存在的不同问题进行沟通和指导，就企业开展标准化建设的宣传培训、全员参与标准化建设等问题进行探讨，通过检查、督促和指导，增强企业标准化意识，提高企业参与试点的积极性和主动性。（任咏梅）

【集中打击传销违法犯罪专项行动】 2019年11月20日，天心区开展集中打击传销违法犯罪专项行动，区政府副区长洪孟春坐镇现场总指挥，由区市场监管局牵头组织区公安分局、先锋街道办事处联合行动，捣毁传销窝点13个。天心区出动执法人员140人，分20个行动小组，分别对先锋街道新路小区、新宇小区等40余套出租房进行清查，查获涉传人员47人，依法扣押POSE刷卡机、大量传销书籍笔记等物品。涉传人员由属地派出所带回后逐一核查身份信息，对符合行政处罚、刑事拘留的依法进行严厉打击，对未构成犯罪的涉传人员由反传销援助解救劝说中心工作人员进行教育后遣送原籍，对涉传窝点房东进行批评教育，涉传出租房换锁后进行查封。洪孟春强调，要继续保持高压态势，加强长效监管，畅通部门间的信息沟通和区域间联动协作。区市场监管局将聚焦目标重点，坚持打击清理常态化，组织力量加大对传销易发、多发区域的排查清理，持续深入开展集中打击整治传销专项行动。（任咏梅）

【食品安全委员会全会】 2019年12月4日，天心区食安委组织召开食品安全委员会全会。区政府副区长洪孟春，区食安委成员单位负责人，区市场监管局全体班子成员、所长及各科室负责人参加会议，会议由区市场监管局党组书记童振宇主持。会上，区市场监管局副局长、区食安委办副主任袁杰聪组织大家学习《关于深化改革加强食品安全工作的实施意见》，安排部署湖南省对天心区2019年食品安全工作评议考核工作任务；与会单位表态发言。区市场监管局党组副书记、局长邹展要求，要按照“最严谨的标准、最严格的监管、最严厉的处罚、最严肃的问责”四个最严的工作要求，抓好食品安全工作。洪孟春表示，要按照“四个最严”要求，强化食品安全监管责任落实，努力建成市民满意的省级食品安全示范区、助力长沙创建国家食品安全示范城市。童振宇表态：要切实增强食品安全工作的责任感和使命感；要严格落实食品安全各项工作举措；要形成齐抓共管食品安全工作合力。（任咏梅）

【宣传贯彻新《药品管理法》《疫苗管理法》培训会】 2019年12月19日，天心区市场监管局在区政府三楼会议室组织召开天心区宣传贯彻新《中华人民共和国药品管理法》《中华人民共和国疫苗管理法》培训会，长沙市药品零售连锁企业总部质量负责人、天心区单体药店负责人、辖区内医疗机构负责人共360余人参加。会上，区市场监管局法制科科长王旭中和药械科科长李立民分别就新修订的《中华人民共和国药品管理法》和新制定的《中华人民共和国疫苗管理法》进行解读。区市场监管局副局长谭亚军提出要求：提高思想认识，切实落实企业主体责任；严格守法经营，确保疫苗药品质量安全；强化监督管理，打击非法经营使用行为。（任咏梅）

农业　林业　水利

综　述

【概况】 长沙市天心区农业农村局对外加挂长沙市天心区林业水利局、长沙市天心区扶贫开发办公室牌子。中共长沙市天心区委农村工作领导小组办公室设在区农业农村局。截至年末，在职工作人员 81 名。

2019 年，长沙市天心区有农村集体经济组织成员 7.7 万人，有暮云、南托、大托铺、黑石铺、先锋 5 个涉农街道，12 个行政村；耕地面积 1733.33 公顷，林地面积 1836.4 公顷，水产养殖水面 365 公顷，畜禽养殖户 4265 户（均为散户）；生猪存栏 6100 头，家禽 9.5 万羽，牛羊 1700 头，家犬 2380 只（不含城区）；动物诊疗机构 19 家，冷库 1 座；农业企业 178 家，农业专业合作社 37 家，其中省级龙头企业 4 家、市级龙头企业 1 家、境外省级现代农业特色产业园（省级示范园）2 个、涉农网络信息企业 2 家，国家级四星（省级五星级）生态农庄 1 家。全区有南托垸和解放垸 2 个万亩堤垸，官桥湖垸 1 个千亩堤垸以及 1 个江心洲岛；防洪设施湘江一线大堤 32.05 千米，其中港子河以北湘江一线大堤 22.56 千米，达到防御 100 年一遇洪水标准，南托垸湘江一线大堤 9.49 千米，达到防御 50 年一遇洪水标准；小（二）型水库 3 座、涵闸 62 个、泵站 17 处。全区农业生产逐渐向蔬菜、瓜果、花卉苗木种植、水产养殖等休闲农业方向发展。作为全区动物防疫、森林防火、防汛抗旱 3 个指挥部的办公室，在完成上级和区委、区政府交办的各项工作的同时，全年都处在“三防”工作当中。　（郑紫燕）

【精准扶贫】 2019 年度，天心区扶贫对象动态管理工作全面启动。截至 2019 年 12 月 30 日，天心区建档立卡贫困户 313 户、980 人，全部标识已脱贫。全年中央分两批下达天心区专项扶贫资金共 146 万元，区级配套资金 115 万元扶贫资金用于南托街道发展产业扶贫项目；区扶贫开发办牵头组织各行业部门在全区集中开展“两不愁三保障”（“两不愁”是不愁吃、不愁穿，“三保障”是保障其义务教育、基本医疗和住房安全）突出问题摸底核查。开展扶贫专项资金督查整改，迎接扶贫项目资金省级第三方核查，健全扶贫资金公示公告制度，规范专项资金使用。落实 2019 年春季“雨露计划”职业教育补助工作，为天心区内建档立卡贫困户 45 名学生发放补助，共计 6.75 万元。为区内建档立卡贫困户 980 人购买扶贫特惠保，共 52920 元；在全区范围内开展“户帮户，亲帮亲，互助脱贫奔小康”活动。天心区明确对口帮扶对象浏阳市张坊镇富溪村、龙山县洛塔乡和通道侗族自治县。截至 2019 年年底，拨付龙山县洛塔乡帮扶资金 1000 万元、通道县帮扶资金 1400 万元，主要用于实施特色产业培育、基础设施建设、人才培养、技术培训、社会扶贫等方面。为通道县捐赠 235.74 万元，价值 5.5 万元物资；为龙山洛塔乡捐赠资金和物资合计 23.5 万元。牵头举办“新通道、花瑶花”“非遗”文创与消费扶贫现场交流会。引进长沙地区电商“搜农坊”进驻洛塔乡销售农副产品，组织对口帮扶地区的特色农产品企业到长沙参加第二十一届中国中部（湖南）农业博览会。　（郑紫燕）

【朱东铁调研乡村振兴战略、美丽乡村建设和河长制工作】 2019 年 1 月 23 日，天心区委书记朱东铁实地调研乡村振兴战略、美丽乡村建设和河长制工作。朱东铁一行查看天心区农业创业创新中心、菜菜网络科技有限公司、航模基地、大托铺街道小微水体治理、新港湾田园综合体建设、沿江村图书馆、许兴村部、官桥湖河；了解新型村级集体经济、村级公共设施配套、村部党群服务中心建设、河长制工作，以及农村人居环境整治、美丽乡村建设等情况。朱东铁强调，要坚持党建引领，加快推进村级党群服务中心建设，发展壮大新型村级集体经济；要加大农村人居环境整治力度，全面消除黑臭水体，基本实现农村人居环境“洁、净、美”和小微水体“五无”目标。

（郑紫燕）

【河长制工作会议】2019年1月29日，天心区委副书记、区长黄滔带队调研河长制和农村人居环境整治村庄清洁行动工作，召开总河长会议，就2019年河长制工作进行研究和部署。区领导周志军、王海军、洪孟春、许波、张建，以及区直相关部门、街道主要负责人参加。黄滔实地调研港子河、官桥湖、南托港、新港湾小微水体、双管子河的治理情况和许兴村农村人居环境整治村庄清洁行动情况，召开首次总河长会议，听取区河长办、各副河长单位及各街道总河长述职汇报，就2019年天心区河长制各项工作铺排进行研究。黄滔强调，要加大系统治河力度；加大科学治河力度；加大依法治河力度。5月23日，天心区河长制工作推进会召开。区政府副区长、副总河长洪孟春，区领导黄光泽，天心经开区（新）、区环保局、区住房和城乡建设局、区城管执法局、区征地办、区农业农村局等相关部门及涉水街道分管负责人参加会议。会议听取湘江及区管4条河流年度综合治理任务清单落实情况、河长制年度考核任务落实情况、小微水体管护情况，传达市河长制工作推进会会议精神，对2019年以来的河长制工作进行全面总结，部署相关工作要求。洪孟春强调，要进一步提高思想认识，严格落实责任；要进一步解决方法问题，建设、环保部门要加强监管执法，从体制机制上解决根本问题；要进一步加大工作力度，各责任单位要严格落实“一江四河”流域综合治理任务，“清四乱”及小微水体管护保洁工作，努力实现“水清、河畅、岸绿、景美”的长久目标。9月23日，黄滔主持召开天心区总河长专题会议，对全区落实河长制管理工作进行部署。会议传达学习中央和省、市关于共抓大保护及河长制工作的重要指示精神，分别听取区河长办、区住建局、区市政中心、天心经开区（新）、区生态环境局、区环卫中心关于河长制及相关工作推进情况的汇报。黄滔强调，各级各部门要提高思想认识，突出抓好“清四乱”专项整治行动、湘江干流“一河一策”专项行动等工作，全面摸清全区范围内截污治污、管网维护、黑臭水体治理等情况，深入推进联防联控工作机制和共管共治工作模式；要压实责任，落实好区级河长责任；要加强整治整改到位，确保整治整改全面到位；要加强执纪执法，加大重点问题整改投入，加强巡河力度，打击污染环境行为。

（郑紫燕）

图87　2019年1月23日，天心区委书记朱东铁（左三）实地调研乡村振兴战略、美丽乡村建设和河长制工作

（区农业农村局供图）

【农村工作五大专项行动推进会】2019年4月18日，天心区组织召开农村工作五大专项行动推进会议，旨在贯彻落实市委“一号文件”（《中共长沙市委长沙市人民政府关于落实农业农村优先发展要求加快推进乡村振兴的实施意见》）和“五大专项行动计划”（发展壮大新型村级集体经济专项行动计划、农村“五治”专项行动计划、“一县一特”产业发展专项行动计划、种植结构调整专项行动计划、乡村人才引进培

育专项行动计划）。区委副书记朱远红、区政府副区长洪孟春，区委实施乡村振兴工作领导小组成员单位、各涉农街道分管负责人参加会议。会议由区农业农村局局长冯学武主持。会议传达市政府第28次常务会议精神，对市委“一号文件”和“五大专项行动计划”进行解读，结合天心区实际，制定任务清单。朱远红强调，要加强组织领导，突出党委保驾、政府实施；牢牢把握精准，做到底数精准、项目精准、时间精准；用好财政资金；加强作风建设，敢于担当，激活个体工作活力和团队合力；加强考核调度。（郑紫燕）

【对口扶贫工作会议及调研】

2019年4月18日，天心区2019年对口帮扶工作暨省委第四巡视组反馈脱贫攻坚有关问题整改工作推进大会召开。区委副书记朱远红、区政府副区长洪孟春出席并讲话。区直相关单位、14个街道、10个有扶贫任务的村、社区的分管领导和对口扶贫工作队等100余人参会。会议由区农业农村局局长冯学武主持。区农业农村局副局长肖乾军汇报2018年脱贫攻坚工作及2019年的工作计划，组织学习《天心区落实省委第四巡视组反馈脱贫攻坚有关问题的整改方案》。区派驻通道县、龙山县洛塔乡、浏阳市富溪村工作队队长作工作汇报。洪孟春对整改工作提出要求。朱远红提出，要加强组织领导，责任上肩；要坚持目标标准；要牢牢把握精准，精准开展扶贫项目；要加强作风建设，保持廉洁作风；要激活活力和合力，打好脱贫攻坚战这场硬战。4月28—29日，天心区委副书记、区长黄滔，区领导洪孟春、罗超纲，区直相关部门负责人到通道县，就对口帮扶工作进行调研。4月28日，对口扶贫协作联席会召开，双方全面回顾一年多来所做的工作，就2019年工作进行铺排。黄滔一行到三完小学、石壁村迷迭香种植基地、蜜蜂养殖教学培训基地等处进行调研，了解支教送教、产业扶贫等情况。4月29日，天心区与通道县开展“手拉手”送教活动，天心区29所学校与通道县31所学校正式结为结对帮扶“手拉手”学校。湖南兴威建设开发集团有限公司现场捐赠200万元，用于通道县学校援建工作，长沙锄禾展示展览有限公司向通道县第三完全小学捐赠4万元文体器材。黄滔表示，天心区将进一步强化责任担当，一手抓扶贫减贫脱贫，一手抓成果巩固防止返贫，牢牢抓住“两业”扶贫（产业扶贫和就业扶贫）的牛鼻子，进一步落实扶贫责任、强化扶贫举措、提升扶贫效果，与通道县精诚合作、携手共进。通道侗族自治县（简称“通道县”）位于湖南省西南边陲，怀化市最南端，湘、桂、黔三省（区）交界处，是湖南省成立最早的少数民族自治县，也是革命老区县、国家扶贫开发工作重点县、国家武陵山片区区域发展与扶贫攻坚试点县、湖南省深度贫困县。8月29—30日，黄滔带队到龙山县洛塔乡调研对口帮扶工作。龙山县委书记刘冬生，龙山县委副书记、代县长时荣芬，天心区领导洪孟春及相关区直单位、区内企业代表等参加调研。黄滔一行到湖南双沐药业有限责任公司、洛塔乡光伏产业基地、梭洛村锥栗产业示范园、湘西果园社农业科技有限责任公司药材种植基地、洛塔电商平台等处进行调研，了解企业和项目发展情况，对接产业合作事宜。天心区帮助龙山工业园区成功引进湖南双沐药业有限公司，天心区投入一期项目资金1000万元，在洛塔乡阿亏村建设66.67公顷中药材种植基地，为当地老百姓带来收益。截至2019年8月底，天心区对洛塔乡已投入帮扶资金3100万元，用于强化基层党建、

图88 2019年4月28日，天心区与通道县对口扶贫协作联席会召开（区农业农村局供图）

培育支柱产业、夯实社会基础等多个项目建设。其中，洛塔乡建设光伏发电站作为长沙市对口帮扶龙山县17个乡镇中，首个完成建设、首个产生效益的产业项目，累计发电量39万千瓦时，实际增加集体经济收益30余万元。黄滔一行走访洛塔乡楠竹村帮扶群众，了解对口帮扶群众家庭情况和享受的各项帮扶政策，表示天心区会集聚社会各界力量帮助因病、因灾致贫群众，协助做好贫困村产业规划。8月30日，对口扶贫协作联席会召开，双方全面回顾2019年以来工作开展情况，就下一步长效合作进行讨论。黄滔表示，天心区将强化责任与担当，助推洛塔乡脱贫，要求天心区各级各部门在项目建设上见“实”效，要在教育扶贫上重“精”准，要在产业合作上谋“长”远。

（郑紫燕）

【区农村工作领导小组会议】 2019年11月21日，天心区农村工作领导小组会议召开。区委书记朱东铁主持，区委副书记、区长黄滔，区委副书记朱远红，区政府副区长洪孟春参加。朱东铁指出，要进一步改善农村人居环境面貌，抓好基础设施建设工作，坚持规划先行原则，深挖历史文脉资源，做好新韶山南路等重点道路的建设；要进一步提升新型村级集体经济活力，推进农村集体产权制度改革，探索创新村级集体经济发展模式，在村级集体经济中引入国资、民资、外资，发展混合所有制经济；要进一步加强党对农村工作的领导，涉农街道书记要把实施乡村振兴战略摆在优先位置，及时研究解决乡村振兴的重大事项、重大改革、重大问题，大力整顿软弱涣散村党组织，加强农村党员队伍管理。黄滔强调，要抓住集体经济切口，促进集体经济兴旺；要抓住农村“五治”工作，促进农村宜居；要抓住打黑、打传、打非工作，推进乡风文明；要抓住“三资”（资金、资产和资源）管理，确保治理有效；要抓住扶贫攻坚，推动共同富裕；要充分发挥好党组织、规划引领、制度保障作用，确保乡村振兴战略全面落实。（郑紫燕）

图89　2019年11月21日，天心区农村工作领导小组会议召开

（区农业农村局供图）

农　业

【农产品质量安全】 2019年，天心区农业农村局制定《天心区2019年农产品质量安全宣传周活动方案》，在全区开展宣传咨询活动，发放农产品质量安全宣传手册和农产品质量安全宣传单等。组织在人口密集地区开展以农产品质量安全为话题的宣传活动，集中发放宣传材料2550份。

（郑紫燕）

【配合打好蓝天保卫战】 2019年，天心区农业农村局牵头组织开展秸秆禁烧工作，出台《关于2019年继续将秸秆禁烧纳入绩效考核的通知》，谋划“农作物秸秆禁烧宣传月”活动，通过制作宣传横幅展板、发放宣传手册、开展现场宣传活动等方式开展秸秆禁烧宣传，加强秸秆焚烧日常现场巡查、劝阻和执法制止，严防秸秆焚烧情况。对全区已退出的规模养殖场进行复查，共复查16家规模养殖场，严控规模畜禽养殖反弹。（郑紫燕）

【土壤污染及肥力调查】 2019年，天心区农业农村局进行前期摸底调查，农用地土壤与农产品污染情况详查范围涉及暮云街道、大托铺街道、南托街道重点涉农街道。报请区政府，委托第三方有资质的检测机构，按照政府采购程序，土壤采样拟布设土壤监测点200个以内，农产品采样在土壤样品对应原点位上采集稻谷样品以及蔬菜、水果等食用性农产品收获期样品。开展现场勘查与调研，填写耕地重金属污染监测点位登记表，收集相关资料。（郑紫燕）

【农机安全生产】 2019年，天心区农业农村局于4月25—26日组织开展2019年度拖拉机年度检审暨农机安全培训工作。全年共有57台拖拉机参加年检，年检率为61.3%。在检审开展前，区农机站工作人员对农机手进行安全生产培训，组织农机手学习道路交通安全和农机安全监管有关法律法规知识、农机安全事故警示案例、蓝天保卫战对农机工作的相关要求、需重点提示的农机安全注意事项等；组织农机手现场签订安全生产责任书。检审中，农机站工作人员对于满年限的变型拖拉机进行强制报废处理并收回牌证照件，检验时做到“人、机、证”三见面，给每一台拖拉机喷上“严禁载人”警示标语。向广大农机手宣传农机安全和道路交通安全相关法律法规、农业机械安全操作规程，普及安全知识和应急常识，和农机手签定安全生产承诺书。以农机年检年审、安全生产月等活动为契机，通过发放宣传资料、悬挂宣传横幅、张贴标语、出动宣传车，对农机安全知识和技术进行普及和教育。上半年，区农业农村局对长期未年检（3年以上）拖拉机开展一次清查，按程序注销76辆。全年开展执法检查22次，派出执法检查人员86人次。 （郑紫燕）

【非洲猪瘟防控工作】 2019年，天心区防指下发《天心区重大动物疫病防治指挥部关于全面开展非洲猪瘟消毒灭源专项行动的通知》《关于恢复非洲猪瘟防控临时检查消毒站的请示》等文件8份。6月15日，按照市动防指《关于切实加强当前非洲猪瘟防控和稳定生猪生产工作的紧急通知》精神，区动物防疫指挥部组织相关单位召开紧急会议，恢复三处临时检查消毒站。截至10月31日，各街道排查养殖户26070户次，生猪18.80万头次；累计下发消毒药品7.6吨到养殖户、冷库、市场、哨卡等场所。 （郑紫燕）

【农博会宣传组织工作】 2019年，天心区农业农村局根据第二十一届中国中部（湖南）农业博览会长沙市组委会要求，下发《关于做好农博会海报宣传工作的通知》和宣传海报。拟订《关于组织参加第二十一届中国中部（湖南）农业博览会通知》下发至各区直单位、街道，结合各单位实际情况发动干群参观农博会，建立2019年天心区农博会交流的微信群，安排专职值班员与各单位联络员进行对接，9个街道共计集体组织观展大巴147台次，人数8115人，其余自行选择交通工具前往人数4.2万余人。组织辖区内农业企业参展，长沙新世纪油脂有限公司、湖南炫烨生态农业发展有限公司2家辖区内农业企业以及天心区对口扶贫的龙山县和通道县3家农业企业，以融城核心、璀璨天心为主题在品牌农业馆展区参展。 （郑紫燕）

【鱼类人工增殖放流活动】 2019年7月25日，天心区农业农村局在天心区兴隆大厦湘江边举行人工增殖放流活动。长沙市农业农村局渔业处处长罗华、市渔政渔港监督站负责人、天心区政府副区长洪孟春、沿江街道分管副职以及反电鱼联盟相关人员共60余人参加活动。活动共放流青鱼、草鱼、鲢鱼、鳙鱼等鱼类333万尾，为增加湘江母亲河生物多样性、保护生态环境做出贡献。湖南都市频道、长沙政法频道、《长沙晚报》对增殖放流活动同步进行报道。 （郑紫燕）

【打击非法捕捞行动】 2019年，根据志愿者多次观察反映，天心区兴马洲一带、岳麓区湘江白龙庙等经常凌晨有非法捕捞现象。9月3日，天心区渔政、岳麓区渔政和长沙市渔政联合行动，在长沙湘府大桥西边上游白龙庙前水域和兴马洲一带，开展现场打击常年禁渔区非法捕捞行为。此次行动共出动渔政执法人员约20人，出动快艇2艘，冲锋舟2条。收缴非法捕捞涉案嫌疑渔船8条、长期作案的白色冲锋舟1条，传唤涉案嫌疑人若干人。该次行动有4名志愿者代表现场参与。 （郑紫燕）

【农村人居环境整治工作】 2019年，天心区农业农村局着力南部片区“厕所革命”“垃圾分类减量”和水体治理工作。成立农村人居环境整治工作指挥部，抽调力量集中在农村片区的南托垸水管站办公，靠前指挥农村人居环境整治工作。出台文件4个、工作通报4期，会议调度22次；2月，全区农村人居环境整治村庄清洁行动推进会，在长沙电视台、红网、《长沙晚报》进行宣传报道；7月，治厕和美丽“三园”工作在长沙新闻频道宣传报道；在人民网以“壮丽70年之天心故事”宣传报道天心区推进实施乡村振兴战略工作。 （郑紫燕）

【推进“三治”工作】 2019年，天心区农业农村局切实推进“三治”（治厕、治垃圾、治水）工作。

出台《2019—2020年天心区农村户用无害化厕所新（改）建工作方案》等文件。全区农村户用厕所8223户，2019年以前已改（建）三格式化粪池2073座，2019年完成新（改）建三格式化粪池目标任务2200座。新建7个村（集资办）垃圾分拣站，购置发放垃圾桶10200个，选聘专职保洁员67名，全区农村垃圾分类减量实现全覆盖。通过微信公众号，设置宣传牌，悬挂宣传横幅，发放宣传资料，设立责任牌进行治理垃圾宣传。辖区农村片区农居环境整治共出动人员8600人次，开展行动780次，清除卫生死角4760处，清除农村生活垃圾9460吨，清理沟渠、山塘875处。强化水利基础设施建设；推进黑臭水体湘江A（涉及南托港全段8.5千米）治理；打造大托新村新港湾小微水体管护示范片区。（郑紫燕）

【创建美丽“三园”】2019年，天心区农业农村局积极创建美丽“三园”（家园、菜园、田园）。打造5个书记示范点、18个村支委员示范点、10个屋场示范片，创建最美家园785户、最美菜园196个、最美田园62片。各村采取现场民主评议、村级复核、结果公示公开、核发奖补等方式开展“最美”家庭、“最美”庭院评选。街道、村考核结果纳入全区绩效考核和“最美街道”“最美村”“最差村”评比，对“最美街道”“最美村”分别给予3万元、2万元的奖励，对“最差村”进行黄牌警告，并在区公众信息网公示。（郑紫燕）

【创建市级“示范村庄”】2019年，天心区创建暮云新村和大托新村两个市级示范村。暮云街道暮云新村对官桥湖撇洪渠周边进行全面整治提质，大托铺街道大托新村以壮大新型村级集体经济、改善农村人居环境和发展乡村产业为重点，制定《大托新村创建市级乡村振兴示范村工作方案》，推动道路提质改造（亮化）、房屋外观美化、文化墙建设等8个建设项目，以打造精致生态休闲产业为支撑，组织农户以绿色蔬菜、生态水产、有机瓜果采摘作为主导产业、特色产业，实现以土地流转收入带动农民创收、集体创收的发展格局。大托新村成功创建农村生活垃圾分类减量村、天心区小微水体管护示范片区。

（郑紫燕）

【“大棚房”专项整治】2019年，天心区农业农村局开展“大棚房”专项整治。对国家自然资源督察武汉局2月20日下发的133个遥感监测图斑和全区35家“农家乐”进行拉网式排查，共排查项目1626个，面积73.10公顷。

（郑紫燕）

【农村集体产权制度改革】2019年，天心区村级改制单位清产核资、集体经济组织成员身份认定工作基本完成，股权配置工作接近尾声。出台《长沙市天心区农村集体资金资产资源规范管理办法》《天心区农村集体经济组织资产管理办法（试行）》，对“三资”有序规范。4个集资办（石人、桂花坪、新开管委会、西湖）建立合作社章程，对成员管理、股权管理、财务管理、分配管理等内容进行具体规定。（郑紫燕）

【村级集体经济发展多元化】2019年，天心区出台《长沙市天心区发展壮大新型村级集体经济的实施意见》，为集体经济发展提供屏障保护。将支持村级集体经济发展经费纳入2019年乡村振兴项目计划中。在生活安置用地、生产安置用地对外出租，依托地理位置优势，打造长沙方向感国际汽车6S街区。集体收入全部用于股民工资发放、小区物业支出、村民医疗保险支出等。集资委成立物业办，物业办所有的保洁员、保安、维护队员均为本地村民，为当地农民提供大量就业岗位。立足天心区自然资源禀赋，成立土地合作社，用景观的理念经营农业，用市场的理念经营农村，引进优质农业项目，规范土地流转，培育观光型、体验型都市休闲农业，发展现代农业，为村级集体经济创造收入。（郑紫燕）

【农村集体产权制度改革工作会议】2019年2月21日，天心区组织召开全区2019年农村集体产权制度改革暨清产配股阶段工作推进会。天心区政府副调研员黄光泽、天心区农村集体产权制度改革专家顾问周文辉，区农林水利局党组成员、区委农办副主任易艳辉，以及各相关区直部门、各涉农街道分管负责人，各村（集资办、管委会）相关工作人员参加会议。易艳辉对2018年农村集体产权制度改革工作进行讲评，就2019年主要工作任务进行部署；周文辉就“如何科学确认农村集体经济组织成员”以及股权配置问题进行讲解；黄光泽提出各改制单位要把握好五道关口：省市迎检关、身份确认关、资产量化关、张榜公示关、政策宣传关，加快推进农村集体产权制度改革工作落地落实。5月23日，天心区组织召开农村集体产权制度改革工作推进会议。会议由黄光泽主持。区农改办对省委农办、省农业农村厅下发的《关于认真做好农村集体资产清产核资验收工作的函》精神进行传达，对下一步工作进行安排部署，对各阶段工作任务提出具体的时间节点要求。洪孟春提出要求，各改革单位要在规定期限内完成规定动作；要按法定程序履行法定程序；要以强劲的措施处理遗留问题。10月9日，天心区组织召开农村集体产权制度改革第三阶段工作动员会议。会议由洪孟春主持。区农业农村局对前期农村集体产权制度改革工作进行通报，对第三阶段工作进行部署；赤岭路街道、暮云街道工委书记作为优秀代表进行发言；周文辉对农村集体产权制度改革第三阶段应当把握的几个重点问题进行解读。区委副书记朱远红强调，要按照工作步骤在12月底之前全面完成改革工作任务；要把握工作重点掌握改革工作基本方向；要讲究工作方法稳慎推进产权制度改革；要切实加强领导高质量完成改革工作任务。洪孟春强调，各单位要及时落实本次工作会议精神；要按照中央、省、市改革工作时间点，按程序按要求完成规定工作；各单位工作一定要再细、再实，全力做好这项民生工作。11月1日，天心区农村集体产权制度改革工作调度会议召开。会议由区农业农村局局长冯学武主持。区农业农村局对当前全区农村集体产权制度改革进度以及被约谈村工作开展情况进行通报，指出产改目标任务要切实把握完成；做到一村一策；把握好时间节点；把握好改革工作的速度与质量。洪孟春提出要求，2019年年底全面完成改革任务的目标不能变；对于进度缓慢的，街道、村（集资办）必须高度重视、高位统筹、高效推进；对信访问题、不稳定因素必须要及时化解。（徐战双）

【村级党群服务中心建设】 2019年2月26日，天心区村级党群服务中心建设专题调度会议召开。区领导张界贻、洪孟春参加。区委乡村振兴办、各街道就村级党群服务中心建设情况进行汇报，区财政局、区农林水利局、区国土分局等与会单位分别就资金、选址、用地、项目立项等问题进行现场沟通、商讨。会议强调，要提高认识，明确责任，解决问题，加快进度。各单位要倒排时间，3月上旬完成立项工作，发改、国土、规划、建设等职能部门要主动服务，做好业务知识的专题培训；细化措施，项目进度实行周报、月通报制；及时合理安排人员，按照会议明确的时间节点加快推进，确保工作任务的完成。（徐战双）

【“厕所革命”工作培训】 2019年5月31日，天心区农村“厕所革命”工作培训暨农村厕所摸底调查部署会召开。涉农街道分管负责人和工作专干及各行政村负责人及工作专干，农村改厕摸底调查组、农村改厕施工队伍100余人参加培训。长沙市农业农村局农村社会事业促进处副处长谢文以农村改厕意义，改厕原理与技术，过程监管注意事项等作专题培训，对改厕工作中面临的问题进行解答。（徐战双）

【农村人居环境整治工作会议】 2019年6月21日下午，天心区召开全区农村人居环境整治暨农村“五治”和美丽“三园”创建工作调度会议。区委副书记朱远红、区政府副区长洪孟春出席，区直相关部门、涉农街道及村（集资办）负责人参加，会议由区政府副调研员黄光泽主持。全体与会人员实地观摩暮云街道莲花村桐子坡组美丽“三园”建设，南托街道滨洲新农村垃圾分类减量，大托铺街道大托新村水体治理。暮云街道、滨洲新村代表就美丽“三园”建设和垃圾分类减量工作做典型发言。洪孟春指出，农村人居环境整治效果要实现心中庄园梦想、田园牧歌场景和家园归逸意境；要结合村庄清洁行动，提升农村人居环境整治效果，补齐南部片区发展短板；要发挥党员先行、乡贤引领的带头作用，引导广大村民积极投工投劳。朱远红强调，要树立初心和信心，确保工作任务完成；要全面深入宣传，营造良好的宣传氛围；要联动创建，发挥广大人民的力量；要继续强化督查考核，加大考核力度。（徐战双）

【天心区2019年治厕工作通过市级验收评估】 2019年12月12日，长沙市农业农村局委托第三方评估机构对天心区大托铺街道、南托街道、暮云街道3个街道2019年新（改）建2800座无害化卫生厕所进行抽查验收。评估机构一共抽查140座无害化卫生厕所，均达到验收标准，顺利通过市级验收评估。2019年天心区治厕任务是新（改）建2800座（含新增600座）无害化卫生厕所，旱厕全部清零。2800座三格式

化粪池改造任务全部完成，完成率100%。（徐战双）

林 业

【林业管护】2019年，天心区推进“五边”（公路边、铁路边、河边、山边、街巷边）植树行动，完成“五边”植树面积29公顷。结合2019年度义务植树活动，广泛宣传动员。对所有造绿项目都划区分片、任务到村、责任到人，建立绿化目标管理责任制与限时制，加快年度造林绿化工作的督查力度，相关领导蹲点包片，提高苗木的成活率。针对全年森林督查“一张图”工作铺排全区森林30块图斑，召开工作布置会，委托湖南省农林工业勘察设计研究总院全面调查，并将调查结果汇总形成报告材料上报湖南省林业科学院。在全年林地使用指标内，合理安排，加强对各类工程项目使用林地的报批手续的审核，在建设过程中进行监督检查，发现问题及时下发整改意见书并立案查处，规范项目单位依法合规使用林地。（徐战双）

【森林防火】2019年，天心区按时召开森林防灭火会商会，森林防火期间各级领导深入基层最前沿进行巡查。国庆长假期间，区委书记朱东铁，区委副书记、区长黄滔分别带队深入林区一线现场查看森林防灭火落实情况，全力防范森林火灾的发生。印制下发《森林防火通告》，在主要路口张贴森林防火通告500张、发放宣传资料3.5万余份、悬挂防火横幅550余条、出动宣传车辆360余台次，守卡守点人员800余人；巡查巡护人员4500余人，各级督查达30余次。落实重点部位风险隐患排查，重点环节风险隐患排查，重点时段风险隐患排查，重点人员风险隐患排查，确保森林火灾风险隐患为“零”目标。（徐战双）

【市林业局督查天心区森林防火工作】2019年1月29日，长沙市林业局党组成员、总工程师恭映壁携相关处室负责人到天心区林业管理站及暮云街道许兴村石塘水库督查指导森林防火开展情况，区农业林业水利局党组成员蒋哲明陪同。督查过程中听取天心区当前森林防火工作部署情况，深入林区一线查看，要求加强应急值班调度；带班领导要深入一线实地查看；着重防火宣传；及时报送工作信息和火情情况；切实把森林火灾隐患排查做实、做细，不留死角，杜绝森林火灾隐患的发生。（徐战双）

【省林业局督查天心区绿心地区林地工作】2019年3月1日，湖南省林业局资源林政处处长陈彪携省林业局相关负责人一行到天心区督查绿心地区征占用工作。长沙市林业局副局长谭景长和相关处室负责人、天心区政府副调研员黄光泽和区农林水局党组成员蒋哲明陪同。督查组一行到原暮云镇3块统征地和房地产项目丽发新城3期查看建设情况以及湖南汉坤建筑安保器材有限公司的复绿相关工作，听取天心区近几年在绿心地区林地使用及合理开展审批相关工作的汇报，以及市林业局从合理使用林地、加强政策扶持、合理规划绿心建设三个方面工作的汇报。陈彪提出要求，强调各级各部门对绿心地区林地使用管理要高度重视；各区、县要统一协调配合；林地使用的审批要管理规范做到先批后建；各种复绿措施要进一步到位、进一步完善，加大宣传力度；管理工作上要细、要严。（徐战双）

【林地使用调查摸底会议】2019年3月13日，天心区组织召开2019年林地使用调查摸底会议。会议由区政府副调研员曹之才主持，区直相关部门和街道分管负责人参加。区农林水利局党组成员蒋哲明传达解读长沙市林业局《关于预下达2019年度建设项目使用林地定额》的通知。区农林水利局党组书记、局长肖四军就当前天心区林地使用供需矛盾进行分析。参会区直部门和街道也对属地范围内建设项目涉及占用林地逐一做汇报。曹之才强调各级各部门要积极协调，做好全年项目的摸底工作。区政府副区长洪孟春指出，全面摸清林地使用供需总量；解决使用供需矛盾，积极向上级林业部门争取指标；在林地使用手续办理过程中严格把关，高位协调按轻重缓急统筹使用林地供需指标。（徐战双）

【朱东铁巡查森林防火工作】2019年4月4日，天心区委书记朱东铁一行到天心区仙姑岭督查森林防火工作落实情况。区农业农村局相关负责人陪同。朱东铁一行听取当前森林防火工作落实情况，指出要深刻汲取四川凉山森林火灾人员伤亡事故教训，严格排查火灾隐患，严加防范；严格落实会议文件精神，防患于“未燃”；用数据和事实来确保“零”

火灾事故发生；加强值班值守，确保信息畅通；确保人防、物防全部到位。（徐战双）

【森林防火工作会议】2019年9月27日，天心区组织区森林防火指挥部成员单位召开森林防火工作会议，安排部署森林防火工作。区农业农村局党组成员蒋哲明传达学习省、市森林防火文件内容。区农业农村局党组书记、局长冯学武对森林防火工作进行安排部署：责任要压实；人防、物防、技防要到位；宣传工作要做实。区应急管理局负责人指出，各级各部门要通力合作，做好信息互通，防火单位要认清防火形势，确保森林资源安全。区政府副区长洪孟春就森林防火严峻形势作安排部署，提出要求：思想要重视、头脑要清晰；工作积极行动、狠抓政策落实；加强工作监督，确保会议精神落到实处；加强值班备勤、搞好巡查；完善应急预案，保持战备状态，应急准备要充足；隐患排查工作要仔细，做到心中有数。（徐战双）

水　利

【防汛抗旱工作】2019年，汛期前，天心区提前做好防汛抗旱各项准备工作，全面科学修订完善防汛预案，开展全区备汛自查、督查工作，清查防汛物资，清仓、登记并按标准补充落实防汛物资和资金，核实防汛抢险队伍并造册登记，排查防洪排涝工程设施。举办110名防汛抗洪骨干队员培训，分别在大托铺、南托、暮云街道进行防汛抢险、安全转移和山洪地质灾害应急演练。在全区范围内就防汛减灾、安全避险知识等进行广泛宣传，在湘江大堤沿线设立防汛守堤站对沿线的居民群众进行劝解和引导。入汛后，组织负责防汛值班值守工作，做好防汛督查工作。对全区14个街道、两个水管单位进行专项督查，严格责任追究制度，做好实时预警预报工作。对涉农街道、水管单位抗旱工作进行摸底调查，并下发关于做好2019年抗旱工作的通知，应对汛期以来的暴雨和干旱天气。（郑紫燕）

【重大工程项目建设】2019年，天心区共完成解放垸五里堆排水管道建设、张家坝泵站整体改造、官桥湖通江口泵站配套工程等8个水利工程，加快解放垸长塘险段治理、圭白路排渍泵站、南部新城水系连通规划等项目手续工作。加快完成2018—2019年秋冬春水利项目建设工作，解决山塘加固、排涝、灌溉沟渠损毁修复、清淤疏浚等问题。（徐战双）

【农村饮水安全工程建设】2019年，天心区农业农村局多次组织召开专题会议，研究讨论完成2018年市级下达天心区农村安全饮水指标为5403人的工程扫尾工作；全区农村饮用自来水人口数5.95万人，投入建设资金共计2236.8万元，农村自来水普及率85.98%。西湖路建成，自来水管道拉通后，天心区启动暮云街道西湖集资办179户750人的农村自来水建设。（徐战双）

【河长制工作】2019年，天心区落实湘江（天心段）流域综合治理各项工作。按市对区下达的黑臭水体整治任务，实施港子河生态公园建设、一体化设备建设、河道整治清淤等70余项大小综合工程项目，累计资金投入约5亿元。开展湘江（天心段）环境安全隐患排查整治。投入280万元对大托新村小微水体片区1条村级内港（约3.8千米）、29口水塘进行清淤，涉水水面约26.67公顷；对320户居民户进行厕所改造；示范片区内设立广告牌、公示栏、安装太阳能水泵等装置，大托铺街道新港湾小微水体示范管护片区建设全面完成，区河长办每月出一期小微水体管护工作简报。区河长办强化统筹调度，制定工作方案，明确任务清单，加大宣传力度，样板河湖建设全区累计投入3500万余元。（徐战双）

【执法行动】截至2019年年底，天心区农业农村局执法累计巡查69次，出动执法人员170余人次；对“一江四河”（天心区境内的湘江天心段、港子河、双管子河、南托港、官桥湖撇洪渠）46家涉水企业开展执法检查，出动执法100余人次，共立案查处涉水环境违法案件9起，其中一般行政处罚案件2件，罚款金额40万元（某职院罚30万元，某医院罚10万元），重大涉水违法案件3起，移送法院强制执行3起，移送公安刑事拘留2人。其中，某汽车修理厂负责人汤某某因犯污染环境罪，判处有期徒刑一年零三个月，并处罚金1万元。（徐战双）

【宣传引导活动】2019年，天心区农业农村局在学雷锋活动日、“中国水周”等时期，邀请辖区内5所高校300余名志愿者开展“共护湘江水•共享天心美”大型宣传活动，开展“学雷锋护湘江”“牵手红领巾保护母亲河”等一系列宣传活动；为居民发放宣传雨伞3000余把、宣传购物袋2000余份，宣传文化衫1万余件。

（徐战双）

【朱东铁、黄滔率队开展巡河工作】 2019年3月12日，天心区开展第一总河长巡河暨调度防汛备汛工作。天心区委书记、区第一总河长朱东铁，天心区委副书记、区长、区总河长黄滔，区领导朱远红、曾卫国、周志军、侯向宇、王海军、洪孟春、许波、张建参加。朱东铁、黄滔一行巡查人民西路城区防洪施工现场，了解防洪堤提质开展情况，沿南托垸湘江南沿线开展巡河，实地调研官桥湖泵站。朱东铁强调，要统一思想，高度重视河长制及防汛备汛工作；要全力以赴做好河长制及防汛备汛各项工作。黄滔强调，要确保机构改革期间各项工作有条不紊，统筹推进；要做到守河有责、守河担责、守河尽责；区河长办要发挥好统筹协调作用，积极探索创新机制和经验做法，形成齐抓共管的工作格局。6月27日，朱东铁、黄滔率队开展巡河工作，实地察看新开铺污水处理厂、大托新村新港湾、暮云污水处理厂，了解污水处理容量、小微水体治理、规划设计和施工进展情况，对存在问题的明确整改要求。朱东铁要求，各级各部门要正确处理生态环境保护与经济社会发展的关系，着力解决群众身边的水环境、水生态、水安全问题；要强化责任担当，坚持问题导向抓落实、完善机制抓落实、统筹协调抓落实。黄滔强调，要突出目标治水，严厉打击违规排放，严防污染反弹，坚决杜绝污水直排；要抓好排污口实时监测、农村饮水安全、畜禽养殖污染防治、黑臭水体治理等工作。

（徐战双）

图90　2019年3月12日，天心区开展第一总河长巡河暨调度防汛备汛工作。图为天心区委书记、区第一总河长朱东铁（左三），区委副书记、区长、区总河长黄滔（左四）一行巡查人民西路城区防洪施工现场　（区农业农村局供图）

【“共护湘江水·共享天心美”高校认领河流启动仪式】 2019年3月29日，长沙市天心区“共护湘江水·共享天心美”高校认领河流启动仪式在天心区中海环宇城广场举行。活动由长沙市河长制工作委员会、团市委指导，天心区河长制委员会主办，区农林水利局、团区委、区河长制工作办公室、共青团长沙理工大学委员会、共青团中南林业科技大学委员会、共青团湖南女子学院委员会、共青团湖南广播电视大学委员会、共青团湖南科技职业学院委员会承办。天心区政府副区长洪孟春、共青团长沙市委统战联络部副部长徐力、市河长办主任肖立红等，以及来自天心区辖区内5所高校（中南林业科技大学、长沙理工大学、湖南女子学院、湖南广播电视大学、湖南科技职业学院）150名“河小青”（青少年参与治水护水力量的总称）等参加活动。洪孟春致辞；与会领导为6名“最美民间河长”、6名“优秀河小青”颁发荣誉证书；为5所高校社团组织（校团委）颁发“一江四河”认领河流旗帜；高校优秀“河小青”代表发言，表示将与河长们共同携起手来，为保护生态环境、建设美丽天心贡献自己的青春力量。仪式结束后，5所高校的“河小青”青年志愿者队伍分别到责任河流进行巡河行动，对河面及河滩垃圾进行清理。

（徐战双）

【湘江（天心段）流域综合治理工作调度会】 2019年4月18日，天心区湘江（天心段）流域综合治理工作调度会召开。区政府副区长、副总河长洪孟春参加会议。会议传达《水利部办公厅关于潮河河北滦平段涉河违法建设项目有关问题的通报》文件精神，学习《天心区落实省委第四巡视组反馈河长制有关问题集中整改方案》，分解“一江四河”综合治理任务清单，明确责任单位及完成时限。洪孟春强调，要对号入座，明确职责任务；对症下药，列好整改任务清单；对账销号，确保立竿见影。10 月 15 日，天心区湘江（天心段）流域综合治理工作调度会召开。区委常委、常务副区长周志军，天心经开区（新）管委会、区环保局、区住建局、区城管执法局、区农业农村局等相关部门及沿湘江街道分管负责人参加会议。会议听取天心区河长办湘江流域综合治理任务清单落实情况，部署相关工作。周志军强调，要以问题为导向，全面完成湘江（天心段）综合治理任务；要以结果为导向，确保河长制工作的底线，确保水质达标；要以压力为导向，推进河长制工作常态化；要以共建为导向，营造河长制工作宣传氛围。10 月 24 日，天心区召开港子河流域治理工作会议。会议由天心区政府副区长、港子河河长王海军主持，天心经开区、区住建局、区环保局、区农业农村局、区河长办、解放垸水管站负责人参加会议。会议听取区住建局、区环保局对港子河前期水质情况的调查并对相关工作进行部署。王海军强调，要着力于长治久清，聘请专家对港子河水质超标原因进行可行性研究，采取强有力的措施确保港子河水质达标；要加强对暮云污水处理厂运行的常态化监管；要加快对港子河沿线截污工程建设；要加强巡查，及时掌握水质变化并及时向河长报告；要做好港子河的生态修复和清淤工作。

（徐战双）

图 91　2019 年 10 月 15 日，天心区湘江（天心段）流域综合治理工作调度会召开　（区农业农村局供图）

工业和信息化

综　述

【概况】 长沙市天心区工业和信息化局（简称“区工业和信息化局”），加挂长沙市天心区数据资源管理局（简称“区数据资源局”）牌子。

2019年，天心区工业和信息化局贯彻新发展理念，围绕推动经济高质量发展这一目标，结合“营商环境优化年”“产业项目建设年”活动主题，打好转型发展攻坚战。出台《长沙市天心区加快建设现代生产性服务业创新集聚区助力全市制造业高质量发展的实施方案》（简称“天心28条”），发展“四新经济”（新技术、新产业、新业态、新模式），建设中部一流现代生产性服务业创新集聚区；开展产业发展大讲坛活动；发布湖南省首个5G人工智能示范社区，将天鸿•天府小区打造成综合智慧社区；开展“美丽乡村”IPTV及人工智能进乡村行动，依托人工智能实现行政服务和公共服务进村入户；成立区企业服务中心，开通“0731-85812345”24小时企业服务和招商引资热线；建立“35位县级领导服务400家企业”的走访联系帮扶制度，区领导累计走访419家企业，收集诉求及问题853个，办结624个；全年举办10次“区长企业接待日”活动，接待企业46家，收集问题诉求137个；出台天心区营商环境投诉与意见办理办法，建立投诉问题受理、办理、督办、反馈的全流程管理机制；建立区领导联系服务企业工作年度专项述职机制，邀请人大代表、政协委员和辖区企业代表对区领导服务企业工作述职情况进行监督评议；完成“630攻坚”年度既定目标；深化“互联网+政务服务”改革，优化电子政务网络，做好数据资源管理工作。天心区政府电子政务管理办公室获评2019“互联网+政务服务”先进单位，天心区公众信息网的区长信箱获评2019政府网站政民互动类精品栏目奖。在“2019数字政府服务能力暨第十八届中国政府网站绩效评估结果发布会”上，天心区公众信息网总分81.4分排全国区县级政府网站第二十二名，湖南省区县级政府网站第一名。

（阳利平）

图92　2019年6月24日，以“璀璨天心，营商赢商”为主题的天心营商环境专列在地铁1号线正式开通　（区工业和信息化局供图）

【产业集聚发展】 2019年，天心区有电力生产及供应、电力工程施工和电气安装等企业近百家。区工业和信息化局发挥电力产业集聚优势，推动各类要素向产业链聚集，做大做强电力产业；以智能制造为核心，鼓励红太阳新能源、亚太实业等一批重点企业实施智能化改造，打造一批智能制造试点示范企业；组织企业参加2019中国（长沙）国际工程机械展览会、第二届中国新材料产业发展大会暨2019长沙国际新材料产业博览会等产销对接会，为企业提供形式多样的产销对接平台；指导企业加入市工程机械行业协会，促进企业抱团发展。出台“天心28条”，明确从大力发展“四新经济”、加快建设创新型城区、全面打造一流营商环境、探索“产城人”深度融合发展路径、提升产业链现代化水平、着力激活和释放“人才红利”等方面发力，建设中部一流现代生产性服务业创新集聚区。（阳利平）

【移动互联网产业发展】2019年，天心区有移动互联网企业3468家。其中，注册资金500万元以上的企业有771家，1000万元以上381家；服务业规模以上企业17家，重点本土骨干企业5家。培育湖南瑞都模具、紫薇垣信息系统等一批“独角兽”企业。3月，与安徽酷哇机器人有限公司签订人工智能及大数据研究院项目的框架协议。5月，在天心区设立酷哇人工智能及大数据研究院。组织产业发展大讲坛活动，全年举办“天心区产业发展大讲坛”6场，邀请国内经济、信息化、物联网、人工智能等领域的专家，以“名家讲解+企业现场展示”专场形式，重点聚焦“四新经济”“五大新经济形态”“六大技术”“七大应用场景”进行授课，提升全区干部经济管理水平和全区产业发展水平。（阳利平）

【人工智能应用】2019年，天心区工业和信息化局探索在局部推进5G建设和应用，加快“智慧城市”建设。依托5G网络，发挥云计算、大数据、物联网、AI人工智能等先进技术的优势，发布湖南省首个5G人工智能示范社区，将天鸿天府小区打造成综合智慧社区；开展“美丽乡村”IPTV及人工智能进乡村行动，依托人工智能实现行政服务和公共服务进村入户，覆盖大托新村、沿江村、许兴村3852户村民，打通服务群众的“最后一公里”，全国各地政府部门先后到许兴村参观学习。（阳利平）

【企业物业移交改造工作】2019年，天心区有128个市属、省属和央企小区与区政府签订物业移交协议，35个省属和央企小区与国有物业公司签订物业移交协议，除企业纳入棚改征拆范围或已社会化或因企业自身原因暂时无法移交外，基本完成市政府下达的

图93　2019年3月14日，天心区联合中国移动、中国联通两大通信运营商在黄兴广场召开湖南首个5G人工智能应用场景示范街区启动发布会　（区工业和信息化局供图）

任务目标。全面铺开对全区 11 个国有企业老旧小区的物业维修改造，已经完成公交金盆小区的护坡排危和二十三冶仰天湖基地生活小区物业改造工作，并通过验收。（阳利平）

工 业

【秸秆工业产品制造技术研究】

天心区重点关注和扶持的环保型工业企业——长沙创远环保科技有限公司，践行绿色环保理念，围绕秸秆综合利用技术及商业模式，开展秸秆工业产品制造技术研究，取得“农作物秸秆产业化综合服务平台”“基于物联网的秸秆焚烧遥感动态监测系统”等科技成果。公司利用秸秆生产生态板材，用作家具、建筑材料等基材，每年消耗 3 万吨左右的秸秆，产出 40 万块秸秆生态板材，每年可减少 3.5 万立方米的木材砍伐，解决 400 余人就业问题，减少秸秆焚烧给环境带来的污染。该公司 2010 年在天心区注册成立，是一家主要从事高科技产品的研制、开发、生产及销售的综合性高新科技企业。公司先后获“湖南省优秀创业企业”、“长沙市知识产权推进工程优秀企业”、省科技厅“农业支撑计划”立项、“科技创新小巨人”、“湖南省新材料企业”、“高新技术企业”、“湖南省小巨人企业”、“长沙市工业科技特派员企业”等称号。（阳利平）

【智慧新零售商圈建设签约】

图 94　2019 年 1 月 20 日，智慧新零售商圈建设战略合作签约仪式在长沙举行（区工业和信息化局供图）

2019 年 1 月 20 日，中电云网智慧零售行业云发布暨天心区智慧新零售商圈建设签约仪式在长沙举行。活动由长沙市工业和信息化局、天心区政府、中电工业互联网有限公司（以下简称“中电互联”）共同主办。天心区委副书记、区长黄滔表示，该次与中电互联合作，以智慧零售为切入点，将打造长沙市首个智慧街区。中国电子总经理助理、中电互联董事长朱立锋介绍，基于区块链的智慧零售行业云的推出，是天心区与中电互联携手打造长沙市首个智慧街区的关键一环，同时也是中电云网、长沙工业云的重大技术升级，是中电互联落实长沙市委、市政府“千人帮千企”的重要举措。长沙市委常委、常务副市长舒行钢，表示中电云网为长沙打造全国一流的工业互联网平台，抢占产业制高点奠定基础，长沙将进一步落实推进“制造 + 互联网 + 服务”战略，创造新的发展业态，支持中电互联在长沙的发展，打造国家级工业互联网平台和工业互联网技术创新中心。湖南省工业和信息化厅党组成员、总经济师熊琛表示，中电互联的成立是湖南省工业互联网发展的重要基石，中电云网发布智慧零售行业子云，是湖南省工业互联网产业向纵深发展的体现，是湖南产业向高质量发展迈进的重要实践。天心区引进央企平台和技术团队，与政府主管部门、商圈管理机构、传统零售业巨头开展一系列深度合作，是借助工业互联网的作用实现企业智能化运营，帮助政府园区提升服务水平和服务能力，也是促进区内高端人才的聚集、尖端技术的应用、创新模式的落地。会上，中电互联和天心区政府、长沙市国投公司、娄底市国投公司、建设银行、兴元科技等就共建智慧零售创新及应用研发中心、智慧零售电子商务平台，开展智慧零售行业云营销合作和智慧零售战略合作等分别签署协议，共同致力于智慧零售行业发展。（阳利平）

【启动人工智能进乡村行动】

2019 年 2 月 27 日，天心区“美丽乡村”IPTV 项目建设暨人工智能进乡村行动启动，项目覆盖许兴村、大托新村、沿江村3852户村民，通过电视、手机、电脑三屏互动，实现行政服务和公共服务进村入户到人。区政府打造的“美丽乡村”IPTV项目，中国电信湖南公司融合中国电信C网、光宽、IPTV、翼支付等产品给予智力支持。除免费在线教育，还打造村民翼支付生活补贴超市，让贫困对象享受真正的实惠，实现政府扶贫工作调度、服务与各村信息服务站实时视频对话、产品对接、在线培训等。（阳利平）

图95　2019年3月20日，天心区企业服务中心挂牌

（区工业和信息化局供图）

【政务服务改革】 2019年，天心区工业和信息化局完成包含政策推送、云政宝、政策收藏、办事指南、区长信箱、热线电话等功能的“天心政企通”APP的上线和验收；完成长沙市一体化网上办事平台的推广上线，天心区政务服务门户的功能检查、部门排序、个性化定制等工作；完成2万个政务服务网注册任务，为“网上办”提供用户基础信息支撑；对全区涉及电子证照的单位进行全面的摸底调研和全面采集，推进全区电子证照与电子签章采集工作；更新基层平台运行的硬件配备标准，分两期为区政务大厅（含人社、司法分厅）及所有街道、社区（村）办事大厅配备硬件设备。全年在基层工作平台上的办件147565件；协助配合市数据资源局完成多规合一平台的升级改造，使用多规合一平台受理事项768件。

（阳利平）

【天心区企业服务中心挂牌】 2019年3月20日，湖南首家区县级企业服务中心——天心区企业服务中心挂牌，打造一个专业企业服务平台，构建六大企业服务机制，为企业提供“不叫不到、随叫随到、服务周到”的“一站式”服务。设立中心接待室作为服务窗口，现场受理企业诉求并提供详细办事指引；开通“0731-85812345”24小时企业服务和招商引资热线；设置涉企服务宣传栏，及时更新全区设企相关活动信息，解决热线问题171个，为华菱钢铁、现代投资、湖南路桥等10余家重点企业提供行政审批、水电气报建等事项的帮代办服务。建立“35位县级领导服务400家企业”的走访联系帮扶制度，开展“区长企业接待日”活动，推动“千人帮千企大行动”常态化、机制化。区领导联系走访服务企业419家，园区、经济部门和各街道负责人持续走访辖区重点企业1614次。对企业反映的诉求和问题，明确“一口受理，内部流转”“分类交办，限时办结”“即时办理，跟踪回访”的办理要求，以企业服务中心为总服务台，各部门全面联动，推动企业反映强烈的突出问题得到有效解决，共收集企业反映诉求及问题853个，已办结624个。明确单月由分管区领导对重难点企业问题进行集中督办，双月由区政府常务副区长牵头进行集中调度，每季度由区委、区政府主要领导进行讲评。制作“天心区服务企业亲清卡”，邀请企业对服务工作进行满意度评价，委托第三方测评公司进行第三方测评，定期、不定期对企业进行满意度回访。出台《天心区营商环境投诉与意见办理办法》，建立投诉问题受理、办理、督办、反馈的全流程管理机制。建立区领导联系服务企业工作年度专项述职机制，邀请人大代表、政协委员和辖区企业代表对区领导服务企业工作述职情况进行监督评议。每季度对各相关部门联系服务企业的工作情况进行绩效评估。聚焦重点企业反映强烈的重难点问题，一企一策，成立专项帮扶小组，以专题协商会议的形式，及时针对企业发展过程中的难点、堵点、痛点予以协调解决。推荐林科达农林科技、阳环科技、大球泥艺等有融资困难的企业申报科风投基金和中小企业信贷风险补偿基金。出台《天心区“贴心商会（协会）”评选办法》，开展2019年天心区“贴心商会（协会）”评选活动。在全省率先开展“政策速递”云平台短信服务机制，为辖区内400余位企业负责人通过短信云平台及时送达最新政策和项目申报信息。开通以“璀璨天心，营商赢商”为主题的天心营商环境专列，制作企业服务中心宣传视频和宣传海报并在地铁2号线LCD互动大屏播放。（阳利平）

【朱东铁调研医药健康产业发展工作】 2019年5月8日，天心区委书记朱东铁带队调研医药健康产业发展工作，了解辖区内医药健康产业发展现状，对医药企业发展中遇到的困难和问题，进行探讨和现场交办。朱东铁一行实地调研湖南致善医药有限公司、湖南星浩医药有限公司、湖南同安医药有限公司、湖南健康城项目，现场察看企业运营情况，了解企业发展规划。朱东铁表示，希望各企业能培育研发一批特色优势产品，在新一轮产业转型升级中扩大竞争优势；全区各级各部门要加强对接服务力度，主动上门为企业提供服务，帮助企业解决发展过程中遇到的实际问题，助推企业做大做强，促进医药健康产业又好又快发展；要紧盯优质企业、高新技术和领军人才，开展招商引资、招才引智，提升医药健康产业发展质量。

（阳利平）

【二十三冶仰天湖基地生活小区改造竣工验收】 2019年6月5日，五矿二十三冶建设集团有限公司（简称“二十三冶”）仰天湖基地生活小区改造竣工验收。此项目是区工业和信息化局牵头实施的央企“三供一业”中物业改造项目，是区“三供一业”项目中第一个物业改造项目。参加验收的有区工业和信息化局、金盆岭街道、夏家冲社区、二十三冶、北京特希达交通勘察设计院、长沙工程建设监理公司、湖南长大建设集团公司等单位负责人。项目于2019年3月18日开工，广泛征求居民意见和需求，经历设计变更、方案调整，最终顺利完成。项目以国家政策为依据，克服费用不足的问题，对楼顶漏水、化粪池堵塞、路灯、晾晒场进行改造修复，解决影响生活的实际问题；同时进行楼道刷白、增设门禁，提高生活舒适度及安全。经过现场的排查及内页资料的审查，与会单位均同意通过验收。

（阳利平）

【天心区2家企业上榜“中国企业500强”】 2019年9月1日，中国企业联合会、中国企业家协会连续第18次向社会公开发布“中国企业500强”排行榜。天心区辖区的湖南华菱钢铁集团有限责任公司、湖南建工集团有限公司2家企业上榜，湖南华菱钢铁集团有限责任公司位列第153位，湖南建工集团有限公司位列第212位。湖南华菱钢铁集团有限责任公司营业收入为1208.85亿元。湖南华菱钢铁集团有限责任公司（简称“华菱集团”）是1997年年底，由湖南三大钢铁企业——湘钢、涟钢、衡钢联合组建的大型企业集团。集团具备2200万吨钢生产能力，是中国十大钢铁企业之一。湖南建工集团有限公司营业收入为909.78亿元。湖南建工集团成立于1952年7月，是一家具有勘察设计、工程投资、施工运营、建筑科学研究、高等职业教育、建筑安装、路桥施工、水利水电施

图96　2019年5月8日，天心区委书记朱东铁（前左二）调研医药健康产业发展工作　（区工业和信息化局供图）

工、新能源建设、工程设备制造、房地产开发、对外工程承包、劳务合作、进出口贸易、城市综合运营等综合实力的大型千亿级国有企业集团。（阳利平）

【2019年“创客中国”创新创业大赛天心赛区赛前辅导】2019年5月28日，2019年“创客中国”创新创业大赛天心赛区赛前辅导在现代凯莱大酒店举行，海选入围的15个项目参与培训。大赛以“围绕产业链，打造创新链”为主题，以“创新—创业—就业”为主线，赛程分为县市区初赛、市州复赛、全省决赛三个阶段。大赛组委会特邀创新创业导师、路演辅导咨询师以“商业路演呈现企业项目价值”为主题分享路演的含义、目的和价值，主讲导师从路演BP的制作要领，到上台演讲的各种注意事项，再到如何与融资机构合作洽谈等方面进行讲解。讲解后进行问答互动。各项目按海选排名逐一进行项目预演，3位专业导师分别记录项目路演PPT存在的问题，分三组对项目路演PPT进行“一对一”辅导。（阳利平）

【国有企业退休人员社会化管理工作业务培训会】2019年12月20日，天心区工业和信息化局召开国有企业退休人员社会化管理工作业务培训会，区工业和信息化局、区人社局、区财政局等部门，14个街道、30余家驻区中央和省属企业相关负责人参加培训会。培训会由长沙市档案局游泳、长沙市企业改制办彭亚辉专题授课，重点对政策解读、移交流程进行业务培训，从人员信息采集到档案、组织关系移交等具体工作流程进行讲解，明确移交企业、街道和社区在退休人员社会化管理移交工作中的职能职责。会议部署国有企业退休人员社会化管理移交有关工作，要求各企业、各单位以“交得稳、接得住、管得好”为目标，按照人员、档案、党组织关系、活动场地分类移交；各企业要做好本企业范围内的退休人员政策解释工作，对群众来信来访高度重视、及时处理，平稳推进国有企业退休人员社会化管理移交工作。（阳利平）

电网建设

【概况】2019年，天心区工业和信息化局对天心区范围内法定城乡规划成果，梳理出天心区2035年规划110千伏及以上变电站共计30座。其中，规划已控站址16座，规划新增14座。前期通过核查地籍、现状影像、国土及城乡规划等资料，提出14座规划新增110千伏及以上变电站的规划选址方案（每个站址2～3个方案），率先全市完成选址选线工作，第一个出具选址选线意见书。（阳利平）

【长沙城南（寺冲）220千伏输变电工程】长沙城南（寺冲）220千伏输变电工程，位于月塘路、西湖路、新韶山南路交会处，是长沙市委、市政府安排的“长沙电网供电能力提升三年行动计划”及“630攻坚”活动重要项目，由国网长沙供电公司投资建设，总投资约1.85亿元。天心区委、区政府成立天心区电力建设和保护工作领导小组，成立电力建设指挥部，从组织、制度、机制、资金等方面全力保障，把城南220千伏输变电工程项目整体打包，委托给暮云经开区和暮云街道。2019年6月14日，天心区委书记朱东铁和区委副书记、区长黄滔，在国网湖南省电力公司副总经理、长沙供电公司总经理董昱等人的陪同下，察看城南220千伏输变

图97　2019年5月28日，天心区举办2019年“创客中国”创新创业大赛天心赛区赛前辅导，6家企业最终晋级省市级赛事

（区工业和信息化局供图）

图 98　2019 年 6 月 14 日，天心区委书记朱东铁（右二），区委副书记、区长黄滔（左二）实地调研“630 攻坚”建设

（区工业和信息化局供图）

电站投产准备情况。该站设计为全户内站布置，生产综合楼布置于场地中央，主变压器、220 千伏配电装置、110 千伏配电装置、10 千伏配电装置均布置于生产综合楼内，生产综合楼周围布置环形消防通道及设备运输通道。座谈会上，黄滔强调要加强合作。6 月 19 日 0 点 36 分，220 千伏寺冲变电站 #2、#3 主变开始 24 小时试运行，这标志着 2019 年长沙城南地区第一个 220 千伏电网建设工程顺利投运，该工程是长沙市 2019 年“630 攻坚”投产的第二座 220 千伏智能变电站。缓解了暮云乃至省政府周边等长沙南部片区居民的用电紧张状况，结束了长沙市城南片区无 220 千伏变电站的历史。（阳利平）

【城南配套 110 千伏线路工程启动会】2019 年 2 月 13 日，天心区城南配套 110 千伏线路工程启动会召开。天心经开区（新）、区经济和信息化局（区工业和信息化局前身）、区城管局、区市政局、区园林局、区交警大队、暮云街道、先锋街道、国网长沙供电公司、湖南省送变电工程有限公司、星电勘测设计监理有限公司、湖南电力工程咨询有限公司相关负责人参加。会上，国网长沙供电公司对城南配套 110 千伏线路工程的情况做介绍，与会单位相关负责人发言。区政府副区长张建强调，区经济和信息化局牵头组织各参会单位到现场查勘，明确塔基具体的位置，形成会议纪要；区交警大队落实塔基的施工联络人，做好交通疏导工作并且测算好相关费用，长沙供电公司制定有效的方案，按照程序报批；区经信局做好整个线路工程的费用分配，线路工程跨房、塔基占地及临时用地、施工青苗补偿赔偿等，其余费用缺口和工作经费由区政府兜底解决；严格按照时间节点加快施工，保障民生工程顺利实施；长沙供电公司应加强对施工单位的监管和督促，确保工程质量。城南（寺冲）220 千伏变电站 110 千伏送出工程位于长沙市天心区、雨花区，工程长约 17.89 千米，新建塔基 54 座，涉及天心区的塔基 49 座。线路经过天心暮云街道、先锋街道、雨花区同升湖街道。

（阳利平）

【电网建设推进协议签约仪式】2019 年 3 月 11 日，天心区举行电网建设推进协议签约仪式。区委副书记、区长黄滔，区委常委、常务副区长周志军，区人大常委会副主任张少林，区政府副区长张建和国网长沙供电公司党委书记孟军、国网供电公司副总经理姚震宇出席签约仪式，区政府相关部门主要负责人和国网长沙供电公司相关部门主要负责人共同见证签约仪式。黄滔强调，全力推进“630 攻坚”建设，做好经费、土地、环境等要素保障工作；全力推进湖南省电力中心建设，做大做强天心区电力产业链。根据电网建设推进协议，天心区与国网长沙供电公司将在电力设施布局规划（含选址选线）、电网项目手续办理、变电站预征预拆、配套路由建设、线路塔基交桩、施工环境维护等方面开展长期合作。

（阳利平）

网络和信息化

【概况】中共长沙市天心区委网络安全和信息化委员会办公室（简称“区委网信办”）于 2019

年3月正式成立，加挂长沙市天心区互联网信息办公室牌子。（陈正明）

【区委网信委第一次会议】2019年6月26日，中共长沙市天心区委网络安全和信息化委员会第一次会议召开，传达中央、省委、市委网信委会议主要精神，汇报全区网络安全和信息化工作情况，研究部署2019年天心区网络安全和信息化委员会下阶段工作。全区网信委成员单位主要负责人参会。（陈正明）

【网上主题宣传】2019年，天心区委网信办坚持做好习近平新时代中国特色社会主义思想网上传播，做好中华人民共和国成立70周年等重大主题宣传，做好全区重点工作网上宣传。全年在各级主流网络媒体以及各大商业网络平台推出正面报道1.4万余条，重点宣传专题34个。其中，中央网络媒体重点报道50余条，省、市网络媒体重点报道1000余条，“学习强国”报道130余条。重点策划《庆祝中华人民共和国成立70周年》《幸福天心》等专题系列报道，推出《解密长沙天心区夜经济办公室怎样运转》《守护解放西》等一批“现象级”优秀作品。推进天心区新媒体传播体系建设，制定《天心区政务新媒体管理办法》，联合新浪湖南全新打造微博账号“天心发布”，开设“天心发布”抖音号、头条号、一点资讯号、澎湃号等，初步形成文、图、音、视交相辉映的新媒体传播矩阵。（李　林）

【政务类网络平台清理】2019年5月，天心区下发《天心区关于开展政务类网络平台清理规范工作的通知》，组织开展全区政务类网络平台自查自纠。摸底政务类网络平台135个，第一批已关停区属政务类网络平台54家。（李　林）

【网络综合治理】2019年，天心区组织开展“清朗”“网络直播”等12个专项整治行动，查处房地产类、教育类、问卷调查类等自媒体及网络平台25家，暂停更新3家，关停违规网站及自媒体账号8家；建立协同工作机制，提升执法队伍业务素质。（杨晓萱）

【网络安全防护】2019年，天心区落实《网络安全工作责任制》要求，组织开展多项网络安全检查和网络安全宣传周活动，定期对天心区公众信息网等政务网站进行网络安全检查，督促相关单位整改修补安全漏洞；联合区公安分局在全区范围内组织开展网络安全大检查活动，督促97家企业开展互联网安全保护等级备案工作，签订安全责任书237份。开展以“网络安全为人民，网络安全靠人民”为主题的网络安全宣传周活动，报送的《网络安全要牢记，长沙弹词来告知》视频宣传片、《小利当甜头落入大圈套》微电影分获获市办公益作品征集评选活动二等奖、三等奖。（杨晓萱）

【网络平台优化】2019年，天心区工业和信息化局（天心区数据资源局）编制数据中心资产清单，完善机房管理制度，对设备进行日常检查和维护，共进行线路调整和故障处理8次；年度新增链路13条，线路运维189次，网络运维167次，设备终端运维1979次，电子政务网络接入单位223个；聘请华中安全测评中心对天心区电子政务外网开展安全测评、风险监测预警、渗透测试、漏洞扫描等，对数据中心重要信息系统所有网络设备进行实时监测；开展网络安全自查整改；对视频会议系统进行升级改造，全年完成国家、省、市各级视频会议保障40余次。（阳利平）

【门户网站管理】2019年，天心区工业和信息化局（天心区数据资源局）加强网站信息巡检，对网站每天信息增量进行人工逐条校错，全年累计修改错别字56301个，错误链接659条；全年向长沙市政府门户网站编辑发布信息1968条，区政府门户网站发布信息12995条；每月根据对区属各部门信息公开栏目的日常监测情况进行统计、汇总、评分，形成网站日常监测结果通报，提升网站信息公开质量。（阳利平）

【5G网络建设】2019年，天心区工业和信息化局拟制《天心区5G网络基础建设全域覆盖方案》，多次组织三大运营商和铁塔公司召开5G网络基础设施研讨会议。2月26日，区政府副区长张建组织召开人工智能应用场景建设及5G应用工作商讨会，就5G网络建设及应用、人工智能商圈建设及案例分析，经过商讨和交流，基本形成天心区人工智能商圈建设的轮廓和思路。2月，在黄兴路步行街布点，开通湖南首个城区热点区域5G站点（移动公司布点5个，联通公司布点2个）。3月14日，天心区联合中国移动、中国联通两大通信运营商在黄兴广场签署《共同推进天心区信息基

础设施建设战略合作协议》，举行5G及人工智能应用场景示范街区——黄兴南路步行街启动发布仪式，长沙市智慧城市建设开启新时代。区委副书记、区长黄滔在活动现场表示，天心区探索推进5G建设和应用，重点培育和发展基于5G电子商务、高端制造、云计算、智慧城市等领域发展，推动车联网、工业自动化、传感器、人工智能等领域的应用示范。5月10日，举行湖南省首个5G基础网络全域覆盖区AI发布会，完成湖南省首个5G电话的拨打，区委书记朱东铁与区委副书记、区长黄滔分别在天心区北部的黄兴广场与南部的中海环宇城宣布天心区实现5G网络全域覆盖。7月28日，湖南省首个5G人工智能示范社区在天心区天鸿天府小区启动建设。黄滔表示，打造湖南省首个5G人工智能示范社区，推进人脸识别、智慧停车等应用是天心区全力推进5G智慧机关、5G人工智能社区、5G主题公园等十大应用场景的新举措，天心区将不断推动服务体系的创新和迭代，让居民切实感受5G带来的便利。11月14日，区工业和信息化局联合长沙移动天心分公司在木莲社区浪漫满屋网格广场开展“走进通信基站，畅享绿色生活”公益科普宣传活动。对群众关心的电磁知识问题，进行宣传和答疑解惑，提高对基站电磁波的正确认识，消除误区。截至12月底，全区完成5G站点建设658个，5G站点规模数量居全市第二，5G站址密度为4.66站/平方千米，居全市第一。

（阳利平）

图99　2019年7月28日，湖南省首个5G人工智能示范社区在长沙市天鸿·天府小区正式启动（区工业和信息化局供图）

【“互联网＋大数据”企业服务政策宣讲活动】 2019年9月26日，天心区工业和信息化局、天心经开区（新）共同举办的2019年天心区“互联网＋大数据”企业服务政策宣讲活动在天心经开区开讲，百余位辖区大数据、互联网相关企业负责人参加活动，会上就信息化相关政策、区科技创新政策和知识产权相关政策进行讲解。区科技局、区人社局、区司法局、区市场监管局、区税务局等部门在现场为企业提供法律援助、用工合同、涉企事项立等可取、减税降费、科技政策等方面的咨询服务，助力企业高质高效发展。

（阳利平）

商贸　服务业

商　贸

【概况】 2019年3月，天心区机构改革后，原长沙市天心区商务和旅游局更名为长沙市天心区商务局（简称“区商务局”），旅游职能划转至区文化旅游体育局，现代服务业相关职能划转现代服务发展中心。内设办公室、招商科、商贸科3个科室，设1个二级机构：投资服务中心。

2019年，区商务局围绕“北提南进、服务引领、民生造福”发展战略，建设“融城核心、璀璨天心”，坚持新发展理念，开展各项工作。　　（廖惠民）

【招商引资】 2019年，天心区招商引资工作以“长沙外滩、省府新区、暮云片区”三大板块建设为抓手，以“突出服务引领战略，重点发展六大产业，提升招商引资实效”为目标，牵头制定并发布《长沙市天心区“2019年产业项目建设年精准招商大行动”工作方案》，打造和开发“天心招商引资项目管理系统”“天心招商资源发布”微信小程序，推进招商工作。全年开展各类招商资源专场推介活动11次，其中举办各类招商节会5次，集中签约项目36个；聘任11名招商顾问；举办43人异地招商引资专题研修班；组建105人精准招商大行动队伍；对接各类企业520余家，到北京、上海、深圳等地开展小分队精准招商31次。引入五矿集团在湘总部大楼项目、浪潮集团（中部）总部基地、珠海依云综合体项目、长沙森活家商贸流通项目、中交一公局（长沙）建设投资项目等“三类”500强项目5个。长沙文和信餐饮文化管理有限公司、湖南兴湘投资控股集团有限公司、湖南安博人云科技有限公司、湖南智盛药业有限公司等500万元以上税收项目顺利落地。出让蔡家冲地块、汽车喇叭厂地块、黑石村1号地块、新建西路地块、七号地块南、长沙机电厂地块，总出让面积15.11公顷，成交总价为28.64亿元。完成楼宇招商面积约20.4万平方米。　　（李　艳）

【“万象新南湖”主题招商推介会】 2019年3月14日，“万象新南湖”主题招商推介会召开。会上，长沙市南湖新城建设开发有限责任公司推出汽车喇叭厂、C-05二期及24号地块等临江稀缺土地，涉及商业和住宅用地共计约18.67公顷，龙湖集团、金地置业、碧桂园集团、长房集团

图100　　2019年4月2日，天心区召开2019年产业项目建设年“精准招商大行动”暨重点楼宇“楼长制”工作动员推进会

（区商务局供图）

等50余家企业出席活动。招商推介会介绍南湖片区的文化底蕴、区位优势、配套设施、片区价值、发展格局。现场设立问答环节，对来访企业提出的各项有关投资、建设等方面的问题进行解答。出席招商推介会的企业，对落户南湖片区表示出合作意向。

（李 艳）

【产业项目建设年“精准招商大行动”】 2019年4月2日，天心区召开2019年产业项目建设年“精准招商大行动”暨重点楼宇“楼长制”工作动员推进会。区委书记朱东铁，区委副书记、区长黄滔，区领导周志军、贺国权、侯向宇、张建以及天心经开区（新）、文化（广告）产业园、区委办、区政府办、区委宣传部相关负责人，相关区直部门、平台公司、全区14个街道主要负责人参加会议。朱东铁强调，要抓实精准招商大行动和“楼长制”，以全民大动员打好招商大会战；要紧紧围绕现代服务业，以及六大重点产业、三个特色园区招大引强；要创新应用“小分队招商”“以商招商”等方法，推动企业回迁、项目回移、资金回流、技术回馈；既要重视招引的企业，也要重视本地企业的发展。朱东铁要求，要抓实形式主义、官僚主义整治；各级党员干部要真正务实去干，坚持问题导向，盯着难题不放；各单位要从自身抓起，依法依规。黄滔强调，各级各部门要围绕区内六大重点产业和大数据（地理信息）、人力资源特色产业，聚焦“四新经济”“五大新经济形态”“六大技术”“七大应用场景”，发挥园区、楼宇招商引资主阵地、主战场作用，抓产业项目、抓招商引资、抓营商环境。

（李 艳）

【程水泉调研五一商圈】 2019年4月11日，长沙市人大常委会主任程水泉调研五一商圈。长沙市人大常委会副主任赵建强、市政府副市长邱继兴参加调研。天心区委书记朱东铁，区委副书记朱远红等陪同调研。调研组到坡子街、黄兴路、苏宁易购、国金中心等地，了解五一商圈综合整治和提质情况。在听取相关单位意见和建议，并与企业代表进行座谈后，程水泉指出，全市各级相关部门要在业态规划、商业氛围、街区分工、交通组织等方面由市级层面牵头做好顶层设计；要将黄兴路、坡子街、解放路、太平街的路面、铺面、业态、商业氛围作为工作重点，加快提质速度；要加强对市、区、街道、市场主体统筹协调；要把商圈的改造与城市有机更新、历史街巷建设、历史步道建设有机统一，并加大招商引资力度。

（李 艳）

图101 2019年4月15日，天心区在深圳市召开招商推介会

（区商务局供图）

【天心区（深圳）招商推介会】 2019年4月15日，天心区（深圳）招商推介会暨重大项目签约仪式在深圳市举行，长沙市委常委、统战部部长谭小平，天心区委书记朱东铁，区领导周志军、贺国权、侯向宇、张建、罗超纲以及市、区相关单位负责人，商会协会和150余家大湾区重点企业负责人参加。在活动现场，天心经开区（新）等单位与启迪网安、北京金山云、深圳市勘察测绘院有限公司等大湾区重点企业签约重大项目16个，项目金额110亿元。“2019湖南—粤港澳大湾区投资贸易洽谈周”期间，朱东铁带队上门拜访中建国际投资（中国）有限公司、深圳市永联科技股份有限公司、浪尖设计集团有限公司、南深人力资源股份有限公司、卓越置业集团有限公司、中芬设计园、深圳市爱思拓信息存储技术有限公司等企业，实地考察华侨城创意文化园、碧桂园（深圳）机器人产业园等园区，学习先进城市园区建设发展经验，并邀请企业到天心区投资、共商合作。

（李 艳）

【“太和广场”项目招商会】2019年4月4日，天心区举办“太和广场”意向投资者招商推介会，区委常委、常务副区长周志军，区政府副区长张建以及区相关单位主要负责人参加会议，华融资产、保利地产、华远地产等28家意向投资者应邀出席。会上，区相关部门就太和广场项目工程建设、项目报建及外墙规划手续变更、税务等情况进行介绍，德恒（长沙）律师事务所、中院清算破产庭分别就项目资产管理情况、项目涉及的法律纠纷问题进行介绍说明，专家团队现场答疑，相关企业畅谈投资意向。2019年12月27日，天心区政协副主席彭泽南组织召开太和广场破产重整意向投资者招商会。长沙市中级人民法院破产庭、北京德恒（长沙）律师事务所、区委政法委、区住建局、区商务局、区税务局、区资规分局、青园街道，以及华融资产、东方资产、佳兴资产等10余家意向投资企业出席。会议介绍项目破产重整投资人招募方案，就参会意向投资企业提出的各方面问题进行现场答疑。

（李　艳）

【第五届天心汽车消费节】2019年4月27—28日，由天心区商务局、桂花坪街道办事处主办，方向感汽车6S街区管理办公室、汽车6S街区商会承办的第五届天心汽车消费节开启。消费节会场分别设在五一商圈的黄兴路步行街中心广场、南门口和长株潭商圈的雀园路汽车6S街区。在步行街活动现场，各品牌4S店带着各自热销品牌和优惠参与到活动中，吸引大量的市民前来赏车、咨询。在消费节期间，街区商会会员企业联合厂家倾力放价，拿出一系列具有吸引力的优惠政策，多个品牌推出购车享受免费终身保养、多款指定车型享受购置税全额补贴、特价车等众多惊喜；有长沙移动“和包支付”送福利，“和包”消费可享受长沙移动和汽车商家双重好礼。通过政府搭台，商会牵头，企业唱戏，消费者受益，打造商圈联动、南北呼应的格局来加大对街区企业、街区品牌的宣传力度，提升街区人气，为街区企业发展注入新的活力。

（李　艳）

【朱东铁会见黎晓林】2019年5月13日，天心区委书记朱东铁会见碧桂园集团副总裁、湖南公司总经理黎晓林一行。朱东铁表示，希望碧桂园集团能与天心区在片区开发、棚户区改造、城中村改造等方面加大合作力度，完善业态布局，加大投资兴业力度，打造集团地标性建筑；天心区将为碧桂园集团提供全方位服务和保障。黎晓林表示，碧桂园集团将与天心在片区开发、棚户区改造、城中村改造等方面探讨全方位、多形式的合作，力争在天心优质地块打造集团地标性建筑。

（李　艳）

【朱东铁带队到武汉、北京、济南三地开展招商活动】2019年5月22—24日，天心区委书记朱东铁带队到武汉、北京、济南三地开展招商活动，区领导贺国权、侯向宇，市重点工程项目办副主任肖集中参加。朱东铁一行走访启迪网安、金山云、五矿集团等7家企业，其中3家企业前期已与天心区签订重大项目。5月22日，朱东铁带队到启迪网安（武汉）实业有限公司，指出各级各部门要以“店小二”的精神，服务到区投资兴业的各类企业，明确时间节点，加快解决项目落地实施中的具体问题，全力助推长沙网络安全产业发展。5月23日，朱东铁走访北京金山云集团有限公司，与金山云高级副总裁宋晓伟等进行会谈，就加快建设天心—金山云科技园深入交流；走访中国五矿集团、国家地理空间信息中心、中铁投资集团有限公司，就五矿有色总部项目、国家级地理空间大数据产业基地项目和天心数谷项目建设进行商谈。5月24日，朱东铁带队走访万琦威数字建筑股份有限公司，听取企业董事长薛继成介绍公司“互联网+建筑”的产业特点及具有自主知识产权的BIM模型体系和标准优势，重点演示卓越智能模型系统的功用，邀请万琦威落户天心区；到济南市拜访浪潮集团，了解参观济南市智慧泉城运管中心和集团展厅，听取浪潮集团副总裁王方介绍公司发展方向和集中优势，表示全力支持浪潮集团在天心投资兴业。（李　艳）

【黄滔带队开展招商活动】2019年6月22—26日，天心区委副书记、区长黄滔带队到浙江德清、上海开展招商活动，天心经开区（新）、相关区直部门以及地理信息产业园、人力资源产业园招商部门负责人一同参加。在浙江，黄滔一行参观考察海康威视杭州总部最新产品、最新技术应用成果展示，表示希望借助海康威视的技术力量，在天心区打造集智慧交通、智慧消防、智慧公安、智慧停车等于一体的智慧街区，助推智慧城市建设，提升城市智能化管理水平；到德清地理小镇，听取德清莫干山高新区管委会负责人就德清地理信息产业规模、创新生态建设、地理小镇建设等有关情况进行介绍，表示天心区地理信息产业园将积极借鉴德清地理小镇的成功经验，继续以地理信息产业为核心，坚持“产、城、人、文”交融的理念，建设基础设施完善、商务配套一流、高端人才聚集的优质产业园区。在上海，黄滔一行重点拜访上海人力资源服务产业园和人力资源百强企业ADP（安德普瀚）、全球最大的企业管理和协同化方案供应商SAP（思爱普）、上海外服、诺姆四达、社宝科技等企业，了解企业的主营业务、发展模式，推介天心区历史文化资源富集，以及房价洼地、人才集聚优势，邀请各企业到天心发展；到SAP（思爱普）公司，重点考察SAP中国研究院独特的数据管理平台、客户中心平台、创新产品等创新生态圈的建设，表示天心经开区将重点发展大数据（地理信息）、人力资源等产业，努力激活发展新动能，希望加强与SAP研究院深度合作，通过借助SAP全球领先的物联网、大数据、云平台等技术服务，加大服务实体经济力度，帮助企业转型升级，助力天心产业加速发展。10月14—16日，黄滔带队到北京开展招商活动，拜访东方时尚驾校、旷视科技、新一代人工智能联盟、四维图新等大数据及人工智能相关企业。黄滔一行在东方时尚驾校，询问学校的发展历程，了解最新的VR系统和自动驾驶系统，希望公司通过完善项目统筹、增加人工智能产业布局来进一步加强双方合作；在旷视科技，重点了解企业融资模式、战略布局和在天心投资计划，希望能借助企业的人才优势，与企业一起探索新的合作模式；在新一代人工智能联盟，介绍天心区经济和产业发展情况，希望依托联盟力量，配合上级部门，积极对接相关政策，达到“搭天线，接地气”的效果；在四维图新，听取企业关于自动驾驶、导航、车联网等核心技术产品的介绍，实地感受智能驾驶优势和特点，咨询高精度地图制作的有关技术知识，表示邀请企业入驻天心区，将为企业提供优质服务和资源。

（李　艳）

【参加2019年湖南与央企对接合作大会】 2019年6月27—28日，2019年湖南与央企对接合作大会在长沙市举行。56家中央企业和部分驻湘央企代表参加活动，天心区委书记朱东铁，区委副书记、区长黄滔带队参加。6月28日，天心区中交国际中心投资项目在长沙专场上签约，黄滔会见中交一公局集团公路勘察设计院有限公司党委书记、执行董事黄振燕，双方就项目投资合作等事宜进行对接洽谈，黄振燕表达与天心区加强合作的愿景与期待。

（李　艳）

【重点招商资源推介会】 2019年7月30日，天心区2019年重点招商资源推介会暨“筑梦天心•商汇天心”异地商会企业家天心行活动在长沙天心文化（广告）产业园举办。长沙市委常委、统战部部长谭小平，湖南省工商联副主席、长沙市政协副主席、市工商联主席彭继球，天心区委书记朱东铁，区委副书记、区长黄滔等市、区领导出席活动，120余家重点企业代表，40余名异地商会企业家及区直部门，省、市多家主流媒体等各界人士共280余人见证活动。会上，区政府副区长张建重点推介天心区19宗优质地块；天心区招商引资管理系统正式启用“招商引资项目管理系统”及“天心招商资源发布”微信小程序，在利用信息化手段统筹全区

图102　2019年7月30日，天心区2019年重点招商资源推介会暨“筑梦天心•商汇天心”异地商会企业家天心行活动在长沙天心文化（广告）产业园举办　（区商务局供图）

招商资源的同时，为企业提供更为便利的投资服务。

（李　艳　游桃红）

【浙江大学招商引资专题研修班】2019年7月21—27日，天心区在浙江大学举办“现代服务业引领区域发展暨招商引资专题研修班”，学习借鉴全国先进城市招商引资管理经验，全区各园区、平台公司、街道、相关区直部门共44名招商干部及人员参加培训。研修班邀请浙江大学等高校知名教授及学者就经济形势、电子商务等现代服务业产业转型发展、招商引资项目管理知识、领导干部心态管理等内容进行集中授课及现场答疑解惑；通过组织学员实地参观杭州城市规划展览馆、外桐坞村美丽乡村、余杭区梦想创业创新小镇，让学员对杭州城市规划建设及产业发展有更直观、深入的了解，提升全区招商人员的思想理论、科学管理水平及招商引资综合素质。（李　艳）

【夏建平调研推进五一商圈高质量发展工作】2019年8月26日，长沙市委常委、常务副市长夏建平调研推进五一商圈高质量发展工作。天心区委副书记朱远红陪同调研。夏建平一行到王府井商城、黄兴南路步行街等地，了解五一商圈综合整治和发展提质情况。夏建平强调，要坚持以人为本，加强建设管理，推动发展提质，努力将五一商圈打造成为全国一流的精品商圈、省会城市的鲜明标识、城市管理的样板区域、夜间经济的核心板块。

（李　艳）

【夜间经济】2019年8月28日，天心区召开发展夜间经济工作座谈会，文和友、茶颜悦色、火宫殿、王府井等知名企业参会，为打造“不夜天心”献计献策，推出夜间经济10条举措；9月7日，成立天心区夜间经济服务中心，为湖南省首家夜间经济服务中心。中心通过设立“夜间管家”，区领导带队、部门轮班驻点、多方协调联动，整合公安、城管、市场监管、应急、街道等相关单位的职能，发挥一线指挥、调度、处置的作用，及时解决夜间经济消费遇到的相关问题，全力服务好广大消费者和商家，致力打造最安全、最方便、最温暖、最时尚的“不夜天心”。夜间经济服务中心自运营以来，共接待国家、省、市各级媒体近30批次，新华社客户端、中央电视台新闻频道《朝闻天下》、中央电视台经济频道《经济半小时》、湖南卫视、湖南经视、《长沙晚报》、新浪新闻、红网、腾讯网等主流媒体及自媒体、新媒体多方面报道夜间经济服务中心的建立、运行情况。10月30日，由中华全国总工会主办的《工人日报》头版头条以《夜访长沙守夜人，从默默无闻到被需要》为题，对夜间经济服务中心进行专题报道。

（贺雪辉）

【合作洽谈】2019年10月18日，天心区政府与浪尖集团就工业设计平台打造开展合作洽谈。天心区委副书记、区长黄滔与浪尖集团董事长罗成、中国传媒大学广告学院艺术设计系主任肖虎一行座谈。黄滔表示，希望能够依托浪尖设计强大的产业平台，结合天心区现有资源和政策优势，加

图103　2019年8月28日，天心区召开发展夜间经济工作座谈会，推出夜间经济10条举措

（区商务局供图）

强特色产业合作，特别是在工业设计、文化创意、动漫衍生产品等方面开展更深入的合作，打造一个以工业设计为核心，发展文化创意产业，推动天心产业结构优化调整的“政产学研”产业化平台。罗成表示，浪尖集团后期将通过积极发挥自身文创产业优势，借助工业设计平台，积极参与搭配智慧天心建设。10月12日，天心区政府与阿里巴巴盒马鲜生在长沙天心文化（广告）产业园开展合作洽谈。黄滔会见阿里巴巴副总裁，盒马鲜生创始人、总裁侯毅一行，双方就下一步合作进行交流。区领导张建以及园区、区直相关部门负责人参加座谈。黄滔表示，希望双方进一步加强合作，共同推进天心新零售行业的发展步伐，希望借助盒马鲜生的高标准线下体验模式，助推天心区新型农业产业发展。侯毅表示，阿里巴巴盒马鲜生将发挥自身产业链优势，借助大数据平台的融合发展，找准机会积极参与搭配智慧天心建设和新型农业产业发展。（李 艳）

现代服务业

【概况】 长沙市天心区现代服务业发展中心（简称“区现服中心”）于2019年3月1日成立，对外加挂区楼宇经济服务中心牌子，内设办公室、产业发展部、楼宇经济部3个部室。3月18日，天心区“楼长制”管理试点工作领导小组成立，领导小组办公室设区楼宇经济服务中心。3月22日，区现服中心正式挂牌。主要职能为协助各产业牵头部门引进和培育现代服务业企业，配合开展全区的现代服务业及楼宇的招商推介，协调、服务全区楼宇经济、服务业重大项目和企业。

2019年，区现服中心坚持“服务引领”的发展战略，以“楼长制”工作为抓手积极搭建政企沟通平台，深挖现代服务业发展潜力，加快推进辖区楼宇经济高质量发展，新增亿元楼宇2栋（华菱写字楼、湖南省送变电大楼），为全区经济发展注入新动能。

（黄 巍）

【打造现代服务业示范集聚区】 2019年，天心区推动商贸物流、现代金融、文化创意、大数据（地理信息）等六大重点产业发展，出台“生产性服务业发展28条”，致力打造中部一流现代生产性服务业创新集聚区。全年实现服务业占三次产业结构比78.5%，其中金融业和商贸物流业税收占比分别为32%和28%。全区有各类金融机构382家，实现税收40亿元，全年新引进中信保诚人寿保险有限公司湖南省分公司等金融服务机构总部及分支机构41家；大数据（地理信息）产业以湖南地理信息产业园为核心，聚集产业链相关企业132家，核心企业57家，园区实现产值21亿元；文化（广告）产业园有文化企业619家（亿元企业10家，上市挂牌企业6家），实现营收13.94亿，同比增长19.21%，实现税收6000万元，园区新引进新三板企业湖南山猫吉咪传媒股份有限公司等文化企业107家。全区服务业重点在库项目共有29个，其中市“三百工程”重点项目11个、重点楼宇17栋。推进集聚区培育工作，湖南人力资源服务产业园先后成功申报市级、省级服务业示范集聚区。截至年末，天心区有省级现代服务业示范集聚区2个、市级服务业示范集聚区1个。其中，湖南人力资源服务产业园获批国家级产业园区，成功引入中智、上海外服、肯耐珂萨、智联招聘等8家大中华地区人力资源服务品牌100强企业和机构，集聚株钻石人力、湘楚人力等本土知名龙头人力资源服务机构75家，产值突破25亿元。（汤 莲）

【楼宇招商】 2019年，天心区现服中心将打造亿元楼宇作为招商的攻坚任务，开展专业化、精准化招商，重点吸引行业龙头企业到楼宇考察，提高楼宇招大引强的能力。变“比资源、比政策”为“比环境、比服务”，通过良好的环境、贴心的服务吸引企业入驻。在“智慧营商”平台单独设立楼宇招商模块，加强信息沟通和资源整合，区直部门、街道、楼宇形成合力，采用灵活多样的方式联动招商。全年盘活闲置面积19.66万平方米，引进各类企业380余家，引进重点税源企业27家，酷哇机器人、山猫传媒、南方数码等一批区域性总部项目成功落地。

（兰 菲）

【重点楼宇培育】 2019年，天心区57栋税收重点楼宇共实现税收69.49亿元，同比增长11.85%，占全区税收比重为58.76%，较2018年同期增长5.33%。全年新增亿元楼宇2栋，亿元楼宇总数达18栋，5000万税收楼宇达30栋。税收亿元企业主要集中在金融、电力、房地产等行业。外滩片区重点打造华远华中心、环球中心、保利国际等一批标志性现代金融楼宇；省政府片区重点发展以鑫远•鑫悦汇为代表的现代服务业商务楼宇，其年产值突破25亿元；南部片区重点打造以天心数谷、地信大厦为主的数字经济产业，创新发展“智慧楼宇”，引导星浩医药物流园、爱尔眼科大厦、天城商业广场实施错位发展，作为特色楼宇重点培育。（李　伟）

【推进“楼长制”工作】 2019年，天心区探索实行重点楼宇“楼长制”管理试点工作。成立天心区“楼长制”管理试点工作领导小组，出台《长沙市天心区重点楼宇“楼长制”管理试点工作实施方案》《长沙市天心区“楼长制”管理试点工作实施要点》，以街道为主体，建立楼宇服务站。将党建工作与服务楼宇经济发展有机融合，选取华远国际中心、嘉盛国际广场、鑫远•鑫悦汇作为先期试点楼宇，探索“党务、街道、楼宇”三位一体服务模式，建立楼宇党群服务中心和楼宇服务站。区领导作为“名誉楼长”对楼宇业主提出的困难和问题进行现场解决或交办，区楼宇经济服务中心和街道楼宇服务专干为楼宇企业提供上门服务，初步形成诉求收集、问题解决、以商招商、信息反馈四大服务机制。（李　伟）

图104　2019年，天心区新增亿元楼宇2栋，总数达18栋

（区现服中心供图）

【亿元楼宇】 2019年，天心区新增亿元楼宇2栋（华菱写字楼、湖南省送变电大楼），亿元楼宇数量增至18栋，占长沙市总数四成，居9个区（县、市）第一。天心区积极培育壮大楼宇经济，培育核心竞争力，以政策支持和精细服务为杠杆，率先全省出台“天心营商环境30条”，出台区域信贷“白名单”制度、小微企业贷款贴息补助政策、“瞪羚企业培养计划”，政务服务事项全程网办提速，为楼宇拓空间、找潜力，为企业简流程、解难题，通过这一系列对业态、业主和入驻企业三大楼宇经济要素的政策引导、政务服务，吸引产业集聚。《湖南日报》、红网、《长沙晚报》等媒体平台对天心区楼宇经济相关情况进行专题报道。（李　伟）

财政　税务　金融

财政

【概况】 长沙市天心区财政局主要负责本区财政收支预算及执行、财税政策制定、国有资产管理、财政检查监督、财政投资评审和承担政府债务核查、监督等工作。下设8个职能科室：办公室（政策研究室）、预算国库科、行财科、街道财政管理科（行政审批和政务服务科）、经建科、国资管理科、财政监督检查科（预算绩效管理科）、金融与债务科；4个直属二级机构：区国库集中支付中心、区财政事务中心、区财政评审中心、区财源建设办公室。截至年末，在职工作人员76名。

2019年，天心区完成一般公共预算收入142.33亿元；完成区级一般公共预算收入46.19亿元。2019年，区财政局预算管理获评全省一等，预决算公开排名全省各区县第一，预算绩效管理工作连续6年获全省一等。

（付　余）

【财政收入】2019年，天心区完成一般公共预算收入142.33亿元，增长3.2%，税收占比88.42%；完成区级一般公共预算收入46.19亿元，增长11.76%，税收占比64.31%。落实减税降费政策，为天心区实体经济特别是小微企业的发展带来“及时雨”，为企业研发和技术改造提供资金和动力。出台《长沙市天心区瞪羚企业培养计划实施细则》，首次组织企业公开申报；出台支持科技创新、知识产权保护、小微企业融资等一揽子扶持政策，发挥财政资金引导带动作用，撬动社会资本支持实体经济。依托财源平台大数据管理，精准掌握企业发展流转情况，走访服务企业122家，办结企业服务交办件42个，通过涉企问题对接会、财政评审小课堂等形式，解决项目建设、企业发展等方面的问题。坚持依法征收，从规范建筑行业税收征管、土地增值税清算、加强限售股减持和企业高管个人所得税征管等8个方面攻坚发力，确保应收尽收。

（阅家喜）

【财政保障】 2019年，天心区区级一般公共预算支出53.44亿元，增长3.3%，其中民生支出增长8.1%。树立过“紧日子”思想，压减一般性支出；盘活存量资金，加大结转结余资金的清理力度；争取上级支持，多渠道缓解财政收支压力。科学编制年度预算，强化预算执行约束，制定区本级预算执行内部审批流程和预算追加审批办法等。严把支付政策关口，强化财政可承受能力评估，凡是不具备实施条件，超出财政可承受的支出政策，一律不得实施。清理整合年初部门预算的同类项目，用好用足专项债券政策，统筹上级补助和自有财力，优先保障“三保”支出，坚决打赢防范化解重大风险、精准脱贫、污染防治“三大攻坚战”。深化预算绩效管理改革，构建全方位、全过程、全覆盖的预算绩效管理体系，建立绩效考核与预算安排挂钩的机制。　（张喜盛）

【财政监管】 2019年，天心区全面实施绩效管理，全区140家预算单位、162个专项实行全方位、全过程、全覆盖的绩效管理和绩效监控，实现预算与绩效管理一体化。深化财政“放管服”改革，准确把握放与管的平衡点，取消国库集中支付15类面审事项，街道支付实行网络申报，代理记账、惠农补贴纳入“互联网+政务”平台。出台《天心区政府投资项目财政评审管理办法》和《长沙市天心区政府采购限额标准实施细则》，提升财政效能。加强内部风险防控，开展财政资金安全检查，堵塞风险漏洞。迎接各级审计

检查及巡视巡察15次，开展执行中央八项规定、街道财政管理、非税票据稽查等专项检查24次。（莫惠岚）

【预算绩效管理】2019年，天心区财政局以实现预算与绩效管理一体化为目标，推动预算绩效管理向“四本预算”全面发展。建立“预算编制有目标，预算执行有监控，预算完成有评价，评价结果有应用”的闭环式预算绩效管理制度体系。健全全面预算绩效管理制度体系，优化工作流程，硬化责任约束，加强队伍建设。着力做“优”绩效目标，做“实”绩效监控，做“真”绩效自评，做“深”外部评价。推动预算绩效评价结果与预算安排相挂钩，增强预算绩效管理约束力，集中财力办大事，提高财政资金使用效益。区财政局预算管理工作再获湖南省优秀表彰，已连续6年获此奖项。（付　余）

【政府采购管理改革】2019年，天心区财政局从“深化改革、强化预算、优化流程、提升服务”四个方面入手，贯彻落实“放管服”改革和公平竞争审查制度，打造优质的营商环境。2月1日，天心区启动政府采购云服务平台，政府采购云服务平台通过图文等可视化方式将各款商品的信息充分展示，通过集采标识、数据累计、智能预警等手段，实现商品自动比价与价格管控，充分挤压价格“水分”；通过设置供应商信息栏、监督投诉栏、电子证书全程留痕等技术，确保采购商品售后质量，实现“数据多跑路、群众少跑腿”。建立政府采购实时价格指数库，每月进行采购数据实时更新。每月对政府采购成交数据进行分类汇总统计，及时与国资管理、财政评审中心等部门信息共享，强化采购预算管理。逐步建立和完善政府采购内控制度，建立健全制度和机制，完善规范措施和流程，形成依法合规、运转高效、风险可控、问责严格的政府采购内部控制制度。出台《关于加强政府采购管理有关事项的通知》和《关于进一步优化政府采购流程的通知》，规范政府采购行为，优化采购流程，实行政府采购合同履约验收程序，督促采购人按合同约定及时付款。围绕政府采购领域的规范性文件，对天心区采购领域相关规定和做法进行全面清理检查，确保不漏环节、不留死角、不走过场。自查工作落到实处。通过自查和清理，进一步优化政府采购营商环境，构建公平开放、优质高效的政府采购市场体系。（莫惠岚）

【“瞪羚企业”培养计划】2019年6月6日，天心区经过走访摸底、数据测算、征求意见、上会讨论4个阶段，在湖南省率先出台“瞪羚企业”培养计划。从要素保障、财政支持、人才引育、金融支持等方面，为“瞪羚企业”注入动力。8月，按照“公开申报、组织推荐、名单审定、对外公示”的工作流程，由园区、街道审核推荐，再由区财政局会同相关部门组成评审小组联审确定，正式启动“瞪羚企业”申报工作。12月，共有6家企业符合认定条件。

（莫惠岚）

税　务

【概况】国家税务总局长沙市天心区税务局（简称“区税务局”），下设11个内设机构、2个另设机构、10个派出机构、1个事业单位，担负着天心区范围内140平方千米14个街道办事处范围的税（费）征管工作。截至年末，在职工作人员361名。办公地址位于长沙市天心区刘家冲北路25号和湘府中路298号。

2019年，区税务局被国家税务总局长沙市税务局授予2019年度绩效管理先进单位，被天心区委、区政府评为2019年度综治考核优秀等次。（任先鸿）

【组织收入】2019年，天心区税务局完成税收收入134.43亿元，完成计划任务的100%，同比增长4.99亿元，增幅4%。其中，中央级税收收入60.37亿元，同比增长0.26亿元，增幅0.4%；地方级税收收入74.06亿元，同比增长4.73亿元，增幅7%。市、区两级税收收入59.27亿元，同比增长4.30亿元，增幅8%。其中，区级税收收入完成29.27亿元，完成计划任务的100%，同比增长3.11亿元，增幅12%。（周建军）

【减税降费】2019年，天心区税务局新增减税26.5亿元。其中，2019年新出台的减税政策减税18.92亿元，2018年减税政策在2019年的翘尾减税7.4亿元，其他减税0.18亿元。大型户外电子显示屏宣传、地铁专列宣传、“创响三湘”减税降费进园区活动、“减税降费我知道”税企联合知识抢答赛系列宣传活动获得肯定；精准帮扶、效应分析、督察督办工作跟进，减税降费工作开展成效在《长沙要情》中予以刊发，区委副书记、区长黄滔亲笔批示肯定；地铁专列宣传在全市系统“一局一品”宣传项目评比中排名第二；减税降费整体工作开展在省、市系统各项督查中排名靠前。（周建军）

【税制改革】2019年，天心区税务局严格执行增值税改革要求，加强增值税发票数据管理和应用，共入库73.54亿元，比2018年同期增长9.71亿元，增幅15%；高质量推进社保和非税收入征管职责划转工作，在全省首次成功实现城居两险虚拟户缴费，全年完成206户机关事业单位社保费征收，征收各项费金6.27亿元，完成城居养老保险、城居医疗保险征收任务；共征收新划转五项非税费金50.25亿元，占全省财政专员办划转非税收入总量的95%；落实落细个税改革政策，享受专扣政策纳税人59007人次，专项附加扣除减税金额5756.27万元。（孔伟成）

【税收征管】2019年，天心区税务局在日常税源管理过程中落实分级分类管理、加强户籍基础管理和外埠纳税人登记管理等工作的标准和处理原则进一步明确；数据清理常态化开展，金税三期税收管理系统（以下简称“金三”）并库期间录入数据位居全市系统第一；综合治税更加强化，涉税信息更加畅通，税源控管更加强化；推进欠税清理，清理欠税4000万元。（黄进）

【优化营商环境】2019年，天心区税务局紧扣政府“两个年”主题，在优化职能、精准帮扶、规范执法等工作上主动作为，推广网上办税、电子办税，落实178项“最多跑一次”清单内容，纳税人整体办税时间平均提速50%以上，平均等候时间缩短40%；进行各类培训近百场，培训人次8万余人次；开展服务提质行动，纳税人满意度位列全市城区局第二，第一税务所获评“长沙市群众满意青年文明号”。（刘军）

【依法治税】2019年，天心区税务局优化推进税收行政执法“三项制度”（行政执法公示制度、执法全过程记录制度、重大执法决定法制审核制度），责任分解全面到位，清单公示照章执行，执法标准严格统一，问题整改逐个到位，税收执法更加规范。强化风险防范举措，共完成各类风险纳税人3535户，完成纳税评估17户，“金三”风险管理系统补缴入库税款1.2亿元；健全完善税收普法责任制，“税法宣传进校园”、退伍军人税收优惠政策宣传等系列普法活动相继开展，全员普法考试参考率、报考率和通过率100%。（黄滔）

【2019年税务工作会议召开】2019年2月27日，天心区2019年税务工作会议暨全面从严治党工作会议召开。区委副书记、区长黄滔，区政府办主任李勇军，区税务局全体领导班子、全体税务干部共320余人参加会议。会议由区税务局党委副书记、副局长谭卫主持。会上，区税务局党委书记、局长雍小平作题为《聚力新时代开启新征程奋力谱写天心税务高质量发展新篇章》的工作报告。会议明确区税务局2019年“二一三五”的工作思路，即聚焦“降税费、优环境”两大主题，把牢“高质量、稳发展”这一组织收入基调，盯紧“三项目标”，全力抓好“五个统筹”，巩固国税地税征管体制改革成果。明确四个方面的工作：坚持服务大局，确保减税降费落实落地；坚持深耕细作，确保组织收入提质提效；坚持与时俱进，确保营商环境向好向优；坚持严管善待，

图105　2019年2月27日，天心区2019年税务工作会议召开
（罗钱　摄）

确保队伍建设激活提能。会议提出，2019年要全面落实上级全面从严治党工作会议精神，强化党的政治建设，压紧压实“两个责任”，巩固扩大全面从严治党向基层延伸成果，深化党风廉政建设和反腐败工作。区税务局党委委员、副局长吕健对2018年绩效管理工作进行讲评，对数字人事开展工作动员。区税务局党委委员、纪检组长廖小玲作全面从严治党工作报告，就深入推进区税务局全面从严治党和党风廉政建设工作提出要求。区税务局党委委员、副局长邓军宣读优秀单位和优秀个人的表彰决定。会上对获得区税务局2018年绩效管理先进单位的部门进行颁奖，各分局（所）、局内各单位主要负责人递交《2019年度全面从严治党主体责任书》和《社会综合治理工作责任书》。黄滔指出，区税务部门要确保组织收入高质高效、税务职能充分发挥、队伍建设稳妥有序，继续攻坚克难、开拓创新。

（任先鸿）

【社保费划转和新个人所得税政策培训】 2019年1月11日，天心区社保费划转和新个人所得税政策培训举行。区直各单位，各街道、园区和双重管理单位，各社区村共300余人参加。区税务局副局长李维波结合税收征管体制改革阶段性重点工作，向广大纳税人和扣缴义务人发出号召。区财政局总会计师蒋惠英对个人所得税改革和社保费征管职责划转的有关工作进行布置和动员。区人社局副局长何上元代表人社局表示，将全力支持改革、配合改革，按时完成各项改革任务。现场，针对与纳税人息息相关的个税新政热点问题，区税务局宣讲专家团培训内容涉及6项专项附加扣除政策、个人所得税税额计算、扣缴义务人如何进行预扣预缴和专项附加扣除信息采集表如何填写等，并解答疑难问题。

（任先鸿）

【减税降费工作会议】 2019年3月4日，天心区税务局召开减税降费工作“找问题、补短板、出思路”推进会。区税务局相关负责人，区税务局减税降费各工作组组长、各税务分局（所）主要负责人及相关成员参加会议。区税务局减税降费工作领导小组通报近期减税降费工作开展情况和相关成效数据，对区税务局减税降费工作的工作流程、经验做法、存在的问题和不足进行全面的梳理。各与会成员结合近期专项工作开展情况，就宣传扩面、培训提质、职责厘清、业务考试等具体事项进行探讨。会议对下一阶段工作进行铺排，强调要坚持“突出重点、部门联动、量化考核”的原则，在宣传培训、工作落实、效应分析、督查督导四个层面细化方案，全面发力，迅速补齐短板，形成工作实效。区税务局党委书记、局长雍小平强调，要提振精神，补齐短板；靠前指挥，强化合力；举措有力，彰显实效。

（任先鸿）

【减税降费宣传活动】 2019年3月18日，天心区“优化营商环境暨减税降费政策宣讲”系列活动在芙蓉南路沿线举行。活动向市民发放4800余份《减税降费新政答疑宣传手册》《天心区税务局致纳税人的一封信》。针对纳税人疑问，“天心区税务局志愿服务队”现场解答咨询200余人次。税务干部、街道办及社区工作人员组成10个宣传小组，在天虹商业广场通过搭设宣传站台、设立咨询台、张贴政策公告、逐户发放资料等方式，开展减税降费政策宣传。区税务局通过办税服务厅LED电子屏、税企微信群、网站、实地走访、户外派发宣传手册、户外大型电子显示屏等多种渠道宣传，做到点对点精准“滴灌”和100%覆盖，帮助纳税人和缴费人准确理解和充分享受税收优惠。

图106　2019年7月31日，天心区税务局在长沙鑫远白天鹅酒店三楼举行“减税降费我知道”税企联合知识抢答赛　（罗钱　摄）

4月23日，天心区“创响三湘减税降费进园区”宣传周活动在湘煤大厦一楼会议室启动。园区300余名企业法人代表受邀参加活动。长沙市税务局党委委员、副局长钟奇伟等对活动开展进行方案审定和现场指导。天心区委常委、天心经济开发区（新）筹委会主任贺国权致辞。区税务局党委书记、局长雍小平邀请广大纳税人与税务部门一起共话减税降费、共议创新创业、共谋发展大计。在观看政策宣传视频和天心区优化营商环境宣传片后，来自天心区税务局税政科的业务骨干杜昀为到场纳税人分税种讲解当前减税降费新政。活动专门设置现场知识抢答环节和现场答疑环节。活动设置课后政策咨询沙龙，在会场外分门别类设立答疑咨询服务台，“一对一”“面对面”为企业答疑解惑，高质高效解决各类政策疑问。活动从4月22日持续至4月26日，区税务局围绕“落实减税降费、促进经济高质量发展”主题，结合园区经济特色，通过在各办税大厅设置“减税降费政策咨询岗”、各属地税务分局成立税收咨询服务队等形式，借力邮政快递，推行专家上门，为纳税人提供更加精准、精心的送政策服务，扩大税收宣传影响力、覆盖面，满足企业与纳税人多层次的需求。6月17日，区税务局暮云税务分局到长郡天心实验学校，进行“减税降费进校园之赠书宣讲活动”。区税务局暮云税务分局干部高璇讲授税法和减税降费知识，介绍《小税侠带你看减税降费》青少年税收普法教育读本，引导学生从小树立税收意识，希望大家都能成为“小税侠”，回去向父母朋友宣传减税降费政策。6月28日，长沙理工大学和长沙南梦宫物联科技有限公司联合举办的创新创业大赛颁奖典礼举行，区税务局的税务干部在活动现场设置“减税降费政策咨询专窗”，了解参赛选手专利发明及设计产品情况，聚焦大学生最感兴趣的科技创新、创业就业等税收领域，推广普及税收扶持创业就业政策，为广大的创新创业青年送上减税降费礼包，助力大学生“孵化”创业梦想。7月17日，区减税降费“区长税课”走进天心区政府常务会议室，税课由区委副书记、区长黄滔主讲，区政府领导，区直部门、各街道办事处主要负责人等70余人到会听课。“区长税课”上，区税务局党委书记、局长雍小平就税务部门落实减税降费工作开展的整体情况进行专题汇报，相关负责人和部门就该项工作深入推进提出意见和建议。黄滔提出要求，要统一思想认识，坚决落实政策；要拓展宣传影响，确保精准到位；要提升服务质效，推进落实成效。7月31日，由区税务局主办的“减税降费我知道”税企联合知识抢答赛在长沙鑫远白天鹅酒店三楼举行。经过海选、初赛，脱颖而出的6支由税务人员和纳税人代表组成的队伍参加。抢答赛围绕减税降费主题，包含个人必答题、团队必答题、抢答题和风险题等环节，最终黑石铺税务所代表队获得第一名。活动设置观众互动题。10月30日，天心区退役军人事务局召开2019年退役士兵安置就业培训暨招聘会，区税务局向与会人员介绍“减税降费”系列政策，结合退役军人的特点，有针对性地对退役军人税收优惠政策进行讲解，重点讲解小型微利企业普惠性政策，个人所得税专项附加扣除政策和残疾人税收优惠政策等内容。区税务局在招聘会现场设置政策咨询台，由业务骨干有针对性地对退役军人创业就业提供现场政策辅导，现场对参会退役士兵提出的相关问题进行答疑解惑，发放宣传资料300余份。

（任先鸿）

图107　2019年4月23日，天心区“创响三湘　减税降费进园区”宣传周活动在湘煤大厦一楼会议室启动　（区税务局供图）

【全国税收宣传月活动】 2019年4月4日，天心区税务局“减税降费•天心同行”便民办税春风专列暨第28个全国税收宣传月启动仪式在长沙地铁1号线省政府清风站站厅内举办。长沙市税务局党委委员、副局长钟奇伟，天心区政府副调研员于德海，市税务局办公室主任傅驰，市税务局办公室副主任王柏颐，区税务局党委书记、局长雍小平和到场纳税人代表一起共同点亮水晶球，启动“减税降费天心同行”地铁1号线宣传，拉开天心税务第28个全国税收宣传月活动序幕。区税务局党委委员、副局长黄静致开幕词，对天心区局减税降费系列宣传活动进行介绍；湖南林科达贸易有限公司的纳税人代表覃容畅谈减税降费政策给企业带来的获得感。区税务局借力长沙地铁1号线平台，打造“减税降费春风列车”，在5节车厢上设置30块主题看板，播放宣传视频，融入“国家税务总局”“湖南税务”“减税降费”二维码，乘客只需掏出手机“扫一扫”，就能听音频、看视频，了解减税降费新政内容。区税务局同步开展系列站台宣传，在省政府清风站30块梯台宣传牌、轨行区3块大型灯箱密集投放减税降费宣传标语及政策解读，构筑地铁宣传新视觉。启动仪式后，参会领导和纳税人一同踏入地铁1号线减税降费专列，对车内税务元素进行参观了解。来自天心税务的税收宣传员们在车厢内发放宣传手册，为乘客们宣传减税降费新政策。围绕第28个全国税收宣传月“落实减税降费，促进经济高质量发展”的主题，区税务局推出“减税降费我知道”税企联合知识抢答赛等系列主题宣传活动，搭建税企沟通桥梁。 （任先鸿）

【减税降费纳税人学堂培训】 2019年4月9—10日，天心区税务局开展四期企业所得汇算清缴暨减税降费纳税人学堂培训，4000余名财务人员参与培训。区税务局党委书记、局长雍小平强调减税降费的主要内容，推进减税降费的主要举措。培训内容包括企业所得税汇算清缴、一般纳税人减税降费新政以及企业所得税汇算清缴电子申报的具体操作讲解。 （任先鸿）

图108 2019年4月4日，天心区税务局“减税降费•天心同行”便民办税春风专列暨第28个全国税收宣传月启动仪式在长沙地铁1号线省政府清风站站厅内举行 （罗钱 摄）

【省税务局督查调研天心区】 2019年4月18日，湖南省税务局党委委员、副局长王建平一行到天心区税务局开展深化增值税改革座谈。长沙市税务局货物与劳务处副处长龙友信，天心区税务局党委书记、局长雍小平，长沙市税务系统部分县市区局纳服科、税政科相关人员，纳税人代表等参加座谈会。与会代表就《增值税减税申报指南》的编写和修订进行探讨，与会人员从不同的角度提出30余条意见和建议。雍小平介绍区税务局落实减税降费的主要特色和亮点工作，增值税改革在基层一线落实落地的具体做法，对《增值税减税申报指南》提出适当口语化、精简文字等更加方便纳税人操作的合理化建议。王建平提出要求，要加大宣传辅导力度，组织好申报辅导；要跟进政策落实，重点关注制造业企业等新政策涉及企业；要加强税收政策的执行，确保各类政策落地。5月23日，省税务局机关党委副书记、纪委书记端木阳一行到天心区税务局对减税降费工作开展专项督导，长沙市税务局党委委员、副局长钟奇伟，收入核算和税收经济分析处处长李姝陪同督导，区税务局党委副书记、副局长谭卫和区局减税降费领导小组相关人员参加督导座谈会。端木阳对天心区税务局落实减税降费工作开展及取得的实效予以肯定，对该次减税降费专项督导的重点内容和清单进行介绍，要求天心区税务局全面做好查漏补缺工作，把国家的减税降费政策落实到企业和纳税人。谭卫就天心区减税降费落实过程中的特色亮点工作、突出经验、当前存在的主要问题及下一步工作打算四个方面向督导组做专题汇报。督导组一行将通过深入基层税务分局（所），对企业进行实地走访了解减税降费开展情况，对省税务局下发的疑点数据、风险应对情况进行全面核查，全方位了解天心区税务局减税降费落实情况。10月10日，省税务局财行税处和长沙市税务局财行税处到天心区税务局召开土地增值税业务调研指导会议。省税务局财行税处处长莫曲波等组成的专家团队出席会议。区税务局土增税清算审理委员会全体成员，税政科、税源管理科等相关科室人员参加会议。区税务局土地增值税清算人员介绍典型案例，将案例中遇到的疑难问题、纳税人和项目清算人员的分歧所在等向专家团队提出并寻求解决方案。针对区税务局提出的7个案例，省税务局、市税务局领导逐一为清算人员讲解政策、回答困惑、解开疑点，最后对每个案例提出指导意见。（任先鸿）

【规范税务执法专题知识讲座】 2019年12月17日，天心区税务局开展规范税务执法专题知识讲座，区税务局行政执法岗位100余名干部参加培训。讲座邀请湖南律畅律师事务所律师邹新军授课，结合《中华人民共和国行政处罚法》《长沙市行政处罚案卷评查规则》《湖南省税务系统税务行政处罚自由裁量基准》《公务员法》等法律政策，对天心区税务局行政处罚案例进行法理评议。首选对案卷的执法主体、证据、适用型法律、履行程序方面进行合法性评议，再对案卷的笔录记载、缴款方式、案卷归档等方面是否规范按照评查标准进行规范性评议，对执法案卷中的执法瑕疵产生的执法风险进行评估评议。（任先鸿）

金 融

【概况】 长沙市天心区金融事务中心为正科级事业单位，主要服务天心区金融机构，促进区域经济发展。负责联系和协调引进各类金融机构，负责协调服务企业融资和上市工作，负责小额贷款公司和融资性担保公司监管。截至年末，在职在编干部7人，临聘人员3人。

2019年，天心区金融事务服务中心立足区域金融聚集优势，贯彻落实新发展理念，发挥金融服务实体职能，着力优化营商环境，完成全年各项目标任务，促进全区金融产业平稳健康发展。（彭林仁）

【金融产业招商】 2019年，天心区金融事务中心按照规划引领，以质心招商、诚心服务为宗旨，宣传天心区金融发展优势，鼓励金融机构到区建立分支机构。全年引进中信保诚人寿保险、太平洋财险、联益保险代理、瀚华融资担保等金融机构及配套服务机构50家。截至年底，全区有各类金融机构387家，以银行业等传统金融机构为主。全年金融业税收贡献额40亿元，占全区税收总额比重的32%。（彭林仁）

【金融产业服务】 2019年，天心区金融事务中心加强政、金、企对接走访，与金融机构、上市企业、小微企业开展高频对接，接待走访中国大地财产保险股份有限公司湖南分公司、中英人寿保险有限公司湖南分公司、南华生物、山猫吉咪、文和友等企业200余批次，及时掌握企业运营情况，协调解决困难和问题近100个。承办全省保险公众宣传活动，50余家保险公司参加。组织驻区金融机构座谈会、驻区证券公司座谈会、银行支持南部片区发展座谈会、小微企业服务政银企座谈会等10余场。在全市率先出台《天心区金融服务重点支持企业名单制度》（简称区域信贷“白名单”制度），53家企业进入首批“白名单”。推出《天心区小微企业贷款贴息实施办法（试行）》，促推小微企业信贷风险补偿基金落地，引导银行业金融机构为小微企业提供差异化政策支持和产品服务。持续专人“一对一”跟进30余家企业融资需求，和银行一同上门为50余家企业提供金融服务。全年驻区重点金融机构为区内小微企业贷款240亿余元。发挥财政资金的杠杆作用，实现财政与金融的良性互动，互利共赢。对接省、市专项发展补助资金，为中信保诚、湘财证券、金铠文化等12家企业争取省、市补助资金870万余元，解决部分企业在发展过程中遇到的资金瓶颈。全年为20家金融机构申报区域经济奖励1027.03万元。广泛宣传限售减持奖励政策，实现减持约1.44亿元，入税2441.4万元，已兑现国泰君安、联储证券等证券机构申报奖励163.81万元。（彭林仁）

【企业上市培育】 2019年，天心区成立企业上市工作领导小组，出台《天心区推动企业上市工作实施方案》《天心区上市后备企业资源库管理办法》等政策文件。组织召开上市工作会议。组织开展企业上市培训，对长沙农商行、湘财证券、创辉达、文和友等企业进行系列上市跟进指导服务。全年新增各级上市后备企业12家（省级6家）。抓好《长沙市天心区盘活存量资源推动区域经济高质量发展工作方案》的落实，做好上市企业资源优化工作。（彭林仁）

【金融风险防范】2019年，天心区金融事务中心严抓金融风险防范，加强行业监管，牵头组织开展金融领域扫黑除恶挂牌整治，开展防范和处置非法集资工作。做好辖区内融担、小贷公司年度检查、年度评级工作以及融担公司换证工作，对发现的问题，督促公司积极整改，提高两类公司的整体质量。坚持日常监管不松懈，组织两类公司召开座谈会，督促各公司合法合规经营。“金融安全教育进校园”活动走进湖南广播电视大学、“银发大课堂”教离退休干部如何防范金融风险。以区内重点商业楼宇为重点，分两个阶段对全区涉嫌非法集资等涉众型经济犯罪风险隐患开展排查，共排查企业1800余家，将排查出的涉嫌放贷、放贷中介、放贷服务等风险信息及时移送区扫黑办，对10家风险企业进行清理整治，提前化解8起非法集资隐患，合计清退资金858.6万元。2月18日，组织开展融资租赁行业风险排查活动，通过对辖区内融资租赁企业开展风险排查，进一步规范融资租赁公司经营行为，有效防范和化解风险。对在辖区发现的风险企业，以《风险提示函》的形式在全区范围予以提醒预警，在今日头条、搜狐、“天心金融”微信公众号等宣传媒介上发布相关预警信息300余条，帮助居民群众远离非法集资陷阱。针对防范非法集资严峻形势，与地理信息产业园深度对接，开发建设金融风险监测预警大数据平台，项目上线测试。（彭林仁）

【融资风险宣传活动】2019年，天心区金融事务中心牵头组织区直各相关单位、各街道、社区、辖区内金融机构开展融资风险宣传“六进”（进机关、进工厂、进学校、进家庭、进社区、进村庄）活动200余场次，受众5万余人次。1月10日，组织开展涉众型金融风险防范专题培训，区直有关部门、各街道经济、综治工作负责人，派出所、工商所、税务所（局）相关负责人及打非及招商专干100余人参加培训。3月18日开始，辖区内各金融机构配合支持加强金融领域扫黑除恶专项斗争宣传工作力度，通过电子显示屏在各银行网点滚动播放相关宣传标语、视频和海报，每天不少于10次。5月16日，全区集中开展防范打击非法集资宣传月活动，各街道集中深入推进宣教“六进”活动。5月，共悬挂宣传横幅、展出海报、摆放展板近1000幅，发放传单、宣传手册近2万份，播放防非处非公益广告近400次；联动辖区金融机构开展大型集中宣传活动55次，参与群众1.4万余人次；以校园金融知识讲座、老年大学宣讲、网络媒体、手机短信等方式普及相关知识，增强广大市民的风险意识和辨别能力。10月23日，区金融事务中心联合文源街道办事处在湖南广播电视大学远教楼报告厅为在校学生举办“校园金融安全”专题教育讲座。讲座由区金融事务中心主任于意主讲，文源街道办事处主任黄振国、副主任龚卓、街道公共服务一办全体工作人员、社区专干及300余名在校大学生参加讲座。现场发放宣传“预防套路贷”“抵制非法集资”等宣传资料600余份。引导学生增强金融安全意识，提高金融风险防范、识别能力，远离“校园贷”“套路带”等各类非法金融活动。11月1日，区金融事务中心“银发大课堂”开讲，就老年人如何增强金融安全意识，远离非法集资等非法金融活动，于意为天心区200多名离退休干部进行专题讲座。（彭林仁）

【黄滔与张永宏座谈】2019年1月16日，天心区委副书记、区长黄滔与华融湘江总行党委书记、董事长张永宏一行座谈，就深化金融合作进行深入交流。黄滔表示，希望华融湘江银行能充分发挥业务特色优势，加大对天心工作支持力度，特别是在重大项目建设、园区转型升级、中小微企业发展等方面开展更深入的合作；天心区将全力做好各项服务工作，为华融湘江银行在天心提供良好条件，努力实现地企互利共赢。张永宏表示，华融湘江银行将对天心区的特色产业、实体经济和基础设施建设等进行系统调研，为后期的项目融资、信贷投放、金融服务等工作打好基础；希望天心区与华融湘江银行多交流、多合作，共同创造更多的合作机会，助推地方经济社会发展。

（彭林仁）

【2019年金融机构座谈会】2019年1月30日，天心区组织召开2019年金融机构座谈会，天心区

委、区政府与国家开发银行湖南省分行、方正证券股份有限公司、中信保诚人寿保险股份有限公司湖南分公司等27家重点金融机构代表座谈。天心区委书记朱东铁，区委副书记、区长黄滔等参加。2018年，天心区金融业累计完成税收37亿元，占比达31%。中信保诚等世界500强企业相继入驻，全区汇集346家各类金融机构以及9家上市企业。黄滔介绍2018年天心区经济社会发展情况及2019年工作思路。国家开发银行湖南省分行、北京银行长沙分行等重点金融机构负责人介绍2018年取得的成绩，分析金融市场运行情况，就未来金融创新发展方向等建言献策。北京银行长沙分行相关负责人就防范和化解金融风险，推动高质量发展，特色金融服务实体经济转型升级等方面建言献策。朱东铁表示，天心将着重从健全企业发展配套、完善产业优惠政策、创优金融生态环境、防范化解重大金融风险等方面着手，向金融机构提供最优质的服务、最优厚的政策和最优良的环境，全力扶持金融产业发展。（彭林仁）

图109　2019年1月30日，天心区组织召开2019年金融机构座谈会（区金融办供图）

【上市挂牌（拟）企业座谈会】2019年8月1日，天心区上市挂牌（拟）企业座谈会召开。长沙市金融办党组成员、副主任段永松，天心区委书记朱东铁，区委副书记、区长黄滔，区领导周志军、侯向宇、张建，区内22家企业负责人及区属相关单位、街道主要负责人参加。会议由黄滔主持。天心区金融事务中心对《天心区推动企业上市工作实施方案》等相关文件进行解读。长沙农商银行董事长胡善良、湘财证券监事会主席李景生、爱尔眼科医院集团股份有限公司副总经理黄英伟等16位嘉宾先后发言，讲述各自对天心区全力为企业提供优质服务的感受，介绍各自企业的发展现状、前景，就相关需要具体诉求进行交流。部分上市企业负责人分享上市的成功经验。段永松对资本市场的相关概念进行普及，对长沙市企业上市工作方面的百舸争流计划、梯队培育计划、靶向培训等举措进行解读，对全市企业上市工作的安排进行说明，指出企业上市工作的努力方向。朱东铁强调，各相关单位要高标准落实好各项工作任务，努力营造鼓励上市、支持发展的良好环境，要进一步形成工作合力，强化政策引导，做到贴心服务，全力支持企业发展；各企业应做大做强自身实力，结合自身实际做好定位，在上市的过程中坚定信心，积极配合相关单位做好协调工作。黄滔指出，希望各企业充分利用上市平台，盘活资金、人才、信息、品牌、科技和市场等各方面的资源，实现资源互动，进一步做大做强。（彭林仁）

长沙农商银行湘江支行

【概况】截至2019年年底，长沙农商银行湘江支行各项存款余额59.5亿元，比年初净增10.74亿元，增幅为22%；各项贷款余额为48.45亿元，比年初净增4.33亿元，增幅为9.8%；法人贷款客户净增99户，个人贷款客户净增531户；当年到期贷款收回率99.3%，不良贷款率为0.8%。（钟翠婷）

【银行金融服务】2019年，长沙农商银行湘江支行主动服务天心区优质企业，做好基础客户群和小微客户的营销维护工作。发放符合“两增两控”小微企业贷款18.09亿元。通过农户联保、农户信用贷款等形式共发放农户和社区居民贷款2.67亿元，其中发放小额贷款1252户，贷款余额1.53亿元，户均12.2万元。主动服务社会公共事业，代发工资2.35万笔2.39亿元，代收学费8万余笔。所辖南托支行被天心区人力资源和社会保障局授予“长沙市天心区社会保障卡南部服务网点”，弥补天心区南部片区社保服务的短板。制定“党建共创•金融普惠”工作方案并扎实推进。年底完成辖区内5个街道、1个经济开发区和39个行政村（社区）的对接，并签订《合作协议书》，累计走访户数约2153户。（钟翠婷）

【区域网格化服务】2019年，长沙农商银行湘江支行参与天心区重大项目签约仪式，对接重点项目；举办“优化营商环境•践行普惠金融”政银企对接会，共同搭建政银企对接平台；参加黑石铺街道“优化营商环境•送金融服务进企业”会议、钢材商会建材分行年会、第四届大托小镇生态休闲美食节活动，组织辖区内300余名青少年志愿者参与“长沙蓝•文明一力•因你美丽　小手拉大手助力垃圾分类”活动；以“警惕金融诈骗”“远离非法集资”“反洗钱反假币”“防范电信诈骗”等为主题开展系列金融宣传活动。（钟翠婷）

【风险防控】2019年，长沙农商银行湘江支行注重员工思想教育，加强全员业务培训，前移风险端口，开展贷款业务、突击“三不留”、案件风险排查等多项案防排查或检查，加强安全保卫工作，实现全年无重大违规、无重大安全责任事故、无案件的目标。注重不良资产的清收，采取“一户一策”的方针加大清收力度，对诉讼案件及时与代理律师事务所、法院了解案件进程，对隐性不良贷款采取发送律师函等方式催收。（钟翠婷）

【银行网点建设】2019年，长沙农商银行湘江支行对网点进行提质改造。城南支行原址装修后开业、金圆支行搬迁新址开业；完成牛角塘支行选址、设计、装修工作。（钟翠婷）

长沙农商银行天心支行

【概况】截至2019年年底，长沙农商银行天心支行各项存款余额86.28亿元，比年初净增19.27亿元，增幅为28.76%。各项贷款余额为48.14亿元，比年初净增4400万元，增幅为0.92%。法人贷款客户净增89户，个人贷款客户净增127户。当年到期贷款收回率98.45%，不良贷款率为1.1%。（张　磊）

【银行金融服务】2019年，长沙农商银行天心支行服务天心地方经济社会发展，做好基础客户群和小微客户的维护拓展工作。开展“千人帮千企”活动，发放符合“两增两控”（“两增”是指单户授信总额1000万元以下的小微企业贷款同比增速不低于各项贷款同比增速，贷款户数不低于上年同期水平；“两控”是指合理控制小微企业贷款综合成本和贷款资产质量水平）小微企业贷款2.17亿元；代收天心区中小学春季学费7200余笔，金额约1亿元；代发天心区民政局低保费和特困供养费2800余笔；制定“党建共创•金融普惠”行动工作方案并扎实有序推进，年底全面完成辖区内7个街道、1个文化产业园和18个社区（行政村）的对接，并已和7个街道、1个经济开发区、18个社区（行政村）签订《合作协议书》，累计走访户数约2415户。（张　磊）

【区域网格化服务】2019年，长沙农商银行天心支行参与天心区经济建设，对接重点项目；联合市税务局举办“璀琛天心•美好同行‘银税互动’”专题讲座，与区工商联联合开展中小企业对接会，共同搭建政企银合作平台；积极对接区行政审批服务局，构建“一站式”服务，根据区税务局在天心区每个街道和行政村（社区）配备智能POS机的需求，在暮云、南托、先锋等街道下辖社区试点安装智能POS机30台；举办“优化营商环境、政务提速新时代”主题营销活动；联合桂花坪街道组织辖内17家企事业单位共同开展“党群区域共建篮球联赛”活动；以“警惕金融诈骗”“远离非法集资”“反洗钱反假币”“防范电信诈骗”等为主题开展系列金融宣传活动。（张　磊）

【风险防控】2019年，长沙农商银行天心支行注重员工思想教育，加强全员业务培训，实施“阳光信贷”工程，前移风险端口，开展贷款业务、案件风险排查等多项案防排查或检查，加强安全保卫工作，实现全年无重大违规、无重大安全责任事故、无案件的目标。注重不良资产的清收，采取“一户一策”的方针，加强不良贷款的询证，通过法院起诉和拍卖处置，加大不良贷款清收力度。（张　磊）

【银行网点建设】2019年，长沙农商银行天心支行对网点进行提质改造，完成政院支行选址、设计及装修工作。年底，天心支行14家营业网点，覆盖天心区6个街道。（张　磊）

教育　科学技术

教育

【概况】 2019年，天心教育围绕率先基本实现教育现代化目标，深化教育综合改革，全面发展素质教育，努力提升区域教育核心竞争力。天心区成功创建为湖南省首批教育信息化融合应用实验区、湖南省平安校园建设先进区、长沙市智慧教育示范培育区，义务教育均衡发展工作获省政府真抓实干表彰激励项目奖，天心区社区学院获评湖南省优秀社区学院。在2019年市教育局考核中，天心区获得一等奖。全年承办全国、省市级活动7次，在国家、省市级工作会议推介天心经验8次。《中国教育报》、《湖南教育快讯》、《湖南日报》、《湖南教育》、《长沙晚报》、红网等主流媒体报道推介天心教育200余篇次。

截至2019年年末，天心区直属学校55所，其中九年一贯制学校2所、中学6所（其中初中5所、高中1所）、小学47所。另有行业子校3所、民办学校3所（市管中学2所，区管小学1所）、市直中学3所，民办教育培训学校103所。区直属中小学在校学生56893人，其中高中1488人、初中10296人、小学45109人。共有幼儿园137所，其中局直属幼儿园28所、企事业单位幼儿园7所、民办幼儿园102所，入园幼儿25672人。有区属教师3705人，其中在职教师2065人、离退休教师1640人。在职工作人员22名。

（彭　昱）

【基础教育】 2019年，天心区中考合格率96.3%，超全市平均水平。推进行动德育，强化“一体两翼”行动德育和校级德育项目化管理，承办省、市少先队辅导员技能大赛和西藏山南市辅导员培训活动获好评。推进学业考试评价改革，出台《天心区基础教育质量综合评价考核总体方案》，开展微课题研究62个，区域整体推进混合式微课题研修工作在中央电教馆“信息技术支持下的区域研修”试点工作会上做经验交流，区域课题经验在全市教育科研课题工作会上推介。重视学生体艺创新分类指导，引导学生全面发展、个性发展，“体艺2+1项目”（通过学校组织的课内外体育教育和艺术教育活动，让每个学生在九年义务教育阶段能够掌握2项体育运动技能和1项艺术特长，为学生的全面发展奠定良好的基础）工作经验在《长沙晚报》予以推介。6所学校、幼儿园获评全国特色足球学校（幼儿园），4所学校获评全国青少年校园篮球特色学校，1所小学获评全国象棋特色学校、1所小学获评全国五子棋特色学校、1所小学获评全国青少年冰雪运动特色学校。5所学校运动员破市小学生田径运动会6项纪录。重视区域创造教育品牌深化、拓展和提升，创造教育特色持续巩固。全区学生在全国、省、市各类创造教育竞赛中成绩优异，获科技创新、机器人竞赛等各级各类奖项200余项。深化督学责任区特色，推进教育督导“四维督导”模式，加强中小学校挂牌督导信息化工作，获评全国2019年义务教育质量监测实施县级优秀组织单位。

（文　琼　彭　昱）

【学前教育】 2019年，天心区回收配套幼儿园6所，新增公办普惠园24所，学前教育公办普惠率86.9%，超过市级目标任务。

（文　琼　彭　昱）

【学校建设】 2019年，天心区总投资6.5亿元，推进19个学校建设项目。重点完成长郡外国语实验中学、雅礼外国语学校、长郡天心实验学校（初中部）、中建信和城幼儿园、新兴路幼儿园5个学校幼儿园新建、改扩建项目；完

图 110　2019 年 9 月 2 日，天心区委副书记、区长黄滔给长郡外国语实验中学的学生带来【开学第一课】　（区教育局供图）

成实验小学等 6 所学校教室改造，先锋小学、沙湖桥小学等 17 所学校维修改造，仰天湖金峰小学等 3 所学校功能提升，南大桥小学等 3 所学校运动场提质改造，南塘小学等 7 所学校功能室建设；同步推进新昌学校、石人学校、青园小学友谊校区、大托小学、长沙市一中城南中学筹建工作和“智慧学区”项目建设。全年新增优质学位 6000 个，公办园位 1200 个。

（文　琼　彭　昱）

【教师队伍建设】2019 年，天心区开展新青班主任岗位培训、学校管理业务集中培训、信息技术提升培训等。推进名师名校长工程，组织对 16 位校长一年期跟岗培训，组织 50 名学校管理干部参加浙江大学高级研修培训。30 名教师获评市级卓越教师，7 个名师工作室获评优秀名师工作室，6 位教师成为长沙市名师农村工作站驻站名师。通过免费师范生选拔、卓越教师引进、名优特教师选聘、教师公开招聘等方式引进专业人才 150 人。在全市率先对 230 名同工同酬类编外合同制教师的工资福利待遇参照本区全额拨款事业编制教师标准发放，并将择优考核的 30 名编外合同制教师薪酬提标为同工同酬，实施校聘教师薪酬待遇提标，保障教师队伍的数量和质量。提高编外合同制教师员额的核定标准，为全市率先之举。　（文　琼　彭　昱）

【长沙市一中城南中学项目启动】2019 年 1 月 24 日，湖南省长沙市一中城南中学签约暨项目启动仪式在天心区南托街道举行，标志着长沙南部片区建设教育率先实现实质性突破。湖南省教育厅党组书记、厅长、省委教育工委书记蒋昌忠，长沙市教育局党委书记、局长卢鸿鸣，天心区委书记朱东铁，长沙市一中党委书记、校长廖德泉等出席签约暨项目启动仪式。仪式上，卢鸿鸣代表长沙市教育局、廖德泉代表长沙市一中签约，蒋昌忠宣布项目启动。长沙市一中城南中学项目位于天心区南托街道规划东三线与南四线交汇处，占地面积约 10 公顷，计划投入 3 亿元，可建成拥有 72 个教学班（高中 42 个班、初中 30 个班）的市属完全中学，由长沙市一中选派优秀的教学和管理团队负责教育教学管理。　（彭　昱）

【2019 年度教育工作会议】2019 年 2 月 13 日，天心区 2019 年度教育工作会议在天心区实验小学召开。长沙市教育局党委委员、副局长缪雅琴，区领导谭文敏、黄会、黎小玲出席会议。区教育局全体班子成员及机关干部，区属各基层单位党政主要负责人及副职，全体专职督学和规范办学监督员 200 余人参加会议。会议由区教育局党委副书记刘美兰主持。区教育局党委书记、局长张伟做工作报告。会上，区政府副区长黄会对 2019 年天心教育发展提出要求：要提升认识，把准脉搏；要凝心聚力，着力内涵；要严管厚爱，造就人才；要持之以恒，确保安稳。缪雅琴强调，希望天心区能系统推进立德树人，不断完善教育体系，推进教育内涵发展，全面提升教育质量，纵深推进各项改革，全力推进智慧教育，加大对教师关注、支持力度。会议通报《天心区教育系统 2018 年绩效考核情况》《天心区教育系统 2018 年度学业质量评价考核结果》《天心区教育局关于表彰二〇一八年度考核评优人员》。　（彭　昱）

【卢鸿鸣调研天心区春季开学工作】2019 年 2 月 18 日，长沙市教育局党委书记、局长卢鸿鸣，党委委员、副局长缪雅琴等调研天心区开学工作。天心区政府副区长黄会、天心区教育局局长张伟陪同。卢鸿鸣一行先后实地查看雅礼天心中学、仰天湖金峰小学开学工作。重点询问走访学生课外减负、教学环境优化、教育质量提升、校园安防设施等社会焦点问题，并与10余名家长、教师就“为什么要减负”“如何减负”等话题进行交流。天心区为落实“减负30条”工作，开学组织55所中小学开展专题培训和学习。为培养学生综合素质、减轻小学生过重的课业负担，区教育局进行诸多努力与尝试，在加强学生身体素质方面，每周安排小学一二年级的学生5节体育课，五六年级每周至少3节体育课。同时，响应市教育局“体艺2+1”项目，天心区经过调研，将跳绳列入每个学生必修的体育项目。（彭 昱）

【台粤湘三地特殊儿童早期干预和融合教育分享会】 2019年2月23—24日，台粤湘三地特殊儿童早期干预和融合教育分享会在长沙书院小学举办，分享会由天心区教育局主办，天心区星学园承办。来自台湾、广东的特殊儿童教育医疗专家和来自湖南社会各界包含医疗、教育、残联、相关机构的领导和专家，特殊孩子家长代表参加会议。台湾教师蔡美芬分享《台湾发展迟缓儿童早期疗育发展概况》，早期疗育，透过包括医疗复健、特殊教育、家庭支持、社会福利等跨行业的整合介入，解决特殊儿童各个方面之发展落后或异常问题。来自长沙市各部门的专家、教师以及家长代表进行分享：教师舒敏提出特教师资缺乏的问题；区教育局基础教育科陈凯兵表示，将会聘请特教教师增加对普通学校特殊儿童的支援；长沙理工大学体育学院副院长潘红玲提出与天心区合作并提供技术指导，在体育课中运用体育活动促进特殊儿童的智力发育等；长沙民政职业技术学院医学院总支部书记孙锋、康复系博士王丹，表示可以让康复专业的在校大学生走进普通学校实践送教；星学园园长陈榕表示会尽心尽力做好早期康复训练和融合教育工作。蔡美芬表示，家长们要勇于面对，敢于走出来，学会抱团取暖。广州扬爱特殊孩子俱乐部理事长、家长组织联盟理事长戴榕分享自己作为22岁自闭症儿子家长的成长经历。广州的胡风介绍广州的融爱行个案支持计划，介绍自己的自闭症儿子在小学融合进班级的真实故事。（彭 昱）

图111　2019年2月13日，天心区2019年教育工作会议召开（区教育局供图）

【“爱眼·护眼”中小学生手抄报比赛】 2019年2月28日，天心区“爱眼·护眼”中小学生手抄报比赛评优表彰会在天心区雅礼天心中学举行。在区教育局的组织领导下，通过各学校初评推荐、区整体复评两次评选，全区共评选表彰65幅作品。其中，小学组一等奖6名、二等奖13名、三等奖33名；中学组一等奖3名、二等奖5名、三等奖5名；优秀指导教师共9名。活动于2018年10月启动，由区教育局、长沙爱尔眼科医院联合举办，全区60余所中小学，共5万余名学生参与，是天心区首次以“爱眼·护眼”为主题举办的全区联动健康教育创新活动。比赛作品内容丰富、形式多样、图文并茂，调动教师、家长和孩子们共同参与的积极性，让大家在绘画中掌握科学用眼常识，在日常学习和家庭生活中营造爱眼护眼的良好氛围。区教育局通以“爱眼·护眼”手抄报比赛的形式开展眼健康教育工作，重点提高家长与学生的互动，以“绘画趣味性”形式学习爱眼护眼知识，通过素材收集、绘画排版等环节让家长及学生更加深刻地了解眼健康知识，从而达到宣传教育目的，更加有效地推动青少年近视防控工作的开展。（彭 昱）

【全国象棋冬夏令营湖南分会场开幕】 2019年3月4日，全国象棋冬夏令营湖南分会场蓝天小学站在天心区蓝天小学拉开帷幕。活动由湖南省棋类协会主办，长沙市象棋协会、蓝天小学承办，旨在利用中小学生寒假及其他时间，以象棋项目技能培训、象棋竞赛、象棋大讲堂、象棋大师进校园等为主要形式，向中小学生普及象棋知识，帮助中小学生提高竞技能力、了解象棋历史、学习象棋文化。活动从3月4日持续至3月8日，吸引500余名小棋手参加。蓝天小学是全省最早的一家由中国象棋协会授牌的“全国象棋特色学校”，其象棋教学开始于2015年。（彭　昱）

【2019年小学科学课堂教学改革研讨会召开】 2019年3月26日，“走向探究的科学课”2019年小学科学课堂教学改革研讨会在天心区湘府英才小学举行，来自全省近500名科学教师和教研员参加。研讨会由桂馨基金会和湖南省教育学会小学科学教学研究专业委员会联合主办，长沙市天心区教育学会协办，旨在深入和持续地开展小学科学课堂教学的研讨和研究，以期推动科学课教学、改革与发展。作为承办方，湘府英才小学在所有年级普及了科学课，专业教师有10位，机器人等社团课程受到学生们的欢迎。研讨会内容包括中青年名师的课堂教学展示、交流研讨和专家主题讲座。长郡雨花外国语第一附属小学科学教师雷镇展示课例《不同材料的餐具》，天心区教育科学研究中心科学教研员康龙展示课例《热起来了》，浙江杭州、湖州、嘉兴、丽水等地的科学名师也进行课例展示。区教育局通过开展“创新杯”课堂教学竞赛、科技创新活动等推动天心区小学科学教育教研氛围和水平的提升，推广和交流探究式教育，让小学阶段的孩子们能够接受良好和有价值的科学教育与科学素养培养。（彭　昱）

【区委教育工作领导小组秘书组挂牌】 2019年3月29日，中共长沙市天心区委教育工作领导小组秘书组挂牌。区政府副区长黄会出席，区政府办副主任易皓，区教育局全体班子成员参加。天心区委教育工作领导小组秘书组设在区教育局。（彭　昱）

【朱东铁、黄滔调研全区学校建设工作】 2019年3月22日，天心区委书记朱东铁，区委副书记、区长黄滔调研全区学校建设工作。区领导周志军、侯向宇、黄会参加。朱东铁、黄滔一行实地调研雅礼书院中学、长郡外国语实验中学。朱东铁向项目负责人了解工程进度、规划设计、学位数量等情况，要求项目施工单位按照蓝天保卫战的相关要求，着力做好裸露黄土覆盖、扬尘管控、建筑垃圾处置等工作。朱东铁要求，要在保证质量和安全的前提下，进一步加快施工进度；要坚持问题导向，强化资金、手续、人员力量保障，不断完善全区学校建设规划，科学合理规划布局学校建设；要加大校园内部、周边，以及施工安全隐患排除力度，消除潜在安全隐患。黄滔强调，要把学校建设作为“产业项目建设年”最重要的项目来抓；坚持问题导向，推进学校建设工作；强化资金保障，加强前期调研，科学论证设计方案，学会在约束条件下推进工作；加强现场管理调度，注重安全，保证质量；相关单位要通力协作，形成学校建设的强大合力。（彭　昱）

【“十万师生同上安全课”主题活动】 2019年3月25日，全国第24个中小学生安全教育日活动暨天心区“十万师生同上安全课”主题活动在天心区中小学、幼儿园举行，10万余名师生参与活动。区教育局党委书记、局长张伟给教师、学生讲授安全教育课。

图112　2019年3月29日，中共长沙市天心区委教育工作领导小组秘书组挂牌（区教育局供图）

各学校、幼儿园结合实际，通过校长、园长上安全课、向师生发放安全教育学习资料、向学生家长发出安全倡议或朗诵一首安全童谣、阅读一本安全图书、观看一部安全警示教育短片、开展一次应急疏散演练、唱响一首安全歌曲，将安全教育真正深入到每一个师生心中。区教育局将安全系列教育纳入课堂教学体系，为全区学校配备消防辅导员、交通辅导员，明确相关职责，定期开展师生安全、法制、消防、交通方面的专题辅导教育，密切与家长联系，建立周末和节假日家长安全教育提醒制度，全面提升师生、家长的安全素养。（彭　昱）

【“创新杯”少先队微队会、共青团微团课决赛】 2019年4月19日，“祖国发展我成长•天心少年齐追梦”——天心区“创新杯”少先队微队会、共青团微团课决赛活动在天心区实验小学举行。经过1个月的校赛、片赛，16节微队会、8节微团课和1节邀约微队会展示课进入决赛。最终，评选少先队微队会特等奖5名、一等奖11名；共青团微团课特等奖2名、一等奖6名。共青团湖南省委少年部科长曾壤，共青团天心区委书记周云，长沙市教育局团委委员、长沙周南实验中学团委书记陈芳菁等专家和嘉宾，天心区辅导员代表共300人参加活动。比赛现场，参赛的辅导员和少先队员、团员们围绕理想信念教育、社会主义核心价值观教育、优秀传统文化教育、生态文明教育等内容，从活动准备、活动过程、活动效果等方面展示队会、团课的风采。团课包括书院小学四甲中队的《拒绝流浪垃圾，还地球一片整洁》，实验小学四（1）中队的《爱上厨房，争做劳动小明星》，披塘小学的《为结绳而来与文化相约——结绳文化交流会》，仰天湖桂花坪小学的《手尖的文化心中的传承》，长郡外国语实验中学的《一棵树的高度》。在活动设计上，辅导员与队员们遵循“近、小、亲、实”的原则，自主设计队课，做到寓教于乐、寓教于情，展现少年儿童活动自主性、创新型。在活动成果展示中，辅导员与队员们在活动中穿插小品、情景剧、诗歌朗诵等文艺形式，体现微队会、微团课的体验性、活动性、创新性。通过微话题、微观点、微思想、微事物，关注时事政治、传统文化、环保教育等社会热点问题，体现出少先队员们的思想性、时代性。最终，青雅丽发学校的李婧、天鸿小学的邵婷、龙湾小学的刘瑜玲、长郡外国语实验中学曾琼玉、书院小学的韩姝获全区“创新杯”少先队微队会的特等奖，青园教育集团井岗小学的李懿、红卫小学的鲁怡欣、实验小学的苏枫等11名辅导员获比赛一等奖；披塘中学的陈禹、明德天心中学的谢宝花获天心区“创新杯”共青团微团课的特等奖，明德启南中学的张晶晶、雅礼天心中学的张宁等6名教师获一等奖。

（彭　昱）

【到通道县开展教育结对帮扶】 2019年4月29日，天心区委副书记、区长黄滔带队到通道县开展教育结对帮扶工作。区政府副区长洪孟春，区政协副主席、区工商联主席罗超纲，通道县委常委、常务副县长李清菊，副县长龙章义，两地教育局机关干部、各中小学教师代表200余人参加。天心区29所学校23名中小学校长、书记，39名骨干教师送课送教送管理经验。现场29所学校与通道县31所学校结为结对帮扶手拉手学校，成立“教育教学发展联盟”，搭建“教师互帮互学平台”研讨学校管理经验，开展“同课异构”教学交流活动，通过天心区的优质教育资源，对通道县教育优质

图113　2019年4月29日，天心区与通道县开展“手拉手”送教活动
（区教育局供图）

均衡发展助力。区工商联、湖南兴威投资集团有限公司捐赠200万元，用于通道县学校教学楼援建工作；长沙锄禾展示展览有限公司向通道县第三完全小学捐赠价值4万元的文体器材；明德天心中学副校长焦光国介绍与通道县一完小结对帮扶工作经验；区教育局机关党员干部与通道县教育局机关干部面对面开展业务交流，建立合作联盟。（彭　昱）

【启动教师读书工程】 2019年5月8日，天心区教师读书工程启动仪式暨刘菲菲名校长工作室《教育艺术随想录》读书分享会在乐之书店天心店举行。活动现场解读《天心区教师读书工程实施方案》。方案要求各学校要制定切实可行的教师读书活动方案；每位教师要制订读书计划，做到每天读书，每学期至少读一本好书；读书过程中，教师要注重积累、反思，让读书成为教师职业发展需要。活动邀请教育专家和部分校长参与，就“读书”“阅读”等话题研讨。长沙市教科院党委书记胡志豪、天心区教育局副局长何阳莉、区教育科学研究中心书记余战勇、仰天湖小学校长刘菲菲及部分学校校长参加活动并发言研讨。（彭　昱）

【青少年科技发明作品巴黎斩获2金】 2019年5月8日，在第118届巴黎国际发明展中，湖南省送展的10项中小学生科技发明作品获得2枚金奖、3枚银奖、5枚铜奖。其中，天心区获得2枚金奖。雅礼书院中学高一学生楼杉杉的发明作品“触发式报警城市井盖”获得第118届巴黎国际发明展金奖，同时获得中国代表团唯一一个特别奖——巴黎市政奖。另一个金奖作品是天心区沙湖桥小学学生张荣景发明的“连动互换防护窗”。（彭　昱）

【中小学生艺术展演】 2019年6月20—21日，天心区“阳光下成长”2019年度中小学生艺术展演在湘府英才小学举行，91支艺术团队参加。该届艺术展演，以视频录制参与选拔的形式对报送的作品进行初评，精选优秀节目进行现场展示。展演以“阳光下成长”为主题，分声乐、舞蹈、器乐、戏剧朗诵4个专场，最终评选出声乐类节目一等奖6名、朗诵类节目一等奖4名、舞蹈类节目一等奖10名、器乐类节目一等奖6名。（彭　昱）

【全国新媒体新技术教学应用研讨会上创佳绩】 2019年，天心区响应教育部发布的《教育信息化2.0行动计划》，推动智慧学区建设，探索“智慧课堂”教学改革，不断倡导基层教师更新理念，思考教学，促进信息技术与课堂教学的深度融合创新。5月26日，在中央电化（电子信息化）教育馆组织的“2019年新媒体新技术教学应用研讨会暨第十二届全国中小学创新课堂

图114　2019年6月20—21日，天心区“阳光下成长”2019年度中小学生艺术展演在湘府英才小学举行（区教育局供图）

教学实践观摩活动”中，天心区2节优秀课例成功入围新媒体新技术教学应用优秀课例全国比赛，青雅丽发学校教师周玉婷获得全国一等奖，明德天心中学教师冉银莎获全国三等奖。教师周玉婷代表天心区参加“2019年新媒体新技术教学应用研讨会暨第十二届全国中小学创新课堂教学实践观摩活动”现场上课、说课比赛，与全国270余位参赛选手同台竞技，再次获得一等奖。（彭　昱）

【区教育系统党员表彰大会暨先锋故事会】2019年7月5日，天心区教育系统庆祝中国共产党成立98周年表彰大会暨先锋故事会在实验小学举行。活动现场，区委副书记朱远红、区政府副区长黄会、区委组织部常务副部长曾科出席，教育局各二级机构、中小学校、幼儿园党政负责人200余人参加。区教育局党委副书记刘美兰宣读表彰决定，表彰罗玉美等100名优秀共产党员，张友良等10名优秀党务工作者，披塘中学联合党支部等10个先进基层党组织。会上，幼幼幼儿园、明德天心中学、仰天湖桂花坪小学、中建幼儿园等学校、幼儿园党员教师讲述身边党员先锋故事。（彭　昱）

【教育系统学校管理研修班开班】2019年7月15—22日，天心区教育系统学校管理研修班在浙江大学开展培训。局机关干部、天心区部分中小学校校长、书记、副职以及中层骨干共50人参加培训。培训采取专家授课、观摩交流、实地考察、互动交流等方式进行。课程设置围绕教育热点难点、教育教学改革、教师队伍建设、管理者领导力与执行力等方面展开，致力于有效提升学校管理人员的管理能力，为天心区打造一批有远见、有思想、有能力的教育领导者，夯实教育优质均衡发展的基础。（彭　昱）

【暑期校外培训机构办学行为专项督查】2019年7月29日至8月12日，天心区组织暑期民办培训机构办学行为专项督查。督查分4个组，由教育局班子成员带队，局社会教育科、教育督导室、基础教育科等科室机关干部和上年度办学水平评估被评为优秀的民办培训学校参与。督查的82所民办培训学校，大部分学校能按照《国务院办公厅关于规范校外培训机构发展的意见》等文件和相关法律法规规范办学，但仍有部分学校存在问题，如校名使用不规范、相关信息公示不齐全、教师信息公示不全等。根据督查情况，区教育局建立规范办学问题台账，督促相关学校8月底前全部整改到位，加大日常监督力度，组建规范办学行为监督员队伍。（彭　昱）

【学校更名挂牌】2019年8月23日，雅礼天心中学更名为长沙市雅礼外国语学校、红卫小学加挂明德天心小学校牌，天心区委书记朱东铁与雅礼、明德两校校长为两所学校挂牌。区领导朱远红、侯向宇、黄会，雅礼中学校领导刘维朝、雷建军，明德中学校领导刘林祥、徐林及区教育局、相关学校代表参加挂牌仪式。该2所学校更名挂牌，是继天心区与雅礼中学、明德中学合作办学之后，在品牌传承、特色办学、优质资源扩张上更进一步。至此，全区8所区属中学（高中1所，初中学校有5所，九年一贯制学校2所），有5所与雅礼、长郡、明德三大教育集团合作办学，1所外国语特色中学。雅礼天心中学更名为长沙市雅礼外国语学校后，将利用雅礼中学的外国语优势和国际视野，探索外国语学科建设，打造外国语品牌。红卫小学挂牌为明德天心小学后，将与明德天心中学在资源共享、课程对接、学校文化建设、教师培养等方面实现强强联手，助推两校发展，为学生中小学阶段发展助力。（彭　昱）

【全区教育工作座谈会】2019年9月5日，天心区委副书记、区长黄滔主持召开全区教育工作座谈会，就如何加快天心教育发展与27位一线教育工作者代表进行座谈。区委副书记朱远红、区政府副区长黄会参加。教师代表结合各自岗位实际提出意见和建议。座谈会上，黄滔明确，天心区将坚持投入优先、配套优先、考核优先的“三优先”原则，着力解决教育发展中存在的问题，全力办人民满意教育。黄滔强调，下阶段要重点从抓质量、促公平、造品牌三个方面着力加快建设教育强区：创新育人机制、管理机制、办学机制，牢固树立质量兴教理念，坚持问题导向，用改革的办法、创新的举措来推动教育工作发展；通过均衡发展、规范标准、政策关怀来促进教育公平；着力建设一批名学校、选树一批名校长、培育一批名教师，实现以教育优势铸造人才优势，再造发展优势。（彭　昱）

【庆祝第35个教师节主题活动】 2019年9月8日，天心区教育系统庆祝中华人民共和国成立70周年暨第35个教师节主题活动在青雅丽发学校举行。湖南省教育厅党组书记、厅长、省委教育工委书记蒋昌忠，天心区委书记朱东铁，区委副书记朱远红，区人大常委会主任于献，长沙市教育局副局长缪雅琴，区领导侯向宇、黄会、黎小玲参加主题活动。《新天心教师之歌》通过“初心•守望”“匠心•逐梦”“恒心•致远”3个篇章故事讲述，呈现天心区教师队伍的精神风貌和天心区教育发展历程。会上，6个“尊师重教先进单位”和200余名“十佳魅力教师”“十佳师德标兵”“十佳教育管理工作者”“十佳班主任”“优秀思政教师”“优秀校聘教师”“优秀志愿教师”“最美教师”“优秀教育工作者”等代表受表彰。（彭　昱）

【朱东铁走访慰问一线教育工作者】 2019年9月9日，天心区委书记朱东铁到长沙市雅礼外国语学校和天心区南大桥小学，看望慰问一线教育工作者，并代表区委、区政府向全区广大教育工作者致以节日问候和崇高的敬意。区委副书记朱远红、区政府副区长黄会，以及区直相关单位、街道主要负责人参加。在雅礼外国语学校，朱东铁一行察看学生食堂、体育运动场、教学楼等地，了解学校改扩建情况，到教师办公室询问教师工作、生活、学习情况，对教师辛勤付出表示感谢。在南大桥小学，朱东铁一行了解学校师资配备、教学质量、规范教学等情况，对南大桥小学特色办学、创新教育教学所取得的成绩给予肯定。朱东铁强调，天心区将始终坚持办人民满意的教育，始终坚持建人民满意的学校，始终坚持教育优先发展、均衡发展、全面发展，在教育的重视和投入上将持续发力，努力为广大师生创造更好的学习条件、工作条件。朱东铁号召全区广大教育工作者一如既往地以德修身、以行立教，不断提高业务能力和综合素质，争做有理想信念、有道德情操、有扎实学识、有仁爱之心的人民满意教师，推动天心教育事业再上新台阶。（彭　昱）

【区委教育工作领导小组第一次会议召开】 2019年9月11日，天心区委教育工作领导小组召开第一次全体会议。区委副书记、区委教育工作领导小组组长朱远红，区领导张界贻、刘向、肖雄伟、黄会及各成员单位主要负责人参加。会议审议通过《中共长沙市天心区委教育工作领导小组工作规则》《中共长沙市天心区委教育工作领导小组秘书组工作细则》和《中共长沙市天心区委教育工作领导小组2019年工作要点》。会议要求，要充分发挥领导小组牵头抓总作用，抓好顶层设计，研究教育改革体制机制和中长期发展规划，协调解决跨部门、跨行业的教育工作重大问题；要建立教育工作协调机制，各成员单位要履职尽责、各司其职，密切协作，形成抓好教育工作的强大合力；要科学谋划教育工作的发展路径，全力推进天心教育的高质量发展；要高起点打造优质均衡的教育，高质量打造专业化的教师队伍，高品质回应群众对教育的关切，高效能构建教育现代化治理机制。（彭　昱）

【卢鸿鸣一行调研天心区中小学课后服务工作】 2019年10月18日，长沙市教育局党委书记、局长卢鸿鸣一行到天心区调研中小学课后服务工作。区教育局党委书记、局长张伟，区教育局副局长何阳莉、杨晓雄及相关科室负责人、相关学校校长、教师、家长代表参加。雅礼外国语学校校长龚玉刚、明德天心中学校长杨智勇、长郡天心实验学校校长黄立新、天心区实验小学校长黄迎浪，以及部分学校家长、教师等代表，分别就学校在课后服务推进过程中的经验做法及遇到的困难问题做汇报交流。自2019年秋季开学以来，区教育局完善组织机构，制定课后服务实施方案，建立规章制度，规范收费管理，强化指导督查，指导学校科学合理确定服务内容、形式，随时接受家长的意见反馈，不断提升服务水平。卢鸿鸣表示，区教育局、各中小学应始终把学生安全、发展放在首位，进一步提高课后服务质量，充分利用现有资源，引进社会优质资源，发挥示范引领作用。（彭　昱）

【“教育信息化2.0背景下基础教育创新发展”论坛举行】 2019年11月16—17日，由湖南省教育学会主办，省教育学会核心素养专业委员会、天心区教育局承办的“教育信息化2.0背景下基础教育创新发展”论坛在明德天心中学举行，10余名论坛讲座专家，省、市、区相关领导和中小学教师围绕信息技术与教育教学融合应用过程中理论与实际问题，分享案例，总结理论成果，共话新时代基础教育改革发展的新特点、新要求、新使命，全面助推湖南省教育信息化2.0转段升级，促进教育现代化高质量发展。区委副书记朱远红致辞，期盼共同努力推动教育信息化2.0建设和教育事业改革创新。11场主题报告、4节智慧课堂、3场圆桌高端对话，围绕智慧学区、智慧教学、智慧课程、智慧校园，同步展开。论坛开设“智慧”体验项目，汇集“天心智教”云平台、AI社团课程、集团管理APP、大数据教学平台、德育小浪花数字银行等一系列创新案例和技术产品。（彭 昱）

【青园小学万芙校区获批长沙市未来学校创建校】2019年11月27日，长沙市教育局公布长沙市首批未来学校创建校评审结果，认定天心区青园小学万芙校区等15所学校为首批长沙市未来学校创建校。长沙市首批未来学校创建校的评定，旨在全面推进长沙市创建全国“智慧教育示范区”工作，推动人工智能时代的学校变革，探索面向未来的新型学校样态。经单位申报、资料核查、专题汇报、现场答辩和专家评审，最终确定首批长沙市未来学校创建校。（彭 昱）

【第二届全国学校美育工作研讨会举行】2019年12月9—10日，第二届全国学校美育工作研讨会在天心区仰天湖教育集团桂花坪小学举行。该次研讨会以“面向2035——让教育‘美’起来”为主题，由湖南省教育学会中小学美育研究专业委员会、天心区教育局指导，《学校品牌管理》杂志主办，长沙市刘菲菲校长工作室、天心区仰天湖教育集团承办，旨在探讨美育的有效实施策略，共商学校美育品牌大计。全国各地500余名教育界人士参加。开幕式由湖南省教育学会副会长易晓辉主持，省教育厅党组成员、省委教育工委副书记王建华致开幕词，天心区委副书记、区长黄滔致欢迎词。中国教育学会原常务副会长、创新人才教育研究会顾问郭永福做大会首场主题报告《美育的时代使命——提升青少年的人生境界》，从国家、社会和经济、个人三个层面阐释为什么要高度重视和加强美育，并就如何加强美育，提升青少年人生境界给出三点意见。区教育局副局长何阳莉作题为《为天地立心，为未来育人》主题报告，回顾天心区20年来美育教育的发展历程和成果。大会安排多学科课程、课堂展示、专家点评、美育研讨沙龙等议程，来自北京、四川、湖南、广东、浙江的各地专家分别就自己在美育方面的探索进行探讨与交流。湖南省教育学会副秘书长陈皓辉为50所全国美育联盟学校授牌。（彭 昱）

科学技术

【概况】2019年，区科技局着力做好科技进步与创新，推进科技成果转化，加强综合计划管理，发展高新技术及其产业，围绕高新企业培育、科技队伍建设等进一步完善科技管理体系，夯实科技基础，发挥科技在加快全区经济社会发展的支撑与引领作用。全年申报科技创新小巨人10家，完成高新技术企业认定73家，实现电子信息、生物与新医药、新材料、高技术服务、新能源与节能、资源与环境、先进制造与自动化等各领域全覆盖。全区完成高新产值997亿元，同比增长14.6%。指导辖区43家企业申报湖南省研发奖补资金，申报总金额1021万元；14家科技创新小巨人企业获研发经费补贴116万元；76家新增高新技术企业申报研发经费补贴910万元。完成3个新认定市级众创空间、1个省级科技企业孵化器、1个市级科技企业孵化器，共获市级创新平台补助经费170万元。全区有市级备案众创空间19家，市级备案科技企业孵化器6家。其中，国家级备案众创空间2家，已认定省级众创空间4家、科技企业孵化器1家。已认定市级众创空间3家、科技企业孵化器1家。备案面积17万平方米，在孵企业总数超500家。区科技局以对高等院校、科研院所、特一级建筑业为重点，加大研发经费数据归集的培训和指导，2019年全区全社会R&D完成19.2亿元，占GDP的比重1.89%，同比增长26.70%。（龙灼尧）

【科技宣传】2019年，天心区科技局加大对国家、省尤其是长沙市科技创新“1+4”（“1”即《中共长沙市委、长沙市人民政府关于建设国家科技创新中心的意见》；“4”即贯彻落实该《意见》的配套措施：先期瞄准扶持企业自主创新、加快科技平台建设、促进科技成果转化、深化科技金融结合4个关键点）及配套政策的宣传力度，更新完善并印发各类宣传资料3000余份（本）；就高新技术企业认定管理、技贸合同备案登记以及R&D经费有效归集等业务工作及相关奖补政策组织召开两期培训工作会议，培训200余人；以申报长沙市科技计划项目、申报认定科技创新小巨人、高新技术企业、长沙市众创空间、优化营商环境等业务工作为契机，与专业服务机构专家共同上门“一对一”现场指导企业200余家。
（龙灼尧）

【科技政策出台及落实】2019年，天心区科技局在国家、省、市政策的引导下，为鼓励科技创新，加大研发投入，起草制定并以科技工作领导小组名义出台《长沙市天心区关于促进科技创新加快建设“创新型城区”若干政策的实施办法（试行）》政策文件，从“大力支持高新技术企业发展”“引导企业、高校、科研院所加大研发投入”“促进科技与金融有效结合”“推动创新载体建设”“加快科技创新成果转化”5个方面共16项条款，推进区域经济协调发展和转型升级，加快“创新型城区”建设。
（龙灼尧）

【科技成果转化】 2019年，天心区科技局联合区财政局进行项目资料审核、实地考察、积极推荐。全年组织申报并审核推荐长沙市科技计划项目重点研发项目29个，长沙市科普场馆（基地）项目3个，长沙市海外专家引智项目2个，长沙市科技创新创业领军人才项目4个，长沙市现代农业特色产业科技示范基地项目1个，长沙市众创空间项目4个。全年完成18个长沙市科技计划重点项目推荐验收，其中12个验收通过，打破科技计划项目“重立项、轻验收”的模式。协助推进中南林业科技大学“重点区域速丰林丰产增效技术集成与示范”项目实施全省“5个100”工程。组织多次校企科技成果转化见面会，促成辖区3家企业与长沙理工大学、1家企业与中南林业科技大学、1家企业与中南林业科学院、1家企业与中南大学铁道学院达成初步合作意向。
（龙灼尧）

【5家单位获2018年度湖南科技奖】2019年2月27日，第十一届湖南光召科技奖获奖名单发布，包括2018年度湖南省科学技术创新团队奖，2018年度湖南省自然科学奖、技术发明奖、科学技术进步奖。天心区辖区长沙理工大学广域电网故障监控与灾害防治创新团队、国网湖南省电力有限公司、长沙理工大学、湖南省林业科学院、国网湖南省电力有限公司经济技术研究院5家单位获奖。天心区多次组织专题学习、研究科技创新政策。2018年为辖区121家企业、高校发放研发奖补资金2324万元，组织4场百企（院校）讲座，将汇编政策送至辖区单位；搭建创新平台，拥有3个国家级重点实验室、工程技术研究中心，拥有50个省级重点实验室、工程技术研究中心。区科技局负责人表示，天心区将引导全社会加大研发投入，激发区域创新活力；健全政产学研合作机制，提高科技成果就地转化的效力，夯实高新产业强基工程，提高区域自主创新的能力。
（龙灼尧）

【2019年科技工作部署暨科技指标培训会议】2019年2月27日，天心区科技局召开2019年科技工作部署暨科技指标培训会议，区科技局班子成员、区统计局、全区2个园区、14个街道分管科技负责人及科技专干参加会议。区科技局局长刘芳妍主持会议。会上，刘芳妍从科技、知识产权、科协三方面布置2019年科技工作，重点分析高新产值、全社会R&D科技工作指标。其他班子成员就分管的业务工作进行安排。区统计局业务科室贺邱环就R&D数据归集填报过程中遇到和要注意的问题进行讲解。
（龙灼尧）

【童旭东调研天心区】 2019年3月22日，湖南省科技厅党组书记、厅长童旭东到天心区调研顶立科技、南方数码科技、远景经纬空间信息技术公司等重点企业科技创新和运营情况。天心区委书记朱东铁陪同。童旭东指出，要持续发挥企业优势，集聚创新人才，攻关重点技术，积极申报国家自然科学基金区域创新发展联合基金；要抢抓粤港澳大湾区建设机遇，推进港湘科技创新融合发展；积极筹建创新型研发机构，努力打造科技体制改革的先行示范区，为长株潭国家自主创新示范区建设提供可复制经验。
（龙灼尧）

【高新技术企业认定培训工作会议】 2019年4月18日，天心区科技局举办“天心企业转型升级大讲堂”之2019年第一期高新技术企业认定培训工作会议。长沙市科技局高新技术产业发展处副处长余新辉、市税务局所得税处副主任科员徐璇和湘楚会计师事务所张婷出席培训会并授课。区科技局、区税务局及全区各园区、街道、非高新技术企业、众创空间、科技企业孵化器有关人员共110余人参加会议及培训。培训会由区科技局副局长欧定勇主持。余新辉解读高新技术企业认定管理政策；徐璇就研发费用归集及加计扣除操作实务进行讲解；张婷介绍财政、审计报告的难点及问题。8月5日，区科技局举办“天心企业转型升级大讲堂”之2019年第二期高新技术企业认定培训工作会议。区属相关部门及全区各园区、街道、非高新技术企业、众创空间、科技企业孵化器有关人员共100余人参加培训。培训会由区科技局副局长苏奇主持。市科技局高新技术产业发展处副处长刘湘解读高新技术企业认定管理政策及长沙市科技创新小巨人申报认定；徐璇就研发费用归集及加计扣除操作实务进行讲解；张婷介绍财政、审计报告的难点及问题。11月21日，2019年“天心企业转型升级大讲堂”第三期高新技术企业重新认定和R&D归集业务培训会议召开。50余家2020年复审高新技术企业代表、30余家研发投入大的重点企业代表、2个园区和14个街道科技负责人近200人参加培训。培训邀请湖南华洋企业管理咨询有限公司科技服务专家授课，培训主要内容是高新技术企业复审业务培训和R&D经费归集统计业务培训。R&D（科学研究与试验发展）活动是创新的核心内容，R&D经费投入是促进科技进步的重要因素。（龙灼尧）

【2019年科技活动周暨全国科技工作者日活动】 2019年5月21日，天心区2019年科技活动周暨第三个“全国科技工作者日”活动在湖南省地质博物馆启动。长沙市科技局副局长张凯、农业科技处处长罗强，区科技局党组书记、科协主席杨倩，区科技局局长彭元强出席。活动上演《为科技加油》开场舞、科普魔术秀等科技节目，现场有专家为居民讲授一堂关于雾霾和甲醛污染的课程，现场体验地球的奥妙、地质的变化与生命的演化。活动围绕“科技创新、科普惠民”这一主题，各类科技宣传活动覆盖全区各街道、园区、社区、学校。白沙花园社区组织上百名群众学习防灾减灾科普知识；梅岭社区举办“梧桐与青年”创意文化节活动；碧湘街小学和天心区实验小学组织开展校园科技节系列活动。相关活动分别在《长沙晚报》、中国科技网、《三湘都市报》、红网传媒等主流媒体上进行报道。（龙灼尧）

图115　2019年3月22日，湖南省科技厅党组书记、厅长童旭东（右五）到天心区调研重点企业科技创新和运营情况
（区科技局供图）

【科技计划项目申报现场考察】 2019年7月16—17日，天心区科技局组织开展2019长沙市第一批科技计划项目申报现场考察工作，对“基于移动互联网的优质媒体广告交易平台”等11个非高新技术企业申报的项目就项目真实性进行现场考察，考察人员由区科技局副局长苏奇及相关业务人员组成。在考察工作中，考察人员实地了解项目实施场所、项目实施人员等情况；听取项目负责人对项目开展情况的报告，现场核实项目申报附件材料的原件；对于材料不合格部分，考察人员提出修改意见和建议。区科技局以该次项目现场考察为契机，贯彻落实优化营商环境精神，为湖南头等传媒有限公司等11个项目承担单位带去科技创新政策汇编，重点宣传申报高新技术企业等惠企政策。（龙灼尧）

【天心区科技创新联盟】 2019年9月25日，天心区科技局组织召开科技创新联盟筹建工作座谈会。辖区内高等院校、科研院所和各领域重点企业的代表以及各园区、街道及相关职能部门相关负责人参加座谈会。会议由区科技局局长彭元强主持，区政府副区长黄会出席会议。区科技局就组建科技创新联盟的宗旨、任务、运行机制、架构等的初步设想作介绍；湖南省林科院院长李昌珠、中南林业科技大学科技处处长汤小红、湖南省交通科学院有限公

司副总经理李志勇等院所专家代表发言，提出建议和意见；爱尔眼科、水电八局、美联通等20余家企业代表表示支持联盟成立；各园区和职能部门也表态配合做好联盟组建工作并服务好企业。黄会强调，组建科技创新联盟，有利于推进天心区高等院校、科研院所及企事业单位的科技创新合作，表示将尽快梳理完善联盟成立方案、尽快搭建联盟组织、尽快落实联盟宗旨。在区科技局与民政局的指导和支持下，由长沙理工大学牵头，中南林业科技大学、湖南省林业科学院、中国电子科技集团第四十八研究所、湖南九次方大数据信息科技有限公司等6家单位共同发起成立天心区科技创新联盟。12月3日，天心区科技创新联盟发起人单位会议在天心区政府北栋7楼会议室召开。区科技局介绍本联盟的筹备情况。自2019年9月开始筹划，经过章程、管理办法等相关文件的起草修订，10月的宣传发动和走访调研，确定理事会、监事会、专家委员会及秘书处的建议候选人名单。会议组织讨论审议联盟的名称，《天心区科技创新联盟章程（草案）》，拟任联盟理事会、监事会、专家委员会及秘书处候选人建议名单以及财务和机构设置等事项。各参会代表就联盟定位、未来工作内容和方向以及联盟今后的工作思路提出建议。区民政局就本联盟申报登记相关事项提出建议。会议为天心区科技创新联盟成立大会的召开奠定基础。12月19日，天心区科技创新联盟（简称“科创联盟”）成立，长沙理工大学、中南林业科技大学等高校与天心经开区、

图116　　2019年11月19日，长沙市天心区科技创新联盟成立

（区科技局供图）

湖南省京湘电力开发有限公司等园区、企业签订战略合作协议。在科创联盟的引领下，各方将携手共同推进科技创新合作，探索科技与金融有效融合，推动科技创新成果与资本对接，助力天心区打造创新之区。天心区科创联盟由长沙理工大学、湖南九次方大数据信息科技有限公司等6家单位发起，拥有理事单位25家，会员单位148家。长沙理工大学副校长杨伟军，天心区委副书记、区长黄滔，长沙市科技局副局长宋新和，区政府副区长黄会，天心经开区管委会副主任刘正文，天心区各园区、部门、街道及相关企业负责人出席大会。大会表决通过天心区科创联盟《章程》、科创联盟大会《选举办法》、第一届理事会和监事会建议名单，选举产生科创联盟理事长、副理事长、监事长、副监事长，讨论通过聘任专家委员会主任、副主任、秘书长、副秘书长名单。宋新和、黄滔、黄会分别为天心区科创联盟、科创联盟第一届理事会理事长单位、副理事长单位进行授牌，刘正文为第一届监事会、专家委员会、秘书处成员颁发聘书。黄滔表示，天心区将持续实施“创新驱动”战略，加大对企业人才引进、技术创新的支持，充分挖掘创新资源，着力发展高新产业，加大产学研金协同发展，加快成果就地转化，以科技创新为核心带动全面创新，促进更多新经济、新业态在天心培育，新模式、新动能在天心成长，提升产业核心竞争力，着力打造创新之区。科创联盟的成立，使“政、校、企”之间有了新的合作共赢、共同发展的平台，有利于通过联盟平台支撑、资源整合、桥梁纽带、创新智库等功能，协同各方力量，链接多方资源，联动创新热情，助力科技型创新企业、行业细分龙头企业等经济创新主体快速成长，建立以企业为主体、市场为导向、产学研深度融合的科技创新体系，全面激发创新活力和创造潜能，促进经济结构调整和产业优化升级。　（龙灼尧）

文化 旅游 体育

综 述

【概况】长沙市天心区文化旅游体育局（简称“区文旅体育局”）于2019年3月20日挂牌成立，负责本级政府社会文化、群众文化、文物、“非遗”、文化市场管理和旅游、体育等工作。内设5个科室：办公室、文化科、体育科、市场科（行政审批科）、旅游科，下设4个二级机构：区文化市场综合执法局、区图书馆、区文化馆、区文化遗产管理所。截至年末，天心区有各类文化经营场所达186家，其中网吧146家、娱乐场所31家、演出场所9家；A级景区3家、星级酒店5家、旅行社37家、旅行分社9家、旅行社营业网点70余家；高危体育经营场所28家。另有各类公共文化场所286家，其中，区级图书馆、文化馆、“非遗”展示中心各1个，街道综合文化站14个（示范性9个）、示范性社区（村）综合文化服务中心88个、社区图书分馆6个、社区图书室92个、农家书屋30个、绿色网吧75个。各类公共文化场所坚持全年免费开放。

图117　2019年6月20日，天心区召开“优化营商环境打造文化强区”文化创意及旅游企业座谈会，助推文旅产业发展

（区文旅体育局供图）

2019年，天心区以深化国家文化消费试点工作为抓手，引导扩大文化和旅游消费，发展文化旅游、休闲娱乐行业夜间经济，率先成立天心区夜间经济服务中心，被市文旅广电局认定为“长沙市夜间经济服务示范中心”，“天心模式”在全市推广。全市“十大文旅消费示范区”，天心区有3个：长沙天心文化（广告）产业园、太平街历史文化街区、黄兴南路步行街；全市“十大夜间经济项目”，天心区有4个：火宫殿、蒲乐浩斯酒吧、超级文和友、魅力四射酒吧。充分利用中非经贸博览会、第二届中国旅游景区创新大展、马拉松赛等重要活动推介天心区历史文化旅游资源。举办6S街区汽车消费节、天心区首届龙虾节、火宫殿大庙会，刺激文旅消费。制作区域宣传片《融城核心　璀璨天心》《天心60秒》。借助中央电视台《经济半小时》、新华社、财经频道《消费主张》等新闻媒体扩大天心文旅品牌影响力，《长沙晚报》以《夜市，天心阁下不夜城》为题整版报道、推介天心区夜经济。文化执法工作获评全省文化执法工作先进单位。（严思宇）

文化

【文化活动室建设】2019年，天心区创建沿江村、桂井村、创谷社区、暮云社区、弘高社区、黄合村6个文化活动室。总投入建设资金300万元，于12月全部竣工交付使用并免费对外开放。

（邹盈盈）

【文化惠民】2019年，天心区依托湘江剧场，开展庆“五一”全国越剧票友活动、“长沙之韵”京剧折子戏专场演出活动、中华人民共和国成立70周年昆曲折子戏专场等专题演出活动近20场。组织参加6场“百姓大舞台有艺你就来”千团万户百万市民才艺大赛，全市参与团队70个，人数2000人次，天心区12个节目进入复赛。11月，天心区群众文艺轻骑队走基层活动启动，活动分别走进天心阁社区、南站社区、创谷社区、融城社区、沿江村，近5000居民观看表演。（龙江为　廖丽琼）

【示范性社区（村）综合文化服务中心创建】2019年，天心区文旅体育局在建设面积、功能布局、活动开展、场地开放管理、特色品牌创建上，对城南路街道天心阁社区、黑石铺街道创谷社区、南托街道融城社区、裕南街街道南站社区、南托街道沿江村5个综合文化服务中心建设进行有效指导。5个服务中心总面积4020平方米，共投入经费363万元。其中，融城社区1500平方米，180万元；南站社区1000平方米，35万元；创谷社区800平方米，120万元；沿江村400平方米，20万元；天心阁社区320平方米，8万元。（邹盈盈）

【庆祝中华人民共和国成立70周年系列活动】2019年9月19日，庆祝中华人民共和国成立70周年2019年“欢乐潇湘•品质长沙•璀璨天心”群众文艺会演活动在湘江剧场举行，辖区的18个群众文艺团队近500人参加会演。经过现场选拔，舞韵艺术团表演的小品《伢老倌的生日》和喀秋莎艺术团表演的舞蹈《中国韵》代表天心区参加市级展演，均获银奖。11月3日，“庆祝中华人民共和国成立70周年　以舞筑梦”2019长沙市全民健身广场舞大赛在长沙理工大学云塘校区举行，天心区选派《健康赢未来》（天心区舞缘艺术团与喀秋莎艺术团联队节目）、《康定溜溜城》（天心区天韵艺术团）参加比赛，分别获得金牌和银牌。9月6日，“祖国颂”——长沙市庆祝中华人民共和国成立70周年百万群众合唱比赛在长沙实验剧场举行，丽爱天使艺术团代表天心区参加比赛，获得银奖。（廖丽琼）

【“好戏天天演•欢乐满星城”活动】2019年，天心区委、区政府、长沙市文化旅游广电局联合主办“好戏天天演•欢乐满星城”湖湘传统文化公益演出活动，活动既有专业队伍的演出，又有天心区文化志愿者协会的节目展示，演出形式涵盖歌舞、相声、戏剧、器乐等多个门类，市民可凭身份证、军官证和学生证于演出当天在湘江剧场领票窗口免费领票，观看演出。全年开展常规演出240余场，服务群众近8万余人次。

（龙江为）

【公益艺术培训】2019年，天心区文化馆致力于加强全民艺术普及，提升全民艺术修养。举办免费公益培训班共4期，培训800余人次。课程设置不断丰富，不仅涵盖常见的声乐、舞蹈、书法、绘画、古筝等艺术门类，还重点打造传统文化培训基地，开设古琴、京剧、越剧、昆曲、曲艺等传统文化课程，助力优秀传统文化的传承。培训对象不仅有成人艺术爱好者，还针对未成年人设置少儿主持、少儿声乐、少儿古筝、少儿书法、尤克里里等课程。规范公益培训管理，创新班级管理模式，率先实行文化馆专业干部跟班管理、课后学生打卡、老师在线点评、志愿者担任班长等管理制度，帮助学员巩固学习成果。

（刘宇昊）

【湘江风光带文化志愿者协会义演活动】2019年，天心区文旅体育局组织贺龙友谊乐团、天心之声艺术团等辖区内优秀群众文艺团队不定期在杜甫江阁广场开展文艺演出活动，节目形式以对唱、舞蹈和器乐表演为主，共计演出近20场，每场演出均有约40名演员参加，共计服务群众近1万人次。（龙江为）

【公共图书馆服务宣传周系列活动】2019年5月，天心区图书馆在公共图书馆服务宣传周活动期间，开展阅读服务推广“三进”（阅读推广进工地、进社区和进校园）和“四大”主题活动（协管员及公益志愿者招募、图圈故事会、图书逾期免费回家），共服务读者近2000人。其中，阅读服务推广“三进”活动：为外来务工人员送去杂志，为社区居民送

去图书馆阅读服务，为小学生送去少儿图书绘本。（陈　佳）

【读书活动之“以梦为马，拾时征途”】 2019年3月24日，天心区图书馆和中南大学大学生青年志愿者在图书馆二楼多媒体厅联合举办2019年读书活动之“以梦为马，拾时征途”。20组家庭参与活动，以寓教于乐的方式教会小学生合理充分地利用时间。全年利用周末时间与湖南中医药大学联合举办圈圈故事会活动18次，与湖南师范大学联合举办阳光周末活动8次，为学生提供多样的课外学习和活动服务。

（陈　佳）

【“欢乐暑假共读天心”暑期社会实践活动】 2019年，天心区图书馆于暑假开展“欢乐暑假共读天心”暑期社会实践活动，包括少儿暑假志愿服务、“绘声会演”表演朗诵课程、“开绘啦！”绘本阅读、“青春无悔”少年成长心理健康讲座、“我是小小营养师”公益讲座、公益电影放映六个活动，共吸引3000余人参加。

（陈　佳）

【文博志愿活动】 2019年，天心区开展志愿者活动4场。邀请金杵面塑代表性传承人陈金成在向家坡小学进行教学；邀请雷琴、剪纸、欧式手工钩编等项目的代表性传承人，到天心区的美丽乡村开展展示和体验活动。区文博志愿者团队分别于3月15日、5月29日、7月9日、11月28日4次到黄鹤小学，开展“‘非遗’传承进校园”面塑技艺体验、“家国情怀•快乐端午”香囊制作、“环保，从我做起”宣讲、“巧手折纸花”纸艺体验志愿服务活动，共110名学生参与，以实际行动继承和发扬中国传统文化，锻炼和提高少年儿童的动手能力。

（金　杰　陈　佳）

【迎元宵文化游园活动】 2019年2月15日，天心区“书香天心•邂逅天图庆元宵•品书赏灯共良辰”迎元宵文化游园活动在天心区24小时自助图书馆•湘府馆前坪开幕。活动上演爵士舞蹈表演，独具长沙特色的长沙弹词、大鼓，反串双簧等节目；展示元宵民俗，区文体新局现场准备近300道谜面和丰厚的奖品。（陈　佳）

【乐之书店•24小时智能书屋在天心区开业】 2019年2月1日，乐之书店•24小时智能书屋在天心区开业。该书屋是湖南首家无人值守智能书店，用自主结算、人脸识别等智能技术，实现全程自助购书。这座24小时无人智慧书店坐落于天心区湘府文化公园东北角，占地20余平方米，是一座由玻璃和钢架结构组成的半透明图书房。该书店容纳古今中外、文化艺术、科学启蒙、家庭教育等近5000册精品图书。刷脸、扫码、进门、扫货、结算、离开，只需简单的几个步骤，读者就可以在书店内轻松购书，全程不需要任何工作人员。智能书屋采用人脸识别智能管理系统，读者通过微信扫码注册并上传自己的人脸照片，之后无论在任何时候，只需人脸识别就可以进店选购图书，轻松在线支付。智能书屋内有各类进口小食及生活用品，“一站式”解决读者的不时之需。

（陈　佳）

【文化市场执法】 2019年1月12日，天心区召开文化市场协会2019年安全生产、文明创建、“扫黄打非”工作会议。会上，全区网吧法人代表学习《天心区文明上网倡议书》，向区文化市场综合执法局递交《2019年天心区网吧安全生产目标管理责任书》。自9月3日起开展娱乐服务场所“毒

图118　2019年2月15日，天心区举办“书香天心·邂逅天图庆元宵·品书赏灯共良辰”迎元宵文化游园活动

（区文旅体育局供图）

黄赌”问题专项整治行动，在全区娱乐场所张贴宣传海报、横幅、利用电子显示屏播放禁毒宣传片等方式进行宣传，为每个娱乐场所发放宣传册共计3000余份，组织文化娱乐场所负责人召开教育培训会，督促各场所开展“毒黄赌”教育培训，落实班前会制度。9月29日凌晨，由区委政法委、区公安分局牵头，对全区文化娱乐场所进行突击检查，经查发现解放西路魅力四射、怪兽、熊猫酒吧和豪布斯卡KTV，存在消防、安检不严格、个别场所接纳未成年人等问题。9月30日，区公安分局副局长黎银波牵头，联合市场监管、消防、禁毒等部门，约谈相关酒吧负责人，责令其针对存在的门口安全检查、消防通道、警示标志、禁毒宣传、扫黑除恶等方面存在的问题，采取整改措施。10月16日，歌迪乐KTV、MOK KTV、祖卡酒吧、魅力四射演艺吧、阿斯嘉特酒吧申请自主停业。全年立案查处文化娱乐场所12家，罚款3.6万余元，取缔铭安小区内长期噪音扰民并拒不整改的无证经营小歌厅。（向远东）

【文化市场安全生产】 2019年4月3日，区文化市场综合执法局召开天心区文化市场平安创建、扫黑除恶、安全生产工作会议，区文化市场综合执法局局长朱德军、全局执法人员、区网吧协会各理事、区各电影院经营业主参加会议。会上通报全国各地的安全生产事故，吸取教训，深刻认识安全生产的重要性，做好娱乐场所安全隐患排查工作，要求各场所切实做好安全管理工作，抓好人员的安全生产教育和演练。4月11日，区文化市场综合执法局联合市文化市场综合执法局、区市场监管局、坡子街街道、坡子街派出所，部署解放西路沿线酒吧安全专项整治工作，市文化执法局副局长余桂良、执法二处处长龚建辉到会指导，解放西路酒吧KTV商会和沿线酒吧、KTV场所负责人参加会议。会议通报前期暗访解放西路酒吧存在的安全制度落实不到位、拉客、安检履职不到位、酒类销售不规范等问题，下发《天心区文化执法局夯实企业安全生产主体责任年工作方案》《天心区文化娱乐行业安全生产大排查、大体检、大整治工作方案》，通报全国各地安全生产工作形势，要求各娱乐场所要抓好酒吧KTV行业自律，规范经营，全面落实企业安全生产主体责任，深刻吸取其他行业安全事故教训，加强文化娱乐场所安全隐患排查，加强人员应急演练、疏散等应急管理工作，要求各场所要按照暗访发现的问题立即整改。5月17日，天心区组织开展2019年文旅体育企业安全生产、文明创建、扫黑除恶、扫黄打非、平安创建、禁毒综合培训，天心区内340余家文旅体育企业和相关行业协会负责人参加培训。该次培训是机构改革以来区文旅体育局第一次开展文旅体育行业综合性培训，培训内容涵盖安全生产、文明创建、禁毒、扫黑除恶、扫黄打非等多个方面。（向远东）

图119　2019年1月12日，湖南省首次网吧行业“双十佳”评选在天心区举行（区文旅体育局供图）

【文化市场领域扫黑除恶专项整治】 2019年，天心区自4月25日开始，对解放西路娱乐场所组织开展为期1个多月的集中排查整治。检查过程中，对每个娱乐场所消防安全设施进行全面检查，对各娱乐场所扫黑除恶、文明创建等工作进行督促落实，对娱乐场所演出活动严格审核，禁止各娱乐场所沿街拉客、接纳未成年人、销售假酒、有偿陪侍等违法违规行为。7月16—18日，文化和旅游部党组成员王晓峰、文化市场综合执法监督局相关负责人一行5人到天心区就文化和旅游市场领域扫黑除恶专项斗争开展情

况开展专题调研。（向远东）

【校园周边文化场所整治】 2019年6月10日至9月10日，天心区文化市场综合执法局执法人员在辖区范围开展暑期网吧专项整治工作，共检查网吧300余家次，查处天心区环球网吧、群乐网咖、腾云阁网咖未按规定核对登记上网消费者有效身份证件的违法行为和长沙市天心区明扬网吧接纳未成年人进入营业场所的违法行为，并上报市文化市场综合执法局。9月5日，对校园周边书店、文具店等进行检查，发现1662主题购物中心1楼商场内存在摆摊出售书籍，经营业主尚未办理出版物经营许可证的现象，对未办理出版物经营许可证的他她文具店、未按要求放置灭火器及部分灭火器压力不正常的广博书屋下达整改通知书，责令当场停业整改。（向远东）

【"非遗"保护工作】 2019年，天心非物质文化遗产保护展示中心坚持免费开放，全年接待游客近20万人次。2019年，公布第三批区级"非遗"代表性项目传承人名录，新增6名区级"非遗"代表性项目传承人：朱建南（脸谱绘制）、韦帮卡（南一门老料法饼制作技艺）、王焰峰（火宫殿八大小吃制作技艺）、周国强（火宫殿八大小吃制作技艺）、余时海（太乙游龙拳）、夏荣（玉和传统酿醋技艺）。（金 杰）

【"非遗"传承活动】 2019年，天心区依托天心"非遗"保护展示中心，共举办展示体验活动18场，参加人数1500人次。其中，6—8月的周末，开展展示和体验活动13场，展示项目包括女书、糖画、剪字、串珠等；7—8月，开展暑期社会实践活动5场，八角亭社区、文庙坪社区等地组织学生参加。全年开展两期"非遗"培训活动，共开设7门课程，包括粽叶编、湘绣、核雕、面塑等，授课教师分别为各项目的代表性传承人，开设班级23个，培训人数500人次。5月28日，开展以"'非遗'保护，湖南实践"为主题的"文化和自然遗产日"宣传活动暨"非遗文化"进校园活动。活动与先锋小学"文明传华夏，经典永流传"以及披塘小学的"传承结绳技艺，弘扬传统文化"的活动结合，邀请湘绣、铜官窑陶瓷烧制技艺、女书、剪纸、长沙粽叶编等10余个"非遗"项目的代表性传承人，在两所学校开设近20个"非遗"项目体验班。（金 杰）

【文物保护】 2019年，天心区部分文物点运行智能巡检系统，文保员做到一键打卡，拍照上传，实时反映文物点的情况，使"人防、物防、技防"相结合。4月29日，区文管所开展民居类文物点安全专项检查，针对福德里4号、7号公馆，冯家湾46号、48号民居及楚善堂六十码头存在的安全隐患提出整改意见；5月1—4日劳动节期间，联合街道重点检查坡子街、城南路38处文物点，对保存状况较差的文物点贴出安全告示；5月23—30日，对全区历史旧宅调查摸底并开展对"三普"登记在册的文物点进行消防安全检查；7月11日，联合区消防（救援）大队对国家级重点文物保护单位湖南省立第一师范学校旧址进行安全检查；8月12日，联合市消防（救援）支队、区消防（救援）大队对坡子街范围内的孚嘉巷12号、鲁班庙、四正社旧址和梅公馆旧址进行消防专项检查，劝导居民移除门前堆放的白色泡沫垃圾，并让社区文保员进行巡查监督。（李彦非）

【不可移动文物点名录更新工作】 2019年4月29日，天心区文旅体育局组织专家和有关部门工作人员进行实地考察，于当日召开文物评审会议，把位于坡子街街道的天符庙和位于暮云街道的"百米高炉"列入不可移动文物名录，充实和完善天心区的历史文化宝库。（李彦非）

旅游

【概况】 2019年，天心区旅游总收入204亿元，同比增长4%，其中国内旅游收入201亿元，同比增长7%。接待国内旅客1720.84万人次，同比增长5%。其中，长沙市生态动物园举办"小动物爱旅游"活动，接待游客10万人次，实现旅游收入1007万余元；迎中华人民共和国成立70周年系列主题活动，接待游客11万，旅游收入1040万余元；围绕"快乐长沙•璀璨天心"主题，举办2019年长沙火宫殿大庙会，核心区域日平均流量20万人次，参加群众达400余万人次。（谢彦波）

【旅游品牌打造】 2019年，天心区支持和指导湖南省科技馆成功申报国家AAA级景区，并着手申报创建AAAA级景区；将天心阁周边景点"串珠成链""连点成片”，力争创建国家 AAAAA 级景区，形成天心特色文旅品牌。在 2018 年基础上推出“文韵天心—文化民俗之旅”“魅力天心—都市风情之旅”“研学天心—亲子科普之旅”“湖湘天心—红色经典之旅”“舌尖天心—特色美食之旅”等一日游精品线路。完善旅游公共服务，指导景区完成旅游厕所建设和标注，推进景区品质和服务提升。（谢彦波）

【2019 年“中国旅游日”湖南分会场活动开幕】 2019 年 5 月 19 日，湖南省文化和旅游厅在天心区太平街开展“文旅融合·美好生活”主题活动，向劳模、环卫工人赠送公益大礼包，组织企业代表宣誓诚信经营，并启动“中国旅游日”湖南分会场活动，新华网、人民网、《中国旅游报》和湖南卫视等 26 家媒体进行宣传报道。（谢彦波）

【“6•26”中非经贸论坛焰火晚会后勤保障】 2019 年 5 月 17 日，天心区负责 6 月 26 日杜甫江阁楼外焰火燃放的 700 位嘉宾观赏接待工作，历时一个半月，参与后勤保障工作和安保工作 1 万余人次，出动各类保障车辆 500 余车次，经费保障 200 余万元。完成第一届中非经贸博览会焰火晚会保障工作的任务，辖区四星级天玺大酒店作为指定接待酒店，收到中非经贸博览会秘书处感谢信，天心区被湖南省政府评定为“第一届中国—非洲经贸博览会先进单位（表扬）”。（谢彦波）

【“夜天心”专题报道】 2019 年 7 月 16 日，中央电视台《消费主张》播出《中国夜市全攻略：湖南长沙》，重点介绍天心区可可清吧等夜间好吃好玩之处；8 月 21 日，中央电视台《经济半小时》介绍长沙“夜生活”。天心区编制《天心区全域旅游地图》，与“遇见湖南”“吃喝玩乐在长沙”等拥有较大市场影响力的新媒体平台合作。9 月 27 日，《长沙晚报》以《夜市，天心阁下不夜城》为题整版报道天心区推动文旅消费夜经济工作情况，宣传推广天心区美食美景和历史文化资源。（谢彦波）

【长沙市夜间经济服务示范中心授牌】 2019 年 12 月 20 日，“点亮中国夜经济版图”长沙站活动闭幕式暨长沙市 2019 文旅消费品牌榜颁奖典礼在梅溪湖国际文化艺术中心举行。天心区委常委、统战部部长、区夜间经济服务中

16版
点亮新文旅 夜色最长沙
长沙文旅夜经济特别报道
长沙晚报
夜市 天心阁下不夜城
深夜食堂，邂逅长沙烟火气
不夜天心，繁荣长沙新图景
璀璨夜市，不夜城市井风情
文化夜游，品古今长沙风韵
这边夜色独好
星空下，与长沙之心一起律动

图 120　2019 年 9 月 27 日，《长沙晚报》整版报道天心区推动文旅消费夜经济工作情况（区文旅体育局供图）

心主任刘向代表天心区参加“长沙市夜间经济服务示范中心”授牌仪式，市文化旅游广电局局长杨长江为天心夜间经济服务中心授牌。（谢彦波）

南郊公园

【概况】长沙市南郊公园地处长沙市天心区南二环442号，是青年毛泽东第一次指挥军事战斗并取得胜利的地方。公园总面积约36公顷，绿化覆盖率97%，是长沙城区离湘江最近的综合性山体公园，享有“湘江东岸绿色明珠”之称号。公园有“双亭映秀、竹苑听泉、杜鹃报春、甘露飞珠、秀峰醉月、高阁数红、江天一揽、天趣乐园”南郊八景。处湘江之畔、南郊之巅，远眺岳麓，俯览橘子洲，成为长沙市一处集休闲、游赏、娱乐为一体的综合性城市公园。年接待游客220万人次。公园经过提质改造后拉通西向游步道，开设东门、西门。长沙市南郊公园管理处属于副处级公益二类事业单位，负责南郊公园和湘府文化公园两个园区的日常管理，内设6个科室：人事宣教科、办公室、经营管理科、财务科、园林科、保卫科。截至年末，南郊公园管理处在职工作人员78名。

南郊公园管理处紧紧围绕“融城核心、璀璨天心”建设，主动融入“北提南进、服务引领、民生造福”天心区发展战略，始终坚持以市民游客为中心，切实加强公园建设和管理，全力确保南郊公园和湘府文化公园的环境优美、秩序优良和服务优质，确保公园的一方平安。被市文明办评为2019年市级文明标兵单位。（李　康）

【公园工程项目】2019年，长沙市南郊公园管理处抓好三个重点项目建设的扫尾工作：湘府文化公园后续建设项目；南郊公园整体提质改造一期项目；南郊公园抢险修复工程建设。完成猴子石青年毛泽东首战首胜红色教育基地、罗汉拱文创阅读体验中心项目的策划，并申报纳入区发改委2019年预备项目。（李　康）

【公园日常管理】2019年，长沙市南郊公园管理处加强公园建设和管理，确保南郊和湘府这两个园区的环境优美、秩序优良和服务优质，确保公园的一方平安。全年回复“12345”市民热线80件，采纳游客合理化建议4条、整改游客反映的问题7处。共创“平安公园”，全年召开综治工作会议6次，安全生产专题会议12次，组织安全生产综合检查7次，下达整改通知单16份，制作增设森林防火警示牌36块，重新更换制作宣传中共十九大精神、蓝天保卫战、扫黑除恶等内容的公益广告宣传150余块。全年未发生安全责任事故和治安案件，公园为全年治安合格单位。（李　康）

【园容园貌维护】2019年，长沙市南郊公园管理处每逢传统节日摆放花卉，采取立体花坛、地栽花卉、创意花器、悬挂彩旗和灯笼等方式进行环境布置。对办公室前坪、秀峰大草坪进行打草修剪；对园内杜鹃、红继木、红枫等灌木进行整形修剪，对模纹板块、绿篱进行定期修剪、除杂；对园内乔木进行不定期疏枝修剪。集中对步行道两侧树木2米以下树枝进行清理；对园内树木进行不定期检查，对枯死树、病虫树及时处置；对前门区、漫竹湖边、粉单竹景区内的竹类进行经常性清理；防控害虫滋生，对全园范围内绿植进行集中打药杀虫；针对漫竹湖蓝藻现象，组织专业水污染治理公司进行治理。（李　康）

【公园重大活动】2019年，长沙市南郊公园联合中南林业科技大学、长沙理工大学、湖南农业大学、湖南环保职业技术学院等周边高校开展植物认知与古诗词欣赏活动。为明德中学、雅礼中学、黄土岭小学、湖南一师附小、新开铺小学、湖南中医药大学等各类学校提供爱绿护绿、爱卫护卫志愿者服务场地，开展义务植树活动。开展“我和星爸星妈有约”自闭症儿童游园会、“益创空间、助残圆梦”——2019年全国助残日文创市集活动、2019全国科技周（书院路社区）启动仪式暨“美丽中国，我是行动者”、2019世界环境日宣传活动、天心区教育系统教职工百日健步走、省电力机关工会“我和祖国共奋进”健步走、区文旅体育局“庆中华人民共和国成立70周年、展天心老年风采”健身活动等系列动态文化体育活动。中秋节期间，举办恐龙科普展，国庆期间举办“萌宠展”。（李　康）

【朱远红调研南郊公园】2019年4月23日，天心区委副书记朱远红率队调研长沙市南郊公园相关工作。区政府副区长许波，区直相关部门及街道相关负责人，天心阁管理处以及南郊公园全体班子成员参加。许波主持会议。会议听取南郊公园管理处主任邹畅萍对公园相关情况的汇报，了解公园运行过程中存在的问题和面临的困难。朱远红表示，公园是社会主义精神文明建设的窗口单位，是弘扬宣传文化的阵地，要把公园打造成为长沙市民的乐园、花园和家园。（李　康）

天心阁

【概况】 天心阁景区坐落于长沙城市中心，东临天心路，西接蔡锷南路，南起城南路，北抵人民路。天心阁景区占地面积30390平方米，其中建筑面积4033平方米；道路面积7494平方米；水面396平方米；绿化面积23108平方米；绿化覆盖面积30602平方米；绿化率60.8%，绿化覆盖率91%。景区是以天心阁和古城墙为主体景观的历史名胜，古阁、古城连为一体。其中，古城墙始建于西汉高祖五年（前202年），天心阁始建于明万历以前。长沙市天心阁管理处内设8个科室：办公室、人事科、计财科、经营科、保卫科、文物科、营销部、园林科。截至年末，在职工作人员88名。

2019年，天心阁景区获长沙市“十佳景区”称号，获得湖南省长株潭“两型社会”建设改革试验区领导协调委员会办公室颁发的“两型认证证书”。天心阁景区学雷锋志愿服务站获评2019年全市公共文化设施学雷锋志愿服务十大先进站点。（周　惠）

【景区管理与经营】 2019年，长沙市天心阁管理处实行景区综合治理、消防安全责任追究制，全面落实“三防”（人防、物防、制防）措施；实现园区垃圾分类全覆盖；对园区文明创建实行网络化管理，新建母婴室，健全旅游安全、环境卫生、导游讲解、园区增绿、文物保护、咨询投诉制度；突出创建市民满意公园，开展特色鲜明、贴近百姓的主题游园活动；注重经营门店服务品质提升；打造园林精品景观；开通微信支付业务；正式上线研学旅游项目；开发廉政讲解词；成立“绿马甲”志愿实践团。3月完成景区消防安全隐患整改项目立项批复，6月完成前期手续，12月按程序完成设计方案。4月，天心阁景区古城墙排水整修项目完成设计方案编制，获得国家文物局立项和方案审批，进行项目填报并获审核。（周　惠）

图121　2019年5月31日，天心阁管理处讲解班尹佳旎（右二）参加湖南省文化和旅游厅举办的2019年湖南省导游大赛，获得金牌奖（长沙市天心阁管理处供图）

【文史宣传】 2019年，天心阁景区搜集、整理并收录天心阁故事18篇；在国家、省、市级报纸杂志上发表《李汪度和他的〈重修天心阁记〉》等天心阁专题论文8篇。10月11—14日，2019年中国历史文化名楼保护专业委员会年会暨第五届名楼讲解员大赛在江西南昌召开，天心阁作为中国历史文化名楼理事单位参会。会议进行《中国历史文化名楼系列文丛　传说故事卷》首发仪式，天心阁18篇传说故事入选；选派讲解员尹佳旎、李荣玉参赛，均获评三等奖。（周　惠）

【品牌打造】 2019年，天心阁景区配合湖南卫视、长沙新闻频道《天心阁》宣传片及台湾媒体《大陆“西游记”　长沙天心阁》电视片的拍摄。1月1日，天心阁景区与湖南省大学生书法联合会合作举办“迎新纳福送春联　庆聚天心贺新春”活动。清明节，举行“祭奠英烈　传承民族精神”活动；中秋节，举办“我们的节日•中秋”主题活动暨“月上天心”中秋诗词歌会活动；9月21日，

配合岳麓诗社举办“迎国庆颂辉煌”诗词书法展。（周 惠）

【“点亮蓝灯·汇爱前行”——关爱自闭症儿童成长活动】 2019年4月2日是第12个世界自闭症日，为关爱“星星的孩子”成长，中国历史文化名楼保护专业委员会联合历史名楼长沙市天心阁举办“点亮蓝灯·汇爱前行”关爱自闭症儿童成长活动，长沙市天心区启航培智中心、长沙勇峰演艺器材有限公司、长沙九派文化传播有限公司联合承办。中国历史文化名楼专业委员会连续第二年为关爱自闭症孩子“点亮蓝灯”，天心阁作为名楼理事单位每年参与，旨在与国内18座名楼单位对名楼文化的发展渊源、文化底蕴、保护利用进行进一步的发掘和研究交流活动。活动中，60组来自天心区的自闭症儿童家庭，在工作人员带领下，游览天心阁城楼，点亮蓝灯。（周 惠）

图122 2019年4月2日，天心阁举办“点亮蓝灯·汇爱前行”关爱自闭症儿童成长活动（长沙市天心阁管理处供图）

体育

【全民健身】 2019年，天心区建设全民健身工程点，共投放器材74套，其中市级31套、区级43套；完成2个智慧健身驿站建设；新改建2个多功能运动站场；完成1条步道建设。2019年新发展各级社会体育指导员393名。其中，国家级社会体育指导员10名，一级社会体育指导员23名，二级社会体育指导员276名，三级社会体育指导员84名。全区全年参加体育锻炼的群众38.17万人次。其中，男性占44%，女性占56%；城镇居民占61.5%，乡村居民占38.5%。10月，全面完成第五次国民体质监测工作，对辖区内城幼、城老、城体、城非、乡幼人群进行体质监测，天心区共抽样548人。（王雅婧）

【体育赛事】 2019年4月6日，天心区文旅体育局参加长沙市体育系统卡丁车交流赛，获得团体、个人双冠军；4月21日，天心区参与组织2019湘江马拉松赛长沙站暨长沙市第五十二届春季马路赛跑活动，区文旅体育局做好保障工作。6月14—19日，组队参加2019长沙市区、县（市）“公仆杯”篮球赛。8月23日，举办天心区参加湖南省首届社区趣味运动会排位选拔赛，辖区内13个街道组成代表队，约150名居民群众参与比赛。10月27日，完成第五届长沙国际马拉松赛天心区赛段的保障工作。11月，区文旅体育局参加市体育局举办的长沙市体育系统三人制篮球教学交流赛活动，获三等奖。12月7日，组队参加市体育局举办的长沙市区县（市）“羽协杯”羽毛球比赛、长沙市全民健身知识竞赛等。（王雅婧）

【两项调查工作】 2019年，天心区完成全国第四次经济普查暨公共体育场地调查工作与2018年湖南省体育产业专项调查统计工作。截至2019年年底，天心区共有体育产业443家。其中，法人和产业活动单位190家，个体经营户253家。（王雅婧）

【社会组织、民办非企业体育发展】 2019年，天心区新增体育俱乐部3家，分别为：长沙市天心区顺意青少年体育俱乐部、长沙市天心区百乐青少年足球俱乐部、长沙市天心区铭龙乒乓球俱乐部。（王雅婧）

【干部职工迎新春定向挑战赛】 2019年1月18日，天心区“红红火火过大年”机关干部职工迎新春定向挑战赛活动在湘府文化公园举行，全区80支队伍，约1600名干部职工参与。活动共设12个任务点，卡点设有稳步向前、心有灵犀、迈出新征程等趣味挑战项目。为弘扬传统春节文化，营造节日气氛，活动邀请天心区“非遗”传承人为大家献上对联、剪纸、棕叶编等互动活动，激励天心区干部职工以新气象、新风貌携手共进，在建设“融城核心、璀璨天心”之路上发挥力量。

（王雅婧）

【“品文墨览天心，赛经纶强身心”知识竞赛活动】 2019年5月28日至6月6日，天心区文旅体育局举办“品文墨览天心，赛经纶强身心”知识竞赛活动。活动设置线上和线下两个赛区，线上竞赛时间为5月28日至6月6日，吸引辖区内广大市民群众参与；线下知识竞赛于5月31日在区政府3楼会议室举行。广大天心区居民群众和干部职工参与答题，区文旅体育局在活动中获得亚军。

（王雅婧）

【暑期免费游泳场馆开放政府购买服务】 2019年暑期，7月22日至8月30日，天心区3家游泳场馆（华驰体育中信新城小区游泳池、金贝体育白沙世纪佳园游泳池、华鹰体育天心嘉园游泳池），实行免费开放、政府购买服务。在“内五区”率先建立游泳场馆班前会制度，做到安全生产责任

图123　2019年4月21日，2019湘江马拉松赛鸣枪起跑

（区文旅体育局供图）

层层压实。免费开放40天期间，服务12600余人次，实现免费开放“零失误”。（王雅婧）

【机关干部职工健身健康太极拳训练培训班】 2019年，天心区文旅体育局从6月20日开始，每周四下午在区政府机关中厅举办机关干部职工健身健康太极拳训练培训班，由专业太极拳老师教授抻筋拔骨操，培养干部职工在工作之余的健身习惯，普及科学健身知识和健身方法。培训为期半年，利于提高机关干部职工身体素质。（王雅婧）

【参加湖南省首届社区趣味运动会排位选拔赛】 2019年8月23日，湖南省首届社区趣味运动会排位选拔赛（天心区选拔赛）在湘府文化公园举行，辖区内13个街道组成代表队，约150名居民群众参与比赛。该次运动会是湖南首届面向社区举办，旨在为社区居民群众打造集有益、趣味、健身为一体的体育活动，激发居民群众的运动意识，逐步养成运动健身的健康理念，逐步增强居民群众身体素质。（王雅婧）

【干部职工工间操比赛】 2019年9月27日，为促进全区干部职工树立健康生活、快乐工作的理念，天心区文旅体育局举办天心区干部职工工间操比赛。全区各园区、各街道、区直机关各单位共48支代表队，近3000名干部职工参加比赛，区文旅体育局在比赛中获得第一名。（王雅婧）

卫生医疗

综　述

【概况】 长沙市天心区卫生健康局（简称“区卫健局”）于2019年3月挂牌成立。截至年末，在职工作人员31名。办公地址位于长沙市湘府中路298号。全区有各类医疗机构440家。其中，医院38家，社区卫生服务中心13家，社区卫生服务站（卫生室）46家，其他医疗机构343家。

2019年，天心区卫健局贯彻落实中央、省、市、区决策部署，把人民健康放在优先发展的战略地位，全方位、全周期保障人民健康。获评“国家基层中医药先进单位”“区县（市）无偿献血组织工作先进单位”“2019年长沙市卫生计生综合监督工作突出贡献单位”等称号。（彭　莎）

【基层卫生基础】 2019年，天心区卫健局争取各级财政资金，提质改造暮云街道云塘、弘高、高云，大托铺街道兴隆4家村卫生室。大托铺中心于10月完成主体封顶，建筑面积6667平方米，概算总投资约6458万元，建成后可设置50张病床，缓解村民就医不便的问题。区内各街道卫生服务中心同省人民医院、市三医院等10余家省、市级医院建立医联体。与爱尔眼科医院成立区眼保健医联体，青园中心加入湖南中医药大学的湘中医联盟，新开铺、桂花坪中心同市三医院建立名医工作站。通过融合上级优质医疗资源，提升基层服务能力。制定内部绩效考核、医疗质量与安全管理等制度，对中心主任、副主任进行任期考核，部分主任岗位交流。建立人才引进机制，对于基层急、紧缺人员允许基层机构采取直接面试的形式，通过局党组会审核后进行招聘。定期组织基层医疗卫生机构医务工作人员参加各类线上、线下的培训，加强乡村医生培养，搭建以市第三医院和南托中心为主的培训基地，为基层医疗可持续发展提供丰富的医疗卫生人才储备。（胡　娟）

【医政医管】 2019年，天心区在医疗机构设置上，按照方便群众、优化配置、合理布局的原则，实行“阳光审批”，依法新增注册医疗机构24家，注销医疗机构10家。巩固湖南省计划生育依法行政示范区创建成果，加大卫生监督执法力度，精准打击医疗乱象行为，开展打击非法行医、医疗废物专项整治等行动，维护好二次供水及公共场所的卫生安全。推进行政审批手续提效增速，将医护人员注册由原承诺时限20个工作日缩短为5个工作日。在中医诊所备案方面，实行资料提交齐全，即时受理审批发证。区卫健局“一件事一次办”事项办件总量为36701件，全部办结到位。（袁志祥）

【中航长飞公司职工医院移交签约仪式】 2019年3月15日，天心区人民政府、中航长沙5712飞机工业有限责任公司（以下简称“中航长飞公司”）举行中航长飞公司职工医院移交仪式。区政府副区长黄会和中航长飞公司董事长、总经理湛建平，党委书记刘辉雄，副总经理刘霞彩等出席仪式。区卫计局、区财政局、区人社局负责人及其他相关人员参加仪式。湛建平指出，公司会一如既往地支持医院的发展。黄会指出，区委、区政府将会把移交后的职工医院纳入天心区整体发展规划，按照接收好、管理好、发展好的要求，努力将其打造成示范性医疗机构，为居民提供更好的医疗服务。原区卫计局党委书记、局长彭彦辉，刘霞彩代表双方签署移交协议。该医院是一级甲等综合医院，是长沙市城镇职工、城镇居民及生育保险的医保定点医院，能开展内科、外科、妇科、儿科、五官科等多发病、常见病的门诊和住院治疗。移交后，将转变为公立基层医疗卫生机构，与黑石铺街道社区卫生服务中心进行整合，为天心区的卫健事业做出新的贡献。（符凤姣）

【实施国家基本药物制度工作获省督导调研组好评】2019年4月18日，由湖南省卫生健康委药政处处长武昆带队，怀化市湘西州卫健委药政处专家10余人组成的督导调研组，对天心区基本药物制度实施情况进行督查考核。长沙市卫健委分管副主任、药政处负责人，天心区相关负责人陪同。督查组检查天心区青园街道社区服务中心、暮云街道社区服务中心、暮云街道云塘村卫生室、暮云街道许兴村卫生室的基本药物制度实施情况，天心区实施国家基本药物制度工作获省督导调研组好评。（胡 娟）

图124 2019年3月15日，天心区人民政府、中航长飞公司举行中航长飞公司职工医院移交仪式（区卫健局供图）

疾病预防控制

【传染病防控】2019年，天心区2019年共发生乙类传染病17种1391例，丙类传染病6种13857例，无甲类传染病发生。及时开展禽流感环境监测，无阳性发现；无人感染H7N9流感病例报告。报告住址在天心区的登革热病例10例，其中9例为境内/境外输入性病例，1例为疑似本地病例；传染期在天心区停留的外地病例4例。（彭 莎）

【结核疫情防治】2019年，天心区医疗机构报告结核疫情240例，管理肺结核病人数289人，肺结核报告病例总体到位率96.18%、定点医疗机构肺结核患者病原学检测阳性率52.6%、肺结核患者成功治疗率93.1%、基层肺结核患者规范管理率92.47%、肺结核患者开展HIV筛查率99%。（彭 莎）

【“全国疟疾日”宣传活动】2019年4月26日，由湖南省卫生健康委员会主办，省疾病预防控制中心承办，天心区卫健局、区疾病预防控制中心协办的第十二个“全国疟疾日”宣传活动在湘府公园南广场举行。湖南省卫健委疾控处处长陶学永，省疾病预防控制中心党委书记黄跃龙，省商务厅、省文化和旅游厅、长沙海关、水电八局、中南大学湘雅医院常德分院、长沙市疾控中心、区卫健局、区疾控中心相关负责人，辖区内居民群众，省、市、区各级医务人员以及媒体代表等共200余人出席活动。陶学永对全省疟疾防治历程、消除疟疾工作进行介绍，倡议全省各级卫生健康部门进一步高度重视疟疾防治，及早发现和有效管理好输入性疟疾病例；各级党委政府和相关部门认真履行职责，加强领导、形成合力；媒体要广泛宣传疟疾防治科学知识，特别是外出旅游、务工人员要掌握疟疾防治知识，有效防控疟疾，保护身体健康。中南大学湘雅医院常德分院副院长沙新平进行疟疾知识微科普，与居民进行有奖知识竞答互动，发放防治知识宣传单和宣传品，进行义诊和咨询。（符凤姣）

【结核病防治职工职业技能竞赛】2019年6月18日，天心区卫健局组织开展2019年结核病防治职工职业技能竞赛。竞赛内容涵盖结核病基础知识、防治知识、病情诊断和治疗等科学素养。区卫健局党组副书记阎伟奇，党组成员、副局长董锡娜以及长沙市疾控中心、长沙市中心医院的专家担任竞赛评委。区疾控中心以及各街道社区卫生服务中心代表队共14支队伍参赛。桂花坪街道百康社区卫生服务中心代表队获团体一等奖，暮云街道社区卫生

服务中心代表队获团体二等奖，南托街道社区卫生服务中心代表队、疾控中心代表队获团体三等奖。（符凤姣）

基层卫生

【扶贫帮困】2019年，天心区卫健局全面落实计生奖励扶助政策，为辖区内1437名特扶对象提供精准关怀服务，核定独生子女保健费、城市低保、农村奖扶、计生家庭特扶多项扶助共14323人，发放奖扶资金2308万余元。发挥好政府与计生家庭之间的桥梁纽带作用，做好特殊家庭的帮扶工作。全区建档立卡贫困人口共980人，大病患者、重病患者救治率均达到100%，住院实际报销比例90.65%，有效缓解辖区内建档立卡贫困人口因病致贫、因病返贫等问题。抓好计生特殊家庭综合保险和重病大病住院护理补贴工作，区计生协会获2019年"湖南省计生协会特扶人员住院护理补贴工作先进单位"。推选通道县10名基层医务人员到市三医院进修，深化通道医疗支援工作。局领导干部2次带队到浏阳张坊镇富溪村，开展扶贫帮困。（蒋敏红）

【"户帮户亲帮亲　互助脱贫奔小康"精准扶贫活动】2019年6月11日，天心区卫健局组织局党组部分班子成员，机关支部、区卫监局、区疾控中心、区妇幼所、新开铺街道社区卫生服务中心、桂花坪街道百康社区卫生服务中心、长沙爱尔眼科医院7个党支部的党员，到精准扶贫联系点——浏阳市张坊镇富溪村，开展"户帮户亲帮亲　互助脱贫奔小康"精准扶贫活动。党员志愿者为80多岁的特困户李元才送去生产帮扶和健康扶贫资金4000元。桂花坪街道百康社区卫生服务中心、新开铺街道社区卫生服务中心开展爱心助学活动，给23名富溪村小学的特困学生捐赠爱心款和学习用品；长沙爱尔眼科医院医生给富溪村小学全体师生开展眼健康检查保健，为师生进行视力、眼压、眼底等专科检查；天心区首届道德模范、天心区首届"最美医生"、湖南蓝天救援队队员彭天冰为富溪村小学全体师生讲解应急救护常识。（符凤姣）

图125　2019年6月18日，天心区卫健局组织开展2019年结核病防治职工职业技能竞赛（区卫健局供图）

【第二届"最美医生"颁奖典礼】2019年8月19日，天心区举行第二届"最美医生"颁奖典礼，弘扬"敬佑生命、救死扶伤、甘于奉献、大爱无疆""尊医重卫、共享健康"精神。区委副书记朱远红，区委常委、宣传部部长肖雄伟，区政府副区长黄会，区卫健局党组书记、局长张长生，区委宣传部副部长、区文明办主任杨英，区卫健局各二级机构、各街道卫计办、各街道社区卫生服务中心、辖区各医院共200余人参加活动。活动表彰20名百姓身边的"最美医生"，10名"最美护士"，3个"最美家庭医师团队"。其中，阳友元、胡兴、彭天冰获长沙市"优秀医师"。（符凤姣）

【健康管理及卫生创建】2019年，天心区卫健局巩固"国家慢性病综合防控示范区""县级甲等疾控中心"建设成果，做好突发急性传染病、突发公共卫生事件、重大疾病防控以及地方病、慢性病和职业病防治工作，开展H型高血压和脑卒中防控惠民项目，群众得到真正的实惠。开展专业灭"四害"行动，消除病媒生物的滋生场所，有效防范登革热等传染病疫情。开展健康促进区创建活动，提升居民健康素养。成功创建一批省市级卫生村、卫生社区、文明卫生单位。动员开展群众性爱国卫生活动，倡导健康文明的生活方式。（黄海瑛）

【省、市红十字会调研天心区博爱家园工作】2019年7月9日，湖南省红十字会党组书记陈丹萍、长沙市红十字会常务副会长唐俊杰及省、市红十字会相关负责人一行6人，到天心区文源街道梅岭社区调研红十字博爱家园项目工作。调研组一行参观梅岭社区博爱家园家庭医生工作室、社会工作站、心灵阳光工作室、救护培训基地等服务阵地，与区、街道、社区三级负责人展开座谈，为下一步工作推进打下基础。（卢　茜）

妇幼保健

【概况】 2019年，天心区实施民生实事项目，提高出生人口素质、妇幼服务和精准医学水平。完成农村和城镇低保适龄妇女“两癌”免费检查1280人，完成率101.99%，免费产前筛查项目5489人，完成率160.25%。新生儿多种遗传代谢性疾病免费筛查6374人，完成率175.10%。0~6岁儿童眼睛及视力筛查保健，完成视力筛查22782人，完成率123.18%。孕产妇死亡率控制为0，5岁以下儿童死亡率控制为4.53‰。（彭　莎）

【提升妇幼服务能力】 2019年，天心区卫健局巩固“全省妇幼健康优质服务示范区”创建成果，实施健康民生项目，完成免费产前筛查5489人，适龄妇女“两癌”筛查14521人，免费新生儿疾病筛查6374人，0~6岁儿童眼及视力筛查保健27688人，无创DNA筛查6126人，耳聋基因筛查6308人。（符凤姣）

【启动“健康校园”行动】 2019年2月19日，天心区卫计局联合区教育局启动“健康校园”行动，针对传染病防控及应急救援业务展开全方位的课程培训。培训对象覆盖全区60所中小学和131所托幼机构的分管负责人、卫生老师及全体教师2400余人。培训重点对常见传染病的典型症状及防控措施进行讲解，做到传染病早发现、早隔离、早诊断、早治疗，从控制传染源、切断传播途径和保护易感人群3个方面入手来有效进行传染病的防控。区红十字会专业讲师针对心肺复苏应急救援进行讲解。（黄海瑛）

【“爱在春天”南湖女性健康节活动】 2019年3月23日，第九届“爱在春天”南湖女性健康节启动仪式在南湖医院前坪举行，活动由长沙市文明办、市妇联指导，天心区文明办、区卫生健康局、区总工会、区妇联举办，裕南街街道、裕南街街道向东南社区、长沙南湖医院、长沙南湖和睦医院等单位联合承办，1000余位社区居民、义工学子共同见证活动。活动现场为80名贫困妇女提供现金和医疗物资援助。（符凤姣）

图126　2019年7月9日，湖南省红十字会陈丹萍（左三）调研红十字博爱家园项目工作（区卫健局供图）

社会生活

人力资源和社会保障

【概况】 长沙市天心区人力资源和社会保障局（简称“区人社局”）机构改革后，主要职能为公共服务职能和人事管理服务职能，即就业培训、社会保险、人事人才和劳动维权四项工作职能，覆盖全区包括机关、企事业单位、民办非企业等各类用人单位和所有16周岁以上的城乡居民。区人社局内设6个科室：办公室、事业单位人事管理科（专业技术人员管理科）、工资福利科、社会保险管理科（基金监督科）、就业促进科（基层业务指导科、人力资源管理科）、劳动仲裁科（行政审批和政务服务科、政策法规科）；3家二级机构：人力资源开发服务中心、社会保险服务中心、劳动监察执法大队；下辖14个街道人力资源和社会保障服务站，83个社区人力资源和社会保障服务中心，24个行政村人力资源和社会保障服务中心（含1个管委会和11个集资办），232名社保工作人员。局内有工作人员81名。

2019年，区人社局以“服务发展、保障民生、促进和谐”为主线，着力稳就业、增动能、强保障、保平安，推进人社事业发展，为推进全区“民生造福”努力。全区城镇新增就业12192人，失业人员再就业4900人，就业困难人员再就业2401人，分别完成全年目标任务的111%、109%、133%；新增农村劳动力转移就业405人，城镇登记失业率2.03%，零就业家庭100%动态清零。企业养老保险基金征缴15.27亿元，城乡居民养老保险参保46844人。已建工会企业工资集体协商建制率、劳动人事争议仲裁结案率90%以上，劳动人事争议调解成功率达60%以上，查处工资类违法案件降幅30%以上，追发劳动者工资等待遇涉及金额降幅35%以上，追发劳动者工资等待遇涉及人数降幅40%以上。全区机构改革，人力资源和社会保障局的医保、公务员管理、社保征缴、军转安置等职能顺利移交，办理转隶15家单位380余人。获评2019年“全国乡镇（街道）劳动争议调解综合示范先进组织单位”。（骆建安）

【人才工作】 2019年，天心区人社局推进人才强区战略，围绕商贸物流业、现代金融产业、文化创意产业、地理信息产业、健康医疗、旅游休闲6个重点产业，引进复合型党政人才、紧缺岗位人才、专业技术人才；坚持凡进必考、过程公开、全程监督，面向优秀社区书记、主任招录公务员1名，公开招聘教师100名，招聘事业单位工作人员70名。

（骆建安）

【人才队伍管理】 2019年，天心区开展事业单位岗位设置工作，新增4家事业单位、185人完成岗位聘用及工资兑现。突出德才标准，按比例评出2018年度的优秀和基本称职（不称职）工作人员，嘉奖322人，三等功53人，基本称职（基本合格）30人，不称职（不合格）6人。按政策推进职称工作，初级职称认定167个，中级职称推荐申报并被审定18个，高级职称推荐申报并被审定19个。完成100个科技人才推荐工作，向市推送6个，评审通过1个。

（骆建安）

【落实“长沙人才新政22条”】 2019年，天心区人社局先后四次深入园区宣讲《长沙市建设创新创业人才高地的若干措施》（简称“长沙人才新政22条”）等人才政策，组织人才政策交流沙龙，接受人才政策电话及现场咨询5236人，受理人才优惠政策申请903人，受理手机APP申请968人，后台审核2657人次，累计发放高校租房和生活补贴1549.35万元，留学归国租房补贴101.43万元，技能人才补贴60.7万元。

（骆建安）

【长沙人力资源服务产业园被评为国家级产业园】2019年，天心区人社局加强与国家、省、市人社部门衔接，多次陪省人社厅负责人向人社部汇报和争取。8月20日，经人社部研究，同意在长沙建立国家级人力资源产业园，名称定为“中国长沙人力资源服务产业园”。10月18日，在2019年中国国际轨道交通和装备制造产业人才峰会上，人社部人力资源流动管理司副司长李祥伟宣读人社部关于同意建立中国长沙人力资源服务产业园的批复并授牌，长沙市委常委、常务副市长夏建平代表市人民政府上台接牌。

（骆建安）

【劳动监察执法】2019年，天心区人社局推进根治拖欠农民工工资工作，在全市率先建立“一单四制”（任务清单、督办制、通报制、联席会议制、定期调度制）。开展无欠薪攻坚行动和根治欠薪夏季行动等专项行动，清查欠薪隐患苗头，动态排查本区在建项目56家，新增办理农民工劳动报酬保证金9685.08万元。围绕优化营商环境，开展人才招聘中介收费专项清理整治专项行动，对13家人力资源服务机构进行专项核查，未发现违法行为。全年立案受理投诉举报共263起，涉及金额470万余元；协调处理涉及农民工工资群体性矛盾15起，涉及农民工人数600余人，调处发放农民工工资2000余万元。（骆建安）

图127　2019年10月18日，中国长沙人力资源服务产业园被评为国家级产业园

（区人社局供图）

【劳动就业与培训】2019年，天心区人社局围绕“4050”人员、高校毕业生、失地农民、返乡农民工、残疾人等就业困难群体，组织开展创业培训和技能培训，全年技能培训班6期、培训学员249人，创业培训班15期、培训学员450人。助力精准扶贫，在通道县等5县组织“压路机操作员”“月子护理员”“电工”“乡村创业创新训练营”，培训学员230名，促进贫困劳动力转移就业。落实“五帮扶”中的就业帮扶，办理“就业创业登记证”2605本，认定困难人员1097人；核发创业贷款14笔、243万元，见习补贴128.4万元，灵活就业社保补贴2371人、1399.8万元。（骆建安）

【开展人社系统技能练兵比武活动】2019年，天心区人社局组织全区人社系统技能练兵比武活动，全区280余名人社工作人员参加。组织全区人社系统工作人员业务知识培训2期，培训390人次。通过学技能、学业务，区人社局代表队获得全市选拔赛团体二等奖。（骆建安）

【社会保障服务】2019年，天心区人社局承办“12333全国统一咨询日”活动，组织人事人才及劳动保障法律法规政策宣讲会，发放宣传资料2万余份。严格执行费率过渡政策和全省统一费率政策，园区试点企业全年降低社保费用780万元，全区其他参保单位全年降低社保费用1.44亿元。推进“一件事一次办”“就近办、网上办”等放管服改革，推行“五制”“四公开”“三亮明”（“五制”：首问责任制、全程代理制、一次性告知制、限时办结制、责任追究制；“四公开”：办事程序公开、办事依据公开、办事时限公开、办事结果公开；“三亮明”：亮明身份、亮明承诺、亮明标准）。完善社保基金监督管理办法，组织开展社保基金内部自查3次，梳理内控风险点12个。推进企业退休人员社会化管理服务工作，指导12个社区组建快乐老人大学。（骆建安）

【“春风行动”大型公益招聘会】2019年2月18日，2019年湖南省“春风行动”启动仪式暨“促进转移就业，助力脱贫攻坚”大型公益招聘会在天心区湖南长沙人力资源服务产业园举行。该次招聘会由湖南省人社厅、长沙市政府等单位共同主办，省就业服务局、市人社局、市扶贫开发办公室、天心区政府等单位共同承办。蓝思科技、比亚迪等220家省内外知名企业，为现场农村求职者提供文秘、会计、安保、维修工、生产普工、家政等就业岗位1万余个，吸引来自长沙、怀化、湘西土家族苗族自治州等多地求职者和建档立卡贫困劳动力进场求职，现场有1500余人与用人单位达成就业意向。招聘会现场设立专门的政策咨询服务台，向农村求职者提供劳动维权、医保、社会保障、技能培训等方面的咨询，免费发放各类宣传资料5000余份，提供各类咨询服务超过2400人次。启动仪式后，麻阳苗族自治县、通道侗族自治县、凤凰县、花垣县、龙山县分别与湖南长沙人力资源服务产业园现场签订劳务合作协议。3月10日，由天心区政府、通道侗族自治县政府、益阳市高新区管委会联合主办的2019年“春风行动”暨“政企协作促就业、助力脱贫奔小康”大型公益招聘会在通道县举行。蓝思科技、伟创力、比亚迪等知名企业入场招聘，提供机械、生产、家政、销售等100余个工种，近2万个招聘岗位，吸引通道县全县11个乡镇约1万余人进场咨询，包括各类技术工、返乡农民工等。（骆建安）

【“千人帮千企”养老保险缴费费率过渡试点政策培训会】2019年2月13日，天心区人社局联合天心文化（广告）产业园举办“千人帮千企”养老保险缴费费率过渡试点政策培训会，90余家企业社保负责人参加。天心区人社局社保中心主任任福辉针对缴费费率试点会不会影响员工待遇、会不会对基数有影响等问题，进行现场答疑。培训还在天心经开区（新）举行，近120家企业参加。长沙市出台《长沙市养老保险缴费费率过渡试点实施细则》，文件规定，只要是天心区内的正常参保企业，都可享受到养老保险缴费费率过渡试点政策。（骆建安）

图128　2019年6月13日，天心区在长沙人力资源产业园东广场举办“校企订单合作”签约仪式（区人社局供图）

【“校企订单式合作”】2019年6月13日，天心区人社局与长沙理工大学、中南林业科技大学等12家院校签订天心区“优化营商环境促进就业创业”暨“用才用工”校企订单式合作三方协议，缓解毕业生“就业难”与企业“招工难”，实现“帮扶就业创业扶贫，促进长沙产业发展”的双赢局面。10月25日，区人社局在中南林业科技大学举办“2019年长沙市高校毕业生就业服务行动——天心区就业创业服务‘六个一’进校园活动”，为高校学子们宣讲就业创业及人才新政策，组织138家企业举办招聘会，提供就业岗位2万余个。（骆建安）

【定向就业式“侗嫂”培训】2019年7月11日，天心区人社局组织通道县22名农村贫困妇女，开展为期一个月的“月子护理员”定向就业式“侗嫂”培训，解决农村贫困妇女定向就业。天心区政府副调研员黄光泽、区人社局副局长黄英、通道县人社局副局长吴国清、湖南金领玮业职业技能培训学校董事长梁云等出席开班仪式。培训由湖南省金领玮业职业技能培训学校具体负责实施。开班仪式上，黄英表示，天心区通过培训、打造“侗嫂”服务品牌，就是积极整合社会力量，借助金领玮业在技能培训领域的专业性，让贫困妇女可以在培训后能够获得相应的技能证书，从而帮助她们更好地提高劳动力素质。培训结合通道县以侗族人为主的特点，结合侗族人的文化精髓，开展具有侗族人文化特色的家政培训课程，打造通道县特色的“侗嫂”家政服务体系产业链。湖南金领玮业职业技能培训学校精心设计丰富的教学内容，为学员们提供婴幼儿护理、产后护理、催乳、中医保健理疗等方面的学习课程，并配备具有丰富教学经验的专业教师进行授课。湖南省人社厅给予高度评价，省发改委高度关注并多次予以指导，人社部《家庭服务》《湖南日报》《长沙晚报》《潇湘晨报》《今日女报》等媒体纷纷进行报道。（骆建安）

【区人社局获“全国乡镇（街道）劳动争议调解综合示范先进组织单位”称号】 2019 年，天心区人社局坚持庭前沟通、庭中协商、庭后调解和“面对面”“背对背”的调解模式，依法处理劳动人事争议仲裁。仲裁集体劳动人事争议案件 5 起，维护用工环境。9 月 25 日，天心区作为全省唯一的区县代表在湖南省人社厅全省仲裁员培训上作典型发言。红网、时刻新闻、《潇湘晨报》对区人社局的工作进行报道，其中《湖南长沙天心区：服务为民、探索和谐劳动关系新常态》被湖南学习平台转载至“学习强国”。12 月 19 日，区人社局被授予“全国乡镇（街道）劳动争议调解综合示范先进组织单位”。（骆建安）

图 129　2019 年 9 月 25 日，天心区作为全省唯一区县代表，在湖南省劳动人事争议仲裁培训班作先进典型发言　（区人社局供图）

民政事务

【概况】 长沙市天心区民政局（简称“区民政局”）负责落实国家、省、市有关民政工作的方针政策和法律法规，制订全区民政事业中、长期发展规划和年度计划，并负责组织实施和监督检查。按照天心区机构改革方案，原退役军人相关职能、救灾救济、精神病患者医疗救助等职能转交区属其他单位。内设 5 个科室：办公室、养老服务科、福利慈善事业促进科、基层政权建设和社区治理科、社会事务和儿童福利科；3 个二级机构：社会救助事务中心、社会工作事务中心、社会组织服务中心。截至年末，在职工作人员 47 名。

2019 年，区民政局受理接待群众来信、来电、来访、咨询答疑等 4000 余人次，办结率 100%；在各类平台受理办结信访件 34 件；受理“12345”热线工单 135 条，全部按时办结，满意率 100%；承办市、区两级建议提案 12 件，办结率、沟通率、满意率均达到 100%；政务服务窗口接待群众 5300 人次，受理咨询 3200 人次，办理婚姻登记 5720 对，办理老年证 2177 本。国家、省、市有关负责人到天心区调研婚姻登记、社会组织、养老、福利中心建设等工作。天心区成功获批全国社区治理和服务创新实验区（全省两个、长沙唯一）；区人民政府获评长沙市唯一的全省民政工作先进区，时隔 7 年摘取省政府组织表彰的民政系统最高荣誉；社工站项目被省民政厅称为 3.0 升级版；婚姻登记成功创建 AAAAA 级最高等级。（黄　璟）

【社区治理开创新路】 2019 年，天心区以打造社区“15 分钟生活服务圈”为主题，推进实验区建设，建成服务圈 15 个，顺利通过民政部的中期评估。在全市率先成立首个“乡村议事会”，指导村、社区重新制定和修订村规民约、居民公约，修订率 91%，云塘、嘉和社区成功创建市级优秀村规民约，云塘社区居民公约入围全省“十佳村规民约”候选。注重社区阵地文化建设，整体谋划布局，凸显“红、绿、黑、白”四种色彩，做到主题鲜明、红色主导、乡愁共鸣，从北往南打造一条“红色社区之路”。规范社区综合服务窗口设置，分离窗口区和受理区，强化“前台受理、后台办理”，对495名社区（村）专干进行业务培训。创建省级和谐社区4个，市级和谐精品（示范）社区、农村社区建设示范村共11个，创建市级三社联动示范项目15个。开发社区工作人员员额管理信息系统，对900余名员额管理人员纳入实名制管理。联合区委组织部，组织50名社区负责人到上海市虹口区跟班学习。（汪　希）

【养老服务】2019年，天心区打造15分钟养老服务圈，实现颐养身心、康乐舒心、满意放心“三心目标”。新建社区居家养老服务中心2个，完成600张养老床位重点民生实事项目。推动国家“城企联动”普惠养老项目落地实施，指导湘民康复养老中心、普亲惊蛰护理院获得第一批1080万元中央预算资金支持。支持社会资本广泛参与全区养老事业，引进保利、华润、湖南发展、九如城等行业知名品牌进驻天心，带动全区养老服务行业整体提升。天心养老工作成效获得“学习强国”和海外媒体报道推介。（黄　璟）

【社会保障】2019年，天心区整合低保、临时救助、联席会议个案会商、特困人员供养、流浪救助、慈善救助等功能，完善纵向到底、横向到边的社会救助网络，实现应保尽保、应救尽救、应帮尽帮。全年发放低保金2265.61万元；兜底扶贫保障106户、244人；发放特困供养金391.92万元；临时救助242人、发放救助金113.1万元；办理搬迁困难补助1042户，认定住房保障家庭852户；实施慈善援助、慈善助学项目，为61名低保和困难家庭高考学生发放助学金21万元，为43名低保家庭尿毒症患者，发放慈善救助金15.9万元；开展“夏季送清凉”“寒冬送温暖”专项救助行动，救助流浪乞讨人员2282人次、医疗救治58人次、资票返乡234人次，妥善安置送返外省籍未成年人。（黄　璟）

【“五帮扶”工作】2019年，天心区推进特殊困难群体“五帮扶”工作。区民政局在全力做好急难、基本生活“两个帮扶”的基础上，发挥统筹协调、督促指导作用，推动“五帮扶”工作上升为“两大工程”（书记工程、惠民工程），做到“三个结合”（与主题教育相结合、与脱贫攻坚相结合、与网格治理相结合），实现“四个突破”（帮扶对象、工作保障、资金落实、督查指导上有突破）。全区共帮扶困难对象2316户，发放帮扶资金673.08万元。天心区“五帮扶”工作受到市委通报表扬，《长沙晚报》、长沙新闻频道相继采访报道天心区“五帮扶”工作成效。（黄　璟）

【社工工作】2019年，天心区完成14个街道社工站项目建设，确保场地、设施、队伍“三个到位”。探索“社工站+社工+社区+社会组织”的“四社”融合，促进“社工带义工、义工助社工”的“双工”联动，发挥补缺助力作用，开展专业社工服务，创建高水平天心社工站模式。强化社工人才队伍建设，组织3期社工证考前培训，全区持有社工证人数900人，为湖南省最多的城区。引导注册志愿者10.72万人，发展志愿者服务队40支，推进社区志愿服务站全覆盖。举办“天心社工节”，开展社工人才实务技能培训12场，开展社区活动180场、志愿者培训60场，服务群众1.5万人次。（黄　璟）

【社会组织】2019年，天心区支持推动社会组织的培育和发展，推进第五批10家社会组织入壳孵化，全区共注册登记社会组织369家，发展备案社区社会组织800家。成立天心区社会组织党总支，强化社会组织党建引领。举办社会组织公益服务进楼宇商圈“益企行”活动，搭建“社企”对接平台，助力共同发展。联合区两新工委，实施社会组织培育+社会组织党组织培育“双培”基地项目，指导打造“幸福青园”“黑石聚力会”等街道社会组织培育示范基地。全市社区社会组织“党建基地、孵化基地、服务基地”的“三基”建设现场会在天心区召开，长沙市委常委、组织部部长对天心区社会组织工作给予肯定。（黄　璟）

【殡葬管理】2019年，天心区组织开展殡葬领域突出问题专项整治行动，全区实现火化率100%，搭棚治丧举报处置率100%；发放惠民殡葬补助金37.68万元。（黄　璟）

【福彩工作】2019年，天心区加大福彩销售推广力度，全年“中福在线”共销售6919万元，确保安全稳定运行，为福利资金积累贡献力量。（黄　璟）

【婚姻服务】2019年，天心区民

政局办理婚姻登记5720对，补证851对，成功创建AAAAA等级登记服务机构，获评全市文明服务示范窗口，并多次获区政务大厅服务标兵窗口称号，《湖南新闻联播》作专题报道。深入实施“婚姻家庭服务”进社区、进高校项目，以集中宣传、专业讲座、个案走访等形式为居民群众、在校大学生送法制、送理念、送帮扶，助推和谐婚姻家庭建设。在10个社区开展婚姻家庭关系培训22场，在中南林业科技大学、湖南女子学院等高校举办讲座25场，4000余名学生聆听。回应企业需求，与文和友共建“婚姻幸福驿站”项目，方便市民群众，助力优化营商环境。（黄　璟）

【“百企帮千户·温暖进万家”学雷锋公益慈善月活动】 2019年3月21日，天心区“百企帮千户·温暖进万家”学雷锋公益慈善月活动在黄兴路步行街中心广场举行。活动由区民政局、区文明办、区慈善会主办，坡子街街道等单位承办。区委副书记、区长黄滔出席活动并致辞，号召大家学雷锋、做慈善、传精神、显担当，凝聚强大的社会正能量。现场众多爱心企业、爱心人士和坡子街街道党员干部纷纷捐款，47家爱心企业单位、418位爱心人士共捐款约76万余元。现场为爱心企业家们、爱心大使和优秀志愿者颁发荣誉证书。（黄　璟）

【民政工作会议】 2019年3月28日，天心区民政工作会议召开。天心区民政局班子成员、各科室及二级机构负责人，各街道分管领导及社会事务办负责人参加会议，区政府副区长张建出席会议。会上，区民政局党组书记、局长刘顺来回顾2018年全区民政工作，分析研判工作新形势，对2019年工作进行安排部署。（莫　坤）

【为辖区80岁以上老人投保】 2019年4月，天心区民政局作为投保人，为辖区内80岁以上及五类特困老人统一出资购买老年人意外伤害保险，提升高龄老人福利水平，织牢老年人安全保护网。（黄　璟）

【创建全国社区治理和服务创新实验区动员大会】 2019年4月26日，天心区召开创建全国社区治理和服务创新实验区动员大会，启动这一国家级改革试点工作。湖南省民政厅党组成员、副厅长张自银，天心区委书记朱东铁，区委副书记、区长黄滔，区委副书记朱远红，长沙市民政局党委副书记、副局长伍仁华等省、市、区领导出席。会议由黄滔主持。区政府副区长张建作创建工作动员报告；区委常委、组织部部长张界贻宣读民政部确认天心区为全国社区治理和服务创新实验区的批复；区委副书记朱远红就实验区创建重点任务和责任分工进行部署。张自银肯定天心区社区治理工作成效，就后续创建工作给予指导，并提出希望。朱东铁强调，各级各部门要用统筹的方法推进工作，把求实的精神贯穿始终，为全省乃至全国推进城市社区治理体系和治理能力建设做贡献。（莫　坤）

【民政部到天心区调研民政工作】 2019年5月10日，民政部基层政权建设和社区治理司副司长刘汉权一行到获批全国社区治理和服务创新实验区的天心区，开展社区治理工作调研。湖南省民政厅副厅长张自银、基层政权建设和社区治理处处长廖剑波，长沙市民政局局长陈昌佳、副局长伍仁华，天心区委副书记、区长黄滔，区政府副区长张建等参加调研活动。调研组实地考察天心区金桂、湘园社区及湘园社区居家养老服务中心、李丽心灵教育中心、“心中的梁家河”党员学习教育基地，询问社区居民群众对社区建设的意见建议，听取天心区关于基层政权建设和社区治理工作情况汇报，与2个街道、3个社区负责人进行座谈交流。调研组肯定天心区委、区政府社区治理工作亮点多、创新多、品牌多、经验多，社区治理模式值得点赞，就社区减负、队伍建设、综合治理等方面提出意见。6月20日，民政部党组书记、部长黄树贤到天心区调研民政工作，湖南省政府副省长隋忠诚、省民政厅厅长唐白玉，长沙市委副书记朱健、副市长李蔚、市民政局局长陈昌佳，黄滔、张建等陪同调研。黄树贤现场察看青园街道湘园社区，到全国先进社会组织李丽心灵教育中心进行调研，听取相关机构负责人的情况介绍。黄树贤勉励李丽继续倾注感情、探索新路，促进机构专业化、精准化发展，重点关注困境儿童、留守儿童，做好社会服务工作。12月8—9日，民政部专家组对天心区社区治理和服务创新实验区进行中期评估，湖南省民政厅副厅长游劲民，省民政厅基政处处长廖剑波，长沙市民政局基政处副处长李治雁等省、市民政部门有关负责人参加。12月8日，民政部评估专家组组长孙萍深入天心区青园街道湘园社区“满嗲和谐邻里工作室”，与“满嗲”亲切交流，了解居民自治情况。12 月 9 日，召开天心区全国社区治理和服务创新实验区中期评估汇报会议，张建代表天心区向民政部评估专家组汇报相关工作。（黄 璟）

【“时代新人说——我和祖国共成长”演讲比赛】 2019 年 6 月 18 日，天心区委宣传部、区民政局联合举办“时代新人说——我和祖国共成长”演讲大赛“大家小官”主题区内选拔赛，湖南省民政厅基层政权建设和社区治理处调研员陈苏宁，天心区委副书记朱远红，区委常委、宣传部部长肖雄伟，区政府副区长张建出席。6 月 19 日，天心区选送的社区工作人员在参加湖南省民政厅组织的演讲比赛中脱颖而出，成为湖南省唯一一名以社区工作者身份被选拔至参加全国“时代新人说——我和祖国共成长”演讲大赛的选手。（黄 璟）

【民政工作部署会议】 2019 年 11 月 19 日，天心区民政局组织召开全区民政工作部署会议，区民政局党组副书记、副局长彭德华，副局长陈晖、李新洲参加，全区各街道分管民政班子成员、公共服务办主任、各行政村具体经办人参会。彭德华对中共十九届四中全会中社区治理、民生保障等精神进行传达，强调要着力满足人民群众日益增长的多样化多层次需求，着力构建基层社区治理新格局。陈晖对天心区基层全岗通、村（居）务公开、村规民约和居民公约修订工作进行部署，强调要按照《天心区关于开展优秀村规民约和居民公约征集评选活动的方案》，通过自荐申报、街道推荐、部门投票、网络投票、综合评定等程序，征集评选一批具有典型引领、示范带动作用的优秀村规民约、居民公约。李新洲对社会救助、特困帮扶、养老、春节慰问等工作进行安排部署。桂花坪街道介绍“社区老年食堂”项目，对设立背景及经营模式、专业服务进行介绍。会议结束后就如何规范村（居）务公开民主管理、修订村规民约和居民公约进行专题培训。（黄 璟）

【第四期社会组织出壳暨第五期入壳仪式】 2019 年 12 月 4 日，天心区社会组织孵化培育基地举办第四期社会组织出壳暨第五期入壳仪式。区民政局局长刘顺来出席出入壳仪式。第四期共 10 家入驻社会组织在天心区社会组织孵化培育基地接受为期一年的孵化培育。其间，孵化基地为各组织提供系列初创期组织成长培训、沙龙、一对一咨询、专家督导、机构评估、经验交流、资源对接等针对性服务。基地对入驻组织进行出壳评估，予以顺利出壳。该次入壳的社会组织服务领域广泛，在关爱孤独症儿童、科普教育、社区公益服务等领域具备基础条件，符合培育要求。区民政局为各个出、入壳组织颁发出入壳证书和公益扶持金 1 万元。（黄 璟）

民族宗教事务

【概况】 长沙市天心区民族宗教事务局（简称“区民宗局”）为正科级区政府工作部门，由区委统战部统一领导和管理。主要职责是负责有关民族宗教法律、法规和政策的组织实施、督促检查、宣传教育工作，行使民族、宗教行政执法职能。截至年末，在职工作人员 10 名。

2019 年，天心区民宗局紧紧围绕区委、区政府的中心工作和民族宗教工作目标，全面贯彻执行党的民族宗教政策方针，扎实工作、攻坚克难，得到湖南省委常委、统战部部长黄兰香，省委常委、长沙市委书记胡衡华的肯定。（李艺喆）

【民族工作】 2019 年，天心区广泛宣传贯彻党的民族工作方针政策、法律法规，推动民族团结进步创建“七进”（进机关、进企业、进社区、进乡镇、进连队、进学校、进宗教活动场所）工作；健全工作体系、创新工作制度，切实完善民族管理服务，力争为少数民族办实事好事，主动为少数民族群众办理高考加分审核 100 余名及民族成分变更 7 名，群众满意率 100%；协同街道成功调解多起涉少数民族群众经济纠纷；对辖区内 70 余家清真企业开展清真“三化”治理；7 月到青海交流座谈，与少数民族流动人口出入地政府及新疆驻湘工作组建立共管机制，进行对口帮扶；发掘培育一批少数民族诚信经营示范门店（个人）典型。（李艺喆）

【宗教工作】 2019 年，天心区民宗局开展“五进五好”（中共十九大精神、国旗国歌、社会主义核心价值观、政策法规、中华优秀传统文化进宗教活动场所，宗教教职人员努力做到政治品格好、守法遵规好、文明友善好、传承文化好、服务社会好）活动，天心区玉泉寺、城南堂、清真寺在“五进五好”中表现突出，被表彰为长沙市优秀单位（个人）；下发街道（社区）民族宗教工作责任清单，完善量化考核细则，压实宗教工作三级网络两级责任制。（李艺喆）

【赵仁秀督察长沙市清真寺安全情况】 2019年1月30日，湖南省民宗委党组副书记、副主任赵仁秀一行对长沙市清真寺进行春节安全督察，长沙市民宗局党组书记、局长罗伟陪同。赵仁秀参观长沙市伊斯兰教协会中共十九大精神宣传、学习展览，查看清真寺春节期间安全措施，并代表湖南省委统战部、省民宗委向长沙市伊斯兰教界人士和各族穆斯林群众致以新春祝福，强调要做好节日期间相关宗教活动安排及安全应急工作机制，务必确保安全。（李艺喆）

【统战（民宗）工作会议】 2019年3月29日，天心区召开统战（民宗）工作会议。天心区委常委、统战部部长刘向，区政府副区长黄会、区政协副主席、工商联主席罗超纲出席会议，区委统战工作领导小组成员单位相关负责人，各街道分管统战工作负责人、统战专干，各社区（村）统战专干，部分新的社会阶层代表人士、民宗界代表人士、非公经济人士以及统战系统各单位班子成员共160余人参加。会上，区民宗局汇报2018年全区民宗工作及2019年工作任务部署情况。（李艺喆）

【民族宗教业务培训会】 2019年5月21日，天心区民宗局组织召开各街道民族宗教专干业务培训会。培训会上，区民宗局负责人传达中央、省、市民族宗教有关会议精神，并就当前民宗工作专题业务进行培训。（李艺喆）

图130　2019年11月22日，天心区民宗局组织宗教界人士参观“心中的梁家河”教育基地（区民宗局供图）

【全区统战（民宗）工作培训班开班】 2019年6月6日，天心区委党校、区委统战部、区民宗局联合举办全区统战（民宗）工作培训班。区委常委、统战部部长刘向，区政府副区长黄会出席开班仪式，统战（民宗）系统各单位，各街道分管领导、统战（民宗）专干参加培训。长沙市民宗局宗教处处长娄雄辉就新形势下如何开展民族宗教工作及民族宗教政策法规相关知识进行专题讲授，进一步加深民宗工作者对民族宗教政策法规的理解，提升业务能力素养。（李艺喆）

【民族宗教工作座谈会】 2019年7月3日，天心区政协党组书记、主席夏艳兰率区政协主席会议成员到玉泉寺调研，组织召开民族宗教工作座谈会。夏艳兰强调要增强大局意识和政治意识，进一步提升做好民族宗教工作的责任感和使命感。（李艺喆）

【区人大常委会主任会议听取和审议区民宗工作】 2019年9月26日，天心区人大常委会主任于献带队实地调研清真寺、城南堂、玉泉寺，并召开区人大常委会主任会议，听取和审议区民宗工作汇报。于献对区民宗局所做的工作予以充分肯定。（李艺喆）

【全区宗教活动场所“庆国庆”系列活动】 2019年9月29日，天心区民宗局组织辖区内宗教活动场所依照各自宗教的特点和仪式，举行“庆国庆”系列活动。组织动员各宗教场所积极参与“长沙市宗教界庆祝中华人民共和国成立70周年故事会”，宣扬优秀文化。（李艺喆）

【刘佳勇调研长沙理工大学民族宗教工作】 2019年10月11日，长沙市委统战部副部长刘佳勇带队，对长沙理工大学民族宗教相关工作进行实地调研，天心区委常委、统战部部长刘向，区委统战部常务副部长胡浩，区民宗局、暮云街道、金盆岭街道相关负责人10余人参加调研。长沙理工大学党委副书记邹宏如、党委统战部常务副部长王静琦等参加座谈。刘佳勇一行参观学校民族学生工作办公室和民族餐厅。座谈会上，与会各部门逐一就相关工作进行汇报，并就学校与区委、区政府联动情况和需要支持解决的问题开展交流，提出建议。刘佳勇指出，要高度重视、提升能力、加强协作，确保安全稳定。（李艺喆）

【市民宗局调研天心区民族工作】2019年10月16日，长沙市民宗局党组成员、副局长彭晓军到天心区调研民族工作，区委常委、统战部部长刘向，区民宗局和青园街道相关负责人陪同。彭晓军一行走访玉泉寺、民族特色餐馆、天心区少数民族服务站，听取天心区民族团结进步创建“七进”、少数民族流动人口服务管理等情况介绍，与街道工作人员和少数民族人士进行交流，指出要进一步完善民族工作的体制机制，提高依法管理民族工作的水平，营造民族团结的良好氛围。10月23日，市民宗局党组书记、局长罗伟带队调研桂花坪街道宗教工作“三级网络两级责任制”构建情况。刘向和区民宗局、桂花坪街道负责人陪同。罗伟指出，要推动落实宗教工作“三级网络两级责任制”；加强各级政策法规培训，提高基层工作人员业务水平；强化责任，勇于担当，区、街道、社区（村）三级齐抓共管；要充分发挥网格作用，形成“横向到边、纵向到底、责任到人、作用明显”的基层宗教工作机制。（李艺喆）

【少数民族流动人口服务管理座谈会】2019年11月3日，长沙市民宗局党组成员、副局长彭晓军，天心区民宗局党组书记、局长彭克伦，长沙市伊斯兰教协会会长黄祖群与青海省化隆县副县长尕藏加，化隆县拉面产业发展服务中心主任韩成福，化隆县驻长沙市拉面经济服务办事处主任王成在长沙市伊斯兰教协会会议室举行座谈会，双方就少数民族流动人口服务管理交换意见，为做好化隆籍少数民族流动人口服务管理打下基础。（李艺喆）

图131　2019年10月11日，长沙市委统战部副部长刘佳勇（前左二）调研驻区高校民族宗教工作　（区民宗局供图）

医疗保障

【概况】长沙市天心区医疗保障局于2019年3月20日正式挂牌成立，承接区人社局的城镇职工医保、城镇居民医保职能，区民政局的医疗救助、精神病人救助职能，区发改局的医药价格管理职能。2019年7月下放居民基本信息修改权限到街道，10月接收市医保局下放的14项职能。内设科室4个：办公室、待遇保障科、医药价格管理科（行政审批科）、综合监管科；下设1个中心：天心区医疗保障事务中心。办公地点位于湘府中路298号。截至年末，在职工作人员12名。（谭伟平）

【贫困人口就医保障】2019年，天心区全年“一站式”结算平台结算县域内住院医疗550人次，费用总额385万元；医疗救助办理1525人次，支出704.21万元；精神病人救助5631人次，结算资金214.98万元；落实医疗帮扶政策，截至12月31日，医疗帮扶472人，发放资金193.86万元。（谭伟平）

【医疗监管】2019年，天心区医疗保障局组织监管集中宣传活动64场次，参与群众4815人次；进社区宣传54次，参与3099人次，进农村宣传10次，参与1716人次；发放宣传传单、手册等宣传资料

6659份，粘贴宣传海报、制作宣传展板、悬挂宣传横幅753份。累计现场检查医疗机构、诊所、零售药店255家，要求现场整改20家，约谈1家。（谭伟平）

【医保参保报销】 2019年，天心区城乡居民参保146076人，城镇职工参保238915人，生育保险参保34104人。公费医疗政策性支出共计527.5万元；异地就医、生育等费用审核1765笔，支出637.86万元。（谭伟平）

退役军人事务

【概况】 长沙市天心区退役军人事务局于2019年3月20日挂牌成立，截至年末，在职工作人员18名。2019年，区退役军人事务局完成各类退役军人及家属的接收移交安置工作；"八一"、春节等重要节日开展慰问活动，悬挂光荣牌；开展再就业帮扶、社保接续、大病医疗补助等一系列工作，帮助退役士兵实现再就业。（胡典香）

【退役军人服务保障体系】 2019年5月下旬，天心区退役军人服务中心、14个街道退役军人服务站及96个社区（村、管委会）退役军人服务站挂牌成立，实现退役军人服务机构区、街道、社区（村）三级全覆盖。8月28日，组建以区委书记为组长，区委副书记、区政府区长为第一副组长，区级有关各部门"一把手"为成员的区委退役军人事务工作领导小组及其办公室，负责落实区委对退役军人事务工作的集中统一领导，负责退役军人事务重大工作的政策研究、统筹协调、整体推进和督促落实。（胡典香）

【移交安置】 2019年，天心区推行"阳光安置"。军转干部、随军随调家属和退役士兵安置工作严格按市级要求，协同区委组织部、区委编办、区人社局和用人单位，落实好政策。（周冬云）

【就业创业】 2019年，天心区召开4次退役军人及家属现场招聘会，205个单位提供2800余个岗位，400余人参加招聘会，170余人达成就业意向。（王 莉）

【信息采集】 2019年，天心区组织开展全区范围内退役军人的信息采集工作。截至2019年12月，获得荣誉称号的有3人次；获得一等功奖励的有12人次，获得二等功奖励的有131人次。（毛 敏）

【社保接续】 2019年，天心区成立部分退役士兵社会保险有关工作协调领导小组，统筹领导全区相关工作。区退役军人事务局、区人社局、区财政局、区医保局、区税务局、区委宣传部、区工业和信息化局、区公安分局、区民政局、区审计局、区信访局等部门为成员单位。协调领导小组下设办公室，由区退役军人事务局局长任办公室主任，与区退役士兵安置工作领导小组办公室合署办公，开展以政府安排工作方式退出现役士兵的社会保险补缴工作。（周冬云）

【优抚褒扬】 2019年，天心区有"三属"（烈士遗属、因公牺牲军人遗属、病故军人遗属）、烈士子女、老复员军人、带病回乡退伍军人、参战涉核无工作退役军人、伤残军人、60周岁以上农村籍无工作退役军人9类重点优抚对象，共千余人。全年按标准发放各类抚恤补助经费、医疗救助、价格临时补贴、病故军人一次性抚恤金、义务兵家庭优待金。（毛 敏）

图132　2019年3月20日，长沙市天心区退役军人事务局挂牌成立（区退役军人事务局供图）

【双拥工作】 2019年春节、“八一”建军节等重要节日，天心区委、区政府主要负责人带队深入驻区部队走访慰问，各街道组织对辖区内军烈属和退役军人开展慰问活动。全年到部队单位开展慰问活动，慰问退役军人和其他优抚对象，送上年画和中央“两封信”，悬挂光荣牌；开展双拥宣传工作，按市双拥办要求做好“三个一”（对退役军人、军烈属开展一次走访，办理一件实事，举行一次座谈）双拥示范点建设。（毛　敏）

【权益维护】 2019年，天心区退役军人事务局做好退役军人帮扶援助工作，协调化解个案，主要包括现役军人子女就学、住房、医疗保障、烈属迁墓、困难帮扶等10余个问题。（侯正伟）

【军休服务】 2019年，天心区按政策发放军休干部、无军籍职工退休金。上半年组织军休干部职工开展“春暖四月、情聚军休”和“红色故居快乐行”活动两次；下半年组织军休干部职工开展“庆建军佳节，共游铜官古镇”和“重阳节活动”两次，满足军休干部职工的精神文化需求。（胡典香）

【最美退役军人】 2019年，天心区在全区开展“最美退役军人”评选活动，加强思想政治引领，讲好退役故事，弘扬和培育民族精神，激发群众拥军爱国情感。陈海霞、葛文生、何妙波、龙象、莫勇、王伟明获评天心区首届“最美退役军人”。陈海、李兴秋、刘伟、姚战获评天心区“优秀退役军人”。（胡典香）

残疾人事务

【概况】 长沙市天心区残疾人联合会（简称“区残联”）负责残疾人康复服务、教育就业、扶贫救助、权益维护、文化宣传等工作，推动有关残疾人和残疾人事业的法规及政策的制定和实施；承担区政府残疾人工作委员会的日常工作。内设办公室、康复部、教就部、组宣部、维权部5个部室，无二级机构。截至年末，在职工作人员10名。

2019年，区残联紧紧围绕区委“民生造福”战略规划，以“规范提升”为引领，以“服务大局，创新实践”为理念，推进惠残助残实事工程，提升残疾人群体的幸福指数，全区残疾人工作“在全市占首位，在全省有地位”。1家公司获评中国残联“首批残疾人文化创意产业基地”单位。张建明获评全国助残先进个人。汤俊杰获得中央文明办见义勇为“中国好人”。4名助残工作者获得市级“新时代学雷锋扶残助残善行四十佳”先进称号。（张　琼）

【残疾人基本生活保障】 2019年，天心区残联完成7300名残疾人数据动态更新，聚焦144名建档立卡残疾人精准发力；为76名困难残疾人实施就业救助7.6万元；为22人发放基本养老保险费补贴0.58万元；为214名残疾人及困难残疾人子女实施就学救助75.55万元；为70名重度肢体残疾人、智力、精神残疾人发放残疾鉴定补助10.5万元；投入经费513.16万元为308名0—17岁贫困残疾儿童免费提供康复救助服务；完成54户残疾人家庭无障碍改造；开展“助听项目”“义肢助残”“辅具适配”“光明关爱”项目，使568名残疾人受益；春节、助残日、中秋节期间，走访慰问残疾人258人，发放慰问金15.56万元，为236名因病住院、发生天灾人祸的残疾人给予临时困难救助，发放救助资金51.7万元；开展法律救助工作，维护残疾人合法权益。（张　琼）

【典型引领】 2019年，天心区残联重点推介先进典型，远征驾校校长张建明被评为全国助残先进个人，受到习近平接见；廖志胜

图133　2019年，天心区开展“最美退役军人”评选活动（区退役军人事务局供图）

等4人获得市级“新时代学雷锋扶残助残善行四十佳”先进；专职委员汤俊杰获得“中国好人”称号；残疾运动员唐宇冰参加全国第十届残疾人运动会游泳比赛夺得1银1铜成绩；专职委员雍杰、刘欢、吴芝红代表湖南省参加全国第三届专职委员知识竞赛获得“学习之星”二等奖、三等奖，并获得团体季军成绩；长沙“非遗”传承人、棕编大师周佳霖创办湖南金棕编织文化艺术有限公司，获得中国残联“首批残疾人文化创意产业基地”（长沙唯一一个）。各街道、社区、助残服务机构举办“辉煌七十年，奋进新时代”系列活动。（张　琼）

【残联创新特色品牌】2019年，天心区残联探索试点特殊儿童“融合教育进家庭”和“送教上门”工作，50名0～14岁自闭症、智力残疾儿童康复教育效果显现；在全市率先为3231名重度一、二级残疾人，建档立卡贫困残疾人购买意外伤害保险，增强残疾人家庭抵抗风险能力；选优配强专职委员队伍。11月4日，《湖南日报》以《坚守初心，当好“管家”》为题专题报道天心区专职委员服务残疾人的工作成效。在《光明日报》、人民网、红网、“学习强国”等媒体报道区残疾人工作。（张　琼）

【残疾人工作者培训班】2019年4月18日，天心区残联在新开铺街道桥头社区举办全区残疾人专职委员培训班。全区各街道残联副理事长、社区（村）残疾人专职委员、区残联工作人员等120人参加培训。培训课程紧贴区工作实际，开设法治课、摄影课、业务课、党建课。邀请北京盈科（长沙）律师事务所律师、中南大学法律硕士李纳，湖南成才职业培训学校张喜红，长沙市委办公厅副处长陈学斌授课。培训方式采用多媒体教学，课堂以互问互答等方式进行，把理论知识和工作实践有机结合。9月18—20日，由区委党校、区残联联合举办天心区残疾人工作者培训班。街道残联副理事长、社区（村）残疾人专职委员、区残联工作人员等120人参加培训。9月18日上午，开班仪式由区委党校副校长章建华主持，区残联党组书记、理事长夏继明作开班动员讲话，就专职委员“不忘初心、牢记使命，做一名优秀的专职委员”做专题授课。区纪委常委吴丹结合巡察发现的纪检案件，全面剖析一些违纪违法人员的心理状态，警示助残工作者一定要清正廉洁、摆正位置、把助残服务做实、做好，做一名真正的助残帮困的勤务员；下午由章建华讲授《习近平新时代中国特色社会主义思想概要》知识，讲授残疾人事业在新时代大发展的背景下，基层残疾人工作者如何开阔眼界、提高认识，放眼全球，站在新的角度。9月19—20日，天心区开展全国残疾人基本服务状况和需求信息数据更新动态管理专题培训。邀请湖南省残联组织人事部副部长唐绍国，长沙市残联组织宣传部部长李梅及区残联业务线专干结合工作实际分别就需求信息数据动态管理基本要求、表格填写、数据录入及办证知识等做专题讲解；区残联副理事长分别就所分管的残疾人就业托养、残疾人精准康复服务等政策做讲解。9月19日，区残联结合“不忘初心、牢记使命”主题教育，开展主题教育调研课题大讨论，从残疾人就业、救助、办证、康复等方面提出可行性意见建议。9月20日，举办残疾人基本服务状况和需求信息数据更新动态管理考试。该次学习培训帮助天心区残疾人工作者进一步认清工作目标任务，明确工作要求，加深对业务工作的认识。（张　琼）

图134　2019年6月25日，长沙市残联党组书记、理事长刘增三（左二）看望第六届全国助残先进张建明（左一）　（区残联供图）

【刘增三看望张建明】2019年6

月25日，长沙市残联党组书记、理事长刘增三，党组成员、副理事长任铁强，组织宣传部部长李梅一行到天心区远征驾校看望第六届全国助残先进张建明（湖南省残疾人驾驶技能培训基地负责人，天心区怡智家园智障人士服务中心主任）。天心区残联党组书记、理事长夏继明陪同。在远征驾校，刘增三一行观看驾校荣誉室、了解驾校的发展历史和培养培训残疾学员情况；在会议室，刘增三同残疾学员座谈了解学习情况，鼓励残疾学员要珍惜培训机会，认真学习驾驶技术，掌握一技之长。刘增三希望张建明在今后的工作中再接再厉，为推进残疾人事业发展再立新功。（张　琼）

【羊洁、谢军调研残疾人工作】

2019年7月12日，湖南省残联残工委秘书处主任羊洁、副调研员谢军一行到天心区调研残疾人工作，长沙市残联副理事长左锡涛、组织宣传部部长李梅陪同。调研会议上，参会人员就如何发挥残工委成员单位作用、如何提升信息化建设水平，为残疾人服务；如何提升统计数据，为党委、政府提供优质决策；如何在残疾证办理和动态更新数据中发挥信息系统作用等进行交流。羊洁一行到天心区政务服务中心残疾人证办理窗口和新天社区，了解残疾人证办理和社区残疾人工作等情况。羊洁对社区残疾人工作基础实、底子清、服务好的做法给予肯定，特别是对专职委员敬业、专业和对动态数据调查工作详细认真给予肯定。羊洁指出天心区残联在残疾证办理、信息化建设等方面有新的见解想法，可先行先试，做出经验。（张　琼）

【陈毅华调研爱心家园工作】

2019年6月25日，湖南省残联党组成员、副理事长陈毅华等一行到天心区调研爱心家园残疾人辅具适配工作。长沙市残联理事长刘增三、副理事长任铁强，天心区残联理事长夏继明陪同。陈毅华等人参观爱心家园辅具中心，对残疾人辅具种类齐全、设备先进给予肯定，在辅具加工区，了解辅具零配件材料来源，质量检验，安置残疾人就业等情况。陈毅华鼓励中心要做大做强残疾人辅具事业，辅具服务辐射中南地区，安置更多的残疾人实现就业。（张　琼）

【残疾人“意外伤害保险”全覆盖】2019年8月1日，天心区坡子街街道西湖社区、楚湘社区以及新天集资办的158名残疾人免费领到由区残联为其购买的保额价值4.35万的意外伤害保险单。至此，天心区3231名残疾人全部领到由区残联发放的“意外伤害保险”。按照《天心区残联为残疾人购买意外保险工作方案》要求，从8月1日开始，区残联和中国人寿保险长沙天心分公司一起为辖区内符合条件的残疾人陆续开展上门送保险服务。保险内容涵盖意外伤残、意外住院以及意外身故等方面，人群覆盖全区2019年4月30日前领取一、二级残疾证的人员；天心区残联业务主管的康复机构、托养机构内的项目服务对象以及天心区建档立卡残疾人（均不与区内同级政策重复）。保障时间为2019年6月1日至2020年5月31日，为期1年，每人最高保额3万元。（张　琼）

【天心区选手在国家级竞赛中获佳绩】第三届全国残疾人专职委员知识竞赛于2019年10月24日在山东省泰安市落下帷幕。天心区派出3名选手代表湖南省参赛，取得个人笔试赛一个“学习之星”二等奖、两个“学习之星”三等奖、团体季军的成绩。比赛由中国残疾人联合会主办，中国残联组织联络部、中国残疾人杂志

图135　2019年6月25日，湖南省残联党组成员、副理事长陈毅华（右二）到天心区调研爱心家园残疾人辅具适配工作

（区残联供图）

社、专职委员在线承办，山东省残疾人联合会协办，得到来自全国30个省、自治区、直辖市残联的90名残疾人专职委员的积极参与。比赛分为笔试和决赛，笔试总分排名前十的代表队进行决赛。经过笔试，天心区专职委员雍杰获得“学习之星”二等奖，吴芝红、刘欢获得“学习之星”三等奖，并以总分第六的成绩进入决赛。在决赛中，经过七个环节的比拼，最终获得团体季军。（张　琼）

【评估天心区残疾人动态更新工作】2019年11月26日，湖南省残联第三方督导评估组对天心区2019年残疾人基本服务状况和需求信息数据动态更新工作进行评估。督导评估专家罗旺深入天心区文庙坪社区进行现场观摩，从社区调查系统随机抽样30户残疾人，在社区专职委员陈建平的带领下，逐户上门了解12户残疾人家庭及成员的基本信息，发放调查问卷12份，其余18户督导评估组通过电话询问评估。评估内容包括动态更新调查员的培训、入户登记、数据录入及惠残政策落实等。督导评估组对天心区残疾人动态调查工作给予肯定，认为天心区残疾人动态调查工作培训扎实、调查人员对调查指标调查细致，残疾人各项优惠政策落实到位，残疾人及其家属都非常满意，天心区残联创新实施动态调查考核评定办法，此举进一步调动调查人员工作的积极性、主动性，确保调查数据的真实可靠。2019年调查时间为7月1日至9月30日，调查对象为天心区持证残疾人，调查采取入户调查、电话询问等方式进行，内容包括残疾人的基本信息、经济住房、教育、就业扶贫、社会保障、基本医疗与康复、无障碍、文化体育等41项指标。全区共调查持证残疾人7279人，其中入户调查的6398人、电话调查220人，入户调查率96.68%，PC采集261人，APP采集6357人，社区信息调查96份。截至2019年11月18日，已完成全部调查指标。动态更新信息工作涉及每一位残疾人在生活救助、社会保障、康复服务、就业帮扶、家庭无障碍改造、文化体育活动等方面的服务状况，服务需求等内容，与广大残疾人的生活息息相关，通过信息采集，及时掌握残疾人的基本服务状况和需求，有效做好残疾人最需要解决的问题。（张　琼）

【志愿自助出行无障碍体验活动】2019年9月5日，是国际脊髓损伤者关注日。天心区残联组织辖区内脊髓损伤者（肢残）等40余人开展主题为“我是你的眼，你是我的腿”的志愿自助出行无障碍体验活动。活动由区残联主办，桂花坪街道残联、长沙希望之家承办，天心区先锋远征营志愿者协会协办，天心区肢协会、盲协、聋协代表参加。参加活动的盲人代表和脊髓损伤者乘坐地铁从先锋站出发，到省政府桂花坪站，然后上时代阳光大道宜春路，最后，到湘府文化公园及24小时乐之书店。他们开着轮椅过无障碍通道、如厕，在图书馆看书等等，都非常畅通方便。通过体验，盲人代表和脊髓损伤者感受到“畅通无阻”的便捷，体会到每一个无障碍改造细节所带来的温度。区残联将残疾人无障碍改造纳入天心区“民生造福”战略计划，实施“家庭畅行工程”已累计为1000余户残疾人家庭免费实施无障碍改造，创建豹子岭社区、桥头社区、宝塔山社区等6个社区为省、市级无障碍示范社区。（张　琼）

【区助残工作者获市残联第六届助残先进】2019年11月28日，由长沙市残联、市文明办主办的第六届新时代学雷锋扶残助残“善行四十佳”颁奖典礼在长沙市实验剧场举行，天心区新天社区书记侯扩军获得“善行十佳”基层工作者称号，曙光小学校长胡锦华获得“善行十佳爱心

图136　2019年9月5日，天心区残联组织辖区内脊髓损伤者（肢残）开展志愿自助出行无障碍体验活动（区残联供图）

图 137 2019 年 11 月 28 日，第六届新时代学雷锋扶残助残“善行四十佳”颁奖典礼在长沙市实验剧场举行 （区残联供图）

个人”称号，残疾人廖智胜获得“善行四十佳自强模范”称号，天心区怡心家园获得“善行四十佳爱心集体”称号。（张 琼）

人居环境

【概况】2019 年，天心区城市人居环境局（简称“区人居环境局”），主要职能简称为“125111”，即 1 个“中心”：老城区有机更新，2 个“保护”：历史文化名城保护和近现代建筑保护，5 个“改造”：棚户区改造、老旧小区改造、街区“微改造”、城中村改造、危旧房改造，1 项“重点”：“一圈两场三道”建设，1 个基础：城市房屋征收与补偿，1 项职能：城市体检；此外还承担天心区老城区有机更新工作领导小组办公室、天心区安居工程和棚户区改造工作领导小组办公室的日常工作。内设 5 个科室：综合科（行政审批和政务服务科）、历史文化名城保护管理科、项目管理科、棚户区和城中村改造管理科、老旧小区和危旧房屋改造管理科；下辖长沙市天心区城市房屋征收和补偿管理办公室、长沙市天心区棚改事务中心 2 个事业单位。截至年末，在职工作人员 14 名。办公地点位于天心区湘江中路二段 118 号。（李慧媛）

【老城区有机更新】天心区老城区范围为北至五一大道，东南至白沙路、人民路、建湘路，西至湘江大道，面积约 3.15 平方千米，涉及坡子街街道所辖的 12 个社区和城南路街道所辖的 4 个社区。根据长沙市历史文化名城保护规划，天心区老城区有机更新划分为 7 大片区、12 个项目、40 个子项。自 2018 年 7 月启动，截至 2019 年 12 月 31 日，除西文庙坪 A 地块、黄兴南路段、火宫殿二期坡子街和片区改造 4 个子项正在推进外，其余子项均已完工或基本完成。累计改造街巷（路面）长约 3 万米，改造（铺设）各类管线 31 万余米，改造（新增）路灯（含楼道灯等）近 3000 盏，打通堵点 30 余个、实现微循环 21 处，拆除违章 11192 平方米，新增市政和居民区停车位 550 个，改造房屋 10860 户（含屋顶渗漏、晾晒、外墙、门窗等），改建新建厨卫 136 个，新建社区阵地 5 处，审批有机更新范围内危房翻改建 25 处，保护修缮历史文物建筑 12 处。（李慧媛）

【棚户区改造】2019 年，湖南省住建厅下发给天心区的棚户区改造任务为完成棚户区改造 585 户，涉及棚改项目 5 个、城中村改造项目 3 个，改造面积约 52.9 万平方米，预计年度投资约 16.49 亿元，10 月 31 日完成；长沙市政府下发给天心区的棚户区改造任务为完成棚户区改造 2585 户（含有机改造 1600 户），涉及棚改项目 7 个、城中村改造项目 3 个、有机更新改造项目 5 个，改造面积约 22.81 万平方米，预计年度投资约 18.12 亿元。截至 12 月 31 日，共完成棚户区改造 2596 户，占年度目标任务的 100.4%；长沙市政府下发给天心区的市级统筹棚改项目全面完成，具体为 3 个项目扫尾清零、5 个项目成本结算、4 个项目土地出让、7 个项目开工建设 4 项工作任务。全年完成棚改安置补贴审批 821 户。（李慧媛）

【老旧小区改造】2019 年，天心区共铺排老旧小区改造项目 12 个，完成改造房屋 161 栋、5861 户，建筑面积约 34.2 万平方米，投入改造资金 5000 万元，改造内容涉及道路改造、旱厕改造、下水、停车位、路灯、文体设施及绿化整理等。截至年末，12 个项目全面完成建设任务，3 处危旧房屋（构筑物）改造完成。（李慧媛）

【“一圈两场三道”建设】 2019年，天心区坚持以群众视角建设“一圈两场三道”，因地制宜打造15分钟生活服务圈，旨在满足群众的“菜食住行购、科教文卫体、老幼站厕园”需求。共打造15分钟生活圈26个；新建改建农贸市场7个、社区生鲜门店9个，停车场15个、新增泊车位7434个；新建改建人行道26.9千米、自行车道（含健身步道）40.6千米、历史文化步道3.2千米。

（李慧媛）

【城市体检试点】 2019年9月23日，天心区人居环境局组织召开“城市体检”动员会，部署全区城市体检工作。10月30日，完成基础资料调研、各部门及街道意见征集工作。12月4日，组织区相关部门、相关单位专家和编制单位召开城市体检成果审查会议，对《天心区城市体检报告》和《天心区桂花坪街道体检报告》进行审查；会后，根据会议精神进一步完善并报长沙市城市人居环境局备案。（李慧媛）

【黄滔调度全区“一圈两场三道”工作】 2019年1月21日，天心区委副书记、区长黄滔主持召开2019年“一圈两场三道”调度会。区领导周志军、王海军、黄会、许波、张建及区直相关单位、各街道办事处主要负责人参加会议。会议听取相关区直单位和街道办事处关于2019年“一圈两场三道”工作建设思路的汇报，针对具体事项进行讨论。黄滔强调，要做到为民便民与绩效考核相结合；要做到尽力而为与量力而行相结合；要做到政府资本与社会资本相结合；要做到建设与管理相结合；要做到历史与现代相结合。黄滔要求，各相关单位、街道要聚焦百姓生活出行难点问题，科学分工管理，强化协调配合，做好与有机更新、棚改、乡村振兴等工作的结合文章，避免重复建设；细化资金方案，加强资金使用监管，保障资金用到实处。5月21日，黄滔调度全区“一圈两场三道”工作，就全力推进“一圈两场三道”工作进行部署。黄滔强调，要强化目标，强化调度，强化整合，强化创新，强化特色，强化保障和考核，强化宣传。截至5月21日，15分钟步行生活圈完成项目8个；农贸市场完成5个，4家生鲜门店完成选址；停车场建成3个，另有6个项目主体封顶；人行道完成4条5.2千米；健身步道10千米基本完工；历史文化步道方面8个项目进行施工。8月6日，天心区组织开展“一圈两场三道”农贸市场现场观摩调研。黄滔率6个区直部门、14个街道办事处负责人参加观摩。黄滔要求所有参与观摩的人员要从环境卫生、市场秩序、监督管理、食品安全等多个方面对南托街道南大门农贸市场、暮云街道和美农贸市场等10家农贸市场进行打分，以观摩促落实，以观摩促整改，以观摩促提质。黄滔强调，各级各部门要精准推进农贸市场全面提质；相关职能部门要最大限度利用好社会资本；要强化规范管理，做到功能分区合理布局、食品安全严格入微、环境卫生干净整洁，逐步向商超模式转型升级。

（李慧媛）

【朱东铁调度老城区有机更新工作】 2019年5月15日，天心区委书记朱东铁带队调研老城区有机更新及五一商圈提质改造工作，走进老城区的仁美园巷、五一商圈、太平街，听取业主单位、施工单位、周边居民群众意见和建议，对相关问题进行探讨和交办。朱东铁要求，要优化施工组织，配足人员力量，减少对居民群众生活和出行的影响；要探索常态长效监管机制，规范管理，确保项目品质持续有效；要发挥市场力量，包装策划好各项目，讲好天心故事，推动特色街巷打造；五一商圈提质改造工作要注重严管、善治，加强公共基础设施配套，全面提升服务水平。5月30日，朱东铁调度老城区有机更新工作，要求加强组织领导；加快各项目推进速度；确保项目品质，充分挖掘好历史文化底蕴；确保项目进度，除西文庙项目外的11个有机更新项目要在2019年全面完成；以旬为单位倒排工期，按计划推进。6月19日，朱东铁调度老城区有机更新工作，走进太平街、百花村，听取业主单位、施工单位、设计单位及周边居民群众意见和建议，对相关问题进行探讨和交办。朱东铁强调，要突显宜居性，做好水、电、气、厕所等关系居民生活的民生项目改造；要加强资金保障，加快手续办理，在确保消防、施工安全、项目品质的前提下，全力加快老城区有机更新项目进度。7月31日，朱东铁、黄滔带队就强力推进老城区有机更新工作进行专题调度。老城区有机更新各项目联点区领导汇报各项目的推进情况。朱东铁强调，各相关单位要再接再厉，坚持“四个不变”（初心使命不变、目标任务不变、责任领导不变、保障服务不变），始终以人民为中心，以宜居为目标，让老城区更有长沙味，让老百姓更具幸福感；严格按照“5•30”会议确定的各项目具体完工时间节点，稳步推进工作；项目推进实行联点区领导负责制，相关单位、街道全力配合；相关单位要继续做好政策、手续和资金保障，依法依规进行公开招投标，各施工单位要严格按照工地安全监管要求施工，最大限度文明施工。黄滔指出，老城区有机更新工作要严格按照“留、改、拆”相结合、以“留”为主的原则，落实“四增两减”（增加公共绿地、公共空间、配套设施、支路网密度，减少居住人口密度、减少开发强度）的要求，做好“增减”文章；要以建设人民满意城市为目标，改善老城区的人居环境，提升老城区的功能品质，彰显老城区的历史文化价值和商业价值，真正做到宜居宜业宜游；要确保项目品质，切实做好规划设计、施工工艺、安全生产等工作，充分挖掘历史文化底蕴，讲好天心故事；要发挥市场力量，加大招商引资力度，提升管理水平，强力推进各项工作。8月30日，朱东铁调研老城区有机更新工作，从太平街、坡子街、黄兴南路，到古道巷、白沙路、上碧湘街、妙高峰，朱东铁走进2个街道、7大片区、12个项目的一条条老街巷，听取街坊意见，叮嘱相关部门负责人，一定要按照城市新陈代谢规律来实施老城区有机更新工作。朱东铁强调，要确保质量、安全和进度，确保施工人员、市民、游客、学生人身安全，注意项目细节和品质，要

图 138　2019年8月30日，天心区委书记朱东铁（左二）调研老城区有机更新工作　（区人居环境局供图）

优化施工组织，加快施工进度，要强化管理，全力确保区域环境卫生干净、整洁、有序。12月14日，朱东铁调度老城区有机更新工作，实地察看劳动新村巷、公路局坪巷等街巷的有机更新情况，听取居民的意见，就相关具体问题进行现场交办，叮嘱各项目主管部门和施工单位负责人要听取群众的意见，按照安全、实用、美观、经济的原则推进有机更新各项工作。朱东铁强调，要高度重视，加强领导，强力推进各项工作；要加快进度，确保全区老城区有机更新工作按既定目标任务顺利完成；要做好群众工作，充分听取群众意见，确保有机更新工作顺利推进。（李慧媛）

【老长沙文化研讨座谈会】2019年11月21日，“历史老城归本源，有机更新看天心”老长沙文化研讨座谈会在新湖南大厦举行。天心区委常委、统战部部长刘向，湖南省作家协会副主席、湖南日报《湘江周刊》主编龚旭东，湖南广播电视台主持人李兵等参加研讨座谈会。刘向表示，要激发广大群众对有机更新的活力和支持，走可持续发展路线，维护老城形象，真正做好有机更新工作为人民群众谋利益。天心区老城区城市有机更新有效保护街区的“原真性”和生活的延续性，通过基础设施建设，改善居民生活条件，达到老城区“新陈代谢”的目的，让旧城实现重生。龚旭东表示，需要深刻理解有机更新在长沙发展布局中的重要作用，坚守文化底蕴，统筹建设发展；使有机更新和广大群众紧密结合，加强有机更新工作推进。专家们一致认为，天心区老城区有机更新工作汇集最新一批的成果，为开展长沙市历史文化名城保护提供了良好的交流平台。（李慧媛）

园区建设

长沙天心经开区

【概况】 长沙天心经济开发区地处长沙市中心城区天心区的南部，北邻湖南省人民政府，南接湘潭昭山示范区、株洲云龙示范区。长株潭城际铁路、长沙地铁1号线贯穿全境，绕城高速、芙蓉南路、国道107线与武广高铁、京港澳高速实现无缝对接。黄花机场、高铁南站、汽车南站综合枢纽均在“半小时”交通圈内。园区批准控规面积9.01平方千米。2019年10月，湖南省编委办下发《关于重新组建长沙天心经济开发区党工委、管委会有关机构编制事项的批复》，同意在长沙天心经济开发区党工委、管委会和湖南暮云经济开发区党工委、管委会的基础上，重新组建中共长沙天心经济开发区工作委员会、长沙天心经济开发区管理委员会，合署办公，分别作为长沙市委、市政府派出机关，正处级，对长沙天心经济开发区、湖南暮云经济开发区实行统一管理，不再保留原长沙天心经济开发区党工委、管委会和湖南暮云经济开发区党工委、管委会，其领导职数一并撤销。撤销原长沙天心经济开发区、湖南暮云经济开发区合并临时过渡期机构长沙天心经济开发区管理委员会（新）筹建委员会。园区内设7个部门：办公室、招商合作局、产业促进局、规划建设局、财政局、经济发展局、行政审批服务局（优化营商环境办公室）。截至年末，在职在编工作人员35名。

2019年，湖南地理信息产业园获评“湖南省特色产业园”，长沙人力资源服务产业园获批为国家级人力资源服务产业园、“湖南省现代服务业集聚示范区”。12月2日，由省工业和信息化厅授出的第一块省人工智能产业园牌匾在长沙天心经开区落地。12月31日，经省政府批准的10家延期退出工业企业按期退出，361家工业企业退出任务全面完成，占全市退出任务的三分之二。快速推进退出片区土地处置工作，处置率71.8%，超额完成市政府下达的土地处置任务。 （袁　杜）

【园区经济】 2019年，长沙天

图139　2019年，长沙天心经济开发区完成技工贸总收入265亿元　（长沙天心经开区供图）

心经济开发区完成技工贸总收入265亿元，完成服务业主营业务收入152亿元，同比增长25.2%；完成固定资产投资170.21亿元，同比增长14%；实现税收收入10.62亿元，同比增长39.19%；完成外贸进出口总额1.75亿美元，实际利用外资1.11亿美元。全年新增规模以上服务业企业15家，新认定高新技术企业15家，培育拟上市企业12家，新增智能制造试点项目2个。完成小微企业知识产权托管54家，签订专利质押融资2笔，培育高价值专利组合2个。

（袁　杜）

【招商引资】2019年，长沙天心经济开发区坚持用产业链思维实施精准招商，开展小分队招商、以商招商、协会招商。组建大数据产业发展专家智库，成立“天心阁”大数据研究院，全年新引进产业链项目25个，引进主特产业项目10个，引进总部经济项目16个，500强企业投资项目2个。引进大数据和地理信息优质企业43家。引进人力资源服务机构92家，其中百强企业9家。6月11日，上海外服（湖南）人力资源服务有限公司挂牌，正式入驻湖南长沙人力资源产业园。6月19日，浪潮集团中部总部基地落地长沙天心经开区发布仪式举行。8月28日，湖南汇富康达健康管理有限公司旗下湖南倩狐健康管理研究院与中新国际联合研究院在长沙签署战略合作，倩狐健康研究院、中新国际联合研究院联合研发中心正式成立，湖南首个健康管理研发中心落户天心经开区。

（袁　杜）

【主导产业发展】2019年，长沙天心经济开发区深耕大数据（含地理信息）、人力资源服务“一主一特”产业，湖南地理信息产业园获评湖南省大数据产业园、特色产业园、现代服务业集聚示范区，人力资源服务产业园获批国家级产业园。举办2019天心区（深圳）招商推介会暨重大项目签约仪式、第十九期钱学森论坛暨2019长沙空间信息产业国际博览会，新引进深度空间、浪潮信息、中驰车福、千视通等重点企业43家。中国长沙人力资源服务产业园新引进企业41家，其中包括中国国际技术智力合作有限公司、上海外服、肯耐珂萨等大中华地区人力资源服务品牌100强机构9家。引进中国工业与应用数学学会、湖南省人力资源服务协会等国家、省级平台，“天心阁”大数据研究院、长沙超算中心园区服务站等咨询服务平台组建运营，打造人力资源产业园创新中心、宝成众创空间等创新平台。全力支持企业做大做强，成功推广“河长制平台”等20余个应用场景落地，创辉达成功入围“中国地理信息企业百强榜”“最具活力中小企业百强榜”以及“高成长企业TOP50榜”，土流网获评“2019湖南省互联网最具创新型企业”。

（袁　杜）

【园区项目建设】2019年，长沙天心经济开发区铺排产业项目58个，计划完成投资38亿元。开展“产业项目建设攻坚战”，纳入全省“5个100工程”的湖南地理空间大数据应用中心二期等6个产业项目续建，湖南健康城、天经国际企业街区等13个产业项目开工建设，第116号地块成功出让。新韶山南路、西湖路、月塘路二期等4条市投区建道路建设进度加快。新园路、机场一街等5条道路建设重新启动。北环路等6条道路雨污分流提质改造工程建成竣工。推进电力“6•30”攻坚，110千伏环保变电站、220千伏城南变电站、长沙七水厂、暮云污水处理厂等生活配套设施投入运营。

（袁　杜）

【园区营商环境】2019年，长沙天心经济开发区落实“效能提速、实体经济降成本、企业家权益保护、政策落地”四大专项行动，高标准建成党群企业服务中心，“一次办”和“网上办”比例均到100%，“12345”市民服务热线年度满意率93.4%。开展“新官不理旧账”专项治理，强化涉企政策“刚性兑现”，帮助企业享受各级政策奖励资金达1.47亿元，减免各项税费1.73亿元。积极解决退出企业融资难问题，横向上寻求银行授信2.8亿元，纵向上争取补贴资金1.5亿元。全力帮助企业寻找土地厂房、办理入驻手续、争取入园政策，想方设法协调解决企业高管与技术骨干购房指标、子女入学与通勤专线等问题。发挥人力资源服务产业优势，精准服务省、市新兴优势产业链和园区企业，与湖南大学等15所高校开展订单式人才培养合作，全年组织大型公益招聘会6场，累计参加2万人次。配套出台技术工人购房贷款补贴、人才公寓补贴。成立中小微企业贷款风险补偿基金。组织召开多轮银企对接，帮助35家企业共获得银行融资支持3.72亿元。与长沙农商行签订“党建共创　金融普惠”合作协议，搭建服务乡村振兴和金融普惠战略平台。围绕“中共十九大精神”“中

图 140　2019 年 7 月 19 日，长沙天心经开区（新）召开优化营商环境企业家座谈会　（长沙天心经开区供图）

华人民共和国成立 70 周年”“两个年”等主题推出系列宣传报道，发布优质信息 200 余篇，在《人民日报》、央视网、《湖南日报》等主流媒体报道 120 余次。未发生重大安全生产事故、环境污染事故和群体性事件。（袁　杜）

【朱东铁、黄滔调研天心经开区（新）】 2019 年 1 月 14 日，天心区委副书记、区长黄滔到天心经开区（新）调研园区发展工作。黄滔一行实地察看长沙礼恩派拉线（软轴）工业有限公司、湖南湘江管桩有限公司、长沙市彭记坊食品有限公司、湖南睦苏礼金属制造有限公司等绿心地区工业企业退出后的安排情况，与企业负责人交谈，询问企业在退出搬迁中遇到的困难，听取企业负责人提出的相关建议。黄滔表示，天心区委、区政府会全力做好退出后期保障服务工作，坚决落实好补偿安置政策。天心经开区（新）负责人就 2019 年天心经开区（新）发展思路作汇报。黄滔要求园区做好南部片区实质性建设的大文章；用实干担当的闯劲去打造都市产业园区转型的新模式；助推大数据（地理信息）产业深层次发展，突出人力资源服务，关注文化旅游、健康养老等新兴产业；激发招商引资活力，优化营商环境；以改革创新的心态推动新机制建立。2 月 11 日，春节后首个工作日，区委书记朱东铁调研天心经开区（新）。区领导黄滔、周志军、贺国权、侯向宇、张建参加调研。朱东铁要求，园区要产业大发展，做好招大引强工作，推动园区高质量发展；要项目大建设，做到每个项目有任务书、时间表、责任人；要环境大优化，落实好新出台的“天心营商环境 30 条”；要品质大提升，推进好基础设施建设；要机制大理顺，进一步理清区与园区、园区与街道、园区内部之间关系；要作风大转变，要以党建引领抓好作风建设，主动为企业做好服务。黄滔强调，要着力抓好班子、招商队伍和服务队伍建设；争取绿心规划修编，科学规划产业布局，紧盯项目建设的“牛鼻子”；按照高质量发展的要求，力争取得产业升级和产城融合的更大突破。2 月 15 日，朱东铁带队调研天心经开区（新）经济社会发展工作，要求按照“产业大发展、项目大建设、环境大优化、品质大提升、机制大理顺、作风大转变”，将天心经开区（新）打造成为精致精美、宜居宜业、产城融合的精品都市园区。区领导黄滔、周志军、贺国权、侯向宇、张建参加调研。3 月 26 日，朱东铁调研天心经开区（新）经济社会发展情况。区领导周志军、贺国权、侯向宇参加调研。朱东铁强调，要深化园区机构改革，加快推进两园合并升格、扩园强园步伐，理顺园区与区直部门、所处街道的关系，围绕“一主一特”，发展大数据地理信息、人力资源产业，盘活、整合好现有资源，扩大招商领域；按要求完成绿心地区工业企业退出工作；盘活土地资源，抓好产业发展，有效利用闲置资源，引进对未来发展、经济带动作用大优质项目；要继续推进长株潭商圈建设，巩固提升发展成效。（袁　杜）

【谭小平调研天心经开区（新）】 2019 年 2 月 12 日，长沙市委常委、市委统战部部长谭小平带队到天心经开区（新），开展进园区促发展专题调研。市人大常委会副主任张智勇，天心区委书记朱东铁，区领导贺国权、刘向、侯向宇、谭文敏参加。谭小平一行到天心经开区（新），听取朱东铁关于全区经济社会发展情况特别是园区工作的汇报介绍，实地了解园区规划、路网等设施配套、医院学校规划布局等情况。谭小平要求，要强化竞争意识，争取在全市园区综合考评中走在前列；要加快园区重大配套设施建设；要把园区的管理机制理顺，加快平台建设，培育扶持重点企业；要优化营商环境，实现招商引资有新的突破，注重引大引强，促进引进项目尽快落地。（袁　杜）

【李军调研湖南地理信息产业园工作】 2019年2月28日，国家地理空间信息中心副主任李军一行调研天心经开区（新）地理信息产业发展，天心经开区（新）筹委会成员侯烛天陪同调研。李军一行现场考察湖南地理信息产业园总部基地国土资源评价与利用湖南省重点实验室，以及南方数码、天湘和等重点企业运营情况。召开座谈会，李军肯定园区地理信息产业发展，对湖南地理空间大数据产业发展有限公司下一步规划和运营提出指导意见。李军强调，在运作上，要处理好政府与市场的关系，政府要有先导性地做好保障服务工作，公司要重点加强能力建设，清晰瞄准当地实际需求，提供精准服务；在应用上，要把握好市场项目与政府项目的关系，政府购买服务为公司提供基本保障，公司则要着力于做大做强；在策略上，要充分发挥各方优势，集中力量，争取重大项目；在业务上，要做好拓展，抢先占领市场；在管理上，要区分政府和企业职能，园区对公司发展进行宏观指导和把控，公司自主决策，对业务和市场负责。（袁　杜）

【港交所考察天心经开区（新）】 2019年3月14日，长城共同基金董事于海洋、香港大数据交易所CEO卢向彤率香港数据交易所有限公司一行到天心经开区（新）考察洽谈商业合作事宜。区委常委、天心经开区（新）筹委会主任贺国权陪同。座谈会上，天心经开区（新）介绍当前招商优势、产业特色、发展规划等情况，湖南地理空间大数据产业发展有限公司介绍公司运营情况，香港数据交易所介绍公司规模、核心业务、行业形势等。双方就合作模式、业务拓展、产业发展等深入交流探讨，推动达成实质性合作。香港大数据交易所对园区大数据（含地理信息）产业发展表达合作意向，希望依据交易所发展规划和园区优势，进行差异化合作。贺国权表示，园区将为交易所在大陆的发展提供有力支撑。（袁　杜）

【胡奇调研长沙人力资源服务产业园】 2019年6月24日，湖南省委组织部副部长、省人社厅党组书记、厅长胡奇率队到长沙人力资源服务产业园走访调研。省人社厅相关处室、长沙市人社局及各区县部门有关负责人参加。胡奇了解园区基本情况、发展规划，参观人才大数据中心，询问园区企业在构建和谐劳动关系及引才方面取得的成绩和经验。胡奇希望上海肯耐珂萨人力资源科技股份有限公司等企业充分利用好有利资源，把企业进一步做大做强，为湖南的人力资源产业发展出力。座谈会上，长沙市人社局、市住建局，天心区人社局、区交通局，芙蓉区住建局等10余家单位介绍农民工工资支付情况以及存在的问题，提出相关意见和建议。长沙市人社局劳动监察支队负责人建议进一步强化顶层设计，修改完善《湖南省工资支付监督管理办法》或者出台本省建设领域农民工工资支付法律法规，尽快形成行业普遍的规则。芙蓉区住建局代表建议协调发改等有关职能部门，对“黑名单”依职责实施联合惩戒的信息进行反馈和跟踪，使联合惩戒机制落实落地。胡奇最后强调，要进一步强化农民工工资支付常态监控，推进劳动合同签订、用工实名制、工程款支付担保、工资专用账户管理和银行代发工资等制度；各相关部门要加大工作力度，齐心协力做好农民工工资支付工作。（袁　杜）

【湖南省大数据产业发展推进会在天心经开区召开】 2019年7月17日，湖南省大数据产业发展推进会在天心经开区召开。各市州工信局、省级大数据产业园及园区重点企业负责人参加会议。会上，省工信厅党组成员、总经济师熊琛为天心经开区（新）等12家首批湖南省大数据产业园进行授牌。继湖南地理信息产业园、湖南长沙人力资源服务产业园后，天心经开区（新）三获省级牌；与会人员现场参观湖南地理信息产业园总部基地湖南省遥感中心、广东南方数码科技股份有限公司长沙分公司、湖南远景经纬空间信息技术有限公司等多家大数据企业，了解企业发展、技术应用等情况；省工信厅人工智能与数字产业处处长颜琰对《湖南省大数据产业发展三年行动计划（2019—2021年）》进行解读；区委常委、天心经开区（新）党工委书记贺国权作经验交流。（袁　杜）

【胡忠雄调研天心经开区（新）】 2019年8月15日，长沙市委副书记、市长、湖南湘江新区党工委书记胡忠雄到天心经开区调研大数据（含地理信息）产业链建设工作。市委常委、市委统战部部长谭小平参加调研。胡忠雄一行在鑫远国际大厦实地走访长沙计支宝信息科技有限公司、创辉达设计股份有限公司，在湖南地理信息产业园总部基地实地调研湖南天湘和信息科技有限公司、长沙梦图科技有限公司，听取全市大数据（含地理信息）产业链建设情况汇报。长沙大数据（含地理信息）产业主要分布在长沙高新区、长沙经开区、望城经开区、天心经开区（新）以及内五区部分楼宇。其中，湖南地理信息产业园集聚产业链企业121家。胡忠雄要求，要强化基础工作：强化平台建设，加快物理空间、硬件支撑、咨询服务、大数据交易、工具技术、活动载体六大平台建设；强化项目建设，紧盯大数据产业百强企业、地理信息产业百强企业；强化应用场景，全面打开区级场景、加快对接市级场景、用足用好省级场景。胡忠雄强调，天心区委、区政府和天心经开区（新）要全力以赴，加快推进大数据（含地理信息）产业链建设，为全市产业链发展做贡献。9月4日，胡忠雄调研中国长沙人力资源服务产业园工作，提出要把人力资源产业作为长沙高质量发展的新引擎，坚持“国际视野、国家标准、湖湘实力、长沙特色”定位，打造全国一流国家级人力资源服务产业园。 （袁　杜）

【中国长沙人力资源服务产业园与雨花经开区人才服务共享平台启动】 2019年10月23日，“创新人才服务•激活企业赋能”——中国长沙人力资源服务产业园与雨花经开区人才服务共享平台启动暨签约仪式，在雨花经开区中国（长沙）创新设计产业园10栋会议中心举办。这是天心经开区中国长沙人力资源服务产业园首次跨行政区域与雨花经开区进行人才服务的深度合作，雨花经开区、天心经开区、长沙人力资源服务产业园运营机构等相关负责人与100余名企业代表共鉴共享平台启动仪式。在开讲的“企业赋能大课堂”上，人力资源专家李婕从人力资源服务要点、人力资源能给企业带来什么等多个维度深讲解，让雨花经开区百余家企业了解到人力资源对现代企业的助力。现场，入园人力资源服务机构——北京网聘咨询有限公司、长沙安博企业管理咨询有限公司以及湖南省东悦企业管理咨询有限责任公司等进行企业路演。雨花经开区中南智能、中国轻工业等企业与中国长沙人力资源服务产业园入驻企业中智湖南、智联招聘等成功签约。 （袁　杜）

【天心经开区企业产销对接服务中心挂牌成立】 2019年10月28日，天心经开区“企业产销对接服务中心”挂牌成立。天心区委副书记、区长黄滔，区委常委、天心经开区（新）党工委书记贺国权，园区领导侯烛天，与园区企业顶立科技董事长戴煜共同挂牌。企业产销对接服务中心设立专人服务，明确思路和方向，逐一对接园区所有企业，重点从政策扶持、生产运营、市场拓展、应用场景推广等多方面做好服务，助推企业发展。园区借力企业产销对接中心，大力招商引资、招才引智，推动“四新”经济发展，加速腾笼换鸟、转型升级。园区已成功推广湖南天湘和信息科技有限公司“两违监测平台”、湖南地理空间大数据产业发展有限公司“金融风险监测预警平台”、酷哇机器人“城区智慧环卫示范区”等场景在天心区，乃至全市、全省的应用，推出20余个代表性应用场景，对接服务中心进行对湖南深度空间建筑科技有限公司的BIM技术等进行全面推广。 （袁　杜）

【北京四维图新科技股份有限公司考察天心经开区】 2019年11月25日，北京四维图新科技股份有限公司高级副总裁梁永杰一行到天心经开区考察并召开座谈会。天心区委副书记、区长黄滔，区领导张建及天心经开区相关部门负责人参加。考察团一行对湖南地理信息产业园总部基地、大数据应用中心进行实地考察，了解天心经开区发展情况及规划。黄滔表示，希望能够与四维图新一起围绕“数据+计算”核心能力，在智能科技、大数据定位、智慧城市、新能源产业等方面开展深层次合作。梁永杰表示，北京四维图新将发挥自身产业链优势，依托位置服务与智能汽车科技，发挥在新能源产业、智慧科技等方面的技术和经验优势，积极参与智慧天心建设，为打造数字天心贡献力量。 （袁　杜）

【智慧环卫示范区启用仪式】 2019年10月27日，天心区携手长沙酷哇人工智能及大数据产业技术研究院有限公司举办天心首个智慧环卫示范区启用仪式，并在活动上签订天心区车联网大数

图 141　2019 年 10 月 27 日，天心区举行智慧环卫示范区启用仪式（徐拓　摄）

据及电子地图研发运营总部项目合作协议。启用的智慧环卫示范区共 24 千米，投入的 100 辆自动驾驶环卫车由酷哇机器人与中联环境共同研发制造。在启用仪式结束后的体验环节，一辆辆小巧的无人驾驶环卫车，沿路进行洒水、清扫作业。智能环卫车融合先进的 5G 智能网联以及自动驾驶等技术，上面装有各种传感器，能够智能感知周围环境，帮助其抓取果皮、纸屑等垃圾，并识别障碍物。天心区委书记朱东铁表示，智慧环卫是智慧城市的重要组成部分，建设智慧环卫示范区，就是以此为切入口，赋能城市管理，推进智慧城市建设，促进大数据、人工智能、自动驾驶、云计算等产业布局完善。（袁　杜）

【湖南省人工智能产业园落户天心区】 2019 年 12 月 2 日，湖南省第一块省级人工智能产业园授牌长沙天心经开区。湖南省工信厅党组成员、总经济师熊琛要求天心经开区在抓应用上加大力度，做好顶层设计和规划，把人工智能产业园做成全省示范园区。截至年底，产业园已入驻千视通、中驰车福、灵想科技等 30 多家具有核心技术优势的优质人工智能企业。天心区委副书记、区长黄滔表示，未来 5 年内，要将人工智能产业园扩大到 100 万平方米，聚集 1000 家人工智能及大数据企业，做到 100 亿元产值，10 亿元的综合税收，1 家以上科创板上市企业。天心区加快促进人工智能产业发展，成立国内首个园企产销对接服务中心，率先中部地区实现 5G 网络全覆盖，精选“自主智能 BIM 系统、HiGIS 高性能地理计算平台、可视化全景便民惠民服务地图”等 12 大应用场景进行推广，打造“天心数谷”。（袁　杜）

【“蓝皮书”“两报告”通过专家评审】 2019 年 12 月 24 日，《长沙市大数据（含地理信息）产业发展蓝皮书》（简称“蓝皮书”），以及大数据（含地理信息）产业链分析报告、精准招商报告（简称“两报告”）通过专家评审。长沙天心经开区党工委书记吴江，党工委副书记、管委会主任贺国权参加评审。会上，李朝奎等 7 位行业领域专家组成的评审组，从形式、内容、应用等各方面，对“蓝皮书”“两报告”进行分析和点评，提出建议。贺国权强

图 142　2019 年 12 月 2 日，湖南省人工智能产业园落户长沙天心经开区（徐拓　摄）

调，要充分吸纳专家建议，将两项成果内容整合完善，拿出高质量作品；要充分体现长沙特色，着重突出天心数谷，重点深耕细分领域，大力聚焦应用场景，以产业链思维、“两图”“两库”“两池”“两报告”思路编制好大数据（含地理信息）产业“参考书”。“蓝皮书”涵盖长沙市大数据（含地理信息）产业发展现状、长沙产业发展环境、长沙产业支持政策、大数据行业应用、未来发展建议五个方面内容，重点分析长沙市大数据（含地理信息）产业的建设情况，产业规模、基础设施、园区建设等产业发展环境，对比地理信息、区块链等多个新兴产业的支持政策等等。“两报告”作为产业链重要的基础工作，分析国内外产业发展趋势，勾画产业发展、精准招商工作蓝图。据“蓝皮书”和“两报告”显示，2016—2018年长沙市大数据（含地理信息）产业规模快速增长，年复合增长率61.2%。2018年全市共有相关企业579家，规模达260亿元。（袁　杜）

【李薇薇调研天心数谷•智能经济创新产业基地】 2019年12月26日，湖南省政协主席李微微率部分省政协专委会和研究室主要负责人，到湖南远航控股集团有限公司及天心数谷•智能经济创新产业基地考察调研。李微微一行参观远航集团子公司奥通智能科技有限公司，到人工智能展馆，听取天心数谷•智能经济创新产业基地情况介绍，逐一了解展厅内陈设重点企业的发展情况，近距离感受人工智能带来的便利。李微微肯定天心数谷•智能经济创新产业基地的建设速度和质量，寄语园区继续做大做强产业，助力湖南经济高质量发展。天心数谷•智能经济创新产业基地，是长沙天心经开区绿心工业企业退出后进行腾笼换鸟的重点项目，总建筑面积6.7万平方米。项目于2019年5月建立，至年底已聚集千视通智能科技、酷哇机器人及大数据研究院、中驰车福、灵想大数据、万码互联、深选智能等30余家国内乃至全球一流水平的人工智能及产业互联网头部企业，实现产值2亿元，是全省首家人工智能产业园，全市三大人工智能产业聚集区之一。（袁　杜）

【绿心地区工业企业退出任务全面完成】 2019年12月31日，湖南湘财印务有限公司、湖南湘江电缆有限公司、磐吉奥（湖南）工业有限公司（湖南瑞都模具技术有限责任公司）、长沙正大有限公司、长沙市彭记坊食品有限公司、长沙礼恩派拉线工业有限公司、湖南亚太实业有限公司、湖南顶立科技有限公司、长沙天冰冷饮有限公司等10家延期退出的绿心地区工业企业通过省、市两级联合验收。至此，天心区绿心地区361家工业企业退出任务全面完成。（袁　杜）

企业选介

【湖南安博人云科技有限公司】 湖南安博人云科技有限公司（简称“安博人云”）于2018年10月入驻中国长沙人力资源服务产业园，是中国人力资本云领军者——上海肯耐珂萨人力资源科技股份有限公司旗下独立品牌，是一家为企业提供人力资源全生命周期数字化解决方案的提供商。公司有员工100余人，其中本科学历以上占比80%；高级人力资源管理师7人、中级人力资源管理师7人、初级人力资源管理师5人、心理咨询师1人、薪税师2人。安博人云坚持“服务企业为主、经济效益为辅”的基本原则，帮助企业从组织健康和持续绩效上下功夫，运用“技术+内容+服务”的服务模式，充分将客户的价值最大化。截至2019年12月，为近800家国企、民企、外企提供专业服务。其中，湖南百强企业达15家，管理员工3万余人，提供625个人力资源综合解决方案；举办公益讲座、沙龙及主题授课228次，受益人员4000人；完成经营业绩4.82亿元，实现税收1100万元；为近8万人提供基础人事管理服务，解决4万余人的企业就业问题，通过智慧学习、组织能力调研等赋能服务，提升企业的人工效能和发展质量。（袁　杜）

【湖南天湘和信息科技有限公司】 湖南天湘和信息科技有限公司是一家专注于地理空间大数据挖掘与应用和自然资源信息化建设的技术创新型企业，公司围绕“构建共享平台、丰富时空大数据、助力数字中国、服务社会新需求”的目标，依托云计算、大数据、人工智能以及前沿的地理空间信息技术，在智慧城市建设与信息互联共享、测绘地理信息与空间大数据挖掘、人工智能影像自动识别与“两违”执法快速发现快速处置、人工智能监测与公共安全服务等领域深耕细作、追求卓越，为政府智慧化管理提供决策支撑。公司2019年营业收入近2800万元，纳税近100万元，获评湖南省地理信息产业十强企业。公司经营范围主要包括测绘地理信息系统和自然资源信息化建设、测绘地理信息工程、智能化监测系统及项目实施、测绘装备系统解决方案四个方面。公司利用地理空间大数据为政府提供决策支撑的典型案例有：衡阳市"互联网+两违"信息化项目、衡阳市基于实景三维的棚户改造项目、基于卫星技术的"创卫"信息化项目、长沙市"互联网+两违"信息化项目（在建）、长沙市旧城改造项目（在建）等。其中，"互联网+两违"获得全国测绘地理信息优秀工程金奖、湖南省测绘地理信息科技进步一等奖；2019年3月25日，《中国自然资源报》第249期头版以《借得"慧眼"护鹰城——湖南衡阳利用测绘地理信息技术精准打击违法用地、违规建设纪实》为题予以重点宣传报道；衡阳模式得到自然资源部的高度评价并向全国推广，号召学习。该公司是国家高新技术企业、双软企业、科技创新小巨人企业，具备测绘地理信息乙级资质，是北京易智瑞湖南技术服务中心、北京吉威湖南本地化技术服务中心，中国地理信息产业协会会员单位、湖南省测绘地理信息学会常务理事单位、湖南省地理信息产业协会理事单位；该公司是AAA级信用企业，通过ISO环境管理体系认证、ISO职业健康安全管理体系认证、ISO质量管理体系认证，拥有自主知识产权12项，注册商标10个；曾获2次全国测绘地理信息优秀工程金奖，1次中国测绘科技进步二等奖，1次湖南省测绘地理信息科技进步一等奖；2015年和2017年均被评为中国地理信息产业最具活力中小企业。

（袁　杜）

【湖南远景经纬空间信息技术有限公司】 湖南远景经纬空间信息技术有限公司（以下简称"公司"），测绘乙级资质，是湖南省地理信息产业园入园企业、湖南省地理信息产业协会理事单位、湖南省国土空间规划学会会员单位、湖南省自然资源资产学会常务理事单位、《中国公路工程勘测安全技术规程》编委单位、湖南省地理信息产业十强企业。公司有员工70余人，由武汉大学、中南大学、南京师范大学等国内知名院校应往届毕业生，退伍军人及残障人士等组成。公司自有无人机LIDAR、车载LIDAR、倾斜摄影系统、航测系统、测量机器人、RTK、全站仪、经纬仪、电子水准仪、航摄数据集群处理中心、高性能计算机、生产经营车辆等各类相关硬件设备及HAT、MapMatrix、EPT、PhotoMatrix、LiDAR360、海达三维激光点云综合处理系统等专用软件共计260余台。公司无人机激光、车载激光、三维倾斜模型平台系统在国内具备一定领先能力，长期致力为国内中交第一公路勘察设计研究院、中交第二公路勘察设计研究院、中交公路规划设计院、中铁第五勘察设计院集团有限公司、长江勘测规划设计研究院、中电建华东勘测设计研究院、中电建中南勘察设计研究院、中设设计集团有限公司、广东省交通规划设计研究院、广东省冶金建筑设计研究院、湖南省交通规划勘察设计院有限公司等特大型设计院提供基础数据采集处理分析服务，大量参与国外大型援建、投资工程，为国家重特大项目建设贡献力量。公司致力承担社会责任，长期配合残联推进残疾人就业，参与解决退伍军人就业。2019年公司完成产值4000万元，实现税收80万元。

（袁　杜）

【广东羊城人力资源管理有限公司湖南分公司】 羊城人力湖南分公司成立于2018年，是羊城人力在省外开设的第一家省级分公司。公司立足湖南，辐射长江中游城市群。羊城人力湖南分公司是一家湖南省社会化人力资源（劳务）派遣和人力资源管理外包服务机构，主要为党政机关、事业单位、群团组织、国有大中型企业、转制企业、外资企业、民营企业等用人单位提供人力资源管理外包、人才招聘交流以及员工福利保障政策咨询等服务，获得社会各界的好评和政府劳动人事部门的支持。公司秉承"精心敬业，以人为本"的服务精神，以客户需求为导向，探索人事外包新理念，利用合作网络平台，为用人单位提供人力资源管理解决方案和快捷高效优质服务。羊城人力秉承"诚实守信，合作共赢"的服务宗旨和"服务社会、做企业战略合作伙伴"的企业使命，保持"敬业、奉献、求实、创新"的羊城人力精神，以客户需求为导向，探索人力资源管理新理念、新方法、新模式，利用合作网络平台，为客户提供有效的人力资源解决方案和快捷高效优质服务。被授予"全国人力资源诚信服务示范机构"和"绿盾企业征信系统'AAA'优秀等级"评价称号。

（袁　杜）

【湖南中智经济技术合作有限公司】湖南中智经济技术合作有限公司（简称“中智湖南”），为中国国际技术智力合作有限公司全资二级子公司，以中国长沙人力资源服务产业园为中心，面向全省政府机关、事业单位、企业提供“全体系”“全流程”“全方位”产品的专业服务公司。中智湖南负责中智公司所有业务在湖南地区的落地推行，协调本地需求与集团资源对接。中智公司连续13年领航中国人力资源服务行业，连续9年上榜“全球人力资源服务机构50强”。2018年获得大中华区最佳综合人力资源服务机构，并且是全国首批通过“人力资源服务地方标准”最高标准AAAAA认证的服务企业。中智湖南拥有1个现代人力资源研究院、10个业务发展中心和400余人组成的专业咨询团队，整合形成人力资源研发与服务基地，自主研发并构建11系列62个产品组成的产品服务链。公司向中央企业提供领导班子职位标准建设、领导班子能力测评选拔、高管领导力模式、总法律顾问招募、人力资源外包、管理咨询、薪酬和培训等多项服务，是国资委管理服务中央企业的重要服务平台。中智公司倾力打造的“人力资本论坛”及“人力资源服务展”两个媒体，成为人力资源行业的翘楚。中智公司服务于来自全球的9.22万余家企业，其中包括239个世界500强集团下的1057家企业及148个中国500强集团下的611家企业。服务人数超过726万人，客户覆盖外企、国企、民企等多类实体和机关事业单位，横跨石化、金融、保险、通信、电子、IT、汽车、医药、地产、建筑、物流、制造、商贸、传媒、教育、环境、餐饮、快速消费品等诸多领域，规模效益领先于全行业。（袁　杜）

【浪潮集团】浪潮集团是中国领先的云计算、大数据服务商，旗下拥有浪潮信息、浪潮软件、浪潮国际、华光光电4家上市公司，业务涵盖云数据中心、云服务大数据、智慧城市、智慧企业四大产业群组，形成涵盖IaaS、PaaS、SaaS三个层面的整体解决方案服务能力。2019年，浪潮集团中部地区总部基地落户长沙天心经开区，入驻长沙总部基地11号栋西侧1楼、4楼、5楼、6楼，面积约1724.64平方米。依托长沙建设浪潮面向中部地区的运营总部和产业基地，设立注册独立运营公司，实现纳税、就业以及研发本地化。按照第四代数据中心标准，在长沙投资建设和运营浪潮湖南云计算中心；利用自有40PB互联网数据建设大数据交易平台，打造湖南“数交所”开放大数据处理平台；利用大数据建设新型智慧城市、云计算、大数据实训基地。（袁　杜）

长沙天心文化（广告）产业园

【概况】长沙天心文化（广告）产业园是“国家创新创意中心”和“世界媒体艺术之都”建设的重要载体，凭借国家级文化产业平台“两园一基地”的发展格局，先后引进国家知识产权局长沙商标受理中心、湖南版权工作站、长沙文化金融中心、中华版权代理总公司长沙工作站落户园区。2019年1月，园区获评“五星级物业服务项目”；4月，获授牌“长沙市商标品牌指导服务中心”；11月，获评长沙市“十大文旅消费示范区”、全市首批文旅消费示范区。2019年年末，园区管委会在职工作人员37名。

截至2019年年末，园区有企业696家。其中，规模以上企业42家，高新技术企业18家，亿元以上企业13家，上市挂牌企业6家。总产值50.4亿元，完成全口径税收近1亿元。“创视界”展览馆、中华版权代理总公司长沙工作站和企业服务大厅正式建成运营。（向　娟）

【宣传推介活动】2019年，长沙天心文化（广告）产业园加大招商力度，举办各类活动进行宣传推介，提升园区影响力和资源聚集力。1月15日，在第五届湖南动漫游戏产业年会上，协会和园区对正在创谷筹建的“湖南数字文化产业创新基地”项目进行专题推介，举行该基地第一批13家驻园企业的集中签约仪式。3月19日，天心区重大项目集中签约暨“招商顾问”聘任仪式在创谷举行——中华版权代理总公司长沙工作站落户园区。4月18日，参加“2019年湖南—粤港澳大湾区投资贸易洽谈周”湖南文化旅游专场推介会，作为湖南文化产业园区代表进行现场推介。5月19日，参加第十五届中国（深圳）国际文化产业博览交易会，首届2018中国·长沙文化创意设计大赛部分参赛作品受邀参加展出。7月5—7日，到南宁参加2019年中国—东盟博览会文化展和动漫游戏展，展示长沙动漫游戏行业创新融合发展的新成果。展会期间，广西壮族自治区人民政府副主席李彬、青海省人民政府副省长杨逢春、广西壮族自治区文化和旅游厅厅长甘霖以及湖南省文化和旅游厅副厅长肖凌之等领导，分别到长沙动漫游戏馆巡视并指导工作，对湖南动漫游戏与文化传承融合的新业态、新模式所呈现的活力，以及园区助推动漫产业发展的担当，一致表示好评。7月30日，天心区2019年重点招商资源推介会暨“筑梦天心·商汇天心”异地商会企业家天心行活动在长沙天心文化（广告）产业园一楼多功能厅成功举办。会上，天心区招商引资管理系统上线，19宗区位优良的精品地块逐一亮相，吸引70余家房企参加，其中6宗土地于年内挂牌出让。

（向　娟）

【蔡家成调研长沙天心文化（广告）产业园】 2019年2月17日，文化和旅游部产业发展司副巡视员蔡家成一行专程到长沙天心文化（广告）产业园调研文化和旅游消费及园区建设情况，对园区一流环境和完善的公共服务设施、机制给予肯定。湖南省文化和旅游厅文化产业处处长胡丕志，长沙市文化旅游广电局党组成员郭学稳，天心区政府副区长张建，区政协副主席、长沙天心文化（广告）产业园负责人罗超纲接待并陪同调研。（向　娟）

【刘尤碧调研长沙天心文化（广告）产业园】 2019年2月27日，湖南省委宣传部部委委员、省文资委专职副主任刘尤碧一行到长沙天心文化（广告）产业园走访调研，省委宣传部文化改革发展办副主任雷锟、长沙市委宣传部文创办主任刘新宙、天心区委宣传部副部长王若飞、园区管委会刘湘俊等陪同。刘尤碧一行听取园区对进一步打造企业生态圈、优化营商环境的经验做法的汇报；调研园区展厅，重点了解园区企业服务中心、产业发展以及园区取得的发展成果，了解长沙商标受理中心的运行、中国·长沙文化创意设计大赛进展等情况；考察园区重点企业顺凯传媒，与企业负责人面对面交谈，询问企业发展情况；对园区产业发展给予肯定，对天心区充分挖掘和发挥文化底蕴厚重、文化资源丰富的优势，大力实施文化强区和文化产业发展战略表示赞赏。

（向　娟）

图143　2019年4月18日，长沙天心文化（广告）产业园参加“2019年湖南—粤港澳大湾区投资贸易洽谈周”活动

【长沙天心文化（广告）产业园供图】

【朱健调研长沙天心文化（广告）产业园】 2019年2月27日，长沙市委副书记朱健到长沙天心文化（广告）产业园调研产业项目的建设和营商环境优化工作。长沙市委副秘书长谭慧慧，天心区委书记朱东铁，区委副书记、区长黄滔等参加。朱健长沙天心文化（广告）产业园进行调研，考察南方数码、大唐先一科技等企业。朱健强调，要高标准高起点规划，引导园区特色立园、错位发展，避免“同质化”竞争，围绕优势产业链开展以商招商、精准招商，引入行业领域的龙头企业、知名企业，培育和扶持“独角兽”企业；要营造更具人性化的工作氛围和环境。朱健要求有关部门和企业要聚焦智能制造、聚焦“两型”建设，在本地积极推广智慧电力管理服务，打造一批“智慧用电”标杆企业，以“智慧用电”降低企业用电成本，提高园区的竞争力。（向　娟）

【四川省文旅厅调研长沙天心文化（广告）产业园】 2019年3月1日，四川省文化和旅游厅党组成员、副厅长宋铭一行到长沙天心文化（广告）产业园，调研园区建设情况，交流文化产业发展经验。湖南省文化和旅游厅副厅长尚斌、长沙市文化旅游广电局副局长廖双寅、天心区政府副区长黄会、园区管委会副主任刘湘俊等陪同参加。宋铭一行调研创谷

主楼展厅，重点了解园区产业发展、企业服务以及取得的发展成果。宋铭对园区主办的“中国•长沙文创大赛”和后续文创作品落地转换工作给予肯定，在参观长沙商标中心时为园区在商标注册质押、产权保护方面的工作点赞。宋铭一行到园区重点企业湖南省灵智文化旅游有限公司，与企业负责人进行交谈，询问企业发展情况和未来规划。宋铭听取企业简介、愿景和落地项目，提出企业可以在文化+金融上探索创新，争取省、市、区政策支持，围绕企业特色持续稳定高效发展。宋铭指出，做园区和做企业都要适应形势，多元化融合、加强文化元素、提升整体内涵，从而实现文旅产业的持续、健康、生态的良性发展。（向　娟）

【重大项目集中签约暨“招商顾问”聘任仪式】 2019年3月19日，长沙市天心区2019年产业项目建设年重大项目集中签约仪式暨营商环境优化年招商顾问聘任仪式在长沙天心文化（广告）产业园举行。活动由天心区委、区政府主办，天心经开区（新）筹委会、天心文化（广告）产业园、区商务和旅游局承办。市政府副市长邱继兴，市商务局局长高伟，区委书记朱东铁，区委副书记、区长黄滔等市、区领导出席活动，中国版权保护中心副主任魏红、中华版权代理总公司总经理贺传军、中国版权保护中心著作权登记部副处长李婷、湖南省人民政府原副秘书长、湖南省政府驻深圳办事处原主任廖克勤等特别嘉宾以及10位“招商顾问”代表、20家项目签约代表、90余家重点企业代表及省、市多家主流媒体等各界人士约200人共同见证签约。中华版权代理总公司长沙工作站等21个项目在会上签约，涉及大数据、现代金融、文化创意、医疗健康等多个领域。会上，朱东铁致辞，邱继兴讲话。区政府副区长张建发布《2019年天心区招商引资白皮书》及解读《天心区2019年产业项目建设年精准招商大行动工作方案》《天心区重点楼宇“楼长制”管理工作试点实施方案》《天心区“招商顾问”工作实施方案》，区领导向受聘人士发放“招商顾问”聘任书。园区上市公司中广天择传媒股份有限公司董事、总经理傅冠军作为招商顾问代表发言。21个签约项目中，长沙天心文化（广告）产业园引进的4个，包括中华版权代理总公司长沙工作站、疯狂的麦咭•玛雅城、青苹果数据中心和“今日头条”湖南总运营，均为文化创意类优质项目。中华版权代理总公司是国务院批准设立的中国第一家综合性版权代理机构，隶属于中国版权保护中心，其长沙工

图144　2019年3月19日，天心区在长沙天心文化（广告）产业园举行营商环境优化年“招商顾问”聘任活动
【长沙天心文化（广告）产业园供图】

作站落户园区标志着国家版权登记受理首次进驻长沙，湖南及周边企业在家门口就能实现计算机软件著作权、作品著作权、数字版权等著作权的登记受理。中华版权代理总公司与园区的合作，包括开展著作权登记代理、版权贸易、法律服务、版权宣传培训、其他版权服务等相关业务。“今日头条”湖南总运营项目由湖南顺凯文化传媒有限公司承接。该公司主营广告代理、媒介宣传等业务，为企业市场营销推广提供全程“一站式”服务。公司常年与北京字节跳动科技有限公司合作，是“今日头条”“抖音”“西瓜视频”等旗下产品的湖南区域全行业总代理，2018年实现产值1.5亿元，提供就业岗位200个。在会上签约的青苹果数据中心创建于1990年，是中国最早的软件和数字化企业之一，完成数十项国内外大型数字化工程，是中国重要的数据库产品制作商和中文数据库内容供应商。疯狂的麦咭•玛雅城项目由长沙哈密影院管理有限公司和湖南麦咭乐园文化发展有限公司共同打造，属于大型娱乐节目线下实体体验馆，位于长沙新世纪体育文化中心网球俱乐部二层，为新时代的亲子家庭、企业团建打造健康化、科技化、多元化的产品内容，将以长沙为坐标，最大限度地覆盖目标市场，致力打造地标性的游玩景点。

（向　娟）

【2019年第二季度大型人才招聘活动】 2019年6月15日，长沙天心文化（广告）产业园2019年第二季度大型人才招聘活动在长沙小天鹅戴斯酒店6楼举行。招聘会联合智联招聘推出，到场企业共60余家企业。其中园区有近30家企业参加，提供包括文案策划、广告设计、市场营销、IT技术等在内的上百个岗位。（向　娟）

【第二届中国旅游景区创新大展活动】 2019年6月30日，第二届中国旅游景区创新大展暨长沙创谷文化旅游嘉年华活动在长沙天心文化（广告）产业园举行。活动由文化和旅游部指导，中国旅游景区协会、湖南省文化和旅游厅主办，长沙市文旅广电局、天心区人民政府、长沙天心文化（广告）产业园承办。省文化和旅游厅、长沙市、天心区、望城区有关负责人及中国旅游景区协会理事长、副理事长、理事会员单位和相关企业等共300余人参加。活动以“美丽中国、创谷潮游”为主题，从6月30日至10月7日截止，共设置文旅创意体验区、文旅新业态创新互动区、网红打卡分享区、亲子体验升级区、超级IP联动区、创意餐饮升级美食区、夜游活动区、景协专委推介区、商务洽谈区9个主题区，打造南北东西、国家宝藏、花间十二、金鹰卡通、唯食论、美丽中国等41个展馆，引入喜马拉雅、幻维数码、山猫吉米、长沙文创设计大赛、楚和听香等61个重点项目资源点。该次嘉年华活动推出的旅游消费新场景、时尚的文创产品和最新款的网红餐饮，展览跨度长、展览主题突出、展览内容丰富、展览模式新颖。为景区消费升级提供新思路、新方法，让景区找到适合自己格调的“二次消费”业态和产品。（向　娟）

【陈献春调研嘉年华活动】 2019年7月2日，湖南省文化和旅游厅厅长陈献春一行到长沙天心文化（广告）产业园调研第二届中国旅游景区创新大展暨长沙创谷文化旅游嘉年华活动，天心区委副书记、区长黄滔，区政府副区长张建陪同参加。陈献春一行参观以“美丽中国、创谷潮游”为主题的“展示＋门店”的“快闪”街区，感受喜马拉雅电子有声读物体验馆，参观麦咭金鹰卡通、国家宝藏、唯食论、美丽中国等多个主题展馆，听取活动的特色亮点；考察湖南漫村文化发展有限公司，湖南亚文星空传媒两家园区重点企业，希望两家文化企业在已有的基础上做大做强，实现高质量发展。陈献春强调，园区要抓住该次全国性活动的契机，加大力度招商引资，吸引更多的资源落地，成为全国首屈一指的网红打卡园区。（向　娟）

【吴桂英调研嘉年华活动】 2019年7月8日，湖南省政府副省长吴桂英一行到园区，观摩调研长沙创谷文化旅游嘉年华活动。湖南省文化和旅游厅厅长陈献春，长沙市政府副秘书长厉江华，天心区委书记朱东铁等陪同参加。吴桂英肯定园区工作及活动的开展情况，强调园区要带动企业一起用科技创新手段研发更多的旅游IP衍生产品，以适应当前年轻的消费群体。（向　娟）

【文旅产业工作培训会议】 2019年7月11日，全省文化旅游产业发展现场观摩暨“送客入村”工作培训会议在园区主楼一楼举行。湖南省发展和改革委员会、省文化和旅游厅负责人及产业处室人员，各市州文旅部门分管负责人，各市州旅行社协会负责人及旅行社代表等共约160人参加。会议主要交流、研讨及部署全省文化和旅游产业发展工作，通报年度产业发展工作要点，重点观摩嘉年华活动现场。陈献春强调，要加深理解，直达现场体验思考什么是创谷潮游；要积极探索，寻找文旅融合突破点；要抓紧推动，谋划几项重要工作，以文促旅、做强产业，以旅壮文、繁荣事业，加快发展壮大动漫、演艺、创意产业，重点培育设计、音乐、体验产业，启动部署全省文化“十四五”规划工作。（向　娟）

【黄滔调研长沙天心文化（广告）产业园】 2019年6月21日，天心区委副书记、区长黄滔专题调研长沙天心文化（广告）产业园。区领导周志军及相关区直单位、街道办事处负责人一同参加调研。黄滔一行实地走访湖南数字文化产业创新项目基地、亚文传媒等企业，听取企业发展情况的介绍，就两家企业提出的具体问题进行回复和交办。黄滔强调，园区要精准定位，聚焦行业内具有发展前景的项目进行重点培育扶持，加强纵深资源整合，打造具有一定影响力的文创集聚业态；要善于规划目标，根据产业发展情况制定短期、中期、长期目标，加快推进一批具有引领性、支撑性的重大项目建设；要健全园区管理机制，着力打造国家级示范文化广告产业品牌。（向　娟）

【2019年创谷银企对接会】 2019年7月25日，由长沙天心文化（广告）产业园管委会、天心区金融事务中心共同举办的“文化金融携手共赢”——2019年创谷银企对接会在长沙天心文化（广告）产业园二楼多功能会议室举行。会上，区金融事务中心主任于意解读《天心区小微企业贷款贴息实施办法（试行）》。长沙市小微企业信贷风险补偿基金运营机构医械好融通信用管理（湖南）有限公司相关负责人介绍长沙市小微企业信贷风险补偿基金相关情况和申请流程，通过风险分担机制引导合作银行降低申贷准入门槛和豁免抵押、担保等增信措施，从而提高中小微企业贷款获得率。中国建设银行、交通银行、光大银行、长沙银行、招商银行分别介绍文化产业融资最新政策，并对各自的金融产品进行宣讲推介。7家企业代表分别发言，就政银企如何互动、银企如何深入合作等方面提出意见。在座的各方代表在听取与会各企业的基本情况、资金缺口以及企业提出的建议后，立足实际，对贷款相关事宜进行介绍，结合各企业贷款情况，明确下一步与各与会企业进行点对点对接，沟通贷款有关事宜，发挥自身优势，加强金融创新。（向　娟）

【高山调研长沙天心文化（广告）产业园】 2019年8月14日，长沙市委常委、宣传部部长高山到长沙天心文化（广告）产业园调研，天心区委书记朱东铁等陪同。高山对喜马拉雅线下体验店、亚文传媒、顺凯传媒、湖南数字文化产业创新项目基地、长沙商标受理服务中心等进行走访调研，强调园区要充分发挥主战场、主阵地、主力军的作用，进一步调优产业结构，理顺体制机制，提升服务水平，在全市文化产业发展版图中发挥更大作用，推动长沙文化产业高质量发展。（向　娟）

【动漫游戏创新生态建设论坛】 2019年9月11日，动漫游戏创新生态建设论坛在长沙天心文化（广告）产业园举行，论坛由中国南方片区动漫游戏行业协会联席会议第一副主席张敏主持。湖

图145　2019年6月21日，天心区委副书记、区长黄滔（前中）专题调研长沙天心文化（广告）产业园

【长沙天心文化（广告）产业园供图】

南省文化旅游厅党组成员、副厅长肖凌之，长沙市委宣传部副部长、市文明办主任郭润葵，天心区委常委、宣传部部长肖雄伟、区政府副区长张建出席论坛，来自国内外动漫、游戏、数字娱乐产业技术、互联网等行业的100余名专家参加活动。张建在致辞中表示，该次论坛以创新生态建设为题，邀请行业知名企业家会聚一堂，共同见证一批优质项目的签约，共同探讨在5G互联网、大数据、人工智能迅速发展的新时代下，如何共建动漫游戏发展的健康生态。论坛上，来自韩国的韩国文化内容授权协会会长赵泰丰以"玩具产业与区域文化产业"为主题演讲，讲述玩具产业与区域文化产业发展之间的必要联系；湖南本土动漫企业金鹰卡通卫视总监、湖南金鹰卡通传媒有限公司董事长兼总经理罗岚，从"多变时代的亲子+动漫+产业的链接打通"讲述孩子受众人群的动漫产业的发展方向。来自阿里云智能泛互联网总监左布啦以"中国游戏，世界力量"为主题，讲述中国游戏发展的现状与未来的发展方向。功夫动漫品牌管理中心总经理张朗里认为，动漫超级IP与文旅融合发展，s是带动三方产业融合发展的必然趋势；华为云中国区互联网行业总监李治慧从"5G+云"的角度，为活动现场的嘉宾带来"5G+云"开创数字娱乐产业新动能的新构想；安徒生集团文旅产业部运营总监夏国芳则从童话故事说起，以"安徒生文化品牌IP"为主题，讲述童话故事文化的IP产业化管理。活动现场举行项目合作签约仪式和圆桌会议。（向　娟）

【国家市场监督管理总局专家考评园区发展情况】 2019年9月27日，国家市场监督管理总局专家考核组一行对长沙天心文化（广告）产业园进行考评，参加考核的有国家市场监督管理总局发展研究中心副主任谢冬伟、发展研究中心创新和互联网监管研究部副主任李桐以及5位专家组成员。湖南省市场监督管理专员李首红，省市场监督管理局广告处副处长潘忠良，天心区委副书记、区长黄滔等陪同。在考核评估座谈会上，谢冬伟评价园区政策落地抓得实、主导产业和特色产业突出、平台建设比较完善。（向　娟）

【首届中国•长沙文化创意设计大赛】 2019年10月8日，园区公布了首届中国•长沙文化创意设计大赛获奖作品名单，大赛的专业组金银铜奖、大学生组金银铜奖、中小学生组童星奖金银铜奖，总计69个奖项。大赛是围绕"长沙文化元素"进行创作的大型文创赛事，旨在推动长沙特色文化与创意设计产品的结合，提升长沙文化创意设计水平。（向　娟）

【第四届天心阁峰会】 2019年10月18日，第四届天心阁峰会暨首届中国•长沙文化创意设计大赛颁奖典礼在长沙天心文化（广告）产业园举行。峰会着眼于5G时代下短视频的价值创造，旨在把脉短视频发展新风向，抓住短视频生态中获得高效和长效增长的要点。湖南省文旅厅厅长陈献春，省新闻出版广电局数字出版处处长张云峰，长沙市政府副秘

图146　2019年10月18日，第四届天心阁峰会暨首届中国•长沙文化创意设计大赛颁奖典礼在长沙天心文化（广告）产业园举行　【长沙天心文化（广告）产业园供图】

书长厉江华，天心区委副书记、区长黄滔，区委常委、宣传部部长肖雄伟，区政府副区长张建，园区管委会负责人谢巍等省、市、区负责人出席。峰会的天心影视论坛邀请行业内数位大咖纵论5G时代短视频价值创造。快手商业化湖南服务商负责人汪磊分享《短视频内容如何实现品牌价值》；中广天择传媒新媒体中心运营总监彭越分享《短视频IP的成长路径》；山竹MCN联合创始人刘伟分享《多元化变现：内容创作者如何选择合适的赛道》。文和友龙虾馆延伸图形设计、雷锋形象文创设计等4个获奖作品作者分别与长沙文和友潮流坐标文化传播有限公司等4家企业代表签约。现场，为此次大赛的专业组金银铜奖、大学生组金银铜奖、中小学生组童星奖金银铜奖，总计69个奖项颁奖，奖金总计近百万元，最高奖项奖金6万元。（向 娟）

【音频产业发展座谈会】 2019年11月8日，长沙天心文化（广告）产业园召开音频产业发展座谈会。会议邀请音频产业链上的各企业和机构一起探讨产业发展和项目合作，湖南人民广播电台党委委员、副台长、湖南交通频道总监李运宗，湖南金鹰之声、湖南交通频道、湖南省图书馆相关负责人，以及中洼文化、睿听文化、知音智能等公司负责人参加会议。天心区委副书记、区长黄滔，区政府副区长张建，长沙天心文化（广告）产业园管委会负责人谢巍、刘湘俊出席活动。座谈会上，园区负责人介绍园区的产业发展情况，参会各单位也介绍自身的发展情况，就本单位音频产业发展进展、思路以及合作意向进行交流。（向 娟）

【王晓峰调研文旅消费新思路】 2019年11月11日，文化和旅游部党组成员王晓峰一行到长沙天心文化（广告）产业园进行调研考察，湖南省文化和旅游厅党组书记禹新荣、省文化和旅游厅厅长陈献春及副厅长肖凌之，长沙市政府副市长刘明理、市文化旅游广电局局长杨长江，天心区委副书记、区长黄滔，区政府副区长黄会、张建，长沙天心文化（广告）产业园管委会负责人谢巍等陪同参加。王晓峰表示，长沙文化资源丰富，产业领先，未来动漫产业衍生产品市场具有很大的发展空间。调研之后，文旅部相关负责人参加在园区举行的“十四五”文化和旅游产业发展调研座谈会，各级领导与18家长沙市文旅企业进行交流，共同探讨文旅消费新思路，为推动立足天心辐射全市文化旅游产业深度融合发展、加快文旅消费升级提供有力支撑。（向 娟）

【举办第22期中国版权共享课堂（长沙站）】 2019年12月27日，中国版权共享课堂（第22期）在长沙天心文化（广告）产业园举办。活动由中国版权保护中心指导，《中国版权》杂志社主办，中华版权代理总公司、长沙市版权局、长沙天心文化（广告）产业园协办。《中国版权》杂志社社长助理、新媒体总监李睿娴，中华版权代理总公司登记代理事业部总经理助理、高级版权经理冯艳，湖南省版权局版权处调研员孙先富、副处长孙玉虹，长沙市版权局版权处处长甘永雄、副处长张宇航，园区负责人谢巍、刘湘俊，园区企业服务中心（知识产权中心）主任袁霞，以及长沙市有关高校包括中南大学、长沙理工大学、中南林业科技大学的100余名嘉宾参加。该次共享课堂邀请3位专家分别从版权法律、运营实操和登记保护的三个角度对如何做好影视动漫作品版权保护和开放进行剖析和分享。《中国版权》杂志社金牌讲师梁飞从影视版权类合同、影视改编权的边界、影视版权侵权雷区三个方面，结合专业法律知识和相关具体案例，对影视版权运营中的版权法律问题进行讲解。湖南金鹰卡通商品事业部总监黄晶讲授“动漫IP开发运营与衍生产业发展”，通过迪士尼产业帝国是如何通过电影、游戏、周边产品等完成的IP授权组合的具体案例，带领大家了解品牌授权的发展情况；通过剖析亿级IP熊本熊是如何走上世界级网红之路的，讲解互联网背景下IP时代的品牌授权新纪元。中国版权保护中心著作权登记部资深审查员董小征分析近年来影视、动漫、广告相关作品著作权登记情况，从登记的专业角度对影视、动漫及广告类作品的登记要点进行解析。在圆桌论坛环节，李睿娴作为主持人与3位授课嘉宾围绕影视动漫作品的版权保护和开发进行讨论，回答现场学员的相关问题。（向 娟）

街 道

坡子街街道

【概况】长沙市天心区坡子街街道位于天心区最北端，北依五一大道，与开福区接壤；南至白沙路，与裕南街街道毗邻；东临黄兴中路、黄兴南路步行商业街，经南门口至劳动广场；西靠湘江，与岳麓区隔江相望。下辖太平街、西牌楼、八角亭、坡子街、文庙坪、登仁桥、楚湘、碧湘、创远、西湖、沙河和青山祠12个社区，区域面积1.94平方千米。2019年，常住人口6.8万人。内设党政综合办公室一办、党政综合办公室二办、基层党建办公室一办、基层党建办公室二办、城市管理办公室一办、城市管理办公室二办、城市管理办公室三办、公共服务办公室一办、公共服务办公室二办、公共服务办公室三办、公共安全办公室一办、公共安全办公室二办、公共安全办公室三办、公共安全办公室四办、司法所、财政所、街道政务服务中心、街道党群服务中心、街道网格化综合服务中心（街道综治中心）、街道退役军人服务站、太平街管委会办公室21个机构，另有2个区辖机构：坡子街街道劳动社会保障管理服务中心、坡子街街道社会救助服务中心。截至年末，在职工作人员57人。

2019年，坡子街街道巩固提升“历史文化样板街、商贸服务引领街、现代金融示范街”“三街”形象，突出党建引领，推动经济发展，创新社会管理，保障改善民生，各项工作顺利推进。获全市人口与计划生育工作优秀单位等市级以上称号5项，被中国文明网、《湖南日报》、红网、《长沙晚报》等市级及以上主流媒体报道164次。（刘　波）

【街域经济】2019年，天心区坡子街街道财政税收完成6.31亿元，规模以上服务业营业收入10.3亿元，固定投资31.32亿元，社会消费品零售32.8亿元，高新技术企业认定3家，新增“四上”企业10家，外区转本区“四上”企业1家。推进产业提质升级、发展转型，提升商贸服务业发展优势，利用外滩板块实现金融产业融合聚集发展，借助五一商圈建设东风巩固华远国际中心、国家开发银行、北京银行等亿元楼宇建设，提质悦荟、王府井、春天百货等商贸特色楼宇，盘活下河街商贸城等闲置楼宇，华远云玺商业招商有序推进。以五一商圈为核心，以“一带一道四条街”为重点，发展夜间经济，形成特色夜间经济聚集区，打造“夜购”“夜食”“夜娱”“夜游”于一体的标志性“夜经济”发展带，文和友、茶颜悦色等网红打卡点助力做活经济、做高人气。推进零星地块建设招商。推进“营商环境30条”的落地、实施。街道班子成员带队走访企业100余家次，对42家重点企业实现对接服务，了解企业经营情况，协调解决困难问题。开展五一商圈综合整治，联合公安、交警、城管、市监、应急等部门开展集中综合整治80余次，出动力量6400余人次。在华远国际中心建设党群服务中心、楼宇服务站，联合党建、经济、税务、市监等部门实现入楼服务、主动服务、对口服务。督导6家风险企业完成清退，成功化解风险。加大“最多跑一次”改革力度，推进91项“就近办”便民服务事项。（刘　波）

【城市管理】2019年，天心区坡子街街道完成火宫殿周边零星地块（一期）征拆工作，财贸医院完成签约，西文庙坪A地块完成签约712户，整体签约率56.82%；西文庙坪B1地块、B2地块一期全部完成签约备案和腾房，碧湘二期项目签约573户，整体签约率

96.3%；加快汇景发展环球中心建设，AB塔封顶，配套设施建设有序进行，建设和招商工作同步推进；推进8个老城区有机更新项目建设，太平路及两厢、上碧湘街、西湖及楚湘社区3个有机更新项目完成建设，太平街、西文庙坪、黄兴路两厢、历史步道妙高峰段和青山祠社区5个有机更新项目建设有序推进，妙高峰历史步道、马益顺巷、沙河社区等区域有机更新获得肯定。

（刘　波）

【社会事业】2019年，天心区坡子街街道加大惠民政策宣传力度，确保政策落地生根，覆盖到位。春节慰问2877户，发放慰问金128.24万元；97名老人享受政府居家养老服务，为8945名高龄老人发放高龄补贴303.37万元。低保累计9485户、13610人，累计发放611.86万元；大病救助累计330人次，累计发放107.16万元；保障性住房低收入认定367户。临时救助45人，发放救助金17.84万元；特困帮扶142户，发放帮扶资金23.68万元。推进统战进社区工作。开展教育培训30余次，配合协商解决少数民族纠纷2起，完成宗教事务场所整治1起，整改不规范清真门店5家，完成民主协商案例13起，以沙河社区“同心工作站”为基础充分调动全街资源广泛参与统战“同心工作”创建，开展同心志愿服务12次。开展社会主义核心价值观宣传教育、我们的节日、未成年人关爱、移风易俗等各类群众性文化主题活动140余场。通过“非遗”展示培训、手工制作、兴趣协会等活动的开展，满足人民群众日益增长的精神文化需求。开展健康知识宣传活动24次，计划生育奖励扶助、特别扶助发放333人，319.68万元；独生子女保健费发放752人，17.448万元；城市低保发放209人，12.02万元，免费孕前优生检查260人。开展爱心助孕22人，完成“两癌”筛查1189人，建立居民健康档案52307份，建档率95%，家庭医生签约8090人。开展校园周边环境综合整治、无证办学机构清理整顿工作，联合相关部门集中开展清查行动10次。聚焦打赢蓝天保卫战，张贴禁燃禁烧通告3000张、发放宣传单页2000余份、悬挂宣传横幅200条，开展集中整治行动30余次，规范餐饮门店493家，油烟净化器安装率100%，14处黄土裸露、建筑扬尘污染问题整改到位，青山祠社区创建绿色示范社区。抓实环境保护工作，湘江水源保护区、排口区域的河道无偷排溢污等水源污染现象，水环境质量达标。推进老旧小区改造，西牌楼小区配套基础设施建设项目和信丰公寓及电梯厂宿舍配套基础设施建设项目全面完工，改造面积3.7万平方米，惠及居民1140户。街道、社区河长全年巡河324人次，完成样板河段建设、河湖“清四乱”专项整治。西湖社区、楚湘社区公共服务中心、下碧湘街生鲜市场投入使用。

（刘　波）

【综合治理】2019年，天心区坡子街街道实施景区化、网格化、错时化、精细化城市管理模式，全街35个网格强化人员配置。全年累计处理数字化案卷13970个。拆除历史违建36处，拆除面积1525.4平方米，拆除新建违建6处，拆除面积166平方米，全年拆违任务全面清零。错时开展集中整治行动80余次，对人员进行精准调度，对市容乱象进行精准打击。开展学校、党政机关、小区居民垃圾分类宣传活动60余次，投放分类设施1000余套，设立分类指引牌60余处，设置可回收物分拣中心以及有害垃圾收集点70余处。开展安全生产大培训、大演练、大排查、大体检、大整治。发放安全生产宣传资料1万余份，开展专项整治30余次，组织会议、培训、演练80余场，班子带队检查单位220家，街道联合社区检查单位1012家，下达执法文书169份，行政处罚企业12家，总计罚款金额1.02万元。推进福临阁消防安全隐患整改，消防设施设备安装改造完成80%，电梯维修改造完成，协助成立临时业委会。对90家小餐饮实行“透明厨房”提质，开展校园周边“护苗行动”食品安全专项整治，拉网式排查整改“黑作坊”。开展“万人巡逻”“百万禁毒签名”“无毒社区”“无毒场所”创建等活动。开展打击非法制章刻证、地下六合彩、禁毒涉毒等专项整治行动30余次，共查获非法制章刻证人员20余人，涉黄人员115人，涉毒尿检人员849人，查处酒店旅馆41家。在扫黑除恶专项斗争中，街所联动、部门联调、社区联排，对辖区重点场所、区域、行业、人群进行专项线索排查，共排查涉黑涉恶线索5条，经公安系统甄别，撤销4条线索，结案1条。全年调解各类矛盾纠纷70起，接受法律咨询83次，接待上访344人次，处理各级信访件89宗，综合运用教育、协商、关怀、调解、疏导等方法，千方百计化解信访积案16起。

（刘　波）

【党建工作】 2019年，天心区坡子街街道建立一核多元融合共建机制，全街23个党群服务中心有序运转，18个“有事好商量”议事平台作用充分发挥，35个网格实现党组织全覆盖，指导员、网格长、党组织负责人充分履职，全力解决基层实际困难和问题。落实“三会一课”、主题党日、党员分类教育管理等制度，开展“不忘初心、牢记使命”主题教育。指导“两新”党组织开展支部“五化”建设及“两争一创”，打造“华远国际中心党群服务中心”，升级“坡子街商圈党群服务中心”服务功能。全年举办党风廉政文化宣传教育活动20次，开展作风考勤26次，纪律督查32次，廉政谈话、提醒谈话共计40余人次，查处“第一种形态”19人、立案调查3人。开展“不忘初心、牢记使命”主题教育专项整治，对“官僚主义、形式主义”和“贯彻落实中共中央决策部署阳奉阴违”等突出问题进行重点整治。

（刘　波）

【于献调研坡子街街道人大工作】 2019年2月22日，天心区人大常委会主任于献、副主任李曦带队分别走访王府井、平和堂和亲和力旅行社等龙头企业，宣传区“营商环境30条”政策，了解企业情况，征求意见和建议。5月16日，天心区委副书记朱远红，区人大常委会主任于献一行走访悦荟公司、长沙王府井百货有限责任公司人大代表，在走访过程中了解五一商圈企业经营情况，并在随后的座谈会中听取五一商圈企业市、区人大代表和企业家对天心区开展“营商环境优化年”活动、五一商圈建设管理方面的意见和建议，以及代表议案建议办理的相关建议。区人大联工委、区政府督查室、区商务局、区城管执法局、区五一商圈建设工作领导小组办公室、坡子街街道等相关负责人参加此次活动。

（刘　波）

【朱东铁走访调研坡子街街道】 2019年3月12日，天心区委书记朱东铁，区委副书记、区长黄滔等调研湘江东岸防洪综合改造工程天心区段建设项目，现场调度防汛备汛工作。坡子街街道工委书记郑州，街道工委副书记、办事处主任黄根明陪同考察。5月20日，朱东铁带队走访街道辖区企业文和友集团。朱东铁一行到文和友美术馆、文和友老长沙臭豆腐博物馆、文和友龙虾馆海信广场店，了解文和友集团的发展思路和规划，就相关负责人提出的建议和意见进行交流，现场交办相关单位提出解决办法。6月3日，朱东铁带队到长郡中学、明德中学等高考考点督查相关工作，强调各相关单位要全力做好各项保障工作，加强对各考点及其周边环境的巡查，及时排查各项隐患。7月10—15日，朱东铁3次到坡子街西湖路湘江返水点督导指导防汛抗洪工作，现场调度西湖路高排涵GY2号井隐患整治工作，就应对新一轮洪峰过境进行工作部署。（刘　波）

【朱远红督查解放西路沿线酒吧文明创建、规范经营工作】 2019年4月10日，天心区委副书记朱远红督查解放西路沿线酒吧文明创建、规范经营工作，区文明办、区文旅体局、步行街管委会、坡子街街道办事处、坡子街派出所5家单位分管负责人陪同。督查组一行实地考察解放西路主干道、沿线停车设置、共享单车摆放、沿街酒吧规范经营情况。朱远红指出，文化部门要主动履行行业管理职责，协同区文明办、公安、步行街管委会、属地街道，共同组织开展好解放西路沿线酒吧文明创建、规范经营专项整治工作；各单位要抓紧制订解放西路综合整治工作方案，要动员解放西路酒吧KTV商会开展好行业自律，要抓紧开展酒吧规范经营专项整治，要抓紧落实、问题清零。

（刘　波）

【夏艳兰调研坡子街街道政协工作】 2019年5月17日，天心区政协主席夏艳兰一行走访调研坡子街街道政协工作，区政协副主席赵英华、区政协经济科技和外事委员会主任周文辉、坡子街街道党政主要负责人、政协联络工作负责人陪同调研。夏艳兰一行到委员单位长沙雅美医疗美容医院，实地参观医院运作模式，听取政协委员、坡子街委员组组长、雅美集团董事长肖征刚关于医院经营情况的介绍，了解企业文化，询问企业发展的问题和困难。实地走访后，在华远国际中心雅美集团总部会议室召开座谈会，赵英华主持会议。周文辉反馈2018年坡子街街道政协工作开展情况，会议听取坡子街街道工委书记郑州关于街道2019年政协工作的具体安排，听取肖征刚相关工作情况汇报，就如何更好地开展政协工作进行交流座谈。夏艳兰希望街道和委组以委员自身建设和委员作用发挥为重点，进一步加强委组和委员队伍建设，搭建委员履职平台、整合资源形成合力、

结合实际创新特色、围绕重点务求实效。（刘　波）

【黄滔走访调研坡子街街道】2019年7月9日，天心区委副书记、区长黄滔到坡子街街道西湖路湘江返水点现场调度防洪抢险工作。9月27日，黄滔率队到坡子街街道检查节前安全生产工作、慰问困难群众并走访联点社区。10月31日，黄滔到坡子街街道，给街道、社区干部上一堂以“践行初心使命，办好民生实事”为主题的党课。11月1日，黄滔带队走访街道辖区重点金融单位。11月7日，黄滔以“四不两直”方式暗访天心区文明创建工作。11月13日，黄滔调研湖南文和友文化产业发展集团。12月24日，黄滔调研街道辖区生活垃圾分类工作。（刘　波）

【胡忠雄检查调研八角亭社区禁毒工作】2019年7月23日，长沙市委副书记、市长、湖南湘江新区党工委书记胡忠雄到坡子街街道八角亭社区现场调研指导扫黑除恶和社区戒毒工作。天心区委副书记、区长黄滔等陪同。胡忠雄要求，全市公安工作尤其是扫黑除恶、禁毒工作，要精准施策、持续发力，突出打好“四大战役”：群众战、攻坚战、联合战、责任战。（刘　波）

图147　2019年6月28日，天心区委副书记、区长黄滔（右一）走访坡子街街道慰问党员（坡子街街道供图）

城南路街道

【概况】长沙市天心区城南路街道位于天心区东北角，辖区东接芙蓉路、南起劳动路、西至黄兴路、北抵大古道巷，辖区面积2.1平方千米。2019年，常住人口3.01万人，流动人口9893人。下辖白沙井、天心阁、燕子岭、吴家坪、古道巷、熙台岭、工农桥、城南中路8个社区。截至年末，街道在职工作人员43人。

2019年，城南路街道建设贺龙商圈党群服务中心，《人民日报》、共产党员网、《长沙党建》等对街道党建工作进行专题宣传报道，全市主题教育专题简报两次对主要做法进行推介；代表全区顺利迎接文明创建国检入户，策划制作的《长沙市文明行为条例》宣传公益广告在全市影院、地铁、电梯等平台全面展播，街道获评全市文明单位；南门口项目全面扫尾，古道巷三期全面完成；打造回龙山、义茶亭等城市管理精细化管理与维护示范街巷，与天心阁AAAAA级景区打造实现融合发展；“城南先锋汇”志愿服务项目获全区社会主义核心价值观建设最佳品牌项目第一名。“同心创业论坛”在红网同步直播；街道关工委被评为全市“五好关工委”。（唐卓琳）

【街域经济】2019年，天心区城南路街道完成区级财政税收3.06亿元；全社会固定资产投资19.20亿元；社会消费品零售总额12.57亿元。限额以上批发零售业总额28.19亿元；规模以上工业总产值13.32亿元；高新技术企业认定7家；省外境内实际利用资金和实到省内资金11亿元；完成进出口总额1.25亿元；实际到位外资6350万美元。在库考核项目42个。城南路街道完成古道巷三期项目的征拆扫尾工作，对接市轨道集团和凤凰投资公司，推进南门口地块的土地建设。社会投资项目阳光城檀府顺利启动并预售、田汉地下空间加快建设，推动形成新的增长极。围绕“产业项目建设年”“营商环境优化年”，建立重点楼宇“楼长制”管理机制，推行“五色荟”服务（红色党建党务服务、橙色政务经济服务、蓝色公益文化服务、黄色关爱帮扶服务和绿色健康环保服务），在嘉盛试点建设楼宇服务站，多平台宣传、落实“营商环境30条”，优化服务促发展。（唐卓琳）

【城市管理】2019年，天心区城南路街道以提升城区品质为抓手，做好品质城管、民生城管、全民城管，把网格化和巷长制有机结合，一手抓垃圾分类、厕所革命等重点工作，一手抓清扫保洁、常态管控等长效管理；一手抓家政式服务，一手抓家教式引导。打造回龙山、义茶亭等精细化管理与维护示范街巷，在有机更新及老旧社区改造过程中，拆除各类历史违章建筑40余处，开展五一商圈、古道巷区域专项整治，打通消防通道、扩展公共空间、提升社区品质。6月城管集中考核排名全市第二，二季度重点工作调度讲评全区第一。开展“明厨亮灶”工程，全年打造54家小餐饮透明厨房，通过示范创建，建成一批示范门店、一批示范街巷、一批示范社区。通过餐饮油烟专项整治，实现全街168家有油烟产生的餐饮单位油烟净化设备全覆盖。开展施工区域扬尘治理，改善空气环境质量。实现散煤燃烧动态清零，禁放区域及禁放时段烟花鞭炮零燃放。推动14台燃气锅炉的低氮化改造。湖南广播电视台经视频道“经视社区汇”栏目分多期以《“小河长”湘江“体检”》《清明时节绿色祭奠》等为题进行连续报道。　（唐卓琳）

【社会事业】2019年，天心区城南路街道用好惠民资金，完善网格化服务内容，提高社会保障、社会救助、养老、医疗、就学水平。残疾人“两走三见”活动（走进用人单位、走访残疾人，通过见人、见事、见需求，促进残疾人稳定就业）采集信息645人，申请各类补贴、救助、辅具200余人。认定住房保障收入家庭82户，为135户特困家庭申请重大疾病救助。计划生育特殊家庭联系人双岗制和家庭医生签约率100%。年内组织政协委员到通道播阳镇对口开展教育扶贫。新建吴家坪、熙台岭、燕子岭社区党群服务和邻里服务中心。按照“马上办、就近办、一次办”工作要求，承接部门下移“最多跑一次”事项。推行社区服务窗口“全岗通”，落实“首问接待负责制”“一次性告知制”，打通服务群众“最后一米”。街道的“创业梦想孵化室”，为有创业梦想的人提供创业绿色通道，在辖区单位中设立“就业援助基地”、对申请小额贷款“就业援助资金”的群体进行跟踪服务。燕子岭社区扶持的石某在“创业梦想孵化室”的支持下，用申请的15万元贷款，渡过资金难关、扩大经营。深化街道“三社联动、四心服务、五福临门”服务品牌，通过社会组织合同制、专业社工聘用制、顾问团队联席制，培育专业人才、提供个性服务，提标民生服务内容，让人民群众共享幸福。街道社工站以“需求导向+资源整合+项目化”运作的服务模式，制定“城南印象”和“乐在耆中”两个服务项目。探索建立完善街道文化资源圈、居家养老服务圈。引进的社工组织为辖区独居老人、失独家庭等特殊困难群体开展“一对一”志愿帮扶1500余人次。　（唐卓琳）

【综合治理】2019年，天心区城南路街道通过“自治、整治、善治、法治”的“四治”模式，综合运用“领导、疏导、引导、劝导”的“四导”举措，成功调处各类矛盾纠纷91起（含重大疑难复杂纠纷7起），共化解7件信访积案，稳妥处置7起突发事件。完成马拉松赛、中非经贸博览会等重大活动安保7次，确保全国“两会”、省“两会”、迎70周年大庆、中共十九届四中全会等特护期的安全稳定。强化扫黑除恶和全民禁毒，联合派出所、社区集中整治按摩店33家，开展禁毒清查行动40余次，毛发检毒367人次，集中禁毒行动5次，对4家涉嫌非法集资的公司进行执法检查，打造一条“国防教育长廊”。发放平安创建宣传购物袋、折页、扇子2.3

图148　2019年，天心区城南路街道工委理论学习中心组（扩大）组织专题学习　（城南路街道供图）

万人次，推送短信2万余条，组织集中宣传3次。下载“星城园丁”APP，强化群防群治。强化精神障碍患者服务管控，与25名监护人签订协议，购买治安保险148名、监护人险124名。制作发放平安创建宣传购物袋1万个和宣传折页1万份，利用叮叮mall等10余家辖区单位的电子显示屏滚动播放平安天心户外公益广告宣传内容。（唐卓琳）

【党建工作】2019年，天心区城南路街道深化“三四五”党建工作法（以工作创新为主线，树立三种理念，健全四项机制，注重五个结合），助推区域化党建“四互”体系，建设“学习汇、议事汇、邻里汇、星光汇”等平台，设立城南讲习所地标篇、庭院篇、企业篇等学习载体，完善15分钟党群服务圈。共产党员网、长沙党建等以《党员中心户让学习交流零距离》《突出品牌强活力幸福城南聚民心》等为题对街道党建工作进行宣传报道。省老干部局局长、离退休干部工委书记龚健参观调研给予高度评价。开展“不忘初心、牢记使命”主题教育，落实主题教育“全覆盖”“两个百分之百”要求。开展8个专项问题整治，街道工委班子征求与自我检视问题31条，建立整改清单，以销号制度逐一整改。长沙市主题教育简报两次对此做法进行推介。针对区委第五巡察组向街道反馈的6个方面17个问题，向社区反馈的5个方面16个问题，制订整改工作方案和工作清单，逐条整改，逐项落实。深化宣传思想、文明创建、“三零”创建等工作推进，充分调动代表委员、统战人士、群团组织形成工作合力。3条人大代表建议被评为优秀，推荐1名代表获评新社会阶层突出人才。关于打造天心阁为AAAAA级景区提案被列为区政协一号重点提案。代表全区顺利迎接文明创建国检入户，制作的《长沙市文明行为条例》公益广告在全市影院、地铁、电梯等平台全面展播，街道再次获评全市文明单位。“同心创业论坛”在红网同步直播。整合贺龙体育馆周边资源，建设贺龙商圈党群服务中心，《人民日报》对此主要做法和具体活动进行报道。服务中心设置的阳光书屋项目得到中华全国总工会授牌。廉政文化“家立方”特色项目在《长沙晚报》、长沙纪检监察网站上进行推介。“城南先锋汇”志愿服务项目获全区社会主义核心价值观建设最佳品牌项目第一名。打造“城南联校”项目，培育街道、社区后备力量，1名社区负责人考任街道班子成员，1名干部被评为全市十佳团干。（唐卓琳）

【“大城管”工作】2019年，天心区城南路街道结合五一商圈整治行动，对街区市容品质管理标准进一步提升。坚持日常巡查与专项行动相结合，狠抓秩序管理，每日对市容市貌、主次干道的广告牌设置、店外经营、“门前三包”，社区内部的停车秩序、背街小巷的店外经营、“牛皮癣”、乱牵乱挂等内容进行巡查管控。持续开展每周一整治，定点对吴家坪市场、晏家塘市场开展重点整治。全年联合城管执法队开展各类专项整治行动40余次。收缴各类违章经营物品400余件；拆除违章户外广告牌40余块、收缴灯箱20余个；整治店外经营1000余次，教育、劝导流动摊贩2000余个；拆除违法建筑8处，面积193平方米；及时控制新建违法建筑5起；全年处理“12345”投诉工单179条，审核新设门店招牌160余处。推进渣土扬尘、餐饮油烟、焚烧垃圾、违规夜市和露天烧烤、生活垃圾分类五大专项整治行动。编制餐饮油烟动态管理台账，完成餐饮油烟净化器100%全覆盖目标。开展燃气行业安全专项整治工作，签订餐饮行业液化气使用安全承诺书180份，发放助力大气污染防治倡议书及禁燃

图149　2019年9月29日，天心区城南路街道开展“定格重阳，赏城南之秋”重阳主题活动　（城南路街道供图）

限放倡议书5000余份，制作蓝天保卫战各类宣传横幅80余条，利用辖区电子屏、微信群等方式加大宣传力度。（唐卓琳）

【“大民生”工作】 2019年，天心区城南路街道抓好以“四心服务，五福临门”为主题的“九大民生工程”落实。低保累计保障3019户，发放1895373元，为辖区就业困难143人申请享受灵活就业人员社保补贴资金100.07万元，开展多项为残服务活动，为辖区范围内646名残疾人采集个人信息，完成“4个100工程”。推进妇幼健康服务和优生优育指导，共有212人参加免费孕前优生检测，1004人参加免费“两癌”筛查，完成率100%。加强社区建设，打造一社区一品牌，劳动保障、社会救助、慈善事业关注民生需求，“先锋创业论坛”“就业创业沙龙”形成常态；社会救助阳光透明，计生服务优质便利；夯实物业管理基础，规范物业服务，处遗工作、河长制工作有序推进。（唐卓琳）

【绿色社区创建】 2019年，天心区城南路街道开展白沙井绿色社区创建工作，社区成立绿色社区领导小组，把创建工作列入日常议事日程，发展志愿者队伍。在绿色社区创建工作的推动下，城南中路社区杜绝垃圾焚烧、露天烧烤、违章搭建、乱贴乱画、乱停车辆、乱设摊点等行为，辖区无违规燃放烟花爆竹、垃圾焚烧、使用燃煤等现象，塑料袋等白色污染的使用量明显下降，环境卫生整洁，无黄土裸露地块，路面干净无尘，可绿化面积有效利用。（唐卓琳）

【食品安全“你送我检”主题活动】 2019年，天心区城南路街道吴家坪菜市场开展食品安全“你送我检”主题活动。活动现场，城南路街道食药监所、食安办的工作人员设立宣传咨询台，现场通过为市民讲授食品安全常识，发放食品安全法规知识及长沙创建全国食品安全示范城市宣传资料等方式，向群众普及食品安全常识。食品检测人员将市民刚到集市上采购的日常蔬菜、水果等食品，进行食安检测，对检测的结果进行公示。经过现场检测，所检批次合格率100%。（唐卓琳）

【“雷锋家乡好少年，人人争创‘雷锋章’”道德模范进校园活动】 2019年3月6日，天心区城南路街道燕子岭社区联合幼幼学校开展“阳光成长+”系列活动之“雷锋家乡好少年，人人争创‘雷锋章’”道德模范进校园活动。活动中，上演《青春雷锋》沙画视频；学校根据雷锋的生平先进事迹设计成10个问答题，由校长组织现场的学生进行抢答；少先队员朗诵《雷锋，你在哪里》。（唐卓琳）

裕南街街道

【概况】 长沙市天心区裕南街街道地处城市核心圈，西临湘江，东与金盆岭街道接壤，北接白沙路、劳动路，南与赤岭路街道相邻，面积6平方千米，下辖仰天湖、石子冲、裕南街、东电、东瓜山、宝塔山、向东南、杏花园、长坡、火把山、南站11个社区。截至2019年年底，常住人口5.5万人。街道内设党政综合办、基层党建办、财政所、司法所、公共安全办、城市管理办、公共服务办、纪检监察室、街道政务服务中心（加挂文化体育服务站牌子）、街道网格化综合服务中心、退役军人服务站11个机构。在职在编干部职工43人。

2019年，街道获得湖南省计划生育群众自治先进街道、长沙市级文明标兵单位、长沙市“扫黄打非”优秀集体、长沙市人口和计划生育工作优秀单位、长沙市第八轮“芙蓉标兵岗”、省级星级财政所等10余项称号。（颜 燕）

【街域经济】 2019年，天心区裕南街街道完成全口径财政收入7.09亿元，区级财政收入1.87亿元，同比增长1.44%；固定资产同比增长13.55%；完成社会消费品零售总额16.09亿元，同比增长15.40%；完成规模以上其他营利性服务业收入6.26亿元，同比增长35.51%；新增“四上”企业3家，完成率为30%。每季定期召开工作调度会，掌握企业工作进展情况、交办具体工作任务，及时协调解决企业发展中面临的困难和问题。多次深入走访企业解读“优化营商环境30条”及优化营商环境的相关政策，实现“银企对接”“律企对接”。走访湖南省送变电工程有限公司、湖南星电集团有限责任公司、长沙平安财富中心有限公司等企业126次，收集企业问题112条，为水利水电第八工程局地铁四号线项目解决渣土临时堆放、中建江山壹号项目解决垃圾站建设及后续维护保养等问题73个，办理及反馈至区级问题17个。南湖巷项目在6月全面完成腾房倒地任务，顺利实现外滩指挥部要求清零的目标；枣子园2、3栋项目完成征收审批手续。街道协助楼宇招商新入驻企业共108家，重点培育企业6家。其中，湖南保利物业管理有限公司、湖南业达建设有限公司税收超过百万元。完成限额以上社会消费品零售总额16.08亿元，同比增长15.4%。其中，长沙肯德基有限公司完成15.29亿元。街道完成规模以上其他营利性服务业收入6.26亿元，同比增35.51%。（颜　燕）

【城市管理】2019年，天心区裕南街街道共拆除违章户外招牌2处，整治户外招牌10处，拆除违章180处，拆除违章面积共780平方米，处理违章投诉问题20余起。整治违停现象30余起，整治店外经营、占道经营51处，整治流动摊贩53处，规范夜市经营33家。在2次迎接长沙市城市管理集中考核中，均取得全市排名第七名的成绩，其中杏花园、仰天湖、裕南街社区城市管理工作先后被评为长沙市“五佳社区”；联合执法中队开展散煤整治行动20余次，处理散煤燃烧25起，并销毁煤球1300余个；开展烧烤整治行动30余次，共收缴烧烤手推车10余辆；集中开展黄土裸露整治，完成对20余处裸露黄土的整改；组织全街260余家油污较重的餐饮门店安装油烟净化器，安装率100%。为全面推进全街辖区11个社区生活垃圾分类工作，开展入户宣传2.2万余户，制作宣传折页2万份、横幅120余条、分拣牌110块，发放厨余垃圾袋12456卷，购置并投放干垃圾桶1424个、湿垃圾桶1136个，投入经费约45万元。9月，街道成为全市第一个垃圾分类全面验收合格的街道，在辖区范围内全面推进生活垃圾分类减量，完成区政府下达的年度生活垃圾控量指标。（颜　燕）

【社会事业】2019年，天心区裕南街街道11个社区共申报惠民项目53个，共计资金225.16万元。街道启动火把山小区、水利水电小区2个老旧小区改造项目，立项投资额分别为500万元、600万元，拆除违章145处，1600余平方米，增设停车位180个，2个项目全面完工。启动1个社区公园微改造、4处危坡挡墙排危，共投资100万元。谢家冲公共垃圾站和谢家冲路断头路改造2个民生项目竣工投入使用。11个社区成立“红帽子”“红马甲”等40余支志愿服务队，每个社区确保引进10余个专业社工服务组织，进社区开展优质专业服务与活动。全年制作发布“讲文明　树新风”公益广告2000余块，向居民群众发放《长沙市文明行为促进条例》手册8000余册，《市民文明手册》5000余册。按照统计责任上报出生249人，其中一孩出生140人、二孩出生100人，符合政策生育率99.6%；共办理一孩生育证195例，二孩生育证115例，再生育10例；核实处理、协调移交关系迁入596例，迁出1188例；核对落实65岁以上老年人生存情况11849人；计生审核135人次，开具计生证明125人次，处理人口监测任务数据26551条。街道共有计划生育特别扶助对象268户，其中独生子女死亡的家庭158户、独生子女伤残的家庭110户；为35名特扶对象申报计划生育特殊家庭住院护理补贴，共计金额5.72万元；为400户流动人口购买计生保险；对25户困难家庭进行生育关怀慰问。依托“5•15”“5•29”“7•11”等宣传日时间点，开展群众广泛参与、内容丰富、形式多样的宣传服务活动，将计生特殊家庭老人纳入家庭医生签约服务重点关注对象，建立老年人健康档案，定期提供免费公共卫生服务。推进计生家庭投保的宣传活动，完成计生保险65880元，依规为31人次进行理赔，总计赔付36826元；完成老龄保险12.1万元，理赔68638.68元。全街社区阵地建设全部达标，阵地面积1000平方米以上的社区5个，600~800平方米的社区6个。其中，新建街道社工站面积200平方米，南站社区新增社区办公服务用房面积1000平方米。街道社工站人才队伍采用“1+1+2+1”的模式，即1名督导+1名项目主任+2名全职社工+1支专家队伍。组织53位工作人员参加社工培训考试，街道共有75名持证社工。推进“三社联动”和创新“养老一体化”，与巴普养老护理机构合作，打造“核心城区‘研、医、养、康、餐、学’六位一体社区养老项目”，基本组成为“3+3”模式，全国、省、市、区民政系统的领导相继到巴普护理院考察并给予肯定，各地学习团队到访参观20余批次。引进政和、长寿老人家等9家社会组织，街道备案登记100余个社会组织，着重开展居民自治、居家养老、青少年服务、残疾人服务、居民融合、科普环保等专业化服务。全年帮扶低保户814人，共计金额41.83万元。累计救助5504户、8357人，金额347.82万元。街道政务服务中心提供服务3万余人次，为1170位辖区内老人建立健

全档案，为870余户老人提供上门服务。　　　　（颜　燕）

【综合治理】 2019年，天心区裕南街街道化解2个信访积案。调处矛盾纠纷179起，复杂疑难纠纷4起，涉及金额595.3万元，调解成功率及履行率均达100%。召开专题作风建设整顿会3次，完成市扫黑办交办件2个，开展主题或专题宣传活动20余场次，新增扫黑除恶大型户外广告牌13个、举报箱120个、宣传横幅300条，发放宣传单页3万余册，张贴宣传板1000余份。投入27万元，与湖南鑫安保安服务有限公司合作，专门聘用5名社区禁毒工作人员强化禁毒工作，并按照辖区每30名实有吸毒人员至少配备1名专职工作人员的比例，配齐社区戒毒康复专职工作人员；总投入41万余元在裕南街街道原南站社区三楼、四楼打造300余平方米市级社区戒毒康复工作示范点，投入运行。对辖区危险品仓库、冶金仓库、652仓库进行重点检查，按照执法计划检查单位25家，发出现场检查记录25份、简易行政处罚12起，罚款4800元。检查各类生产经营单位，发现安全隐患141处，并同步整改到位；669个火灾自动报警系统故障，整改维修469个，公共区域的消防故障点整改到位，完成55家“透明厨房”改造任务。在11个社区悬挂“扫黄打非”宣传横幅30余条、发放各类“扫黄打非”宣传资料和宣传册2000余份、张贴宣传海报110份，开展各类宣传活动11次，积极走访企业，发现并解决非法集资企业3家，帮助150余人远离非法集资。　　　　（颜　燕）

【党建工作】 2019年，天心区裕南街街道加强《中国共产党党支部工作条例（试行）》《中国共产党党员教育管理条例》的学习，贯彻落实党支部“五化”建设部署要求，坚持做好“三会一课”、主题党日、民主评议党员、党费收缴等党内政治生活；深化领导联点机制，全面推进“五化”党支部星级评定、党组织生活纪实化管理，通过每日推送学，“学习强国”平台掌上学、集中培训学、会前一刻钟和送学上门等形式，实现党员教育全覆盖；发展党员10名，从源头上把控党员质量；流动讲“习”所、“730党员夜校”、“春之翼·阅读吧”等学习品牌开展高质量活动。街道在专家辅学、集体研学、个人自学的基础上，拓展“导学、延学、送学”三大学习途径。“导学”即制作“应知应会口袋书”，通过“学习强国”和微信群推送“每日一学”，引导党员干部随时看、随时学、随时记；“延学”即利用街道打造的“不忘初心兴天心”之“缘起湘江”学习点，让全街1600余名党员步行不超过15分钟就能前往参观学习，“不忘初心、牢记使命”的主题教育接待参观学习200余批次，共计7000余人；“送学”即针对年老体弱、行动不便的老党员开展送学上门、流动讲“习”等活动，确保学习教育全覆盖。街道开展各类调研20余场次，发现和收集各类问题、意见建议160余条。街道、社区相继开展民主生活会、支部组织生活会、“恳谈会”和“廉政行”，重点关注机关干部、社区专干、辖区党员3个队伍的团队建设，深入了解掌握党员干部的思想状况，听取对基层工作、对党风廉政建设的意见建议，及时发现纠正一些问题。在集中授课、小组讨论等活动中都融入党风廉政教育。承办“我们的节日·春节”天心区裕南街街道“坡上幸福驿站”雷锋志愿服务、长沙市“雷锋传人长沙榜样”先进事迹报告会等市、区级大型活动10余场。开展“破除丧葬陈规陋习·共度文明节俭清明”市民教育活动、“齐力弘扬诚信文化·同心共建诚信家园”诚信建设

图150　2019年4月29日，天心区裕南街街道开展“廉政党课进企业”活动　　（汪成如　摄）

活动。仰天湖社区居民杨鹏英被评2019年5月“孝老爱亲”湖南好人、2019年第一季度“长沙好人•身边雷锋”孝老爱亲典型；沙湖桥小学学生张荣景被评为2019年二季度“新时代湖南好少年”；天心区税务局裕南街税务分局副局长杨靖凌被评为2019年第一季度“长沙好人•身边雷锋”敬业奉献典型以及第三届“裕南榜样”；石子冲社区党员代表朱克恕的典型事迹也被媒体相继报道。街道相关学习报道在“学习强国”APP上发表推送；在省、市主流媒体发稿200余条，在天心新闻网发稿407条。（颜　燕）

【“廉政党课进企业”活动】2019年4月29日，以“争做表率•严守底线•筑牢反腐防线”为主题的“廉政党课进企业”活动在中建•江山壹号项目举行。裕南街街道工委书记颜日强作专题授课，企业领导班子、中层干部和全体党员等40余人参加活动。会上，本着“区域统筹、资源整合、优势互补、共建共享”的原则，街道与企业现场签订《共驻共建意向合作协议书》。双方表示将在后续工作中保持密切沟通，加强联动，营造良好的政企合作关系，实现资源共享、联动共建、文明共创、事务共管和稳定共保的工作格局。（颜　燕）

【朱东铁慰问火把山社区特困群众】2019年，天心区委书记朱东铁，区委副书记朱远红，区委常委、区委办主任侯向宇，区政府副区长张建一行到裕南街街道火把山社区，走访慰问2户城市特殊困难群众，裕南街街道书记颜日强等街道、社区主要负责人陪同。慰问结束后，在裕南街街道会议室召开天心区城市特殊困难群体帮扶工作调度会，会议由朱东铁主持。会上，颜日强及天心区其他13个街道主要负责人汇报辖区帮扶工作情况。朱东铁逐一进行点评，对裕南街街道帮扶工作给予肯定。（颜　燕）

【“湘江颂”项目】2019年9月，“湘江颂”项目开工建设。项目西临湘江、紧临湘江大道，隔江远眺橘子洲及岳麓山景区，北临规划道路都江路，东靠公园，靠山面水，周边环境优美。项目总建筑面积1.07万平方米，预计总投资8亿元，2023年投入使用。（颜　燕）

图151　2019年天心区委书记朱东铁（中）一行走访慰问裕南街街道火把山社区2户城市特殊困难群众　（周洁　摄）

金盆岭街道

【概况】长沙市天心区金盆岭街道位于天心区中部，东枕芙蓉路，北接劳动路，南临赤岭路至书院路，西与裕南街交界，占地面积3.97平方千米，常住人口4.22万人。街道下辖夏家冲、天剑、狮子山、黄土岭、涂新、赤岭路6个社区。办公地址为赤岭路30号金盆岭街道社区服务大楼。街道内设机构8个，分别为党政综合办、基层党建办、纪工委、城市管理办、公共服务办、公共安全办、司法所、财政所；内设公益一类事业单位3个：政务服务中心、网格化综合服务中心、退役军人服务站。截至年末，在职人员42名。

2019年，金盆岭街道以区委、区政府“北提南进，服务引领，民生造福”发展战略为统揽，贯彻落实上级的各项决策部署，推动经济社会各项事业平稳较快发展。（邓　颖）

【街域经济】2019年，天心区金盆岭街道完成财税收入2.1亿元，固定资产投资22亿元，社会消费品零售总额8.8亿元，规模服务业营业收入21亿元。完善企业服务“解困中心”职能，强化服务理念、创新服务手段，提高服务水平和服务质量。以楼宇“楼长制”为抓手，建立并更新完善好楼宇档案，及时了解企业的需求和困难，做好优化营商环境等政府涉企政策的宣传及各种活动的开展。

（邓　颖）

【城市管理】 2019年，天心区金盆岭街道开展蓝天保卫战，省级环保督察交办案卷5起、区蓝天办交办案卷4起、区级“12345”环保类投诉18件，均全部办结。开展多层次、各类型的文明创建系列宣传教育活动150余次。46家小餐饮门店透明厨房提质改造工作全部验收合格。推进网格化综合管理改革，开展入户走访、信息采集、日常巡查、问题上报、政策宣传及相关问题处置等工作，实现“人在网中走，事在格中办”。完成南湖路狮子山地块棚改项目扫尾清零和项目结算工作任务。

（邓　颖）

【社会事业】 2019年，天心区金盆岭街道走访慰问辖区困难群众1063户，发放财政慰问金46.56万元，街道、社区自筹慰问金12.44万元，帮扶城市特殊困难群体151户，其中急难帮扶2户、医疗帮扶32户、基本生活帮扶117户，提供帮扶资金29.92万元；城镇新增就业人员累计完成1150人。以天剑社区、赤岭路社区为居家温暖工程服务点，为辖区内的孤寡老人、高龄空巢老人和特困、重残户提供暖心服务。赤岭路社区“暖心厨房”被湖南卫视、湖南教育台、《三湘都市报》等多家媒体报道。在夏家冲社区探索开展“爱心送餐”服务，携手辖区餐饮企业为独居老人提供中、晚餐。夏家冲社区文化活动中心提质改造、赤岭路社区文化活动中心项目、黄土岭路特色街巷建设项目、长沙市第二十二中学宿舍建设项目、光大发展大厦党群服务中心项目全面完工，涂新社区居家养老服务中心项目推进收尾。

（邓　颖）

【综合治理】 2019年，天心区金盆岭街道深化“红袖章工程”，整合街道“铁骑”巡防队、步巡队和派出所“夜鹰”队，形成群防群治常态化格局，确保社会安全稳定。开展“壮丽70年奋进新时代•扫黑除恶党员先行”党员志愿服务活动。开展大小型禁毒行动65次，与派出所配合抓获吸毒人员118名、贩毒人员1名。全面启动平安金盆建设，每周开展消防隐患排查，共排查隐患45条。在上半年市民调工作中取得全区第二名的成绩。开展矛盾纠纷排查调处工作，全年街道妥善处理交办的信访件70件，成功调解各类民事纠纷234起。（邓　颖）

【党建工作】 2019年，天心区金盆岭街道累计开展“核心价值观教育活动”“我和我的祖国群众性主题教育活动”“新时代文明实践在天心”等主题宣传活动60余场，开展公益红色电影观影活动11场，人数累计750余人。推进基层党组织“五化”建设，将涂新社区第三支部打造为示范支部，在全街开展“五化”星级评定工作。启动“初心工程”2.0版，结合“不忘初心、牢记使命”主题教育，开展“初心学堂”“初心故事”“初心印记”“初心公益”“初心为民”“初心榜样”六项主题活动。街道自筹资金打造光大发展大厦党群服务中心，以金领会、思享汇、风采绘、悦读慧、菁英荟“五HUI”空间为理念，推进“共治共建、共创共享”，提升“两新”党组织党员和群众的幸福感、满意度。推行街道大工委制，将驻街单位党组织中的25名行业精英纳入街道、社区兼职委员中。将雅礼外国语学校、黄土岭小学、中国邮政储蓄银行长沙分行、长沙市轻工研究所、长沙市芙蓉实业有限公司、湖南土流信息有限公司等18家企事业单位纳入街道党建联席会议，定期召开联席会议，研究解决各类问题。建立街道、社区区域化党建资源清单20

图152　2019年4月12日，天心区金盆岭街道赤岭路社区召开“赤岭红心议事会”，协调解决百姓身边事　（金盆岭街道供图）

图 153　2019 年 7 月 29 日，天心区金盆岭街道工委组织召开 2019 年度区域化党建联席会　（金盆岭街道供图）

项、需求清单 24 项、对接项目清单 7 项，发挥网格党支部在小区治理、物业矛盾化解等问题上的组织、协调、领导作用。

（邓　颖）

【省、市领导调研“一圈两场三道”工作】 2019 年 5 月 6 日，湖南省委改革办秘书处处长李钦一行到天心区金盆岭街道黄土岭社区调研“一圈两场三道”工作，金盆岭街道工委书记喻俊，金盆岭街道工委副书记、办事处主任湛果陪同。李钦一行重点调研黄土岭路诗词文化步道、黄土岭社区公共服务中心、荣悦台新建幼儿园等设施。实地参观过程中，黄土岭社区党总支书记汇报社区“一圈两场三道”工作情况。李钦强调，街道、社区要扎实推进民生实事工程，打造更高品质的宜居环境，精准增进民生福祉、提升百姓幸福感。6 月 10 日，长沙市副市长廖建华，区委副书记、区长黄滔一行到金盆岭街道黄土岭社区调研“一圈两场三道”建设工作，喻俊、湛果陪同。廖建华一行察看黄土岭路诗词文化步道、黄土岭社区公共服务中心及周边配套设施。在黄土岭社区服务中心，廖建华与社区工作人员交谈，询问并了解社区工作、活动开展情况及社区现况。廖建华强调，街道和社区要把“一圈两场三道”这件惠及全市人民的实事抓细抓实，打通服务“最后一公里”，让社区环境更加宜居，让市民生活更有品质。　（邓　颖）

【研发经费统计及科技优惠政策培训会】 2019 年 3 月 5 日，天心区金盆岭街道在街道办事处 7 楼会议室举办研发经费统计及科技优惠政策培训会。邀请长沙市统计局、市税务局、天心区科技局、区统计局等单位的讲师，为街道规模以上研发报表单位、高校、科研院所、高新企业和小巨人企业等 30 余家单位进行培训，以加强政府和科研单位之间的沟通，帮助企业加强研发投入，充分享受科技研发政策。培训会上，讲师们为企业带来“R&D 统计年报填报和申报操作实务”“研发费加计扣除政策”“研发的概念和企业在研发年报中经常出现的错误类型”“科技优惠政策讲解”等课程。

（邓　颖）

【区域化党建联席会】 2019 年 7 月 29 日，天心区金盆岭街道工委组织召开 2019 年度区域化党建联席会。区委组织部副部长、基层办主任周雄到会指导。街道工委班子成员、联席会成员单位、各社区党组织书记、党建专干等 40 余人参加会议。会上，财政部湖南监管局、湖南省第六工程有限公司、长沙市芙蓉实业有限公司、长沙农村商业银行天心支行、雅礼天心中学等 18 家联席会成员单位代表，分别就各单位基本情况、自身的资源及需求进行交流发言，表示将支持街道开展区域化党建工作，加强与街道、社区、成员单位的联系和互动。随后，街道工委分别与成员单位签订并互换区域化党建结对共建合作书，双向认领“红色匠心”“雏鹰计划”“赤岭红心　六微六创”等 9 个党建共建项目。　（邓　颖）

【禁毒讲座】 2019 年 6 月 11 日，天心区金盆岭街道综治办联合赤岭路社区、长沙理工大学在长沙理工大学城南学院 5 号教学楼大礼堂开展禁毒讲座，邀请湖南省演讲协会副会长、湖南国防教育讲师团专家教授、长沙市禁毒讲师团金牌讲师、国防科技大学原教授徐佐林讲课。现场学生们纷纷表示，要从自身做起，以德立人，培养良好的道德品质和行为习惯，增强对毒品等高危物质的防范意识和防范能力，将禁毒理念落实在日常生活之中。

（邓　颖）

【张天宇督察指导垃圾分类工作】2019年8月21日，长沙市垃圾分类办组长张天宇一行到金盆岭街道赤岭路社区督察指导垃圾分类工作。张天宇一行先后查看辖区各小区垃圾分类入户台账情况以及实地情况，听取赤岭路社区党委书记詹莉云对辖区垃圾分类工作进行详细介绍。张天宇强调，垃圾分类要意识先行，要通过多种宣传模式和激励方法深化老百姓的环保意识和环保知识，垃圾分类全社区覆盖工作要党员干部带头先干，要有规章有制度，要根据人口比例增加设施保障，要环境美化和垃圾分类同时抓，齐心协力打造美丽的宜居家园。（邓　颖）

赤岭路街道

【概况】 长沙市天心区赤岭路街道位于天心区中部，东邻芙蓉南路，与雨花区接壤；南靠南二环，与新开铺街道相邻；西临湘江之水；北接赤岭路、殷家冲路，与金盆岭街道、裕南街街道交界，总面积3.72平方千米。2019年，常住人口6.6万余人，流动人口1.26万人，街道办事处驻地书院南路423号。下辖白沙花园、新丰、芙蓉南路、南大桥、广厦新村、书院路6个社区和新开管委会。内设党政办公室、综治维稳办公室、经贸管理办公室、城管城建办公室、计划生育办公室、社会事务办公室、征收服务中心、财政所、司法所9个科室，另有区辖双重管理机构社会保障站、劳动保障站2个。截至年末，在职工作人员38名。

2019年，赤岭路街道获评湖南省退役军人工作模范单位。

（刘安妮）

【街域经济】2019年，天心区赤岭路街道完成区级财政税收5576万元；全年完成社会消费品零售总额2.18亿元，同比增长364.9%；完成全社会固定资产投资27.89亿元；完成R & D研发经费约2.44亿元；完成高新技术总产值78.6亿元，同比增长21%；增加“四上”企业8家。新建西路棚改项目完成征地拆迁、交地手续，进行对接项目结算工作；长熔项目私房、自管产全部签订协议，于一季度交地；新开管委会城中村改造项目二期签约129户，有23户未签协议，产权制度改革顺利推进，完成集体经济组织成员认定，安置小区建设与佰昌集团签订协议。全年引进企业6家，培育壮大4家，“四上”企业新增8家，个体户转企业1家，企业升高新技术企业5家。湖南洲畔酒店管理有限公司、湖南万鑫酒店管理有限公司、长沙启鸿金属材料有限公司、湖南向文贸易有限公司相继入驻赤岭路街道。（刘安妮）

【城市管理】 2019年，天心区赤岭路街道将书院路、猴子石路打造成“示范路、特色街”，形成一批特色城市景观。开展蓝天保卫战，定期开展综合执法行动，特别是在春节、清明以及重大节假日期间加强日常巡查。建立健全“路长制”，建立市容环境协管巡查队伍，全天候、全区域巡查，促进各社区市容环境整治深入推进，指导广厦新村小区引进第三方公司实行停车收费试点，探索无物业小区停车管理新路。在全街进行文明条例宣传，全年集中学习、宣讲《条例》活动20余次，组织志愿者发放《长沙市文明行为促进条例》6000余张。

（刘安妮）

【社会事业】2019年，天心区赤岭路街道加快新丰社区文化中心、白沙花园社区文化中心和书院路社区文化活动中心建设，芙蓉南路社区公共服务中心改造完成，二汽修、富绿新村、翡翠林居3个小区提质改造竣工使用。元旦、春节期间，开展困难群众慰问工作，共发放慰问资金49.06万元。为辖区1100名高龄老人申请高龄老人生活补贴，全年发放老年人高龄生活补贴128.69万元；为19名老人申请政府购买服务共10200元，为734名老人免费购买意外伤害保险共计人民币3.85万元；为239名残疾人申请重度残疾人护理补贴和护理补贴54.74万元，助残日慰问52户贫困残疾人1.04万元、为70户贫困残疾人发放米、油等物品。全年计划生育家庭特别辅助对象共88户（139人），发放扶助金共计133.44万元，奖扶对象上报准确率100%，资金发放到位率100%。

（刘安妮）

【综合治理】 2019年，天心区赤岭路街道以平安赤岭建设为抓手，推进平安创建工作深入开展，维护全域和谐稳定。街道利用各种舆论宣传工具，组织开展各类室外宣传活动，全街悬挂横幅数百条，发放扫黑除恶专项斗争宣传资料上万份。联合湖南省人人居安、蓝天救援队、绿舟防灾减灾中心等机构，开展“七进”等各类主题宣教活动11次，开展“大排查、大体检、大整治”安

全检查13次，承办区加油站火灾应急演练活动。（刘安妮）

【党建工作】2019年，天心区赤岭路街道在持续扩大街道“赤色堡垒、强基工程”“赤色旗帜，先锋工程”“赤色纽带、连心工程”党建品牌基础上，结合“不忘初心、牢记使命”主题教育的深入开展，把主题教育要求向社区、管委会、“两新”党组织延伸。深化“五化”支部建设，打造街道党建文化墙，推进广厦新村社区“火车头”党建公园和党性教育基地、芙蓉南路社区新的党建阵地。探索“赤领有约”共学共享模式，采取专家授课、“三会一课”、书记领学、实地践学等形式，定期学习党的最新政策理论；赤岭“故事汇”让身边的党员讲身边的故事、身边的典型讲身边的好事，让党员群众向“看得见、摸得着、学得到”的身边典型对标。共开展赤岭“习话汇”“故事汇”30余期。“赤岭有约——有事好商量”民情议事持续发挥功效，围绕基层党的建设、经济发展、城市管理等方面存在的问题，按照“议题选定、组织议事、决议反馈、监督评议”的规定流程，定期举行民主协商议事。先后就社区停车痼疾、小区占道经营、项目施工等主题开展民主协商议事30余次。街道每年至少两次召开意识形态专题会议，通过学习相关文件、观看纪录片和警示教育片等形式把握意识形态各项要求，指导意识形态领域工作开展。组织开展党风廉政建设宣传教育活动，全街干部职工无违法违纪案件。举办多场次的文明礼让、垃圾分类、扫黑除恶主题宣讲活动以及志愿服务活动。（刘安妮）

【赤岭“学思汇”开班】2019年5月27日，天心区赤岭路街道第一期“学思汇”开班，街道班子成员，全体干部以及社区书记、主任共100余人参加。第一期的“学思汇”开在延安党性教育之旅归来后，干部表达延安精神对自身的工作和生活的影响。赤岭“学思汇”是继赤岭“习话汇”、赤岭“故事汇”之后的又一党员群众共学共享平台，通过定期组织街道班子成员两人、社区书记主任两人、普通干部两人对工作、生活谈思想、谈感想，引导大家对生活、工作的反思、讨论，提升工作能力，提高思想境界。（刘安妮）

【精准扶贫通道县陇城镇】2019年11月10—12日，天心区赤岭路街道组织街道部分班子成员，街道“两代表一委员”，企业、商会代表到通道县陇城镇开展精准扶贫行动。街道工委书记柳宏伟带队的考察组一行深入陇城镇实地考察该镇产业发展和脱贫攻坚工作，调研该镇特色产业园，走访慰问贫困户10户，并将事前街道工委组织街道人大代表、赤岭路委员组委员、商会成员及各界人士的爱心捐款21.86万元交给陇城镇，助力脱贫攻坚。（刘安妮）

图154　2019年5月27日，天心区赤岭路街道第一期“学思汇”开班　（赤岭路街道供图）

【南大桥社区非公有制企业党支部成立】 2019年3月28日，天心区赤岭路街道工委举行南大桥社区非公企业湖南省大胜集团有限公司党支部成立授牌仪式。赤岭路街道工委副书记郑启军参加仪式并致辞，大胜集团有限公司党支部书记刘宇主持仪式。会上，郑启军对新成立的党支部提出意见，希望公司党支部能严肃党内政治生活，规范组织工作，发挥党支部政治核心和引领作用，发挥党员模范先锋作用，为企业发展保驾护航。（刘安妮）

图155　2019年3月28日，湖南省大胜集团有限公司党支部成立授牌仪式举行（赤岭路街道供图）

新开铺街道

【概况】 长沙市天心区新开铺街道毗邻省政府，北起南二环，南至湘府西路，西临湘江，东至芙蓉南路，区域面积6.41平方千米。辖区常住人口7万余人，流动人口1.2万余人。街道下辖桥头、新天、新开铺、木莲、豹子岭5个社区和新天、石人2个经济合作社。有企业700余家，有湖南省人力资源和社会保障厅、湖南省机关事务局、湖南省建工集团、华菱集团等30余家行政企事业单位，以及明德中学、天心实验小学、新开铺小学、新天小学、向家坡小学5所中小学。2019年7月，街道完成机构改革工作。将原有的17个办（站、所、中心），更改设置为党政综合办公室、基层党建办公室、城市管理办公室、公共服务办公室、公共安全办公室、街道政务中心、街道网格化综合服务中心、街道退役军人服务站等，设置纪检监察、人大工委、人民武装等机构。

2019年，新开铺街道获评“湖南省安全生产示范街道”“全省司法所表现突出单位”等称号。（骆兰莎）

【街域经济】 2019年，天心区新开铺街道完成区级税收2.20亿元，完成预计数的159.73%；社会消费品零售总额10.4亿元，同比增长6.4%；规模以上服务业营收3.7亿元，同比增长94%；其他服务业营收5900万元，同比增长2.23%；全年高新技术企业认定完成7家，新增“四上”企业8家。2019年，街道全力推进重大项目开展，长机棚改实现全面清零；新天5.07公顷集体土地签约97栋124户，剩6户未签约；新姚2号地项目仅用1周时间签约41户，迁坟374冢，拆除违建2.5万平方米；全年街道共腾地46.67余公顷。“423”号地块、湖南机床厂及周边零星地块、长沙机床厂及周边零星地块长铸项目3个棚改项目均发布三公告。新新花园、水墨林溪、御文台3个项目全部竣工，福满新城二期安置房完成7层主体建设，金石蓉园小区二期地下桩基础工作有序进行。（骆兰莎）

【城市管理】 2019年，天心区新开铺街道平稳有序拆除金石蓉园、鑫隆家园两个农安小区违章，清理户外广告灯箱117个、塑料棚档78个、地锁57个。上门入户发放《禁烧温馨提示》《禁烧告知书》等宣传单3000余份，签订《关于露天禁烧的承诺书》100余份，对重点区域、重点时段加强巡查，全年双月考评获1次一等、2次二等。开展餐饮油烟专项整治行动，责令停业整改17户，现场督导整改55户。处置黄土裸露、工地扬尘等案件80处，覆盖绿网近8万平方米。推进燃气锅炉低碳改造工作，全年改造大型锅炉3台，更换最新油烟设施196台。开展“一圈两场三道”建设，丽江翠园提质改造、仁和家园前坪整治、竹塘西路人行道整治3个项目全面完工，投资300万元的湘化老旧小区改造惠及群众上千人。（骆兰莎）

【社会事业】 2019年，天心区新

开铺街道新增就业872人，失业人员再就业420人，就业困难对象再就业150人，新增创业主体349家，带动城乡就业人数821人，发放低保金85万余元，医疗救助对象222人次，发放救助金26万余元；特困帮扶105户，帮扶资金达23万余元。为36名残疾人申请发放轮椅、沐浴椅等辅助器具80件，残疾人困难救助以及节日慰问8万余元。通过“12345”平台为群众解决难题210余件，满意率达98%以上。全街7个单位利用惠民资金共铺排民生项目22个，内容涉及居民活动阵地建设、文体器材、小区基础设施改善等多个方面。（骆兰莎）

【综合治理】2019年，天心区新开铺街道调处矛盾纠纷78起，完成上级交办信访件103件、群众来访23件。推进“信访积案百日攻坚”行动。开展“大排查、大体检、大整治”行动，悬挂横幅200余条，入户发放安全宣传资料6000余份，张贴海报1500余份，开展教育培训6场800余人次，组织应急演练12场1600余人次，排查隐患61起、整改56起，重点围绕安居城、南北大湖仓库、物业小区消防安全等进行专项整治，全年未发生一起安全生产事故。

（骆兰莎）

【党建工作】2019年，天心区新开铺街道在主题教育期间开展专题交流研讨3次，专场学习12次。利用“有事好商量”平台，收集居民群众各类民生问题，依托网格化治理，组织各方开展民主议事，着力解决安置建设、社保购买、物业管理、养老服务、停车等群众身边的麻烦事、忧心事，共设置议事场所15处，收集意见建议242余条，举办议事活动103场，解决问题103个，形成居民自治公约、村规民约及自治章程7个。为实现资源有效整合，构建多元参与互联互动局面，木莲社区创新党建引领“三社联动”，以党组织为核心，引进多家社会组织，组建“社工力量＋社会力量＋党员力量”900余人的志愿者服务队伍，解决居民居家养老、纠纷调解、慈善互助、文化娱乐等需求，为群众提供更多精细化、个性化的服务，经验做法在《中国社会报》得到推介。

（骆兰莎）

【“红领新开”工程】2019年1月29日，长沙市天心区喜迎中华人民共和国成立70周年系列活动之“不一样的红领新开”舞台剧首演暨“新开榜样”颁奖仪式在明德中学体育馆举行。区委书记朱东铁，区领导朱远红、黄文先、肖雄伟、侯向宇、邱忠献、黄会，明德中学校长刘林祥、副校长伍卓林，新开铺街道工委班子以及建工集团、华菱集团等30余家驻街企事业单位、辖区所有物业公司、社会组织负责人，群众代表、干部职工1000余人参加活动。活动分为“画卷新开”“不一样的红领新开”“榜样新开”三个篇章。“画卷新开”从故事新开、数说新开、追梦新开三个角度讲述新开铺的

图156　2019年1月29日，天心区“不一样的红领新开”舞台剧首演暨“新开榜样”颁奖仪式在明德中学体育馆举行

（新开铺街道供图）

变化和居民群众的切身感受；“不一样的红领新开”以舞台剧的形式呈现，歌舞《盛世欢歌》、小品《阳光征拆》、故事《桥头堡的幸福蝶变》、说唱《咱们都是城里人》、快板《喜看新开新面貌》、情景剧《新开铺的女儿》、朗诵《榜样的力量》，重点展示“红领新开”工作成果，讲述党建引领各线工作开展，党员不忘初心，团结和凝聚社会各界力量参与社会治理等典型。活动对评选出来的10名“新开榜样”进行表彰颁奖。“红领新开”工程，发挥“点灯效应”和“头雁效应”，吸引各界各方力量主动投身到社会治理工作中来，实现“党委推动—群众感动—自觉行动”的转变，形成“社会治理、人人有责”的社会治理格局和“内化于心、外化于行”的文明程度提升行动，入选全国城市基层党建优秀案例。

（骆兰莎）

【“红船映初心”党群学习活动中心】 2019年3月18日，天心区新开铺街道桥头社区1922平方米五层全新的服务阵地投入使用，建设“红船映初心”桥头社区党群学习活动中心学习打卡点。这是一个集学习教育、党群服务、文化活动为一体的学习活动中心，包括初心讲堂、红色影厅、记忆相馆和红船书阁4个功能区，可以观看红船模型、聆听红船故事、重读《共产党宣言》、观看历史文献片《信仰》、重温入党誓词等感悟“红船精神”，点燃党员群众的红色初心和服务初心。全年接待中央和省、市、区领导考察10余次，吸引区内外526个党支部、超过1万名党员打卡学习。

（骆兰莎）

【“连心桥”公益服务空间站】 2019年，天心区新开铺街道桥头社区打造全省首个三社联动“连心桥”公益服务空间站，通过线上线下的操作模式，引进福康社工服务中心、快乐老人大学、南城红纽带志愿者协会、恒安社工服务机构4家专业社会组织，全面拓宽和提升社区的服务空间和品质，为社区老年、青少年、全职母亲等各类群体提供服务7000余人次。

（骆兰莎）

图157　2019年10月12日，长沙市委常委、组织部部长张宏益（左三）到天心区新开铺街道桥头社区现场观摩三社联动“红船连心桥”公益服务空间　（新开铺街道供图）

【新开铺街道青年学院】 2019年9月4日，新开铺街道第二届青年学院开班。该届青年学院的课程围绕街道重点工作展开，从办公室应知应会、办文办会到项目征拆、经济建设再到基层党建等都进行科普学习；市委党校教授、街道工委书记结合“不忘初心、牢记使命”主题教育，为学员们讲党课；注重人文关怀，专门开设心理解压课；走出课堂，组织学员前往洋湖湿地公园进行素质拓展训练。

（骆兰莎）

文源街道

【概况】 长沙市天心区文源街道东起韶山南路，南到木莲冲路，西起芙蓉南路、新姚北路，北至南二环，面积5.04平方千米，下辖文源、金汇、天鸿、梅岭、状元坡5个社区。2019年，总人口6.68万人，其中流动人口3万余人（含在校大学生2.4万人）。街道辖区内有湖南省林业科学院、湖南省科学技术研究院、中南林业科技大学、中南大学铁道校区、湖南广播电视大学等大中专院校和科研院所9家；有限上贸易业企业13家、限上服务业企业15家、资质以上建筑业企业6家、资质以上房地产企业2家、规模以上工业企业1家，“四上”联网直报企业共计37家，高新企业11家；有和庄、BOBO天下城、长大彩虹都4栋商务楼宇；有湖南省烟草公司、长沙市农商行、中华联合保险3家影响较大的总部企业。街道内设党政综合办公室、基层党建办公室、城市管理办公室、公共服务办公室（优化营商环境办公室、行政审批服务办公室）、公共安全办公室。二级机构有：政务服务中心（加挂党群服务中心牌子）、网格化综合服务中心（加挂综治中心牌子）、街道退役军人服务站、财政所、司法所（加挂社区矫正办公室牌子）。（吴祖儿）

【街域经济】2019年，天心区文源街道完成区级财政税收1.54亿元，占全年任务的92.77%（2019年区级下达的财税任务为1.66亿元）；全社会固定资产投资19.97亿元；社会消费品零售总额9.43亿元，同比增长27.7%。限额以上批发零售业总额14.7亿元，同比增长22.28%；规模以上工业总产值3133.1万元，同比下降44.35%；高新技术产业总产值4.67亿元；省外境内实际利用资金和实到省内资金11.08亿元；完成进出口总额4322万元；实际到位外资6351万美元。在库考核项目共4个：青园路15号安置房、中煤化勘院（后改名为中煤和悦府）、新开大厦和华银南苑融域。其中，市级重大项目2个：中煤建工化勘院、青园路15号长建集团安置房。除青园路15号安置房项目因容积率调整、教育用地和社区办公用房等遗留问题影响施工手续办理导致项目暂未开工外，其他3个重点项目进展顺利。（吴祖儿）

【城市管理】2019年，天心区文源街道在每日开展常态化维护的同时，每周不定期进行集中专项整治行动。在全街开展“强力推进环境大治理坚决打赢蓝天保卫战”行动，针对餐饮油烟、燃煤、露天焚烧、燃放鞭炮、黄土裸露问题开展42次全面专项执法行动。处理蓝天办交办案件14起，对绿网破损黄土裸露处进行重新全面覆盖约17780平方米。办理“12345”一级平台9580条、二级平台28629条，结案率100%。街道组织11次环境大扫除活动。全面展开垃圾分类全覆盖工作，街道5个社区所有小区通过市分类办验收，入户宣传率达到90%以上。街道“透明厨房”提质改造完成并通过验收合格商户54家，完成率120%，打造林大路小餐饮“透明厨房”示范街，实现经营和监管“双提标”，迎接湖南省市场监管局、地州市食安办负责人及21个创建省级食品安全示范县市区相关负责人的现场观摩学习。推进青园路精细化维护管理项目、铁道学院周边老旧小区配套基础设施建设项目、梅岭社区南园小区提质提档项目。（吴祖儿）

【社会事业】2019年，天心区文源街道共有80岁以上高龄老人1042人，低保户44户，办证残疾人185人，享受残疾生活补贴99人，护理补贴93人，完成城镇新增就业人数800人，失业人员再就业人数305人，就业困难对象再就业人数106人，完成城乡居民医疗保险缴费人数6686人，城乡居民养老保险缴费人数72人，退休人员生存资格认证3028人。截至12月底，文源街道共发放居民低保金28059元、临时救助金1.4万元、2020年春节慰问金30.43万元。办理就业失业登记证95本，为105名困难对象申请社保补贴，发放社保补贴61万元，发放创业担保贷款20万元。组织申报市级慈善助学1人，发放助学金0.3万元；区级残疾人家庭助学6人，发放助学金1.95万元。对精神病免费药物救助190人次，发放救助金36.27万元；开展残疾人动态更新系统数据采集229人；推进特殊困难群体帮扶活动，共帮扶特殊困难对象57户，发放帮扶资金15.37万元。文源街道出资为辖区内231位70~79岁高龄老人购买意外伤害保险2.31万元；整合辖区社工力量，拍摄《追梦新征程、社工在行动》宣传片；搭建困境群体与社会爱心企业、爱心人

图158　2019年12月31日，天心区文源街道在中南林业科技大学博文楼立德厅举行“党建引领——校地共建促发展、志愿服务践初心”慰问表彰主题活动（文源街道供图）

士的需求桥梁，开展“源圈——爱心零距离”文源困境群体帮扶项目。 （吴祖儿）

【综合治理】2019年，天心区文源街道接待群众来电来访90余起；处理信访事项59件，办理网信投诉建议59件；街社“红袖章”平安志愿者分会支持配合街道、社区开展工作，组织开展普法宣传、“星城园丁”巡逻等平安创建活动40余次；改造铁路沿线绿化带，打造社区护路法治文化主题社区公园，开辟铁路护路宣传新阵地。全年街内无重大群体性事件、无重大刑事案件。 （吴祖儿）

【党建工作】 2019年，天心区文源街道工委主动对接中南林业科技大学，建立校街党建工作联席会议机制，打造党建引领、校地共建品牌。打造“一社一品”红色文化，梅岭社区打造“梅花三友”党群一体化服务平台；状元坡社区打造“状元红”“状元郎”“状元娃”等“状元”系列文化教育品牌；文源社区打造“互联网+社区智慧”党建平台；金汇社区传递“回家就是进社区”的家模式理念；天鸿社区打造“爱心6+1社团之家”服务品牌。全年开展各类日常督查累计50余次，提醒谈话21人，诫勉谈话7人，党纪政务处分8人。 （吴祖儿）

【朱远红调研文源街道】 2019年6月28日，天心区委副书记朱远红一行到文源街道梅岭社区调研、指导社区网格化建设工作，了解中心的建设情况，听取街道工委书记许伟斌，街道工委副书记、街道办事处主任黄振国关于街道及各社区网格化管理服务工作进展情况的汇报。7月2日，朱远红到文源街道文源社区走访慰问社区退役老党员，到文源社区三楼会议室召开文源社区网格工作座谈会。7月10日，朱远红带领区总工会、团区委、区妇联等部门负责人一行现场调度天心区文源街道防汛工作。文源街道党政负责人就辖区隐患点排查、值班备勤、宣传发动和物资储备4个方面的情况进行汇报。朱远红询问安全隐患的后续整改情况，现场传达通报雨水汛情和区级防汛安排。8月28日，朱远红带领区总工会、团区委、区妇联、区委社建工委相关负责人到文源街道梅岭社区实地调研网格化工作开展情况，与梅岭社区各网格党小组长进行座谈，听取一线工作人员意见。 （吴祖儿）

【蓝天保卫战街校共驻共建推进会】 2019年3月26日，天心区文源街道与中南林业科技大学联合召开蓝天保卫战街校共驻共建推进会。文源街道环保、城管、食安战线负责人，中南林业科技大学后勤管理处党总支书记、保卫处和基建处相关负责人，以及校园基础设施建设承包商、校园周边经营户200余人参会。会议围绕落实属地责任、主体责任这一主题，重点就校园内基础设施建设与扬尘控制、校园周边餐饮油烟治理及食品安全监管、小微站点数据监测及运用进行商议研讨，就学校食堂及管理门面的餐饮油烟治理系统建设确定具体方案和步骤，就流动摊贩联合防控、在校大学生参与环保志愿服务等工作达成合作意见。 （吴祖儿）

【社工宣传活动】 2019年4月23日，天心区文源街道在明德天心中学开展“党建引领新民生，义社开创新作为”社工宣传活动，社工队伍、社会组织齐聚一堂。湖南省民政厅慈善事业促进和社会工作处副处长姜波，长沙市民政局党委副书记、副局长伍仁华，天心区政府副区长张建，区委组织部副部长周雄，区民政局局长刘顺来，以及特邀嘉宾长沙民政职业技术学院民政与社会工作学院院

图159　2019年4月23日，天心区文源街道在明德天心中学开展“党建引领新民生，义社开创新作为”社工宣传活动

（文源街道供图）

长周涛参加。活动中，文源街道工委书记许伟斌作欢迎致辞；集体观看《文源社工集结号》影片和欣赏诗歌朗诵《我是社工》；为荣誉校长黄振国、导师罗栋光、导师周涛发放聘书。辖区内社会组织为活动献上节目。活动过程中推出文源街道社工站的公众号“文源空间”，全新的“党建—社工—社会组织”的服务平台，通过用这种创新力、专业力和韧力深入居民生活，打通居民服务的“最后一公里”。（吴祖儿）

【“全民终身学习活动周”活动启动仪式】 2019年11月13日，长沙市天心区2019年“全民终身学习活动周”暨“让阅读为人生奠基”活动启动仪式，在红网新媒体集团演播中心举行。长沙市社区大学副校长林涛，天心区委副书记朱远红，区委常委、宣传部部长肖雄伟，区政府副区长黄会出席。朱远红指出，各区级单位部门要积极整合优化各类教育资源；要把终身教育体系建设纳入社会发展整体规划，形成适应天心区社会发展需要的社区教育模式；要加快推进各类学习型组织建设，创建学习型机关、企业、街道、社区和家庭，努力把天心区建设成为学习型城区。（吴祖儿）

桂花坪街道

【概况】 长沙市天心区桂花坪街道地处省政府、区政府核心，北以湘府路为界、南以绕城高速为圪、东与雨花区接壤、西至书香路。辖区总面积6.2平方千米。2019年，总人口3.9万人，其中农业人口3277人。街道有新园、桂庄、九峰苑、银桂苑、金桂5个社区，1个丹桂社区筹备管理办公室及1个金桂经济合作社。街道内设机构9个：党政综合办、纪工委、基层党建办、公共服务办、公共安全办、财政所、城市管理办、政务服务中心、网格综合管理中心。截至年末，在职工作人员68名。

街道辖区内有湖南鑫远投资集团有限公司、现代投资股份公司、湖南园艺建筑有限公司、湖南省现代农业集团公司、中国能源建设集团湖南火电建设有限公司、湖南省水运建设投资集团有限公司、湖南新物产集团有限公司等大中型企业；占地30.67公顷的长沙方向感国际汽车6S街区有36家车企入驻；有长沙现代凯莱大酒店、长沙维也纳酒店、湖南天怡国际青年酒店、亚朵酒店等酒店服务业；有保险职业学院、湖南省总工会干部学校、桂花坪小学、青园小学梓枫校区、湘府英才小学等教育机构；有审计署驻长沙特派员办事处、共青团湖南省委、湖南省工商局、长沙市公安局刑侦支队等驻街单位；开发在建项目8个，其中房地产项目有日兴书香苑、鑫远翡丽郡二期、鑫远紫樾香山二期、兴汝金城四期、五江国际商业广场、金桂安置房三期；基础道路项目有园艺路、桂花坪路。

2019年，桂花坪街道获评“全国乡镇（街道）劳动争议调解综合示范单位”，街道司法所获评“全国先进司法所”。（周京京）

【街域经济】 2019年，天心区桂花坪街道完成财税收入10.2亿元，同比增长12%。其中，现代服务业税收5.04亿元（汽车贸易业0.4亿元），金融业税收1.24亿元，房地产业税收2.07亿元，建筑业税收1.25亿元，其他行业税收0.6亿元。税收贡献大的单位分别是现代投资集团1.95亿元、鑫远地产1.43亿元（不含项目土地增值税）、天心农商行0.86亿元、园艺建筑0.9亿元；重点贡献楼宇为现代总部大楼1.96亿元、鑫远国际A座1.69亿元、星城荣域综合楼0.88亿元。全年完成限额以上社会消费品零售额36.34亿元，同比增长11.5%；完成固定资产投资58亿元，同比增长16%；完成规模服务业营收32亿元，同比增长6%；其他营利性服务业营收1.2亿元，同比增长35%；新增高新企业8家。（周京京）

【城市管理】 2019年，天心区桂花坪街道开展各类市容整治行动90余次，纠正倚门出摊行为3000余次，占道经营2500余起，清理楼道乱堆乱放杂物820车，清理各类装潢建筑垃圾1000余车，拆除户外大小喷绘广告4800余块，拆违面积约2800余平方米。推动蓝天保卫战向纵深开展，全年开展主题特色宣传活动6次，悬挂横幅200余条，张贴禁燃、禁放通告3000余张，设立禁烧公告牌18块；低碳锅炉改造完成11台。开展专项环境整治行动90余次，出动人员1100余人次，整治辖区内夜宵摊担、燃烧散煤、油烟直排等违规问题168起，收缴露天烧烤车13台、帐篷5个、灯箱65个，劝阻焚烧垃圾行为18起，处理垃圾焚烧案件4起，劝导燃放烟花鞭炮4次，处理违规燃放烟花爆竹行为2起，处罚金额1000元。及时处理群众投诉举报环保案件78起，群众满意度100%。全面推行生活垃圾分类减量，配备“两分类”干湿垃圾桶，设置垃圾暂存分拣点，全街实行垃圾分类小区达95%。在8月市城管考核中，街道城管工作获评全市第一，银桂苑、九峰苑社区获评为长沙市“垃圾分类可复制社区”。（周京京）

【社会事业】 2019年，天心区桂花坪街道城镇新增就业719人，创业主体数432家，实现城镇失业人员再就业136人，带动城乡就业人数708人。发放小额担保贷款40万元，职业培训108人。缴纳城镇居民养老保险845人，续保率97%。新增城乡居民医疗保险452人，为退休人员办理认证1632人。发放社保补贴6.62万元，各类专项或临时救助金3.38万元，走访慰问困难群众322户，发放慰问资金21.6万元，发放高龄老人生活补贴费25.04万元。举办老年课堂96期，惠及老年人2880余人次。累计帮扶特困群众48户，发放帮扶资金10.46万元。接受咨询或直接处理劳资纠纷13起。办理生育服务证507本，发放计划生育奖励资金补贴25.05万元，组织献血174人，完成率102%。通过创新来破解居家老人就餐难题，引导社会资源参与社区治理，实现政府、企业、居民多方共赢。引进专业餐饮企业进行市场化运作，由小区业委会提供运营场所，在九峰小区开设全区第一家政企合作的社区养老餐饮服务机构“九峰优老餐厅”，为九峰小区居民特别是60岁以上老人提供安全、卫生、营养、健康的便捷就餐服务。2019年，街道获评“全国乡镇（街道）劳动争议调解综合示范单位”、全国“优秀成人继续教育院校”称号。（周京京）

【综合治理】 2019年，天心区桂花坪街道组建17个小区党支部，形成网格党组织全覆盖。全街共设置39个网格，配备网格管家39人，全年共采集信息总数17723条。建立“桂花议事堂——有事好商量”群众议事长效机制，共举办议事活动31期，妥善解决辖区小区水压不稳、房屋漏水、小区安全隐患等遗留问题。全面落实安全生产责任制，共检查各类生产经营单位、场所116家次，排查各类隐患45余起，发出限期整改通知书15份，整改复查单位14家，办理行政立案4宗，行政处罚2100元；全年未发生生产安全事故和职业病危害事故。开展扫黑除恶专项斗争，举行大型专题文艺晚会3场，整治治安乱源点2个，打击“毒黄赌”协助抓获嫌疑人23人，打击传销分子移送公安机关5人，遣散参与传销人员2500余人。推进公共法律服务体系建设，全年召开30余次法制讲座，组织8次普法宣传教育活动，分发宣传资料3000余份，提供法律咨询服务40人次，成功调处各类矛盾纠纷100余件，调解成功率100%，保持综治红旗街道称号。（周京京）

【党建工作】 2019年，天心区桂花坪街道围绕街道社会治理三年行动计划，以党建引领基层社会治理为主题，着力加强基层党组织建设，全力整顿丹桂社区软弱涣散党组织，严格规范发展好党员，全面完成“五化”支部建设任务，金桂社区获评长沙市示范“五化”党支部。组织实施党群服务中心建设、暖心慰问、文化设施配备等党建惠民项目，打造景荣华苑、长城水郡等党群服务中心，实现15分钟红色服务圈全覆盖；开展“不忘初心、牢记使命”主题教育，解决群众身边急难愁问题、街域发展瓶颈问题、稳定揪心问题共计100余件；开拓“5G”多元治理新思路，组织策划街道首届“园艺杯”党群区域共建篮球联赛，驻街16家党组织派队参加。严格落实“全岗通”、社区错时上班制度。全年开展督查15次，督查通报3人次。自觉接受人大法律监督、政协民主监

图160　2019年1月22日，天心区委书记朱东铁（左一）到天心区桂花坪街道调研城市管理工作（桂花坪街道供图）

督和社会舆论监督，会同办理市区提案建议23件，处理“12345”市民热线工单1260件，信访件79件，满意率99%。（周京京）

【朱东铁走访调研桂花坪街道】2019年1月22日，天心区委书记朱东铁一行到天心区桂花坪街道调研城市管理工作，并实地查看金桂小区等地的环境卫生和城中村改造工作情况。桂花坪街道工委书记陈志文陪同调研。6月22日，朱东铁到桂花坪街道雀园路指导防汛工作，听取雀园路防汛工作情况汇报，调度指导防汛工作。（周京京）

【于献走访调研桂花坪街道】2019年1月5日，天心区人大常委会主任于献走访慰问天心区桂花坪街道金桂社区残疾人家庭，向他们送上慰问金以及大米、食用油等慰问品，送上新春祝福。1月23日，于献带队区公安分局、区妇联、区工商分局、区安监局负责人到桂花坪街道开展安全生产检查。2月14日，于献一行调研汽车6S街区企业湖南顺意通集团。（周京京）

【黄滔调研桂花坪街道】2019年3月5日，天心区委副书记、区长黄滔带队调研天心区桂花坪街道工作。桂花坪街道全体班子成员、街道中层干部及社区（集资委）主要负责人参加会议。座谈会上，街道工委书记陈志文就街道基本情况、前段工作情况、2019年工作思路进行汇报。黄滔强调，街道要努力建设优美宜居的街区，要创新服务模式，优化营商环境，努力建设舒适宜业的街区。会议就蓝天保卫战推进提出要深度结合文明创建、城市管理、社区提质提档、党建引领志愿服务等工作，不断提升市民环境满意指数。（周京京）

【饶福明调研金桂社区】2019年4月11日，长沙市委统战部副部长饶福明带队到天心区桂花坪街道金桂社区考察同心项目工作，天心区委常委、统战部部长刘向，区委统战部常务副部长胡浩，桂花坪街道工委书记陈志文陪同。饶福明一行实地调研学雷锋志愿服务站、新市民文化沙龙、社会组织孵化基地等基础阵地建设，重点查看“心中的梁家河”党外人士同心教育基地，聆听同心志愿者、社会组织工作运转情况。金桂社区书记范雪清介绍同心项目建设情况，社区将基层党建、社区治理、社会联动与同心项目相结合，增强居民凝聚力及社会力量参与度，共筑社区“同心圆”。（周京京）

图161　2019年11月6日，湖南省关工委主任杨泰波（右二）一行到天心区桂花坪街道金桂社区调研指导关心下一代工作（桂花坪街道供图）

【廖剑波一行调研桂花坪街道】2019年6月14日，湖南省民政厅基层政权建设和社区治理处处长廖剑波一行调研天心区桂花坪街道金桂社区，天心区民政局局长刘顺来，副局长陈晖，桂花坪街道工委委员、人大工委主任鲁意芝陪同调研。廖剑波一行参观社区党务政务大厅、学雷锋志愿服务站、天心区社会组织孵化基地、“心中的梁家河”党员教育培训示范基地。省民政厅基政处党支部对桂花坪街道两名困难社区干部进行慰问。廖剑波指出，社区民政服务要转变基层社会治理理念，寓治理于服务之中，继续抓好基层社会治理工作，让老百姓有更多的获得感和幸福感，努力形成共建共治共享的现代社会治理新格局。（周京京）

【杨泰波一行调研金桂社区】2019年11月6日，湖南省关工委主任杨泰波，省委老干部局副巡视员、省关工委副秘书长黄孝亮一行到天心区桂花坪街道金桂社区调研指导关心下一代工作。长沙市关工委主任董学生，区委常委、组织部部长张界贻陪同调研。

杨泰波一行参观社区“心中的梁家河”爱国主义教育基地、社区少年宫、家长学校等青少年活动阵地，听取相关工作汇报，实地了解金桂社区关心下一代工作情况。座谈会上，杨泰波就落实中国关工委调研提纲要求、社会主义核心价值观教育、助力乡村振兴战略等，同市、区关工委进行交流指导。杨泰波要求，基层关工委要发挥好社区关工委引领青少年学习、生活、创新、做人的积极作用。（周京京）

青园街道

【概况】 长沙市天心区青园街道为省政府、区政府所在地，辖区东起韶山南路，西至书香路，北接木莲冲路，南抵湘府路。辖区总面积3.6平方千米，常住人口4万人，流动人口1.1万人。辖井湾子、青园、友谊、湘园4个社区。内设机构有党政综合办公室、基层党建办公室、城市管理办公室、公共服务办公室（优化营商环境办公室、行政审批服务办公室）、公共安全办公室。下设二级机构有政务服务中心（加挂党群服务中心牌子）、网格化综合服务中心（加挂街道综治中心牌子）、退役军人服务站、财政所。截至年末，在职工作人员75名。

2019年，青园街道围绕区委提出的“北提南进、服务引领、民生造福”战略和街道工委提出的“打造首善街区、建设幸福青园”的奋斗目标，发挥省政府、区治驻地优势，突出服务民生，统筹推进各项事业全面协调发展。

（周　茜）

【街域经济】 2019年，天心区青园街道完成区级税收入库3.94亿元，完成全年计划的123.15%；规模工业总产值27.71亿元；固定资产投资27.70亿元；社会消费品零售额27.11亿元；服务业营收29.89亿元；其他营利性服务业4.70亿元；实际到位外资6800万美元；内资固投33.34亿元；内资到位12.1亿元。率先在全市出台优化营商环境和促进楼宇经济发展的文件，形成以环境促项目建设的新格局；开展大走访工作，走访企业200家左右，收集企业诉求及问题84条，办结率100%；加强对新建商业楼宇管理，协助运城大厦楼宇入驻企业证照的办理与变更，该楼宇已入驻39家。通过走访对接，完成30家单位的工商营业地址的登记或变更，其中26家税务关系已登记或变更至青园街道。（周　茜）

【城市管理】 2019年，天心区青园街道共拆除历史违法建设4处，1170平方米；拆除新增建违法建设4处，118平方米；共处理市数字化案卷5873条，处理区数字化案卷2160条，加大主次干道周边市容秩序管控，全年开展各类整治行动50余次；审批招牌150块，拆除违规招牌、广告牌10余块；开展喜事新办、丧事简办、余事不办行动，购买电子鞭炮免费上门服务；全面开展餐饮油烟专项整治工作，对辖区283家餐饮门店建立餐饮油烟管理台账，全年执法整改油烟直排等违规餐饮门店30余家；落实小餐饮“透明厨房”提质改造的全面推广，完成改造并初步验收通过49家门店，配合区市场监管局打造天心区迎新路食品安全示范街；通过“两代表一委员”现场考察，拉通石人冲路、石青路连接线，打通省政府周边的微循环；配合建成海棠公园。推进“一圈两场三道”示范圈建设，2号生活圈被市政府定为重点示范性生活圈进行打造，万芙路和友谊路文化步道建设项目竣工验收；生活圈内友谊社区物业用房、友谊社区居家养老服务中心、青园花都文化活动室建设完工，电视机厂北院老旧小区改造有序推进；天心苑都市园艺试点项目、迎新路文明诚信示范街建设均完成。（周　茜）

【社会事业】 2019年，天心区青园街道城镇新增就业805人，城镇下岗失业人员实现再就业319人，就业困难人员再就业101人，失业登记201人，就业创业证办理164本；就业困难人员灵活就业享受社保补贴申报人数为114人，发放补贴61.43万元；个人创业担保贷款2人，发放贷款30万元。春节共慰问483户，慰问资金共30.04万元。发放高龄补贴1337人次42.29万元；残疾人两项补贴2176人次22.1万元；教育助学12人次，发放助学金4.35万元；帮扶特困群众38户，发放帮扶金额10.21万元。计划生育服务管理总人口为38906人，其中常住人口31486人、流动人口7420人。辖区无证办学幼儿园上报6家，关停6家；无证培训机构上报5家，关停4家。街道于2019年7月成立网格综合服务中心，推行“精细化”网格管理和服务；全街4个社区均通过市垃圾分类全覆盖验收。完成征兵任务，获先进基层武装部。深入通道县万佛山镇开展对口扶贫，支持帮扶资金10万元，现场慰问10名贫困学生。落

图 162　2019 年 2 月 2 日，天心区青园街道区域化党建引领网格化治理主题联谊会举行　（青园街道供图）

实河长制工作职责，对辖区小微水体进行全程监控。全力迎接文明创建迎国检，青园街道湘园社区获市文明社区。　（周　茜）

【综合治理】 2019 年，天心区青园街道开展幼儿园食品安全行动 4 次，“一桌餐、私房菜”整治行动 6 次，小餐饮整治行动 10 次，农贸市场整治行动 4 次。推进各综治成员单位及家庭，相应开展“平安社区”“平安单位”“平安校园”“平安家庭”等平安载体建设活动，累计申报“平安家庭”680 户、“平安商店”170 家、“平安栋楼”128 栋、“平安学校”1 个、“平安小区”8 个、“平安企业”26 家。全年调解纠纷 40 余起，做到“小事不出社区、大事不出街道、矛盾不上交”。发展招募“红袖章”新会员 1000 余名。打造“森哥志愿者工作室”“满爹和谐邻里工作室”等品牌，发挥“红袖章”志愿者服务作用。制定“大排查、大体检、大整治”三大行动以及“夯实企业安全生产主体责任”方案，对物管小区、企业、密集场所、工地等地区开展安全体检、隐患排查共计 224 家，出动检查人员 140 余人次，发现、排查隐患 80 起、立行整改 70 起、下发整改 10 起，行政执法 56 家、责令限期整改 27 起，采取简易程序 12 起，处罚金额 5600 元。开展道路安全联合“打非治违”行动 3 次，出动检查人员 60 余人次，共查收非法“摩的”9 台、无证驾驶 1 台、非法客运 2 起。重建青园社区微型消防站，增添 4 个社区微型消防站装备。青园司法所共调处纠纷 93 起。其中，婚姻家庭纠纷 41 起，劳动争议纠纷 18 起，损害赔偿纠纷 17 起，其他纠纷 9 起，合同纠纷 7 起，邻里纠纷 1 起。　（周　茜）

【党建工作】 2019 年，天心区青园街道上党课 4 次；印发专题指导文件 6 个、党务工作培训清单手册 4 本；举办党务培训班、发展党员培训班 5 期，培训党务骨干 300 人次、培训入党积极分子 80 人次，发展党员 5 名；1 名社区书记被选拔为副科级干部；共产党员网、《湖南日报》等媒体报道青园党建工作 50 余次。投入资金 10 万余元，打造离退休干部党员活动室；开展社会组织“三基”建设试点，致力于打造社会组织培育基地、党建基地、服务基地“三位一体”综合基地，将湘园社区办公楼的三、四楼全部用于社会组织“双孵化”基地，引进湖南李丽心灵教育中心和“长寿老人家”居家养老服务机构；全街 41 个社会组织活跃在全街 33 个网格，并带动 1000 余名志愿者提供各类公益服务；累计建立社会组织党支部 3 个；在中欣大厦、标志楼宇建设楼宇党群服务中心，率先全市在商务楼宇创建党史教育馆，实现楼宇党员教育“零距离”及本栋楼宇及周边楼宇党建阵地共享，标志楼宇党群服务中心作为全区“不忘初心兴天心”四个学习点之一接待来自省内外、市内其他区县及区内各级党组织 300 批次近 5000 名党员群众参观学习。开展“网络减负”工作，对全街微信、QQ 工作群进行集中清理，将原有 50 个微信工作群，减为 24 个；原有 QQ 工作群 23 个，减为 12 个。　（周　茜）

【“聚力青园 • 共建家园”区域化党建】 2019 年 2 月 2 日，“聚力青园 • 共建家园”青园街道区域化党建引领网格化治理主题联谊活动在青园街道 10 楼会议室举行。天心区政协党组书记、主席夏艳兰，区委常委、纪委书记、监察委主任曾卫国，区委常委、宣传部部长肖雄伟和街道机关社区的 120 余名干部职工参与活动。《奋进吧，青园！》宣传片拉开联谊活动序幕，带领大家回顾盘点 2018 年，展望奋进 2019 年。区、街领导对青园街道辖区 10 名道德模范进行集中慰问。活动中表演舞蹈串烧《青春的旋律》、诗朗诵《奋进！2018我们一起走过》、三句半《说说咱们的廉政建设》、大合唱《我和我的祖国》、口琴表演《童年》、歌舞《粉红的回忆》《达坂城的姑娘》等文艺节目。联欢会的所有节目都由街道、社区的工作人员编排表演，展示全街道干部职工积极向上的精神面貌。5月24日，"聚力青园·共建家园"青园街道区域化党建结对共建进楼宇优化营商环境主题实践活动启动，区司法局党支部、区市场监管局青园市监所党支部与标志楼宇党总支结成共建帮扶对子，区委"两新"工委副书记周璐璐到会指导。5月28日，"聚力青园·共建家园"青园街道井湾子社区与长沙市委党校区域化党建结对共建入网格系列活动正式启动。共建双方签订《天心区青园街道区域化党建结对共建合作书》，市委党校常务副校长陈芳辉和青园街道工委书记向志武共同为"结对共建网格"挂牌。双方承诺将充分发挥各自资源优势，持续关注破产改制企业小区的重点与难点，突出"结对共建"主题，"双向"互补，资源共享，通过党群联心、困难联帮、物业联盟、门店联管、文明联创的"五联"工作法，深化区域化党建工作内涵，强化网格化基层治理实效，开展党建凝聚合力共驻一家亲、聚焦民生需求共商一家事、围绕社区发展共建一家业、关注难点问题共治一家难、提升幸福指数共享一家欢系列活动。　　（周　茜）

【优化营商环境工作】2019年2月12日，天心区青园街道工委书记向志武，街道工委副书记、办事处主任张毅，办事处副主任邓静带领街道财源办、经济办、城管办、综治办组成的调研组一行到青园街道辖区华融湘江银行、湖南华美汽车销售有限公司进行走访，听取企业意见及诉求。4月19日，青园街道与天心区桂花坪税务分局在标志商务中心17楼会议室组织辖区内部分企业开展"落实减税降费，助力企业发展——青园街道优化营商环境税务知识专题讲座"开班活动，从税收新政入手，培训各税种基础知识、税收新政等课程。4月26日，组织驻街党代表、人大代表及政协委员30余人，开展"共进楼宇问需求，共帮企业促发展"主题活动。区委副书记、区长黄滔，区政协党组书记、主席夏艳兰，区人大常委会副主任邱忠献出席，与青园街道所辖标志楼宇、中欣大厦等楼宇的企业家们一起畅谈发展。9月3日，张毅、邓静与区商务局相关工作人员一行走访辖区重点项目徐记大厦，就招商引资方面的问题进行对接与交流。11月6日，区委常委、统战部部长刘向带领区工商联、区企业服务中心、区人社局组团走访青园街道辖区的长安电力华中发电有限公司，主动进企业送政策送服务。12月26日，邓静邀请并陪同区财源、区商务局相关负责人走访辖区重点单位——长安电力华中发电有限公司，主要针对该企业提出的办公用房选址问题，现场进行答复。　　（周　茜）

【探索开放式组织生活】2019年2月28日，天心区青园街道在中欣大厦党群服务中心首次集中组织召开"两新"党支部全体党员大会，7个支部近60名党员参加。会上，开展支部书记述职评议交流活动，让党员在开放式组织生活中得到党性锻炼，进一步抓实楼宇"两新"党组织党员"开放式组织生活"，并特别注重突出阵地共用，强化组织生活的仪式感；突出活动共办，强化广大党员的身份感；突出资源共享，强化广大党员的认同感；突出服务共担，强化党员教育的获得感。　　（周　茜）

【青园街道"一圈两场三道"建设】2019年3月，天心区青园街

图163　2019年2月28日，天心区青园街道首次集中组织召开"两新"党支部全体党员大会　　（青园街道供图）

道正式启动"一圈两场三道"项目设计，涉及万芙路和友谊路文化步道、友谊社区物业用房、友谊社区居家养老服务站，青园花都文化活动室等项目。万芙路友谊路文化步道全长1838米，着重在青园小学周边打造儿童友好文化步道，得到学校师生以及家长一致好评。从5月16日挂网招标开始，紧盯项目进度和质量，不定期进行督促和检查，确保项目按质按量完成。7月31日，青园街道工委副书记、办事处主任张毅，副主任杨志宇，街道城管办、城建办等部门组成检查组，按计划对文化步道项目施工情况进行检查，并在万芙路文化步道施工现场组织召开现场办公会。12月9日，在青园花都小区施工现场召开施工收尾冲刺现场办公会，确保青园街道15分钟生活圈民生工程最后一个项目能按时保质交付。（周　茜）

【民政部调研青园街道】 2019年5月10日，民政部基层政权建设和社区治理司副司长刘汉权、民政部基层政权建设和社区治理司基层政权建设处调研员李亚娟一行，到天心区青园街道湘园社区开展基层政权建设和社区综合治理工作专题调研。湖南省民政厅基层政权建设和社区治理处处长廖剑波，长沙市民政局党委副书记、副局长伍仁华，天心区委副书记、区长黄滔等陪同调研。湘园社区党总支书记徐卫星全程陪同解说。调研组实地察看社区综合服务设施建设情况，参观社区阵地、李丽心灵教育中心和长寿老人家居家养老服务中心，听取社区关于推行GRS（G：Partygroupgroup党群小组；R：Resourse资源；S：Server服务）网格党建工作法、"1+N"基层党建工作法和"六自"（自提、自议、自决、自办、自管、自享）居民自治工作法等工作的汇报。座谈会上，区政府副区长张建对天心区民政局的工作进行汇报；区民政局、街道负责人分别作交流发言；大家围绕基层治理体系和能力建设、城乡社区治理和服务创新等重点工作进行汇报；徐卫星等3名社区书记交流下一步社区建设工作思路，讨论社区书记、队伍建设、志愿者等社区建设热点问题。刘汉权肯定天心区青园街道湘园社区基层政权建设和社区治理工作取得的成绩以及在群众工作、协商民主、社会组织工作等方面推广的好经验、好做法，强调基层政权建设和社区治理工作，要突出党建引领作用，要从提高政治站位、加强基层建设和创新工作方法三个方面着手，推进社区治理更好、更快发展。10月29日，民政部慈善事业促进和社会工作司巡视员李波一行在省民政厅党组成员、副厅长游劲民等陪同下，到天心区青园街道湘园社区三楼考察调研湖南省儿童服务类社会组织孵化基地（湖南李丽心灵教育中心）的党建引领和社工服务工作。徐卫星向考察组一行介绍社区在党建引领居民自治和社会组织培育、双培基地的情况，并介绍社区网格化工作的开展情况；与大家分享社区雷锋超市、小区提质提档创造湘园速度、"麻纱事找满爹"等湘园故事。在社区三楼的湖南李丽心灵教育中心，考察组一行了解其发展历程、运作模式和项目建设等情况。李波表示，"开绘啦""青柚课堂"等项目让更多的孩子心灵富有，是孩子们健康成长的守护者，值得推广，同时鼓励李丽及湖南李丽心灵教育中心进一步创新模式，在培育优秀人才、优秀社会组织方面发挥带头作用，为全省乃至全国提供鲜活经验。（周　茜）

【青园社区机器人竞赛基地落地】 2019年5月31日，在天心区科技局的支持下，青园社区机器人竞赛基地落地，由原来的青园机器人俱乐部晋升为竞赛基地，以人工智能教育、机器人教育、编程教育为抓手，探索科普新模式。青园机器人竞赛基地致力于为青少年打造一个学习平台，设有乐高机器人、无人机、人工智能、3D打印、能力风暴、世界机器人大赛等多项学习课程，得到世界机器人组委会认可，青园街道工委副书记、办事处主任张毅为青园机器人竞赛基地授牌："世界机器人大赛青少年设计大赛赛事合作基地"。区科技局副局长苏奇寄语机器人俱乐部竞赛基地。（周　茜）

【井湾子社区提质提档工作】 天心区青园街道井湾子社区友谊路153号电视机厂北院小区纳入2019年长沙市提质提档项目范围。6月19日，长沙市人居环境局老旧小区改造管理处处长陈碧红一行携专家在区、街、社区相关负责人的陪同下，到电视机厂北院小区现场勘查指导小区提质改造工作。经市、区、街等多方负责人现场勘查，反复沟通，初步确定通过提质改造工程，工程包括畅通下水管网、规范消防通道、铺设沥青路面、增设停车位、安装路灯等，旨在解决小区实际困难，解决民生需求，改善人居环境。9月20日，青园街道城建办、城管办、井湾子社区相关工作人员先后实地察看电位器厂及电视机厂南院，了解社区提质改造亟待解决的问题。（周 茜）

【调研湘园社区】2019年10月12日，长沙市委常委、组织部部长带领9个区县（市）委“两新”工委书记、民政局局长、13个申报社区社会组织“三基”建设的街道工委书记，到天心区青园街道湘园社区对青园街道“幸福青园”社会组织和社会组织党组织孵化基地进行现场观摩指导，参观湘园社区一楼社区服务大厅、二楼青园街道“幸福青园”社会组织和社会组织党组织培育基地、三楼湖南省儿童服务类社会组织孵化基地。大家表示，要突出党建引领作用，紧密团结社会组织，扩大党在社会组织的影响力，引领社会组织正确发展方向，在社会治理中发挥应有作用。（周 茜）

【结对帮扶通道县万佛山镇】2019年11月14—16日，天心区青园街道工委书记张毅带领街道考察组一行深入通道县万佛山镇实地考察了解2018年结对帮扶的产业发展和脱贫攻坚工作。在座谈会上，街道一行与万佛山镇班子成员进行座谈，听取万佛山镇脱贫攻坚工作情况汇报，深入了解当地经济发展情况、面临的问题、困难与需求，为脱贫攻坚工作提供政策咨询。万佛山镇地处怀化市南段、通道县东北，须在2020年完成整体脱贫。街道拨付的10万元帮扶资金到位。张毅一行人对10户贫困学生进行慰问，每户送慰问金1000元；走访镇中学，调研特色产业工作，构建帮建信息平台，双方资源共享，把省城信息及时传达到万佛山镇，把万佛山镇的党建、扶贫工作成果加以推广；就下一步农产品销售，确定销售渠道，并提供相关就业岗位，使剩余劳动力得到安排。张毅表示，青园街道将持续加强双方合作，真正解决万佛山镇群众的实际困难，为企业提供产业技术等支持，争取帮助万佛山镇脱贫致富。（周 茜）

【青园经济合作社挂牌成立】2019年12月9日，天心区青园街道青园经济合作社挂牌，青园街道青园经济合作社理事会、监事会全体成员和群众代表参加挂牌仪式。青园畜牧农场的农村集体产权制度改革工作于2018年9月启动，在1年多的改革工作中，青园街道农改工作小组与青园畜牧农场资管委全体成员严格执行农改流程，逐层压实农改责任，结合实际开展农改工作，化解农改难题，完成清产核资、成员身份界定、股权配置等农村集体产权制度改革工作任务，获得畜牧农场农民群众的理解和支持。（周 茜）

黑石铺街道

【概况】长沙市天心区黑石铺街道位于天心区南部，北抵湘府西路，与新开铺街道、青园街道毗邻；东临书香路、石碑路、芙蓉南路，与桂花坪街道相连；南至披塘路与先锋街道接壤；西倚湘江及京广线与大托铺街道交界，总面积9.53平方千米。下辖一力、黑石铺、创谷、铭安4个社区，披塘1个行政村，黑石、九峰、披塘3个经济合作社。2019年，常住人口3.58万人，流动人口1.88万人。街道内设机构：党政综合办公室、基层党建办公室、城市管理办公室、公共服务办公室（优化营商环境办公室、行政审批服务办公室）、公共安全办公室；街道所属公益一类事业单位有：网格化综合服务中心（街道综治中心）、政务服务中心（党群服务中心）、财政所、退役军人服务站。截至年末，在职工作人员47名。（曹晓姣）

【街域经济】2019年，天心区黑石铺街道实现财税收入1.71亿元，年内新增税收百万元企业14家、千万元企业4家，限额以上社会消费品零售总额5.13亿元，全社会固定资产投资24.41亿元，新增外商直接投资企业1家，新增“四上”单位15家，高新技术总产值达到30亿元，R&D经费投入7665万元。开展“走访＋服务”活动，走访企业84家，认定科技高新企业6家，为7家企业申请区域经济发展奖励，协助12家企业完成工商、税务关系变更，完成税源清查企业3762家，完成“四经普”普查法人单位2082家、产业活动单位18家、个体户30家。（曹晓姣）

【城市管理】2019年，天心区黑石铺街道黑石集资办城改二期项目，累计完成签约1229户，完成“6•30”攻坚签约226户，总签约率86%。新昌小学项目完成合法私房签约23栋，临建房屋签约18栋。大托小学项目实现26栋29户7天全部签约、交付。完成“一圈两场三道”披塘绿化停车场基础建设，引进民营资金1300万元，解决100个大货车停车位。拆除违法建筑、乱搭乱建18处，整治违法图斑4处。清退流动摊贩200余起，整治店外经营300余家，整治车辆违停500余起，清除城市“牛皮癣”1万余条，清理裸露垃圾200余处，清运垃圾180余吨，拆除违规广告招牌80余块处。专题部署蓝天保卫战会议84次，发放宣传资料5000余份，签订“禁烧承诺书”3000份，露天焚烧垃圾的现象同比下降90%。裸露黄土绿网覆盖1.2万平方米。

（曹晓姣）

【社会事业】2019年，天心区黑石铺街道15家社会组织纳入“黑石聚力会”参与社区治理；完成创谷社区文化活动中心建设，实施社区党群活动中心、邻里中心全开放制度，健全“15分钟服务圈”；完成社区（村）2个服务窗口规范化设置，落实“全岗通”“首问接待”工作原则，实现基层治理力量入网格，办理各类事项2600余件。完成农村集体产权制度改革，挂牌成立3个集体合作社，完善联点共建帮扶机制，联合民建天心等社会组织，到通道开展对点扶贫，实现农商银行湘江支行与辖区10户贫困家庭的对点帮扶。落实“五帮扶”措施，累计投入28万余元，帮扶特困群众121户。启用“计划生育关怀基金”15万元，为500余户特殊计生群体提供困难帮扶。引进养和养老服务中心、湘雅夕乐苑健康养老管理公司，打造街域“1+N”养老服务联合体。解决“12345”热线工单760余条，答复市长信箱、区长信箱、问政湖南督办函46件。开展人大调研考察活动5次，提出建议14条；开展政协活动4次，上报社情民意20余条。落实退役军人服务站建设工作。围绕庆祝中华人民共和国成立70周年，开展60余次宣传教育文化活动，在省、市主流媒体上稿56篇，区级新闻平台上稿144篇；结合“我们的节日”，承办市、区级活动8次，群众性文化活动30余次；吸纳广大党员志愿者和群众参与组成17支队伍开展宣传志愿服务，贯彻落实《长沙市文明行为促进条例》，实施移风易俗奖惩，开展“敬老爱亲”“文明家庭”“新乡贤”等评选活动。

（曹晓姣）

图164　2019年8月6日，“情动幸福黑石·爱在七彩创谷”活动现场，3对模范金婚夫妇讲述着各自朴素感人的爱情故事

（黑石铺街道供图）

【综合治理】2019年，天心区黑石铺街道受理并调处各类纠纷66起，处置领导交办件32起，处置东能华府业主维权等突发事件26起；全年“毒黄赌”刑事和行政立案75起，打掉传销窝点11个。落实企业安全生产主体责任，全面推开企业班前早会制度；指导5个物流企业成立安委办，健全街道、社区、企业（安委办）三级监管体系；抓好企业运输安全源头管控，完成披塘路口、防洪大道2个交通隐患点整改，查处非法储存销售成品油1处，非法加油车2台；加大食品安全排查力度，开展非洲猪瘟专项整治，落实15家小餐饮“透明厨房”提质改造。完成网络问政回复5起，3次对接处置舆论突发事件。

（曹晓姣）

【党建工作】2019年，天心区黑石铺街道各基层党组织深入开展“不忘初心、牢记使命”主题教育，撰写调研报告10份，化解群众矛盾13起，解决群众问题20件。各级党组织承诺践诺15项，解决群众实际问题42个，为群众办实事770余件。推进党支部“五化”建设，开展工委中心组意识形态专题学习研讨活动14次，开设13期“黑石智轩苑”学习课堂，跟踪抓好党员冬春训、红星云、“学习强国”等学习平台使用管理。打造全省首家街道级社会组织及社会组织党组织双孵化培育基地——黑石聚力会，培育新型社会治理主体，相关工作经验在全市“三基”建设试点座谈会上作书面交流。一力社区“红色阵线共同体”构建党建领航、聚力发展新模式。创谷社区“七彩党建”示范工程，以“光谱”工作法凝聚资源合力的经验做法被“学习强国”平台推广。建立谈话提醒制度，对全街干部进行日常廉政谈话100余人次，勤政廉政谈话22人次。办理党员干部违纪案件1起，党纪政纪处理1人。

（曹晓姣）

【黄滔调研黑石铺街道】 2019年3月6日，天心区委副书记、区长黄滔一行到黑石铺街道调研。黄滔强调，要以服务人民为中心，紧抓南部片区实质性发展机遇，找准产业发展定位，建设宜居、宜业的城市人文环境。黄滔建议，党建工作要树立更高的标准，基层党建工作要深入到经济发展、社会治理等各个层面；经济发展要实现更高的质量，发展壮大人力资源、健康养老、商贸物流等新兴产业；城乡建设要坚持更高的品质，做好城中村改造工作，做好农改小区的规划与建设；民生造福要迈向更高的水平，要加强街区环境治理、社区服务优化和特殊群体帮扶等方面的力度；作风转变要瞄准更高的效率。

（张 健）

【黑石铺街道辖区企业巡逻车捐赠仪式】 2019年5月10日，天心区黑石铺街道辖区企业巡逻车捐赠仪式在街道机关大楼前坪举行。捐赠企业代表湖南一力股份有限公司总经理李拥军，湖南泰华物流有限公司董事长范金石，湖南力鼎工贸有限公司董事长刘宏权，黑石铺街道班子成员及全体机关干部职工等参加活动。活动现场，企业代表向街道移交6台电动巡逻车车辆钥匙和权证资料，随后街道主要负责人为捐赠企业颁发“共建、共治、共享”工作荣誉证书，李拥军和胡波分别代表捐赠企业和街道讲话发言。

（张 健）

【“黑石聚力会”授牌成立】 2019年6月6日，黑石铺街道社会组织“双培”基地——“黑石聚力会”授牌成立。“黑石聚力会”是黑石铺街道社会组织和社会组织党组织的综合性服务平台。作为湖南省首家街道级社会组织自身培育、社会组织党组织培育的“双培”基地，以及长沙市天心区社会组织孵化基地、党建基地、服务基地“三基”建设示范点，“黑石聚力会”以党建为引领，创新基层治理方式，为社会组织和社会组织党组织提供孵化、培育、扶持、发展、管理等服务，提高辖区民生保障和服务水平，打造共建、共治、共享的社会治理新格局。“黑石聚力会”占地面积约500平方米，设置有办公场地、党员活动室、个案工作室等，成功吸引长沙市天心区首善公益服务中心、长沙市天心区创谷文化中心、黑石铺社区青少年学堂等10余家社会组织入驻。

（张 健）

图165　2019年9月3日，天心区委书记朱东铁（左二）到黑石铺街道一力社区调研基层党建工作　（黑石铺街道供图）

【朱东铁调研黑石铺街道】 2019年9月3日，天心区委书记朱东铁调研黑石铺街道经济社会发展情况。区领导侯向宇、洪孟春、张建参加。朱东铁到一力社区、养和医院、九峰集资办两安用地实地调研基层党建、民生工程建设、城中村改造等工作。朱东铁强调，要深入推进基层党的建设，抓好“不忘初心、牢记使命”主题教育；要做好文化广告创意产业与信息化、互联网结合文章，在高新技术成果转换上持续发力；在传统产业方面要转型升级，要加大政府引导力度；在营商环境方面要加强与企业、个体户走访接触，全力做好招商引资；要让发展成果更多地体现在教育、文化、卫生、科技、公共服务、基础设施等方方面面。

（张 健）

【“诵红色经典·担时代使命”朗诵鉴赏会】 2019年10月23日，

"诵红色经典•担时代使命"朗诵鉴赏会在黑石铺街道举行，该活动为天心区建设学习型城区"五个一"活动之"每周一学"活动第20期。鉴赏会讴歌70年来在中国共产党坚强领导下，全国各族人民同心同德、艰苦奋斗取得的成就。与会领导和嘉宾为街道遴选出的6位老书记、老党员组成的"不忘初心、牢记使命"主题教育宣讲团颁发聘书。（张　健）

大托铺街道

【概况】长沙市天心区大托铺街道地处长株潭三市融城的前沿，东临先锋街道，西滨湘江，北面与黑石铺街道接壤，南与先锋街道、南托街道为邻。区域面积15.12平方千米，其中陆地面积11.86平方千米。下辖黄合村、兴隆村、桂井村、大托新村4个行政村，农村常住人口1.6万，村民组110个，党员645人，为天心区唯一没有设立社区的纯农村街道。辖区内有小型企业400余家，规模以上企业13家。街道下设3个公益一类事业单位，即街道政务服务中心、街道网格化综合服务中心和街道退役军人服务站。街道内设党政综合办公室、基层党建办公室、城市管理办公室、公共服务办公室、公共安全办公室、农业农村办公室、财政所7个办所和1个城管执法中队。截至年末，在职在编干部34人，其中班子成员11人。（许世栋）

【街域经济】2019年，天心区大托铺街道完成财政总收入1350万元，固定资产投资3.31亿元，社会消费品零售总额1.15亿元，限额以上服务业营业额1580万元，省外境内到位资金6亿元；完成高新技术产值590万元。引导农户、农民对绿色蔬菜、花卉苗木、生态水产、有机瓜果等进行产业产品融合；新增临江鱼馆和上岸渔民2家规模以上餐饮住宿业企业，新增湖南景丰建筑标化工程有限责任公司1家规模以上工业企业；加大对以临江鱼馆为代表的30余家餐饮门店的服务，做强餐饮街道品牌；加强企业服务力度，全年走访企业56家，解决企业困难和问题28件。帮助长沙市超翔家具电器有限公司等3家企业成功申报高新技术企业；做好大托铺街道卫生服务中心和区社会福利中心项目的服务协调工作，解决项目建设过程中的矛盾纠纷15起；落实信息进村入户工程，成立益农信息社4家，打通农业信息传送的"最后一公里"。做好集体经济组织成员认定工作，全面完成农村集体产权制度改革工作，成立经济合作社4家。（许世栋）

【城市管理】2019年，天心区大托铺街道制止违章搭建20起，下发停工通知单110余份；发放拆除通知书60余份，拆除违建面积6000余平方米；扣留非法运输渣土车、农用车30余辆，罚款3.1万元；开展全街性卫生大扫除11次，累计出动保洁人员3750人次，出动洒水车430车次，清运各类垃圾4000吨。全力整改国土卫星照片图斑，整改完成待验收48宗、基本完成3处，整改率92%。开展烟花爆竹禁燃限放、文明祭扫、秋季大气防治攻坚、垃圾秸秆禁烧等蓝天保卫战活动，开展各类执法行动350余次，全年开出罚单32张，处罚金额共18.9万元。处理环保类工单37件，清退搬离散乱污企业8家，取缔黑气站1家；成功取缔七公司、农机站两处赶集市场。对7处违法"大棚房"全面进行整改，用时48个小时完成近1万平方米的违法建筑拆除、地面破除、复绿等相关工作，并作为湖南省"大棚房"整治代表单位顺利通过国务院督查组的验收。（许世栋）

【社会事业】2019年，天心区大托铺街道完成大兴路等4条主次干道的"白改黑"提质改造，对牛栏堆等10个水利项目进行清淤护砌及维修改造，形成"河、沟、渠、塘"水系有效贯通，确保农业灌溉和排渍需求。3个区级民生工程全面竣工验收。推动社区"15分钟生活服务圈"建设，新建黄合村、桂井村两个文化活动室；完成农村土地承包经营权确权登记颁证和耕地地力补贴工作，全年为低保户发放救助金145.5万元，农村特困供养36户发放特困供养金33.8万元，医疗救助共救助75人次共计58.97万元；为8名新入学的大学生发放慈善助学金2.4万元，为4户群众发放自然灾害救助金1.2万元，发放困难残疾人临时救助24人次32万元。建立文明村规民约，党员干部签订文明节俭操办婚丧喜庆事宜承诺书1000余份。（许世栋）

【综合治理】2019年，天心区大托铺街道组织开展"爱路•知路•护路"宣传活动4场，校园周边整治行动12次，辖区未发生涉铁事故；组建"红袖章"平安志愿者协会分会，注册440名会员，利用"星城园丁"APP开展巡逻活动 10 余次；打好扫黑除恶专项斗争，严格落实“四级约谈”工作要求，签订《积极参与扫黑除恶专项斗争承诺书》600 余份。开展安全生产检查排查 15 次，现场检查记录 62 份，开出限期整改指令书 7 份；联合区交警大队、区交运局对辖区内湘江南路开展执法行动 30 余次，查处 1500 余辆车，处理违法车辆 200 余台；组织开展打非治违行动 12 次，处罚单位 8 家，合计金额 4600 元；加强食品药品安全、公共消防、热力燃气等领域综合整治力度，消除各类安全隐患。开展“非洲猪瘟”防控工作，同步做好抗旱、森林防火等工作。接处来访信件 42 件，“12345”服务热线共受理有效工单 134 件；在湘江南路沿岸（黑石铺大桥至大托新村）建设 4 千米普法长廊，每月开展一次“法治大讲堂”活动，成功调处各类民间矛盾纠纷 27 起，协议涉及金额 58.08 万元。印制发放平安建设宣传资料 8000 余份、悬挂横幅 20 余条、展出板报 20 余块、发送“平安天心”建设短信 6000 余条，在辖区企业、学校、御庭乡村公园等人员密集场所开展集中宣传活动 10 余场；投入 7 万余元从湘江南路上岸渔民至三兴桥打造“平安创建宣传文化长廊”，建立 110 处灯杆型双面标识牌。在街道、各行政村、街域各小学，开展“法治大讲堂”活动，共开办法治大讲堂 7 期。全年集中开展法治宣传活动 20 余次，发放普法宣传资料 3000 余份，上报工作信息 26 篇，受教育群众达 1.5 万余人次。开展扫黑除恶政策宣传宣讲 20 余次。

（许世栋　王青山）

【党建工作】2019 年，天心区大托铺街道党工委以“不忘初心、牢记使命”主题教育为抓手，推进“两个责任”落实，深化党建工作创新工程。街道完成支部“五化”建设工作，发挥网格化作用，开展党员志愿服务活动 30 余次，化解群众纠纷 40 余起。全年完成党建惠民项目 12 个。巩固两新党建阵地，撤销 2 家、新增 1 家非公支部。开展各类集中学习 20 余次，发放学习资料近 1000 份，撰写学习心得体会 60 余份。全年发展新党员 8 名，7 名预备党员如期转正，全面推行党员分类管理。结合建党 98 周年，举办“党建引领理论创新，联动共建综合治理”知识竞赛等活动，对 16 名“红星云”和“学习强国”学习标兵进行集中表彰。

（许世栋）

图 166　2019 年 1 月 23 日，天心区委书记朱东铁（左一）实地调研大托铺街道乡村振兴战略、美丽乡村建设和河长制工作

（大托铺街道供图）

【美丽乡村项目建设】2019 年，天心区大托铺街道投资 1450 万元开展立面改造、农村小微水体等工程，开展美丽“三园”（家园、菜园、田园）创建评选；推动“农村五治”工作，完成无害化厕所改造 854 座，建设黄合、兴隆、桂井三村垃圾分拣房 3 个，购置分类垃圾桶 5800 个；成功打造大托新村小微水体管护示范片区和港子河大托铺段样板河；在大托新村新港湾开展小微水体管护示范片区建设，投入 300 万元左右，并全面完成工程。（许世栋）

【计生奖扶工作】2019 年，天心区大托铺街道计划生育家庭享受农村奖扶政策共 204 人，发放金额 19.58 万元；享受特扶政策 21 人，其中独生子女伤残 6 人、独生子女死亡 15 人，发放金额 20.16 万元；享受计划生育困难家庭生育关怀 18 人，帮扶金额 1.8 万元；享受计生特扶家庭重病大病住院护理补贴 2 人，帮扶金额 1.23 万元；享受独生子女保健费 479 人，发放金额 11.27 万元；享受城市低保户部门计划生育家庭奖励 2 人，发放金额 1200 元；享受老年护理 5 人，发放金额 1.2 万元；享受农村医生补贴 4 人，发放金额 4 万元；享受特扶家庭一次性救助

1人，发放金额2000元。 （刘丹妮）

【安全生产宣传教育】2019年，天心区大托铺街道开展以“加强安全法制、保障安全生产”为主题的“安全生产月”活动。4月24日，大托铺街道召开安全生产大会，重点部署《2019年天心区大托铺街道安全生产工作要点》《大托铺街道“夯实企业安全生产主体责任年”活动方案》《大托铺街道安全生产领域“大排查、大体检、大整治”工作方案》《2019年大托铺街道安全生产“打非治违”工作方案》。6月26日，街道御庭乡村公园开展“安全生产月集中宣传咨询日”活动，对生产安全、消防知识、交通安全等进行现场培训及咨询，辖区内的所有企业、生产经营单位及居民参与活动，活动当天发放安全生产法律、法规、规章以及消防安全知识、交通安全知识等方面的宣传册共1000余份，悬挂横幅14条，制作宣传板报2块。 （黑海豫）

【防火防汛抗旱】2019年，天心区大托铺街道开展春节、“两会”、清明、国庆等特殊时间段及秋冬季的森林防火工作，共召开6次森林防火专题会议，出动100余人次入山巡查值守，悬挂横幅30余条，专项督查30余次，张贴海报及禁火令50张，确保全年零火情；制订2019年防汛预案和2019年抗旱应急预案，编制安排组建防汛抗旱工作应急队伍，做好汛前物资储备工作，与各村及水管站分别签订防洪责任状压实责任，6月，开展具有针对性和实操性的大规模防汛应急演练，全面排查全街的防洪工程、水毁工程、排水渠及大堤堤坝。7月，面对特大汛情，大托铺街道全体干部职工十天十夜严防死守，防汛工作得到上级肯定。 （黄智广）

【朱东铁调研大托铺街道】 2019年1月23日，天心区委书记朱东铁实地调研大托铺街道乡村振兴战略、美丽乡村建设和河长制工作。区领导张界贻、侯向宇、洪孟春参加。朱东铁一行查看天心区农业创业创新中心、莱莱网络科技有限公司、航模基地、大托铺街道小微水体治理、新港湾田园综合体建设、沿江村图书馆、许兴村部、官桥湖河，了解新型村级集体经济、村级公共设施配套、村部党群服务中心建设、河长制工作，以及农村人居环境整治、美丽乡村建设等情况。朱东铁强调，要加快推进村级党群服务中心建设，发展壮大新型村级集体经济；要加大农村人居环境整治力度，全面消除黑臭水体，基本实现农村人居环境“洁、净、美”和小微水体“五无”目标。 （许世栋）

【第四届大托小镇生态休闲美食节】 2019年2月19日，元宵节之际，“诚信天心•同心家园•味美大托”暨第四届大托小镇生态休闲美食节在天心区大托铺街道御庭乡村公园开幕。活动由长沙市文明办指导，天心区委、区政府、区委宣传部、区委统战部、区总工会、区乡村振兴办主办，大托铺街道办事处、大托铺街道商会、天心区农业休闲旅游协会承办。该届美食节以休闲生态为核心，以本土特色美食为出发点，为游客提供一个交流分享放松身心的美食平台。美食节包括6个主题活动：民间高手大比拼——“乡村名厨”；免费烤全羊、烤乳猪；手工DIY汤圆；有奖猜灯谜，赢双重礼；重磅惊喜，敬请期待；压轴活动，激情无限。活动现场，大托铺街道被授予“新时代文明实践所”称号；大托铺地区餐饮企业代表宣读“诚信做食品”倡议书，号召全街餐饮企业自觉加强行业自律，坚持诚信经营。 （黄智广）

图167　2019年6月26日，天心区大托铺街道在桂井村党群服务中心组织开展“庆七一•强理论•促发展”党建知识抢答赛 （大托铺街道供图）

【“庆七一·强理论·促发展”党建知识抢答赛】 2019年6月26日，为纪念中国共产党成立98周年，大托铺街道在桂井村党群服务中心组织开展“庆七一·强理论·促发展”党建知识抢答赛。来自街道机关、各村党总支及“两新”组织的党员和干部职工共120余人参加活动。竞赛活动设置必答题、抢答题、风险题等环节，共有9支队伍27名选手参赛。比赛中，选手围绕中共历史知识、党章党规党纪、中共十九大报告、时政热点等重点内容进行抢答。活动中，街道党工委对“红星云”“学习强国”党建知识学习平台积分前10名进行表彰。　（黄智广）

【“有事好商量”基层协商专题会议】 2019年11月7日，天心区委常委、纪委书记曾卫国在大托铺街道组织“有事好商量”基层协商专题会议。大托铺街道工委副书记、办事处主任汤宇驰和各村总支书记分别介绍街道的基本情况和面临的发展难题。会议重点研究农村无农贸市场、无农村建设用地规划、小微水体保护改造和农村危房改造资金短缺等11个具体问题。区委、区政府8个职能部门现场针对一项项具体问题明确表态、承诺解决措施与整改时限，其中8个问题确保在2019年年底解决，其余3个问题区委、区政府承诺将拟订应对方案，向市委、市政府争取政策支持。　（黄智广）

先锋街道

【概况】 长沙市天心区先锋街道，北靠桂花坪街道、黑石铺街道，东接暮云街道，南邻南托街道，西连大托铺街道。辖南城社区、嘉和社区、新宇社区、先锋集资办、新路村以及大托铺机场区域。辖区面积16.62平方千米。街道地处长株潭融城核心位置，地铁一号线、长株潭城际铁路交会于此，芙蓉南路、中意路、环保大道、新电路等城市干道贯穿全境。2019年，常住人口3.46万人，其中农业人口5510人。2019年6月实施机构改革后，街道内设机构5个：党政综合办公室、基层党建办公室、城市管理办公室、公共服务办公室、公共安全办公室。二级机构4个：政务服务中心、网格化综合服务中心、退役军人服务站、财政所。截至年末，在职工作人员80名。

2019年，先锋街道获评长沙市“计划生育基层群众自治先进街”称号。　（陈　盈）

【街域经济】 2019年，天心区先锋街道完成区级税收1.60亿元，同比增长39.13%，固定资产投资43.61亿元；社会消费品零售额17.04亿元，同比增长18.4%。升级高新技术企业7家，新增“四上”企业11家。其中，人力资源产业园落户1年，入驻人力资源机构93家，服务企业2000余家，服务各类人才20万余人，实现产值20亿元以上。推进22个市、区级重大项目，新园路、新梅路、先锋路项目及天悦和苑二期代拆项目全部实现清零。友阿奥特莱斯光伏发电项目全面完成，贤盛发产业大楼项目进入招商阶段，湖南健康城项目开工，星浩医药二期在全区首创先建后验工作经验。新路安置小区三期提质改造完工，原来的中心小花园变为3000平方米的新乡贤文化广场。湖南省首个5G网络全覆盖区AI应用发布会、天心区首个智慧环卫示范区启动仪式等重大活动在先锋街道举行，中国长沙人力资源服务产业园8月正式获批国家级产业园。在第四次全国经济普查工作中，走访辖区企业200余次，收集和解决企业痛点、难点、堵点共7个。12月8日和12日，先锋

图168　2019年12月8日，天心区先锋街道先锋经济合作社挂牌成立
（先锋街道供图）

合作社、新路村经济合作社分别挂牌成立。（吴　刚）

【城市管理】 2019年，天心区先锋街道清除5处卫星图斑，拆除违建6560.77平方米。投入49.5万元改造机场口路，改善出行环境。打好蓝天保卫战，市、区数字化城管案卷分别结案9600件、980件，按期结案率100%。收到市民举报违建50余次，拆违在建、新建小区违章面积约740平方米；收到举报焚烧垃圾、私倒建筑垃圾210余起，现场核实处罚15起，罚款4万余元，兑现举报奖励400元。11月20日，联合区市场监管局、先锋派出所，出动190名工作人员、13台执法车辆分20组开展雷霆“打传”行动，捣毁涉嫌传销窝点31个，查获涉传人员50人。投放四分类垃圾桶1200余个，开展垃圾分类入户宣传300余次，举办大型宣传活动30余次，通过环保舞台剧《我的颜色》、原创鼓乐伴唱《绿色行动》等宣传方式，将垃圾分类进行展示。开设“垃圾分类常识”老年教育网络课，开展主题党日活动，举办小小志愿者社会实践活动等，全面发动街道、村社区工作人员、党员志愿者、网格员、青少年儿童、红袖章做垃圾分类的宣传者、践行者和监督者，2019年8月，3个社区先后通过市垃圾分类办验收。（赵荣娜）

【社会事业】 2019年，天心区先锋街道发放春节慰问资金19.38万元，落实残疾人两项补贴，为5户残疾人家庭申报子女助学。建立“双岗”责任联系制，及时了解和帮助全街计生特扶对象10人解决实际困难。超额完成“两癌”筛查，其中筛查出宫颈癌早期的2人及时得到治疗。出生缺陷检查738人，免费孕前优生健康检查216人次，参与无偿献血102人。为辖区1500户计生家庭、520名老人购买意外伤害保险。为退役军人及其他优抚对象上门悬挂光荣牌，走访慰问各类优抚对象和退役军人及现役军人家属。加强员额制管理，组织工作人员参与区级业务培训。建成尚双塘社区办公楼，完成街道群众文化中心整体搬迁。完善“一圈两场三道”设施建设，对嘉和社区、新宇社区居家养老服务中心以及嘉和社区中建芙蓉嘉苑篮球场、中信小区羽毛球场进行提质改造。组织辖区符合条件的居民参加长沙市2019退役军人暨随军随调家属专场招聘会，联合南部片区街道举办“春风送岗稳就业，精准扶贫惠民生”为主题的招聘会，多次组织中级育婴师培训。开展对特殊困难群体“五帮扶”活动，鼓励五类党员志愿者下社区，帮助有卧床病人的特困家庭采购生活物资；与非公企业对接，组织扶贫帮困专场招聘会，或在专场招聘会中为特殊困难对象提供就业优待；鼓励“五老”志愿者组织关爱特殊困难家庭留守儿童的活动。全年对辖区340户家庭进行摸排走访，对121户困难家庭给予资金帮扶。其中，急难帮扶1户，医疗帮扶40户，基本生活帮扶66户，就业帮扶14户，共发放帮扶资金34万元。举行交通文明宣传公益项目启动仪式。评选陈翠兰、李志军等“新乡贤”，张建明、曹晖夫妇，陈显明、谢志平夫妇等模范夫妻，依托“善行义举榜”“移风易俗光荣榜”“文明乡风红黑榜”等载体，用身边人、身边事教育引导。挂牌成立先锋街道新时代文明实践所和新宇社区新时代文明实践站，组织开展系列活动10余场，推出新路村的快板《党员带头树新风》、舞台剧《八本家训》、新宇社区的方言小品《倡导文明新风尚》等一系列原创节目。（曾凡江）

【综合治理】 2019年，天心区先锋街道联合先锋派出所多次对辖区重点场所进行“毒黄赌”专项整治行动，发动辖区门店、小区物

图169　2019年1月25日，湖南省纪委常委、长沙市委常委、市纪委书记、市监委主任蔡亭英（右三）到环宇城检查安全生产工作（先锋街道供图）

业、党员志愿者、红袖章志愿者参与“点亮星城”万人巡逻。开展“平安万家福满先锋”平安家庭评选活动，评选出20个平安家庭。开展扫黑除恶宣传，发放平安创建、综治民调、扫黑除恶、禁毒防邪等资料8000余份，张贴宣传海报1600余张，填写综治民调意见表300余份。对群众举报线索进行反复核查，组织村、社区两委成员专项排查整顿工作“回头看”。成功化解嘉和社区一起信访积案。组织召开两次全街安全生产工作动员部署大会，集中组织6次烟花爆竹“打非治违”行动，检查门店130余家，查处无证经营、非法储存烟花爆竹门店2家，收缴爆竹10余盘、烟花少量。开展危化品“打非治违”行动，联合区应急管理局对新宇社区一旧仓库进行依法查处，查封扣押危化物15吨。在长沙卷烟厂大托库区、麦德龙商场、中海环宇城、先锋街道办事处开展安全教育培训及应急演练活动10余次。全年出具现场检查记录105份，下达责令限期整改指令书28份，整改复查意见书28份，行政（当场）处罚决定书（单位）13份，罚款6200元。通过编织红色先锋“一张网”、亮出黄色预警“一张牌”、打通绿色服务“一条龙”，在16个网格党组织的“保姆”式服务下，将党建引领网格化治理引向纵深。嘉和社区鑫远和城网格直管党员32人，在职党员52人，离退休党员15人，“红袖章”志愿者52人，物业力量69人，社会力量40人，依托党群生活馆和服务站两大阵地，引导基层民主协商。1月25日，湖南省纪委常委、长沙市委常委、市纪委书记、市监委主任蔡亭英在环宇城检查安全生产工作。10月29日，鑫远和城网格迎接区委书记朱东铁一行指导调研。11月5日，在全区政法综治工作讲评视频会议上，鑫远和城网格作典型发言。

（胡 平）

【党建工作】2019年，天心区先锋街道顺利完成南城社区党支部升格，成功推选远征驾校、汗青律所为“两争一创”先进典型。完成街属各党支部“五化”建设，南城社区、远征驾校被评为区第一批示范“五化”支部。为街属各社区（村）共配备12名30岁左右的优秀后备干部，进行重点培养和关注，其中1名社区书记考录为副科级领导干部。成功打造新宇社区乐党建品牌，实现街域“一社一特”目标，全年累计接待全国各级单位观摩指导20余次。开展专题轮训2次，发放学习书籍1500余本，形成调研成果9篇，街属各基层党支部开展学习教育、志愿服务90余次。在主题教育推动下有效化解赶集摊贩占道经营、甘塘冲组用水等痛点、难点问题450余个。配套投入40万元，完成村民道路改造、停车位改造、社会组织培育等党建惠民项目19个。

（钟 玉）

【社区教育】2019年，天心区先锋街道对辖区40家校外培训机构、20家托管机构、17家文化娱乐场所进行安全、卫生督促检查。全年共整治托管机构20家、文化培训机构3家，取缔无证培训机构1家，并在原有8家普惠幼儿园的基础上，新增公办幼儿园1家。利用2019市、区“双百工程”平台送课进社区、进企业，全街全年共开课50余堂，促进社区居民的素养和生活品质的提升。践行“终身教育”理念，全民终身学习网注册全年新增400余人，登陆学习次数500余次，“南城老年养教圈”成功入选网上社区教育大讲堂。各社区学习中心全年开展教育学习活动150余次，参与人数8000余人次。开展每日护学行动，并联合派出所对校园周边网吧、游戏厅及流动摊点开展整治行动10余次，召集区教育局、区公建中心、交警、仰天湖中建小学、中建幼儿园、先锋路项目相关负责人，协调缓解校园周边道路拥堵事宜，为广大师生营造良好学习生活环境。（夏丽莎）

【交通文明宣传公益项目启动仪式】2019年6月25日，新时代文明实践系列活动长株潭商圈《长沙市文明行为促进条例》集中宣传活动暨交通文明宣传公益项目启动仪式在天心区先锋街道启幕，这也标志着“长沙市天心区交通文明宣讲基地”正式授牌成立。中国好人、全国助残先进个人、先锋远征营志愿者协会会长张建明带领“交通文明宣讲团”，深入天心区各大社区、校园，普及交通安全知识、提高驾驶员素质、提升交通参与者文明交通意识，为建设“车畅人安”的交通环境助力。活动现场，上演《文明交通手势操》《争做文明长沙人》《我们的中国梦》等话剧、歌舞、快板节目。先锋远征营志愿者协会与4名因交通事故导致残疾且家庭困难的人员进行“户帮户亲帮亲互助脱贫奔小康”结对帮扶，传递关爱。（黄雅玲）

暮云街道

【概况】 长沙市天心区暮云街道地处长株潭融城核心区域，东接雨花区跳马镇，北接先锋街道和雨花经开区，南靠湘潭市昭山示范区，西抵南托街道。辖9个社区：暮云社区、花园岭社区、云塘社区、丽发社区、卢浮社区、华月湖社区、高云社区、弘高社区、怡海社区；3个村：莲华村、许兴村、暮云新村；2个联合社：高云经济联合社、西湖经济联合社。辖区内大中专院校2所，省、市级驻点单位6家，商业楼盘20个，安置小区3个。全街总面积34.6平方千米，绿心总面积31.86平方千米，占全街总面积的92%。其中，禁开区8.11平方千米；限开区7.94平方千米；控建区15.81平方千米。暮云街道是典型的城乡接合部。2019年，户籍人口约4.3万人，常住人口约18万人。截至年末，街道在职工作人员48名。

2019年，暮云街道获评长沙市农村人居环境整治“四星级”乡镇。（唐利珍）

【街域经济】 2019年，天心区暮云街道主要从清查土地增值税、房产税、耕地占用税发力，做到依法征管、颗粒归仓。完成区级口径财政收入1.27亿元；完成全社会固定资产投资40亿元；规模以上社会零售业完成5610万元；新增“五下”项目（投资项目计划总投资金额5000万元以下）53个；完成高新技术企业申报2家；新增“五上”项目（投资项目计划总投资金额5000万元以上）1个；新增“四上”单位8家。街道根据区级指导意见出台《暮云街道优化营商环境工作实施方案》，着力营造“最方便”“最挣钱”“最安全”“最亲清”的一流营商环境，建立党政领导联系服务企业制度，第一批街道领导联系走访企业70余家。出台《暮云街道重点楼宇“楼长制”管理试点工作实施方案》，在同发商业大楼和长沙（中南）总部基地实施楼长制试点。（唐利珍）

【城市管理】 2019年，天心区暮云街道开展市容市貌整治、违建拆除行动共计60余次，开展清洗整治活动45次，发放违法建设处置相关法律法规宣传册2000册，完成第21期、第22期卫星图斑巡查、统计工作。拆除违建29处，面积5528.66平方米。其中，历史违建18处，面积4044.66平方米；控违11处，面积1484平方米。“控煤”行动共开展36次，收缴煤炉134个；“控烟”行动，督促辖区内餐饮门店安装油烟净化器，实现油烟净化器100%安装；“严禁违法倾倒渣土”，查处建筑垃圾偷倒车辆共计27次，移交城管执法队，处罚金额3.81万元。“控烧”行动，发现45次露天焚烧现象，及时做出处理，同居民普及宣传蓝天保卫战相关内容。“严禁工地裸露黄土”共覆盖15.13公顷裸露黄土。开展“护苗行动”专项整治，重点排查学校周边食杂门店、饮食店及学校食堂。开展“护老行动”专项整治。推进小餐饮“透明厨房”提质工程，截至10月15日，共计完成40家“透明厨房”提质。暮云街道9个社区均一次性通过验收工作，在6月、7月、8月、9月区垃圾分类考核中获得前三的名次。卢浮社区在区城管局推荐下，成功申报全市垃圾分类先进社区和“百日竞赛”先进集体。全年处理一级平台数字化案卷2297条、110接警269条，结案率100%；二级平台数字化案卷877条（含47条历史遗留案卷），结案率90%。广告招牌备案92份。处理“12345”工单132单。（唐利珍）

【社会事业】 2019年，天心区暮云街道办理失业证146本，办理

图170　2019年10月23日，中国政研会副秘书长袁祥（右）一行调研暮云街道丽发社区基层思想政治工作　（张梦瑜　摄）

居民困难人员申请91件；街道城市低保保障对象60户，累计发放保障金561419元；农村低保保障对象104户，累计发放保障金1142041元；春节慰问970人，发放慰问金62.8万元；帮扶城市特殊困难群体159户，发放243750元；受理关于农民工工资投诉23起，涉及劳动者400余人，涉及金额800万余元；推进创业担保贷款工作，成功申请金额35万元，协助辖区长沙理工大学博士生周栋创立的比盟云信息科技有限公司成功申报，获取项目扶持金额80万元；开展无证办学清理整治工作，督促无证办学机构办证、政策宣传20余次，下发整改通知书12次，下发责令停止办学通知书4次，取缔关停无证办学机构3家。推进征拆工作落实，实现7个项目清零，签约3户，累计256户；“青苗”签约20户，累计246户；倒房10户，累计250户；迁坟77家，累计257家；腾地63.70公顷。　（周　凤）

【综合治理】 2019年，天心区暮云街道开展防邪集中宣传5次，现场接受群众咨询1000余人次，发放宣传单4000余份；开展禁毒宣传活动10余场，发放禁毒宣传手册5000余份，展出宣传横幅40余条；发放扫黑除恶宣传手册1万余份，制作宣传横幅200余条，出动宣传车3000余次，辖区20余块电子显示屏滚动播放扫黑除恶宣传标语，开展扫黑除恶集中宣传活动10余次，上报移交扫黑除恶线索2条。中央扫黑除恶督导期间，中央巡视组交办的16件线索全部办结。借助元旦、春节、“6•26”国际禁毒宣传日等契机，开展禁毒“六进”工作。组织人员走上街头、深入居民家中，发放《致居民禁毒的一封信》5000余份。发动辖区2.6万余群众参加禁毒签名活动。街道联合区禁毒大队、暮云派出所对辖区部分娱乐场所开展突击涉毒检查行动2次。志愿者参与综治民调宣传、综治大走访、禁毒宣传、治安巡逻等活动，参与巡逻2000余人次，平安创建宣传1800余人次，排查矛盾纠纷100余起，排查隐患300余起。打好信访积案化解攻坚战，成功化解1件信访积案。开展“打非治违”“夯实企业安全生产主体责任”“三大行动”“强执法防事故”等系列活动，对辖区7家烟花鞭炮店、3家加油站、3个物流园等开展计划执法91家次，开具限期整改指令书8份、整改复查指令书4次，简易程序处罚次数7家，简易程序罚款罚金共计2550元，查出问题13条；查处非法储存甲醇15吨，烟花爆竹102件，直径约70厘米盘鞭86盘。　（唐利珍）

图171　2019年2月19日，天心区暮云街道许兴村的钟琼华和唐仕纯走进“暮云之声”录音室，与村民分享生活小妙招　（陈飞　摄）

【党建工作】 2019年，天心区暮云街道党工委辖村（社区、联合来社）党总支1个，党支部17个，机关总支1个，机关支部2个，非公党支部3个，共有1320名党员。街道将学习教育、调查研究、检视问题、整改落实到主题教育全过程。完成云塘、怡海、卢浮、华月湖、花园岭5个社区的支部“五化”验收，丽发、高云、弘高、机关支部等基本完成支部“五化”建设，云塘社区公共服务中心党支部获评区委“五化”示范支部。9个社区、3个村共搭建12个“有事好商量”议事平台，探索出以区域党组织、党员干部队伍、社会各界资源参与的“三位一体”新型基层服务管理模式，把加强党的基层组织建设与创新基层社会管理服务体系紧密结合起来。　（唐利珍）

【“暮云之声”新时代微广播】 2019年，天心区暮云街道为进一步推动习近平新时代中国特色社会主义思想深入人心，全面丰富居民文化生活，宣传新时代新思想，打造暮云特色品牌“暮云之声”新时代微广播项目，微广播实行每周7天工作制，每周一到周日早、中、晚进行播音，播出时间为：早上8:00—8:30，中午12:00—12:30，下午18:00—18:30。共开设8个栏目：暮云之声、学习进行时、红色故事汇、兴村科技、健康微资讯、生活小课堂、每日说法、榜样的力量。街道充分利用这一载体，将“微广播”融入新时代文明实践所，成为宣讲政策、服务群众、开阔视野的“小灵通”，成为密切联系群众的“桥梁”与“纽带”，受到普遍欢迎。（唐利珍）

【乡村振兴】2019年，天心区暮云街道农村人居环境整治暨“三园”创建工作，在市农村人居环境星级评选中获评“四星级”乡镇，在区人居环境最美街道评选中获评“最美街道”；农村集体产权制度改革工作，暮云新村和西湖经济联合社获评一类，许兴村、莲华村及高云经济联合社获评二类；乡村振兴示范创建工作，暮云新村在市级乡村振兴示范创建村中获评二类。（唐利珍）

【“节能减排•科学发展”市民教育主题活动】2019年12月28日，天心区暮云街道华月湖社区在幸福庄园前坪举办“崇德向善迎新春•红红火火过大年”长沙市天心区“新时代文明实践在天心”学雷锋志愿服务暨暮云街道华月湖社区“节能减排•科学发展”市民教育主题活动。开场舞上演《看大戏，过大年》；社区志愿者带来《华月湖社区居民公约》宣传保卫环境、爱护家园、营造和谐社区氛围的重要性；情景剧《垃圾分类有意义》号召居民朋友做垃圾分类的宣传者、倡导者和推广者，还有歌舞、太极、旗袍走秀、曳步舞等节目宣传文明新风尚。（唐利珍）

【朱东铁调研暮云街道】2019年6月4日，天心区委书记朱东铁带队调研暮云街道云塘社区新时代文明实践站建设工作，街道工委书记蔡逸，工委副书记、办事处主任刘哲等陪同调研。朱东铁带队实地参观云塘社区新时代文明实践公园、党群连心亭。社区党总支书记张先明结合社区实际情况，就社区在新时代文明实践站建设方面所做的工作进行汇报。朱东铁指出，新时代文明实践站作为基层服务群众的载体，要积极发挥引导作用，充分利用各类实践站点，积极组织开展形式多样、寓教于乐的活动，用身边事教育身边人，充分调动广大党员群众投身社区建设的积极性，努力构建共建共享新格局，为社区治理服务注入新动力。（唐利珍）

【朱远红实地观摩美丽“三园”建设情况】2019年6月21日，天心区委副书记朱远红，区政府副区长洪孟春、许波以及区委办公室、区委宣传部等部门、天心区各涉农街道分管副职、区各涉农村党组织书记等实地观摩莲华村桐梓坡组美丽“三园”建设情况，暮云街道工委副书记、办事处主任刘哲等陪同。朱远红一行从莲华村桐梓坡组主路一路步行，沿桐梓坡泗塘绕行一圈暮云街道办事处副主任谢灿英就农村人居环境整治和美丽“三园”创建工作做简要汇报。朱远红指出，要持续开展农村人居环境整治行动，打造美丽乡村，让良好生态成为乡村振兴的支撑点，加快推进农村人居环境整治，助力乡村振兴发展，让人民群众更有获得感、幸福感。（唐利珍）

南托街道

【概况】长沙市天心区南托街道位于天心区南部，地处长株潭三市融合、绿心保护区的中心地带，西与湘潭、岳麓区隔江相望，北邻先锋街道、大托铺街道，东邻暮云街道，国道107线、芙蓉路贯穿南北。辖沿江村、牛角塘村、滨洲新村3个建制村以及南托岭、北塘、融城、南鑫、牛角塘5个社区，总面积30.05平方千米。常住人口8.7万人，流动人口1.2万人。机构改革后，街道内设党政综合办公室、基层党建办公室、城市管理一办公室、城市管理二办公室、公共服务办公室、公共安全办公室、农业农村服务中心、政务服务中心（党群服务中心）、网格化综合服务中心（综治中心）、退役军人服务站、财政所、司法所、纪检监察办公室共13个办公室，驻地位于天心区南托街道南托岭社区市场路108号。截至年末，在职工作人员100人。

2019年，南托街道获评2019年度农村人居环境整治三星街道、长沙市乡镇街道优秀统计站目标管理综合考评二类单位；融城社区获评“长沙市2019年移风易俗十佳村（社区）”。（黄紫微）

【街域经济】2019年，天心区南托街道完成区级税收8291万元；完成全社会固定资产投资同比增长36.6%；完成限上批发零售业销售额14.4亿元，同比增长31.9%；完成限额以上社会消费品零售额

9110.5万元，同比增长162.6%；完成其他营利性服务业营业收入3100.9万元，同比增长2.3%；新增“四上”单位9家。出台《南托街道2019年“营商环境优化年”实施方案》，建立班子成员联系服务企业制度；聚焦新经济业态和现代服务业，加大“天心营商环境30条”等政策宣传力度，举办南托街道“营商环境优化年”经济政策知识大竞赛活动；独创“红、绿、蓝”三色工作法，进行实时交办，形成问题处理闭环工作机制；走访企业80家，帮助企业解决困难问题66个；引导符合条件的产业项目单位加快完成前期手续办理，确保湖南省人工智能产业园、长沙华中科技信息职业技术学校等项目落地；重点推动花之林总部基地、明德城南双语实验中学等项目开工；确保中意路城市化改造、伊莱克斯大道西延线、和泓·融成府等在建项目稳步推进；新竹路、黄金加油站、力能电池、七水厂补增地4个项目实现征拆攻坚清零；完成2018年水毁修复项目、牛角塘村党群服务中心、沿江党建广场等项目建设；办结2019年街道小水利工程、滨洲新村党群服务中心装修改造、沿江村党群服务中心装修改造等项目的立项；完成沿江村党建公园、滨洲新村小型垃圾站建设和沿江文化活动中心建设。

（黄紫微）

【城市管理】2019年，天心区南托街道持续规范城市管理工作。对街域违章搭建、广告招牌、店外经营、垃圾堆物等乱象进行全面整治清理，拆除107国道两侧历史违建43处，面积9877.5平方米；协助执法部门查扣非法倾倒违规车辆67台，累计罚金13万余元；5个社区通过市级垃圾分类验收。全年累计覆盖防尘网约6万平方米，复绿2万平方米；餐饮门店油烟净化器改造安装177家；查处抛洒遗漏、偷倒偷卸类案件72件、露天焚烧案件27件；清理整顿涉VOCs排放“散乱污”企业3家，查处“涉气”刑事案件1件。落实绿心地区长效常态化管理机制，实行“每周一巡查，每月双调度”制，铁腕执法，严控绿心地区违规用地反弹。污染防治工作成效被共产党员网、“学习强国”、市级简报等平台专题推介。落实“河长制”，推进小微水体保洁网格化管理工作，开展河道专项整治行动，累计投入1.3亿元，完成南托港8.7千米清淤疏浚，新建河堤护栏1.3千米，道路白改黑7千米，拆除废旧棚房1.67万平方米。村改厕三格池安装完成700座，超额完成200座。着力消除“乡村斑点”，拆除违法搭建钢架棚4162平方米，破除违法硬化水泥地面3762平方米，复耕、复绿7371平方米，乡村环境得到有效提升。

（黄紫微）

【社会事业】2019年，天心区南托街道发放各类救助金200万余元，对低保户做到应保尽保，对重症精神病患者应救尽救，对特殊群体、特困户家庭，坚决落实相关保障政策。办理各征地项目的四年龄段（根据确定的被征地农民纳入社会保障的时间点，将被征地农民划分为以下四个年龄段：第一年龄段为不满16周岁；第二年龄段为女性年满16周岁不满45周岁、男性年满16周岁不满50周岁；第三年龄段为女性年满45周岁不满55周岁、男性年满50周岁不满60周岁；第四年龄段为女性年满55周岁、男性年满60周岁及以上）人员的退休保障，一、二、三年龄段社保缴纳和失地补助工作，及时为安置群众提供优质社会保障服务。强化农民工工资保障，积极调解农民工劳动纠纷，落实农民工工资治欠、保支，监管在建项目7家，成功调解8次劳动纠纷事件，帮助农民工600余人次，追回劳动报酬1100万元；加大创业就业帮扶，创业带动就业中新增创业主体410家，其中个体工商户151家、

图172　2019年，天心区南托街道沿江村的金墙绿园焕发文明乡村新活力

（南托街道供图）

私营企业259家，带动就业1059人。提升养老服务能力，康乐年华养老公寓新增床位300张，建成并投入试运营。推进精准扶贫，原建档立卡贫困户230户、724人，通过帮扶缩减为199户、608人，投入扶贫资金154万元；实施“雨露计划”，为21名贫困学生发放职业教育补助3.15万元；全面开展产业扶贫，现已实施12个产业扶贫项目，各类资金投入共计351万元，人均收益约400元/年。妥善处置各类汛期险情，转移并安置兴马洲村民400余人，未溃一堤未伤一人。（黄紫微）

图173　2019年6月26日，南托街道工委书记王钰莹在“逐梦南城·魅力南托”活动上推介南托（南托街道供图）

【综合治理】2019年，天心区南托街道调处矛盾纠纷73件，其中复杂疑难纠纷6件；调处成功73件，成功率100%；开展矛盾纠纷大排查32次。组织“信访积案化解百案攻坚行动”，区交办4件积案，成功化解3件，化解自办件2件。推进扫黑除恶专项斗争，排查涉黑涉恶线索6条，化解信访积案6件，扫黑除恶重点地区挂牌整治工作实现摘帽。开展安全生产监管执法检查，严厉打击违法违章生产经营行为，行政执法检查生产经营单位111家，下达责令限期整改指令书29份，适用简易程序处罚9起，罚款金额4500元，检查出问题90处，移交区应急管理局执法1起，区应急管理局立案处罚1起；开展危险化学品专项排查，取缔3处非法储存危险化学品仓库，转移危险化学品80余桶；开展食品安全“五进”宣传活动，重点对校园及周边食品安全进行检查，推进小餐饮“透明厨房”提质工作，全年无一例事故发生。开展学校领域安全生产大检查，排查辖区内危险水域，新立警示牌13块。（黄紫微）

【党建工作】2019年，天心区南托街道共有党支部30个，党总支5个，党员1113名。南托街道创新推出“初心学院”党建品牌，打造初心学习所、初心故事汇、初心实践站三大平台，推广实施班前15分钟学习制度，被市委主题教育办专题推介。开展中心组学习、专题党课、红色宣讲82次，解决出行便道、农村饮用水等民生实事100余项。深入实施支部提标、阵地提质、干部提神、典型提升四大行动，实现党组织规范有力、服务阵地功能优化、干部队伍焕发活力。选优配强村（社区）书记3名，改造建设村（社区）党群服务中心4个，表彰优秀党员81名，打造党建观摩点10个。组织开展“3•12”兴马义务植树活动、“青春换角，我更懂你”青年志愿服务活动、“五个一”活动之“每周一学”走进南托“逐梦南城•魅力南托”学习活动、南托街道初心学院暨新时代文明实践所系列活动之庆祝中华人民共和国成立70周年文艺活动暨“不忘初心、牢记使命”主题教育等特色活动；指导融城社区构建“1+10+N”工作模式，打造“移风易俗军鼓队”品牌。（黄紫微）

【“我们的节日•春节”暨精神文明建设“争先评优”颁奖活动】2019年2月1日，天心区南托街道“我们的节日•春节”暨精神文明建设“争先评优”颁奖活动举行。区委副书记朱远红，区委常委、宣传部部长肖雄伟等出席。活动在暖场舞蹈《盛世欢歌》中拉开帷幕，上演舞蹈《爷爷奶奶和我》、舞台剧表演《南托论“建”》《移风易俗在南托》、歌曲《祝福你祖国》，街道工作汇报，工作人员新年寄语视频，有奖问答等12个节目。举行2018年南托街道道德模范、星级文明户新乡贤颁奖仪式。经过宣传发动、组织推荐、评议审定、公示等程序，评选产生多位南托街道道德模范、星级文明户新乡贤。（黄紫微）

人物

【杨士泉】男，1972年12月出生，中共党员，天心区暮云小蜜蜂志愿者协会会长。出身贫寒的杨士泉14岁只身到长沙打拼。2005年开始从事慈善公益事业并成立暮云小蜜蜂志愿者协会。至2019年，他14年共拿出300余万元做公益，帮扶100余人。通过他自身的模范作用，小蜜蜂志愿者协会带动1800余人做公益，打造未成年人德育品牌项目“彩虹课堂”，已累计开展19期，曾获湖南省第二届青年志愿服务大赛金奖；常态长效开展“微心愿”志愿服务活动，已帮助贫困山区21所小学600余名孩子实现微心愿，为56名特困家庭孩子解决小学到大学的学费，帮助辖区贫困农户销售产品；2019年开展“爱涌湘江公益夏令营”活动，联合省委宣传部对口扶贫点永州江华县、天心区对口扶贫点龙山洛塔乡，将山区的孩子们接到长沙开展为期10天的夏令营游学活动，受到广泛关注。2015年获评助人为乐“中国好人”，2016年获评全国“百姓学习之星”，2018年获评全国“最美志愿者”，2019年10月获评2018年度CCTV感动中国之感动湖南人物。（何小舟）

【唐红伍】女，1957年10月出生，中共党员，天心区文源街道状元坡社区居民。唐红伍从1998年开始参加无偿献血，连续20年来无偿献血达78次，累计献血量达3.1万毫升，超过4个健康成年人的血液总量，先后获得湖南省献血奉献奖银奖和金奖。2011年开始，她加入长沙市血液中心和红十字会的志愿者队伍，开始参加血小板采集。2014年大年初二晚上，她从老家赶回长沙，为病人献上救命血。退休之后，唐红伍没有了献血的机会，但她依旧用志愿者的方式传播无偿献血的知识，动员更多的力量无偿奉献。虽年过花甲，但作为一名志愿者，她始终用自己的行动诠释无私奉献的大爱精神。2017年，她联合一大批热心人士，组建200余人的“天姿义工团”，带领团队义务为社区提供公益服务。同时，作为天心区法院陪审员，至2019年她参加开庭500余次，在积极维护法律尊严的同时，注重“以情动人、以理服人、以心感人”，热心化解了不少矛盾。她的执着追求、无私奉献，深深地感动着社区里的每一个人，被大家亲切地称为“热心红大姐”。

（何小舟）

【汤俊杰】男，1986年出生，暮云街道暮云新村长塘组居民，2019年2月获评“中国好人”。汤俊杰一家五口残疾人，他自己双下肢安装假肢。可正是这样艰难的家庭环境培养了他坚强的个性。2017年10月17日下午5点20分左右，他到南托街道融城社区“手写从前”蛋糕店给服务对象购买蛋糕，就在准备选蛋糕时，突然看见店主余某往后一倒，昏厥在地，口吐白沫、不省人事。见情况不对，汤俊杰立即指挥店员寻找开关，关闭煤气，同时打开店内大门、窗户通风透气，并和蛋糕店工作人员一起将余某抬到外面通风处进行急救。由于及时采取了得当的急救措施，余某情况稍有好转，汤俊杰马上又挺着双假肢在周边群众的帮助下把余某扶上自己的私家车中，火速送往附近的融城医院，向医生报告病人症状及现场情况，直到余某清醒及其家人赶到医院接手照料后，方才默默离开。2019年2月，汤俊杰入选“中国好人榜”。

（杨　威）

【柳军】男，1955年出生，城南路街道工农桥社区居民。2003年，柳军的母亲郑期辉因为高血压住进医院，出院后回到家里，柳军精心为老人制订详细的康复计划，扶着患病的老人做康复锻炼，买来母亲最喜欢的花鼓戏磁带。天气晴好的日子，柳军就扶着老人下楼到院子里晒太阳、透透气。为让老人吃得放心，尽快康复，即便附近就有农贸市场，他仍经常骑单车到几十千米外的郊区买西红柿、韭菜、小白菜、山药等新鲜蔬菜和含有粗纤维的食品。2019年，其母亲已89岁，患有脑梗、高血压、痛风等多种疾病。十余年来，他始终贴心照料患病母亲，用行动诠释孝义。在照顾好家人的同时，更是积极参与社区的公共事业，发起“零钱兑兑碰”志愿服务项目，坚持节假日在公交站义务为大家兑换零钱，方便大家出行。2019年1月，柳军获评“湖南好人”。

（杨　威）

【杨鹏英】女，1960年出生，裕南街街道仰天湖社区居民。杨鹏英的哥哥杨建2岁时因发烧导致智力残疾，智商永远停留在了2岁。母亲去世那年，比杨建小4岁的妹妹杨鹏英义无反顾承担起了照顾哥哥的重任。周边人劝杨鹏英把哥哥交给政府送到养老院，虽然杨鹏英的丈夫下岗在外打临工，儿子也没有正式工作，家庭情况一般，但是杨鹏英认为父母均已过世，照顾哥哥是应该的，这一照顾就是20余年。2013年，杨建走路不稳摔倒导致全身瘫痪，生活完全不能自理，更加重了杨鹏英的负担。为了照顾哥哥，她搬到杨建住处，每天天不亮就起床，给瘫痪在床的哥哥洗脸漱口、擦身换衣，喂他吃早饭，安顿好哥哥后再急忙赶去上班，下班后又马不停蹄赶回家照顾哥哥。在杨鹏英的悉心照料下，杨建从只能躺在床上到可以抱着坐在轮椅上，能推着出去走走晒晒太阳。随着年龄增长，她爱人和邻居怕杨鹏英单薄的身体吃不消，多次劝说让她将哥哥送到养老院，但每次都被她婉言谢绝。她的精神受到社区居民翘首称赞。2019年5月，杨鹏英获评“湖南好人”。

（杨　威）

【何佩君】女，1950年出生，天心区新开铺街道桥头社区居民。何佩君的丈夫李建雄1989年被医院确诊为运动神经元疾病，生活完全不能自理，常年卧病在床，情绪低落，性格孤僻。儿女也不在身边，全靠她精心照顾。近30年时间，她一边尽可能调整丈夫的消极情绪，一边细心地照顾丈夫，给他做饭穿衣，陪他聊天开心，推他散步放松，日复一日，不离不弃。为了丰富丈夫的精神生活，她经常和社区残疾人专干商讨策略，经常用轮椅推着丈夫参加社区组织的各种社交文娱活动。努力让其丈夫在活动中体现自我，心态变得更加阳光。何佩君夫妇在扶残助残的路上相伴而行，已成为社区骨干志愿者，经常为社区残疾邻里组织各类活动，进行关怀和慰问，以回馈社会。2019年9月，何佩君获评“湖南好人”。

（仇玉瑜）

【肖子文】女，1941年出生，天心区赤岭路街道南大桥社区居民，获评2019年第四季度“长沙好人身边雷锋”。为了不让孩子们和她一样吃没文化的亏，肖子文以“雷锋传人”为荣，自1996年开始，就从报纸等途径关注各地失学孩子的情况，通过书信鼓励失学孩子重返校园。23年来，肖子文在家庭生活并不宽裕的情况下，在菜市场总是买别人挑剩下的便宜菜、喝完的酸奶盒子也要留下来当废品卖，坚持用微薄的退休金先后帮助50余个寒门学子圆梦，并将联系书信留存形成“爱心档案”。2019年，肖子文年近八旬、身体也大不如前，仍然坚持自己做一日三餐。她甚至想好了遗嘱，而当中最重要的事情，就是让两个女儿把她省出来的钱拿去捐了。其爱心事迹得到央视网、新华社、《中国日报》、中国文明网、人民网、《三湘都市报》、红网等主流媒体报道。

（仇玉瑜）

【胡云华】男，1976年4月出生，中共党员。他出生于教师家庭，现任许桥小学校长、美术教师，兼任区政府责任督学。胡云华先后在长沙市原南区青山祠小学、区仰天湖小学、红卫小学、西湖小学、许桥小学工作。2015年区划调整，他是第一位调往暮云片区的教育管理工作者。2016年7月，再次调往天心区最偏远（湘潭边界）、条件最艰苦、规模最小（全校6个年级学生不足百人）的山村薄弱学校许桥小学担任校长。从城区名校走向山村小学，一路向南，离家越走越远，他用自己的实际行动努力去改变乡村教育，取得了一定的成绩。他将城区先进管理模式带到农村学校，狠抓教师队伍建设，亲自对教师们进行教学技能培训，带头上教研课，带领全校教师开展课题研究。虽然学校只有13位教师，但有省级课题1个，区级微课题5个，教研氛围浓厚，教师教育教学水平及教学质量明显提升。学校获评天心区“优秀家长学校”，被授予天心区“共产党员示范岗”。他是国家义务教育课程标准湘版《美术》、《书法练习与指导》教材教参作者之一。他的事迹及学校办学特色、师德故事先后被新华社、《人民日报》、《湖南日报》、《长沙晚报》、《潇湘晨报》、《阳光少年报》、红网、星辰在线、湖南教育电视台、政法频道及湖南人民广播电台“金鹰955”等媒体报道，广受社会各界好评。曾获评全国“国家版图意识宣教工作先进个人”、天心区第二届“美术学科带头人”、“十佳雷锋式学习标兵”、“十佳魅力教师”、“先进教育工作者”、“优秀共产党员”、“教育科研先进个人”、“电教积极分子”等称号。（袁 敏）

【杨维君】女，1978年8月出生，中共党员，天心区城管执法局党委书记、局长，天心区城管执法大队党委书记、大队长。杨维君作为一名从基层成长起来的干部，她虚心向学，做勤于钻研的“学习型”城管带头人，始终注重班子、队伍政治素养和业务水平的学习提升，打造作风过硬、纪律严明、执行有力、敢于担当的城管队伍。她立足大局，做敢于创新的“治理型”城管带头人，积极探索城市管理机制完善和创新，完成全区环卫管理体制调整改革，创新了环卫局内部用人管人体制。完善城管调度、管理机制。建立精细化、智能化、科学化、机械化的管理维护制度，全区市容市貌更加净化、美化、亮化、有序化，在长沙市月度、年度考核中名列前茅。她创新服务，优化营商环境：缩短审批流程、实行就近办、容缺办，实施包容审慎执法；她创新方法，优化城管执法方式：水枪执法、无人机喊话提醒、共享单车治理等举措的实施，让城市管理的形象得到了很大提升；她积极投身民生福祉，助力蓝天保卫战：提质提档69个老旧小区，率先在全市完成全区83个社区垃圾分类全覆盖，严管严查污染案件，管罚并重，办理蓝天保卫战各类案件1513起，全市排名第二；她勇挑急难险重任务：在中央环保督查、绿心问题整改、抗洪抢险、扫雪除冰等多次重大工作中，不畏难，敢担当，出色地完成任务。她2003年作为长沙市4个代表之一参加共青团十五大，2019年获“长沙市先进工作者”和“长沙市三八红旗手”称号。（袁 敏）

长沙市天心区 2019 年国民经济和社会发展统计公报

2019 年，在区委、区政府的坚强领导下，天心区全面贯彻落实习近平新时代中国特色社会主义思想和中共十九大、十九届二中、三中、四中全会精神，自觉践行新发展理念，紧紧围绕“融城核心、璀璨天心”建设，大力实施“北提南进、服务引领、民生造福”发展战略，深入推进“产业项目建设年”“营商环境优化年”“三大攻坚战”、省、市、区三级“民生实事工程”，全区经济社会发展呈现稳中有进、稳中向好的态势。

一、综合

初步核算，全年实现地区生产总值（GDP）1080.64 亿元，比上年增长 8.5%。分产业看，第一产业实现增加值 1.45 亿元，下降 4.8%；第二产业实现增加值 324.89 亿元，增长 7.2%；第三产业实现增加值 754.30 亿元，增长 9.2%。第一、第二、第三产业分别拉动 GDP 增长 0、2.4 和 6.1 个百分点，三次产业对 GDP 增长贡献率分别为 -0.1%、28.5% 和 71.6%。

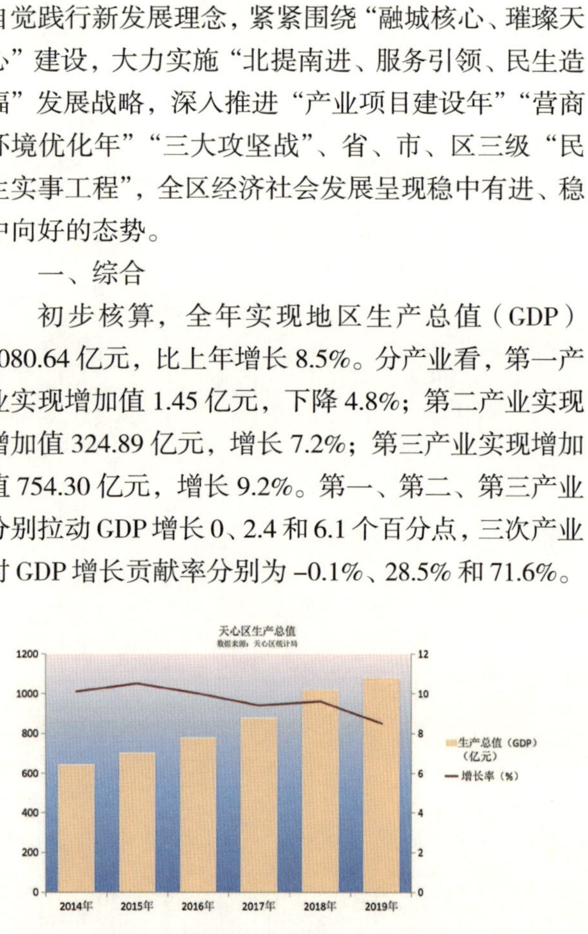

全年完成一般公共预算收入 142.33 亿元，比上年增长 3.2%，其中地方一般公共预算收入 46.19 亿元，增长 11.8%。一般公共预算支出 63.19 亿元，增长 4.2%。

全区城镇新增就业 12192 人，失业人员再就业 4900 人，就业困难对象再就业 2401 人；年末城镇登记失业率 2.03%，零就业家庭 100% 动态清零；新增农村劳动力转移就业 405 人。

二、农业

全年实现农林牧渔业增加值 1.52 亿元，比上年下降 5.2%。其中，农业增加值 1.22 亿元，下降 7.1%；牧业增加值 0.11 亿元，增长 14.0%；渔业增加值 0.12 亿元，增长 6.0%；农林牧渔服务业增加值 0.07 亿元，下降 13.4%。

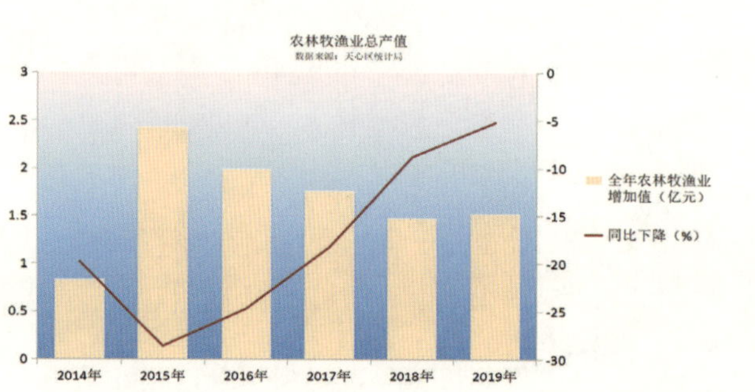

全年粮食总产量 8082 吨，比上年下降 0.5%。其中，稻谷产量 7803 吨，下降 1.4%；蔬菜产量 36758 吨，下降 9.1%。

三、工业和建筑业

全年全部工业增加值比上年增长 3.7%，其中规模以上工业增加值增长 3.4%。

全区具有建筑业资质等级的独立核算企业 78 家（不包括劳务分包企业），其中特级 4 家、一级 40 家。全年完成建筑业总产值 1143.11 亿元，比上年增长 21.0%；实现建筑业增加值 209.47 亿元，增长 9.9%。

四、固定资产投资

全年完成全社会固定资产投资比上年增长 10.0%。全区计划总投资超过 5000 万元的在建项目（不含房地产开发）109 个，完成投资占固定投资总额的 41.2%。分产业看，第二产业完成投资增长 74.9%，其中工业投资增长 76.8%；第三产业完成投资增长 2.1%。

全年房地产开发投资比上年下降 29.2%；商品房销售面积 136.12 万平方米，下降 30.7%，其中住宅销售面积 116.67 万平方米，下降 31.1%；商品房销售额 134.02 亿元，下降 22.7%，其中住宅销售额 110.23 亿元，下降 21.7%。

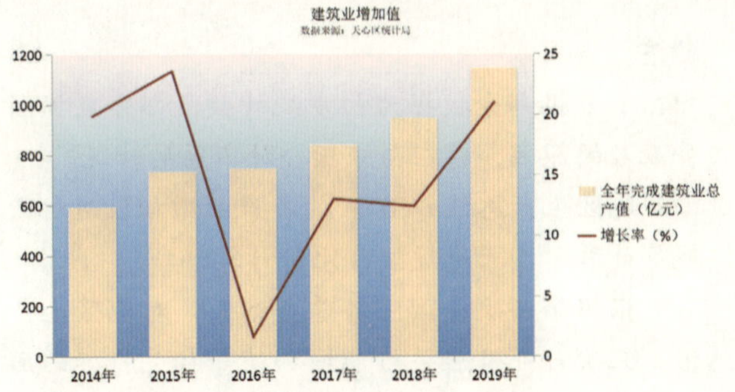

五、国内贸易、商务和招商引资

全年社会消费品零售总额 603.51 亿元，比上年增长 9.7%，占全市社会消费品零售总额比重为 11.5%。按行业分，批发业零售总额 59.83 亿元，增长 7.2%；零售业零售总额 456.36 亿元，增长 9.0%；住宿业零售总额 6.03 亿元，增长 11.1%；餐饮业零售总额 81.29 亿元，增长 15.5%。

限额以上批发和零售业单位商品零售额比上年增长 8.1%。分类别看，汽车类零售额增长 14.2%；服装、鞋帽、针纺织品类零售额增长 19.3%；家用电器和音像器材类零售额下降 26.0%，石油及制品类零售额增长 24.7%。

全年内外资招商项目（企业）223 个，实际利用外资 8.13 亿美元，比上年增长 9.4%；实际到位省外境内资金 166.79 亿元，增长 17.9%。

六、教育和科学技术

全区拥有普通中学 15 所（含九年一贯制学校 2 所）、中等职业教育学校 3 所、普通小学 52 所（含教学点 1 个）、幼儿园 137 所。普通中学在校学生 27589 人，教职工 2414 人；中等职业教育学校在校学生 3497 人，教职工 268 人；普通小学在校学生 48498 人，教职工 2582 人；幼儿园入托儿童 25672 人，幼师 3821 人。全区小学生毕业合格率达 100%，高考二本上线率达 68.8%，高考录取率达 90.7%。生均公用经费小学 800 元 / 生 • 年，初中 1000 元 / 生 • 年。

全年实现高新技术产业增加值比上年增长 16.1%。完成科技新产品开发 193 项，增长 19.1%；专利申请 3418 项，增长 18.3%，其中发明专利申请 1755 件，增长 24.9%；专利授权 1478 件，增长 5.2%，其中发明专利授权 361 件，增长 22.0%。

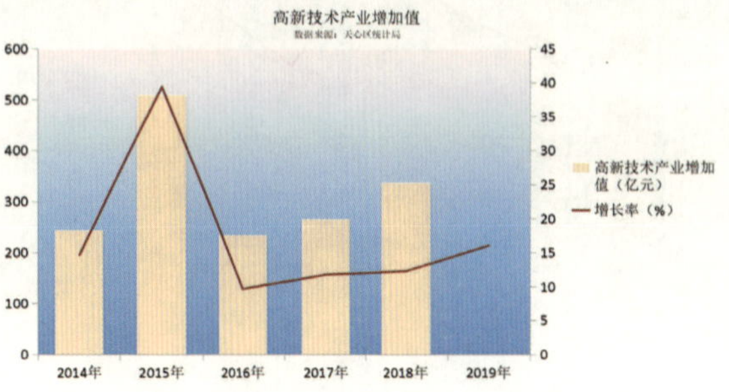

七、文化、体育和卫生

全区共有非物质文化遗产项目资源 27 个，“非遗”展示中心 1 个，文化馆 1 个，公共图书馆 10 个（其中 24 小时自助图书馆 3 个），街道文化站 14 个，示范性街道综合文化站 14 个，示范性社区（村）综合文化服务中心 88 个，绿色上网场所 75 个，农家书屋 30 个。

开展全民健身项目 740 项次，全区全民健身运动参加人数达 55 万人次。全年发展社会体育指导员 383 人，年末拥有各级社会体育指导员 3113 人，健身辅导站 14 个，公共体育场地 1033 个。

全区拥有医疗卫生机构 440 个，其中疾控中心 1 个、妇幼保健所 1 个、区人民医院 1 个、社区卫生服务中心 13 个、社区卫生服务站 46 个、驻区企事业单位医疗机构 34 个。全年建立电子健康档案 488625 份，建档率达到 73.6%。管理 65 岁以上常住居民 28909 人，高血压、糖尿病规范管理人数分别为 34657 人和 13429 人，慢性病规范化管理率均达 74.0% 以上。区级注册卫生技术人员 7508 人，比上年增加 357 人。其中，医生 2952 人，比上年增加 70 人；护师、护士 4556 人，比上年增加 287 人。

八、环境保护和安全生产

全年环保共审批建设项目 8 件。全年空气质量优良率达到 75.3%，优良天数为 275 天。

全年各类生产安全事故死亡 4 人，其中生产经营性道路交通事故死亡 4 人、铁路运输事故死亡 0 人、工矿商贸企业从业人员死亡 0 人。亿元 GDP 各类安全事故死亡人数 0.004 人。

九、人民生活和社会保障

全区年末人口总户数为 19.36 万户，户政人口数为 50.66 万人，常住人口数为 66.60 万，出生率为 12.47‰，死亡率为 4.99‰，人口自然增长率为 7.48‰，出生男女性别比为 107.18（以女孩为 100），

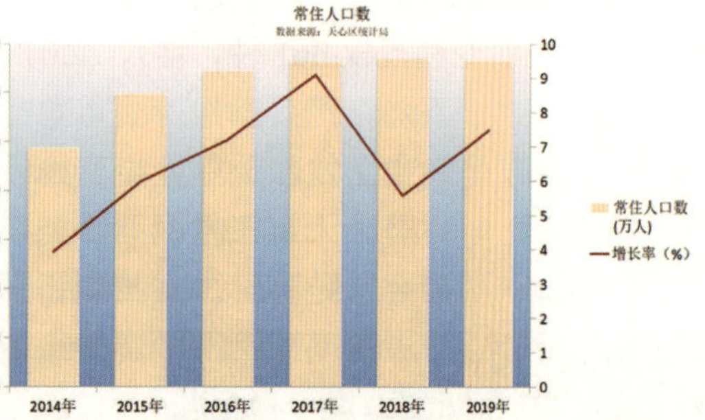

常住人口城镇化率为 96.6%。城镇居民人均可支配收入 59159 元，比上年增长 8.6%，高于全市平均水平 3948 元。

全区城市低保对象 27149 户次、40839 人次，累计发放低保金、物价补贴、过节费等 1887.57 万元；农村低保对象 4451 户次、8908 人次，累计发放低保金、物价补贴、过节费等 377.95 万元；申请廉租房及廉租房补贴 510 户。全年共发放城乡困难居民医疗救助金 704.21 万元、1499 人次；特困供养 2874 户次、2943 人次，供养资金 219.82 万元；发放优抚金 3737.27 万元，接待各类退役军人来信来访 8900 余人次；新建 1 个居家养老服务中心。

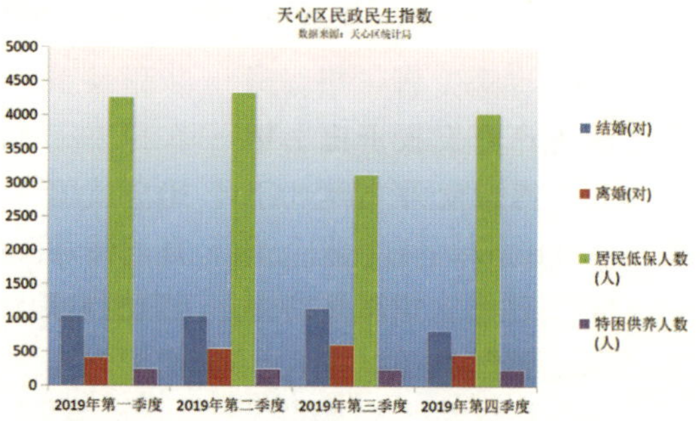

注：

1. 本公报部分数据为初步统计数，部分数据因四舍五入的原因，存在与分项合计不等的情况。

2. 地区生产总值（GDP）、各产业增加值绝对数按现价计算，增长速度按可比价计算。

3. 根据第四次全国经济普查结果，对地区生产总值、三次产业及相关行业增加值等相关指标的历史数据进行了修订。

表 2　　2019 年天心区国民经济主要指标一览表

指　标	单位	2019 年	2018 年	增长（%）
一、地区生产总值（现价）	万元	10806445	10191523	8.5
第一产业	万元	14498	13936	−4.8
第二产业	万元	3248922	2709321	7.2
# 工业	万元	1154567	1154555	3.7
# 建筑业	万元	2094736	1555147	9.9
第三产业	万元	7543025	7468266	9.2
二、农林牧渔总产值	万元	24343	23508	3.6
三、全部工业增加值	万元	—	—	3.7
规模以上工业增加值	万元	—	—	3.4
四、建筑业总产值	万元	11431073	—	21.0
五、固定资产投资总额	万元	—	—	10.0
六、社会消费品零售总额	万元	6035123	5503981	9.7
七、高新技术总产值	万元	—	7819250	15.5
八、实际利用外资	万美元	81338	74345	9.4
九、实际到位省外境内资金	万元	1667947	1414406	17.9
十、市外境内资金形成固定资产投资资金	万元	—	3464093	—
十一、一般公共预算收入	万元	1423334	1379148	3.2
# 地方一般公共预算收入	万元	461948	413350	11.8
十二、公共财政预算支出	万元	631933	606722	4.2
其中：一般公共服务支出	万元	161480	167542	−3.6
十三、城镇居民人均可支配收入	元	59159	54476	8.6
十四、辖区内城镇登记失业率	%	2.03	2.36	−14.0
十五、全区土地面积	平方千米	137.4	137.4	—
十六、年末常住人口数	万人	66.60	66.96	−0.5

续表 2　　2019 年天心区国民经济主要指标一览表

指　标	单位	2019 年	2018 年	增长（%）
十七、年末辖区人口总户数	万户	19.36	18.93	2.3
十八、年末辖区户政人口数	万人	50.66	49.61	2.1
十九、居民消费价格总指数	%	102.9	102.0	—
二十、商品零售价格总指数	%	102.2	102.5	—

说明：市外境内资金形成固定资产投资资金，该指标商务局已不统计

表 3　　2019 年天心区主要经济指标占长沙市的比重一览表

指　标	单位	天心区	长沙市	占全市比重（%）
一、地区生产总值（现价）	亿元	1080.64	11574.22	9.3
第一产业	亿元	1.45	359.69	0.4
第二产业	亿元	324.89	4439.32	7.3
第三产业	亿元	754.3	6775.21	11.1
二、社会消费品零售总额	亿元	603.51	5247.03	11.5
三、地方一般公共预算收入	亿元	46.19	950.23	4.9
四、实际利用外资	亿美元	8.13	63.74	12.8
五、城镇居民人均可支配收入	元	59159	55211	3948

说明：城镇居民人均可支配收入和人均消费性支出为与全市绝对额比较

表 4　　2019 年天心区规模工业主要经济指标一览表

指　标	单位	2019 年	2018 年
规模工业企业数	个	38	75

说明：受“绿心”工业企业退出影响，2019 年规模工业企业数量大幅减少

表 5　2019 年天心区地区生产总值一览表

单位：万元

指　标	按现价计算		按可比价计算		增长（%）	2019 年现价结构（%）	2019 年拉动点（%）	2019 年贡献率（%）
	2019 年	2018 年	2019 年	2018 年				
地区生产总值	10806445	10191523	11091850	9476145	8.5	100.0	8.5	100.0
第一产业	14498	13936	14454	13468	−4.8	0.1	0.0	−0.1
农林牧渔业	15160	14681	15149	14166	−5.2	0.1	0.0	−0.1
第二产业	3248922	2709321	368360	2698252	7.2	30.1	2.4	28.5
工业	1154567	1154555	1552436	1343330	3.7	10.7	0.5	6.4
建筑业	2094736	1555147	2136436	1355365	9.9	19.4	1.9	22.1
第三产业	7543025	7468266	7389036	6764425	9.2	69.8	6.1	71.6
交运仓储和邮政业	583053	133185	655658	130393	13.5	5.4	0.8	9.0
批发和零售业	991178	827704	1065383	789206	8.6	9.2	0.8	9.7
批发业	390282	485790	441022	463195	11.8	3.6	0.5	5.4
零售业	600896	341914	624361	326011	6.4	5.6	0.4	4.3
住宿和餐饮业	359985	417436	374072	400788	6.5	3.3	0.2	2.6
住宿业	154669	74605	133786	73318	0.2	1.4	0.0	0.0
餐饮业	205316	342831	240286	327470	10.3	1.9	0.2	2.6
金融业	1146075	1033656	1191437	955066	8.4	10.6	0.9	10.6
房地产业	836486	540997	508865	184224	−3.7	7.7	−0.2	−2.3
房地产业（K 类）	—	279337	—	101410	—	—	—	—
居民自有住房服务	—	261660	—	82814	—	—	—	—
营利性服务业	2577177	3423487	2666680	3417196	11.1	23.8	2.6	30.6
非营利性服务业	1048028	1090675	925734	886411	12.0	9.7	1.0	11.4

表 6　　2019 年天心区农业生产情况一览表

单位：万元

指　标	2019 年现价	2018 年现价
农林牧渔业总产值	24343	23508
其中：农业产值	19074	18720
林业产值	—	—
牧业产值	2153	1602
渔业产值	1890	1806
农林牧渔服务业产值	1225	1380

表 7　　2019 年天心区建筑业总承包企业生产情况一览表

指　标	单位	2019 年	2018 年	同比增长（%）
签订的合同额	万元	34500432.6	29285254.9	17.8
上年结转合同额	万元	19942891.2	17965763	11.0
本年新签合同额	万元	14557541.4	11319491.9	28.6
直接从建设单位承揽工程完成产值	万元	10863791.3	9039760.7	20.2
自行完成施工产值	万元	10805664.9	8961974.3	20.6
分包出去工程产值	万元	58126.4	77786.4	−25.3
从建设单位以外承揽工程完成产值	万元	625408.7	516331.5	21.1
建筑业总产值	万元	11431073.6	9478305.8	20.6
其中：装饰装修产值	万元	212909.3	173015.8	23.1
其中：在外省完成的产值	万元	6305198.1	4828027.6	30.6
1. 建筑工程产值	万元	10434326.5	8638316.4	20.8
2. 安装工程产值	万元	643598.5	502277.2	28.1
3. 其他产值	万元	353148.6	337712.2	4.6
竣工产值	万元	4558937.8	4304816.7	5.9
房屋建筑施工面积	平方米	67357880.0	66989991	0.5
其中：本年新开工面积	平方米	20534074	22921823	−10.4

表 8　　2019 年天心区建筑企业情况一览表

指　标	单位	2019 年	2018 年	同比增长（%）
建筑企业数	个	78	77	1.3
从业人数总计	人	75174	72548	3.6
总承包企业和专业承包企业建筑业总产值	万元	11431073.6	—	21.0
房屋建筑竣工面积	平方米	12416518	13436756	−7.6

说明：2018 年从业人员口径调整为劳资口径可比口径后，建筑业从业人员由 228987 人调整为 72548 人。2019 年起，劳务分包企业数据不再纳入联网直报中进行统计，以后建筑企业不再划分承包企业和劳务分包企业

表 9　　2019 年天心区社会消费品零售总额分类一览表

单位：万元

指　标	2019 年	2018 年	增长（%）
社会消费品零售总额	6035123	5503981	9.7
一、按销售规模分			
全部限额以上企业	1882278	2600432	9.1
全部限额以下企业	4152845	2903549	9.9
二、按行业分			
1. 批发业	598315	558277	7.2
2. 零售业	4563615	4187422	9.0
3. 住宿业	60317	54269	11.1
4. 餐饮业	812876	704013	15.5

表 10　　2019 年天心区房地产项目情况一览表

指　标	单位	2019 年	2018 年	增长（%）
房地产项目数	个	105	100	5.0
计划总投资	万元	11545655	10886672	6.1
自开始建设累计完成投资	万元	9944084	9530669	4.3
本年完成投资	万元	1098136	1551144	−29.2
本年购置土地面积	平方米	—	—	—
房屋施工面积	万平方米	927.08	813.67	13.9
新开工面积	万平方米	181.17	161.99	11.8
竣工房屋面积	万平方米	100.22	54.19	84.9
竣工房屋价值	亿元	34.40	22.08	55.8
商品房销售面积	万平方米	136.12	196.52	−30.7
商品房销售额	万元	1340185	1732922	−22.7

表 11　　2019 年天心区行政区域情况一览表

街道名称	单位合计（个）	其中		社区居民委员会名称	村民委员会、管委会名称	辖区面积（平方千米）
		社区居民委员会（个）	村民委员会、管委会（个）			
坡子街	12	12		八角亭 西牌楼 太平街 坡子街 登仁桥 文庙坪 碧湘 沙河 青山祠 创远 楚湘 西湖		2.59
城南路	8	8		白沙井 吴家坪 古道巷 燕子岭 天心阁 熙台岭 工农桥 城南中路		1.29
裕南街	11	11		杏花园 仰天湖 石子冲 裕南街 东电 宝塔山 长坡 向东南 东瓜山 南站 火把山		3.05
赤岭路	7	6	1（管委会）	新丰 书院路 南大桥 芙蓉南路 白沙花园 广厦新村	新开管委会	
金盆岭	6	6		夏家冲 赤岭路 狮子山 黄土岭 涂新 天剑		4.87

续表 11　2019 年天心区行政区域情况一览表

街道名称	单位合计（个）	其中		社区居民委员会名称	村民委员会、管委会名称	辖区面积（平方千米）
		社区居民委员会（个）	村民委员会、管委会（个）			
新开铺	5	5		新天　豹子岭　木莲　桥头　新开铺		11.14
文源	5	5		天鸿　状元坡　文源　梅岭　金汇		
桂花坪	5	5		新园　桂庄　九峰苑　金桂　银桂苑		5.78
青园	4	4		青园　友谊　井湾子　湘园		3.68
黑石铺	5	4	1	一力　黑石铺　创谷　铭安	披塘村	40.94
大托铺	4		4		黄合村　兴隆村　桂井村　大托新村	
先锋	4	3	1	南城　嘉和　新宇	新路村	
暮云	12	9	3	云塘　暮云　华月湖　花园岭　卢浮　丽发　怡海　弘高　高云	莲华村　许兴村　暮云新村	64.07
南托	8	5	3	牛角塘　融城　南托岭　南鑫　北塘	沿江村　牛角塘村　滨洲新村	
总计	96	83	13			137.4

说明：表 11 数据由区民政局、区资规分局提供

附　录

组织机构及负责人名录

（截至 2019 年 12 月 31 日）

中国共产党长沙市天心区委员会

书　记　朱东铁

副书记　黄　滔

朱远红（女）

蒋红波（挂职，2019.01 止）

常　委　张界贻

曾卫国

黄文先

周志军

苏宏洲（2019.12 止）

贺国权（挂职，2019.11 止）

刘　向

肖雄伟

侯向宇

周永顺（2019.12 任）

长沙市天心区第五届人民代表大会常务委员会

主　任　于　献（女）

副主任　李　曦（女）　颜小平（女）

谭文敏（瑶族）　邱忠献

张少林

委　员（按姓氏笔画排列）

王　维（女）

刘　建（2019.06 止）

刘国强（2019.04 止）

李昌林（2019.07 任）

余卫辉（女）　陈　武

陈　耿　陈　谦

宋立湘（女）

邹仕斌（2019.07 任）

吴　浩（苗族）

杨　军（2019.07 任）

郑　凯（2019.07 任）

周钰沂（女，2019.04 止）

林茂青　胡　浩

胡金元（女）　贺　喜

袁石岗　黄红旗（2019.04 止）

梁　峰　曾　科

曾飞玲（女，2019.07 任）

谢丽娟（女）　雷燕怡（女）

薛宏远　戴　佳（女）

长沙市天心区人民政府

区　长　黄　滔

常务副区长　周志军

副区长　王海军

洪孟春

肖向东

黄　会（女）

许　波

张　建

政协长沙市天心区第五届委员会

主 席　夏艳兰（女）
副主席　彭泽南　黎小玲（女）
　陈 劲（女，兼）
　罗超纲（兼，2019.12 止）
　赵英华　彭元强（兼，2019.12 任）
秘书长　高劲柳（女）（2019.03 止）
常 委　刘湘勇　李新洲　赵礼发
　黄金利（女）　丁荣培
　杨华昭（女）　苏 剑
　刘 婷（女）　于剑光
　肖征刚　任 健　周 雄
　甘元春　莫跃飞　谭粮好
　孙咏华（女）　刘 敏
　兰 飞（女）　陈明凡
　吴 娜（女）　梁 忆
　张可为　王 蓉（女）
　李 亮　杨文献　周三中
　饶 灿（女）
　彭颂华（女，2019.12 止）

中共长沙市天心区纪律检查委员会
长沙市天心区监察委员会

纪委书记、监委主任　曾卫国
纪委副书记、监委副主任
　胡仕伟
　尹 红（2019.11 止）
　李衍富（2019.11 任）
纪委常委　陶建国　彭 雁（女）
　梁 晓　段文波　吴 丹
　孙美青
监委委员　彭 雁（女）　梁 晓
　段文波　吴 丹　彭 程
　邵汨波
办公室主任　吴 丹（2019.03 止）
　李兴秋（2019.03 任）
信访室主任　傅俊瑾
案件审理室主任　彭 雁（女）
党风政风督查室主任　陶建国
第一纪检监察室主任　郭 翔（女）
第二纪检监察室主任　杨 旭
第三纪检监察室主任　段文波（2019.03 止）
第三纪检监察室主任　徐 树（2019.03 任）
第四纪检监察室主任　汤晓春
第五纪检监察室主任　肖叶嵩
第六纪检监察室主任　王 迪（2019.03 任）

长沙天心经济开发区

工委书记　吴 江（2019.11 任）
工委副书记、管委会主任
　贺国权（2019.11 任）
工委委员、管委会副主任
　刘正文（2019.11 任）

长沙天心文化（广告）产业园

管委会主任　罗超纲（2019.03 止）
工委副书记、管委会副主任
　谢 巍（2019.03 任）
工委委员、管委会副主任
　刘湘俊（女，2019.03 任）
　唐 华（2019.03 任）

长沙市天心区人民法院

党组书记、院长　谭剑辉
党组副书记、副院长　胡精华
党组成员、副院长　彭 刚
党组成员　马铁夫
党组成员、执行局局长　彭 伟
副院长　杨华昭（女）
党组成员　汤 伟
党组成员、政治部主任　陈新政

长沙市天心区人民检察院

党组书记、检察长　袁 征
党组成员、副检察长　周 新　吴冠勋
　杨 赞（2019.12 止）
党组成员、政工室主任　欧道华
副检察长　冯 苹（女）
专职委员　张飞进　焦 焰（女）

区委工作机构和直属事业单位

中共长沙市天心区委办公室
（中共长沙市天心区直属机关工作委员会、长沙市天心区档案局）

主　任　侯向宇
常务副主任　何海兵（2019.03 止）
　吴　智（2019.03 任）
副主任　杜志强（2019.04 任）
　孙　喆（2019.03 任）
　廖道荣
　刘　振（2019.03 止）
区纪委监委派驻纪检监察组组长
　张春辉（2019.03 止）
　周红辉（女，2019.03 任）

长沙市天心区直属机关党员教育服务中心
主　任　杨振军

中共长沙市天心区委组织部
（长沙市天心区委非公有制经济组织和社会组织工作委员会、中共长沙市天心区委老干部局、长沙市天心区公务员局）

部　长　张界贻
常务副部长　曾　科
副部长、基层办主任（兼）　周　雄
两新工委书记　唐　珺（女）
副部长、离退休干部工委书记、老干部局局长
　易媛媛（女，2019.03 任）
副部长（兼）、绩效办主任　陈建国
副部长（兼）　贺红云（女）
副部长（兼）　胡志坚（2019.03 止）
区纪委监委派驻纪检监察组组长
　易媛媛（女，2019.03 止）
　王　希（女，2019.03 任）

中共长沙市天心区委宣传部
［长沙市天心区新闻出版局（长沙市天心区版权局）、长沙市天心区精神文明建设指导委员会办公室］

部　长　肖雄伟
常务副部长　杨　倩（女，2019.03 止）
　王　宁（女，2019.03 任）
副部长　王若飞（2019.04 止）
　朱德军（2019.11 任）
副部长　杨　军（侗族，2019.03 止）
　杨　英（女，2019.03 任）
区纪委监委派驻纪检监察组组长
　钱　芳（女）

中共长沙市天心区委员会统一战线工作部

部　长　刘　向
常务副部长　胡　浩（2019.03 任）
副部长　兰　飞（女）　汤　沛（女）

中共长沙市天心区委政法委员会

书　记　黄文先
常务副书记　张庆祝（2019.03 任）
副书记　陈国其　王　波（2019.03 任）
　陈　琳（女，挂职，2019.04 任）
区纪委监委派驻纪检监察组组长
　董智平（2019.03 止）
　张文军（2019.03 任）

长沙市天心区综治中心
主　任　彭文杰（2019.04 任）

中共长沙市天心区委网络安全和信息化委员会办公室（长沙市天心区互联网信息办公室）

主　任　王若飞（2019.04 任）
副主任　周　密（2019.03 任）
　何汶蔚（女，2019.03 任）

中共长沙市天心区委机构编制委员会办公室

主　任　王文莉（女）
副主任　黄　英（女，2019.03 止）
　彭向茜（女，2019.03 任）
　许　姣（女，2019.03 任）

长沙市天心区机构编制电子政务中心
主　任　李　琛（女，2019.05 任）

中共长沙市天心区委巡察工作领导小组办公室

主　任　王　镞
副主任　薛宏超　曾巧明（2019.04 任）

中共长沙市天心区委巡察组

组　长　丁首强　伍子建　肖　斌
　鄢　晔　谭继超
副组长　徐　路　何　蓓（女）

中共长沙市天心区委员会党校
（长沙市天心区行政学院）

校 长 朱远红（女，兼）
常务副校长 陈泽枝
副校长 章建华 刘保平

长沙市天心区接待服务中心

主 任 马 薇（女，2019.03 任）
副主任 夏 菲（女，2019.03 任）
徐 璐（女，2019.05 任）

长沙市天心区档案馆
（中共长沙市天心区委党史研究室、长沙市天心区地方志编纂室）

馆 长 周雅娴（女，2019.06 任）
副馆长 李 强

区人大各专门委员会

民族华侨外事委员会

主任委员 余卫辉（女，2019.07 任）

监察和司法委员会

主任委员 李昌林（2019.07 任）

财政经济委员会

主任委员 邹仕斌（2019.07 任）
副主任委员 杨纪军（2019.07 任）

教育科学文化卫生委员会

主任委员 郑 凯（2019.07 任）

环境与资源保护委员会

主任委员 吴 浩（苗族，2019.07 任）
副主任委员 刘灿辉（女，2019.07 任）

农业与农村委员会

主任委员 曾飞玲（女，2019.07 任）

社会建设委员会

主任委员 杨 军（侗族，2019.07 任）

区人大常委会办事机构、工作机构

办公室

主 任 贺 喜
副主任 郭 娟（女，2019.03 止）
胡斯可（2019.11 任）
李 沙（女，2019.05 任）

选举任免联络工作委员会

主 任 宋立湘（女）
副主任 尹娟娟（女）

区人大各街道工作委员会

坡子街街道工作委员会

主 任 晏荣祥
副主任 罗 园（女）

城南路街道工作委员会

主 任 宁科良
副主任 欧 策（2019.11 止）
董 劲（2019.11 任）

裕南街街道工作委员会

主 任 杨 红（女，2019.03 止）
谭石泉（2019.06 任）
副主任 邹彦妮（女）

金盆岭街道工作委员会

主 任 陈秋良
副主任 胡斯可（2019.11 止）
巩铂予（2019.11 任）

赤岭路街道工作委员会

主 任 何庭洁（女）
副主任 曹泽仁

新开铺街道工作委员会

主 任 李清明
副主任 张 照（女）

文源街道工作委员会

主 任 刘 建
副主任 沈汉林（2019.05 止）
田凤林（女，2019.05 任）

青园街道工作委员会
主　任　　何理萍（女）
副主任　　刘　智

桂花坪街道工作委员会
主　任　　鲁意芝（女）
副主任　　李淳炯（女，2019.05 止）
　　　　　邓星方（2019.11 任）

黑石铺街道工作委员会
主　任　　张　卫
副主任　　黄　毅

先锋街道工作委员会
主　任　　周军民（2019.03 止）
主　任　　魏铁奇（2019.11 任）
副主任　　李立志（2019.11 止）

大托铺街道工作委员会
主　任　　王雄兵（2019.11 止）
副主任　　彭　昂

暮云街道工作委员会
主　任　　何定安（2019.03 止）
　　　　　孙　辉（女，2019.03 任）
副主任　　曹　菲（女）

南托街道工作委员会
主　任　　郭建华
副主任　　刘胜雄（女，2019.03 任）

区政府各部门

长沙市天心区人民政府办公室
党组书记、主任　　李勇军
党组成员、区纪委监委派驻纪检监察组组长
　　　　　李凌波
党组成员、副主任
　　　　　吴　智（2019.03 止）
　　　　　王　宁（女，2019.03 止）
　　　　　黄文杰　　赵　纯（2019.03 任）
　　　　　蒋国坤（壮族）　　易　皓（女）
　　　　　左　罗（苗族）
　　　　　郑启军（2019.06 任）
党组成员、副主任　　王玉宏（2019.03 任）
副主任　　雷杰淋（兼，2019.03 止）
　　　　　刘　幸（兼，2019.03 任）

长沙市天心区发展和改革局
党组书记、局长　　谢　巍（2019.03 止）
　　　　　何海兵（2019.03 任）
党组副书记、副局长　　唐　军
党组成员　　杨爱军
党组成员、副局长　　王　翔（2019.03 止）
　　　　　王永红（女）
党组成员、总经济师　　张　芳（女）

长沙市天心区教育局
党委书记、局长　　张　伟（女）
党委副书记　　刘美兰（女）
党委委员、副局长　　何阳莉（女）
　　　　　杨晓雄（土家族）
　　　　　张其林
党委委员、主任督学　　刘含冰（女）

长沙市天心区科学技术局
党组书记　　杨　倩（女，2019.03 任）
局　长　　刘芳妍（女，2019.03 止）
　　　　　彭元强（2019.03 任）
党组成员、副局长
　　　　　欧定勇（苗族）
　　　　　许品方（女）　　苏　奇

长沙市天心区工业和信息化局
（长沙市天心区数据资源管理局）
党组书记、局长　　石宇峰（2019.03 任）
党组副书记、副局长　　胡伏林
党组成员、副局长　　符文滔（女）
　　　　　罗群峰
党组成员　　曾　程（女，2019.03 任）
长沙市天心区企业服务中心
主　任　　曾　程（女，2019.03 任）

长沙市天心区民族宗教事务局
党组书记、局长
　　　　　肖哲（女，2019.03 任，2019.09 止）
　　　　　彭克伦（2019.09 任）

党组成员、副局长 徐卫星
朱剑锋（2019.03 任）

长沙市天心区民政局

党组书记、局长 徐 艳（女，2019.03 止）
刘顺来（2019.03 任）
党组副书记、副局长 彭德华（2019.11 止）
党组成员、副局长 陈 晖（女）
副局长 李新洲
党组成员 李运平（2019.03 止）

长沙市天心区社会救助事务中心

主 任 胡定巍

长沙市天心区生活无着人员救助站

站 长 彭 伟

长沙市天心区社会工作事务中心

主 任 陈 娜（女）

长沙市天心区司法局

党组书记、局长 陈玉英（女）
党组成员、副局长 崔继华（2019.03 止）
邹平义 吴洪文
王 园（女，2019.03 任）
副局长 张 樸（女）

长沙市天心区财政局

党组书记、局长 罗孟怡（女）
党组副书记、副局长 彭野战（2019.04 止）
张 莹（女，2019.04 任）
党组成员、区纪委监委派驻纪检监察组组长
黄勇军
党组成员、总会计师 蒋惠英（女）
党组成员、副局长 孙笑峰（2019.03 任）
党组成员 周 建（2019.03 止）
杨 青（2019.03 止）

长沙市天心区财政事务中心

主 任 彭燕燕（女）

长沙市天心区财政评审中心

主 任 杨 欢（女）

长沙市天心区国库集中支付中心

主 任 龙海媛（女）

长沙市天心区财源建设协调事务中心

主 任 彭枫婷（女）

长沙市天心区人力资源和社会保障局

党组书记、局长 贺红云（女）
党组成员、副局长 王 勇
黄 英（女，2019.03 任）
蔡 鹏 赵金辉（2019.03 止）
何上元（2019.03 止）
谭兴建（2019.06 止）

长沙市天心区住房和城乡建设局
（长沙市天心区人民防空办公室）

党组书记、局长 李劲松
党组成员、副局长 罗文力
党组成员 谭 初
党组成员、副局长 李纪清
党组成员、副局长、工会主席 刘振华
党组成员、区纪委监委派驻纪检监察组组长
刘 武
副局长 邓利民（2019.06 止）
总工程师 蒋良核

长沙市天心区人民防空办公室

主 任 李劲松（2019.03 任）
副主任 刘幸福 胡华波

长沙市天心区建设工程安全监督站

站 长 肖 金

长沙市天心区住房保障服务中心

主 任 熊 磊

长沙市天心区交通运输局

党组书记、局长 陶曙山
党组成员、副局长 贺 颖 王志明
党组成员、副局长 覃红伟（瑶族）

长沙市天心区农业农村局
（长沙市天心区林业水利局、长沙市天心区扶贫开发办公室）

党组书记、局长 肖四军（2019.03 止）
冯学武（2019.03 任）
党组成员 蒋哲明 易艳辉（女）
党组成员、副局长 肖乾军 蔡慧勇
尹文钊

长沙市天心区动物疫病预防控制中心

所 长 蔡 嘉

长沙市天心区商务局

党组书记、局长　李念奇（2019.03任）
党组成员、副局长　陈益文
党组成员　李　凯
党组成员、副局长　谭双剑

长沙市天心区投资服务中心

主　任　李　艳（女，2019.05任）

长沙市天心区文化旅游体育局

局　长　张　磊（蒙古族，2019.03任）
党组书记　彭明霞（女，2019.03任）
党组成员、副局长　陈　萍（女）　唐　娟（女）
党组成员　朱德军（2019.11止）

长沙市天心区文化市场综合执法局

局　长　朱德军（2019.11止）
副局长　毕　佳（女）

长沙市天心区文化馆

馆　长　李　羽（女）

长沙市天心区图书馆

馆　长　周　琼（女，2019.11任）

长沙市天心区卫生健康局

党组书记、局长　彭彦辉（2019.03止）　张长生（2019.03任）
党组副书记、副局长　阎伟奇
党组成员　曾怡伯
党组成员、副局长　温国清　朱　静（女）　刘旭峰　朱　斌（女）　周　阳　董锡娜（女）
党组成员、区纪委监委派驻纪检监察组组长　王　珊（女）

长沙市天心区卫生计生综合监督执法局

局　长　廖元平
党支部书记　黄荟颖（女）

长沙市天心区疾病预防控制中心

主　任　许超伦

长沙市天心区妇幼保健所

所　长　金　晔（女）

长沙市天心区审计局

党组书记、局长　李伟红（女，2019.03止）　丁　洪（2019.03任）
党组成员、副局长　曹永鸿　周　勇　陈志刚　许建民（2019.03止）

长沙市天心区退役军人事务局

党组书记、局长　何　东（2019.03任）
党组成员、副局长　李运平（2019.03任）　曾维唯（女，2019.03任）

长沙市天心区应急管理局
（长沙市天心区防汛抗旱指挥部办公室）

党组副书记、局长　何定安（2019.06任）
党组书记　黄　健（2019.03任）
党组副书记、副局长　何定安（2019.03任,2019.06止）
党组成员、副局长　胡小军（2019.03任）　罗振华（2019.03任）　叶大荣（2019.03任）　余新胜（2019.03止）
总工程师　邓　欣（2019.03任）
党组成员、副局长　陈　尧（2019.03任）

长沙市天心区市场监督管理局
（长沙市天心区知识产权局）

党组副书记、局长　邹　展（2019.03任）
党组书记　童振宇（2019.03任）
党组成员、副局长　贺岱峰（2019.03任）　袁杰聪（2019.03任）　舒宗文（2019.03任）　谈奕麟（2019.03任）　谢富平（2019.03任）　谭亚军（2019.03任）　肖军民（2019.03任）　王　密（2019.03任）　夏　志（2019.03任）　刘万江（2019.03任）　涂　亮（2019.03任）　伍子建（2019.03止）　谢慧敏（2019.03止）　赖湘涛（2019.03止）

长沙市天心区统计局

局　长　刘顺来（2019.03止）
党组书记、局长　胡志坚（2019.03任）

党组成员、副局长　张　校（2019.03 任）
副局长　周璐璐（2019.03 止）
刘　婷（女）
范方平（2019.03 任）

长沙市天心区普查中心

主　任　叶　冰（女）

长沙市天心区城市管理和综合执法局

党组书记、局长　杨维君（女）
党组副书记、副局长　彭克伦（2019.09 止）
党组成员、副局长　段应定
李　飏（女，2019.03 任）
李贵勇（2019.09 任）
区纪委监委派驻纪检监察组组长
吴宏智（侗族）

长沙市天心区信访局

党组书记、局长　雷杰淋（2019.03 止）
刘　幸（2019.03 任）
党组成员、副局长　王　强　彭　卫
刘红亮
副局长　张　乐（挂职，2019.03 任）

长沙市天心区医疗保障局

党组书记、局长　肖四军（2019.03 任）
党组成员、副局长　何上元（2019.03 任）
副局长　黄慧宜（2019.03 任）
党组成员　徐　敏（2019.03 任）

长沙市天心区医疗保障事务中心

主　任　徐　敏（2019.03 任）

长沙市天心区行政审批服务局

党组书记、局长　吴波勇（2019.03 任）
党组成员、副局长　陈湘彧（2019.03 任）
副局长　吴　宇（女，2019.03 任）
党组成员　李晓欢（女，2019.11 任）

长沙市天心区政务服务中心

主　任　李晓欢（女，2019.11 任）

长沙市天心区城市人居环境局

党组书记、局长　黄根明（2019.03 任）
党组成员、副局长　孙卫锋（2019.03 任）
副局长　杨　柳（女，2019.03 任）

长沙市天心区网格化综合服务中心

主　任　陈　琳（女，2019.03 任）
副主任　熊　琛（女，2019.04 任）
吕正明（2019.06 任）
李立志（2019.11 任）

长沙市天心区机关事务中心

党组书记、主　任　盛春江（女）
副主任　涂　虹　周　杰（2019.06 止）
岳玲玲（女，2019.06 任）

长沙市天心区征地服务中心

党组书记、主　任
王学中（2019.03 任，2019.09 止）
杨科应（2019.11 任）
党组成员、副主任　刘　展（2019.03 任）
副主任　谭军武（2019.03 任）

长沙市天心区金融事务中心

党组书记、主任　于　意（女）
党组成员、副主任　马　浩
许言方（女，2019.03 任）

长沙市天心区公共工程建设中心

党组书记、主任
郑　凯（2019.03 任，2019.05 止）
党组书记　谢　毅（2019.06 任）
主　任　邓利民（2019.06 任）
党组成员、副主任　杨红波（2019.03 任）
副主任　周　垚（2019.03 任）

长沙市天心区现代服务业发展中心

主　任　熊　玲（女，2019.03 任）
党组成员、副主任
汤　莲（女，2019.03 任）
李　伟（土家族，2019.03 任）

长沙市天心区两型社会建设服务中心

党组书记、主任
杨科应（2019.03 任，2019.11 止）
主　任　王　珊（女，2019.12 任）
党组成员、副主任　童　莎（女，2019.03 任）
副主任　罗丹妮（女，2019.05 任）

长沙市天心区城市管理综合执法大队

党委书记、大队长　杨维君（女）
党委副书记、教导员　潘顺俊（2019.03 止）
　杨　柳（2019.03 任）
党委委员、常务副大队长
　杨　柳（2019.03 止）
　邹军荣（2019.05 任）
党委委员、纪委书记　刘晋军
党委委员　马　纲
党委委员、副大队长　黄卫权　何青砖
　黄　丽（女）

长沙市天心区市政设施维护中心

党委副书记、主任　罗建民（2019.03 任）
党委书记、副主任　林嘉凌（2019.03 任）
党委委员、副主任　邓海龙（2019.03 任）
　于新丽（女，2019.03 任）
　李艳纯（女，2019.03 任）
　熊彦添（2019.03 任）
总工程师　禹　喜（女，2019.03 任）

长沙市天心区市容环境卫生维护中心

党委书记、主任　蒯建红（2019.03 任）
党委副书记　陈赛宏（2019.03 任）
党委委员、副主任　魏洪亮（2019.03 任）
　张文广（2019.03 任）
　黄　畅（2019.03 任）
　莫　莹（女，2019.03 任）

长沙市天心区园林绿化维护中心

党委书记、主任　李政煌（2019.03 任）
党委委员、副主任　陈　惠（女，2019.03 任）
　吴　宇（2019.03 任）
　吴茁青（2019.03 任）
　罗朝晖（女，2019.03 任）
　李兴秋（2019.03 止）
　谷振祥（2019.03 止）
　刘昆成（2019.03 任）

长沙市天心区城市房屋征收和补偿管理办公室

主　任　胡伟军
副主任　张镜文　严　凯

长沙市步行商业街管理服务中心

主　任　杨　波
副主任　谭梓婕（女）

长沙天心城市建设投资开发集团有限公司

党委书记、董事长　张勇刚
党委副书记、总经理　彭野战（2019.12 任）
党支部书记　吴佳波（2019.12 止）
总经理　谢毅（2019.06 止）
　江　宇（2019.06 任，2019.12 止）
副总经理　张　琳（女，2019.12 任）
　杨　柳（女，2019.03 止）

长沙市天心区旧城建设开发公司

党委书记、经理　吴佳波（2019.12 任）
副经理　周　亮　周　浪　李　波（女）

长沙市天心国资经营集团有限公司

董事长　何　竞（2019.12 任）
总经理　江　宇（2019.12 任）
监事长　吴佳波（2019.12 任）

长沙市南郊公园管理处

党委书记　张少林
管理处主任　邹畅萍
党委副书记、管理处副主任　陈　海
党委委员、纪委书记、工会主席
　杨干清
党委委员、管理处副主任　刘金勇

长沙市天心阁管理处

党委书记、主任　陈　杰（女）
党委副书记、副主任、工会主席
　王　静（女）
党委委员、副主任　钱伟明
副主任　王凯民
党委委员、副主任　何　锦（女）

区政协办事机构及专门委员会

办公室

主　任　高劲柳（女，2019.03 止）
　　　　张　灵（女，2019.03 任）

副主任　张　灵（女，2019.03 止）
　　　　罗鑫欣（女，2019.12 任）

委员学习联络委员会

主　任　张　瑜（女，2019.05 任）

社会法制和民族宗教委员会

主　任　刘芳妍（女，2019.03 任）

文教卫体和文史委员会

主　任　杨　红（女，2019.03 任）

农业农村和人口资源环境委员会

主　任　高劲柳（女，2019.03 任）

提案委员会

主　任　刘克平（2019.03 止）
　　　　张善翥（2019.04 任）

经济科技和外事委员会

主　任　周文辉（2019.03 任）

各街道政协联络工作负责人

坡子街街道　陈全政（兼）
城南路街道　徐文彩（兼）
裕南街街道　周　婷（女，兼）
金盆岭街道　周羌笛（兼）
赤岭路街道　李　静（女，兼）
新开铺街道　黄　健（兼，2019.03 止）
　　　　　　吴智钢（兼，2019.04 任）
文 源 街 道　黄智君（女，兼 ,2019.03 止）
　　　　　　龚　卓（兼，2019.04 任）
青 园 街 道　邓　静（女，兼）
桂花坪街道　刘　洋（兼）
黑石铺街道　陈　城（兼）
大托铺街道　孙　辉（女，兼 ,2019.03 止）
　　　　　　彭彦华（兼，2019.07 任）
先 锋 街 道　魏铁奇（兼 ,2019.11 止）
　　　　　　徐卫星（兼，2019.12 任）
暮 云 街 道　黄　栋（兼）
南 托 街 道　常泽军（兼 2019.05 止）
　　　　　　粟晓宇（女，兼，2019.12 任）

民主党派

中国国民党革命委员会天心区工委

主　委　刘湘勇
副主委　袁　志　罗果松

中国民主同盟天心区工委

主　委　李新洲
副主委　刘晓军　李　羽（女）
　　　　李昌林　肖宗文

中国民主建国会天心区工委

主　委　王德军
副主委　赵礼发　任超文　侯四海

中国民主促进会天心区工委

主　委　黄金利（女）
副主委　吴　治　杨纪军　贺建华

中国农工民主党天心区工委

主　委　李光焰
副主委　杨　昕　刘　敏　王　菁（女）
　　　　高智颖（女）　但　旦（女）
　　　　舒华兵

中国致公党天心区工委

主　委　周帅军（2019.10 止）
　　　　张　磊（2019.10 任）
副主委　杨华昭（女）　邓　静（女）
　　　　王　蓉（女）

九三学社天心区工委

主　委　苏　剑
副主委　胡　芳（女）　张西军
　　　　李　雷　秦　超　吴　娜（女）

群众团体

长沙市天心区总工会

党组书记、主　席　肖时昴
党组成员、副主席　何干才
罗洪湘（2019.03 止）
曾松文（2019.03 任）
周立兴（挂职）
张　维（兼）

中国共产主义青年团长沙市天心区委员会

书　记　周钰沂（女，2019.03 止）
书　记　周　云（女，2019.03 任）
副书记　邓玉冰（女）
何汶蔚（女，挂职，2019.03 止）

长沙市天心区妇女联合会

党组书记、主席　孙咏华（女）
党组成员、副主席　张　平（女）

长沙市天心区科学技术协会

党组书记、主席　杨　倩（女，2019.03 任）
党组成员、副主席　苏　奇（2019.05 止）
王　宏（女，2019.05 任）

长沙市天心区工商业联合会

主　席　罗超纲
党组书记、第一副主席　兰　飞（女）
党组成员、副主席　付　翔（2019.09 止）
彭立新

长沙市天心区归侨侨眷联合会

主　席（兼）　汤　沛（女）
副主席　王　琼（女，2019.03 止）
饶　丽（女，2019.03 任）

长沙市天心区残疾人联合会

党组书记、理事长　夏继明
党组成员、副理事长　何映章　郑跃晖

长沙市天心区文学艺术界联合会

主　席　张少林
名誉主席　陈曦民
副主席（兼）　陈　萍（女）
李春和　雷永鸿
秘书长　田　谧（女）

长沙市天心区红十字会

会　长　黄　会（女，兼）
常务副会长　朱　静（女）

长沙市天心区计划生育协会

会　长　谭文敏（瑶族，兼）
常务副会长　朱　斌（女，2019.06 止）
副会长　曹福新（2019.06 任）

街　道

坡子街街道

中共长沙市天心区坡子街街道工作委员会

工委书记　郑　州
工委副书记　黄根明（2019.03 止）
戴次强（2019.03 任）
刘秉玺（2019.03 任）
工委委员、纪工委书记　孟立国
工委委员　晏荣祥　陈全政　邓继红
周红辉（女，2019.03 止）
刘　幸（2019.03 止）
易　芳（女，2019.03 任）

长沙市天心区坡子街街道办事处

主　任　黄根明（2019.03 止）
戴次强（2019.03 任）
副主任　陈全政　刘　幸（2019.03 止）
刘秉玺（2019.03 止）
邓继红　彭建中
汪　辉（2019.11 任）

城南路街道

中共长沙市天心区城南路街道工作委员会

工委书记　徐　伟
工委副书记　蔡果时　徐文彩　封　颖（女）
工委委员、纪工委书记　刘利才
工委委员　宁科良　邱　阜　邢　瑛（女）
周成军（2019.03 任）
严景特（2019.03 任）
谭　啸（挂职，2019.06 止）

长沙市天心区城南路街道办事处

主　任　蔡果时
副主任　宁科良　邱　阜　周成军
杨纪军（2019.03 止）
严景特（2019.03 任）

裕南街街道

中共长沙市天心区裕南街街道工作委员会

工委书记　颜日强
工委副书记　何　东（2019.03 止）
周钰沂（女，2019.03 任）
工委副书记　湛　果（2019.03 止）
周　彦（2019.03 任）
工委委员、纪工委书记　舒用民
工委委员　谭石泉　张　伟　刘　晖
周　婷（女）
刘　剑（2019.11 任）

长沙市天心区裕南街街道办事处

主　任　何　东（2019.03 止）
周钰沂（女，2019.03 任）
副主任　张　伟　李　园（女）
周　婷（女）

金盆岭街道

中共长沙市天心区金盆岭街道工作委员会

工委书记　张长生（2019.03 止）
喻　俊（2019.03 任）
工委副书记　湛　果（2019.03 任）
周雅娴（女，2019.06 止）
肖林琼（女，2019.11 任）
工委委员、纪工委书记　马旭奇
工委委员　陈秋良　彭志远　李　佳（女）
周羌笛　皮文奎（2019.03 任）

长沙市天心区金盆岭街道办事处

主　任　喻　俊（2019.03 止）
湛　果（2019.03 任）
副主任　顾　勇　彭志远　周羌笛
李　帅（2019.03 止）
皮文奎（2019.03 任）

赤岭路街道

中共长沙市天心区赤岭路街道工作委员会

工委书记　柳宏伟
工委副书记　陈　泽
郑启军（2019.03 任，2019.06 止）
工委委员、纪工委书记
蒋月异（女，2019.03 止）
喻　备（女）（2019.03 任）
工委委员　何庭洁（女）　韦向怡
宋　刚　李　静（女）
周克俭　任博文（2019.05 任）
周　杰（2019.06 任）

长沙市天心区赤岭路街道办事处

主　任　陈　泽
副主任　宋　刚　李　静（女）
周克俭　任博文
莫志勇（2019.03 止）

新开铺街道

中共天心区新开铺街道工作委员会

工委书记　蒋　苒（女）
工委副书记　刘傲雪（2019.09 止）
王学中（2019.09 任）
黄　健（2019.03 止）
周　云（女，2019.03 止）
刘　振（2019.03 任）
工委委员、纪工委书记　池宏志
工委委员　李清明　曹福新（2019.06 止）
肖险峰　杨宏志
吴智钢（2019.03 任）唐志波

长沙市天心区新开铺街道办事处

主　任　刘傲雪（2019.09 止）
王学中（2019.09 任）
副主任　曹福新（2019.06 止）
杨宏志　吴智钢（2019.03 任）
王　露（女，2019.06 任）

文源街道

中共长沙市天心区文源街道工作委员会

工委书记　许伟斌
工委副书记　黄振国　彭　勃
工委委员、纪工委书记　孙学文

工委委员 刘　建　黄智君（女，2019.03 止）
龚　卓（2019.03 任）
付佳明　周　晓（女）
赵　哲

长沙市天心区文源街道办事处

主　任 黄振国
副主任 付佳明　周　晓（女，2019.11 止）
赵　哲　姜文志　田　烨（女）
龚　卓（2019.03 任）

青园街道

中共长沙市天心区青园街道工作委员会

工委书记 向志武（土家族，2019.08 止）
张　毅（2019.08 任）
工委副书记 张　毅（2019.08 止）
工委副书记 刘傲雪（2019.09 任）
阳海波（2019.03 止）
谢　耿（2019.03 任）
工委委员、纪工委书记 刘殿军
工委委员 何理萍（女）　江建华
谢小宁（2019.09 任）
刘拥军（2019.03 任）
孙卫锋（2019.03 止）
冯小珊（女，2019.11 任）

长沙市天心区青园街道办事处

主　任 张　毅（2019.08 止）
刘傲雪（2019.09 任）
副主任 邓　静（女）　谢小宁
杨志宇　刘拥军（2019.03 任）
孙卫锋（2019.03 止）

桂花坪街道

中共长沙市天心区桂花坪街道工作委员会

工委书记 陈志文
工委副书记 夏　天（女）　周　艳（女）
工委委员、纪工委书记 钟　奎
工委委员 鲁意芝（女）　姚云辉
张志云　朱建军　袁　刚
刘　洋　邓亚兵（2019.03 止）
黎　硕（挂职，2019.06 止）

长沙市天心区桂花坪街道办事处

主　任 夏　天（女）
副主任 朱建军　袁　刚　刘　洋

黑石铺街道

中共长沙市天心区黑石铺街道工作委员会

工委书记 胡　波
工委副书记 龚承平　张文军（2019.03 止）
邓亚兵（2019.03 任）
工委委员、纪工委书记 唐涌华（女）
工委委员 张　卫　贺舜贤　王　帆
陈　城　许　姣（女，2019.03 止）
郭　娟（女，2019.03 任）

长沙市天心区黑石铺街道办事处

主　任 龚承平
副主任 张　瑜（女，2019.05 止）
王　帆　陈　城
李建群（女，2019.06 任）

大托铺街道

中共长沙市天心区大托铺街道工作委员会

工委书记 凌　异
工委副书记 汤宇驰　杨　炼
工委委员、纪工委书记 虢海鹏
工委委员 王雄兵（2019.11 止）
曹　军　吴荣娥
彭彦华（2019.05 任）
陈云龙（2019.09 任）
李　飏（女，2019.03 止）
孙　辉（女，2019.03 止）
熊亚东（2019.03 任）

长沙市天心区大托铺街道办事处

主　任 汤宇驰
副主任 曹　军
李　飏（女，2019.03 止）
孙　辉（女，2019.03 止）
吴荣娥　彭彦华（2019.05 任）
陈云龙

先锋街道

中共长沙市天心区先锋街道工作委员会

工委书记 骆　理（女）
工委副书记 阳海波（2019.03 任）
陈　丹（女）
工委副书记 赵　星（挂职，2019.06 止）
工委委员、纪工委书记 周　军

工委委员　魏铁奇　傅中辉
裴中宏
喻　备（女，2019.03 止）
李　帅（2019.03 任）
蒋月异（女，2019.03 任）
徐卫星（2019.11 任）
周军民（2019.03 止）

长沙市天心区先锋街道办事处

主　任　彭元强（2019.03 止）
阳海波（2019.03 任）
副主任　裴中宏　皮文奎（2019.03 止）
李　帅（2019.03 任）
喻　备（女，2019.03 止）
魏铁奇（2019.11 止）
徐卫星（2019.11 任）

暮云街道

中共长沙市天心区暮云街道工作委员会

工委书记　蔡　逸
工委副书记　刘　哲
杨　英（女，2019.03 止）
张春辉（2019.03 任）
工委委员、纪工委书记　罗敏德
工委委员　何定安（2019.03 止）
孙　辉（女，2019.03 任）
刘良清　黄　栋
刘凌彬　毛桂平

长沙市天心区暮云街道办事处

主　任　刘　哲
副主任　刘良清　黄　栋
谢灿英（女）
毛桂平

南托街道

中共长沙市天心区南托街道工作委员会

工委书记　冯学武（2019.03 止）
王钰莹（女，2019.03 任）
工委副书记　雷杰淋（2019.03 任）
潘　锋（2019.09 任）
工委委员、纪工委书记　周厚翔
工委委员　郭建华　杨　广　吴　俊
曾　文（2019.09 任）
钟慧余（2019.03 任）
工委委员　粟晓宇（女，2019.11 任）
常泽军（2019.05 止）
戴次强（2019.03 止）

长沙市天心区南托街道办事处

主　任　王钰莹（女，2019.03 止）
雷杰淋（2019.03 任）
副主任　杨　广　吴　俊
曾　文
粟晓宇（女，2019.11 任）

双重领导与垂直管理单位

长沙市公安局天心分局

党委书记、局长　肖向东
党委副书记、政委　罗　晖
党委副书记、副政委、纪委书记（兼）
杨海军
党委副书记、副局长　王　虎
党委委员、副局长　陈　劲
党委委员、副局长、政工室主任（兼）
邹笑平
党委委员、副局长　龙　江　朱旭东
黎银波　曹鹏飞

国家税务总局长沙市天心区税务局

党委书记、局长　雍小平
党委副书记、副局长　谭　卫
党委委员、纪检组长　廖小玲（女）
党委委员、副局长　吕　健　李维波
黄　静（女）
刘　信　邓　军
钟仲华　刘　刚
黎元元　李剑平

长沙市自然资源和规划局天心区分局

党组书记、局长　康哲新
党组副书记、副局长　李定平
党组成员、副局长　张　杰　邓智亮
党组成员、副局长
杨　媚（女）　姚　文
周　讯　朱振宏

规划监察执法大队

大队长　魏心田
副大队长　谢时英

国土执法监察大队

大队长　邓智亮
副大队长　肖克宇　舒昶

长沙市生态环境局天心分局

党组书记、局长　徐乙天
党组成员、副局长　史毓和　姚和平
王　宏（2019.05 止）

监察大队

大队长　肖宇君

监测站

站　长　向剑军

长沙市公安局交警支队天心大队

大 队 长　张　星
教 导 员　余卫东
副大队长　周正军　邓日超　胡新宇
李　陵

长沙市天心区消防（救援）大队

大 队 长　陈卫华
教 导 员　杨立明
副大队长　陈　冶

交通运输综合行政执法局天心大队

大 队 长　李　立
副大队长　曾　伟　欧大明

长沙农商银行天心支行

行　　长　邝　斌
副 行 长　邹　圆（女）
雷丽娜（女，2019.07 止）
行长助理　严从善

长沙农商银行湘江支行

行　　长　邓术清（2019.12 止）
党总支书记　王劢丁（2019.12 任）
副 行 长　王　刚
行长助理　张洁群

重要文献

坚定信心 奋力拼搏 全面建设“融城核心、璀璨天心”

——在区委五届八次全体（扩大）会议暨经济工作会议上的讲话（摘要）

中共长沙市天心区委员会书记 朱东铁

（2019 年 12 月 31 日）

这次会议的主要任务是，以习近平新时代中国特色社会主义思想为指导，全面贯彻落实中共十九大和十九届二中、三中、四中全会、中央经济工作会议和省委十一届九次全会、省委经济工作会议、市委十三届九次全体会议暨经济工作会议精神，总结2019 年经济工作，分析当前经济形势，部署2020 年经济工作。下面，我受区委常委会委托，向全会报告今年以来的工作，并就学习贯彻党的十九届四中全会精神、做好明年经济工作讲几点意见。

一、深入学习贯彻党的十九届四中全会精神，推动治理体系和治理能力现代化

党的十九届四中全会是在中华人民共和国成立70 周年之际，在“两个一百年”奋斗目标历史交汇点上，召开的一次具有开创性、里程碑意义的重要会议。全会审议通过的《中共中央关于坚持和完善中国特色社会主义制度、推进国家治理体系和治理能力现代化若干重大问题的决定》（以下简称《决定》），从党和国家事业发展全局和长远出发，深刻回答了“坚持和巩固什么、完善和发展什么”这个重大政治问题，是坚持和完善中国特色社会主义制度、推进国家治理体系和治理能力现代化的行动纲领。12 月 7 日，省委十一届九次全会以决议形式提出了贯彻落实四中全会精神的意见，为我们提供了有力指导。全区各级各部门要把学习贯彻四中全会精神作为当前和今后一个时期首要政治任务，推动全会精神在天心落地生根。

（一）必须坚决做到“两个维护”。中华人民共和国 70 年奋斗历史充分证明，我国之所以能创造世所罕见的经济发展奇迹和社会长期稳定奇迹，其根本在于我们党领导人民建立和完善了中国特色社会主义制度，在于党中央集中统一领导的“定海神针”作用。全区广大党员干部要以高度的政治责任感，坚定不移地坚持中国特色社会主义的各项制度，增强“四个意识”、坚定“四个自信”、做到“两个维护”。各级领导干部要发挥“关键少数”作用，带动全区干部群众自觉尊崇制度、严格执行制度、坚决维护制度，确保党中央和省委、市委决策部署、重大工作安排都在天心落到实处。

（二）必须有力提升治理效能。要把四中全会《决定》概括的 13 个方面制度优势，更好地转化为治理效能。要充分发挥区一级直面群众协调处理基层重大事项、重大问题的“一线指挥部”作用，强化基层治理，锐意改革创新，确保人民安居乐业、社会安定有序。要以制度建设为主线，以完善治理为主题，以推进治理体系和治理能力现代化为目标，通过坚持和完善党的领导制度体系，充分发挥党总揽全局、协调各方的领导核心作用；通过加快建设现代化经济体系，推动经济高质量发展；通过完善

民生保障体系、文化创新发展机制，不断满足人民对美好生活的需要；通过完善社会治理体制机制，推动社会治理社会化、法治化、智能化、专业化；通过完善政府治理体系，建设人民满意的服务型政府；通过落实生态文明制度体系，守护好碧水蓝天。

（三）必须不断锤炼干部队伍。推进治理体系和治理能力现代化，要有与之相适应的高素质专业化干部队伍作保证。全区各级党组织要加强党员干部的思想淬炼、政治历练、实践锻炼、专业训练，提高贯彻落实中央和省委、市委、区委决策部署的能力水平。区委将进一步按照“三个一批”用人导向，完善源头培养、跟踪培养、全程培养的干部素质培养体系，创新干部交流轮岗机制，把制度执行力和治理能力作为干部选拔任用的重要依据，激励全区干部为推进治理体系和治理能力现代化贡献智慧和力量。将按照“三个区分开来”，建立健全干部“容错纠错”机制，真正为担当者担当，为负责者负责，让有为者有位。

二、认真回顾总结全年工作，高质量发展取得新的进展

一年来，在市委、市政府的坚强领导下，天心区紧紧围绕全力建设“融城核心、璀璨天心”，大力实施“北提南进、服务引领、民生造福”发展战略，经济社会高质量发展取得新的进展。

（一）以开展主题教育为抓手，政治建设开创新局面。主题教育走深走实。严格按照中央、省委、市委部署，聚焦主题主线，牢牢把握总要求、根本任务、具体目标、重点措施和作风要求，在省委常委、市委书记胡衡华的联点指导下，落实主题教育“全覆盖”“两个百分之百”要求，在特困群体帮扶、闲置资源盘活、项目征拆扫尾等重点工作上见成效，切实让群众感受到主题教育带来的变化。基层党建常抓常新。以党建引领基层治理，深化网格化综合管理改革，建立“网格呼叫、区街报到”机制，“有事好商量”基层民主协商议事平台获评全国城市基层党建创新案例；党建引领基层社会治理创新是今年全市唯一被中央改革办全国推介的工作。深化思想理论武装，完成融媒体中心建设，全年未发生意识形态领域责任事故。作风建设抓严抓实。出台“五控六清单”切实为基层减负，强力整治形式主义、官僚主义。开展常规巡察和巡视巡察“回头看”，巡察“利剑”作用得到充分发挥。以旁听庭审、以案释纪等方式，提升廉政教育实效。认真落实“三个区分开来”，为26名干部澄清不实举报。

（二）以“两个年”活动为抓手，经济发展迈上新台阶。经济指标增长超预期。预计2019年地区生产总值增幅9%；地方一般公共预算收入增幅8%；城乡居民人均可支配收入增幅8.5%；固定资产投资在上半年负增长的不利情况下，下半年强势逆转、增长10%，几项主要经济指标位居内五区前列。更令人欣喜的是，区第五次党代会提出到2020年底GDP达到1100亿元、一般公共预算收入达到160亿元，预计GDP总量今年提前实现目标；一般公共预算收入今年实现140亿元，考虑到减税降费25亿元的因素，实际提前超额实现目标。营商环境优化超常规。实现“六个率先、两个最”：率先全省出台营商环境30条，率先全省成立区级企业服务中心，率先全省设立夜间经济服务中心，率先全省推出“工商登记立等可取”服务，率先全省推行“区长企业接待日”，率先全国成立首个企业产销对接服务中心，全区亿元楼宇在内五区最多，政务服务事项全程网办率内五区最高，“营商环境最佳”成为天心核心竞争力。项目建设成效超目标。铺排市区重大项目152个，产业项目投资占比达35%、排名内五区前列。长沙“第五谷”——“天心数谷”强势起航，2019年全市项目观摩考核位列一等。

（三）以三大攻坚战为抓手，重点工作取得新突破。风险防范整体可控。平台公司市场化转型基本完成，政府债务风险平稳可控。脱贫攻坚成效突出。全区建档立卡贫困户脱贫进一步巩固，获评2018年度全省携手奔小康先进单位，扶贫队员作为湖南省代表被推荐为全国脱贫攻坚能手，彰显了天心担当。城市特殊困难群体帮扶到位2316户、673.08万元。污染防治强力推进。蓝天保卫战取得阶段性胜利，空气质量优良天数连续12个月领跑全市，天心更蓝、绿心更绿已经成为全区干部群众的共同心声。

（四）以三大板块建设为抓手，城区面貌实现新提升。强力推进征拆建设竞赛比拼，成功签约1236户，腾地1143亩，劳动广场等项目推进迅速，长沙

机床厂等23个项目扫尾清零。高标准推进老城区有机更新，占全市56%任务量的7大片区12个项目基本完工，老城区更有长沙味、老百姓更具幸福感。打造全省首个城区智慧环卫示范区。五一商圈提质成效显著，为长沙成为网红打卡城市做出积极贡献。强化市民素质提升，以高标准的文明创建水平迎接国检，充分展示了天心形象。

（五）以九大民生造福工程为抓手，民生民利取得新进展。省、市、区23项重点民生实事项目，"一圈两场三道"建设任务基本完成，实现城区"15分钟生活圈"全覆盖。长沙第七水厂建成投产，电力"630"顺利推进，老百姓用水、用电压力得到极大缓解。在完成两个三年行动计划，新增30890个学位基础上，新的学校建设行动计划正在着手推进，义务教育均衡发展工作获省政府真抓实干激励项目奖。社会大局和谐稳定，全区未发生较大及以上安全生产事故。深入开展扫黑除恶专项斗争，迎接中央督导组多轮督导检查，得到上级充分肯定；治安保持高压态势，强力打响史上最严禁毒"人民战争"，刑事发案率明显下降。

一年来，我们在经济形势稳中有变、经济下行压力加大的背景下，发展成绩可圈可点、来之不易，这是以习近平同志为核心的党中央坚强领导的结果，是省委省政府、市委市政府正确领导的结果，也是全区上下团结一心、共同奋斗的结果。回顾区第五次党代会以来特别是今年的经济工作，最深切的体会是不管形势怎么变化，全区上下都始终保持战略定力，一步一个脚印推进发展。总结近年来的工作，有不少经验和启示：

一是把准了方向的力量。选对方向，是最大的效率。近年来，我们全面贯彻落实习近平新时代中国特色社会主义思想和中共十九大、十九届二中、三中、四中全会精神，牢牢把握中央和省市决策部署，自觉践行新发展理念，从不折腾、毫不懈怠，"融城核心、璀璨天心"已经成为全区上下的思想共识，党建引领"369"已经变为全区上下的行动纲领。在此基础上，坚决落实民主集中制，区四大家班子同心同德、和谐干事，形成了心往一处想、劲往一处使的良好局面。

二是发挥了速度的力量。在区域竞争中，谁动作快、谁就占得了先机。近年来，"天心速度"被大家反复提及，我们敢闯敢试、先行先试，创造了一个个令人震撼的奇迹。人力资源服务产业园，从正式开园到国家级挂牌，仅仅用时一年；"大棚房"整治作为湖南省唯一代表，从接到通知到高标准通过国务院督查验收，只有短短几天；天心数谷　智能经济创新产业基地，从启动建设到接受观摩，仅用半年时间；暮云片区今天凌晨老107国道最后一户成功签约，实现了项目清零；新姚2号地块2万余平方米违建，一个星期的时间把它全部拿下，等等这些，说明只要我们迅速行动起来，就没有做不好的工作、就没有干不成的事业。

三是彰显了作风的力量。干部作风决定工作成效。春节后上班第一天，全区即召开千人大会，传递了立说立行、紧张快干、时不我待的明确信号。围绕胡衡华提出的"五个有没有"，自我剖析、查找差距、明确举措，全区上下抓落实的意识空前统一、热情空前高涨、成效空前提升。就在今天，361家绿心工业企业退出成果已正式上报省政府，看似不可能完成的任务圆满完成；财贸医院、金苹果公司的征拆，经过了多少个不眠之夜，最终和谐拆迁；有机更新项目在面积最大、难度最大，而且去年进展不够快的背景下，经过大家一年来"5+2""白加黑"的努力与付出，今年取得的成绩赢得了领导和群众的一致称赞；扫雪除冰、抗洪救灾、焰火燃放安保等急难险重任务都顺利完成，充分彰显了大家的优良作风，而这就是天心未来发展最大的底气、最坚实的保障。

在看到成绩的同时，我们也要清醒地认识到面临的困难和问题，引领性强、带动力大的重大项目还不多；市场主体相对偏少；南部片区基础设施不完善，离长株潭一体化示范区的标准还有差距；民生建设依然任重道远；干部担当创新精神还有待进一步增强等等。对于这些改革和发展中的问题，我们要认真加以解决。

三、准确把握明年经济工作总体要求，着力提振发展信心

2020年是全面建成小康社会和"十三五"规划收官之年，是完成五届区委工作任务的冲刺之年，

做好2020年经济工作十分重要。我们要向党中央、向习近平总书记看齐，胸怀中华民族伟大复兴的战略全局、世界百年未有之大变局两个大局，增强定力，抢抓机遇，攻坚克难，全力推动区域高质量发展。

（一）应对宏观挑战更加从容。从国际看，当前世界经济仍处在国际金融危机后的深度调整期。从国内看，我国正处在转变发展方式、优化经济结构、转换增长动力的攻关期，结构性、体制性、周期性问题相互交织，经济下行压力加大。我们要清醒地看到，经历这么多年的高速增长，经济下行有其必然性；也要辩证地看到，经济增速放缓对我们循序渐进去杠杆去泡沫具有正面意义；更要自信地看到，近年来我们不断转方式调结构，已经逐步适应了经济新形势、新环境，稳中向好、长期向好的基本趋势没有改变，存在的挑战和问题都是前进中的挑战和问题。展望未来，我们有以习近平同志为核心的党中央的坚强领导，有中国特色社会主义制度的显著优势，有雄厚的经济基础，有近年来转方式调结构积蓄的内力，完全有条件、有能力、有信心应对和战胜各种风险挑战。

（二）时代赋予机遇更加凸显。中部崛起迎来历史时刻。今年5月，习近平总书记主持召开推动中部地区崛起工作座谈会并发表重要讲话，提出8点意见，强调中部地区崛起势头正劲、大有可为。中央促进中部地区高质量发展的政策即将出台，天心区作为省政府所在地，在中央政策的承接上必将具有广阔的天地。长株潭一体化实质推进。作为长株潭三市的几何中心，天心区是当仁不让的“融城先锋”。省、市对长株潭一体化、南部片区开发建设高度重视。今年，南城开发建设明显加快，城南变电站、湘雅五医院等一大批基础配套强力推进；城铁站点运行顺畅，“三干两轨”逐步成型，特别是绿心地区工业企业全部退出，退出了一片新天地、退出了一片新希望，未来已来、前途光明。与省市发展同步提速效应明显。近几年，全省经济总量、产业投资、民间投资、进出口总额增速等主要指标位居全国前列，势头良好。这些年，全市保持战略定力，一心一意抓实体经济、抓产业项目，摆脱了对土地财政的依赖，走出了一条制造业高质量发展新路子。“大河有水小河满”，我们作为省会城市中心城区，借助省、市快速发展的势头，天心加快发展的后劲更足。

（三）自身发展基础更加坚实。近年来，全区上下按照第五次党代会提出的发展战略，埋头苦干、精明实干，开创了一个又一个壮举，形成了一系列新的比较优势。空间的优势已经具备。区五次党代会以来，实现征拆项目清零超100个，长沙外滩大规模棚改已经完成、省府新区城改突飞猛进、暮云片区遗留问题基本扫尾，绿心地区系列规划加快编制、收储土地亟待开发。我们在经济社会连续多年又好又快发展的基础上，为未来腾出了大片空间。产业的优势已经显现。“两区两园”均实现整合升格，三个国家级产业平台的“金字招牌”熠熠生辉，现代生产性服务业产业体系“四梁八柱”已经构成、初具规模。同时，随着大规模征拆基本完成，我们主要的时间和精力将转向项目招商建设、营商环境优化等方面，可以预见，产业动能将迎来加速提升。队伍的优势已经形成。本月25日，天心生态环境分局正式挂牌，宣告机构改革阶段性任务全面完成。结合机构改革，我们全面调优了干部结构，在老中青相结合的基础上注重年轻干部的培养，“80后”科级干部从换届前的54人增加至174人，“85后”的正科、“90后”的副科逐步成为中坚力量，全区上下想干事、能干事、干成事、不出事、好共事的精气神不断浓厚。

做好明年各项工作，要以习近平新时代中国特色社会主义思想为指导，全面贯彻中共十九大和十九届二中、三中、四中全会精神，深入贯彻习近平总书记在推动中部地区崛起工作座谈会上的重要讲话和对湖南工作的重要指示批示精神，增强“四个意识”、坚定“四个自信”、做到“两个维护”，认真落实中央和省委、市委经济工作会议精神，坚持稳中求进工作总基调，坚持新发展理念，坚持以供给侧结构性改革为主线，全面做好“六稳”工作，以“全面小康决胜年”为引领，坚持创新引领、开放崛起，持续推进产业项目建设、营商环境优化，大力实施“北提南进、服务引领、民生造福”发展战略，努力实现“五优天心”目标，全力建设“融城核心、璀璨天心”，争当全面建设现代化长沙示范区，确保全面建成小康社会和“十三五”规划圆满收官。

做好明年各项工作，必须把握以下几点：一是必须用新发展理念来引领。新时代抓发展必须要有新理念。新发展观念是一个整体，要求是全方位、多层面的，除了经济指标，社会发展、环境保护、民生福祉等等都要一体考量、一体推进，决不能再回到简单以GDP增长率论英雄的老路上去，不唯GDP并不是说不要GDP，决不能再回到以破坏环境为代价搞所谓发展的做法上去，更不能再回到粗放式发展的模式上去。二是必须用创新的方法来推进。要加大改革创新力度，构建高效科学的体制机制，充分发挥市场配置资源的决定性作用，推动发展由要素驱动向创新驱动转变，努力在稳增长、调结构、转方式进程中迈出坚实的步伐。要以长远眼光来推进工作，扎实做好“十四五”规划编制，研究推出一批重大政策、重大项目、重大改革。三是必须用实在的项目来带动。继续以项目建设为抓手、为支撑、为驱动，集中精力谋项目、想方设法引项目、全力以赴建项目。继续优化营商环境，推进“放管服”改革，为项目建设提供更坚实的保障、更优质的服务。四是必须用底线的思维来坚守。要本着对历史负责、对人民负责的态度，强化忧患意识，坚决守住民生底线、安全底线、稳定底线、生态底线、廉政底线，牢牢把握各项工作的主动权。

四、切实做到精准用力，坚定不移推动高质量发展取得更大突破

（一）坚持打好三大攻坚战不动摇。三大攻坚战是一项政治任务，也是推动高质量发展必须跨过的关口。要全面完成脱贫攻坚任务。要建立稳定脱贫长效机制，巩固区内脱贫成果，把防止返贫摆在重要位置，重点关注脱贫质量不高人群、农村边缘户、城区特殊困难群体以及突发重大疾病、自然灾害、安全事故致贫人群等重点群体，确保小康路上一个都不能少。全力支持怀化通道县、龙山洛塔乡、浏阳富溪村全面脱贫，圆满完成对口帮扶任务。要加强考核验收督查，坚决杜绝数字脱贫、虚假脱贫，确保脱贫成果经得起检验。

要强力推进污染防治。保持严实的力度，突出精准、科学、依法治污，推动生态环境质量持续好转。坚决打赢蓝天保卫战，强化“六控十严禁”高压态势，确保空气优良天数比例达到80%以上。以黑臭水体治理、通江排口治理为重点，全力打好碧水保卫战。以抓好土壤污染修复为重点，扎实推进净土保卫战。要加快完善相关治理机制，积极配合中央和省级环保督查“回头看”，推动形成绿色发展方式。

要有效化解重大风险。认真落实中央、省、市关于化债的各项部署，坚决遏制隐性债务增量，用好用活、做强做优平台公司，确保政府债务风险可控。严厉打击各类非法金融活动，及时有效处置各类金融风险。

（二）坚持聚焦现代生产性服务业不动摇。服务业是支撑经济高质量发展的重要力量，现代生产性服务业是天心产业发展的鲜明特色。市委提出要解决现代服务业发展水平不高的问题，天心在这方面要体现担当、展现作为，以产业比实力、以项目论英雄、以效益为核心。

要强化产业链思维。按照“服务引领”战略要求，突出6大重点产业和大数据、人力资源等新兴产业，进一步找准针对性抓手，采取突破性举措，大力推动各重点产业之间的相互融合、相互促进，提升产业整体实力。紧盯全市制造业高质量发展机遇，引导全区生产性服务业把握大趋势、做好大配套、共推大发展。更加注重以大数据（地理信息）产业链带动智能经济、数字经济、网络经济，全力服务制造业朝数字化、信息化、智能化方向改造，推动应用场景落地，以好场景来引进项目、聚集资源。更加注重发挥人力资源服务产业园优势，推动高精尖人才在天心汇集、优秀产业人才与天心联结，全面加强人才建设，满足产业发展需要。更加注重发挥现代金融对实体经济、“四新”经济的支撑作用，力争在产业基金建设等方面取得突破，带动更多社会资本服务产业发展。更加注重商贸物流、旅游休闲、健康医疗的提档升级，以此来增加人气、增添财气。

要盘活存量资源。当前区域发展已从增量比拼时代转入存量优化阶段，转型发展、提升能级是内在要求，需要我们在资源资产资金盘活、产业转型

升级、园区提质提标等方面，深挖存量潜力、提升存量效益，促进各类资源要素合理流动配置、高效整合利用。要突出国有“三资”存量优化，充分发挥新成立的国资公司和国有平台的作用，有效激活沉淀资金、存量资产、可用资源；突出产业存量优化，加快传统产业转型升级，促进已布局项目早日建成达产，围绕核心项目吸引配套项目入驻；突出园区存量优化，加快推动园区二次开发；突出重点地块、烂尾楼、批而未建土地、闲置楼宇处置工作，实现效益最大化。

要做实平台支撑。举全区之力加快园区发展建设，把园区打造成为产业发展的主战场、主阵地、主力军。加快出台支持天心经开区改革创新发展的若干意见，理顺经开区发展体制机制。天心经开区要按照集约化、专业化、特色化发展方向，精心规划、科学利用绿心工业企业退出后释放的土地和闲置厂房，加快“天心数谷”的培育壮大。文化（广告）产业园要提高园区的入驻率、达产率，提高文化广告创意产业的包容性、协同性，打造更高水平的创新创意集聚地；用好长沙商标受理中心平台，建设高水平知识产权保护高地。大力发展楼宇经济，向空中要资源、要效益、要空间，培育一批税收过亿元的楼宇集群。加强重大创新平台建设，争取一批高规格、高技术的重点实验室、创新研究院落户，做强一批新型研发机构、优秀创新团队。

要优化营商环境。继续抓好“天心营商环境30条”落地落实，严格执行国家各项减税降费政策，深化“放管服”改革和“一件事一次办”改革，把“四到”服务落实好，让企业轻松上阵、轻装前进。把政策文件是否执行、政府承诺是否兑现和政策变化、规划变更导致企业受损等作为突出问题来治理，让企业诉求件件有回音、有着落。把企业能不能引得进、留得住、做得强作为重要检验，做好企业“入规、升高、上市”工作，确保市场主体总量达11万户以上，全力支持本土企业上市。

要加强招商引资。项目从来不是等来的，必须靠积极主动、谋划争取。要不断创新招商的方式和手段，加强产业链招商、以商招商，坚持引资、引智、引才并举，增强比较优势和先发优势。要提高招商引资的实效，既要看投资体量、产业方向，更要看投资强度、亩均产出和社会效益。抓产业发展没有局外人、没有旁观者，天心的每一个党员干部都要做推进项目建设、优化营商环境、做好招商引资的支持者、服务者、参与者。

（三）坚持推动“三大板块”均衡发展不动摇。推进“三大板块”建设是实施“北提南进”战略的主要抓手。要按照全力打造底蕴深厚、产业繁荣的长沙外滩，努力建成功能完善、服务高端的省府新区，加快建设生态优美、产城融合的暮云片区总体要求，一以贯之地抓下去。

着力加快项目征拆。全面完成碧湘街二期等项目，确保长沙外滩大规模的棚改项目基本实现清零扫尾，高品质做好沿江板块的开发建设，展现山水洲城的精美画卷。继续从北向南逐步完成省府新区城中村改造，形成整村开发、整片建设的良好态势。按照“规划引领、基础先行、产业支撑、片区推进、环境提升”的要求，配合做好芙蓉南路快改等重点项目，抓好牛角塘片区等引爆点建设，将南部新城打造成长株潭一体化建设的示范片区。抢抓全市开展城市国土空间总体规划编制的机遇，高水平完成绿心控规编制等工作。加强与周边区域的统筹联动、错位发展、合作共赢。

着力塑造城区品牌。城区品牌是一个区域的识别标志，更是一个地方发展的精神象征。要充分挖掘和利用人无我有的地方特色资源，找到天心的独特个性与灵魂，努力打造人文的、产业的、自然的城区品牌。纵深推进城市有机更新、城市体检、城市设计等工作，特别注重保护历史、保护文化、保护传统，为城市留住文化根脉、生活记忆。不断提升五一商圈、长株潭商圈等商圈整体品质，继续培育发展网红经济、夜间经济，进一步拓宽消费功能、丰富消费内涵、激活消费潜力，做到历史文化与现代生活融为一体。牢牢把握“绿水青山就是金山银山”理念，切实做好绿心地区、解放垸片区的保护与开发，充分展现山水灵动、配套舒适的城市风景。

着力加强城市管理。要以“绣花”功夫推进城市管理服务的精细化，巩固提升生活垃圾分类覆盖实效，深入开展市容环境综合整治，彻底改变粗放型管理模式，让人民群众生活更方便、更舒心。要抢抓数字经济发展机遇，加快布局建设5G应用、人工智能、工业互联网、物联网等新型基础设施，优化提升“城市大脑”，全力打造新型智慧城区标杆。要深化全国文明城市创建，大力提升城市文明程度，继续巩固良好的社会风尚。

着力推进乡村振兴。全面完成农村人居环境整治任务，统筹推进农村厕所革命、垃圾分类减量、污水综合治理、农房建设管理、乡风文明培育、美丽“三园”建设，提升“五治”工作成效。加快壮大新型村级集体经济，推动现代都市农业高质量发展，进一步加强村级集体经济组织建设，促进农民增收。

（四）坚持实施民生造福战略不动摇。要深入践行以人民为中心的发展思想，大力推进九大民生造福工程，构建共建共治共享社会治理新格局，让天心人民有深深的认同感、稳稳的幸福感、满满的安全感。

打牢共建基础。紧扣“七有”目标，持续加大民生支出力度，减少政府一般性支出，切实以党委政府的“紧日子”换来老百姓的“好日子”。加快发展教育、医疗、养老、文化、体育、社保、食品安全等事业，高标准完成区人大票决通过的十件民生实事工程，重点解决好“一老一小”问题，着力办好群众的操心事烦心事揪心事。坚持“房住不炒”，严格落实房地产调控政策。坚持就业优先战略和积极就业政策，实现更充分更高质量就业。

搭好共治体系。要严格落实“属地管理”“谁主管谁负责”等信访工作责任制，加大信访积案化解力度，打造一批“三零”街道、社区（村）。深入推进扫黑除恶专项斗争和禁毒人民战争，保持打击违法犯罪高压态势。牢固树立安全发展理念，严格落实安全生产责任，坚决遏制重特大事故。进一步落实意识形态工作责任制，确保全区意识形态阵地安全。

做优共享服务。统筹抓好城市基层党建和农村党建，提升党建引领基层社会治理成效，深化网格化管理，发挥“有事好商量”等特色品牌的实效性，为改革发展稳定提供坚强的基层组织保障。深入推进社区去行政化工作，把联系群众、服务群众作为重要职责和日常工作，确保见得到人、办得了事、解得了难。

五、加强党对经济工作的领导，增强落实力和执行力

一是要提高政治站位。坚持党要管党、从严治党，坚持把方向、谋全局、抓大事，坚持从政治上谋划、部署、推动经济工作，充分发挥各级党组织在全力建设“融城核心、璀璨天心”中的领导作用。要树牢正确政绩观，多做打基础、利长远的好事，多做促发展、惠民生的实事，创造更多经得起实践、人民、历史检验的业绩。

二是要锤炼务实作风。说一千道一万，关键还是要靠干。要以“谋事在人、成事在争”的态度，大力弘扬“南城无难事”的精神，大力践行真抓实干作风，发扬斗争精神、增强斗争本领，敢于面对困难、敢于攻坚克难，把功夫下在察实情、出实招、办实事、求实效上。要把不忘初心、牢记使命作为必修课、常修课，把主题教育激发出来的精气神，转化成推动工作的强大动力，把查摆出来的问题坚决整改好，把各个专项整治坚决落实好。

三是要持续正风肃纪。以永远在路上的韧劲和执着，把全面从严治党引向深入，确保清正、清廉、清明。坚持无禁区、全覆盖、零容忍，加大对巡视、巡察移交问题线索的精准处置力度，强力推动正风肃纪向基层延伸。

同志们，做好明年经济工作，任务艰巨，责任重大。让我们紧密团结在以习近平同志为核心的党中央周围，在省委省政府、市委市政府的坚强领导下，坚定信心、乘势而上，奋力拼搏、真抓实干，努力完成明年经济社会发展目标任务，谱写新时代全面建设“融城核心、璀璨天心”的崭新篇章！

名词解释：

1.“三个一批”：即让一批长期扎根在基层一线、默默奉献的干部得到提拔重用，让一批优秀年轻干部得到培养锻炼，让一批有为的干部有位、让无为的干部让位。

2.“三个区分开来”：把干部在推进改革中因缺乏经验、先行先试出现的失误和错误，同明知故犯的违纪违法行为区分开来；把上级尚无明确限制的

探索性试验中的失误和错误，同上级明令禁止后依然我行我素的违纪违法行为区分开来；把为推动发展的无意过失，同为谋取私利的违纪违法行为区分开来。

3.“天心数谷”：天心区在经开区绿心工业退出片区实施的“凤凰涅槃、未来之城”产业规划，抢抓大数据产业发展历史机遇，全力打造长沙第五谷；其余四谷为湘江智谷、高新麓谷、中国V谷、种业硅谷。

4.“一圈两场三道”:“一圈”指“15分钟生活圈”,“两场”指停车场、农贸市场,“三道”指人行道、自行车道、历史文化步道。

5.“369”：即三大板块、六大产业、九大工程。三大板块，指大力实施北提南进战略，打造长株潭融城核心区。主要任务是：全力打造底蕴深厚、产业繁荣的长沙外滩，努力建成功能完善、服务高端的省府新区，加快建设生态优美、产城融合的暮云片区。六大产业，指大力实施服务引领战略。重点发展六大主导产业，主要任务是：巩固商贸物流业优势，壮大现代金融产业实力，打造文化创意产业高地，提升地理信息产业战略地位，加快发展健康医疗产业，全域发展旅游休闲产业。九大工程，指大力实施民生造福战略，推进九大民生工程。主要任务是：实施社会保障托底工程、社区提质提档工程、造绿复绿工程、学校建设工程、美丽乡村工程、食品安全工程、生态环保工程、平安畅通工程、文体健康工程。

6.“大棚房”：指一些企业、个人及组织借建农业设施或者农业园区之名，违法违规占用耕地甚至永久基本农田，用于非农业建设的行为。

7.“五个有没有”：有没有争创一流的决心、有没有迎难而上的担当、有没有一抓到底的激情、有没有紧盯不放的执着、有没有善作善成的本事。

8.“三干两轨”：长株潭交通一体化项目，“三干”即芙蓉大道、洞（井铺）株（洲）路、潭州大道快速化改造项目；“两轨”即长株潭城际铁路、长沙地铁3号线南延项目。

9.“两区两园”：即长沙天心经济开发区、湖南暮云经济开发区，长沙天心文化产业园、长沙国家广告产业园。

10.“六控十严禁”：“六控”为控尘、控煤、控车、控油、控排、控烧；“十严禁”为严禁渣土车、混凝土搅拌车、运砂车等各类车辆带泥上路，严禁违法倾倒渣土，严禁工地裸露黄土，严禁重污染天气下土石方施工，严禁禁燃区燃烧散煤，严禁禁燃区域时段燃放烟花爆竹，严禁露天焚烧垃圾，严禁露天烧烤，严禁露天焚烧秸秆，严禁拖拉机等高排放车辆进城。

11.“入规、升高、上市”：入规即引导和培育规模以下企业纳入规模以上企业；升高即小微企业升级为高新技术企业；上市即企业通过证券交易所公开向投资者发行股票。

12.美丽“三园”建设：建设美丽家园、美丽菜园、美丽田园。

13.“五治”：指在农村开展治厕、治垃圾、治房、治水、治风工作，改善农村人居环境。

14.“两个年”：产业项目建设年、营商环境优化年。

政府工作报告（摘要）

——在长沙市天心区第五届人民代表大会第六次会议上

长沙市天心区人民政府区长　　黄　滔

（2019 年 12 月 26 日）

一、2019 年工作回顾

2019 年，是天心区过千亿再出发、爬坡过坎、转型升级、迈向高质量发展的关键一年，在市委、市政府和区委的坚强领导下，在区人大、区政协的监督支持下，我们全面贯彻落实习近平新时代中国特色社会主义思想和中共十九大、十九届二中、三中、四中全会精神，自觉践行新发展理念，紧紧围绕“融城核心、璀璨天心”建设，大力实施“北提南进、服务引领、民生造福”发展战略，深入推进“产业项目建设年”“营商环境优化年”活动，“三大攻坚战”，省、市、区三级“民生实事工程”，较好地完成了区五届人大四次会议确定的各项目标任务。全年实现地区生产总值同比增长 9%（预计数，下同），完成固定资产投资同比增长 10%，社会消费品零售总额同比增长 9.5%，城乡居民人均可支配收入同比增长 8.5%，经济社会发展保持了“稳”的总基调，迸发了“进”的新活力，呈现出“好”的总态势。

——在全年减税降费 25 亿元的前提下，完成一般公共预算收入 140 亿元，地方一般公共预算收入同比增长 8%。在全国综合竞争力百强城区中强势上扬 14 个位次。

——人力资源服务产业园获批国家级产业园，全省首个人工智能产业园成功落地，率先中部地区实现 5G 基础网络全覆盖，产业项目大观摩喜获全市一等佳绩。

——率先全省出台《长沙市天心区“营商环境优化年”实施方案》（简称“天心营商环境 30 条”），政务服务事项全程网办率内五区最高，“营商环境最佳”成为天心核心竞争力和最亮新名片。

——夜间经济发展走在全国前列，率先出台夜间经济发展新政，成立全省首个夜间经济服务中心。坡子街、太平街成为国内知名网红打卡地，文和友、茶颜悦色等一批新锐网红矩阵闻名全国。

——361 家绿心地区工业企业全部退出，完成全市三分之二的退出任务，拆除绿心违建 8 万余平方米，完成绿心生态复绿 170 余亩，空气质量优良天数连续 12 个月领跑全市，以铁一般的责任与担当守护长株潭“绿肺”。

——大手笔、高标准推进老城区有机更新，7 大片区 12 个有机更新项目基本完工，13 个老旧小区完成“蝶变”，老城区更有长沙味，老百姓的幸福感在家门口升级。

——“一圈两场三道”两年建设任务全面完成，实现“15 分钟生活圈”城区全覆盖，市民可就近享受更加便捷、舒适、品质的都市生活。

——成功获批全国社区治理和服务创新实验区，着力打造基层治理体系和治理能力现代化的“天心样板”。

——成功举办第十九期钱学森论坛暨 2019 长沙空间信息产业国际博览会，30 余名院士、将军齐聚长沙，20 个重大项目集中签约，掀起数字经济发展新高潮。

——全区上下干事创业的氛围更加浓厚，在扫雪除冰、抗洪救灾、国务院“大棚房”督查、中非经贸论坛焰火晚会安保、违法图斑整治等急难险重任务中充分彰显了“天心担当”，工作成绩和亮点4次获中央电视台《新闻联播》报道点赞。

2019年，我们着力抓了六个方面工作：

（一）稳增长、促转型，区域经济高质量发展。产业结构更加优化。出台“生产性服务业发展28条”，推动六大重点产业发展，致力打造中部一流现代生产性服务业创新集聚区。实现服务业增加值同比增长10%，金融业完成税收40亿元，占全部税收的32%。三次产业结构比调整为0.1 ：21.4 ：78.5，土地出让占综合财力仅1成左右，初步走出了一条摆脱土地财政依赖、以现代服务业为引领的高质量发展之路。园区平台更加壮大。天心经开区整合升格为正县级园区，引进千视通全球总部、万码互联全球总部等优质产业项目57个，全年完成技工贸总收入265亿元。地理信息产业园获批省级特色产业园，集聚企业132家，实现产值21亿元；地理空间大数据应用中心（二期）完成建设，天心阁大数据研究院挂牌成立。人力资源服务产业园产值突破25亿元。文化（广告）产业园新进企业107家，产业升级加快推进。发展活力更加强劲。出台“创新型城区”建设若干政策，联手长沙理工大学等高校和企业成立天心区科技创新联盟。全社会R&D投入同比增长26.7%，高新技术产业总产值同比增长8%，完成技术合同成交额13.6亿元，完成率排名内五区第一。全力推动企业“入规、升高、上市”，新增“四上”企业121家、高新技术企业83家、上市后备企业6家。

（二）扎硬寨、打硬仗，三大攻坚强力推进。风险防控扎实有效。坚持控总量、化存量、调结构，全区隐性债务、关注类债务完成化解进度，平台公司市场化转型基本完成，南湖公司全面回归市城发集团。开展“除虫护花”专项行动，大力整治非法集资行为，清退资金858.6万元。扶贫攻坚精准有为。全区313户建档立卡贫困户稳定脱贫。持续加大怀化通道县、龙山洛塔乡、浏阳富溪村对口扶贫力度，全年累计投入帮扶资金2600余万元，铺排锥栗种植、中蜂养殖、“侗嫂”等“两业”扶贫项目25个，解决就业1100余人。污染防治推进有力。以钉钉子精神打好蓝天、碧水、净土、静音保卫战，完成柏加河排口整治等污染防治项目34个。严格落实“六控十严禁”措施，安装家庭油烟净化器7328台，完成燃气锅炉低氮改造109台。违法图斑整改率全市最高。黑臭水体基本消除，饮用水水源保护区水质100%达标。高效办结中央、省环保督察和“回头看”信访交办件404件，“天心蓝”与“绿心绿”成为天心区新的底板色。

（三）抓项目、优服务，“两个年”活动深入开展。三大板块加速建设。强力推进征拆攻坚，成功签约1236户，腾地76.2公顷，火宫殿一期、太平街等23个项目扫尾清零。铺排市区重大项目152个，产业项目投资占比达35%。推动出台绿心地区科教地产发展政策，收储退出工业企业用地1000余亩。营商环境持续向好。率先全省成立区级企业服务中心，开通“85812345”24小时企业服务与全球招商热线和智慧营商平台，全省首推“区长企业接待日”，建立区领导联系服务走访企业与述职制度，全年累计走访服务企业3349家，办结诉求及问题930个。深化“一件事一次办”改革，率先全省推出“工商登记立等可取”服务，实行“容缺受理”政务服务事项57个，推进“证照分离”，企业准入零收费且1天办结。实施“瞪羚企业培养计划”，建立全市首个区域信贷“白名单”制度，出台“亲清”政商交往行为指引，弘扬企业家精神和工匠精神，评选首届“贴心商会”6个、“名优工匠”18人。圆满完成第四次全国经济普查，全区市场主体达9万余户，新增企业8289家，同比增长31%。招商引资卓有成效。成立国内首个园企产销对接服务中心，聘请全球招商顾问11名。大力推行一把手招商、以商招商、协会招商，成功引进五矿集团、浪潮集团等500强企业项目4个，酷哇机器人、山猫传媒等总部项目20个。155家注册在区企业转入税收关系。以“楼长制”助推楼宇经济，引进各类优质税源企业380家，新增亿元楼宇2栋，总数达18栋，为内五区最多。

（四）强基础、精管理，城乡品质大幅提升。城区面貌逐步改善。启动老旧小区提质改造三年行动计划，扎实推进“一圈两场三道”建设，建成“15分钟生活圈”26个，新改建农贸市场7个、停车场15个，改造人行道26.9千米、自行车道40.6千米、历史文化步道10.2千米。中意路城市化改造、伊莱克斯大道西延线等重点项目加快建设，太平路、新建西路通车运行。电力“630攻坚”成效显著，城南220千伏输变电工程成为全市电网建设典范。长沙市第七水厂建成投产。推进五一商圈提质改造，老商圈焕发新活力。新增绿地25公顷。城市管理持续加强。强力推进生活垃圾分类减量，率先全市完成社区垃圾分类第一阶段工作。保养维修路面2.3万平方米。提质改造城区站厕107座，打造全省首个城区智慧环卫示范区，提质小餐饮“透明厨房”625家。深入落实《长沙市文明行为促进条例》，城区文明程度不断提升。乡村振兴深入推进。全面完成农村集体产权制度改革，26个村级集体全部成立经济合作社。深入推进农村“五治”、美丽“三园”创建工作，创建市级乡村振兴示范村2个，农村无害化厕所改造2800座。提质改造农村公路20千米，完成张家坝泵站等水利工程改造项目8个，“大棚房”整治工作高标准通过国务院督查组验收。

（五）办实事、惠民生，社会事业蓬勃发展。社会保障更加坚实。民生造福工程强力推进，省、市、区23项重点民生实事项目全面完成，城镇新增就业1.2万人，新增养老床位600张，桂花坪街道获评全国乡镇（街道）劳动争议调解综合示范单位。区、街、社区三级退役军人服务机构全部挂牌成立，赤岭路街道获评省退役军人工作模范单位。全面推动医保支付改革，发放各类救助保障资金3100万元。严格落实“房住不炒”政策，着力提升住房保障水平，累计提供公共租赁住房2684套。公共服务日趋完善。新改扩建中小学、幼儿园49个，新增学位6000个。大力引进优质教育资源，长郡外国语实验中学、雅礼外国语学校、长郡天心实验学校初中部投入使用，编外合同制教师待遇全面提升。湘雅五医院、爱尔眼科总部基地项目封顶，长沙市第三医院荣膺三级甲等综合医院，填补了我区“三甲”空白。建成标准化村、社区综合文化中心5个。社会大局和谐稳定。推行“有事好商量”基层协商议事机制，获评全国城市基层党建创新优秀案例。严格落实安全生产责任制，实施“铁腕治安”，全年未发生较大及以上安全生产事故。畅通信访渠道，成功化解信访积案42件，非洲猪瘟疫情防范有效。深入开展扫黑除恶专项斗争，中央督查组给予充分肯定。强力打响史上最严禁毒人民战争，查处吸毒人员1211人。治安和打击传销保持高压态势，刑事发案率同比下降15%，保持省“平安县市区”称号。人民武装和双拥共建工作成效明显，工会、共青团、妇联、残联、老龄、对台、人口计生、红十字会、史志档案、民族宗教、工商联和关工委等工作都取得了新成绩。

（六）促改革、提效能，自身建设不断强化。机构改革全面完成。新调整设置区政府工作部门26个，构建了更加完备、科学、高效的政府机构运行体系。依法行政持续深入。主动接受区人大及其常委会的工作监督、法律监督和区政协的民主监督，办理区人大代表建议107件、区政协提案76件。出台法治政府建设实施办法，推行行政执法“三项制度”，着力打造法治化营商环境示范区，桂花坪司法所获评全国先进司法所。梳理并公示政府权力清单事项3082项，天心公众信息网在全国测评中获全省区县级政府网站第一名。处理“12345”热线工单2.9万余件，按时办结率100%。作风建设不断加强。扎实开展“不忘初心、牢记使命”主题教育，严守中央八项规定，坚决整治形式主义、官僚主义，倡导担当务实工作作风，实行政府AB角制度与一线工作法，大力整治文山会海，全年会议同比减少31.3%、发文同比减少36.7%。牢固树立过“紧日子”思想，压减政府一般性支出11%用于民生事业。

惟其艰难，才更显勇毅；惟其笃行，才弥足珍贵。各位代表，即将过去的2019年，形势比预料的严峻，困难比想象的更多，但是成绩比预计的好，收获比预期的大。这是市委、市政府和区委正确领导的结果，是区人大、区政协监督支持的结果，更是全区广大干部群众扎实苦干、奋力拼搏的结果！在此，我谨代表区人民政府，向各位人大代表、政协委员、老领导、老同志，向各民主党派、工商联、无党派人士和人民团体，向驻区部队、武警官兵、政法干警、消防救援和民兵预备役人员，以及所有关心、支持、参与天心发展建设的同志们、朋友们，表示衷心的感谢，并致以崇高的敬意！

思危方能居安。在总结成绩的同时，我们也清醒地认识到前进的道路上仍然面临诸多困难和挑战：引领性强、带动力大的重大项目还不多，产业优势没有充分彰显；营商环境有待进一步优化，市场主体相对偏少；城乡发展还不够平衡，南部片区开发建设任重道远；政府化债及平台公司转型和打好污染防治攻坚战的压力依然很大；城市品质和公共服务水平与人民群众对美好生活的向往还有差距；安全生产和禁毒工作形势还比较严峻；干部改革创新的精神、狠抓落实的能力还有待进一步增强等等。对于这些问题，我们必须高度重视、精准聚焦、靶向施策、全力解决。

二、2020 年工作安排

2020 年是全面建成小康社会和“十三五”规划收官之年，做好明年的工作意义重大。当前，我国经济发展面临新的风险挑战，下行压力依然巨大，但是当前和今后一个时期，经济稳中向好、长期向好的基本趋势没有变。我们要坚持用辩证思维看待形势发展变化，增强和坚定必胜信心，善于把外部压力转化为改革发展的强大动力，在多重目标中寻求动态平衡、在高质量发展中实现系统优化，集中精力办好自己的事。增强和坚定必胜信心就必须要抢抓机遇、砥砺前行。深入学习贯彻习近平总书记对湖南工作的重要讲话指示精神，牢牢抓住长株潭一体化、南部片区开发建设的发展机遇，进一步增强产业发展平台集聚效应，壮大“天心实力”。增强和坚定必胜信心就必须要担当作为、艰苦奋斗。比认识更重要的是决心，比方法更关键的是担当，要大力发扬求真务实、真抓实干、干就干成的优良作风，一步一个脚印把美好蓝图变为活生生的现实，彰显“天心作为”。增强和坚定必胜信心就必须要上下同欲、精诚团结。树牢“四个意识”、坚定“四个自信”、做到“两个维护”，在省委省政府、市委市政府和区委的坚强领导下，一心一意谋发展，聚精会神抓产业，全心全意为民谋福祉，展示“天心风貌”。

2020 年政府工作的总体思路是：以习近平新时代中国特色社会主义思想为指导，全面贯彻中共十九大和十九届二中、三中、四中全会精神，紧扣全面建成小康社会目标任务，坚持稳中求进工作总基调，坚持新发展理念，按照高质量发展要求，大力实施“北提南进、服务引领、民生造福”发展战略，以转型发展、创新发展、融合发展为主线，坚决打赢“三大攻坚战”，全面做好“六稳”工作，统筹推进稳增长、促改革、调结构、惠民生、防风险、保稳定，全面实现“经济结构优质、城区品质优化、人民生活优越、生态环境优美、党风政风优良”的目标，全面建设“融城核心、璀璨天心”，确保全面建成小康社会和“十三五”规划圆满收官。

主要预期目标是：地区生产总值增长 8%，地方一般公共预算收入增长 6%，固定资产投资增长 7.5%，社会消费品零售总额增长 8%，城乡居民人均可支配收入增长 7.5%，主要污染物减排完成约束性指标。

围绕上述目标，突出抓好六个方面工作：

（一）全力打赢“三大攻坚战”。全面实现精准脱贫。巩固脱贫成果，将防止返贫和关心城市农村贫困边缘人口、困难群众的生产生活有机结合，有效减少相对贫困，让全区人民在“全面奔小康路上一个都不能少”。继续因地制宜、大力支持怀化通道县、龙山洛塔乡、浏阳富溪村脱贫致富，确保圆满完成对口帮扶任务。全力做好脱贫攻坚迎国检工作。纵深推进污染防治。全面巩固绿心地区工业企业退出成果，做好“退好、进优”两篇文章，探索工业退出、腾笼换鸟、转型升级新模式。坚决打赢蓝天保卫战，持续降低 $PM_{2.5}$、PM_{10}、O_3 等主要污染，确保空气优良率达到 80% 以上。着力打好碧水保卫战，全面落实“河湖长制”，持续狠抓黑臭水体与小微水体治理，支持新开铺污水厂与暮云污水厂升级改造，推进高云安置小区等雨污分流改造，以入江排口整治倒逼港子河、南托港等综合整治。扎实推进净土保卫战和声环境综合整治。积极配合新一轮中央和省级环保督查。有效防范化解重大风险。坚持“坚定、可控、有序、适度”理念，严格控制政府债务总量，坚决守住债务不违约的底线，确保全区债务风险稳定在相对安全区域。统筹盘活全区资源、资产、资金，牢固树立市场化经营思维，建立现代企业制度，强化国有资产管理，做实国有资产经营公司。积极争取政府一般性债券和专项债，充分激活民间投资，整合社会资源参与城中村改造、棚户区改造和有机更新。强化财政预算硬约束和绩效评价，“停、缓、调、撤”一批政府投资项目。厉行节约，坚持勤俭办一切事情，压减政府一般性支出 11% 以上。坚持去存量、控增量，有效打击各种形式的非法集资活动，扎实防控金融风险。

（二）全力推进产业转型升级。紧盯建设中部一流现代生产性服务业集聚区目标，建设实体经济与科技创新、现代金融、人力资源相结合的现代产业体系，推动区域经济在“六稳”前提下向更高质量发展，加快挺进全国百强城区 50 强。突出抓好六大产业。持续繁荣商贸物流业，扎实推进五一商圈提质改造，大力推动黄兴南路步行街创建国家级步行街；利用“三干两轨”建设契机，依托友阿奥特莱斯、中海环宇城等商业载体，全面提质扩容长株潭商圈。大力发展现代金融业，加快平安财富中心、华融湘江银行等总部建设，支持湘财证券、长沙农商行上市，加大国开行、农发行、进出口银行与区域经济发展的对接，利用好保险职业学院等人才资源优势和中心城区区位优势，引进银行、证券、保险等金融机构区域性总部及分支机构 35 家以上。做优文化创意产业，利用好文化产业、广告产业国家级优质平台及老城区有机更新街区资源，对接长沙打造国家创新创意中心目标，培育引进文创骨干企业 50 家以上。着力发展大数据（地理信息）产业，坚持用产业链思维构建产业体系，完善“两图两库两池两报告”，深入开展产业链招商，推动产业发展迈上新台阶。壮大大健康产业，加快爱尔眼科总部、湘雅五医院、星浩医药二期、五田医药三期等重点项目建设，支持长沙口腔医院创建三甲医院，促进医养结合，稳步发展养老产业。加快发展休闲旅游业，推进文旅融合，深挖全域文化与旅游资源，开展好火宫殿大庙会等文旅活动，精心打造西文庙坪、青山祠等历史文化街区，实现旅游总收入增长 10%。持续优化营商环境。深化“放管服”改革和“一件事一次办”改革，推进“互联网 + 政务”“互联网 + 监管”建设，打破数据壁垒，实现“零见面”审批落实。认真落实中央《关于营造更好发展环境支持民营企业改革发展的意见》，扎实做好安商暖商扶商工作，坚持“亲清”政商关系，不折不扣落实减税降费政策，实施包容审慎监管，继续抓好区领导联系服务企业制度和“区长企业接待日”，促推企业“入规、升高、上市”，以市场化、法治化、国际化营商环境持续增强市场主体内生动力，力争市场主体总量达 11 万户以上，培育“四上”企业 100 家以上，上市后备企业 10 家，支持华菱集团、湖南建工集团冲刺世界 500 强。着力建设“创新型城区”。强化人才引进，引导区内各级重点实验室、研究中心等科研创新平台与企业开放对接，发展壮大科技创新联盟，提高科技创新成果就地转化率。突出企业创新主体地位，加大对企业研发支持，培育高新技术企业 70 家以上，全社会 R&D 投入较上年增长 20% 以上，高新技术产业增加值占 GDP 比重不低于 32%。大力发展楼宇经济。完善重点楼宇“楼长制”，建立楼宇信息平台系统，新增各类楼宇重点企业 300 家、亿元楼宇 2 栋，建好“立起来的园区”。持续推进闲置楼宇、烂尾楼、批而未建土地等闲置资产、资源处置工作，力促太和广场等烂尾楼项目全面恢复建设。努力扩大招商引资。完善出台新的区域经济发展奖励政策，坚持“切开一厘米、切深一米”的产业链招商思维，着眼产业价值链高端精准招商。深入开展“三招三引”“三请三回”、以商招商、协会招商、基金招商。严格实行招商引资“一把手”工程，发挥“不怕千难万险、不舍千言万语、不惧千山万水、想尽千方百计”的“四千”精神，领导带头招商、干部全员招商，引进投资过 10 亿元项目 5 个以上、年税收过百万企业 100 家以上。擦亮夜间经济品牌。优化夜间经济服务中心运行，支持开展“夜购、夜食、夜娱、夜赏、夜宿”等夜间时尚消费活动，争创国家夜间文旅消费集聚区。发展特色精品民宿和主题文化酒店，助推“文和友”尽快主板上市成为中国夜经济第一股。

（三）全力推进三大板块建设。统筹城市规划、建设和管理，建设更高品质现代化城区。全力打造底蕴深厚、产业繁荣的长沙外滩。全面完成仁美园巷片区、西文庙坪 B2 地块、太平街和火宫殿二期等老城区有机更新项目，启动古道巷、狮子山、澳洲商业广场、五矿湖南总部等重点地块项目建设，保护好古城长沙风貌，守住城市文化乡愁，留住城市文脉记忆。深入推进棚户区改造，完成碧湘街二期等项目扫尾清零，让老城区旧貌换新颜。努力建成功能完善、服务高端的省府新区。强力推进新开管委会、黑石、新天等城中村改造，启动长机棚改长铸地块、湖南机床厂、新开铺423地块等棚改项目。引导推动一力物流园转型外迁。打通白兰路、杉木冲路等断头路、瓶颈路，完善城区路网建设。加快推进五江国际广场建设和新姚二号地等商业用地全球招商，推动机场搬迁后的片区规划调整，让城市“长高”“变美”。加快建设生态优美、产城融合的暮云片区。完成绿心控规编制与乡村规划编制，在坚决保护好绿心、守住生态红线的同时，最大限度释放土地资源潜能。着力解决区划调整的历史遗留问题，进一步理顺片区基础设施投入体制机制。突出基础设施项目推进，加大绿心地区民生投入，加快芙蓉南路快速化改造、中意路城市化改造、伊莱克斯大道西延线建设，完成牛角塘村城中村改造一期征地拆迁及圭白路建设，推动新韶山南路南延和万家丽路西延线跨江大桥建设。争取各级生态补偿支持，大力发展绿色产业。

（四）全力推进园区创新发展。紧紧围绕高质量发展和新旧动能转换，树牢精明增长、产城融合、服务至上的新理念，以更大的力度和更实的举措推动园区重塑，充分展示主阵地、主战场、主力军的新作为。聚焦“主特”产业。着眼建设长沙第五谷“天心数谷”的目标，大力发展以大数据（地理信息）为核心的数字经济产业，进一步做实“一带一谷一小镇”大数据产业空间布局，积极招引四维图新、正元地理等地理信息百强企业和头部企业落地入园，力求在精准位置服务、高精度电子地图、人力资源大数据、建筑信息模型（BIM）四个小切口细分领域快速形成集聚和鲜明特色。着力抓住湖南省首家人工智能产业园授牌契机和智能经济、数字经济、网络经济爆发式发展“风口”，瞄准未来5年内实现产值过100亿元、税收过10亿元的目标，高水准引进行业领军企业和企业总部，积极培育千视通、万码互联等尽早上市。大力发展人力资源服务特色产业，加快“四中心一基地”建设，主动对接全市22条产业链做好人力资源服务，积极引进长沙人才集团等优质企业40家以上。持续扩大国家级文创园区品牌影响，提升管理运营和招商质效，加大广告传媒、创意设计、动漫及音频产业龙头型、高效型企业聚集发展，力争早日挺进全国同类园区前3强。聚焦企业服务。直面企业“融资的高山、市场的冰山、转型的火山”，设立园区产业发展基金，充分发挥园企产销对接服务中心作用，形成“以市场换产业、以应用场景育企业”的合力，加大政府购买公共服务力度，以“不叫不到、随叫随到、服务周到、说到做到”的理念，努力为企业提供“全天候、全要素、全链条、全生命周期”的“一站式”服务。聚焦品质提升。着眼打造“集约化、特色化、品质化”精品园区，全面盘活现有老旧厂房等闲置资源，打通融资渠道，高品质规划建设“国际人才城”等平台载体，扎实推进片区道路、管网等基础设施配套建设，努力实现“眼前一亮”目标。聚焦赋权强园。坚持向改革要活力、向空中要土地、向创新要效益、向社会要服务，出台支持天心经开区改革创新发展政策，进一步理顺园区与街道、部门及平台公司的关系，充分赋予园区更大自主权。强化“以优质项目论英雄”和“以亩均税收看质量”的考核评价机制，推动园区跨越式发展。

（五）全力推进城乡品质提升。坚持“人民城市人民建、人民城市为人民”的理念，让城市更美好。提升城市规划设计。强化规划是最大城市资源的意识，精心、用心、匠心开展各项规划编制，为城市争取成长空间，为未来留足发展空间。提档改善人居环境。改造工农村小区、公交小区宿舍等老旧小区15个，加快建设西湖路、新竹路、园艺路、桂花坪路东段等新建、续建道路19条，切实提升城区整体风貌。继续推进“一圈两场三道”建设，提质“15分钟生活圈”18个。持续推进园林景观微改造工程，提质一批社区公园、街角花园和重点干道景观，增强人文气息，让城市一步一景、精致精美。提高城市管理水平。坚持以绣花精神扮靓“城市客厅”，高标准推行城市管理科学化、精细化、智能化建设。持续开展市容环境综合整治，切实提升生活垃圾分类覆盖实效。深化群众性精神文明建设活动，巩固文明城市创建成效。提速乡村振兴发展。强化农村“三资”管理，培育新型农业经营主体，不断壮大新型村级集体经济，促进农民增收。持续开展农村“五治”、美丽“三园”创建及村庄清洁行动，不断改善农村人居环境。全力推进美丽乡村建设，提质农村公路8.4千米，无害化厕所改造2280座，完善农田水利、安全饮水工程等基础设施，着力打造旅游观光、乡村休闲、特色民宿为主体的都市乡村旅游“升级版”，努力开创乡村振兴新局面。

（六）全力推进民生福祉改善。“民生无小事，枝叶总关情”。落实好人大票决通过的十件民生实事工程，让人民群众切实看到变化、得到实惠、感到幸福。更好地保障幼有所育。健全学前教育保障机制，提高普惠性幼儿园比例，完成和城幼儿园等15所幼儿园建设，实现公办幼儿园幼儿人数占比达50%。更好地保障学有所教。实施新一轮学校建设三年行动计划，完成青园小学友谊校区、雅礼书院等学校建设，启动新建长沙市一中城南中学、许兴小学一期、新昌学校等中小学校6所，新增学位3880个。争取更多教师编制，重视和提高校长办学自主权与班主任待遇。更好地保障病有所医。启动基层医疗服务能力提升三年行动计划，完成大托铺、坡子街2个街道社区卫生服务中心建设。落实好国家基本公共卫生服务项目，大力推进家庭医生签约服务，全力创建全国健康促进示范区。更好地保障劳有所得。坚持就业是民生之本，突出做好高校毕业生、农民工、退役军人等重点群体就业创业及农民工工资权益保障工作，通过稳企业实现稳就业，城镇新增就业1.1万人以上。更好地保障弱有所扶。织密社会保障网络，加大财政支持与社会爱心力量整合力度，深入开展特困群体“五帮扶”，关心和支持残疾人事业发展，让城市更有温度。更好地保障老有所养。新建社区居家养老服务中心5个，新增养老服务床位400张，加快建设居家、社区、机构相协调，医养康养相结合的养老服务体系。整合资源扩大老年大学办学规模，弘扬“尊老爱老”社会风尚。更好地保障住有所居。坚持“房子是用来住的、不是用来炒的”定位，促进房地产行业平稳健康发展。完成天心佳苑二期安置房建设，加大保障性住房供给，提供廉租房、公租房等保障房300套。大力发展和规范住房租赁市场，支持老旧小区加装电梯，规范小区物业管理，构建和谐安全幸福家园。

坚持党建引领基层社会治理，进一步做实网格化管理和服务，健全人民调解、行政调解、司法调解的衔接联动机制，推动信访积案有效化解。深化平安天心建设，深入开展消防、交通运输、食品药品等领域安全监管，坚决防范和遏制较大及以上事故发生。纵深推进扫黑除恶专项斗争和禁毒人民战争，严厉打击违法犯罪和传销行为。持续做好退役军人服务管理工作。谋划和编制好“十四五”规划，抓好第七次全国人口普查，统筹推进国防教育、双拥共建、民兵预备役工作，大力支持工会、共青团、妇联、老龄、关工委、文联开展工作，切实做好史志档案、民族宗教、机关后勤等工作。

三、着力加强政府治理能力建设

民之所望，施政所向。我们必须始终铭记党的初心和使命，全面加快民本、实干、法治、廉洁政府建设，推进政府治理体系和治理能力现代化，竭尽全力为人民服务、对人民负责。

建设民本政府。人民对美好生活的向往，就是我们的奋斗目标。我们要始终践行以人民为中心的发展思想，紧紧围绕“菜食住行购、科教文卫体、老幼站厕园”等群众切身利益问题，持续完善公共服务，把群众关切的事办好、把群众期盼的事办成、把群众受益的事办实。要大兴调查研究之风，深入开展“问政于民、问需于民、问计于民”活动，从群众中汲取智慧和力量，让政府的决策更加科学有效。

建设实干政府。大道至简，实干为要。继续弘扬真抓实干、埋头苦干的优良作风，以争创一流的决心、迎难而上的担当、一抓到底的激情、紧盯不放的执着，加强学习型机关和队伍建设，扎扎实实做好各项工作。牢固树立讲担当、重实绩的鲜明导向，亮出担当作为的标尺，开展“真抓实干”评选激励、重点工作现场观摩，引导广大干部振奋精神干事业、扑下身子抓落实。

建设法治政府。法治是最好的营商环境。始终秉承民主法治的工作理念，全面推进行政决策、执行、管理、服务、结果“五公开”，让公平正义的阳光照亮政府治理的每个角落。始终坚持“法无授权不可为、法定授权必须为”，严格规范执法自由裁量权，自觉接受区人大及其常委会工作监督、法律监督和区政协民主监督。

建设廉洁政府。俭以养德，廉以立身。始终把廉洁从政作为政府工作的底线，坚决贯彻执行中央八项规定，巩固深化“不忘初心、牢记使命”主题教育成果，严肃整治形式主义、官僚主义新动向新表现，打造持廉守正、勤政为民公务员队伍。紧盯重大工程、重点领域、关键岗位，强化巡察和审计监督，坚决惩处违法乱纪行为。加强政府系统领导干部勤政廉政建设，抵制歪风邪气，涵养清风正气，努力用干部更用心的“辛苦指数”换来百姓更开心的“幸福指数”，用政府的“紧日子”换取百姓的“好日子”。

各位代表，中流击水，奋楫者进。我们都在努力奔跑，我们都是追梦人！让我们高举习近平新时代中国特色社会主义思想伟大旗帜，在市委、市政府和区委的坚强领导下，在区人大、区政协的监督支持下，不忘初心、牢记使命，持续奋斗、逐梦前行，为全面建设“融城核心、璀璨天心”、全面建成小康社会、实现人民对美好生活的向往做出新的更大贡献！

名词解释：

1.“生产性服务业发展28条”：即《长沙市天心区加快建设现代生产性服务业创新集聚区助力全市制造业高质量发展的实施方案》，文件分为七个部分，共28条举措。

2. R&D：科学研究与试验发展经费。

3.“四上”企业：指规模以上工业企业、资质等级建筑业企业、限额以上批零住餐企业、国家重点服务业企业等四类规模以上企业的统称。

4.“侗嫂”：天心区对口帮扶怀化市通道侗族自治县精准扶贫项目，旨在培训一批专业家政服务人员，让更多的城乡妇女通过职业技能提升实现灵活就业。

5.“两业”：就业和产业扶贫项目。

6.“瞪羚企业”：指创新能力强、发展速度快、专业领域新、市场潜力大的高成长性企业。

7.“630攻坚”：指《长沙市电网供电能力提升三年行动计划（2018—2020年）》，明确电网“主干网架”提质、“骨干网架”补短、“城乡配网”升级三大工程建设，确保到2020年，长沙电网建设改造投资规模约150亿元，满足1000万千瓦负荷下安全供用电需求。

8. 行政执法“三项制度”：行政执法公示制度、执法全过程记录制度、重大执法决定法制审核制度。

9.“两图两库两池两报告”：“两图”即产业全景图、现状图；“两库”即客商库、项目库；“两池”即资金池、人才池；“两报告”即产业链招商报告、产业链分析报告。

10.“三招三引”“三请三回”：招商引资、招才引智、招院引所，请乡友回家乡、请校友回母校、请战友回驻地。

11.“一带一谷一小镇”：万家丽路产业带、天心数谷、地理小镇。

12.“四中心一基地”：产业集聚中心、人才大数据中心、培育孵化中心、共享服务中心，湖南人才市场基地。

媒体报道选录

稳就业，稳住了我们的心

——对创业者扶上马、送一程

清晨7点，长沙城苏醒喧闹起来。王少华早早打开电脑，几十封电子邮件涌入。

今年秋季招聘，90后王少华忙得很。不过，他不是忙着投简历，而是忙着筛简历。“我的公司发展得还不错，打算加大投资、扩充团队。”

2016年，还是在校研究生的王少华，就创办了湖南方得文化创意有限公司。

“今年，我们的主打产品《弟子规》系列图书有望销售两万册，终于看到盈利的曙光了！”王少华一脸自豪，不时咯咯大笑。“90后‘创客’的春天来了！”从企业开办、资金获取到项目扶持，王少华最大的感受是，国家稳就业政策春风拂面。

创业之初，王少华跑遍全城寻找便宜点的办公场所。“最普通的写字楼每天每平方米租金也要2元，租100平方米一年下来得7万多元。”王少华犯了愁。巧的是，当时正逢启迪之星孵化器落户长沙。作为第一家入驻孵化器的创业企业，王少华的公司不仅获得了半年租金免除，还享受到免费代理注册公司、免费财务、法律咨询等服务。“加上长沙市政府给予的一次性创业补贴5000元、‘人才新政’生活补助2万元，公司顺利起步了。”

创业初期，遇上资金周转困难怎么办？王少华押上全部身家开发出了AR《弟子规》产品，却没钱进行市场推广。眼看就要砸手里，王少华硬着头皮，带上产品参加了长沙市人社局主办的创新创业带动就业项目比赛。AR《弟子规》被评为示范项目，获得20万元扶持资金。“有了这20万，就可以‘招兵买马’，奋力一搏。”

打开销售渠道，是创业者要翻过的另一座“大山”。王少华和他的团队有点子、有创意，但缺乏市场开拓经验，主推的产品销量一直上不去。

“多亏长沙市政府给我‘配备’了创业导师。在导师的牵线搭桥下，我们成功地与中国邮政合作，一举打通销售渠道，这才让我们有了‘扩招’的底气。”王少华说。

扶上马、送一程。在稳就业政策的帮扶下，王少华的企业迅速成长。目前，公司营业额保持在300万元左右，带动社会就业8人。王少华介绍，“我们还累计吸纳120名在校生到公司实习，并推荐其中30名入职其他单位就业。”说到未来，王少华和团队踌躇满志，除了深耕国学文创产品，还将开拓旅游文创市场，与更多的小伙伴一起为梦想奔跑奋斗，也为就业拓展新的空间。

“稳就业，稳住了我们的心。作为大学生，我们能端稳‘饭碗’，也不妨主动创造‘饭碗’！”王少华说。

（原载于《人民日报》2019年11月20日第1版，记者：李心萍、刘诗瑶）

让百姓共享过去和未来

——长沙市天心区推进城市“有机更新”掠影

随着长沙市天心区“一圈两场三道”（生活圈，停车场、农贸市场，人行道、自行车道、历史步道）建设的推进，家住天心区金盆岭街道黄土岭社区的廖东琳，感到生活越来越便利。

买菜、就医、上学、锻炼……步行15分钟内都可到达，还有社区建成的邻里中心、居家养老服务中心等公共设施，不断丰富着廖东琳的“生活圈”。

生活越来越方便，品质越来越高，是天心区群众近几年来的共同感受。特别是去年，该区共铺排了171个民生项目，桩桩件件都让百姓的获得感、幸福感更加充实、更有保障。

把褪色的“曾经”找回来

一座城市，历经岁月洗礼，“肌体”逐渐老去、退化。如果推倒重来，大拆大建，形象是时尚了，“历史的痕迹”却没了。如何让百姓既过上有品质的生活，又享受曾经的“味道”？

去年3月7日，长沙市委主要负责人一行实地探访、深入调研天心老城区后，提出要加快推进“有机更新”，让老城区更有长沙味，让老百姓更具幸福感。

随后，一场“有机更新”的战役在天心区打响。

按照规划，天心老城区的“有机更新”范围约3.15平方千米，集中分布在该区的坡子街街道和城南路街道，分为7大片区，12个项目。

“在推进‘有机更新’项目过程中，我们重点围绕改善房屋室内宜居环境、改造室外的基础设施为主，按照‘留、改、拆’有机结合，先宜居，再兼顾宜业、宜游。”天心区委负责人说。

去年12月上旬，记者在坡子街街道仁美园“有机更新”项目现场看到，该片区的地下管网已预埋完成，工人们正对部分房屋进行室内改造和外墙加固。

“我们秉承匠心精神修复。地下先预埋管道，地面则用青砖、麻石采用凸字形铺设，注重排水、防滑，墙面修旧如旧，设计老照片墙。同时，在后期还设计了最美杂货铺、社区美术馆等项目，既为老城区注入新业态，更‘留住儿时记忆’，提升百姓生活品质。”该项目的设计方负责人曾国隆告诉记者。

自“有机更新”项目实施以来，天心区7大片区12个“有机更新”项目目前已全部开工建设，所有项目计划于2020年完成。

将时代的形象树起来

长沙最繁华的地方，当属五一商圈。

五一商圈作为城市的客厅，是市民最重要的生活圈。可以说，五一商圈的形象，就代表着省会长沙的形象，代表着一个时代的形象。

长沙市的决策者对五一商圈更是寄予殷切希望，“要以人性化、精细化、景观化、时尚化的建设和管理理念，打造一流软环境，让市民和游客有宾至如归的感觉。”

“以人为本，聚集人气”，成为五一商圈整治升级的核心。

优！ 优化交通管理。对公交线路、站牌、路面标识、人行道等进行优化管理，增设了8条人行通道，设置了无障碍设施，进一步畅通人行道。

治！ 开展市容秩序乱象整治、公共设施维修整改，重点严控区域内共享自行车、非机动车停放，对背街小巷环境卫生进行整治。

提！ 着力推进街区提质。结合老城区“有机更新”，逐步改造提质五一商圈，确保街区风貌、整体色彩、建筑立面等有品位、有特色、有内涵。

“现在的五一商圈，人行道清洁畅通、标识标线清晰、环境干净清爽、既现代又有品质。”提质改造后的五一商圈赢得了不少市民点赞。

湖南世纪情投资有限公司、长沙王府井百货、长沙悦方等6家单位还联名给长沙市委、天心区委写了感谢信，感谢当地党委政府在优化五一商圈环境上的积极作为。

据了解，为进一步打响五一商圈品牌，天心区还邀请知名品牌设计公司对五一商圈的 LOGO 进行设计，启动购物消费节，并组建五一商圈商家联盟，抱团发展，形成合力。

让精彩生活展示未来

去年 12 月 18 日，天心区智慧生活圈上线。市民不论买菜、上学、看病、停车，还是吃喝玩乐、游遍天心都可以按图索骥，一部手机搞定。

家住天心区青园街道湘府华城的刘芳第一时间体验了一把，在系统自动定位她所处位置后，点击“一圈两场三道”子栏目，刘芳所在位置的生活圈、停车场、农贸市场、人行道、自行车道及历史步道一目了然。

“太方便了，还有 24 小时药店、游泳馆、图书馆的查询和引导，一个平台就可以满足我日常生活所需。”刘芳感慨。

坡子街街道青山祠社区的妙高峰历史步道项目的戏剧街，也引入了智能识别系统，只需拿起手机扫一扫墙上的二维码，动人的湘剧唱段和古迹讲解即可在耳边响起。

“现在的生活，太幸福了。政府不仅帮我们小区提质改造，还注重丰富我们的精神生活。”住在妙高峰巷近 30 年的刘小兰告诉记者，原来的小街小巷，现在已成为长沙的历史文化街区。

去年以来，为方便市民生活，天心区重点打造了 27 个生活圈，建设项目 246 个；新改建农贸市场 8 个、新建中心城区公共场所停车场 12 个、中心城区配套建设停车场 8 个；新改建人行道 40.9 千米、自行车道 57.9 千米、历史步道 11.3 千米。

在民生造福战略的推动下，“宜居、宜业、宜游”“方便、快捷、舒适”的生活正在天心区精彩上演。

（原载于《湖南日报》2019 年 2 月 6 日第 1 版，记者：周云武、张福芳，通讯员王若飞、周密）

南城追梦谱华章

——长沙市天心区营商环境优化暨项目建设推进大会侧记

2 月 11 日，正月初七，上班第一天。

湖南省人民大会堂内座无虚席，长沙市天心区营商环境优化暨项目建设推进大会正在这里隆重召开。

这场会议很“新”，主席台上不仅坐着天心区“四大家”领导，还邀请了 16 位企业家代表上台，见证天心发展的决心；

这场会议很“大”，1000 多名参会人员来自机关、企业、街道、社区（村），他们将为天心的发展贡献力量；

这场会议很“厚”，内容丰富，主题明确。既是全年总结更是谱序绘新景。

起步就是冲刺、开局即为决战。

2019 年 1 月，天心区完成地方一般公共预算收入 5.87 亿元，完成总量排名长沙市内五区第一；完成全年进度 13.15%，排名内五区第二，顺利实现财税收入“开门红”。

回顾 2018，交出一份满意答卷

2018 年，地区生产总值首破千亿元大关，城乡居民人均可支配收入 54300 元，九大民生造福工程全力推进。

2018 年，对于天心区来说，收获满满，成果颇丰。

这一年，面对纷繁复杂的局势，天心区认真贯彻党中央和省委、长沙市委决策部署，干得很有效、走得很坚定、过得很充实，经济社会实现平稳健康发展。

这一年，天心区地区生产总值首破千亿元大关，其中服务业为主的第三产业增加值占GDP比重达到71.9%，第三产业对税收贡献超过80%；2018年财税总量达137.9亿元、跃居长沙市内五区第2位，城乡居民人均可支配收入54300元，位居长沙市前列，总量、质量齐升，经济结构明显调优。

这一年，是天心区高质量发展的升级之年，地理信息产业园进入全国前三，拥有国家级科研平台2个、省级重点实验室7个；长沙金融外滩享誉三湘，金融业税收占比达31%，连续两年居全区第一大税源；湖南长沙人力资源服务产业园，从提出设想到实现省级园区挂牌不到1年时间；文化（广告）产业园整合升级，创谷商标受理中心受理量名列全国前三；“千人帮千企百日大行动”落实惠企资金1.62亿元，五一商圈、长株潭商圈品牌更加响亮，经济竞争力不断增强。

这一年，天心城市不断向高品质迈进。“三大板块”（长沙外滩片区、省政府片区、暮云片区）征拆建设加快推进，长沙外滩17个棚改项目有8个清零；3.15平方千米的老城区有机更新区域占全市56%，7大片区12个项目快速推进；省府新区完成城中村改造517户，6个项目实现清零；南部片区规划纲要正式出台，乡村振兴顺利推进，基础设施、项目建设、发展平台不断向南延伸拓展，暮云片区完成13个项目清零，年度腾地1500多亩。

这一年，群众获得感不断增强。九大民生造福工程全力推进，网格化综合管理改革深入实施，成功创建全国社区治理和服务创新试验区。“一圈两场三道”建设成效显著，建成26个“15分钟生活圈”。新改扩建学校11所，新增学位9140个，率先全省完成义务教育标准化学校建设。省政府片区新增新华书店、24小时图书馆3个。2018年信访工作实现内五区“三个最少”，社会大局和谐稳定。

天心，在高质量发展的康庄大道上越走越稳。

优化营商环境，永远在路上

从2018年出台的“天心营商环境10条”，到围绕重点产业、产业链、企业、项目出台“一事一议”政策，再到近期出台“天心营商环境30条”，天心区在优化经济发展环境上可谓“一直在路上”。

2月11日，与会代表们都收到了一份《长沙市天心区“营商环境优化年”实施方案》（简称“天心营商环境30条”）。

这份方案，明确提出，要以流程再造、效能革命、权益保护、企业帮扶为抓手，以企业需求为导向，以企业满意为标准，着力营造“最方便”“最赚钱”“最安全”“最亲清”的一流营商环境，把“营商环境最佳”打造成为天心区的核心软实力和最亮新名片。

“方案每一条都是‘干货’，每一条都能落地执行。”不少企业看完方案后，纷纷感慨。

比如，方案明确提出，要实现个体工商户注册登记1个工作日内完成，企业注册登记2个工作日内完成，发票申领即来即办，这标志着天心区将成为省内企业注册登记时速最快的区县。

比如在园区探索推行产业建设项目“先建后验”管理模式，探索推进相对集中行政审批权试点，使审批服务效率更高。探索行政审批容缺受理，试行“非关键性材料不全可受理”政务服务模式。

比如建立政企交流制度，区委、区政府每个季度召开政企恳谈会1次以上，设立行政负责人“企业接待日”制度，每月1日（遇节假日顺延）在区企业服务中心开展“区长企业接待日”“局长企业接待日”活动……

足足30条优化营商环境举措，条条都是硬招，每一项都只为营造更加优质、高效、贴心的营商环境。

其实，近两年来，天心区为优化营商环境可谓下足了功夫。

2018年，该区全面深化“最多跑一次”改革，实现“最多跑一次”事项429项，实现比率100%；审批提速，在区政务服务中心设立了优化营商环境服务窗口，开通“85898808”营商环境投诉热线；出台“创新服务企业长效机制”“天心营商环境10条”等举措，建立“首问责任制”“部门审批承诺制”等一批制度；全方位优化涉企服务，全面落实“长沙人才新政22条”人才各类补贴，通过安排高端人才子女就近上学、开设人才医疗“绿色通道”、打造“人才公寓”等措施为区域内企业人才创造优质生活环境；积极践行“千人帮千企百日大行动”，截至去年底，兑现惠企资金1.62亿元，筹划“服务企业‘4727’活动”，围绕政策惠企、融资联企、要素扶企、环境暖企4个主题，组织27场活动。

“营商环境的氛围上来了，百姓办事更方便了，在天心投资兴业更舒心了”已逐渐成为天心干群、企业家们的共识。

“2019年，我们要持续深入开展‘营商环境优化年’活动，要像呵护眼睛一样呵护营商环境，要像善待亲人一样善待辖区企业，要像兑现军令状一样兑现政府承诺。切实把优化营商环境作为‘第一品牌、第一资源、第一竞争力’，作为经济发展的生命线来抓，努力把‘营商环境最佳’打造成天心区的核心软实力和最亮新名片。”会场上，天心区委书记朱东铁的发言，让企业家们信心倍增，步履坚定。

项目建设，砥砺再出发

2018年，全区铺排重大项目138个，年度完成投资280亿元；2019年，继续坚持项目为王，全区计划铺排重大项目152个，预估总投资958亿元。

项目建设是经济工作的“牛鼻子”，没有产业的城市是“空城”，没有项目的经济也是空心的，抓项目就是抓发展。

“2019年天心区上下要从提高项目质量、加快项目建设、加大项目招商3个方面着手，全力在‘建链、强链、延链、补链’上下功夫。”会场上，天心区委副书记、区长黄滔的讲话“一叶知秋”。

2018年，天心区铺排重大项目138个，年度完成投资280亿元，占计划的131%。67个市级重大项目开工率为100%，完成投资258亿元，完成率139%。

2018年，天心区豹子岭南路、金桂路、湘汉路、港子河路建成通车；产业项目建设风生水起，湖南地理空间大数据应用中心二期、杰峰医药健康产业基地等项目加速推进，长利家居组装配送中心、和立东升总部等项目投入运营，尤其是湖南长沙人力资源产业服务园实现当年开园、当年挂牌、当年入驻企业51家，当年实现产值20亿元，正在向国家级人力资源产业园挺进；徐记大厦、远见嘉华等13个重点产业项目获奖。

2018年，为引进更优质项目，天心区还精心举办了2018长沙天心上海招商恳谈推介会、首届长株潭一体化区域合作联席会议、2018大数据空间信息应用博览会等节会活动，成功引进了太平洋建设商楚集团、中信保诚等世界500强项目，全年在谈及入驻亿元以上项目达15个以上，引进金融机构区域总部及分支机构41家。

凡是过往，皆为序章。

站在2019年的新起点上，天心区将在项目建设上如何作为？

“我们将以省市‘产业项目建设年’活动为抓手，继续坚持项目为王。”天心区主政者明确表示，“要突出关键环节抓项目，做到一个项目就是一个新的增长点，一批项目就是一个新的增长极；突出破除瓶颈抓项目，下大力气解决征收、资金、土地等方面的问题，破解发展瓶颈；突出机制保障抓项目，在强化责任意识、健全工作机制、强化考核奖惩上下功夫，以重大项目建设的新突破带动经济社会发展的新提升。”

号角已经吹响，目标也已确定：2019年，全区共铺排重大项目152个，预估总投资958亿元，年度投资245亿元；列入长沙市级重大项目81个，预估年度投资205亿元。

要实现目标，唯有砥砺前行，奋斗不止。

（原载于《湖南日报》2019年2月12日第6版，记者：张福芳、王若飞）

营造“营商环境最佳”的天心氛围

——政企热议“天心营商环境30条”

2019年2月11日，长沙市天心区营商环境优化暨项目建设推进大会隆重召开。会上下发了《天心区“营商环境优化年”实施方案》，里边的30条“干货”引来众人点赞、热议。

“办事更方便、快捷了”

“方案里提到，在申请资料齐全、符合法定形式的前提下，实现个体工商户注册登记1个工作日内完成，企业注册登记2个工作日内完成，发票申领即来即办。”

“这样的效率，将会吸引更多的企业选择天心、入驻天心。”长沙创远环保科技有限公司总经理蔡明远有些兴奋地说道，“这也标志着天心将成为省内企业注册登记时速最快的区县。”

“还有探索推进相对集中行政审批权试点，使审批服务效率更高；探索行政审批容缺受理，试行‘非关键性材料不全可受理’政务服务模式；设立‘天心政企通’APP；针对新入驻企业，在核名、落户、变更等事项办理过程中，凡是在其他城市（地区）可以办理的，参照先例，依法依规协调办理等等举措，都让人看到了天心区对优化营商环境的重视。”

蔡明远还关注到了一组时间数据：为提高纳税便利程度，实现一般性纳税当日即报即办，拓展“电子税务局”办税功能，将企业平均办税时间缩短至96小时；积极推行区内投资审批事项“多规合一”在线审批，进一步压减工程建设项目审批时限，精简部分前置审批条件，工程建设项目行政确认类备案事项办理时限不得超过3个工作日；设立“请您来找茬”意见征询通道，开通“0731-85812345”天心区企业服务和招商引资热线以及tx85812345@163.com企业服务邮箱等等。

“一系列的举措，不仅提升了政府的办事效率，更为我们提供了更方便、便捷的办事窗口和平台，为政府的积极作为点赞。”蔡明远说。

“帮扶更接地气、重实效”

“我们希望可以给企业家营造‘最方便’‘最赚钱’‘最安全’‘最亲清’的营商环境，所以出台的举措每一条都是‘干货’，接地气、重实效。”天心区委副书记、区长黄滔在接受采访时说道。

我们注意到，《方案》提出，对企业实施“瞪羚企业培养计划”，以产业扶持资金进行事后奖补，用于支持企业像“瞪羚”一样快速发展所需的智能升级改造、管理升级、研发投入或贷款贴息等。

“我们还在长沙市区县中第一个将‘千人帮千企大行动’常态化、机制化。同时，着力帮助解决企业‘融资难、融资贵’问题。利用辖区内金融资源富集的优势，引导各类金融企业定期召开形式多样、产品丰富的银企对接会。探索在园区成立中小微企业政策性融资担保公司，设立小微企业信贷风险补偿基金。出台区级小微企业贷款贴息补助政策。”黄滔表示，“方案以问题为导向，在制定前期听取了100多位企业家的意见，召开了多个座谈会，就是希望每一条举措，都能帮企业解决问题，都是企业家们想要的。”

在扶持企业方面，《方案》还提出，“要大力扶持企业上市。着力培育‘小巨人’企业，建立区上市后备企业资源库，将入库企业在进入多层次资本市场过程中涉及的改制、项目立项、税收等方面的审批，纳入‘绿色通道’管理，各执法、监管部门加大包容审慎监管服务力度。对主板、创业板、中小板等上市后备企业，在省证监局进行了上市辅导备案后，均给予重奖。”

“这些举措，条条‘干货’，条条可见实效。更表明了我们区委、区政府的态度，只要企业选择天心，扎根天心，我们就会像对待亲人一样，真心相待，真情培育，并肩前行。”黄滔表示。

“企业家更有尊严、地位了”

“以往，政府干部总是不敢与我们走得过近，怕惹来非议。这次《方案》明确提出，要营造‘最亲清’的政商环境，鼓励领导干部和公职人员与企业家在坚持‘亲清’政商关系前提下大胆交朋友。”

“这是一种开明的态度，也说明政府对我们企业家越来越重视，越来越愿意与我们交朋友，倾听我们的心声。”爱尔眼科医院集团公司湖南公司CEO张艳感慨。

“《方案》还提到，要弘扬企业家精神和工匠精神。大力营造‘尊重企业家、尊重创新创业者、尊重纳税人’的浓厚氛围，这让我们看到，天心区在优化营商环境上是下真功夫。”中广天泽传媒公司总经理傅冠军说，“这次大会，我们企业家被邀请坐主席台，这在以往都是从来没有过的。挺惊讶，也说明我们企业家越来越有尊严、地位了。”

长沙橘韵投资有限公司董事长许智来则对方案中关于“建立政企交流制度，区委、区政府每个季度召开政企恳谈会1次以上，设立行政负责人‘企业接待日’制度，每月1日（遇节假日顺延）在区企业服务中心开展‘区长企业接待日’‘局长企业接待日’”印象深刻。

“企业在发展过程中，总会遇到各方面的问题和困难，有了这个常态化的联系制度，我们就等于有了‘娘家人’。”许智来笑着说道。

“出台‘天心营商环境30条’的最终目的，就是希望可以营造‘最方便’‘最赚钱’‘最安全’‘最亲清’的一流营商环境，希望可以把‘营商环境最佳’打造成为天心区的核心软实力和最亮新名片。”天心区委书记朱东铁表示。

（原载于《湖南日报》2019年2月12日第6版，记者：张福芳、王若飞）

夜访长沙“守夜人”：从默默无闻到被需要

10月19日，晚上7时30分，当向俊推开长沙市天心区夜间经济服务中心大门时，门外的黄兴南路步行街上已是游人如织。

在街道管委会工作十多年，这条900余米长的街道，他“每天都要走七八遍”。但今天，他有了新的身份，作为“守夜人”，从晚上8时值班到次日凌晨2时，守护天心区夜间经济的平稳运行。

9月7日晚，这条街上亮起了一盏特殊的灯。湖南首个夜间经济服务中心——长沙市天心区夜间经济服务中心正式启动运行。

如今一个多月过去了，服务中心俨然成了黑夜里的“守护神”。截至目前，中心共接到来电、来访共70余人次，受理投诉27起……

“越夜越火爆”呼唤管理升级

“好家伙，这么多人，跟过节一样。”10月19日晚上8时，从北京到长沙旅游的刘群飞刚走出黄兴广场地铁口就被眼前川流不息的人流震撼了。他按照网上的攻略特意来到这里“打卡”，准备品尝长沙颇有名气的“半仙豆夫”——当地网红豆制品店。

此刻，小小的店面门前，排队的人群已形成了“U”字形长龙。10月1日，这家分店刚刚开业，仅用了半个多月，便形成如今的火爆场面。“晚上11点还有人排队，一晚上能卖2000多份。”店内工作人员笑着对记者说。

这是黄兴南路步行街夜间消费的一个缩影。天心区夜间经济服务中心办公室主任杨波给记者展示了一组“辉煌战绩”：客流量日均逾18万人次、节假日可达30万人次；仅10月1日一天，地铁黄兴广场站和南门口站进出多达10万人次，各大商场消费同比增长30%至35%，其中夜间消费超过五成……

集五一路商圈、长株潭商圈、沿江经济带、高校夜市美食街等于一体的天心区，是长沙夜间经济最集中的区域之一。据不完全统计，天心区下午6

时之后的最终消费约占到了全天的57%。

当“越夜越火爆”成了经济消费的新趋势，烦恼也接踵而至。“随着夜间旅游、夜间消费的兴起，必然会带来电力、地铁、公交、公共卫生、市政管理等城市基础设施和公共服务的压力。”湖南大学工商管理学院市场营销系副教授郑培认为，夜经济的繁荣呼唤着城市管理的升级。

在郑培看来，发展夜经济考验着政府的管理水平，不能简单地用条条框框把夜经济管死了，更不能以罚代管、一刀切，而要提升精细化管理水平，帮助商家解决问题，适当提高违法违规成本，处理好夜经济发展和城市管理之间的关系。

于是，湖南首个夜间经济服务中心应运而生。

成绩的背后凝结着“守夜人”的汗水。

“出门右拐，沿路直行约300米即可到达酒店。”晚上11时，群众打来咨询电话，向俊认真回复后，把问询过程详细地记录到了来电登记簿里。

值班期间，向俊负责夜间接待工作。服务中心内一张靠门的桌上放着来电登记簿、来访登记簿、签到登记簿，由于常被翻看，页脚已有些卷起。

本子上密密麻麻记录着的工作日常，见证了中心从“默默无闻”到“被需要”的过程。截至10月19日记者探访当日，夜间经济服务中心共接到来电、来访70余人次，其中受理投诉27起，帮助市民寻回丢失物品4起，帮助、寻回走失老人、小孩17起，救助1人。

“这一个多月，在家没吃过一顿热饭。”自中心正式运行后，杨波每天都会来这里值守。他住在河西，距离服务中心数十千米，每次回到家都已是深夜。

而在今年国庆黄金周，服务中心主任刘向值了7天班。前不久，一位小朋友被拥挤的人群挤散，夜里11时，他跑到坡子街派出所指挥调取街区监控，安排城管中队队员全街寻找，通过近一个半小时的多方努力，终于帮家属找到了走失小孩，家属眼含热泪紧紧握着他的手。“虽然累，但是很值得！”刘向说。

“服务只有进行时，没有完成时”

记者注意到，位于黄兴广场南侧的服务中心，占地面积不大，但各项配置齐全，便民公共雨伞、医疗箱、手机充电台，应有尽有。

据介绍，在夜间经济活动最为密集的晚上8时至次日凌晨2时，中心每天都会安排不同部门的工作人员值守。由区委常委担任值班主任，33家区直单位作为成员，采取驻点办公与巡查结合，由区里相关部门担任“夜间管家”，开通夜间公共服务热线，随时处理突发情况、群众求助、纠纷调解。

同时，服务的触角还越出门外，延伸到全区各个角落。灯箱、广告牌的尺寸规格适当放宽，审批管理权下放；鼓励传统商贸企业依托互联网平台实现转型升级，支持延时经营；针对人口密集区、特定消费场所的食品安全、治安和消防管理进行严格监督检查……这些基层探索的宝贵经验，无一不为夜经济的平稳发展保驾护航。

在黄兴南路步行街里，记者随处可见城市管理和商业发展在磨合中相得益彰的场景。

近期，湖南传湘味商业管理有限公司旗下的小吃城即将开业，虽然比预计开业时间晚了1个多月，但总经理王名权仍满心欢喜。“以前一个月办不好的营业执照，现在两个工作日就办下来了，虽然行政审批开了一路绿灯，但对工程质量的要求提高了很多，开业速度慢了点，但企业发展得安心啊。”他期待，这里成为下一个“网红”打卡地。

“服务只有进行时，没有完成时。”这句话常被杨波挂在嘴边，也道出了中心成立的初衷。据他介绍，未来中心将建立大数据分析系统，及时了解掌握夜间经济的热点、痛点，为夜间经济良性发展、可持续发展提供理论、数据支撑。

（原载《工人日报》2019年10月30日第1版，记者：赵　航、方大丰）

文 件 选 录

2019 年中共长沙市天心区委员会、区委办公室文件目录

表 12　2019 年中共长沙市天心区委员会文件目录

发文号	文件名称
天发〔2019〕1 号	关于长沙市天心区党政机关机构设置的通知
天发〔2019〕2 号	关于转发《长沙市天心区人大常委会 2019 年工作要点》的通知
天发〔2019〕3 号	关于转发《政协长沙市天心区委员会 2019 年工作要点》的通知
天发〔2019〕4 号	关于印发《中共长沙市天心区委常委会 2019 年工作要点》的通知
天发〔2019〕6 号	印发《关于开展“不忘初心、牢记使命”主题教育的实施方案》的通知
天发〔2019〕9 号	关于表彰 2018 年度促进区域经济发展奖励单位和个人的决定

表 13　2019 年中共长沙市天心区委员会办公室发文目录

发文号	文件名称
天办发〔2019〕3 号	印发《关于开展第十八次“凝聚两心兴天心”党风廉政主题教育活动的实施方案》的通知
天办发〔2019〕4 号	关于 2018 年度全区优化营商环境、项目建设工作考评结果的通报
天办发〔2019〕5 号	关于印发《长沙市天心区“营商环境优化年”实施方案》的通知
天办发〔2019〕6 号	关于印发《2019 年“营商环境优化年”与“产业项目建设年”区领导联系服务企业工作方案》的通知
天办发〔2019〕7 号	关于下达长沙市天心区 2019 年重大项目投资计划的通知
天办发〔2019〕9 号	关于 2018 年度全区政法综治工作考核评估结果的通报
天办发〔2019〕10 号	关于调整区领导对口联系街道工作安排的通知
天办发〔2019〕11 号	关于印发《长沙市天心区“2019 年产业项目建设年精准招商大行动”工作方案》的通知

续表 13　　2019 年中共长沙市天心区委员会办公室发文目录

发文号	文件名称
天办发〔2019〕12 号	关于印发《长沙市天心区重点楼宇“楼长制”管理试点工作实施方案》的通知
天办发〔2019〕13 号	关于印发《天心区机构改革实施方案》的通知
天办发〔2019〕14 号	关于 2018 年度全区党政领导班子和领导干部绩效考核结果的通报
天办发〔2019〕15 号	关于长沙市天心区 2018 年度优秀工作人员的通报
天办发〔2019〕17 号	关于印发《长沙市天心区党政领导干部安全生产责任制实施细则》的通知
天办发〔2019〕18 号	关于印发《长沙市天心区创建全国公共法律服务示范城区实施方案》的通知
天办发〔2019〕19 号	印发《关于创建全国社区治理和服务创新实验区工作方案》的通知
天办发〔2019〕20 号	关于 2018 年度全区计划生育工作考核评估结果的通报
天办发〔2019〕22 号	印发《关于开展民生实事项目人大代表票决制工作的意见》的通知
天办发〔2019〕23 号	关于印发《长沙市天心区 2019 年“产业项目建设年”活动实施方案》的通知
天办发〔2019〕25 号	关于印发《长沙市天心区 2019 年度市绩效考核工作目标责任分解表》的通知
天办发〔2019〕26 号	关于印发《长沙市天心区 2019 年度重点工作季度考核实施办法》的通知
天办发〔2019〕29 号	关于印发《长沙市天心区加快建设现代生产性服务业创新集聚区助力全市制造业高质量发展的实施方案》的通知
天办发〔2019〕30 号	关于印发《长沙市天心区 2020 年春节期间“进万家、送温暖、解难题”活动实施方案》的通知
天办发〔2019〕31 号	关于三季度重点工作考核结果的通报
天办发〔2019〕33 号	关于印发《长沙市天心区交通问题顽瘴痼疾集中整治行动方案》的通知

2019 年长沙市天心区人民政府、区人民政府办公室文件目录

表 14　　2019 年长沙市天心区人民政府文件目录

发文号	文件名称
天政发〔2019〕2 号	关于表彰 2018 年度见义勇为先进个人的决定
天政发〔2019〕4 号	关于 2019 年市人民政府《政府工作报告》实施目标任务责任管理的通知
天政发〔2019〕5 号	关于 2019 年区人民政府《政府工作报告》实施目标任务责任管理的通知
天政发〔2019〕16 号	关于对湖南省长沙市地质科技楼、长沙市天心区仁又善保健养生会所两家重大火灾隐患单位实行挂牌督办整改的通知
天政发〔2019〕62 号	关于下放一批涉企行政职权的通知
天政发〔2019〕77 号	关于对湖南超前商业运营管理有限公司、嘉盛国际广场（五矿物业服务湖南有限公司）两家重大火灾隐患单位实行挂牌督办整改的通知
天政发〔2019〕97 号	关于对区级重大火灾隐患单位长沙市天心区仁又善保健养生会所予以销案摘牌的通知
天政发〔2019〕98 号	关于森林防火禁火的通告
天政发〔2019〕108 号	关于印发《天心区承接市级下放工业投资建设项目审批权限实施方案》的通知
天政发〔2019〕109 号	关于对湘凯石化大厦（长沙凯达物业管理有限公司）等七家重大火灾隐患单位实行挂牌督办整改的通知
天政发〔2019〕110 号	关于表彰见义勇为先进个人的决定
天政发〔2019〕115 号	关于同意设立丹桂社区居民委员会的批复
天政发〔2019〕116 号	关于同意设立尚双塘社区居民委员会的批复
天政发〔2019〕117 号	关于同意设立欣南社区居民委员会的批复

表 15　　2019 年长沙市天心区人民政府办公室发文目录

发文号	文件名称
天政办发〔2019〕1 号	转发长沙市天心区人力资源和社会保障局、长沙市天心区财政局关于调整机关事业单位工作人员基本工资标准和增加机关事业单位离休人员离休费三个实施办法的通知
天政办发〔2019〕2 号	关于成立黑石铺物流市场搬迁转型工作领导小组的通知
天政办发〔2019〕3 号	关于建立区政府领导 AB 角工作制度的通知
天政办发〔2019〕4 号	印发《关于省委巡视反馈意见有关问题整改实施方案》的通知（秘）
天政办发〔2019〕5 号	关于印发《长沙市天心区瞪羚企业培养计划实施细则》的通知
天政办发〔2019〕6 号	关于天心区新增两处不可移动文物点的通知
天政办发〔2019〕8 号	关于印发《天心区推进“一件事一次办”改革进一步提高行政审批服务效能实施方案》的通知
天政办发〔2019〕9 号	关于印发《天心区全面推行行政执法公示制度执法全过程记录制度重大执法决定法制审核制度的实施方案》的通知
天政办发〔2019〕12 号	关于承接市级下放部分权限（第一批“一件事一次办”）的通知
天政办发〔2019〕13 号	关于印发《天心区消除普通高中大班额专项规划（2019 — 2021 年）》的通知
天政办发〔2019〕14 号	关于公布天心区证明材料清理目录的通知
天政办发〔2019〕15 号	关于成立天心区盘活“三资”工作领导小组的通知
天政办发〔2019〕16 号	关于印发《天心区行政复议案件庭审办法》的通知
天政办发〔2019〕17 号	关于印发《天心区行政复议应诉重大疑难案件会商制度》的通知
天政办发〔2019〕19 号	关于印发《天心区入河排口排查整治工作方案》的通知
天政办发〔2019〕20 号	关于印发《天心区创建全国健康促进区实施方案》的通知

中共长沙市天心区委员会办公室　长沙市天心区人民政府办公室

长沙市天心区“营商环境优化年”实施方案

天办发〔2019〕5号
2019年2月3日

为深入贯彻落实中共中央、国务院，省委、省政府关于加大营商环境改革力度的重要精神和市委、市政府关于“营商环境优化年”的决策部署，积极营造稳定、公平、透明、可预期的国内一流营商环境，推动区域经济高质量发展，结合我区实际，制定本方案。

一、指导思想

以习近平新时代中国特色社会主义思想为指导，以国际化、法治化、便利化为目标，以流程再造、效能革命、权益保护、企业帮扶为抓手，以企业需求为导向，以企业满意为标准，着力营造“最方便”“最赚钱”“最安全”“最亲清”的一流营商环境，把“营商环境最佳”打造成为天心区的核心软实力和最亮新名片。

二、主要任务

（一）营造“最方便”的服务环境

1. 提高企业开办时效。在申请资料齐全、符合法定形式的前提下，实现个体工商户注册登记1个工作日内完成，企业注册登记2个工作日内完成，发票申领即来即办；编制公布统一的企业注销操作指南，试点企业注销全程电子化。对市外迁移来天心区的企业，其经原所在地省级认定的有效期内相关资质，直接予以认可（法律法规另有规定的除外）。（牵头单位：区工商分局、区税务局、区公安分局）

2. 持续赋权强园。对园区行政审批权限坚持应放尽放、能放则放的原则，推动放权赋权，让企业办事不出园区。争取上级支持，在园区探索推行产业建设项目“先建后验”管理模式。〔牵头单位：区编办（区审改办）、天心经开区（新）筹委会〕

3. 推行“受审分离”政务服务模式。加快实现“前台综合受理、后台分类审批、综合窗口出件”。按照减环节、减材料、减时限、减费用的要求，进一步推动流程再造，建立形式直观、易看易懂的办理流程图（表）。探索推进相对集中行政审批权试点，使审批服务效率更高。探索行政审批容缺受理，试行“非关键性材料不全可受理”政务服务模式。〔牵头单位：区编办（区审改办）、区政务服务中心〕

4. 加快“智慧政务”建设。建立政务信息共享交换平台，加快业务系统融合，建立电子证照材料库，“网上办”比例达到95%以上。扩大电子营业执照、电子印章、电子发票使用范围。设立“天心政企通”APP，利用大数据、移动互联网、人工智能等新一代信息技术，加快智慧政务建设。（牵头单位：区电子政务办）

5. 建立工商注册“凡有先例皆可为”制度。针对新入驻企业，在核名、落户、变更等事项办理过程中，凡是在其他城市（地区）可以办理的，参照先例，依法依规协调办理。（牵头单位：区工商分局）

6. 提高纳税便利程度。实现一般性纳税当日即报即办，拓展“电子税务局”办税功能，将企业平均办税时间缩短至96小时。对税务信用等级需要调整的企业，允许和支持符合条件的在本年度内尽快申请补评、复评。（牵头单位：区税务局）

7. 简化企业投资审批。积极推行区内投资审批事项“多规合一”在线审批。进一步压减工程建设项目审批时限，精简部分前置审批条件，工程建设项目行政确认类备案事项办理时限不得超过3个工作日。（牵头单位：区发改局）

（二）营造“最赚钱”的投资环境

8. 实施“瞪羚企业培养计划”。对区域内年税收在500—5000万元之间，未享受过招商引资一事一议优惠政策的高成长实体经济企业，若其承诺在未来3

年内实现每年税收复合增长率不低于25%，三年后实现税收倍增且制定了年度发展目标规划，无安全生产、环保等不良记录的，于第三年度末由区、园区按三年企业税收增量总和区本级实得部分的50%为计算依据，以产业扶持资金进行事后奖补，用于支持企业像“瞪羚”一样快速发展所需的智能升级改造、管理升级、研发投入或贷款贴息等。（牵头单位：区财政局）

9. 落实减税降费优惠政策。区税务部门要推动各项税收优惠政策进园区、进楼宇、进企业，加大上门宣传、辅导力度，落实小微企业税收优惠政策及高新技术企业固定资产加速折旧、研发费用加计扣除等政策。坚决杜绝征收“过头税”、提前征收税款等现象。积极组织符合条件的企业向上申报困难企业城镇土地使用税减免，推行阶段性降低企业社保费率试点。（牵头单位：区税务局、区人社局）

10. 进一步规范涉企收费。重点查处行政审批中介服务、行业协会等领域违规收费行为。开展“黑中介”专项清理行动。（牵头单位：区发改局）

11. 着力帮助解决企业“融资难、融资贵”问题。探索建立区域信贷“白名单”制度，利用辖区内金融资源富集的优势，引导各类金融企业定期召开形式多样、产品丰富的银企对接会。探索在园区成立中小微企业政策性融资担保公司，设立小微企业信贷风险补偿基金。出台区级小微企业贷款贴息补助政策。〔牵头单位：区金融办、天心经开区（新）筹委会〕

12. 支持创新创业。积极盘活驻区高校及科研院所的科研及成果转化资源，在周边探索设立多种形式的“双创基地”，推进科技成果转化，建立从孵化培育到产业化发展的有效扶持机制。举办“天心企业转型升级大讲堂”等灵活多样的活动，以政府购买服务形式，为企业提供管理创新、产品创新、技术创新、营销创新等培训和咨询服务。鼓励企业加大研发投入和科技创新力度，对当年度区域内研发经费总投入前100强中，研发经费投入占主营业务收入比例排名前20，且超过全市研发投入平均水平的企业及科研院所给予研发费用奖补；推动科技成果转化，对获得国家、省级科技进步奖的给予奖补资金。（牵头单位：区科技局）

13. 支持企业开拓市场。开展形式多样的产销对接活动。积极组织商会（协会）或企业参加旨在推广企业产品和服务的展销会、推进会等经贸活动。加大对外资（外商直投）、外贸等开放型经济业态的扶持与奖补，全面提升全区经济外向度。（牵头单位：区商务和旅游局）

14. 大力扶持企业上市。着力培育“小巨人”企业，不断扩充优质上市后备企业。加强企业上市培育，为企业提供政策咨询、上市业务指导等服务。建立区上市后备企业资源库，将入库企业在进入多层次资本市场过程中涉及的改制、项目立项、税收等方面的审批，纳入“绿色通道”管理，各执法、监管部门加大包容审慎监管服务力度。对主板、创业板、中小板等上市后备企业，在湖南省证监局进行了上市辅导备案后，补助100万元，向中国证监会递交上市申报材料并获受理后，补助100万元，通过中国证监会审核并发行上市后，补助100万元；对在沪深交易所借壳成功上市的企业给予一次性补助300万元；鼓励企业积极在科创板上市，上市成功后给予一次性补助300万元（同一企业在多个证券交易所上市的，不重复享受相关补助）；外地上市公司总部注册及税务关系迁移至本区的，参照相应板块首发上市补助给予企业一次性奖励。同时，支持享受省、市级的相关奖补政策。（牵头单位：区金融办）

15. 设立产业发展基金。积极培育发展“四新经济”，大力整合社会资本，探索设立文创、人工智能、大数据、康养、人力资源等“四新经济”产业发展基金。（牵头单位：区金融办）

16. 着力化解企业“招工难、引才难”问题。全面落实省“芙蓉人才计划”、市“人才新政22条”等各级人才政策，在子女就学、医疗、住房等方面提供优质服务。以人力资源产业园为载体，搭建各种平台，帮助用人单位以多种方式招工和引才。发挥高校聚集优势，广泛开展“用才用工”校企订单式合作。（牵头单位：区人社局）

（三）营造“最安全”的创业环境

17. 开展“诚信天心”建设。大力推动诚信政府建设，建立健全“政府承诺＋社会监督＋失信问责”机制。探索运用大数据建立食品安全、金融信用、环境保护、安全生产等企业信用“黑名单”制度，建立守信联合激励和失信联合惩戒制度。（牵头单位：区发改局）

18. 依法保护企业家人身和财产安全。依法保护民营企业家财产安全，严格区分民营企业家违法所得和合法财产、民营企业家个人财产和企业法人财产，在处理企业案件时，不牵连民营企业家个人合法财产和家庭成员财产。对于在合同签订、履行过程中产生的民事争议，如无确实充分的证据证明符合犯罪构成的，不得作为刑事案件处理。严格规范涉案财产处置程序，严禁超期限、超标的、超范围查封、扣押、冻结财产，依法依规及时处置涉案财产；严禁利益驱动办案，严禁办“关系案”“金钱案”“人情案”。办案中严禁违反规定向企业收取办案费用。（牵头单位：区委政法委）

19. 实施包容审慎监管。鼓励创新，对新业态新模式的出现，应尽量秉持包容态度，不能“一禁了之”，同时守住底线，有度有效监管，为“四新经济”提供宽松的发展环境。（牵头单位：区工商分局）

20. 建立非公有制经济领域维权联席会议制度。建立区人大、区政协和区委统战部门广泛听取商会（协会）和企业家意见的机制。健全企业法治诉求定期梳理、研究、回应与反馈机制，构建统战、工商联、公安、检察院、法院、司法、纪检监察及相关职能部门共同保护企业合法权益的大格局。（牵头单位：区委统战部、区纪委监委）

21. 开展“除虫护花”专项行动。对企业的维权诉求必须依法及时受理，公开受理与办理进度，及时向企业回复。深入开展工程项目建设环境突出问题治理专项行动、打击侵犯经济权益专项行动和打击非法金融活动专项行动。（牵头单位：区委政法委）

22. 完善涉企法律服务。设立商会纠纷调解中心、商会法律顾问团等平台，在园区设立检察联络室，探索在重点企业设立“流动维权岗”。以政府购买法律服务的方式，为中小微企业和困难企业提供免费或优惠的法律援助服务。（牵头单位：区司法局）

23. 推行“双随机、一公开”监管全覆盖。进一步规范涉企执法检查，市场监管部门和行政执法单位的双随机检查事项达本部门执法检查事项的 70% 以上，抽查结果公示率达 100%。（牵头单位：区工商分局）

（四）营造“最亲清”的政商环境

24. 弘扬企业家精神和工匠精神。大力营造“尊重企业家、尊重创新创业者、尊重纳税人”的浓厚氛围，积极向市级推荐参评“功勋企业家”“卓越企业家”“优秀创新创业企业家”。开展“天心名优工匠”评选。鼓励和引导各行业、各街道建立规范运行的商会（协会）组织，鼓励商会（协会）为企业开展贴心服务，开展年度贴心商会（协会）评选，并给予适当经费奖补。建立面向企业家的政府政策咨询机制，聘请一批知名企业家及社会知名人士作为区政府经济顾问或区政府招商形象大使。不定期邀请企业代表列席全区重大发展决策会议。（牵头单位：区经信局、区总工会）

25. 设立区企业服务中心。将“千人帮千企大行动”常态化、机制化；开设“政策超市”，定期更新、印制各级惠企政策“一本通”，提供政策兑现“一站式”办理服务；设立“请您来找茬”意见征询通道，开通“0731-85812345”天心区企业服务和招商引资热线以及 tx85812345@163.com 企业服务邮箱，建立企业诉求“一站式”收集、交办、反馈工作机制；为重点企业、重点产业建设项目实行“帮代办”服务。（牵头单位：区经信局）

26. 推动“亲清”政商关系制度化。建立完善政商交往中的容错纠错机制，鼓励领导干部和公职人员与企业家在坚持“亲清”政商关系前提下大胆交朋友，相关联点领导干部和公职人员坚持依法依规依纪的原则，经批准可参加商会（协会）或企业举办的座谈会、茶话会等活动；邀请企业界人士就事关地方经济、企业发展重要工作进行调研、商议和招商引资时，可安排接待用餐。（牵头单位：区委统战部）

27. 加大“三招三引”力度。积极做好安商稳商暖商扶商工作，加大招商引资、招才引智、招院引所的“三招三引”工作力度，大力推动以商招商、二次招商、中介招商、协会招商和小分队精准招商。采取灵活有效的形式，整合发挥各条战线的作用，开展以请乡友回家乡、请校友回母校、请战友回驻地为主要内容的“三请三回”活动，推动企业回迁、项目回移、资金回流、技术回馈，助推天心经济高质量、跨越式发展。都市楼宇是“立起来的园区”，要着力发展都市楼宇经济，设立楼长制，可探索联点区领导兼任重点楼宇“名誉楼长”制度，打造更多专业特色楼宇、亿元税收楼宇。（牵头单位：区商务和旅游局）

28. 加大市场换产业力度。对符合“四新经济”“五大新经济形态”“六大技术”“七大应用场景”及全区重点产业发展前景的企业，通过以市场换产业的方式，加强人工智能街区、智慧城市、智慧园区等应用场景建设，推动新型产业发展，引进培育更多细分领域的“隐形冠军”和高科技“独角

兽”企业。（牵头单位：区经信局）

29. 建立政企交流制度。区委、区政府每个季度召开政企恳谈会1次以上，设立行政负责人“企业接待日”制度，每月1日（遇节假日顺延）在区企业服务中心开展“区长企业接待日”“局长企业接待日”活动，认真倾听企业诉求，协调各职能部门及时解决企业的困难和问题。（牵头单位：区委办、区政府办）

30. 建立区领导联系服务企业制度。相关县级领导与园区、部门负责人组成服务小组，联点200家企业，持续开展“营商环境优化年”与“产业项目建设年”大走访大服务活动，原则上每季度到联点企业走访不少于1次。园区、经济部门及各街道负责人每月走访重点企业10家以上，推动政策入企惠企和问题解决。建立区领导联系服务企业工作年度书面专项述职制度。（牵头单位：区经信局）

三、工作要求

（一）加强组织领导，强化责任担当。成立长沙市天心区“营商环境优化年”工作推进领导小组，由区委书记任组长，区长、区委副书记、区人大常委会主任、区政协主席任副组长，常务副区长、区委统战部长任执行副组长，其他区委常委、副区长任成员，相关部门为成员单位。领导小组下设办公室，同时设立四个专项攻坚小组，建立“一项攻坚、一套方案、一位区领导负责、一个部门牵头、一个工作班子”的落实推进机制。各责任单位由行政主要负责同志牵头抓总、分管领导具体负责，明确专人抓落实。

（二）细化目标任务，狠抓工作落实。要把优化营商环境作为“一把手”工程来抓，明确各项政策施行的责任领导、责任部门及办理流程、办理时限，主动作为，统筹推进，确保各项工作不折不扣落实到位。机构改革后，各部门按照相应的职能各司其职、各负其责。

（三）注重宣传推介，营造良好氛围。强化“营商环境优化年”工作宣传，向企业充分展示我区优化营商环境工作的决心和成效，树立“个个是营商环境代表，人人是招商形象大使”的理念，加大对破坏营商环境反面典型的查处和公开曝光力度，敢于揭短亮丑，提高“自我净化、自我提高”的能力，营造优化营商环境的良好氛围。

（四）强化考核评价，提高工作质效。提高优化营商环境在区绩效考核中的权重，聘请第三方评估机构进行年度营商环境评估。科学构建“聚焦问题、标准量化、综合排名”的考核体系，将其纳入全区重点工作季度考核讲评，实行“月调度、季讲评”。

中共长沙市天心区委员会办公室　长沙市天心区人民政府办公室

关于长沙市天心区 2018 年度优秀工作人员的通报

天办发〔2019〕15 号

2019 年 4 月 8 日

区属各工委、党委(党组),各街道,区直机关各单位:

2018 年，全区广大干部职工以习近平新时代中国特色社会主义思想和中共十九大精神为指引，按照中央和省、市决策部署，紧紧围绕年度工作目标任务，立足本职，扎实工作，奋力拼搏，取得了新的显著成绩，涌现了一批先进典型。为肯定成绩、推介典型，经区委、区政府研究，决定给予何海兵等 53 名工作人员记三等功、梁晓等 322 名工作人员嘉奖。

希望被评为优秀的同志再接再厉，再创佳绩。希望全区广大干部职工以先进为榜样，以推动各项工作高质量发展为目标，开拓创新、锐意进取，为大力实施“北提南进、服务引领、民生造福”发展战略，加快建设“融城核心、璀璨天心”作出新的更大贡献。

附件：长沙市天心区 2018 年度优秀工作人员名单

附件：

长沙市天心区 2018 年度优秀工作人员名单

一、记三等功人员（53 名，排名不分先后）

何海兵　唐　珺　周立兴　罗孟怡　贺红云
张伟（教育局）　杨维君　李贵勇　翁开明
许伟斌　吴　军　戴　义　张树辉　张金莲
胡杰义　张　智　汪海滨　罗　波　李晓龙
陈泽春　刘　奕　李　昊　邓友金　周雯轩
许湘玲　莫　坤　汪　希　袁文武　胡　喆
彭　莎　姚红辉　崔静蓉　刘柏屹　吴　开
夏罗胜　周　殷　孙　强　刘　伟　杜　烜
李波（政务中心）　朱　嵘　向玉华　庄永贵
吴　舟　李彬彬　王　蔚　邓志勇　卢新民
袁仕益　江　笛　陈　娜　彭　飞　王德育
（按有关规定，已报请长沙市人民政府批准。）

二、嘉奖人员（322 名，排名不分先后）

梁　晓　薛宏超　曾　科　王若飞　汤　沛
陈　琳　周　瑛　周　新　李勇军　吴　智
赵　纯　谢　巍　唐　军　张　莹　张其林
吴洪文　徐　艳　彭德华　蔡　鹏　邓利民
严　凯　刘　展　阎伟奇　朱德军　许建民
刘顺来　刘　婷　许品方　赖湘涛　雷杰淋
王　强　刘幸福　邓　欣　黄卫权　覃红伟
于　意　周　杰　江　宇　李波（顺之安）
石宇峰　饶　丽　周　涛　刘立慧　彭立新
于新丽　程　惠　彭银燕　许伟峰　陆　地
陈赛宏　郑　州　刘　幸　刘秉玺　田　烨
赵　哲　徐　伟　周成军　徐文彩　柳宏伟

何庭洁　何　东　杨　红　周　彦　李　佳
唐志波　鲁意芝　刘　洋　阳海波　何理萍
张文军　张　瑜　骆　理　魏铁奇　傅中辉
李　飏　何定安　常泽军　吴　俊　龚玉刚
张胜军　朱晓芳　李　锋　胡桂林　杨千清
何　锦　陈志刚　湛　果　欧　翔　彭　昂
谢昌友　王伟明　马忠辉　黄　毅　陈红丽
唐　敏　曹　出　王策谋　欧阳伟　张鹏飞
余鹏飞　周国良　谈　坚　毛艳红　李　宏
贺　杰　李　浩　臧文彬　戴步云　肖宇君
杨灿辉　毕　佳　廖元平　彭伟（救助站）
谭双剑　郑　桥　王　浩　王卫刚　张　静
蔡争超　刘学文　肖　辉　焦　焰　向国雍
罗　荣　周　晖　董　燕　赵　静　阳强强
叶爱军　张　灵　贺　喜　李昌林　尹娟娟
唐正鹏　许　静　王　波　朱剑锋　龚细梅
童　周　谢　耿　夏　菲　杨振军　李兴秋
杨　旭　易媛媛　钱　芳　杨卓娟　曾巧明
王　迪　邓慧慧　徐　璐　王　希　李晓欢
刘润秋　严景特　李　琛　孙文雅　姚　倩
方群英　廖　卓　王　军　谢　琳　吴贵平
雷金菊　顾　明　张　玲　匡迪琪　罗青松
张小宇　柳　彬　陈战美　何　维　范　宇
李龙刚　王玉宏　冯小珊　王　谦　罗丹妮
李昌化　谭建军　吴静静　闵家喜　刘　昱
师　懿　张　夙　谢　原　陈英姿　鲁　丹
李浩明　赵志芳　王　莉　余长知　骆建安

何　强　袁仲宇　杨洪波　邓艳芳　刘　健
石　宇　何　密　许小平　袁要武　晏　鑫
郑　伟　彭　芳　邹金霞　卢寄军　胡　娟
陈晓辉　李宇丹　曹康新　曾铁锤　杨　倩
陈嘉庆　杨晓平　李俊豪　梁海龙　龙灼尧
杨付德　欧南海　李凯华　王旭中　胡耀明
贺跃斌　姚　战　韩　宇　刘俊秀　杨　广
王鹏程　黄　憬　陈　备　孟　澌　连　丹
杨　斌　谭　巧　彭　功　朱小帅　杨　军
王新俊　徐发根　程　杨　陈　昱　彭　龙
熊　卓　朱永红　吴志安　张文敏　胡　炜
姚姝珍　吕曙军　李晓军　米玉珍　王胜华
黄炼智　周　勇　周安郴　李江德　周炳华
刘波涛　许东波　张　彦　彭演军　黎蓉蓉
郭　菁　李　理　郭　翎　黄靖清　李露露
汤　霞　肖建吾　周凭智　罗毅良　吴抒佳
彭　江　姜　彬　汪　辉　王　俊　刘赞军
秦　朗　黎　宇　龙雪良　张立功　郭　丹
李　利　金　晶　蔡金梅　莫雅楠　刘　剑
向和平　邓　勇　钟建军　任丽珍　廖伟群
刘央妮　杨志强　粟晓宇　胡馨文　胡英姿
李伟（新开铺）　孙丁长　王立军　张立兵
陈建国（新开铺）　王志杰　曹　鼎　文新献
谷　芳　邓星方　欧新军　郭　芳　吴　昆
张学军　张松明　刘正良　夏子伍　杨长坤
李勇（先锋）　张建芳　王青山　谭军武
刘卫军　黄　颖

长沙市天心区人民政府办公室

关于印发《天心区推进“一件事一次办”改革进一步提高行政审批服务效能实施方案》的通知

天政办发〔2019〕8号
2019年7月16日

为认真贯彻落实《长沙市人民政府办公厅关于印发长沙市推进“一件事一次办”改革进一步提高行政审批服务效能实施方案的通知》(长政办发〔2019〕14号)精神，进一步提高行政审批服务效能，持续优化营商环境，推进“一件事一次办”改革，打造“最多跑一次”改革升级版，根据我区实际，特制定本方案。

一、总体要求

紧紧围绕市委、市人民政府“营商环境优化年”“产业项目建设年”活动，深入贯彻落实“放管服”改革的有关要求，以利企便民为宗旨，以集中审批权限、创新审批方式、优化审批流程、规范审批行为、提高审批效率为重点，全面推进“四个一”(一张表、一张网、一个厅、跑一次)及“四个办”(网上办、就近办、减证办、帮代办)。

二、工作任务

(一)统一“一张表”

1. 公布全新政务服务事项清单。以群众办事需求为导向，以最小化为原则，按照“四级九统”的要求，对政务服务事项进行全面梳理，做到政务服务事项在事项名称、类别、编码、依据等方面与市级保持一致。编制《天心区政务服务事项目录清单》，在区政府门户网站网上办事大厅发布，并与省、市网站办事服务站点同源同步，接受群众监督。对政务服务事项目录清单进行动态调整，督促落实“清单之外无权力”，实行“违规审批要问责”。〔牵头单位：区行政审批服务局、区工业和信息化局(区数据资源管理局)，责任单位：区委编办、区司法局、区直各相关单位、天心经开区管委会(新)筹委会，完成时限：2019年8月31日前〕

2. 完善各类办事服务清单。在“四级九统”的基础上，按照省、市要求，对政务服务事项的个性化实施清单进行规范性填报，做到政务服务事项在办理流程、申请材料等方面与市级保持一致。对已公布的“最多跑一次”清单、“四办”清单和“中介服务”事项清单进行调整、完善，对不能实现“最多跑一次”的政务服务事项建立“负面清单”。〔牵头单位：区行政审批服务局，责任单位：区工业和信息化局(区数据资源管理局)、区直各相关单位、天心经开区管委会(新)筹委会，完成时限：2019年8月31日前〕

3. 加速审批流程再造。按照“减环节、减材料、减时限”及省、市人民政府“一件事一次办”改革等要求，跨部门、跨层级联办的政务服务事项办理，由事项审批主管部门负责梳理多个部门并联办理事项，对流程进行再造，对多个部门审批环节进行取消、归并、压缩，组织编制并出台“一件事一次办”目录清单和办理流程图(表)。〔牵头单位：区行政审批服务局，责任单位：区工业和信息化局(区数据资源管理局)、区直各相关单位、天心经开区管委会(新)筹委会，完成时限：2019年11月31日前〕

(二)织密“一张网”

1. 对接全市一体化政务服务平台体系。按照省、市统一部署，根据时间节点积极配合开展市“互联网＋政务服务”一体化平台建设、对接工作。严控各类业务审批平台建设，原则上应统一使用市“互联网＋政务服务”一体化平台，将所有区级政务服务事项统一纳入平台，形成实体政务服务大厅、网上办事大厅、移动客户端、自助终端等线上线下相结合的行政审批政务服务新模式。〔牵头单位：区工业和信息化局（区数据资源管理局），责任单位：区行政审批服务局、区直各相关单位、天心经开区管委会（新）筹委会，完成时限：2019 年 10 月 31 日前〕

2. 深化政务服务数据资源融合共享。对接长沙市数据共享交换平台，推进政务数据共享利用，真正实现“数据多跑路，群众少跑腿”。围绕部门权责清单，梳理编制区政务信息资源目录，实现政务信息资源目录集中管理。加快将全区存量电子证照录入电子证照管理系统，建立健全办事材料共享库，2019 年 11 月 31 日前基本实现全区范围政务数据归集整合，政务数据按需调用。〔牵头单位：区工业和信息化局（区数据资源管理局）、区行政审批服务局，责任单位：区直各相关单位、天心经开区管委会（新）筹委会，完成时限：2019 年 11 月 31 日前〕

（三）整合“一个厅”

1. 实现应进必进，全面集中。按照“三集中三到位”“只进一个厅”“进驻是原则，不进驻是例外”的要求，区直各相关单位的行政审批科室全部向区政务大厅集中，并授权到位。全区所有政务服务事项必须无条件进驻实体政务服务大厅，坚决杜绝“体外循环”“明进暗不进”，实现“一门式”服务。〔牵头单位：区行政审批服务局，责任单位：区直各相关单位、天心经开区管委会（新）筹委会、各街道办事处。完成时限：2019 年 8 月 31 日前〕

2. 实行“一窗受理”集成服务。根据“受审分离”原则，变专业窗口为分类综合窗口，赋予每类综合窗口相同职能，实行“前台综合受理、后台分类审批、综合窗口出件”的“一窗受理”改革。窗口工作人员由原派驻部门转入区行政审批服务局。以群众和企业关注度高的工程建设项目、市场准入、社会民生三类综合窗口为重点率先推行，其他事务分类推进，到 2019 年 10 月 31 日前实现 70% 以上政务服务事项分类“一窗受理”，实现群众和企业办事“只认窗口，不认面孔（部门）”，解决“体外循环”“忙闲不均”等问题。〔牵头单位：区行政审批服务局，责任单位：区直各相关单位、天心经开区管委会（新）筹委会、各街道办事处，完成时限：2019 年 10 月 31 日前〕

（四）深化“最多跑一次”

1. 提质“跑一次”。梳理编制“一件事一次办”办理规程和办事指南，不断扩大并联服务套餐，从单个政务服务事项实现“最多跑一次”，提升到“一件事”的多个政务服务事项实现“最多跑一次”，落实省级“一件事一次办”100 项事项清单。依托免费快递服务，扩大“跑零次”“网上办”覆盖范围。〔牵头单位：区行政审批服务局，责任单位：区直各相关单位、天心经开区管委会（新）筹委会，完成时限：持续推进〕

2. 探索推行“容缺审批”。办事群众和企业在办理相关政务服务事项时，若基本条件具备、主要材料齐全且符合法定形式，但缺少部分非主要材料或非主要材料存在缺陷、瑕疵的，由受理单位一次性告知缺少材料，办事群众和企业填写《“容缺审批”申请表》，并书面承诺在规定时限内将所缺材料补齐，受理单位将先予以受理。变“材料不齐不能办”为“边受理边完善材料”，提高审批效率。〔牵头单位：区行政审批服务局，责任单位：区直各相关单位、天心经开区管委会（新）筹委会，完成时限：持续推进〕

（五）丰富“四个办”

1. “网上办”寻求突破。强化数据资源在审批服务领域的应用，加快电子证照收集和运用，推动电子材料、电子公文、电子证照等数据的有效汇聚、充分共享，政务服务线上线下融合互通。2019 年 9 月 30 日前网上可办率（二级办理深度以上）达到 95%。实现民政、人力资源社会保障、教育、卫生健康等重点民生领域 100 个高频事项全程网办，并逐步提高网上可办率。〔牵头单位：区工业和信息化局（区数据资源管理局），责任单位：区行政审批服务局、区直各相关单位、天心经开区管委会（新）筹委会、各街道办事处，完成时限：持续推进〕

2. “就近办”持续发力。以项目建设和涉企审批事项为重点，按照“应放尽放，能放则放”的原则，进一步向园区下放涉企行政审批权限，力争“项目审批不出园”“园区事园区办”，2019 年 6 月公布对园区下放的一批行政审批职权。区直各相关单位进一步依法依规将与群众生产生活密切相关的政务服务事项尽量下放至街道办事处及社区，各街道办事处、社区按要求落实“就近办”事项，实现“一窗通办”和“全岗通”，深化群众办事“就近办”。〔牵头单位：区行政审批服务局，责任单位：区直各相关单位、天心经开区管委会（新）筹委会、各街道办事处。完成时限：持续推进〕

3.“减证办”便民利民。根据上级部署，对规章、规范性文件设定的证明事项进行清理，制定证明材料清单，逐项列明设定依据、开具单位、办理指南等，实现我区证明材料再精简30%以上。〔牵头单位：区司法局，责任单位：区行政审批服务局、区直各相关单位、天心经开区管委会（新）筹委会，完成时限：持续推进〕

4.“帮代办”创新作为。以区企业服务中心、天心经开区管委会（新）筹委会、文化（广告）产业园和区（街道）政务服务大厅为平台，建立“帮代办”工作机制，打造政务服务“帮代办”队伍，提供带领办、指引办、协调办等“星级”政务服务。制定“帮代办”服务事项清单，以投资建设项目为重点，帮办重点企业，帮办民营企业。〔牵头单位：区工业和信息化局（区企业服务中心）、区行政审批服务局、区发展改革局，责任单位：区直各相关单位、天心经开区管委会（新）筹委会、文化（广告）产业园、各街道办事处，完成时限：持续推进〕

三、工作要求

（一）加强统筹领导。天心区“一件事一次办”改革工作在区“放管服”改革工作领导小组统一领导下开展，相关区领导每月调度工作推进情况，研究解决存在的问题。区直各相关单位及各街道办事处要高度重视，充分认识“一件事一次办”改革的重要性和紧迫性，实行“一把手”负责制，切实推进各项工作任务落实、落细、落地。

（二）强化责任落实。区直各相关单位及各街道办事处要责任上肩，强化工作举措，结合实际建立相应的工作机制，紧盯任务时间节点，快速有序推进。对改革中重点、难点、热点事项要逐项突破，全力推进“四个一”“四个办”。

（三）强化考核监督。将“一件事一次办”改革工作纳入年度绩效考核。区政府督查室、区优化办、区审改办分阶段组织实施专项督查，对不认真履行职责、工作明显滞后的单位，及时进行情况通报。区纪委区监委机关对改革推进不力及群众投诉属实的相关单位适时启动问责机制。

（四）加强宣传引导。要充分利用报纸、电视、网络、新媒体等载体，广泛宣传我区“一件事一次办”改革的典型经验和做法，正确引导社会预期，积极回应社会关切，推动我区营商环境持续优化。

四、本实施方案自发布之日起施行，有效期2年。

索 引

说明：

一、本索引采用主题分析法编制，设主题词索引和人名索引两个分目，按索引款目首字的汉语拼音字母顺序排列。

二、索引款目后的数字表示内容所在的页码。

三、“专文”“大事记”“重要文献”“附录”未做索引。

主题词索引

1—9

A

B

E

F

G

H

J

K

L

R

S

T

人名索引

J

K

L

M

O

P

Y

Z